U0617578

中华传世藏书

图文珍藏版

国学经典文库

邹博 ⊙ 主编

线装书局

图书在版编目（CIP）数据

诗词经典／邹博主编 .-- 北京：线装书局，
2011.7(2022.3)
（国学经典文库）
ISBN 978-7-5120-0378-1

Ⅰ. ①诗… Ⅱ . ①邹… Ⅲ . ①古典诗歌－诗集－中国 Ⅳ. ① I222.72

中国版本图书馆CIP数据核字（2011）第122928号

国学经典文库

主　　编：邹　博
责任编辑：崔建伟　高晓彬
出版发行：线装书局
　　地　址：北京市丰台区方庄日月天地大厦 B 座 17 层(100078)
　　电　话：010-58077126(发行部)010-58076938(总编室)
　　网　址：www.zgxzsj.com
经　　销：新华书店
印　　制：北京彩虹伟业印刷有限公司
开　　本：787×1092 毫米　1/16
印　　张：336
字　　数：3800 千字
版　　次：2022 年 3 月第 1 版第 2 次印刷
印　　数：3001-9000 套

定　　价：4680.00 元(全十二卷)

线装书局官方微信

诗词经典

国学经典文库

图文珍藏版

邹博⊙主编

线装书局

卷首语

诗词曲赋是阐述心灵的文学艺术,中国是诗的国度,词的王国。

诗是一种主情为主的文学体裁,它以抒情或者叙事、说理的方式,高度凝练而集中地反映社会生活,用丰富的想象、富有节奏感、韵律美的语言和分行排列的形式来抒发思想情感。诗是有节奏、有韵律并富有感情色彩的一种语言艺术形式,也是世界上最古老、最基本的文学形式。中国诗起源于先秦,鼎盛于唐代。唐诗代表了中国诗歌的最高水平,艺术成就达到了登峰造极的地步。唐代诗坛百花齐放,生机盎然,堪称空前绝后,繁荣无比。

词,又称曲子词、长短句、诗余,是配合宴乐乐曲而填写的歌诗,词牌是词的调子的名称,不同的词牌在总句数、句数,每句的字数、平仄上都有规定。中国词起源于隋唐,流行于宋代。宋词已达到了"无意不可入,无事不可言"的辉煌境界,是中国古代韵文之精华,是中国古典文化宝库中一颗耀眼的明珠。

元曲是中华民族灿烂文化宝库中的一支奇葩,它在思想内容和艺术成就上都体现了独有的特色,和唐诗、宋词鼎足并举,成为我国文学史上三座重要的里程碑。

诗词曲赋在当今现代社会生活中,得以继承和发展,它传统形式中的情味、意味和韵味更能使人接受,它是汉语特有的魅力和功能,这是其他任何语言所没有和不能的,也是任何语言翻译不了的。因此,中国传统诗词曲赋文化是世界文化文学上最独特而美好的表现形式和文学遗产。

目 录

诗经

【导语】

《诗经》是我国最早的一部诗歌总集，是我国诗歌的生命起点。它收集和保存了古代诗歌305首（另有6篇只存篇名而无诗文的“笙诗”不包括在内）。《诗经》最初只称为《诗》或“诗三百”，到西汉时，被尊为儒家经典，才称为《诗经》。这些诗当初都是配乐而歌的歌词，保留着古代诗歌、音乐、舞蹈相结合的形式，但在长期流传中，乐谱和舞蹈失传，就只剩下了诗歌。

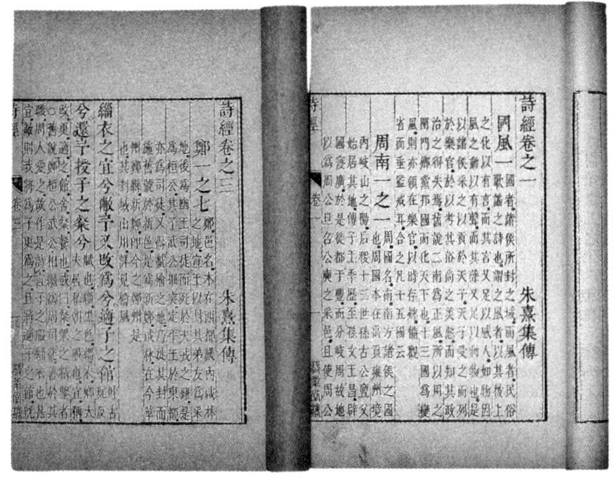

《诗经》书影

周　　南

关雎

【题解】

这是一首男子追求女子的情诗。它是《诗经》中的第一篇，历来受人们重视。古代研读《诗经》的学者，多数认为“君子”指周文王，“淑女”指其妃太姒，诗的主旨是歌颂“后妃之德”。但我们仔细吟咏，根本找不到后妃的影子，只是讲一位青年男子在追求美丽贤淑的姑娘。此诗形象生动地描绘出青年男子在追求自己心上人时焦虑急迫、昼思夜想难以入眠的相思情景。诗中那些鲜活的词汇，如“窈窕淑女”“悠哉悠哉”“辗转反侧”等，至今还被人们使用着。

【原文】 **关关雎鸠[①]，在河之洲[②]。窈窕淑女[③]，君子好逑[④]。**

【注释】 ①关关：鸟的和鸣声。雎鸠：一种水鸟，相传此鸟雌雄情意专一。②洲：水中陆地。③窈窕：美好的样子。④好逑：好配偶。

【译文】 关关对鸣的雎鸠，栖歇在河中沙洲。美丽贤淑的姑娘，真是君子好配偶。

【原文】 **参差荇菜[①]，左右流之[②]。窈窕淑女，寤寐求之[③]。**

【注释】 ①参差：长短不齐。荇菜：一种水生植物，叶子浮在水面，可食。②流：顺着水流采摘。③寤寐：醒着为寤，睡着为寐。

【译文】 长长短短的荇菜，左边右边不停采。美丽贤淑的姑娘，梦中醒来难忘怀。

【原文】 **求之不得，寤寐思服[①]。悠哉悠哉[②]，辗转反侧[③]。**

【注释】 ①思服：思念。②悠哉：忧思不绝。③辗转反侧：翻来覆去，无法入眠。

【译文】 美好愿望难实现，醒来梦中都想念。想来想去思不断，翻来覆去难入眠。

【原文】 **参差荇菜，左右采之。窈窕淑女，琴瑟友之[①]。**

【注释】 ①友：亲爱，友好。

【译文】 长长短短的荇菜，左边右边不停摘。美丽贤淑的姑娘，弹琴奏瑟表亲爱。

【原文】 **参差荇菜，左右芼之[①]。窈窕淑女，钟鼓乐之[②]。**

【注释】 ①芼：采摘。②乐之：使她快乐。

【译文】 长长短短的荇菜，左边右边不停地择。美丽贤淑的姑娘，鸣钟击鼓让她乐起来。

葛　覃

【题解】

这是写已出嫁的女子准备回娘家探望父母的诗。在当时的社会，已婚女子回娘家探亲是件不容易的事，也是一件大事。所以她做了种种准备：采葛煮葛、织成粗细葛布、再做好衣服。征得公婆和师姆的同意，又洗衣、整理衣物，最后才高高兴兴地回去。古代讲“修身、齐家、治国、平天下”，把家看得非常重要，家有贤妻，家才兴旺。从诗中看出，这个女子是个能干而又孝顺的媳妇，家庭关系和谐。全诗充满了快乐的气氛，给人以美的享受。

【原文】 **葛之覃兮[①]，施于中谷[②]，维叶萋萋[③]。黄鸟于飞[④]，集于灌木[⑤]，其鸣喈喈[⑥]。**

【注释】 ①葛：藤本植物，茎的纤维可织成葛布。覃：蔓延。②施：延及。中谷：即谷中。③维：发语词。萋萋：茂盛的样子。④黄鸟：黄雀，又称黄栗留，身体很小。于：语助词。⑤集：聚集。⑥喈喈：鸟鸣声。

【译文】 葛草长长壮蔓藤，一直蔓延山谷中，叶子碧绿又茂盛。黄鸟翩翩在飞翔，落在灌木树丛上，鸣叫声声像歌唱。

【原文】 **葛之覃兮，施于中谷，维叶莫莫[①]。是刈是濩[②]，为絺为绤[③]，服之无斁[④]。**

【注释】 ①莫莫：茂密的样子。②是：乃。刈：割。濩：煮。③絺：细葛布。绤：粗葛布。④服：穿。斁：厌倦。

【译文】 葛草长长壮蔓藤，一直蔓延山谷中，叶子浓密又茂盛。收割回来煮一煮，剥成细线织葛布，穿上葛衣真舒服。

【原文】 **言告师氏[①]，言告言归[②]。薄污我私[③]，薄浣我衣[④]。害浣害否[⑤]，归宁父母[⑥]。**

【注释】 ①言：连词，于是。一说发语词。师氏：保姆。一说女师。②告：告假。归：

回娘家。③薄:句首助词。污:洗去污垢。私:内衣。④浣:洗。衣:指外衣。⑤害:何。⑥归宁:出嫁女子回娘家探视父母。

【译文】 回去告诉我师姆,我要告假看父母。先洗我的贴身衣,再把我的外衣洗。洗与不洗理清楚,回家问候我父母。

卷　　耳

【题解】

这是一首妻子怀念远行丈夫的诗。全篇均通过采卷耳妇女的种种想象,表达对丈夫的深切思念。她想丈夫旅途劳累,人困马乏,忧思愁苦,以酒解忧。又想象马儿累倒,仆人累病,丈夫唏嘘长叹。想象越丰富,表达的感情越深切,越是有感人的力量。此诗对后世影响很大,清人方玉润说:"后世杜甫'今夜鄜州月'一首,脱胎于此。"岂止杜甫,后世许多诗人的思念之作都承继了这一构思。

【原文】 **采采卷耳①,不盈顷筐②。嗟我怀人③,寘彼周行④。**

【注释】 ①卷耳:一种植物,又名苍耳,可食用,也可药用。②顷筐:形如簸箕的浅筐。③嗟:语助词。怀人:想念的人。④寘:放置。彼:指顷筐。周行:大路。

【译文】 采了又采采卷耳,总是不满一浅筐。只因想念远行人,筐儿丢在大路旁。

【原文】 **陟彼崔嵬①,我马虺隤②。我姑酌彼金罍③,维以不永怀④。**

【注释】 ①陟:登上。崔嵬:高而不平的土石山。②虺隤:因疲劳而病。③姑:姑且。金罍:青铜铸的酒器。④维:语助词。永怀:长久地思念。

【译文】 当我登上高山巅,骑的马儿腿发软。且把酒杯来斟满,喝个一醉免怀念。

【原文】 **陟彼高冈,我马玄黄①。我姑酌彼兕觥②,维以不永伤。**

【注释】 ①玄黄:马因病毛色焦枯。②兕觥:牛角制的酒杯。

【译文】 我又登上高山冈,马儿累得毛玄黄。且把酒杯来斟满,只为喝醉忘忧伤。

【原文】 **陟彼砠矣①,我马瘏矣②,我仆痡矣③,云何吁矣④。**

【注释】 ①砠:戴土的石山。②瘏:病。③痡:过度疲劳不能行之病。④云:语助词。何:何等,多么。吁:忧愁。

【译文】 我又登上土石山,我的马儿已累瘫。仆人疲惫行走难,我的忧愁何时完。

桃　　夭

【题解】

这是一首贺新娘的诗。全诗以桃树的枝、花、果、叶作为比兴事物,衬托出新嫁娘的年轻美丽以及成婚的快乐气氛。"桃之夭夭,灼灼其华"不仅是"兴"句,而且含有"比"的意思,这个比喻对后世影响很大。古代诗词小说中形容女子面貌姣好常用"面若桃花""艳如桃李""人面桃花相映红"等词语,可能就是受了《桃夭》一诗的启发。

【原文】 **桃之夭夭①,灼灼其华②。之子于归③,宜其室家④。**

【注释】 ①夭夭:茂盛,生机勃勃的样子。②灼灼:鲜艳的样子。③之:这。子:指女

子，古代女子也称“子”。于：往。归：出嫁。后来称女子出嫁为于归。④宜：和顺。室家：家庭。此指夫家，下面的“家室”“家人”均指夫家。

【译文】 桃树叶茂枝繁，花朵粉红灿烂。姑娘就要出嫁，夫家和顺平安。

【原文】 **桃之夭夭，有蕡其实[①]。之子于归，宜其家室。**

【注释】 ①蕡：果实硕大的样子。

【译文】 桃树叶茂枝繁，桃子肥大甘甜。姑娘就要出嫁，夫家和乐平安。

【原文】 **桃之夭夭，其叶蓁蓁[①]。之子于归，宜其家人。**

【注释】 ①蓁蓁：树叶繁盛的样子。

【译文】 桃树叶茂枝繁，叶儿随风招展。姑娘就要出嫁，夫家康乐平安。

召　南

摽　有　梅

【题解】

这是采摘梅子的姑娘唱的情歌。珍惜青春，追求爱情，是人类共同的美好感情。姑娘们看到梅子成熟纷纷落地，联想到自己青春易逝，还没找到理想的对象，就由梅子起兴，唱出了自己的心声。歌中对爱情的追求大胆而直白，诗风清新而质朴。

【原文】 **摽有梅[①]，其实七兮[②]。求我庶士[③]，迨其吉兮[④]。**

【注释】 ①摽：落下。②七：七成。此指树上的梅子还有十分之七。③庶士：众多男子。④迨：及，趁着。吉：好时光。

【译文】 梅子熟了落纷纷，树上还有六七成。追求我的小伙子，且莫错过这良辰。

【原文】 **摽有梅，其实三兮。求我庶士，迨其今兮。**

【译文】 梅子熟了落纷纷，树上还有二三成。追求我的小伙子，趁着今天好时辰。

【原文】 **摽有梅，顷筐塈之[①]。求我庶士，迨其谓之[②]。**

【注释】 ①塈：取。②谓：告诉，约定。

【译文】 梅子熟了落纷纷，拿着筐儿来拾取。追求我的小伙子，开一开口就订婚。

小　　星

【题解】

这是一位下层小吏日夜当差，疲于奔命，而自伤劳苦，自叹命薄的怨歌。全诗仅有十句，但将主人公星夜赶路，为公事奔忙的情况，描绘得十分生动，有如一幅夜行图展现在我们面前。

【原文】 **嘒彼小星[①]，三五在东[②]。肃肃宵征[③]，夙夜在公[④]。寔命不同[⑤]！**

【注释】 ①嘒：星光微小而明亮。②三五：形容星星稀少。③肃肃：急忙赶路的样子。宵征：夜间走路。④夙夜：早晚。公：公事。⑤寔：是，此。命：命运。

【译文】 星儿小小闪微光，三三五五在东方。急急忙忙赶夜路，早晚都为公事忙。这是命运不一样。

【原文】 **嘒彼小星，维参与昴[1]。肃肃宵征，抱衾与裯[2]。寔命不犹[3]！**

【注释】 ①参、昴：二星宿名。②衾：被子。裯：床帐。③不犹：不如。

【译文】 星儿小小闪微光，参星昴星挂天上。急急忙忙赶夜路，抱着被子和床帐。别人命运比我强。

野有死麕

【题解】

这是写青年男女恋爱的诗。青年男子是位猎手，他把刚刚打到的一只獐子用白茅草包裹送给一位春心荡漾的姑娘。姑娘接受了他的礼物，在亲昵幽会时，嘱咐猎人："请你慢慢别着忙，别碰围裙莫慌张，别引狗儿叫汪汪。"此诗用叙述的手法，把青年男女的恋爱过程真实自然地表现出来，气氛活泼自由，感情大胆热烈。这说明在《诗经》的时代，人们的爱情生活还是比较自由的。后世的理学家把这首诗解释为女子反抗无礼的诗，就太牵强附会了。

【原文】 **野有死麕[1]，白茅包之。有女怀春，吉士诱之[2]。**

【注释】 ①麕：小獐子，鹿的一种。②吉士：好青年，指打猎的男子。

【译文】 打死小鹿在荒郊，我用白茅把它包。遇到少女春心动，走上前来把话挑。

【原文】 **林有朴樕[1]，野有死鹿。白茅纯束[2]，有女如玉。**

【注释】 ①朴樕：小树。可作柴烧。②纯束：捆绑。

【译文】 砍下小树当柴烧，打死小鹿在荒郊。白茅包好当礼物，如玉姑娘请收好。

【原文】 **"舒而脱脱兮[1]！无感我帨兮[2]！无使尨也吠[3]！"**

【注释】 ①舒而：慢慢地。脱脱：舒缓的样子。②感：通"撼"，动。帨：女子系在腹前的围裙。③尨：多毛而凶猛的狗。

【译文】 "请你慢慢别着忙，别碰围裙莫慌张，别引狗儿叫汪汪。"

邶　　风

柏　　舟

【题解】

这是写贤人忧谗畏讥而又难离乱境的诗。贤人受到群小的陷害，既不甘退让，又不能展翅奋飞。忧愁烦闷，焦虑难眠，无人倾诉。尽管如此，他发誓决不随波逐流，表现了一个忧国忧时的正直文人（或官吏）的形象。也有人认为"这是一个妇女自伤不得于夫，见侮于众妾的诗，诗中表露了她无可告诉的委曲和忧伤"（见《诗经注析》），也可备一说。

【原文】 **汎彼柏舟[1]，亦汎其流。耿耿不寐[2]，如有隐忧[3]。微我无酒[4]，以敖以游[5]。**

【注释】 ①汎：随水浮动。②耿耿：不安的样子。③隐忧：藏在内心的忧痛。④微：非。⑤敖：游的意思。

【译文】 河中荡漾柏木舟，随着波儿任漂流。心中焦虑不成眠，因有隐忧在心头。不是家里没有酒，不是无处可遨游。

【原文】 **我心匪鉴[1]，不可以茹[2]。亦有兄弟，不可以据[3]。薄言往愬[4]，逢彼之怒。**

【注释】 ①匪：同“非”。鉴：镜子。②茹：容纳。③据：依靠。④愬：同“诉”，诉说，告诉。

【译文】 我的心儿不是镜，岂能美丑都能容。我家也有亲兄弟，可叹兄弟难依凭。我曾向他诉苦衷，正逢他们怒难平。

【原文】 **我心匪石，不可转也。我心匪席，不可卷也。威仪棣棣[1]，不可选也[2]。**

【注释】 ①棣棣：安和的样子。②选：同“算”，计算。

【译文】 我的心儿不是石，不可随意来转移。我的心儿非草席，不可随意来卷起。仪容举止有尊严，不可退让被人欺。

【原文】 **忧心悄悄[1]，愠于群小[2]。觏闵既多[3]，受侮不少。静言思之[4]，寤辟有摽[5]。**

【注释】 ①悄悄：忧愁的样子。②愠：怨恨。③觏：遇到。闵：忧愁，祸患。④静：仔细审慎。⑤辟：有的本子作“擗”，捶胸。有摽：即摽摽，捶打的样子。

【译文】 忧愁缠绕心烦闷，群小视我如仇人。中伤陷害既已多，受到侮辱更不少。仔细考虑反复想，醒来捶胸忧难消。

【原文】 **日居月诸[1]，胡迭而微[2]？心之忧矣，如匪浣衣。静言思之，不能奋飞。**

【注释】 ①居、诸：均为语助词，有感叹意。②胡：何。迭：更迭，轮番。微：亏缺，指日蚀、月蚀。

【译文】 问问太阳和月亮，为啥轮番暗无光？心头烦忧去不掉，就像穿着脏衣裳。仔细考虑反复想，无法展翅高飞翔。

绿　衣

【题解】

这是一首思念亡故妻子的诗。诗人睹物怀人，看到妻子亲手缝制的衣裳，想到妻子对自己各方面的关心照顾，现在已物是人非，因此内心充满忧伤，不知何时才能释然。诗人的感情是发自内心深处的，深沉而含蓄，使读者也为之动容。此诗堪称怀人悼亡的佳作。

【原文】 **绿兮衣兮，绿衣黄里[1]。心之忧矣，曷维其已[2]！**

【注释】 ①里：衣服的衬里。②曷：何。维：语助词。已：停，止。

【译文】 那绿色的衣服啊，外面绿色黄色里。看到此衣心忧伤，悲痛之情何时已！

【原文】 **绿兮衣兮，绿衣黄裳[1]。心之忧矣，曷维其亡[2]！**

【注释】 ①裳：下衣，形如现在的裙子。②亡：通“忘”，忘记。

【译文】 那绿色的衣服啊，上穿绿衣下黄裳。看到此衣心忧伤，何时能将此情忘！

【原文】 **绿兮丝兮，女所治兮。我思古人[①]，俾无訧兮[②]！**

【注释】 ①古人：故人，指作者的妻子。②俾：使。訧：过错。

【译文】 那绿色的丝缕啊，是你亲手把它理。思念我的亡妻啊，总是劝我莫越礼。

【原文】 **絺兮绤兮[①]，凄其以风[②]。我思古人，实获我心！**

【注释】 ①絺：细葛布。绤：粗葛布。②凄其：同"凄凄"，凉爽。

【译文】 葛布有粗又有细，穿上凉爽又透气。思念我的亡妻啊，事事都合我心意。

燕 燕

【题解】

《毛诗序》说："《燕燕》，卫庄姜送归妾也。"这个说法，为多数解诗者所采信。庄姜为齐国人，嫁卫庄公，称庄姜。庄姜美而无子，卫庄公又娶陈国厉妫、戴妫姊妹。戴妫生子名完，庄公让庄姜收为己子，并立为太子。庄公卒，太子完继位，即卫桓公。后卫桓公被庄公宠妾所生子州吁杀死。卫桓公被杀，其生母戴妫受牵连，被遣送回陈国。庄姜曾养育其子，并与她关系友善，临行去送她，作了这首诗。诗中以层层递进的形式写行者渐去渐远，送者悲情愈来愈深的情景，在伤别中，还透露出忧国之情。最后一章赞扬戴妫的美德，更说明依依之情的可珍可贵。

【原文】 **燕燕于飞[①]，差池其羽[②]。之子于归，远送于野。瞻望弗及，泣涕如雨。**

【注释】 ①燕燕：鸟名，即燕子。于：语助词。②差池：参差不齐的样子。

【译文】 燕子双双天上翔，参差不齐展翅膀。她回娘家永不返，远送她到旷野上。渐渐远去望不见，涕泣如雨泪沾裳。

【原文】 **燕燕于飞，颉之颃之[①]。之子于归，远于将之[②]。瞻望弗及，伫立以泣[③]。**

【注释】 ①颉：向上飞为颉。颃：向下飞为颃。②将：送。③伫立：久立。

【译文】 燕子双双天上翔，忽上忽下盘旋忙。她回娘家永不返，远送不怕路途长。渐渐远去望不见，注目久立泪汪汪。

【原文】 **燕燕于飞，下上其音。之子于归，远送于南。瞻望弗及，实劳我心[①]。**

【注释】 ①劳：忧。此指思念之劳。

【译文】 双双燕子飞天上，上下鸣叫如吟唱。她回娘家永不返，送她向南路茫茫。渐渐远去望不见，我心悲伤欲断肠。

【原文】 **仲氏任只[①]，其心塞渊[②]。终温且惠[③]，淑慎其身[④]。先君之思[⑤]，以勖寡人[⑥]。**

【注释】 ①仲：排行第二。任：诚实可信任。②塞渊：填满内心深处。形容心胸开阔能包容。③终：既。温：温柔。且：又。惠：和顺。④淑：善良。慎：谨慎。⑤先君：死去的国君。这里指卫庄公。⑥勖：勉励。寡人：古代国君自称。诸侯夫人也可自称寡人，这里是庄姜自称。

【译文】 仲氏诚实又可信，心胸开朗能容忍。性格温柔又和顺，行为善良又谨慎。常说"别忘先君爱"，她的劝勉记在心。

谷　风

【题解】

这是遭到丈夫遗弃的女子写的诉苦诗。诗中运用叙事和抒情相结合的手法，把女子遭弃的原因，弃时的情景，弃后的心情，以及她在家庭中的辛苦，如泣如诉地描写出来。这样，诗中就出现了两个性格鲜明的人物：女子吃苦耐劳，温婉柔顺，痴心多情；男子朝秦暮楚，薄行缺德，少情寡义。全篇通过男女的对比，今昔的对比，被弃和新婚的对比，更加深了我们对被弃女子的同情，对薄情男子的厌恶。

【原文】　**习习谷风[①]，以阴以雨。黾勉同心[②]，不宜有怒。采葑采菲[③]，无以下体[④]？德音莫违[⑤]，“及尔同死”。**

【注释】　①习习：风声。谷风：来自山谷的大风。②黾勉：努力。③葑：蔓菁。菲：萝卜。④无以：不用。下体：指根部。从采食葑、菲不用根部，比喻娶妻不重其德，只看其色。⑤德音：指丈夫曾对她说过的好话。

【译文】　山谷来风迅又猛，阴云密布大雨倾。夫妻共勉结同心，不该动怒不相容。采摘萝卜和蔓菁，难道要叶不要根？往日良言休抛弃，“到死和你不离分”。

【原文】　**行道迟迟[①]，中心有违[②]。不远伊迩[③]，薄送我畿[④]。谁谓荼苦[⑤]，其甘如荠。宴尔新昏[⑥]，如兄如弟。**

【注释】　①迟迟：缓慢。②中心：心中。有违：行动和心意相违背。③伊：是。迩：近。④薄：语助词，有勉强的意思。畿：门内。这里指门槛。⑤荼：苦菜。⑥宴：快乐。新昏：即新婚，指丈夫另娶新人。

【译文】　迈步出门慢腾腾，脚儿移动心不忍。不求送远求送近，谁知仅送到房门。谁说苦菜味最苦，在我看来甜如荠。你们新婚多快乐，亲哥亲妹不能比。

【原文】　**泾以渭浊[①]，湜湜其沚[②]。宴尔新昏，不我屑以[③]。毋逝我梁[④]，毋发我笱[⑤]。我躬不阅[⑥]，遑恤我后[⑦]。**

【注释】　①泾、渭：都是河流名，发源甘肃，在陕西高陵区合流。②湜湜：水清的样子。沚：底。③屑：顾惜，介意。④逝：去，往。梁：用石块垒成的拦鱼坝。⑤发：“拨”的借字，搞乱。笱：捕鱼的竹篓。⑥躬：自身。阅：见容，容纳。⑦遑：暇，来不及。恤：担忧。后：指走后的事。

【译文】　渭水入泾泾水浑，泾水虽浑河底清。你们新婚多快乐，不知怜惜我心痛。不要到我鱼坝来，不要再把鱼篓开。现在既然不容我，以后事儿谁来睬。

【原文】　**就其深矣，方之舟之。就其浅矣，泳之游之。何有何亡[①]，黾勉求之。凡民有丧[②]，匍匐救之。**

【注释】　①亡：无。②民：人。这里指邻人。

【译文】　好比过河河水深，过河就用筏和船。又如河水清且浅，我就游泳到对岸。家里有这没有那，尽心尽力来备办。左邻右舍有灾难，奔走救助不迟延。

【原文】　**不我能慉[①]，反以我为仇。既阻我德[②]，贾用不售[③]。昔育恐育鞫[④]，及尔颠**

覆[⑤]。既生既育，比予于毒[⑥]。

【注释】 ①慉：爱。②阻：拒绝。我德：我的好意。③不售：卖不出去。④育恐：生活恐慌。育鞫：生活穷困。⑤颠覆：患难。⑥于毒：毒虫。

【译文】 你不爱我倒也罢，不该把我当仇家。我的好意你不睬，好比货物没人买。从前害怕家困穷，患难与共苦经营。如今家境有好转，嫌我厌我如毒虫。

【原文】 **我有旨蓄[①]，亦以御冬[②]。宴尔新昏，以我御穷。有洸有溃[③]，既诒我肄[④]。不念昔者，伊余来塈[⑤]。**

【注释】 ①旨蓄：蓄以过冬的美味干菜和腌菜。②御：抵挡。③有洸有溃：即洸洸溃溃，水激荡溃决的样子。这里形容男子发怒时暴戾凶狠的样子。④诒：留给。肄：劳苦的工作。⑤伊余来塈：维我是爱。伊，句首语气词。余，我。来，是。塈，爱。

【译文】 我备好干菜和腌菜，贮存起来好过冬。你们新婚多快乐，拿我的东西来挡穷。粗声恶气欺负我，粗活重活我担承。当初情意全不念，往日恩爱一场空。

北　风

【题解】

这是一首写卫君暴虐，祸乱将至，诗人偕友人急于逃难避祸的诗。诗中描绘的大雪纷飞、北风呼啸的情景，不仅是人们出逃时的天气状况，也影射了当时的政治气候。“莫赤匪狐，莫黑匪乌”二句，把“天下乌鸦一般黑”的黑暗统治一针见血地揭示出来。全诗章节紧凑，气氛如急弦骤雨；比喻形象，危乱如冰雪愁云。

【原文】 **北风其凉[①]，雨雪其雱[②]。惠而好我[③]，携手同行。其虚其邪[④]？既亟只且[⑤]！**

【注释】 ①其凉：即凉凉，形容风寒。②其雱：即雱雱，雪大的样子。③惠而：惠然，顺从、赞成之意。好我：同我友好。④其：同“岂”，语气词，加强反问语气。虚：“舒”的假借字。邪：有的本子作“徐”，虚邪即“舒徐”，缓慢的样子。⑤既：已经。亟：同“急”。只且：语助词。

【译文】 北风刮来冰样凉，大雪漫天白茫茫。赞同我的好朋友，携手一起快逃亡。岂能犹豫慢慢走？事已紧急祸将降！

【原文】 **北风其喈[①]，雨雪其霏。惠而好我，携手同归[②]。其虚其邪？既亟只且！**

【注释】 ①喈：“湝”的假借字，寒凉。②同归：一同走。与上下章的“同行”“同车”意同。

【译文】 北风刮来彻骨凉，雪花纷飞漫天扬。赞同我的好朋友，携手同去好地方。岂能犹豫慢慢走？事已紧急祸将降！

【原文】 **莫赤匪狐[①]，莫黑匪乌[②]。惠而好我，携手同车。其虚其邪？既亟只且！**

【注释】 ①莫赤匪狐：狐狸没有不是红色的。②莫黑匪乌：乌鸦没有不是黑色的。上两句以两种不祥的动物比喻当时的黑暗统治者。

【译文】 天下狐狸皆狡猾，天下乌鸦尽皆黑。赞同我的好朋友，携手同车快离去。

岂能犹豫慢慢走？事已紧急莫后悔！

静　　女

【题解】

这是一首写青年男女幽会的诗。全诗以男子的口吻来写，生动描绘了幽会的全过程：男子赴约的欢快，女子故意隐藏起来的天真活泼可爱，以及向男子赠物表达爱意的情景，使整首诗充满愉快而又幽默的情趣。此诗构思十分灵巧，人物形象刻画生动，洋溢着浓烈的生活气息。

【原文】 **静女其姝①，俟我于城隅②。爱而不见③，搔首踟蹰④。**

【注释】 ①静女：文静的姑娘。姝：美丽。②俟：等待。城隅：城角隐僻处。一说城上角楼。③爱：通"薆"，隐藏的意思。④踟蹰：徘徊。

【译文】 文静的姑娘真可爱，约我城角楼上来。故意躲藏让我找，急得我抓耳又挠腮。

【原文】 **静女其娈①，贻我彤管②。彤管有炜③，说怿女美④。**

【注释】 ①娈：美好的样子。②贻：赠送。彤管：红管草。③炜：鲜明的样子。④说怿：喜爱。女：通"汝"，指红管草。

【译文】 文静的姑娘长得好，送我一支红管草。管草红得亮闪闪，我爱它颜色真鲜艳。

【原文】 **自牧归荑①，洵美且异②。匪女之为美③，美人之贻。**

【注释】 ①牧：郊外。归：通"馈"，赠送。荑：初生的白芽。②洵：实在。异：奇异。③女：通"汝"。这里指荑草。

【译文】 郊外采荑送给我，荑草美好又奇异。不是荑草真奇异，只因是美人送我的。

鄘　　风

柏　　舟

【题解】

这首诗抒写爱情受挫的苦恼。一位少女自己选中了意中人，但却受到家长的反对，因此她发出了呼天呼母的悲叹，表达了对婚姻不自由的深切怨恨。诗以流动漂浮的柏舟起兴，隐含着命运的飘忽不定。又以少女自诉的手法直抒胸臆，感情充沛，打动人心。

【原文】 **汎彼柏舟①，在彼中河②。髧彼两髦③，实维我仪④；之死矢靡它⑤。母也天只⑥，不谅人只！**

【注释】 ①汎：即泛，浮行。这里形容船在河中不停漂浮的样子。②中河：河中。③髧：发下垂的样子。髦：齐眉的头发。④维：乃，是。仪：配偶。⑤之死：至死。矢靡它：没有其他。矢，誓。靡，无。它，其他。⑥也、只：感叹语气助词。

【译文】 柏木船儿在漂荡，漂泊荡漾河中央。垂发齐眉少年郎，是我心中好对象；至死不会变心肠。我的天啊我的娘，为何对我不体谅！

【原文】 **汎彼柏舟，在彼河侧。髧彼两髦，实维我特[①]；之死矢靡慝[②]。母也天只，不谅人只！**

【注释】 ①特：配偶。②慝：通“忒”，变，更改。

【译文】 柏木船儿在漂荡，一漂漂到河岸旁。垂发齐眉少年郎，我愿与他配成双；至死不会变主张。我的天啊我的娘，为何对我不体谅！

墙有茨

【题解】

这是一首揭露和讽刺卫国统治者荒淫无耻的诗。卫宣公劫娶了儿子的聘妻宣姜，宣公死后，他的庶长子顽又与宣姜私通，生下了三男二女。这些宫中丑行，真是不可说不可道。诗中虽然没有指出具体的丑行，但已经将他们的无耻面目揭露无余。

【原文】 **墙有茨[①]，不可埽也[②]。中冓之言[③]，不可道也！所可道也，言之丑也！**

【注释】 ①茨：蒺藜。②埽：同“扫”。③中冓：宫闱，宫廷内部。

【译文】 墙上有蒺藜，不可扫除它。宫中私房话，不可传播啊！如果传出来，丑不可言啊！

【原文】 **墙有茨，不可襄也[①]。中冓之言，不可详也[②]！所可详也，言之长也！**

【注释】 ①襄：除去，扫除。②详：细说。

【译文】 墙上有蒺藜，不可去除它。宫中私房话，不可细说啊！如果说出来，丑事太多啊！

【原文】 **墙有茨，不可束也[①]。中冓之言，不可读也[②]！所可读也，言之辱也！**

【注释】 ①束：总集而去。这里是打扫干净的意思。②读：宣扬。

【译文】 墙上有蒺藜，不能去掉它。宫中私房话，不可吐露啊！如果说出来，真感到羞耻啊！

桑　中

【题解】

这是一首男子唱的情歌。他在劳动的时候，回忆起曾和姑娘约会的事，情之所至，随口唱出了这首歌，表达对美好爱情的追求。诗用自问自答的形式，语句和谐流畅，情绪欢快热烈。

【原文】 **爰采唐矣[①]？沬之乡矣[②]。云谁之思[③]？美孟姜矣[④]。期我乎桑中[⑤]，要我乎上宫[⑥]，送我乎淇之上矣[⑦]。**

【注释】 ①爰：在什么地方。唐：蔓生植物，女萝，俗称菟丝。②沬：地名，春秋时卫邑，即牧野，故地在今河南淇县。③云：句首语助词。④孟：排行居长。姜：姓。⑤期：约会。桑中：卫国地名，亦名桑间，在今河南滑县东北。一说指桑树林中。⑥要：邀请，约请。上宫:楼名。⑦淇:水名。淇水在今河南浚县东北。

【译文】 到哪儿去采女萝啊?到那卫国的沬乡。我的心中在想谁啊?漂亮大姐她姓姜。约我等待在桑中,邀我相会在上宫,送我远到淇水滨。

【原文】 **爰采麦矣?沬之北矣。云谁之思?美孟弋矣[1]。期我乎桑中,要我乎上宫,送我乎淇之上矣。**

【注释】 ①弋:姓。

【译文】 到哪儿去采麦穗啊?到那卫国沬乡北。我的心中在想谁啊?漂亮大姐她姓弋。约我等待在桑中,邀我相会在上宫,送我远到淇水滨。

【原文】 **爰采葑矣?沬之东矣。云谁之思?美孟庸矣[1]。期我乎桑中,要我乎上宫,送我乎淇之上矣。**

【注释】 ①庸:姓。

【译文】 到哪儿去采蔓菁啊?到那卫国沬乡东。我的心中在想谁啊?漂亮大姐她姓庸。约我等待在桑中,邀我相会在上宫,送我远到淇水滨。

载　驰

【题解】

相传此诗为许穆夫人所作。许穆夫人是卫戴公、卫文公的妹妹。卫国被狄人破灭后,由于宋国的帮助,遗民在漕邑安顿下来。许穆夫人听到卫国的情况,立即奔赴漕邑慰问,并提出联齐抗狄的主张,受到许国大夫的反对。此诗即讲述了这件事,表达了诗人强烈的爱国思想、坚强不屈的性格,以及非凡的卓识远见。程俊英先生评价此诗说:"《载驰》的风格沉郁顿挫,感慨唏嘘,但悲而不污,哀而不伤,一种英迈壮往之气充溢行间。……没有真挚的爱国之心,怎能唱出激昂的歌曲;而后人吟咏此诗,虽千载之后,犹如闻其声,如见其人。"这个评论是很贴切的。这首明确记载了作者姓名的诗,使许穆夫人成为世界历史上有记载的最早的女诗人。

【原文】 **载驰载驱[1],归唁卫侯[2]。驱马悠悠[3],言至于漕[4]。大夫跋涉[5],我心则忧。**

【注释】 ①载:"乃"的意思,发语词。驰、驱:马跑为驰,策鞭为驱,总为快马加鞭之意。②唁:慰问死者家属。此指慰问失国的人。③悠悠:形容道路悠远。④漕:卫国邑名。⑤大夫:指许国劝阻许穆夫人到卫吊唁的大臣。跋涉:登山涉水。指许国大夫相追事。

【译文】 车马奔驰快快走,回国慰问我卫侯。驱马前奔路遥遥,恨不一步来到漕。许国大夫来劝阻,他们如此我心忧。

【原文】 **既不我嘉[1],不能旋反[2]。视尔不臧[3],我思不远[4]。既不我嘉,不能旋济[5]。视尔不臧,我思不闷[6]。**

【注释】 ①既:都,尽。不我嘉:不赞同我。嘉,赞同。②旋反:回归。反,同"返"。③臧:善。④不远:不迂阔,切实可行。⑤济:渡水。⑥闷:闭塞不通。

【译文】 纵然你们不赞同,我也不能返回城。看来你们无良策,我的计划尚可行。

纵然你们不赞同，决不回头再返城。看来你们无良策，我的想法尚可通。

【原文】 **陟彼阿丘[①]，言采其蝱[②]。女子善怀[③]，亦各有行[④]。许人尤之，众稚且狂[⑤]。**

【注释】 ①陟：登。阿丘：小丘。②蝱：草药名，即贝母。可以治疗忧郁症。③善怀：多忧思。④行：道理。⑤众：与"终"通用，既的意思。稚：幼稚。

【译文】 登上那个高山冈，采些贝母疗忧伤。女子虽然爱多想，自有道理和主张。许国大夫责备我，真是幼稚又狂妄。

【原文】 **我行其野，芃芃其麦[①]。控于大邦[②]，谁因谁极[③]？大夫君子，无我有尤[④]。百尔所思，不如我所之[⑤]。**

【注释】 ①芃芃：茂盛的样子。②控：赴告，走告。大邦：大国。此指齐国。③因：依靠。极：至。此指来救援。④尤：过错。⑤所之：所往。

【译文】 走在故国田野上，麦苗青青长势旺。快求大国来相帮，依靠他们来救亡。各位大夫听我说，我的主张没有错。尽管你们主意多，不如我去求大国。

卫　　风

硕　　人

【题解】

这是卫人赞美卫庄公夫人庄姜的诗。全诗写她出嫁来到卫国时的盛况。先写她的出身高贵，继写她的美貌风姿，连用五个比喻，描绘出她形体的美。最为传神的是，诗人只用了八个字："巧笑倩兮，美目盼兮"，就让一个笑盈盈地美丽少女站在了我们面前。后来这两句诗成为描写美人之美的只可意会、不可言传的千古名句。此诗到此并未结束，后面接着写她出嫁的排场及沿途的风景，用了六个摹形或摹声的叠词："洋洋""活活""""发发""揭揭""孽孽"，使途中景色也活了起来，真可谓情景交融。

【原文】 **硕人其颀[①]，衣锦褧衣[②]。齐侯之子[③]，卫侯之妻[④]，东宫之妹[⑤]，邢侯之姨[⑥]，谭公维私[⑦]。**

【注释】 ①硕：高大。其颀：颀颀，身材高大的样子。②衣：前"衣"字，作动词用，即穿的意思。褧：罩衫。这句指里面穿着华丽的锦衣，外面罩着麻布制的罩衫，是女子出嫁途中所着装束。③齐侯：指齐庄公。子：女儿。④卫侯：指卫庄公。⑤东宫：指齐太子得臣。东宫为太子住地，因称太子为东宫。⑥邢：国名，在今河北邢台。姨：指妻子的姐妹。⑦谭：亦作"鄿"，国名，在今山东历城。维：是。私：女子称姊妹的丈夫为私，即现在的姐夫或妹夫。

【译文】 高高身材一美女，身着锦服和罩衣。她是齐侯的爱女，她是卫侯的娇妻，她是太子的胞妹，她是邢侯的小姨，谭公是她亲妹婿。

【原文】 **手如柔荑[①]，肤如凝脂[②]，领如蝤蛴[③]，齿如瓠犀[④]，螓首蛾眉[⑤]。巧笑倩兮[⑥]，美目盼兮[⑦]。**

【注释】 ①柔荑:柔嫩的初生白茅的幼苗。②凝脂:凝结的脂肪,形容肤色光润。③蝤蛴:天牛的幼虫,白色细长。形容脖颈长而白。④瓠犀:葫芦籽。形容牙齿白而整齐。⑤螓:虫名,似蝉而小,它的额头宽大方正。这里形容额头宽阔。蛾:蚕蛾,它的触角细长而弯。⑥倩:笑时脸上的酒窝。⑦盼:眼睛黑白分明的样子。

【译文】 手指纤纤如嫩荑,皮肤白皙如凝脂,美丽脖颈像蝤蛴,牙如瓠籽白又齐,额头方正眉弯细。微微一笑酒窝妙,美目顾盼眼波俏。

【原文】 **硕人敖敖[1],说于农郊[2]。四牡有骄[3],朱幩镳镳[4],翟茀以朝[5]。大夫夙退[6],无使君劳。**

【注释】 ①敖敖:身材高大的样子。②说:停驾休息。③四牡:驾车的四匹雄马。有骄:即骄骄,健壮的样子。④朱幩:马两旁用红绸缠绕做装饰。镳镳:盛美的样子。⑤翟茀:用山鸡羽毛装饰的车子。翟,长尾的野鸡。茀,古代车箱上的遮蔽物。⑥夙退:早点退朝。

【译文】 美人身材高又高,停车休息在近郊。四匹雄马气势骄,马勒上边红绸飘,乘坐羽车来上朝。大夫朝毕早点退,莫让卫君太辛劳。

【原文】 **河水洋洋[1],北流活活[2]。施罛涉涉[3],鳣鲔发发[4],葭菼揭揭[5]。庶姜孽孽[6],庶士有朅[7]。**

【注释】 ①河:黄河。洋洋:水茫茫的样子。②活活:水流动的样子。③施:设,张。罛:渔网。涉涉:撒网入水声。④鳣:大鲤鱼。一说鳇鱼。鲔:鲟鱼。一说鳝鱼。发发:亦作"泼泼",鱼盛多的样子。一说鱼尾摆动的声音。⑤揭揭:向上扬起的样子,形容长势旺。⑥庶:众。姜:姜姓女子。春秋时期诸侯女儿出嫁,常以姊妹或宗室之女从嫁。齐国姜姓,所以称"庶姜"。⑦庶士:指随从庄姜到卫的齐国诸臣。朅:威武的样子。

【译文】 黄河之水浩荡荡,哗哗奔流向北方。渔网撒开呼呼响,鱼儿泼泼进了网,芦苇菼草长势旺。姜家众女着盛装,随从庶士也雄壮。

竹　竿

【题解】

这是一首卫国女子出嫁远离故乡、思念家乡的诗。她深情地回忆了家乡的河流,少女时出游的情景,但现在已远离了这些,只能驾车出游,以解思乡之愁了。此诗语言凝练含蓄,清新动人。

【原文】 **籊籊竹竿[1],以钓于淇。岂不尔思[2]?远莫致之[3]。**

【注释】 ①籊籊:竹竿长而细的样子。②不尔思:即不思尔。尔,你。此指淇水。③致:到。

【译文】 钓鱼竿儿细又长,曾经钓鱼淇水上。难道不把旧地想,路途太远难还乡。

【原文】 **泉源在左[1],淇水在右。女子有行,远兄弟父母。**

【注释】 ①泉源:水名,在朝歌之北。左:水以北为左,南为右。

【译文】 泉源在那左边流,淇水就在右边流。姑娘出嫁要远行,远离父母和弟兄。

【原文】 **淇水在右，泉源在左。巧笑之瑳[1]，佩玉之傩[2]。**

【注释】 ①瑳：玉色鲜白的样子。②傩：行步有节奏。

【译文】 淇水在那右边流，泉源就在左边流。巧笑微露如玉齿，佩玉叮当有节奏。

【原文】 **淇水滺滺[1]，桧楫松舟[2]。驾言出游[3]，以写我忧[4]。**

【注释】 ①滺滺：水流的样子。②桧楫：桧木做的船桨。③驾言：本意是驾车，这里指操舟。言，语助词。④写：宣泄。

【译文】 淇水流淌水悠悠，桧桨松船水上浮。只好驾车去出游，以解心里思乡愁。

河　广

【题解】

这是居住在卫国的宋人写的一首思乡诗。诗仅仅有两章八句，乍看似单调重复，但因诗人饱含感情，读来却情深意长，是《诗经》中一篇优美的抒情短章。

【原文】 **谁谓河广[1]？一苇杭之[2]。谁谓宋远？跂予望之[3]。**

【注释】 ①河：黄河。②苇：用芦苇编的筏子。杭：渡。③跂：踮起脚跟。予：我。

【译文】 谁说黄河宽又广，一条苇筏就能航。谁说宋国很遥远，踮起脚跟就望见。

【原文】 **谁谓河广？曾不容刀[1]。谁谓宋远？曾不崇朝[2]。**

【注释】 ①曾：乃。刀：通"舠"，小船。以此形容黄河水小易渡。②崇朝：终朝，一个早晨。

【译文】 谁说黄河广又宽，难以容纳小木船。谁说宋国很遥远，一个早晨到对岸。

伯　兮

【题解】

这是一首妻子深切思念远行出征丈夫的诗。首先她赞美丈夫才智出众，是国家的人才，从夸赞中透露出对丈夫的爱。又写自己从丈夫出征后无心梳妆打扮，"首如飞蓬"，因为欣赏自己的人不在身边。因思念之情太深，以至想得头疼。又因思念之苦难以忍受，希望能找到忘忧草来医治相思之苦。整首诗用层层递进的手法，写她随着丈夫的越走越远，分离的时间越来越长，思念之情也越来越深。此诗可以说是思妇诗的发端，对后世产生了很大的影响。如魏徐幹的"自君之出矣，明镜暗不治"（《室思》），"君行殊不返，我饰为谁容"（《情诗》），唐代雍裕之的"自君之出矣，宝镜为谁明"（《自君之出矣》），宋代李清照的"起来慵自梳头"（《凤凰台上忆吹箫》），都可以看到《伯兮》的影子。

【原文】 **伯兮朅兮[1]，邦之桀兮[2]。伯也执殳[3]，为王前驱[4]。**

【注释】 ①伯：古代妻子称自己的丈夫。朅：威武健壮的样子。②桀：才能出众的人。③殳：古代兵器，竹制的竿，长一丈二尺。④前驱：先锋。

【译文】 我的夫君真英武，才智出众屈指数。丈二长矛拿在手，为王出征走前头。

【原文】 **自伯之东，首如飞蓬[1]。岂无膏沐[2]？谁适为容[3]？**

【注释】 ①飞蓬：形容头发如乱草。②膏：润发油。沐：洗。③适：悦，喜欢。

【译文】 自从夫君去东征，我发散乱如飞蓬。难道没有润发油？叫我为谁来美容？

【原文】 **其雨其雨，杲杲出日[1]。愿言思伯[2]，甘心首疾[3]。**

【注释】 ①杲杲：明亮的样子。②愿言：念念不忘的样子。愿，每，常常。③甘心：情愿。首疾：头痛。

【译文】 盼那大雨下一场，天上偏偏出太阳。天天我把夫君盼，想得头痛也心甘。

【原文】 **焉得谖草[1]？言树之背。愿言思伯，使我心痗[2]。**

【注释】 ①谖：又名萱草，古人认为此草可以使人忘忧，又叫忘忧草。②痗：病。

【译文】 哪儿能找忘忧草？找来种在此屋旁。天天我把夫君想，魂牵梦绕心悲伤。

王　风

黍　离

【题解】

这是一首有感家国兴亡的诗。作者为朝廷中大臣，他行役到此地，看到故室宗庙尽变为禾黍，悲怆不已，彷徨不忍离去。可能他曾对朝政发表过意见，但不被理解，以为他有什么个人企图，所以他感叹说："知我者，谓我心忧；不知我者，谓我何求。"现在国都已东迁洛邑，往事已不堪回首，他只能对天浩叹："悠悠苍天，此何人哉？"苍天啊苍天！这种状况是谁造成的呢？这明明是因为周幽王的暴虐无道，政治腐败，才导致狄人入侵，西周覆灭。但诗人是周朝大臣，不便直说，就用反问句委婉地说出来。此诗主要特点，就是用重叠的字句，回环反复地吟唱，表现绵绵不尽的故国之思和凄怆无已之心。正如方玉润评论："三章只换六字，而一往情深，低回无限。此专以描摹虚神擅长，凭吊诗中绝唱也。"（《诗经原始》）此诗历代流传，影响很大，后世文人写怀古诗，也往往沿袭其音调。"黍离"一词成了人们感叹亡国触景生情常用的典故。

【原文】 **彼黍离离[1]，彼稷之苗。行迈靡靡[2]，中心摇摇[3]。知我者，谓我心忧；不知我者，谓我何求。悠悠苍天[4]，此何人哉？**

【注释】 ①黍：北方的一种农作物，形似小米，有粘性。离离：一行行的。②靡靡：走路缓慢的样子。③摇摇：心神不定的样子。④悠悠：遥远的样子。

【译文】 看那黍子一行行，高粱苗儿也在长。迈着步子走且停，心里只有忧和伤。知我者说我心忧，不知者说我有求。高高在上苍天啊，何人害我离家走！

【原文】 **彼黍离离，彼稷之穗。行迈靡靡，中心如醉。知我者，谓我心忧；不知我者，谓我何求。悠悠苍天，此何人哉！**

【译文】 看那黍子一行行，高粱穗儿也在长。迈着步子走且停，如同喝醉酒一样。知我者说我心忧，不知者说我有求。高高在上苍天啊，何人害我离家走！

【原文】 **彼黍离离，彼稷之实。行迈靡靡，中心如噎[1]。知我者，谓我心忧；不知我者，谓我何求。悠悠苍天，此何人哉？**

【注释】 ①噎:堵塞。此处以食物卡在食管比喻忧深难以呼吸。

【译文】 看那黍子一行行,高粱穗儿红彤彤。迈着步子走且停,心内如噎一般痛。知我者说我心忧,不知者说我有求。高高在上苍天啊,何人害我离家走!

君子于役

【题解】

这首写妻子怀念远行服役丈夫的诗,是我们十分熟悉的诗篇。诗的最大特点是朴素、真实、自然。它用农村中最常见的景物来表达思念之情,合情合理,恰如其分。它如同一幅画面,把忧伤孤寂的农村少妇形象栩栩如生地展现在我们面前。史书说"春秋无义战",此诗从一个侧面反映了那个战乱频繁而又多灾多难的时代。《君子于役》开创的日暮怀人的典型环境,对后世诗歌创作也有很大影响。后人无数的诗词歌赋都采用其手法,如三国时代曹植的《赠白马王彪》:"原野何萧条,白日忽西匿。归鸟赴乔林,翩翩厉羽翼。"晋朝潘岳的《寡妇赋》:"时暧暧而向昏兮,日杳杳而西匿。雀群飞而赴楹兮,鸡登栖而敛翼。"唐代李白、白居易,宋代李清照等诗人都有同样风格的诗作。清人许瑶光的《再读〈诗经〉四十二首》之十四首写道:"鸡栖于桀下牛羊,饥渴萦怀对夕阳。正启唐人闺怨句,最难消遣是黄昏。"用诗句对《君子于役》做了最恰当的概括与评价。

【原文】 **君子于役[①],不知其期,曷至哉[②]?鸡栖于埘[③],日之夕矣,羊牛下来。君子于役,如之何勿思!**

【注释】 ①君子:妻子称呼丈夫。役:徭役或兵役。②曷至哉:现在他到了何处呢?一说意为"什么时候回来呀?"曷,何。③埘:墙洞式的鸡窝。

【译文】 丈夫服役去远方,期限长短难估量,不知到了啥地方。鸡儿已经进了窝,太阳也向西方落,牛羊成群下山坡。丈夫服役在远方,叫我怎不把他想。

【原文】 **君子于役,不日不月[①],曷其有佸[②]?鸡栖于桀[③],日之夕矣,羊牛下括[④]。君子于役,苟无饥渴[⑤]?**

【注释】 ①不日不月:无日无月,指没有归期。②佸:相会。③桀:木桩。这里指鸡窝中供鸡栖息的横木。④括:义同"佸"。这里指牛羊聚集在一起。⑤苟:且,或许。

【译文】 丈夫服役去远方,没日没月恨日长,不知何时聚一堂。鸡儿纷纷上了架,太阳渐渐也西下,牛羊下坡回到家。丈夫服役在远方,但愿不会饿肚肠。

兔　爰

【题解】

这是一首感时伤乱之作。诗人刚出生的时候还没有战乱,之后却遇上了大变革大动乱的时代,这给诗人造成了极大的痛苦,他希望自己能长睡不醒,无知无觉,来躲避这些灾难造成的创伤。这反映了一个战乱的时代,民众被压抑被扭曲的心理,也可见那动乱已使民众的生存受到极大的威胁,才会产生这样消极的乐死不乐生的人生态度。

【原文】 **有兔爰爰[①],雉离于罗[②]。我生之初,尚无为[③]。我生之后,逢此百罹[④],尚**

寐无吡[5]。

【注释】 ①爰爰:自由自在的样子。②离:同“罹”,遭遇。罗:网。③尚:犹,还。无为:无事。此指无战乱之事。④百罹:多种忧患。⑤尚:庶几,有希望的意思。寐:睡。无吡:不动。

【译文】 野兔儿自由自在,野鸡儿落进网来。我刚出生的时候,没有战乱没有灾。自我出生以后,遭遇种种祸害,但愿永睡不醒来。

【原文】 **有兔爰爰,雉离于罦[1]。我生之初,尚无造[2]。我生之后,逢此百忧,尚寐无觉[3]。**

【注释】 ①罦:装有机关的捕鸟兽的网。②无造:即无为。③无觉:不醒,不想看。

【译文】 野兔儿自由自在,野鸡儿落进网来。我刚出生的时候,没有徭役没有灾。自我出生以后,遭遇种种苦难,但愿长睡永闭眼。

【原文】 **有兔爰爰,雉离于罿[1]。我生之初,尚无庸[2]。我生之后,逢此百凶,尚寐无聪[3]。**

【注释】 ①罿:捕鸟网。②无庸:无劳役。③无聪:不想听。

【译文】 野兔儿自由自在,野鸡儿落进网来。我刚出生的时候,没有劳役没有灾。自我出生以后,遭遇种种祸端,但愿长睡听不见。

郑　风

将　仲　子

【题解】

这是春秋时期郑国的一首情歌,写一位女子在旧礼教的束缚下,用婉转的方式,请求情人不要前来相会。春秋时代虽然“礼崩乐坏”,但婚礼还在流行着。对男女婚姻,也规定了要通过父母之命,媒妁之言,才能正式结婚。如果“不待父母之命,媒妁之言,钻穴隙相窥,窬墙相从,则父母国人皆贱之”(《孟子·滕文公下》)。鉴于这种压力,姑娘不敢让心上人跳墙来家中幽会,只好婉言相拒。但她又深深地爱着小伙子,所以坦诚地表达了她又爱又怕、战战兢兢的心情。

【原文】 **将仲子兮[1],无窬我里[2],无折我树杞。岂敢爱之[3]?畏我父母[4]。仲可怀也,父母之言,亦可畏也。**

【注释】 ①将:请。仲子:男子的字,犹言“老二”。②窬:跨越。里:五家为邻,五邻为里,里外有墙。③爱:吝惜,舍不得。④畏:害怕。

【译文】 仲子哥啊听我讲,不要跨过里外墙,莫把杞树来碰伤。不是爱惜这些树,是怕我的爹和娘。无时不把哥牵挂,又怕爹娘来责骂,这事真叫我害怕。

【原文】 **将仲子兮,无窬我墙,无折我树桑。岂敢爱之?畏我诸兄。仲可怀也,诸兄之言,亦可畏也。**

【译文】 仲子哥啊听我讲，不要翻过我家墙，莫碰墙边种的桑。不是爱惜这些树，是怕兄长来阻挡。无时不把哥牵挂，又怕兄长把我骂，这事真叫我害怕。

【原文】 将仲子兮，无窬我园，无折我树檀。岂敢爱之？畏人之多言。仲可怀也，人之多言，亦可畏也。

【译文】 仲子哥啊听我讲，不要登我后园墙，莫让檀树枝干伤。不是爱惜这些树，是怕众人舌头长。无时不把哥牵挂，闲话也能把人杀，这事真叫我害怕。

女曰鸡鸣

【题解】

此诗通过夫妻对话的形式，表现了和睦的家庭生活以及夫妻间真挚的爱情。从这些生动的对话中，我们看到了一幅静谧乡野优美的晨景，也看到了古代一个恩爱和谐的小家庭。诗中除夫妇二人对话，还有诗人旁白，使整首诗如同一幕短剧，读者会感到生动逼真，情趣盎然。闻一多说："《女曰鸡鸣》，乐新婚也。"（《风诗类钞》）这有一定道理。即使不是新婚，也写的是年轻夫妻的家庭生活。

鸡

【原文】 女曰："鸡鸣。"士曰："昧旦[①]。""子兴视夜[②]，明星有烂[③]。""将翱将翔，弋凫与雁[④]。"

【注释】 ①昧旦：黎明时分。②兴：起来。③有烂：烂烂，明亮的样子。④弋：古代用生丝做线，系在箭上射鸟，叫作"弋"。

【译文】 女子说："鸡已叫了。"男子说："天快亮了。""你快起来看天空，启明星儿亮晶晶。""鸟儿正在空中翔，射点鸭雁给你尝。"

【原文】 "弋言加之[①]，与子宜之[②]。宜言饮酒，与子偕老。琴瑟在御[③]，莫不静好[④]。"

【注释】 ①加：射中。②宜：据《尔雅》："肴也。"即菜肴，此处作动词用，指烹调菜肴。③御：用。此处是弹奏的意思。古代常用琴瑟的合奏象征夫妇同心和好。④静好：安好。

【译文】 "射中鸭雁拿回家，做成菜肴味道香。就着美味来饮酒，恩爱生活百年长。你弹琴来我鼓瑟，夫妻安好心欢畅。"

【原文】 "知子之来之[①]，杂佩以赠之[②]；知子之顺之[③]，杂佩以问之[④]；知子之好之，杂佩以报之[⑤]。"

【注释】 ①来：劳来，关怀。②杂佩：用多种珠玉制作的佩饰。③顺：柔顺。④问：赠送。⑤报：赠物报答。

【译文】 "知你对我真关怀，送你杂佩表我爱。知你对我多温柔，送你杂佩表我情。知你对我情义深，送你杂佩表我心。"

褰　裳

【题解】

这是一首女子戏谑情人的情诗。诗中女主人公虽用责备的口气指责男子的感情不够热烈,实则表现出女子对男子感情的真诚、执着和热烈,而且表达得大方、自然而又朴实巧妙,正如郑振铎所说:“写得很轻巧,很婉秀,别饶一种媚态,一种美趣。”(《插图本中国文学史》)

【原文】 **子惠思我[1],褰裳涉溱[2]。子不我思[3],岂无他人?狂童之狂也且[4]!**

【注释】 ①惠:爱。②褰:提起。裳:裙衣。溱:郑国河名。③不我思:即不思我。④童:愚昧。且:语气词。

【译文】 你若爱我想念我,赶快提起衣裳蹚过溱水河。你若不再想念我,难道没有别人来找我?你这个傻里傻气的傻哥哥!

【原文】 **子惠思我,褰裳涉洧[1]。子不我思,岂无他士?狂童之狂也且!**

【注释】 ①洧:郑国河名。

【译文】 你若爱我想念我,赶快提起衣裳蹚过洧水河。你若不再想念我,难道没有别的少年哥?你这个傻里傻气的傻哥哥!

出其东门

【题解】

这是一位男子表示对爱恋对象(一说指他的妻子)专一不二的诗。朱熹对此诗作者的专一态度十分赞赏,他说:“是时淫风大行,而其间乃有如此之人,亦可谓能自好而不为习俗所移矣。”(《诗集传》)还进一步评价说:“此诗却是个识道理人作,郑诗虽淫乱,此诗却如此好。”(《朱子语类》)有著者说朱熹“斥此诗为淫奔”,理解有误。这首诗朴素无华,明白如话。颂扬了对待爱情的正确态度,对那些喜新厌旧,见异思迁的人也是曲折婉转的批评。

【原文】 **出其东门[1],有女如云[2]。虽则如云。匪我思存[3]。缟衣綦巾[4],聊乐我员[5]。**

【注释】 ①东门:是郑国游人云集的地方。②如云:比喻女子众多。③思存:思念。④缟:白色。綦:苍艾色。巾:头巾,一说围裙。此为贫家女服饰。⑤聊:且。员:语助词。此句《韩诗》作“聊乐我魂”,魂,精神。可参看。

【译文】 出了城东门,女子多如云。虽然多如云,不是我心上人。身着白衣绿裙人,才让我快乐又亲近。

【原文】 **出其闉阇[1],有女如荼[2]。虽则如荼,匪我思且[3]。缟衣茹藘[4],聊可与娱。**

【注释】 ①闉阇:城门外的护门小城,即瓮城门。②荼:白茅花。这里用来比喻女子众多。③思且:思念,向往。且,语气语。④茹藘:茜草,可作红色染料。此指红色佩巾。

【译文】 出了外城门,女子多如花。虽然多如花,不是我爱的人。身着白衣红佩巾,

才让我喜爱又欢欣。

野有蔓草

【题解】

这是一首轻快的情歌。在一个露珠未干的早上，一对男女青年在田间路上不期而遇。也许他们早就心心相印，也许这是第一次相见，但他们相互倾心，欣喜之情难以抑制，于是就产生了这首清新别致的情歌。

【原文】 **野有蔓草①，零露漙兮②。有美一人，清扬婉兮③。邂逅相遇④，适我愿兮⑤。**

【注释】 ①蔓草：蔓延的草。②零：降落。漙：露水多的样子。③清扬：眉清目秀的样子。婉：美好。④邂逅：不期而遇。⑤适：适合。

【译文】 野草蔓蔓连成片，草上露珠亮闪闪。有位美女路上走，眉清目秀美又艳。不期相遇真正巧，正好适合我心愿。

【原文】 **野有蔓草，零露瀼瀼①。有美一人，婉如清扬。邂逅相遇，与子偕臧②。**

【注释】 ①瀼瀼：露水多的样子。②偕臧：一同藏起来。臧，同"藏"。

【译文】 野草蔓蔓连成片，草上露珠大又圆。有位美女路上走，眉清目秀美容颜。不期相遇真正巧，与她幽会两心欢。

齐　　风

鸡　　鸣

【题解】

这是一首妻子催促丈夫早起上朝的诗。

全诗以对话形式展开，创意新颖，构思巧妙，好像一出小品，活画出一个贪恋床衾的官吏形象。这样的懒官怎能治理好国家！

【原文】 **"鸡既鸣矣，朝既盈矣①。""匪鸡则鸣②，苍蝇之声。"**

【注释】 ①盈：满。此指大臣上朝。②匪：同"非"，不是。

【译文】 "你听公鸡已叫鸣，大臣都已去朝廷。""不是公鸡在叫鸣，是那苍蝇嗡嗡声。"

【原文】 **"东方明矣，朝既昌矣①。""匪东方则明，月出之光。虫飞薨薨②，甘与子同梦。""会且归矣，无庶予子憎③。"**

【注释】 ①昌：盛。仍指朝堂人多。②薨薨：虫飞声。③无庶："庶无"的倒文，希望之意。憎：憎恶，讨厌。这句话的意思是，希望不要招来别人对你的憎恨。

【译文】 "你看东方现光明，朝会大臣已满廷。""不是东方现光明，那是月光闪盈盈。你听虫飞声嗡嗡，甘愿与你同入梦。""朝会大臣要回家，千万别说你坏话。"

东方未明

【题解】

这是为朝廷服劳役的百姓写的一首怨苦之作。主人公为了应差,天不亮就得起床,急乱中错把裤子套在了头上,把脚伸进了袖筒。这个细节的描述,读来令人发笑,但这是辛酸的笑,是苦涩的笑。他为何这样慌张?因为必须快速去应差,不然则会受到责罚。即使如此,还要受监工的气,这是多么不公平啊!

【原文】 **东方未明,颠倒衣裳。颠之倒之,自公召之。**

【译文】 东方还没露亮光,颠倒穿衣慌又忙。慌忙哪知颠与倒,只因公差来喊叫。

【原文】 **东方未晞[①],颠倒裳衣。倒之颠之,自公令之。**

【注释】 ①晞:拂晓,天明。

【译文】 东方未明天色黑,穿衣颠倒忙又急。急忙哪知颠与倒,只因公差在喊叫。

【原文】 **折柳樊圃[①],狂夫瞿瞿[②]。不能辰夜[③],不夙则莫[④]。**

【注释】 ①樊:篱笆。此处作动词用。②狂夫:指监工者。瞿瞿:瞪视的样子。③辰:时。此指守时。④夙:早。莫:同“暮”。

【译文】 筑篱砍下柳树枝,监工在旁怒目视。不能按时睡个觉,早起晚睡真辛劳。

魏　风

园　有　桃

【题解】

这是一位贤士忧时伤世的诗。诗人对现实有较为清醒的认识,但不被人理解,因而心情郁闷忧伤。于是长歌当哭,表达出深深的哀婉伤痛之情。此诗句式参差多变,读来韵味婉转深长。

【原文】 **园有桃,其实之肴[①]。心之忧矣,我歌且谣[②]。不知我者,谓我士也骄[③]。“彼人是哉[④],子曰何其[⑤]。”心之忧矣,其谁知之?其谁知之,盖亦勿思[⑥]!**

【注释】 ①肴:食。②歌、谣:泛指歌唱。③士:古代对知识分子或一般官吏的称呼。④彼人:那人,指朝廷执政者。是:对,正确。⑤子:你,即作者。何其:为什么。其,语气词。⑥盖:同“盍”,何不。

【译文】 园内有棵桃,桃子可以当佳肴。内心忧伤无处诉,我且唱歌说歌谣。不了解我的人,说我这人太骄傲。“那人是正确的啊,你说那些没必要。”内心忧伤无处诉,有谁了解我苦恼?没人了解我苦恼,只好不再去思考!

【原文】 **园有棘[①],其实之食。心之忧矣,聊以行国[②]。不知我者,谓我士也罔极[③]。“彼人是哉,子曰何其。”心之忧矣,其谁知之?其谁知之,盖亦勿思!**

【注释】 ①棘:酸枣树。②行国:周游国中。③罔极:无常。

【译文】 园内有棵枣，枣子当食可吃饱。内心忧伤无处诉，姑且到处去走走。不了解我的人，说我这人背常道。“那人是正确的啊，你说那些没必要。”内心忧伤无处诉，有谁了解我苦恼？没人了解我苦恼，只好不再去思考！

陟 岵

【题解】

这是服役在外的征夫思念家中亲人的诗。春秋时期，一般劳苦大众都要承担沉重的兵役和劳役，他们不仅身体受折磨，更加难以忍耐的是和亲人分离的痛苦。此诗的特点是，诗人不直抒思家之情，而是想象父母兄长对他的挂念叮嘱，读来更令人心酸，也更深沉凄婉。

【原文】 **陟彼岵兮[1]，瞻望父兮。父曰[2]：“嗟！予子行役，夙夜无已。上慎旃哉[3]，犹来无止[4]！”**

【注释】 ①陟：登。岵：有草木的山。②父曰：这是诗人想象他父亲说的话。下文“母曰”“兄曰”同。③上：同“尚”，希望。慎：谨慎。旃：助词，之，焉。④犹来：还是回来。无：不要。止：停留。

【译文】 登上草木青青高山冈，登高来把爹爹望。爹说：“唉！我儿服役远在外，爹爹日夜挂心怀。望你小心保平安，服完劳役早回来！”

【原文】 **陟彼屺兮[1]，瞻望母兮。母曰：“嗟！予季行役[2]，夙夜无寐[3]。上慎旃哉，犹来无弃！”**

【注释】 ①屺：不长草木的山。②季：小儿子。③无寐：没时间睡觉。

【译文】 登上高高秃山顶，登上山顶望亲娘。娘说：“唉！幺儿当差在他乡，老娘日夜心中想。望你小心保平安，别把爹娘弃一旁！”

【原文】 **陟彼冈兮，瞻望兄兮。兄曰：“嗟！予弟行役，夙夜必偕[1]。上慎旃哉，犹来无死！”**

【注释】 ①偕：俱，在一起。

【译文】 登上那个高山冈，登上高冈望兄长。哥说：“唉！弟弟服役走得远，哥哥就在你身边。望你小心保平安，身体健壮要生还！”

十亩之间

【题解】

这是一首采桑女子唱的歌。诗中描绘了春日桑林间，采桑女子在辛勤劳动之后轻松悠闲结伴归家的情景。

【原文】 **十亩之间兮，桑者闲闲兮[1]。行与子还兮[2]。**

【注释】 ①桑者：采桑的人。闲闲：宽闲、从容的样子。②行：走。

【译文】 十亩之内桑树间，采桑姑娘已悠闲。走吧，咱们一起回家转。

【原文】 **十亩之外兮，桑者泄泄兮[1]。行与子逝兮[2]。**

【注释】 ①泄泄：人多的样子。②逝：返回。

【译文】 十亩之外桑树林，采桑姑娘结成群。走吧，咱们一起转回村。

硕　　鼠

【题解】

这是一首劳动者反抗沉重剥削、向往美好社会生活的诗。诗人形象地把剥削者比作又肥又大的老鼠，他们贪婪成性、油滑狡诈，从不考虑别人的死活，以致劳动者无法在此继续生活下去，而要去寻找他们理想中的“乐土”。诗的主要特点是比喻贴切精当，在情感表达上，也有一唱三叹之妙。先是呼告请求，继则斥责揭露，充满了无可奈何的怨恨；后又向往乐土，想去过一种无忧无虑的生活，于无可奈何中增添了希望。在他们的想象中，除了这重敛蚕食之地，总还能够找到安居乐业、劳有所值、永无悲号的地方吧。

【原文】 **硕鼠硕鼠，无食我黍！三岁贯女[①]，莫我肯顾[②]。逝将去女[③]，适彼乐土[④]。乐土乐土，爰得我所[⑤]。**

【注释】 ①贯：“宦”的假借字，侍奉、养活的意思。女：通“汝”，你。②莫我肯顾：“莫肯顾我”的倒装。顾，顾及，照管。③逝：通“誓”，发誓。去：离开。④适：往。乐土：安居乐业的地方。⑤爰：乃，就。

【译文】 大老鼠啊大老鼠，不要偷吃我的黍！多年辛苦养活你，我的死活你不顾。发誓从此离开你，到那理想的乐土。乐土啊美好乐土，那是安居好去处。

【原文】 **硕鼠硕鼠，无食我麦！三岁贯女，莫我肯德[①]。逝将去女，适彼乐国。乐国乐国，爰得我直[②]。**

【注释】 ①德：感激之意。②直：报酬。

【译文】 大老鼠啊大老鼠，不要偷吃我的麦！多年辛苦养活你，不闻不问不感谢。发誓从此离开你，到那理想安乐地。安乐地呀安乐地，劳动所得归自己。

【原文】 **硕鼠硕鼠，无食我苗！三岁贯女，莫我肯劳[①]。逝将去汝，适彼乐郊。乐郊乐郊，谁之永号[②]？**

【注释】 ①劳：慰劳。②永号：长叹。

【译文】 大老鼠啊大老鼠，不要偷吃我的苗！多年辛苦养活你，没日没夜谁慰劳。发誓从此离开你，到那理想的乐郊。乐郊啊美好乐郊，谁还叹气长呼号？

唐　　风

蟋　　蟀

【题解】

这是一首岁末述怀诗。作者既有人生易老，要及时行乐的思想；也有行乐有度，要做贤士的志向。这首诗反映了东周时期唐地的风情，据朱熹《诗集传》说：“唐俗勤俭，故其

民终岁劳苦,不敢少休。及其岁晚务闲之时,乃敢相与燕饮为乐。”

【原文】 **蟋蟀在堂[1],岁聿其莫[2]。今我不乐,日月其除[3]。无已大康[4],职思其居[5]。好乐无荒[6],良士瞿瞿[7]。**

【注释】 ①堂:厅堂。②聿:语助词,有“遂”的意思。莫:同“暮”。③除:去。④已:甚,过度。大康:即泰康,过于安乐。⑤职:还要。居:所任的职位。⑥好:喜好。荒:荒废。⑦瞿瞿:惊愕的样子。这里有警惕之意。

【译文】 天寒蟋蟀进堂屋,一年匆匆临岁暮。今不及时去行乐,日月如梭留不住。行乐不可太过度,本职事情莫耽误。正业不废又娱乐,贤良之士多警悟。

【原文】 **蟋蟀在堂,岁聿其逝[1]。今我不乐,日月其迈[2]。无已大康,职思其外[3]。好乐无荒,良士蹶蹶[4]。**

【注释】 ①逝:去。②迈:逝去。③外:本职之外的事。④蹶蹶:勤恳敏捷的样子。

【译文】 天寒蟋蟀进堂屋,一年匆匆到岁暮。今不及时去行乐,日月如梭停不住。行乐不可太过度,分外之事也不误。正业不废又娱乐,贤良之士敏事务。

【原文】 **蟋蟀在堂,役车其休[1]。今我不乐,日月其慆[2]。无已大康,职思其忧。好乐无荒,良士休休[3]。**

【注释】 ①役车:服役的车子。②慆:逝去。③休休:安闲的样子。

【译文】 天寒蟋蟀进堂屋,行役车辆也息休。今不及时去行乐,日月如梭不停留。行乐不可太过度,还有国事让人忧。正业不废又娱乐,贤良之士乐悠悠。

山　有　枢

【题解】

此诗有两种解释:《毛诗序》说:“《山有枢》刺晋昭公也。不能修道以正其国,有财不能用,有钟鼓不能以自乐,有朝廷不能扫,政荒民散,将以危亡,四邻谋取其国而不知,国人作诗以刺之也。”又清人方玉润认为:“时君将亡,必望其急早修改,以收拾人心为主,岂有劝其及时行乐,自速死亡乎?”“《山有枢》,刺唐人俭不中礼也。”(《诗经原始》)现在一般认为是嘲笑讽刺守财奴的诗。

【原文】 **山有枢[1],隰有榆[2]。子有衣裳,弗曳弗娄[3]。子有车马,弗驰弗驱。宛其死矣[4],他人是愉[5]。**

【注释】 ①枢:臭椿树。一说刺榆。②隰:低洼的地。③曳:拖。娄:意同“曳”,都指穿衣的动作。④宛其:宛然,形容枯萎倒下的样子。此指将死状。⑤愉:乐。

【译文】 山上有树名为枢,低地有树名叫榆。你有裳来又有衣,不穿不着压箱底。你有马来又有车,不骑不乘不驰驱。有朝一日眼一闭,他人享受多欢愉。

【原文】 **山有栲[1],隰有杻[2]。子有廷内[3],弗洒弗扫。子有钟鼓,弗鼓弗考[4]。宛其死矣,他人是保[5]。**

【注释】 ①栲:树名,又叫山樗。②杻:树名,又叫檍。③廷内:庭院与堂室。④鼓:敲打。考:敲。⑤保:持有。

【译文】 山上有树名为栲，低地有树名叫檍。你有院来又有房，不去打扫任肮脏。你有钟来又有鼓，不敲不打没声响。有朝一日眼一闭，他人拥有把福享。

【原文】 **山有漆[1]，隰有栗[2]。子有酒食，何不日鼓瑟[3]？且以喜乐，且以永日[4]。宛其死矣，他人入室。**

【注释】 ①漆：树名，其汁液可做涂料。②栗：栗子树。③鼓瑟：弹奏琴瑟。瑟为一种二十五弦的乐器。④永日：整日，终日。

【译文】 山上有树名为漆，低地有树名叫栗。你有菜来又有酒，何不宴饮又奏乐？姑且以此来娱乐，姑且以此度朝夕。有朝一日眼一闭，他人住进你屋里。

鸨　　羽

【题解】

这首诗控诉繁重的徭役给人民带来的痛苦。一位农民长年在外服役，不能在家耕作，家中田园荒芜，父母衣食无着。他焦急悲伤，无可奈何，只能高声呼喊苍天，发泄心中的愤懑。

【原文】 **肃肃鸨羽[1]，集于苞栩[2]。王事靡盬[3]，不能蓺稷黍[4]，父母何怙[5]？悠悠苍天[6]，曷其有所[7]？**

【注释】 ①肃肃：鸟飞振翅声。鸨：俗名野雁，没有后趾，不便在树上栖息，需不时扇动翅膀才能保持平衡，所以发出“肃肃”之声。②集：止，栖息。苞：丛生。栩：栎树，一名柞树。③王事：国家摊派的差役。靡盬：没有止息。④蓺：种植。⑤怙：依靠。⑥悠悠：高远的样子。⑦曷：何时。所：处所。

【译文】 大雁振翅沙沙响，落在丛生柞树上。国王差事没个完，不能种植稷黍粮，父母依靠什么养？悠悠苍天在上方，何时安居有地方？

【原文】 **肃肃鸨翼，集于苞棘[1]。王事靡盬，不能蓺黍稷，父母何食？悠悠苍天，曷其有极？**

【注释】 ①棘：酸枣树。

【译文】 大雁振翅沙沙响，落在丛生棘树上。国王差事没个完，不能种植黍稷粮，父母怎能饿肚肠？悠悠苍天在上方，服役期限有多长？

【原文】 **肃肃鸨行[1]，集于苞桑，王事靡盬，不能蓺稻粱，父母何尝[2]？悠悠苍天，曷其有常[3]？**

【注释】 ①行：原指“翅根”，引申为鸟翅。②尝：吃。③常：正常。

【译文】 大雁振翅沙沙响，落在密密桑树上。国王差事没个完，不能种植稻稷粮，岂不饿坏我爹娘？悠悠苍天在上方，何时日子能正常？

秦　　风

蒹　　葭

【题解】

这是一首写追求心中思慕的人而不可得的诗。思慕的是谁呢？历来众说纷纭。一说是思念贤才的，一说是招求隐士的，还有认为是想念朋友或追求情人的，这些说法都在似与不似之间。朱熹的说法则比较客观，他说："言秋水方盛之时，所谓彼人者，乃在水之一方，上下求之而皆不可得。然不知其何所指也。"（朱熹《诗集传》）解释不清就阙疑，这才是实事求是的态度。此诗写景凄清优美，写人虚无缥缈，全诗无一个"思"字、"愁"字、"求"字，但其中那企慕之情和惆怅之思却表达得非常充分，可以说这是一首不可多得的诗歌佳作。

【原文】　蒹葭苍苍①，白露为霜②。所谓伊人③，在水一方④。溯洄从之⑤，道阻且长⑥。溯游从之⑦，宛在水中央⑧。

【注释】　①蒹：没长穗的芦苇。葭：初生的芦苇。苍苍：茂盛的样子。②白露：露水是无色的，因凝结成霜呈现白色，所以称"白露"。③所谓：所说的。伊人：这个人。④一方：那一边，指对岸。⑤溯：沿着岸向上游走。洄：逆流而上。从：跟踪追寻。⑥阻：险阻。⑦游：流，指直流的水道。⑧宛：仿佛，好像。

【译文】　河畔芦苇碧苍苍，深秋白露结成霜。我所思念的人儿，就在水的那一方。逆着水流沿岸找，道路艰险又漫长。顺着水流沿岸找，仿佛在那水中央。

【原文】　蒹葭凄凄①，白露未晞②。所谓伊人，在水之湄③。溯洄从之，道阻且跻④。溯游从之，宛在水中坻⑤。

【注释】　①凄凄：通"萋萋"，茂盛的样子。②晞：干。③湄：岸边。④跻：地势渐高。⑤坻：水中小岛。

【译文】　河畔芦苇密又繁，太阳初升露未干。我所思念的人儿，就在水的那一边。逆着水流沿岸找，道路险阻难登攀。顺着水流沿岸找，仿佛在那水中岛。

【原文】　蒹葭采采①，白露未已。所谓伊人，在水之涘②。溯洄从之，道阻且右③。溯游从之，宛在水中沚④。

【注释】　①采采：众多的样子。②涘：水边。③右：道路向右边弯曲。④沚：水中的小块陆地。

【译文】　河畔芦苇密又稠，早露犹在未干透。我所思念的人儿，就在水的那一头。逆着水流沿岸找，道路险阻弯又扭。顺着水流沿岸找，仿佛在那水中洲。

黄　鸟

【题解】

这是秦人哀悼为秦穆公殉葬的“三良”的诗。据《史记·秦本纪》记载：秦穆公卒，“从死者百七十七人，秦之良臣子舆氏三人名曰奄息、仲行、鍼虎，亦在从死之中。秦人哀之，为作歌《黄鸟》之诗”。“良人”指道德高尚或才能出众的人，秦国竟用这样的人去殉葬，更证明殉葬制的残暴和灭绝人性。这一制度此时受到人们的质询和反对，说明民众在觉醒，社会在进步。读此诗，我们可以感受到一种悲惨、压抑、恐怖的气氛，更可感到民众对那可恶君主的痛恨，对死去良人的痛惜和哀挽。

【原文】　交交黄鸟[1]，止于棘[2]。谁从穆公[3]？子车奄息[4]。维此奄息，百夫之特[5]。临其穴[6]，惴惴其慄[7]。彼苍者天，歼我良人[8]！如可赎兮，人百其身[9]！

黄雀

【注释】　①交交：鸟叫声。黄鸟：黄雀。②止：停，落。棘：酸枣树。黄雀落在棘、桑、楚等小树上，指不得其所。还有一种解释，棘指紧急，桑指悲伤，楚指痛楚，是双关意，可参考。③从：从死，指殉葬。穆公：秦国国君。④子车奄息：人名，子车为姓。⑤特：匹配。⑥穴：墓穴。⑦惴惴：害怕的样子。慄：战慄，发抖。⑧良人：好人，善人。⑨人百其身：用百人赎他一人。

【译文】　小黄鸟儿交交鸣，飞来落在枣树丛。谁从穆公去殉葬，子车奄息是他名。说起这位奄息郎，才德百人比不上。人们走近他墓穴，浑身战慄心哀伤。浩浩苍天在上方，杀我好人不应当。如果可以赎他命，愿以百人来抵偿。

【原文】　交交黄鸟，止于桑。谁从穆公？子车仲行。维此仲行，百夫之防[1]。临其穴，惴惴其慄。彼苍者天，歼我良人！如可赎兮，人百其身！

【注释】　①防：比并，相当。

【译文】　小黄鸟儿交交鸣，飞来落在桑树上。谁从穆公去殉葬，子车仲行有声望。说起这位仲行郎，才德百人难比量。人们走近他墓穴，浑身战慄心哀伤。浩浩苍天在上方，杀我好人不应当。如果可以赎他命，愿以百人来抵偿。

【原文】　交交黄鸟，止于楚。谁从穆公？子车鍼虎。维此鍼虎，百夫之御[1]。临其穴，惴惴其慄。彼苍者天，歼我良人！如可赎兮，人百其身！

【注释】　①御：当。

【译文】　小黄鸟儿交交鸣，飞来落在荆树上。谁从穆公去殉葬，子车鍼虎是他名。说起这位鍼虎郎，百人才德没他强。人们走近他墓穴，浑身战慄心哀伤。浩浩苍天在上方，杀我好人不应当。如果可以赎他命，愿以百人来抵偿。

晨　风

【题解】

这是一首妻子思念丈夫的诗。她的丈夫出门在外,久不归家,妻子既想念他,又担心他另有新欢而忘了自己,因而作诗表达思念与哀怨之情。

【原文】 **鴥彼晨风[1],郁彼北林[2]。未见君子,忧心钦钦[3]。如何如何[4]?忘我实多!**

【注释】 ①鴥:鸟疾飞的样子。晨风:鸟名,或作"鹯风",属于鹰鹞一类猛禽。②郁:茂盛的样子。③钦钦:忧愁而不能忘记的样子。④如何:奈何,怎么办。

【译文】 晨风鸟儿疾飞翔,飞回北林茂树上。许久未见我夫君,心中忧愁时刻想。怎么办啊怎么办?难道他已把我忘!

【原文】 **山有苞栎[1],隰有六驳[2]。未见君子,忧心靡乐。如何如何?忘我实多!**

【注释】 ①苞:丛生的样子。栎:树名。②六:表示多数,非确指。驳:树木名,又叫赤李。

【译文】 丛丛栎树满山冈,成片赤李湿地长。许久未见我夫君,愁闷不乐天天想。怎么办啊怎么办?难道他已把我忘!

【原文】 **山有苞棣[1],隰有树檖[2]。未见君子,忧心如醉。如何如何?忘我实多!**

【注释】 ①棣:木名,又名唐棣、郁李。②树:直立的样子。檖:山梨。

【译文】 丛丛棣树满山冈,茂盛檖树湿地长。许久未见我夫君,心如醉酒魂魄亡。怎么办啊怎么办?难道他已把我忘!

无　衣

【题解】

这是一首秦地的军中战歌,大概写的是奉周王之命抗击犬戎的事。全诗充满了慷慨激昂、豪迈乐观及热情互助的精神,表现出舍生忘死、英勇抗敌、保卫家园的勇气。这种精神和勇气是我们中华民族宝贵的精神财富,值得永远继承和发扬。

【原文】 **岂曰无衣?与子同袍[1]。王于兴师[2],修我戈矛。与子同仇!**

【注释】 ①袍:长衣。就是斗篷,白天当衣,夜里当被。②王:指周天子。一说指秦国国君。于:语助词。兴师:起兵。

【译文】 谁说我们没衣裳,战袍共同伙着穿。国王兴兵要征讨,赶快修好戈和矛。你我一同把仇报。

【原文】 **岂曰无衣?与子同泽[1]。王于兴师,修我矛戟。与子偕作[2]!**

【注释】 ①泽:同"襗",贴身内衣。②作:起。

【译文】 谁说我们没衣裳,汗衫共同伙着穿。国王兴兵要征讨,赶快修好戟和矛。你我并肩对敌寇。

【原文】 **岂曰无衣?与子同裳[1]。王于兴师,修我甲兵。与子偕行!**

【注释】 ①裳:下衣,战裙。

【译文】 谁说我们没衣裳,战裙共同伙着穿。国王兴兵要征讨,赶快修好铠甲刀。

你我同行去战斗。

陈　风

宛　丘

【题解】

这首诗,写一名男子爱上在宛丘跳舞的巫女的情景。男子心中虽然充满爱慕之情,且自知这种感情是没有结果的,但他仍很欣赏女子婉转多姿的舞态。女子无论寒冬酷暑都在为人们祝祷而舞,想来男子也没有停止他欣赏的眼神吧!

【原文】 **子之汤兮[①],宛丘之上兮[②]。洵有情兮[③],而无望兮。**

【注释】 ①子:你。此指跳舞的巫女。汤:通“荡”。这里指舞动的样子。②宛丘:陈国地名,是游览之地。③洵:确实。

【译文】 你的舞姿回旋荡漾,舞动在那宛丘之上。我是真心爱慕你啊,只可惜没有希望。

【原文】 **坎其击鼓[①],宛丘之下。无冬无夏,值其鹭羽[②]。**

【注释】 ①坎其:即坎坎,描写击鼓、击缶之声。②值:指持或戴。鹭羽:用鹭鸶鸟的羽毛制成的饰物。

【译文】 敲得鼓儿咚咚响,舞动在宛丘平地上。无论寒冬与炎夏,洁白鹭羽手中扬。

【原文】 **坎其击缶[①],宛丘之道。无冬无夏,值其鹭翿[②]。**

【注释】 ①缶:瓦质的打击乐器。②鹭翿:用鹭羽制成的舞具。

【译文】 敲起瓦缶当当响,舞动在宛丘大道上。无论寒冬与炎夏,鹭羽饰物戴头上。

衡　门

【题解】

这首诗表现了一种安贫寡欲的思想。但诗中主人公是什么人?有的认为是一位没落贵族,破落后以此自我安慰。有的说是一位失恋者,找不到理想对象,降低了要求。读者可自己体味。

【原文】 **衡门之下[①],可以栖迟[②]。泌之洋洋[③],可以乐饥[④]。**

【注释】 ①衡门:横木为门。这里指简陋的房屋。②栖迟:休息。③泌:水名。洋洋:水盛的样子。④乐饥:疗饥。乐,通“疗”。

【译文】 横木做门简陋屋,可以栖身可以住。泌水清清长流淌,清水也可充饥肠。

【原文】 **岂其食鱼,必河之鲂[①]?岂其取妻,必齐之姜[②]?**

【注释】 ①鲂:鱼名,鱼中味美者。②齐之姜:齐国姓姜的贵族女子。

【译文】 难道我们要吃鱼,黄河鲂鱼才算香?难道我们要娶妻,非娶齐国姜姑娘?

【原文】 **岂其食鱼,必河之鲤?岂其取妻,必宋之子[①]?**

【注释】 ①宋之子:宋国姓子的贵族女子。

【译文】 难道我们要吃鱼，黄河鲤鱼才可尝？难道我们要娶妻，非娶宋国子姑娘？

东门之杨

【题解】

这是一首写男女约会而久候不至的诗。诗的画面很美，枝叶繁茂，风吹树叶沙沙作响；天上星斗满天，星光明亮闪烁。在这样的黄昏夜晚，有情人能够相会是一件多么惬意的赏心乐事啊！可惜心爱的人却没有如约而至，多么让人失望。短短的八句诗，留给人无限惆怅。

【原文】 **东门之杨，其叶牂牂[①]。昏以为期[②]，明星煌煌[③]。**

【注释】 ①牂牂：茂盛的样子。②昏：黄昏。期：约定。③明星：明亮的星星。一说指启明星。煌煌：明亮的样子。

【译文】 东门外面有白杨，枝繁叶茂好地方。相约黄昏来相会，等到众星闪闪亮。

【原文】 **东门之杨，其叶肺肺[①]。昏以为期，明星晢晢[②]。**

【注释】 ①肺肺：茂盛的样子。②晢晢：明亮的样子。

【译文】 东门外面有白杨，风吹树叶沙沙响。相约黄昏来相会，等到启明星儿亮。

泽　陂

【题解】

这是一首爱情诗，写一位男子追求他的心上人而不可得的烦恼。也有人认为是女子追求男子的诗。从诗中"寤寐无为，涕泗滂沱""中心悁悁""辗转伏枕"等句子看，是和《关雎》《月出》相类的诗，都是叙述相思及追求不到的痛苦和忧愁。

【原文】 **彼泽之陂[①]，有蒲与荷[②]。有美一人，伤如之何[③]？寤寐无为[④]，涕泗滂沱[⑤]。**

【注释】 ①泽：池塘。陂：堤岸。②蒲：一种水草。③伤：因思念而忧伤。④无为：无办法。⑤涕：眼泪。泗：鼻涕。滂沱：本意是雨下得大，此处形容泪涕俱下的样子。

【译文】 池塘四周有堤坝，池中有蒲草与荷花。那边有个美人儿，我爱他（她）爱得没办法。日夜想他（她）难入睡，哭得眼泪哗啦啦。

【原文】 **彼泽之陂，有蒲与蕳[①]。有美一人，硕大且卷[②]。寤寐无为，中心悁悁[③]。**

【注释】 ①蕳：《鲁诗》作"莲"。莲蓬，荷花的果实。②卷：头发卷曲而美的样子。③悁悁：忧郁的样子。

【译文】 池塘四周堤坝高，池中有莲蓬与蒲草。那边有个美人儿，身材修长容貌好。日夜想他（她）睡不着，内心郁闷愁难熬。

【原文】 **彼泽之陂，有蒲菡萏[①]。有美一人，硕大且俨[②]。寤寐无为，辗转伏枕。**

【注释】 ①菡萏：荷花。②俨：端庄矜持的样子。

【译文】 池塘四周堤坝高，池中有荷花与蒲草。那边有个美人儿，身材修长风度好。日夜想他（她）睡不着，伏枕辗转多烦恼。

桧　　风

隰有苌楚

【题解】

这是写遭遇祸乱的诗。对此诗主旨,历来颇有争议。一说是没落贵族的悲观厌世之作,一说表现政繁赋重,民不堪其苦,叹其不如草木无知无忧之作。还有人认为是女子爱慕一位未婚男子的恋歌。而《毛诗序》认为是桧人痛恨其国君荒淫无耻,盼望有一位清心寡欲的国君。仔细玩味此诗,觉得诗中表现的是一种极端的悲苦,如果没有大悲大苦,作为万物之灵的人类,谁会羡慕世间的动植物呢!联系桧国在东周初年被郑国所灭的这段历史,方玉润认为:"此遭乱诗也。""此必桧破民逃,自公族子姓以及小民之有室有家者,莫不扶老携幼,挈妻抱子,相与号泣路歧,故有家不如无家之好,有知不如无知之安也。"(《诗经原始》)此说最切合诗意。

【原文】 **隰有苌楚①,猗傩其枝②。夭之沃沃③,乐子之无知④。**

【注释】 ①隰:低湿的地方。苌楚:蔓生植物,又叫羊桃、猕猴桃。②猗傩:义同"婀娜",茂盛而柔美的样子。③夭:少。指苌楚处于茁壮成长时期。沃沃:形容叶子润泽的样子。④乐:喜。这里有羡慕之意。子:指苌楚。

【译文】 低洼地上长羊桃,蔓长藤绕枝繁茂。鲜嫩润泽长势好,羡慕你没有知觉不烦恼。

【原文】 **隰有苌楚,猗傩其华。夭之沃沃,乐子之无家①。**

【注释】 ①无家:没有家室。

【译文】 低洼地上长羊桃,花儿盛开光彩耀。鲜嫩润泽长势好,羡慕你无牵无挂无家小。

【原文】 **隰有苌楚,猗傩其实。夭之沃沃,乐子之无室①。**

【注释】 ①无室:没有家室。

【译文】 低洼地上长羊桃,果实累累挂蔓条。鲜嫩润泽长势好,羡慕你没有家室要关照。

匪　　风

【题解】

这首诗到底说的是什么,历来众说纷纭。《毛诗序》说:"《匪风》,思周道也。国小政乱,忧及祸难,而思周道焉。"思周道,就是向往周朝的政令。朱熹《诗集传》说:"周室衰微,贤人忧叹而作此诗。"认为此诗是感叹周朝衰微的。还有认为是服役的人思念家乡的,妻子送夫服役的,等等。我们姑且认为这是一首游子或役夫思乡的诗。

【原文】 **匪风发兮①,匪车偈兮②。顾瞻周道③,中心怛兮④。**

【注释】 ①匪风：那风。匪：通“彼”，那。发：起。②偈：车马急驰的样子。③周道：大道。④怛：忧伤。

【译文】 风儿刮得呼呼响，车子跑得飞一样。回头望着离家路，想念家人真忧伤。

【原文】 **匪风飘兮[1]，匪车嘌兮[2]。顾瞻周道[3]，中心吊兮。**

【注释】 ①飘：飘风，旋风。这里指风势疾速回旋的样子。②嘌：疾速。③吊：悲伤。

【译文】 风儿刮得直打旋，车子疾驰不安全。回头望着离家路，想念家人泪涟涟。

【原文】 **谁能亨鱼？溉之釜鬵[1]。谁将西归？怀之好音[2]。**

【注释】 ①溉：洗涤。釜：锅。鬵：大锅。②怀：遗，带给。好音：平安消息。

【译文】 谁能烹鱼和烧饭，我来涮锅又洗碗。谁将西归回乡去，托他带信报平安。

曹　　风

蜉　　蝣

【题解】

这是一首叹息光阴易逝、生命短暂的诗。蜉蝣是一种朝生暮死的小昆虫，古人常用以比喻人生的短暂，不知自己的归宿在何时何处。这首诗到底是谁在感叹、为何感叹，都无可考证。

【原文】 **蜉蝣之羽[1]，衣裳楚楚[2]。心之忧矣，于我归处[3]。**

【注释】 ①蜉蝣：昆虫，形如天牛而小，翅薄而透明，会飞，但朝生暮死。②楚楚：鲜明的样子。③于：同“与”义。归处：指死亡。

【译文】 蜉蝣展动着翅膀，衣裳鲜明又漂亮。朝生暮死心忧伤，我们归宿都一样。

【原文】 **蜉蝣之翼，采采衣服[1]。心之忧矣，于我归息。**

【注释】 ①采采：华丽鲜明的样子。

【译文】 蜉蝣展翅在飞翔，衣服华丽闪亮亮。朝生暮死心忧伤，与我归宿一个样。

【原文】 **蜉蝣掘阅[1]，麻衣如雪[2]。心之忧矣，于我归说[3]。**

【注释】 ①掘阅：穿穴。阅，通“穴”。②麻衣：白布衣。这里指蜉蝣透明的羽翼。③说：通“税”，止息。

【译文】 蜉蝣穿洞到人间，麻衣白亮如雪片。朝生暮死心忧伤，我们归宿都同样。

豳　　风

七　　月

【题解】

这是一首很有代表性的、规模宏大的叙事诗。它叙述了西周农民一年到头的繁重劳动和艰苦生活，从这些叙述中透露出贵族和农民生活的悬殊，鲜明地反映出当时的阶级关系。此诗通篇用“赋”的手法，以节序为脉络，铺写农民的劳动与生活，各章节还不时出现景物的点缀，增加了诗的魅力。如写蟋蟀从野外到床下的迁移，形象地写出了季节的变化。另外双声词、联绵词的运用，也增加了浓郁的诗味，使此诗不仅有“史”的价值，还有很高的欣赏价值。

【原文】 **七月流火①，九月授衣②。一之日觱发③，二之日栗烈④。无衣无褐⑤，何以卒岁？三之日于耜⑥，四之日举趾⑦。同我妇子，馌彼南亩⑧。田畯至喜⑨。**

【注释】 ①流：向下行。火：星名，亦称“大火”。每年夏历六月此星出现于正南方，位置最高，七月以后就偏西向下，所以称“流火”。②授衣：把裁制冬衣的差事分配给妇女。③觱发：大风吹物发出的声音。④栗烈：即凛冽，寒气刺骨。⑤褐：粗布制的短衣。⑥于：为。这里指修理。耜：古代翻土农具。⑦举趾：抬脚下田去耕种。⑧馌：送饭。南亩：泛指田地。⑨田畯：农官。

【译文】 七月火星偏西方，九月叫人缝衣裳。十一月北风呼呼响，十二月寒气刺骨凉。粗布短衣都没有，如何过冬费思量。正月把家具修理好，二月下地种田忙。老婆孩子一起去，吃饭送到地头上。田官来看喜洋洋。

【原文】 **七月流火，九月授衣。春日载阳①，有鸣仓庚②。女执懿筐③，遵彼微行④，爰求柔桑⑤。春日迟迟，采蘩祁祁⑥。女心伤悲，殆及公子同归⑦。**

【注释】 ①载：开始。阳：暖和。②仓庚：黄莺。③懿筐：深筐。④遵：沿着。微行：小路。⑤爰：于是。柔桑：嫩桑叶。⑥蘩：白蒿。祁祁：很多的样子。⑦殆：怕。

【译文】 七月火星偏西方，九月叫人缝衣裳。春天的太阳暖洋洋，黄莺儿枝头把歌唱。姑娘提着深竹筐，沿着小路采摘忙，专采那些柔嫩桑。春日的白天真是长，采来的蒿叶一筐筐。采蒿姑娘心悲伤，怕那公子把我抢。

【原文】 **七月流火，八月萑苇①。蚕月条桑②，取彼斧斨③。以伐远扬④，猗彼女桑⑤。七月鸣鵙⑥，八月载绩⑦。载玄载黄，我朱孔阳⑧，为公子裳。**

【注释】 ①萑苇：荻草和芦苇。②条桑：修剪桑枝。③斧斨：斧柄为圆孔的叫斧，方孔的叫斨。④远扬：指过长过高的桑枝。⑤猗：“掎”的借字，拉着。女桑：嫩桑叶。⑥鵙：伯劳鸟。⑦载：开始。绩：纺织。⑧孔阳：鲜明。

【译文】 七月火星偏西方，八月打荻割苇忙。养蚕时节修桑树，拿起斧头臂高扬。长条高枝修剪光，拉着短枝采嫩桑。七月伯劳把歌唱，八月纺麻织布忙。染上颜色黑或黄，我染红色最鲜亮，为那公子做衣裳。

【原文】 **四月秀葽①，五月鸣蜩②。八月其获，十月陨萚③。一之日于貉④，取彼狐狸，为公子裘。二之日其同，载缵武功⑤。言私其豵⑥，献豜于公⑦。**

【注释】 ①秀：长穗或结子。葽：草名，又叫远志，可入药。②蜩：蝉。③陨萚：草木落叶。④于：去，往。此指去猎取。貉：形似狐狸，俗称狗獾。⑤缵：继续。武功：田猎之事，有军事演习之意。⑥豵：小猪。此处泛指小兽。⑦豜：三岁的大猪。此处泛指大兽。

【译文】 四月远志结了子，五月知了叫得响。八月庄稼收割忙，十月落叶随风扬。

十一月忙着打狗獾，还要剥那狐狸皮，好给公子制冬装。十二月大家齐聚会，继续打猎演练忙。打来小猪自己吃，大猪送到官府上。

【原文】 五月斯螽动股[1]，六月莎鸡振羽[2]。七月在野，八月在宇，九月在户，十月蟋蟀入我床下。穹室熏鼠[3]，塞向墐户[4]。嗟我妇子，曰为改岁，入此室处。

【注释】 ①斯螽：蝗虫类鸣虫。动股：两腿相摩擦发声。②莎鸡：虫名，纺织娘。振羽：振动翅膀发声。③穹：空隙。窒：堵塞。④向：北窗。墐：用泥涂抹。

【译文】 五月蚱蜢弹腿发声响，六月纺织娘振翅把歌唱。七月蟋蟀野外鸣，八月屋檐底下唱，九月进到屋里面，十月来到床下藏。熏出老鼠堵鼠洞，塞好柴门封北窗。干完活儿喊妻儿，眼看新年就要到，我们就住这间房。

【原文】 六月食郁及薁[1]，七月亨葵及菽[2]。八月剥枣[3]，十月获稻。为此春酒，以介眉寿[4]。七月食瓜，八月断壶[5]，九月叔苴[6]。采荼薪樗[7]，食我农夫。

【注释】 ①郁：植物名，果实像李子。薁：野葡萄。②亨："烹"的本字，煮。葵：菜名。菽：豆子。③剥："扑"的借字，扑打。④介：通"丐"，祈求。眉寿：长寿。⑤断壶：摘下葫芦。⑥叔：拾取。苴：麻子。⑦荼：苦菜。薪樗：把樗当柴烧。樗，臭椿树。

【译文】 六月吃李子和葡萄，七月煮葵菜和大豆。八月树下把枣打，十月场上把稻扬。酿成春酒扑鼻香，祈求大家寿且康。七月吃瓜甜如蜜，八月葫芦摘下秧，九月麻子好收藏。准备好野菜和柴草。农夫靠这度时光。

【原文】 九月筑场圃[1]，十月纳禾稼。黍稷重穋[2]，禾麻菽麦。嗟我农夫，我稼既同[3]，上人执宫功[4]。昼尔于茅[5]，宵尔索绹[6]。亟其乘屋[7]，其始播百谷。

【注释】 ①筑场圃：把菜园改建成打谷场。过去农民一地两用，春为菜园，秋为打谷场。②重穋：即"穜穋"，两种谷类，穜早种晚熟；穋晚种早熟。③同：集中，收齐。④上：通"尚"，还要。执：执行，指服役。宫功：室内的事，指统治者家内的活计。⑤于茅：去割茅草。⑥索绹：搓绳子。⑦亟：急，赶快。乘屋：登上屋顶修缮。

【译文】 九月建好打谷场，十月粮食进谷仓。黍子谷子和高粱，还有小米豆麦各种粮。叹我农夫苦命汉，地里农活刚刚完，又到官府把活干。白天野外割茅草，夜里搓绳到天晓。赶忙把屋修理好，播种时节又来到。

【原文】 二之日凿冰冲冲[1]，三之日纳于凌阴[2]。四之日其蚤[3]，献羔祭韭。九月肃霜，十月涤场。朋酒斯飨[4]，曰杀羔羊。跻彼公堂[5]，称彼兕觥[6]，万寿无疆！

【注释】 ①冲冲：凿冰声。②凌阴：冰窖。③蚤：通"早"，古代的一种祭祖仪式。④朋酒：两杯酒。飨：乡人相聚宴饮。⑤跻：登上。⑥称：举杯敬酒。兕觥：古代一种用犀牛角制成的大酒杯。

【译文】 腊月凿冰冲冲响，正月送往冰窖藏。二月举行祭祖礼，献上韭菜和羔羊。九月天高气又爽，十月清扫打谷场。捧上两樽甜米酒，杀些大羊和小羊。登上台阶进公堂，牛角杯儿举头上，齐声同祝"万寿无疆"。

鸱　　鸮

【题解】

这是一首寓言诗。诗人假托小鸟诉说它遭到鸱鸮欺凌迫害时的种种痛苦,表达出对生活悲苦忧惧的情绪。想必诗人身处险境,又不能明指侵害他的人,就用这种隐晦的方法来表达。而具体所指,已不可考。此诗是我国最早的寓言诗,影响深远。后世出现了很多优秀的寓言诗,如汉乐府《蜨蝶行》《枯鱼过河泣》,三国魏曹植的《野田黄雀行》《七步诗》,唐代杜甫的《义鹘行》、韩愈的《病鸱》、柳宗元的《蚑鸟词》等等,可以说,其源头就是《诗经》的《鸱鸮》诗。

【原文】 **鸱鸮鸱鸮①,既取我子,无毁我室②。恩斯勤斯③,鬻子之闵斯④。**

【注释】 ①鸱鸮:猫头鹰,一种猛禽,昼伏夜出,捕食兔、鼠、小鸟等。②室:鸟窝。③恩:《鲁诗》作"殷","恩"与"殷"意同,"殷""勤"在这里有尽心、勤苦之意。斯:语助词。④鬻:通"育",养育。闵:忧苦。此句意为因抚育小鸟而忧心。

【译文】 猫头鹰啊猫头鹰,你已抓走我小鸟,不要再毁我的巢。辛辛苦苦来抚育,为了儿女我心焦。

【原文】 **迨天之未阴雨①,彻彼桑土②,绸缪牖户③。今女下民④,或敢侮予?**

【注释】 ①迨:趁着。②彻:取。土:《韩诗》作"杜"。桑杜即桑根。③绸缪:缠绵,缠绕。这里有修补之意。牖户:窗和门。这里代指鸟窝。④下民:指鸟巢下的人。

【译文】 趁着天晴没下雨,赶快剥点桑根皮,修好窗子补好门。现在你们下面人,谁还敢来把我欺。

【原文】 **予手拮据①,予所捋荼②。予所蓄租③,予口卒瘏④,曰予未有室家。**

【注释】 ①手:指鸟的爪子。拮据:爪子因劳累伸展不灵活。②捋:用手自上而下勒取。荼:苦菜。③蓄:积蓄。租:指鸟食。④瘏:病。

【译文】 我手累得已拘挛,采来野草把窝垫。我还贮存过冬粮,嘴巴累得满是伤,窝儿还是不安全。

【原文】 **予羽谯谯①,予尾翛翛②。予室翘翘③,风雨所漂摇④,予维音哓哓⑤!**

【注释】 ①谯谯:羽毛枯焦无光泽。②翛翛:羽毛稀疏的样子。③翘翘:高而危险的样子。④漂摇:同"飘摇",晃动,摇动。⑤哓哓:鸟的惊叫声。

【译文】 我的羽毛像枯草,我的尾巴毛稀少。我的巢儿险而高,风雨之中晃又摇,吓得只能尖声叫。

东　　山

【题解】

这是一首远征士兵在归家途中思念家乡和亲人的诗。通篇表现的都是士兵归途中的绵绵思绪。首先他回忆了从征时含枚行军、夜宿车下的艰苦生活。接着想象家里可能已变成蛛网丛结、野兽出没的荒芜之地。又想象妻子可能在洒扫庭院,盼他归来,并联想

到新婚时的情景。转念又想：不知现在见面又会是怎样的情景呢？心中充满了激动和期待。此诗是《国风》中最为出色的抒情诗之一。诗人那发自肺腑的吟唱，通过内容不同的四个章节，唱出了感情跌宕、音调繁复的归乡曲，读来使人如临其境。

【原文】 我徂东山[1]，慆慆不归[2]。我来自东，零雨其濛[3]。我东曰归，我心西悲[4]。制彼裳衣，勿士行枚[5]。蜎蜎者蠋[6]，烝在桑野[7]。敦彼独宿[8]，亦在车下。

【注释】 ①徂：去，往。东山：诗中出征者服役的地方。②慆慆：长久。③零雨：细雨。其濛：濛濛。④西悲：因想念西方的故乡而悲伤。⑤勿士：不要从事。士，通"事"，二字古通用。行枚：即衔枚，古代军人行军时口衔一根短木棍以防出声。这里代指行军打仗。⑥蜎蜎：虫蠕动的样子。蠋：野蚕。⑦烝：乃。桑野：生长桑树的郊野。⑧敦彼：即敦敦，身体蜷缩成团。

【译文】 我到东山去打仗，长期不能回故乡。今日我从东方回，濛濛细雨洒身上。我刚听说要回乡，西望家乡心悲伤。穿上一身百姓装，不再衔枚上战场。山蚕缓缓往前爬，野外桑树是它家。我把身体缩成团，睡在野外战车下。

【原文】 我徂东山，慆慆不归。我来自东，零雨其濛。果臝之实[1]，亦施于宇[2]。伊威在室[3]，蠨蛸在户[4]。町畽鹿场[5]，熠耀宵行[6]。不可畏也，伊可怀也[7]。

【注释】 ①果臝：瓜蒌，蔓生葫芦科植物。②施：蔓延。③伊威：虫名，也叫地鳖虫，生长在阴暗潮湿处。④蠨蛸：虫名，也叫喜蛛。⑤町畽：田舍旁有禽兽践踏痕迹的空地。鹿场：野兽活动的地方。⑥熠耀：闪光的样子。宵行：虫名，也叫萤火虫。⑦伊：指示代词，指荒芜了的家园。

【译文】 我到东山去打仗，长期不能回故乡。今日我从东方回，濛濛细雨洒身上。小小瓜蒌一串串，藤蔓长长挂房檐。屋内潮湿地鳖跑，门窗结满蜘蛛网。田地成了野鹿场，夜间萤火闪亮光。家园荒凉不可怕，仍是心中好地方。我徂东山，慆慆不归。我来自东，零雨其濛。鹳鸣于垤[1]，妇叹于室。洒扫穹室[2]，我征聿至[3]。有敦瓜苦[4]，烝在栗薪[5]。自我不见，于今三年。

【原文】 我徂东山，慆慆不归。我来自东，零雨其濛。仓庚于飞[1]，熠耀其羽。之子于归[2]，皇驳其马[3]。亲结其缡[4]，九十其仪[5]。其新孔嘉[6]，其旧如之何[7]？

【注释】 ①仓庚：鸟名，即黄莺。②之子：这个姑娘，指新婚时的妻子。归：出嫁。③皇：黄白色。驳：红白色。④缡：女子出嫁时系的佩巾。⑤九十：形容婚礼仪式繁多，非确数。⑥新：指新婚时。孔嘉：非常美丽。⑦旧：久。这里指久别之后。

【译文】 我到东山去打仗，长期不能回故乡。今日我从东方回，濛濛细雨洒身上。黄莺翩翩空中翔，羽毛闪闪发亮光。想她当初做新娘，迎亲骏马色红黄。她娘为她系佩巾，种种仪式求吉祥。新婚时节真美丽，现在重逢会怎样？

小雅

鹿鸣

【题解】

这是周王宴会群臣宾客的一首乐歌。诗以鹿鸣起兴。鹿是一种温驯的动物，它见到食物会呼唤同伴，以此兴起君有美酒佳肴召群臣嘉宾欢会宴饮。宴会上鼓瑟吹笙欢迎客人，为客人送上礼物，国君谦逊地向客人垂询治国兴邦的大道理，表示礼贤下士。又赞美客人明道理、善治民，是君子学习的楷模，向他们敬酒。最后宾主尽欢，宴会在君臣融洽的气氛中结束。后来《鹿鸣》也成为贵族宴会或举行乡饮酒礼、燕礼等宴会的乐歌。曹操曾把此诗的前四句直接引用在他的《短歌行》中，以表达求贤若渴的心情。及至唐宋，科举考试后举行的宴会上，也歌唱《鹿鸣》之章，称为“鹿鸣宴”。可见此诗影响之深远。

【原文】 **呦呦鹿鸣①，食野之苹。我有嘉宾，鼓瑟吹笙。吹笙鼓簧，承筐是将②。人之好我，示我周行③。**

【注释】 ①呦呦：鹿鸣叫的声音。②承：双手捧着。将：送。③示：告诉。周行：大路。此处指处事应遵循的正确道理。

【译文】 鹿儿呦呦不停叫，呼唤同伴吃苹草。我有嘉宾满客厅，为他鼓瑟又吹笙。为他吹笙又鼓簧，捧上礼物满竹筐。各位宾朋都爱我，讲明道理指方向。

【原文】 **呦呦鹿鸣，食野之蒿。我有嘉宾，德音孔昭①。视民不恌②，君子是则是效③。我有旨酒④，嘉宾式燕以敖⑤。**

【注释】 ①德音：符合道理的话。孔：很。昭：明。②视：同“示”。不恌：不轻薄。③则：法则，榜样。效：仿效。④旨酒：甜美的酒。⑤燕：安。敖：舒畅快乐。

【译文】 鹿儿呦呦不停叫，呼唤同伴吃蒿草。我有嘉宾满客厅，谈吐高雅道理明。示人宽厚不轻薄，君子学习好楷模。我有美酒献宾朋，嘉宾畅饮乐盈盈。

【原文】 **呦呦鹿鸣，食野之芩。我有嘉宾，鼓瑟鼓琴。鼓瑟鼓琴，和乐且湛①。我有旨酒，以燕乐嘉宾之心。**

【注释】 ①湛：“媅”的借字，非常快乐。

【译文】 鹿儿呦呦叫不停，呼唤同伴吃野芩。我有嘉宾满客厅，为他鼓瑟又弹琴。琴瑟合奏声优美，人人沉浸欢乐中。我有美酒献宾朋，快乐永驻客心中。

常棣

【题解】

这是一首写兄弟宴饮之乐的诗。周代是以家庭伦理关系为本位的社会，兄弟关系是其中重要的一方面。全诗八章，从各个方面论述了“凡今之人，莫如兄弟”的血浓于水的

道理。在生死关头,在危难时刻,在外侮面前,只有兄弟才会挺身而出,相互帮助。而朋友则多在和平安定时才表现出更多的友情。诗中所讲的现象,在生活中也是常见的,因此能引起读者共鸣。

【原文】 **常棣之华[①],鄂不韡韡[②]。凡今之人,莫如兄弟。**

【注释】 ①常棣:木名,一作"棠棣",又名郁李。②鄂:通"萼",即花萼。不:花托。韡韡:鲜明的样子。

【译文】 棠棣之花真鲜艳,花萼花蒂紧相连。你看如今世上人,没人能比兄弟亲。

【原文】 **死丧之威[①],兄弟孔怀[②]。原隰裒矣[③],兄弟求矣。**

【注释】 ①威:通"畏"。②孔:甚。怀:思念。③原:高平之地。隰:低湿之地。裒:聚集。

【译文】 生老病死最可怕,只有兄弟最关心。聚土成坟在荒原,只有兄弟来相寻。

【原文】 **脊令在原[①],兄弟急难。每有良朋[②],况也永叹[③]。**

【注释】 ①脊令:鸟名,即鹡鸰,亦名雝渠。《郑笺》:"雝渠,水鸟。而今在原,失其常处,则飞则鸣求其类,天性也。犹兄弟之于急难。"原,平原。②每:虽。③况:增加之意。永:长。

【译文】 鹡鸰飞落在高原,兄弟急着来救难。虽然有些好朋友,你遭难时只长叹。

【原文】 **兄弟阋于墙[①],外御其务[②]。每有良朋,烝也无戎[③]。**

【注释】 ①阋:争斗。墙:墙内,家庭之内。②外:墙外。务:通"侮"。③烝:久,长久。一说为发语词。戎:帮助。

【译文】 兄弟在家虽争吵,外侮面前定携手。虽然也有好朋友,时间久了也难助。

【原文】 **丧乱既平,既安且宁。虽有兄弟,不如友生[①]。**

【注释】 ①友生:朋友。生,语助词。

【译文】 丧乱之事既平定,日子平安又宁静。这时虽有亲兄弟,朋友表现更热情。

【原文】 **傧尔笾豆[①],饮酒之饫[②]。兄弟既具[③],和乐且孺[④]。**

【注释】 ①傧:陈列。笾:竹制器具,用来盛水果、干肉等。豆:木制盛肉器。②饫:酒足饭饱。③具:通"俱",到齐。④孺:相亲。

【译文】 杯子盘子摆上来,又是饮酒又吃菜。兄弟团聚在一起,和和乐乐多亲爱。

【原文】 **妻子好合,如鼓瑟琴。兄弟既翕[①],和乐且湛[②]。**

【注释】 ①翕:合,聚合。②湛:喜乐。

【译文】 夫唱妇随妻子好,琴瑟合鸣同到老。兄弟感情也融洽,全家聚合乐陶陶。

【原文】 **宜尔室家[①],乐尔妻帑[②]。是究是图[③],亶其然乎[④]?**

【注释】 ①宜:安。②帑:通"孥",儿女。③究:深思。图:考虑。④亶:确实。然:这样。

【译文】 家庭和乐多兴旺,妻子儿女喜洋洋。精打细算多商量,道理确实是这样。

伐　木

【题解】

这是一首宴请亲朋故旧的乐歌。我国古代非常重视朋友,把它列入五伦(君臣、父子、兄弟、夫妇、朋友)之内,认为朋友可帮助你明白道理,增进德行,增长学业。朋友之间的情谊是高尚的,神圣的,人生不可缺失的。《毛诗序》更认为重视亲朋故旧能使民德归于淳厚。它说:"《伐木》,燕朋友故旧也。自天子至于庶人,未有不须友以成者。亲亲以睦,友贤不弃,不遗故旧,则民德归厚矣。"

【原文】 **伐木丁丁,鸟鸣嘤嘤。出自幽谷,迁于乔木。嘤其鸣矣,求其友声①。相彼鸟矣,犹求友声。矧伊人矣②,不求友生③?神之听之,终和且平④。**

【注释】 ①友声:同类的声音。②矧:况且。伊人:是人,这人。③友生:朋友。④终:既。

【译文】 伐木之声叮叮叮,群鸟鸣叫声嘤嘤。鸟儿来自深山谷,飞来落在高树丛。鸟儿嘤嘤鸣不停,为了寻求友与朋。看它只是一群鸟,还有嘤嘤求友声。何况我们是人类,哪能无友度一生?神灵听到我的话,也给人类降和平。

【原文】 **伐木许许,酾酒有芎①!既有肥羜②,以速诸父③。宁适不来④,微我弗顾⑤。於粲洒扫⑥,陈馈八簋⑦。既有肥牡,以速诸舅⑧。宁适不来,微我有咎⑨。**

【注释】 ①酾酒:滤酒。有芎:即芎芎,形容酒美。②羜:羊羔。③速:召,请。诸父:同姓长辈。④宁:宁可。适:凑巧。⑤微:非。顾:念。⑥於:叹美词。粲:鲜明洁净。⑦馈:食物。簋:盛食品的器具。⑧诸舅:指异姓长辈。⑨咎:过错。

【译文】 锯木之声呼呼响,新滤美酒醇又香。烧好肥嫩小羔羊,快请叔伯尝一尝。宁可有事他不来,非我礼节不周详。屋内洁净又清爽,八盘美食摆席上。既有肥嫩小羔羊,快请长辈来尝尝。宁可有事他不来,不叫别人说短长。

【原文】 **伐木于阪①,酾酒有衍②。笾豆有践③,兄弟无远④。民之失德,干餱以愆⑤。有酒湑我⑥,无酒酤我⑦。坎坎鼓我,蹲蹲舞我⑧。迨我暇矣⑨,饮此湑矣。**

【注释】 ①阪:斜坡。②有衍:即衍衍,盛满的样子。③笾豆:笾和豆是古代盛食物的两种容器。践:陈列。④无远:不要疏远,别见外。⑤干餱:干粮。此处指粗劣食物。愆:过错。⑥湑:滤酒。⑦酤:买酒。⑧蹲蹲:当作"壿壿",跳舞的样子。⑨迨:趁着。

【译文】 伐木来到山坡上,酒杯斟满快要淌。盘儿碗儿端上桌,兄弟相亲莫相忘。人们为啥失情谊,多因招待不周详。家中有酒拿出来,没酒赶快出去买。鼓儿敲得咚咚响,翩翩起舞袖高扬。乘我今天有空暇,饮此美酒心欢畅。

白　驹

【题解】

这首诗,今人一般都认为是一首留客惜别或别友思贤的诗。而清人方玉润则认为:"此王者欲留贤士不得,因放归山林而赐以诗。"(《诗经原始》)这一说法比较切合诗意,

因诗中要封这位贤人为公为侯,这是只有君王才能做到的事。诗的前三章写主人竭力殷勤挽留客人,后一章写客人走后,主人还是希望客人能常寄佳音,毋绝友情。这首诗对后代也产生了一定影响,文人们在诗文中常引用"白驹"来代指贤人。

【原文】 **皎皎白驹[①],食我场苗[②]。絷之维之[③],以永今朝[④]。所谓伊人[⑤],于焉逍遥[⑥]。**

【注释】 ①皎皎:洁白的样子。②场:菜园。③絷:用绳绊住马脚。维:拴住马缰绳。④永:延长。今朝:今天。⑤伊人:这人。这里指作者的朋友。⑥于焉:在这里。

【译文】 光亮皎洁小白马,吃我园中嫩豆苗。拴好缰绳绊住脚,就在我家过今朝。所说那位好朋友,请在这儿尽逍遥。

【原文】 **皎皎白驹,食我场藿[①]。絷之维之,以永今夕。所谓伊人,于焉嘉客?**

【注释】 ①藿:豆叶。

【译文】 光亮皎洁小白马,吃我园中嫩豆叶。拴好缰绳绊住脚,就在我家度今宵。所说那位好朋友,在此做客乐陶陶。

【原文】 **皎皎白驹,贲然来思[①]。尔公尔侯,逸豫无期[②]。慎尔优游[③],勉尔遁思[④]。**

【注释】 ①贲然:马快跑的样子。贲,通"奔"。思:语助词。②逸豫:安逸享乐。③慎:谨慎。优游:悠闲自得。④勉:劝。遁:逃避。

【译文】 光亮皎洁小白马,快速来到我的家。为公为侯多高贵,安逸享乐莫还家。悠闲自在别过分,不要避世图闲暇。

【原文】 **皎皎白驹,在彼空谷。生刍一束[①],其人如玉。毋金玉尔音[②],而有遐心[③]。**

【注释】 ①生刍:喂牲畜的青草。②金玉:作动词用,宝贵、爱惜的意思。③遐心:疏远我的心。

【译文】 光亮皎洁小白马,空旷山谷自为家。一束青草作饲料,那人如玉美无瑕。走后别忘把信捎,有意疏远非知交。

无　羊

【题解】

这是一首歌颂牛羊繁盛的诗。全诗如一曲悠扬的牧歌,将牛羊放牧及归家的场面描绘得细致入微。同时由牧及人,仅寥寥八字,就把牧人披着蓑衣,戴着斗笠,背着干粮的形象生动地显现出来。最后一章写牧人之梦,表现了古老的民俗信仰和对美好生活的追求。不是亲身放牧或亲见此情景的人绝写不出这样逼真、生动、传神的诗篇。

【原文】 **谁谓尔无羊?三百维群[①]。谁谓尔无牛?九十其犉[②]。尔羊来思,其角濈濈[③]。尔牛来思,其耳湿湿[④]。**

【注释】 ①三百:不是确指,言羊之多。维:为。②犉:黄毛黑唇的大牛。③濈濈:众多聚集貌。④湿湿:牛反刍时耳动的样子。

【译文】 谁说你们没有羊,三百一群遍山冈。谁说你们没有牛,大牛就有九十头。羊群山坡走下来,尖角弯角紧紧挨。牛群山坡走下来,双耳轻轻在摇摆。

【原文】 或降于阿[①]，或饮于池，或寝或讹[②]。尔牧来思[③]，何蓑何笠[④]，或负其餱[⑤]。三十维物[⑥]，尔牲则具[⑦]。

【注释】 ①阿：小山坡。②讹：动。③牧：指牧人。④何：同“荷”，披，戴。⑤餱：干粮。⑥物：指牛羊毛色。⑦牲：指供祭祀和食用的牛羊。具：齐备。

【译文】 有的牛羊下了坡，有的池边把水喝，有的走动有的卧。牧人也已归来了，戴着斗笠披着蓑，干粮袋儿也背着。牛羊毛色几十种，祭牲齐备品种多。

【原文】 尔牧来思，以薪以蒸[①]，以雌以雄。尔羊来思，矜矜兢兢[②]，不骞不崩[③]。麾之以肱[④]，毕来既升[⑤]。

【注释】 ①薪：粗柴枝。蒸：细柴枝。②矜矜：坚强。兢兢：小心谨慎。余冠英先生解释为“谨慎坚持，唯恐失群的样子”，较为确切。③骞：亏损。崩：溃散。④麾：挥动。肱：手臂。⑤既：完全。升：进入羊圈。

【译文】 牧人也已归来了，拣来树枝做柴草，打来雌鸟和雄鸟。羊群也已归来了，挨挨挤挤相依靠，不奔不散未减少。牧人手臂挥一挥，牛羊进圈不再跑。

【原文】 牧人乃梦，众维鱼矣[①]，旐维旟矣[②]。大人占之[②]：众维鱼矣，实维丰年；旐维旟矣，室家溱溱[④]。

【注释】 ①众：“螽”的假借字，指蝗虫。一说指众多。②旐：画有龟蛇的旗。一说通“兆”，亦众多之意。旟：画有鹰隼的旗。③大人：占梦的人。④溱溱：旺盛的样子。

【译文】 牧人做梦真希奇，梦见蝗虫变成鱼，龟蛇旗变鹰隼旗。占梦先生来推断：梦见蝗虫变成鱼，预兆丰年庆有余；龟蛇旗变鹰隼旗，人丁兴旺更可喜。

节南山

【题解】

这是周朝大臣家父斥责执政者尹氏的诗。诗中控诉了尹氏的暴虐，指斥上天不公，让坏人执政祸害百姓。希望周王追究尹氏罪恶，要任用贤人，使万邦安居乐业。诗人在尹氏权力中天、人们都慑于其淫威不敢作声时，挺身而出，写诗直斥尹氏邪恶，表现了忧国忧时、直言敢谏的精神。这说明在任何时代都有仁人志士为国分忧，黑暗势力是不会长久的。

【原文】 节彼南山[①]，维石岩岩[②]。赫赫师尹[③]，民具尔瞻[④]。忧心如惔[⑤]，不敢戏谈[⑥]。国既卒斩[⑦]，何用不监[⑧]！

【注释】 ①节彼：即节节，高峻的样子。南山：终南山，在今陕西西安南。②岩岩：山石堆积的样子。③赫赫：权势显赫。师尹：太师尹氏。④具：通“俱”，都。尔瞻：即“瞻尔”，看着你。⑤惔：火烧。⑥戏谈：随便谈论。⑦卒：尽，完全。斩：断绝。⑧监：察看。

【译文】 高耸峻峭终南山，层岩累累陡又险。赫赫有名尹太师，民众都在把你看。满心忧愤如火烧，不敢议论不敢聊。国家已经颓亡了，为何还不睁眼瞧！

【原文】 节彼南山，有实其猗[①]。赫赫师尹，不平谓何。天方荐瘥[②]，丧乱弘多。民言无嘉，憯莫惩嗟[③]。

【注释】 ①有实：即实实，广大的样子。猗：通"阿"，指山坡。②荐：屡次。瘥：瘟疫疾病。这里引申为灾难。③憯：曾，还。惩：惩戒，警戒。嗟：语尾助词。

【译文】 高耸峻峭终南山，山上斜坡广又宽。赫赫有名尹太师，办事不公为哪端。上天不断降灾难，国家动乱百姓亡。民怨沸腾无好话，还不扪心自思量。

【原文】 **尹氏大师，维周之氐[①]；秉国之均[②]，四方是维[③]。天子是毗[④]，俾民不迷[⑤]。不吊昊天，不宜空我师[⑥]。**

【注释】 ①氐：通"柢"，根本。②均：同"钧"，本义指制陶器的转盘，这里代指国家政权。③四方：全国。维：维系。④毗：辅佐。⑤俾：使。⑥空：困穷。师：民众。

【译文】 尹太师啊尹太师，你是国家的柱石。国家权柄手中握，天下太平你维持。天子靠你来辅佐，人民靠你解迷惑。可叹上天太不公，百姓不该受困穷。

【原文】 **弗躬弗亲[①]，庶民弗信。弗问弗仕[②]，勿罔君子[③]。式夷式已[④]，无小人殆[⑤]。琐琐姻亚[⑥]，则无膴仕[⑦]。**

【注释】 ①弗：不。躬：亲自。②问：体恤，安抚。仕：事。此指不任用人办事。③罔：欺罔。④式：语助词。夷：平，平除。已：止。⑤殆：危险。⑥琐琐：渺小浅薄的样子。姻：姻亲，指儿女亲家。亚：连襟。以上泛指亲戚。⑦膴仕：高官厚禄。

【译文】 从不亲身理朝政，民众对你不信任。不举贤才不任用，欺上罔下怎能行。赶快把心放平正，不把小人来任用。亲戚浅薄无才能，委以重任理难通。

【原文】 **昊天不佣[①]，降此鞠讻[②]。昊天不惠[③]，降此大戾。君子如届[④]，俾民心阕[⑤]。君子如夷，恶怒是违[⑥]。**

【注释】 ①佣：均，平。②鞠讻：极大的祸乱。③惠：仁爱，和顺。④届：至，指出来掌握。⑤阕：平息。⑥违：消除。

【译文】 老天爷呀太不公，降此大难害百姓。老天爷呀太不仁，降此大难害我民。如果好人能执政，会使民众心安定。如果处理能公平，百姓怨怒会平静。

【原文】 **不吊昊天，乱靡有定。式月斯生[①]，俾民不宁。忧心如酲[②]，谁秉国成[③]？不自为政，卒劳百姓[④]。**

【注释】 ①式：语助词。月：岁月。斯：是，这，指祸乱。②酲：酒醉不醒。③国成：平治国政。④卒："瘁"的借字，劳苦。

【译文】 可叹上天太不公，祸乱相继不曾停。年年月月都发生，百姓生活不安宁。心忧如同得酒病，谁掌政权国兴盛？君王如不亲临政，最终苦了老百姓。

【原文】 **驾彼四牡，四牡项领[①]。我瞻四方，蹙蹙靡所骋[②]。**

【注释】 ①项领：脖颈肥大。②蹙蹙：局促不安的样子。

【译文】 驾起四匹大公马，马儿壮实颈肥大。我向四方望一望，不知驰骋向何方。

【原文】 **方茂尔恶[①]，相尔矛矣。既夷既怿[②]，如相酬矣[③]。**

【注释】 ①方：正。茂：盛。尔：指尹氏。②怿：悦，愉快。③酬：报，指以酒相敬。

【译文】 当你气势汹汹时，看着长矛露凶相。既尔气平笑颜开，举杯相酬心欢畅。

【原文】 **昊天不平，我王不宁。不惩其心，覆怨其正[①]。**

【注释】 ①覆:反。正:劝谏的正确话。

【译文】 老天你真不公平,害得我王不安宁。太师不改邪恶心,反而怨恨劝谏臣。

【原文】 **家父作诵[1],以究王讻[2]。式讹尔心[3],以畜万邦[4]。**

【注释】 ①家父:诗人自称。一说是位大夫,食采于家(地名),父为名字。诵:讽诵,指作诗。②究:追究。王讻:王朝祸乱的根源。③讹:化,改变。尔:指周王。④畜:安抚,养育。

【译文】 家父作诗来讽诵,追究乱国之元凶。但愿君王心意转,万民安康享太平。

巷　伯

【题解】

这是寺人(阉人)孟子遭人谗毁而写的一首发泄心中怨愤的诗。诗中把谗人巧言善辩,搬弄是非的形象刻画得惟妙惟肖;对害人者进行了无情的诅咒;对小人得志、好人受诬的不合理社会现象表示了强烈不满。读此诗,不禁使我们想到屈原、岳飞等因谗遭害的仁人志士,千载之下,仍让人扼腕。可见进谗者对社会危害之大。因此,我们一定要善辨是非,特别是执政者,不要轻信谗言,这样才能造成宽松的社会氛围。

【原文】 **萋兮斐兮[1],成是贝锦[2]。彼谮人者[3],亦已大甚[4]!**

【注释】 ①萋、斐:花纹交错的样子。②贝锦:贝壳花纹的锦缎。③谮人:诬陷别人的人。④大:同"太"。

【译文】 各种花纹多鲜明,织成多彩贝纹锦。那个造谣害人者,心肠实在太凶狠。

【原文】 **哆兮侈兮[1],成是南箕[2]。彼谮人者,谁适与谋[3]?**

【注释】 ①哆:张口的样子。侈:大。②南箕:南方天空的箕星。古人认为箕星出现要有口舌是非,以此比喻进谗的人。③适:往。谋:谋划,计议。

【译文】 咧开嘴如簸箕大,如同箕星南天挂。那个造谣害人者,是谁给他做谋划?

【原文】 **缉缉翩翩[1],谋欲谮人。慎尔言也[2],谓尔不信[3]。**

【注释】 ①缉缉:附耳私语。翩翩:花言巧语。②尔:指谗人。③信:信实。

【译文】 花言巧语叽叽呱,心想害人说谎话。劝你说话要当心,否则没人再相信。

【原文】 **捷捷幡幡[1],谋欲谮言。岂不尔受[2]?既其女迁[3]。**

【注释】 ①捷捷:巧言的样子。幡幡:犹"翩翩"。②受:接受,听信谗言。③女:通"汝",你。迁:转移。指听者转而憎恨造谣者。

【译文】 花言巧语信口编,想方设法造谣言。也许一时受你骗,终会恨你太阴险。

【原文】 **骄人好好[1],劳人草草[2]。苍天苍天,视彼骄人,矜此劳人[3]。**

【注释】 ①骄人:指得志的谗人。好好:得意的样子。②劳人:失意的人。这里指被谗者。草草:忧愁的样子。③矜:怜悯。

【译文】 进谗者得意忘形,被谗者心灰意冷。老天爷啊把眼睁,看那谗人多骄横,多多怜悯被谗人。

【原文】 **彼谮人者,谁适与谋?取彼谮人,投畀豺虎[1]。豺虎不食,投畀有北[2]。有**

北不受,投畀有昊[3]!

【注释】 ①投:投掷,丢给。畀:给予。②有北:北方荒凉寒冷之地。③有昊:昊天。

【译文】 那个造谣生事人,是谁为他出计谋?抓住这个坏家伙,丢到野外喂豺虎。豺虎嫌他不愿吃,扔到北方不毛土。北方如果不接受,送给老天去发落。

【原文】 **杨园之道[1],猗于亩丘[2]。寺人孟子[3],作为此诗。凡百君子[4],敬而听之。**

【注释】 ①杨园:园名。②猗:通"倚",依,靠着。亩丘:丘名。③寺人:奄人,如后来的宦官。孟子:寺人的名字,即诗的作者。④凡百:一切,所有的。

【译文】 一条大路通杨园,杨园紧靠亩丘边。我是阉人叫孟子,是我写作此诗篇。诸位大人君子们,请您认真听我言。

隰　桑

【题解】

这是一位女子的爱情自白。被爱的"君子",可能是她的丈夫,也可能是情人。我们在此采用了程俊英先生的说法:"这是一位妇女思念丈夫的诗。"(《诗经译注》)因诗中表现的感情热烈而坦荡,很像是夫妻久别重逢。

【原文】 **隰桑有阿[1],其叶有难[2]。既见君子[3],其乐如何。**

【注释】 ①隰桑:长在低洼地里的桑树。阿:通"婀",柔美的样子。②难:茂盛的样子。③君子:指丈夫。

【译文】 洼地桑树多婀娜,叶子繁茂又润泽。见到我的丈夫归,心中快乐难述说。

【原文】 **隰桑有阿,其叶有沃[1]。既见君子,云何不乐。**

【注释】 ①沃:肥厚润泽。

【译文】 洼地桑树多婀娜,叶子丰厚又润泽。见到我的丈夫归,怎能心里不快活。

【原文】 **隰桑有阿,其叶有幽[1]。既见君子,德音孔胶[2]。**

【注释】 ①幽:青黑色。这里指叶子深绿的样子。②德音:美好的声音。孔胶:很牢固。

【译文】 洼地桑树多婀娜,叶子碧绿密又多。见到我的丈夫归,知心话儿难尽说。

【原文】 **心乎爱矣,遐不谓矣[1]?中心藏之[2],何日忘之!**

【注释】 ①遐不:何不。谓:说。②中心:心中。

【译文】 爱你爱在内心窝,何不明白对你说?思念之情藏心中,哪有一日忘记过!

大　雅

文　王

【题解】

这是一首政治诗,为周公旦所作。全诗通篇用"赋"的手法,歌颂周文王受命于天建

立周邦的功绩,叙述商周兴亡隆替的道理,告诫和勉励周成王及后世君王,要吸取殷商的教训,效法周文王顺应天命,实行德政。对周朝臣子及殷商归周诸臣,反复叮咛告诫,也要顺应天命效忠周朝,情意十分恳切。但对诗中的"天命观"思想,应批判对待。此诗的艺术手法很特别,下章首句和前章末句,文字或内容都相互承接,有的句子还完全相同,这样,使诗的内容相承不绝,又增加了诗的节奏感和音乐美。

【原文】 文王在上①,於昭于天②。周虽旧邦③,其命维新④。有周不显⑤,帝命不时⑥。文王陟降⑦,在帝左右。

【注释】 ①文王:指周文王,名姬昌。②於:赞叹声。昭:光明。③旧邦:旧国。周由文王的祖父古公亶父建国,所以称旧邦。④命:指天命。维:是。⑤有:词头,无义。不:通"丕",大。下句"不时"同此。显:明。⑥帝:上帝。时:善美。⑦陟:升。降:下。

【译文】 文王之灵在上方,在那天上放光芒。周朝虽然是旧邦,国运出现新气象。周朝前途真辉煌,上天意志不可挡。文王神灵升与降,无时不在天帝旁。

【原文】 亹亹文王①,令闻不已②。陈锡哉周③,侯文王孙子④。文王孙子,本支百世⑤,凡周之士⑥,不显亦世⑦。

【注释】 ①亹亹:勤勉的样子。②令闻:好声誉。③陈:读为"申",一再,重复。锡:同"赐",赐予。哉:读为"兹",此。④侯:使之为侯。作动词用。⑤本支:树木的根和枝。引申为本宗和枝属旁系。⑥士:指周朝的百官大臣。⑦亦世:同"奕世",累世。

【译文】 黾勉辛勤周文王,美好声誉传得广。上帝令他兴周朝,子孙后代为侯王。文王子孙多兴旺,本宗旁支百世昌。凡在周朝为臣子,世代显贵又荣光。

【原文】 世之不显,厥犹翼翼①。思皇多士②,生此王国。王国克生③,维周之桢④;济济多士⑤,文王以宁。

【注释】 ①厥:其。犹:计谋。翼翼:思虑深远貌。②思:发语词。皇:美好。③克:能。④维:是。桢:支柱,骨干。⑤济济:多而整齐的样子。

【译文】 世代显贵又荣光,为国谋划真周详。英才贤士真正多,有幸出生在周邦。周邦能出众贤士,都是国家的栋梁。人才济济聚一堂,文王以此来安邦。

【原文】 穆穆文王①,於缉熙敬止②。假哉天命③,有商孙子。商之孙子,其丽不亿④。上帝既命,侯于周服⑤。

【注释】 ①穆穆:仪表美好,容止端庄恭敬。②於:感叹词。缉熙:奋发前进。敬:谨慎负责。止:语气词。③假:大。④丽:数目。不亿:不止一亿。古时以十万为亿。⑤侯于周服:即"侯服于周"。侯,乃,就。服,臣服。

【译文】 严肃恭敬周文王,正大光明又端庄。天帝之命真伟大,殷商子孙归周邦。殷商子孙多又多,何止亿万难估量。上帝既已有命令,他们臣服于周邦。

【原文】 侯服于周,天命靡常①。殷士肤敏②,祼将于京③。厥作祼将,常服黼冔④。王之荩臣⑤,无念尔祖⑥。

【注释】 ①靡常:无常。②殷士:指殷商后人。肤:壮美。敏:敏捷。③祼:一种祭祀仪式。也称灌祭。将:举行。京:周朝京师。④常:通"尚",还是。服:穿戴。黼:古代贵

族穿的绣有黑白相间花纹的礼服。冔:殷商贵族戴的礼帽。⑤王:指成王。荩臣:进用之臣。⑥无:语助词,无义。

【译文】 殷商臣服归周邦,可见天命不恒常。殷臣壮美又敏捷,来京助祭周廷上。他们就在灌祭时,穿戴还是殷服装。周王任用诸臣下,牢记祖德不能忘。

【原文】 无念尔祖,聿修厥德[1]。永言配命[2],自求多福。殷之未丧师[3],克配上帝。宜鉴于殷[4],骏命不易[5]。

【注释】 ①聿:惟。②配命:合乎天命。③师:众人。④鉴:镜子。这里为借鉴。⑤骏:大。

【译文】 牢记祖德不能忘,继承其德又发扬。顺应天命不违背,自求多福多吉祥。殷商未失民心时,能应天命把国享。借鉴殷商兴亡事,国运不易永盛昌。

【原文】 命之不易,无遏尔躬[1]。宣昭义问[2],有虞殷自天[3]。上天之载[4],无声无臭[5]。仪刑文王[6],万邦作孚[7]。

【注释】 ①遏:停止,断绝。②宣昭:宣明。义:善。问:通"闻",声誉。③有:又。虞:度,鉴戒。④载:事。⑤臭:气味。⑥仪刑:效法。⑦作:则,信。孚:信。

【译文】 国运不易永盛昌,不要断送你手上。宣扬美善好名声,殷商前鉴是天降。上天之事天知道,无声无闻难预料。只要敬法周文王,天下万邦皆敬仰。

大　明

【题解】

这是周部族的史诗之一,从周武王的祖父母、父母写起,一直叙述到周武王与殷纣王在牧野的最后决战,生动形象地展现了这一波澜壮阔的历史画面。

像这样的史诗,还有《生民》《公刘》《绵》《皇矣》等篇,这些篇章叙述了从周的始祖后稷创业到武王灭商的全部历史。读这些诗,我们不仅能得到高雅的艺术享受,还可获得不少历史知识。诗中虽然有不少天命论的思想,但也有对天命产生怀疑、强调以德兴国的正确主张。此诗规模宏大,结构严谨,跌宕起伏,气势恢宏,有较强的艺术表现力。尤其是对牧野之战的描写,绘声绘色,似乎再现了当时的战争场面。诗的语言也很精彩,如"洋洋""煌煌""彭彭"几个形容词,不仅写出了战势的浩大和紧张,读起来也铿锵有力,朗朗上口。一些诗句,如"小心翼翼""天作之合"等也成了后人常用的成语。

【原文】 明明在下[1],赫赫在上[2]。天难忱斯[3],不易维王[4]。天位殷適[5],使不挟四方[6]。

【注释】 ①明明:光明的样子,意指君王的德政。②赫赫:显耀的样子,意指天命。③忱:相信。④易:轻率怠慢。⑤殷適:殷的嫡嗣,即殷纣王。適,同"嫡"。⑥使:此字上省略了主语"天"。挟:据有。

【译文】 明明君德施天下,赫赫天命在上方。天命不变难相信,君王不能轻易当。王位本属殷纣王,却又让他失四方。

【原文】 挚仲氏任[1],自彼殷商,来嫁于周,曰嫔于京[2]。乃及王季[3],维德之行[4]。

【注释】 ①挚:殷的一个属国名。仲氏:次女。任:姓。②嫔:嫁。京:指周的京师。③王季:太王古公亶父之子,文王的父亲。④行:实行。

【译文】 挚国任氏二姑娘,来自大国叫殷商,出嫁到我周国来,京都成婚做新娘。她与王季结成双,品德高尚美名扬。

【原文】 大任有身[①],生此文王。维此文王,小心翼翼。昭事上帝[②],聿怀多福[③]。厥德不回[④],以受方国[⑤]。

【注释】 ①有身:怀孕。②昭:明。事:侍奉。③聿:同“曰”,语助词。怀:来。④厥:其,他的。回:邪,违背正道。⑤方国:方百里之国。一说四方归附之国。

【译文】 婚后怀孕喜成双,生下贤儿周文王。就是这个周文王,小心谨慎又图强。一片诚心侍上帝,带来福事一桩桩。他的品德很高尚,四方归附民所望。

【原文】 天监在下[①],有命既集[②]。文王初载[③],天作之合[④]。在洽之阳,在渭之涘。文王嘉止[⑤],大邦有子。

【注释】 ①监:视。②有命:指天命。集:归。③初载:初年。④合:匹配。⑤嘉止:美之,以之为美。止,同“之”,指太任。

【译文】 上天明察眼光亮,天命归于周文王。文王即位之初年,上天撮合配新娘。新娘家在洽水北,就在渭水河岸旁。文王爱慕新嫁娘,赞美大国好姑娘。

【原文】 大邦有子,伣天之妹[①]。文定厥祥[②],亲迎于渭。造舟为梁,不显其光[③]。

【注释】 ①伣:如同,好比。②文:礼。指聘礼。定:定婚。祥:吉。③不:通“丕”,大。

【译文】 大国这位好姑娘,好比天仙一个样。下了聘礼定了婚,文王亲迎渭水旁。大船相连当桥梁,大显光彩美名扬。

【原文】 有命自天,命此文王,于周于京。缵女维莘[①],长子维行[②],笃生武王[③]。保右命尔,燮伐大商[④]。

【注释】 ①缵:“嫧”的假借字,好。莘:古国名。②行:出嫁。③笃:厚。指天降厚恩。④燮:联合,协合。

【译文】 上天来把天命降,命令这位周文王,在那周京建家邦。莘国有位好姑娘,长女大姒嫁文王,天降厚恩生武王。命你保佑周武王,联合诸侯伐殷商。

【原文】 殷商之旅,其会如林。矢于牧野[①]:“维予侯兴[②],上帝临女,无贰尔心!”

【注释】 ①矢:发誓。这里可理解为誓师。牧野:古地名,在今河南汲县北。②维:语助词,有“只”的意思。侯:乃。兴:强盛。

【译文】 殷商纠集大部队,士兵多如密林样。武王誓师在牧野:“惟我周军最盛强,上帝在天看着你,休怀二心争荣光!”

【原文】 牧野洋洋[①],檀车煌煌,驷騵彭彭[②]。维师尚父,时维鹰扬[③]。凉彼武王[④],肆伐大商,会朝清明[⑤]。

【注释】 ①洋洋:宽广辽阔的样子。②驷騵:四匹驾车的战马。騵,赤毛白腹的马。彭彭:健壮的样子。③鹰扬:像雄鹰展翅飞翔。④凉:《韩诗》作“亮”,辅佐的意思。⑤会

朝:会战的早晨。清明:战争结束天下太平。

【译文】 广阔牧野是战场,檀木战车闪亮亮,四马驾车真雄壮。参谋指挥师尚父,如同雄鹰在飞扬。辅佐武王打胜仗,穷追猛打伐殷商,清明世界一朝创。

生 民

【题解】

这是周人记述其始祖后稷从出生到创业的长篇史诗,诗中充满神话色彩。它还记录了后稷对农业生产的贡献,描绘了耕种、收获、祭祀等壮美场面,语言优美生动,可谓古代诗歌中的一枝瑰丽的奇葩。

【原文】 厥初生民①?时维姜嫄②。生民如何?克禋克祀③,以弗无子④。履帝武敏歆⑤,攸介攸止⑥。载震载夙⑦,载生载育,时维后稷⑧。

【注释】 ①厥初:当初。②时:是,这。维:是。姜嫄:也作姜原,传说为周人的女始祖,后稷的母亲。③克:能够。禋:古代祭祀上帝的礼仪。④弗:祛去灾难的祭祀。弗为"祓"的假借字。⑤履:践踏。帝:上帝。武:足迹。敏:大脚趾。歆:欢喜。⑥攸:语助词。介:休息。止:止息。⑦载:加强语气的助词。震:怀孕。夙:严肃。⑧后稷:周人始祖,后稷为官名。

【译文】 周族祖先是谁生?她的名字叫姜嫄。周族祖先怎降生?祈祷上苍祭神灵,乞求生子有继承。踩帝足迹怀了孕,注意休息善调养。十月怀胎行端庄,生下儿子养育忙,儿子就是后稷王。

【原文】 诞弥厥月①,先生如达②。不坼不副③,无菑无害④,以赫厥灵⑤。上帝不宁⑥,不康禋祀⑦,居然生子⑧。

【注释】 ①诞:发语词。弥:满。此指怀孕足月。②先生:初生。达:通"羍",初生的小羊。一说顺利,顺畅。③坼:裂开。副:破裂。④菑:同"灾"。⑤赫:显示。灵:灵异。⑥宁:安。⑦康:安。⑧居然:徒然。

【译文】 怀胎足月孕期满,生下是个肉蛋蛋。既没开裂也没破,无灾无害身康健,显示灵异不平凡。唯恐上帝心不安,赶忙祭祀求吉祥,虽生儿子不敢养。

【原文】 诞寘之隘巷,牛羊腓字之①。诞寘之平林②,会伐平林。诞寘之寒冰,鸟覆翼之③。鸟乃去矣,后稷呱矣。实覃实訏④,厥声载路。

【注释】 ①腓:通"庇",庇护。字:爱。②平林:平原上的树林。③覆翼:用翅膀遮盖。④实:是,这样。覃:长。訏:大。

【译文】 把他扔在胡同里,牛羊爱护来喂乳。把他丢在树林里,恰巧有人来砍树。把他丢在寒冰上,鸟儿展翅将他护。后来鸟儿飞走了,后稷啼哭声呱呱。哭声又长又洪亮,路人听了都驻足。

【原文】 诞实匍匐①,克岐克嶷②,以就口食。蓺之荏菽③,荏菽旆旆④。禾役穟穟⑤,麻麦幪幪⑥,瓜瓞唪唪⑦。

【注释】 ①匍匐:爬行。②岐、嶷:有知识,能识别。③蓺:种植。荏菽:大豆。④旆旆:茂盛的样子。⑤禾役:禾穗。穟穟:下垂的样子。⑥幪幪:茂密的样子。⑦瓞:小瓜。唪唪:果实累累的样子。

【译文】 后稷刚会地上爬,显得聪明又乖巧,小嘴能把食物找。长大一些会种豆,豆苗茂盛长得好。种出谷子穗垂垂,麻麦葱葱无杂草,瓜儿累累也不少。

【原文】 诞后稷之穑[1],有相之道[2]。茀厥丰草[3],种之黄茂[4]。实方实苞[5],实种实褎[6]。实发实秀[7],实坚实好。实颖实栗[8],即有邰家室[9]。

【注释】 ①穑:种植五谷。②相:助。道:方法。③茀:除草。丰草:茂密的草。④黄茂:金黄的谷类,良种谷物。⑤方:萌芽刚出土。苞:禾苗丛生。⑥种:谷种生出短苗。褎:禾苗渐渐长高。⑦发:禾茎舒发拔节。秀:结穗。⑧颖:禾穗籽粒饱满下垂。栗:收获众多。⑨即:往。有邰:古代氏族,传说帝尧因后稷对农业生产的贡献而封他于邰。

【译文】 后稷他会种庄稼,他有生产好方法。爱护禾苗勤锄草,选择良种播种早。种子破土露嫩芽,禾苗粗壮渐长高。拔节抽穗结了实,谷粒饱满成色好。穗儿沉沉产量高,来到邰地乐陶陶。

【原文】 诞降嘉种[1],维秬维秠[2],维穈维芑[3]。恒之秬秠[4],是获是亩[5]。恒之穈芑,是任是负[6],以归肇祀[7]。

【注释】 ①降:赐予。②维:是。秬:黑黍。秠:黍的一种,一壳中含有两粒黍米。③穈:一种谷物,又名赤粱粟。芑:一种白苗高粱。④恒:通"亘",遍,满。⑤获:收割。亩:堆在田里。⑥任:挑。⑦肇祀:开始祭祀。

【译文】 上天赐与优良种,黍种就是秬与秠,还有穈子和高粱。秬子秠子遍地长,成熟季节收获忙。穈子高粱种满地,挑着背着运家里,归来开始把神祭。

【原文】 诞我祀如何?或舂或揄[1],或簸或蹂[2]。释之叟叟[3],烝之浮浮[4]。载谋载惟[5],取萧祭脂[6]。取羝以軷[7],载燔载烈[8],以兴嗣岁[9]。

【注释】 ①揄:将舂好的米从臼中舀出。②簸:扬去糠皮。蹂:用手揉搓。③释:淘米。叟叟:淘米声。④烝:蒸。浮浮:蒸气上升的样子。⑤惟:考虑。⑥萧:艾蒿。脂:牛肠脂。古时祭祀用牛油和艾蒿合烧。⑦羝:公羊。軷:剥羊皮。一说祭道路之神。⑧燔:烧烤。烈:把肉串起来烤。⑨嗣岁:来年。

【译文】 祭祀场面什么样?有的舂米或舀米,有的搓米扬谷糠。淘米之声嗖嗖响,蒸饭热气喷喷香。祭祀之事共商量,燃脂烧艾味芬芳。杀了公羊剥了皮,烧烤熟了供神享,祈求来年更兴旺。

【原文】 卬盛于豆[1],于豆于登[2],其香始升。上帝居歆[3],胡臭亶时[4]。后稷肇祀,庶无罪悔[5],以迄于今。

【注释】 ①卬:我。豆:一种盛肉的高脚碗。②登:瓦制的盛汤碗。③居:语助词。歆:享受。④胡:大。臭:香气。亶:确实。时:好,善。⑤庶:幸。

【译文】 我把祭品装碗里,木碗盛肉盆盛汤,香气四溢满庭堂。上帝降临来尝尝,饭菜味道实在香。后稷开创祭祀礼,幸蒙保佑无灾殃,流传至今好风尚。

周　颂

清　庙

【题解】

这是周朝统治者祭祀周文王的一首乐歌。全诗仅八句,将整个祭祀过程完整地描述出来。诗一开始就展现出一座庄严清静的宗庙,然后说助祭者身份的尊贵显赫和态度的严肃雍容,又说参祭人士的众多。接着说祭祀之人都秉持了文王的德行,文王的神灵已飞升天上,人们向空遥拜,还在建有文王神位的庙里奔走祭拜。最后赞颂文王的美德光耀四方,延续后世,人们对他的仰慕之情永无止境。以此可见人们态度的虔诚,场面的庄严紧张。此诗不押韵,采用平铺直叙的手法。因内容原因,诗句没有“风”“雅”,诗的婉约多姿,富有情致,但言简意深,典雅庄重,别有风味。

【原文】　於穆清庙①,肃雝显相②。济济多士③,秉文之德④。对越在天⑤,骏奔走在庙⑥。不显不承⑦,无射于人斯⑧。

【注释】　①於:赞叹词。穆:美。清庙:肃然清静之庙。②肃雝:态度严肃雍容。显相:高贵显赫的助祭者。③济济:多而整齐的样子。④秉:怀着。⑤越:于。⑥骏:迅速。⑦不:通“丕”,发语词。显:光明。承:继承。⑧无射:不厌,没有厌弃。射,同“斁”,厌弃。

【译文】　美哉清静宗庙中,助祭高贵又雍容。众士祭祀排成行,文王美德记心中。遥对文王天之灵,在庙奔走步不停。光辉显耀后人承,仰慕之情永无穷。

鲁　颂

駉

【题解】

这是《鲁颂》的第一篇,是一首咏马诗。诗中对马的描写生动而细微,写出了各种各样的马,写它们的毛色多种多样,身体矫健勇猛,气势雄壮奋发,可以胜任各种任务。马匹繁多是国力强盛的一个重要标志,通过写马的蕃盛,也歌颂了鲁国的富强。

【原文】　駉駉牡马①,在坰之野②。薄言駉者③,有驈有皇④,有骊有黄⑤,以车彭彭⑥。思无疆⑦,思马斯臧⑧。

【注释】　①駉駉:马肥壮的样子。牡马:雄马。泛指健壮的群马。②坰:遥远。③薄言:发语词。④驈:黑马白胯。皇:《鲁诗》作“騜”,黄白色的马。⑤骊:纯黑色的马。黄:黄赤色的马。⑥以车:驾车。彭彭:马强壮有力的样子。⑦思:句首语气词。下句“思”字同。⑧斯:其,那样。臧:善。

【译文】　群马高大又健壮,放牧广阔草场上。说起这些雄健马,毛带白色有驈皇,毛色相杂有骊黄，驾起车来奔前方。跑起路来远又长，马儿骏美膘儿壮。

【原文】 駉駉牡马，在坰之野。薄言駉者，有骓有駓①，有骍有骐②，以车伾伾③。思无期④，思马斯才⑤。

【注释】 ①骓：毛色苍白相杂的马。駓：毛色黄白相杂的马。②骍：毛色赤黄的马。骐：青黑色相间的马。③伾伾：有力的样子。④无期：无有期限。⑤才：才力。

【译文】 群马高大又健壮，放牧广阔草场上。说起这些雄健马，黄白为骓灰白马駓青黑为骍赤黄骐，驾起战车上战场。雄壮力大难估量，马儿骏美力又强。

【原文】 駉駉牡马，在坰之野。薄言駉者，有驒有骆①，有駵有雒②，以车绎绎③。思无斁④，思马斯作⑤。

【注释】 ①驒：青黑色而有白鳞花纹的马。骆：白色黑鬣的马。②駵：赤身黑鬣的马。雒：黑身白鬣的马。③绎绎：跑得快的样子。④无斁：无厌倦。⑤作：奋起，腾跃。

【译文】 群马高大又健壮，放牧广阔草场上。说起这些雄健马，驒马青色骆马白，駵马火赤雒马黑，驾着车子快如飞。精力无穷没限量，马儿腾跃膘儿壮。

【原文】 駉駉牡马，在坰之野。薄言駉可者，有骃有騢①，有驔有鱼②，以车祛祛③。思无邪，思马斯徂④。

【注释】 ①骃：浅黑和白色相杂的马。騢：赤白色杂毛的马。②驔：黑色黄背的马。鱼：眼眶有白圈的马。③祛祛：强健的样子。④徂：行。

【译文】 群马高大又健壮，放牧广阔草场上。说起这些雄健马，红色为骃灰白騢，黄背为驔白眼鱼，驾着车儿气势昂。沿着大道不偏斜，马儿如飞奔驰忙。

商　　颂

那

【题解】

这是殷商后代宋国祭祀其先祖的乐歌。此首描绘了祭祀时盛大而热烈的乐舞场景，通过对鼓乐和舞蹈绘声绘色的描写，反映出了商代文化艺术的状况，很具史料价值。

【原文】 猗与那与①，置我鞉鼓②。奏鼓简简③，衎我烈祖④。汤孙奏假⑤，绥我思成⑥。鞉鼓渊渊⑦，嘒嘒管声⑧。既和且平，依我磬声⑨。於赫汤孙⑩！穆穆厥声⑪。庸鼓有斁⑫，万舞有奕⑬。我有嘉客，亦不夷怿⑭。自古在昔，先民有作⑮。温恭朝夕⑯，执事有恪⑰，顾予烝尝⑱，汤孙之将⑲。

【注释】 ①猗、那：形容乐队美盛的样子。与：叹美词。②置：通“植”，竖立。鞉鼓：有柄的摇鼓，似今拨浪鼓。③简简：鼓声。④衎：欢乐。烈祖：功业显赫的先祖，指成汤。⑤汤孙：成汤的子孙。奏假：进言祷告。⑥绥：赠予。思：句中语助词。成：指生长、成功的地方。⑦渊渊：鼓声。⑧嘒嘒：乐声。⑨依我磬声：指鼓声、管乐声都按照磬声来演奏。⑩於：叹美词。赫：显赫。⑪穆穆：美好的样子。⑫庸：同“镛”，大钟。斁：盛大。⑬万舞：

舞名。有奕：形容舞态从容的样子。⑭不：通“丕”，大。夷怿：喜悦。⑮有作：有所作为。⑯温恭：温文恭敬。⑰有恪：即恪恪，恭敬的样子。⑱顾：光顾。烝尝：祭名，冬祭曰烝，秋祭曰尝。⑲将：奉献。

【译文】 多么美好盛大啊，竖起我们的摇鼓。鼓儿敲起咚咚响，以此娱乐我先祖。汤孙祷告祈神明，赐我顺利又成功。摇鼓敲起渊渊响，笙管吹起嘒嘒声。曲调协调又和平，按照磬声奏与停。啊！显赫的商汤子孙，祭祀乐声真动听。大钟大鼓声音洪，众人齐舞态从容。我们请来众嘉宾，人人喜悦笑脸盈。就在往昔远古时，先民已把祭礼定。朝夕温和又恭敬，祭时虔诚又敬谨。秋祭冬祭请光临，汤孙诚恳表衷情。

楚辞

【导语】

当现代工业文明给人类物质生活带来前所未有的享受之时,人类精神生活也陷入了种种难以摆脱的困境。20世纪晚期,中西学人经过长时期的探索,一致发现只有以伦理道德为本位的中国传统文化才有可能挽救人类的精神危机。于是,一股学习中国传统文化的热潮在全世界范围内兴起并逐渐形成涌动之势。这不能不让原本就对中国传统文化身怀热情的人们为之振奋不已,我们欣喜地沿着历史的长河溯流而上,重新领略各种民族精华,在汨罗江畔边,我们陶醉于以大诗人屈原为核心所凝定成的屈骚精神的经典文本——《楚辞》。

屈原像

离　骚

【题解】

"离骚"的解释自古至今多有歧义,综观可达十三种之多。本书认为汉司马迁的离骚犹离忧说、班固的明己遭忧作辞说、王逸的离别忧愁说等比较符合实际。

《离骚》是中国古代诗歌史上最长的一首浪漫主义政治抒情诗,也是楚辞和屈原作品中最有代表性、最具思想性及艺术性的作品,后人常用"骚"代称《楚辞》作品,以"骚赋"代指屈原的作品。后代楚辞作家的作品,也主要是学习与模仿《离骚》的创作风格。《诗经》与《离骚》一起成为我国文学史上现实主义与浪漫主义的两块奠基石。

《离骚》可分十二章。依次追述家世、姓名的由来,历数上古圣王、尧、舜、桀、纣等人的为政得失,申述作者远大的政治理想和在政治斗争中遭受的迫害,对社会政治的黑暗进行了揭露和批判,对幻想中的美政理想境界进行了热情的讴歌。此篇集中反映了屈原追求自身价值及社会理想的坎坷过程和最终美政理想破灭却忠于故国、独立不迁的人格,以及志洁行廉、上下求索的傲岸情怀。

据《史记·屈原贾生列传》,本篇的写作时间应在被楚怀王疏远之后;而司马迁《报任安书》又说:"屈原放逐,乃赋《离骚》",则当在楚顷襄王当朝,诗人再放江南时。至今尚无定论。

【原文】 帝高阳之苗裔兮①,朕皇考曰伯庸②。摄提贞于孟陬兮③,惟庚寅吾以降④。皇览揆余初度兮⑤,肇锡余以嘉名⑥。名余日正则兮⑦,字余曰灵均⑧。纷吾既有此内美

兮[9]，又重之以修能[10]。扈江离与辟芷兮[11]，纫秋兰以为佩[12]。汩余若将不及兮[13]，恐年岁之不吾与[14]。朝搴阰之木兰兮[15]，夕揽洲之宿莽[16]。日月忽其不淹兮[17]，春与秋其代序[18]。惟草木之零落兮[19]，恐美人之迟暮[20]。不抚壮而弃秽兮[21]，何不改此度[22]？乘骐骥以驰骋兮[23]，来吾道夫先路[24]。

【注释】 ①帝：帝之本义为花蒂（吴大澂说）或胚胎（姜亮夫说），引申为始生之祖。在夏、商、周三代，称已死的君主为帝。屈原与楚王同宗，故也以帝高阳颛顼为始生之祖。高阳：颛顼有天下，号高阳。高阳是南楚神话中的地方神，始由天神所派，后逐步由地方神演变为楚人之祖先。苗裔：子孙后代。兮：语气词，楚地方言。一说可读若“啊”。②朕：上古时代第一人称，至秦始皇二十六年（前221），诏定为皇帝自称。这里是屈原自称。皇考：对亡父的尊称。皇，大，美，光明。考，指亡父。但也有学者提出皇考是指先祖或祖父。伯庸：屈原父亲的名或字。一说是屈原先祖或祖父的名或字。③摄提：此处为“摄提格”的省称。岁星名。古代岁星记年法中的子、丑、寅、卯、辰、巳、午、未、申、酉、戌、亥十二辰之一，相当于干支纪年法中的寅年。《尔雅·释天》：“太岁在寅曰摄提格。”也有学者认为“摄提”不是“摄提格”的省称，而是星名。贞：古与“鼎”字同。鼎，当也。孟陬：孟春正月。正月为陬，又为孟春日，故称。④庚寅：屈原出生的日子，庚寅日为楚民间习俗上的吉宜日，古有男命起寅的传说。降（古音）：诞生，降生。本义为自天而降，这里屈原自言天生。⑤揆：度量，揣度。初度：此处释为刚出生时的器度。度，态度，器度，气象。⑥肇：开始。一说认为“肇”通“兆”，占卜的意思。锡：同“赐”，送给。⑦正则：公正而有法则。《史记·屈原贾生列传》：“屈原者，名平。”正则是对“平”字进行的解释。⑧字：取表字。灵均：灵善而均调。王夫之《楚辞通释》：“原者，地之善而均平者也。”⑨纷：美盛。内美：先天具有的内在的美好德性。⑩重：加上。一说是轻重之重。修能：即“修态”，即“美好的外表仪形”。能，通“态”。一释为“长才”，即“很强的才干和能力。”能，通“耐”。⑪扈：披，楚地方言。江离：亦作“江蓠”，又名“蘼芜”，香草名。一说江离是生于江中的香草。辟芷：幽香的芷草。一说为生长在幽僻处的芷草。⑫纫：搓，捻。一释为续，接。又可释为结、贯。⑬汩：疾行；快速。⑭不吾与：即“不与吾”之倒言。⑮搴：拔取。阰：山名。木兰：香木名，又名杜兰、林兰，皮似桂而香，状如楠树。⑯揽：采摘。洲：江河中的陆地。宿莽：经冬不死的草。⑰忽：迅速。淹：通“延”，逗留，停留。⑱序：通“谢”，过去，逝去。⑲惟：思。⑳美人：此处指楚怀王。迟暮：比喻晚年。㉑不抚壮而弃秽兮：诸本此句无“不”字，非是。抚，凭，持。壮，指盛壮之年。一说指国势强盛。秽，指污秽的行为。一说指杂乱的政事。又一说指小人。㉒此度：指上文“不抚壮而弃秽”的态度。㉓骐骥：骏马。驰骋：纵马疾驰，奔驰。㉔来：相招之辞。道：通“导”，引导。夫：语气词。先路：先王的道路。

【译文】 我是远祖高阳氏的后裔啊，我父亲的名字叫伯庸。岁星正好运行到寅年正月啊，我呱呱降生。父亲端详我初生时的气度啊，从那时起他赐予我这贞祥的名字：他给我起名叫正则啊，起字作灵均。我欢喜自己刚出生已有如此众多的惠质啊，又加上具有出众的才能。披戴着江离和幽香的白芷啊，缀结秋兰作为腰间配饰。我快速前行看似追

寻不上目标啊,担心岁月不再留给我更多的时间!早上拔取坡地上的木兰啊,傍晚采摘水洲中的宿莽。日月倏忽不返从不停下脚步啊,春天与秋天季节在更替。想到草木都要凋零啊,就怕楚王步入衰残的暮年。为什么不趁着壮年抛弃污秽啊,就此改变你的态度?骑上骏马奔驰吧!来吧,我在前面为你开路!

【原文】 昔三后之纯粹兮[①],固众芳之所在[②]。杂申椒与菌桂兮[③],岂维纫夫蕙茝[④]?彼尧舜之耿介兮[⑤],既遵道而得路[⑥]。何桀纣之猖披兮[⑦],夫唯捷径以窘步[⑧]。惟夫党人之偷乐兮[⑨],路幽昧以险隘[⑩]。岂余身之惮殃兮[⑪],恐皇舆之败绩[⑫]。忽奔走以先后兮,及前王之踵武[⑬]。荃不察余之中情兮[⑭],反信谗而齌怒[⑮]。余固知謇謇之为患兮[⑯],忍而不能舍也。指九天以为正兮[⑰],夫唯灵修之故也[⑱]。曰黄昏以为期兮,羌中道而改路[⑲]。初既与余成言兮[⑳],后悔遁而有他。余既不难夫离别兮[㉑],伤灵修之数化[㉒]。

【注释】 ①三后:有五解,当以汪瑗"楚之先君"说为是。纯粹:纯正不杂,引申指德行完美无缺。②众芳:喻众多有才能的人。③杂:会集,兼有。申椒:生得重累而丛簇的花椒。菌桂:像竹子一样圆的桂树。④维:仅,只。蕙茝:均香草名。⑤尧舜:唐尧和虞舜的并称,远古部落联盟的首领,古史传说中的圣明君主。耿介:光大圣明。⑥遵道而得路:遵,循。道,正途。路,大道。⑦桀纣:夏桀和商纣的并称。猖披:衣不系带,散乱不整貌。引申为狂妄偏邪之意。⑧捷径:原意指近便的小路,此处喻不循正轨,贪便图快的做法。窘:困窘,窘迫。⑨夫:彼。党人:朋党。偷乐:贪图享乐。一作"苟且偷安"解。⑩幽昧:昏暗不明。险隘:危险狭隘。⑪惮:畏惧,害怕。⑫皇舆:君王乘的车子,比喻国家政权。败绩:原意指车之覆败,引申指事业的败坏、失利。⑬前王:即上文之"三后"与"尧舜"。踵武:足迹。踵,足跟。⑭荃:香草名,多喻君主。中情:谓内心真诚。⑮齌怒:疾怒,暴怒。齌,炊火猛烈,引申为暴烈。⑯謇謇:直言的样子。患:害。⑰九天:谓天之中央与八方。正:通"证",验证。⑱灵修:能神明远见者,此处当指楚怀王而言。⑲"曰黄昏"以下二句:此为衍文。⑳成言:定言。㉑难:畏惮,畏惧。㉒化:变化。一作"讹"解。

【译文】 从前楚国三位贤王德行完美、纯正无私啊,因而成为群贤毕集的所在。花椒与菌桂聚集一处啊,缀结的何止蕙和茝?尧舜光大圣明啊,他们遵行正道使国家走上正途。桀纣一样荒乱偏邪啊,贪图近便小径以致走投无路。结党营私之徒享乐啊,国家的前途晦暗不明危险难行。难道我是害怕自身遭受灾殃吗?我是怕君王的车子遭到颠覆。我匆促奔走于君王鞍前马后啊,希望他能追踪先王的足迹。君王却不明察我内心的真情啊,反而轻信了谗言而勃然大怒。我本来就知道正道直行会引起祸患啊,宁可忍受痛苦却无法改变初衷。手指天地作为我起誓的明证啊,这都是因为君王的缘故。说好在黄昏时分相约会面的啊,走到半路又中途改道。当初已经跟我订下誓约啊,随后又反悔另有他求。我已不再为君臣分隔而难过啊,只是哀婉君王朝令夕改。

【原文】 余既滋兰之九畹兮[①],又树蕙之百亩[②]。畦留夷与揭车兮[③],杂杜衡与芳芷[④]。冀枝叶之峻茂兮,愿竢时乎吾将刈[⑤]。虽萎绝其亦何伤兮,哀众芳之芜秽[⑥]。众皆竞进以贪婪兮,凭不厌乎求索[⑦]。羌内恕己以量人兮[⑧],各兴心而嫉妒[⑨]。忽驰骛以追逐兮[⑩],非余心之所急[⑪]。老冉冉其将至兮[⑫],恐修名之不立。朝饮木兰之坠露兮[⑬],夕餐秋

菊之落英[14]。苟余情其信姱以练要兮[15],长顑颔亦何伤[16]? 擥木根以结茝兮[17],贯薜荔之落蕊[18]。矫菌桂以纫蕙兮[19],索胡绳之纚纚[20]。謇吾法夫前修兮[21],非世俗之所服。虽不周于今之人兮[22],愿依彭咸之遗则[23]。

【注释】 ①滋:栽,栽种。九畹:极言其多。畹,古代面积单位,十二亩田曰畹,一说三十亩田曰畹。②树:种植。蕙:香草名,所指有二:一指熏草,俗称佩兰。古人佩之或做香焚以避疫。二指蕙兰。③畦:分畦种植。留夷:香草名。一说即芍药。揭车:香草名。④杜衡:亦作“杜蘅”,香草名,俗名马蹄香。芳芷:香草名,印白芷。⑤竢:等待。刈:割取。⑥哀:悯惜。众芳:指上文所言之六物——兰、蕙、留夷、揭车、杜衡、芳芷,喻众贤。芜秽:荒芜,谓田地不整治而杂草丛生。此处比喻自己所培养的人才变质了,它们竟变成了一片恶草。⑦凭:满足。楚人名“满”曰“凭”。⑧羌:楚地方言,发语词。恕己以量人:谓以自己之心来忖度他人,犹俗语所云“以小人之心,度君子之腹”。⑨兴心:生心。⑩驰骛:疾驰,奔腾。⑪非余心之所急:此句屈子自表其心不同于众,而众人不必嫉妒他。⑫老:老景。冉冉(rǎn):形容时光渐渐流逝。⑬饮:小口吸食。⑭餐:吞食。落英:坠落的花朵。一释为“初生的花朵”。⑮信姱:真正美好。姱,美好。练要:谓精诚专一,操守坚贞。要,约束。⑯顑颔:因饥饿而面黄肌瘦。⑰擥:执持。木根:兰槐之根。⑱薜荔:香草名,又称木莲。蕊:花心。⑲矫:“使之直”的意思。菌桂:香木名,今之肉桂、桂属中的一种。⑳索:绞合使紧。胡绳:香草名。纚纚:长而下垂的样子。㉑謇:为楚地方言,发语词。一说为用心竭力、艰难勤苦之意。前修:犹前贤。㉒周:调和,适合。㉓彭咸:王逸楚辞《楚辞章句》:“彭咸,殷贤大夫,谏其君不听,自投水而死。”以后各家释彭咸者均承此说。

【译文】 我栽下了九畹的兰花啊,又种上了百亩的蕙草。将芍药和揭车分畦种植啊,其间兼有马蹄香和白芷。希望它们枝繁叶茂啊,我愿等待时机将它们采摘。即使枯黄凋落又有何伤感啊,悲哀的是这许多花草变成遍地荒棘!众人都争名逐利、贪得无厌啊,孜孜以求从不满足。他们以自己的心肠来猜度我啊,各自私念丛生又充满妒忌。急切奔跑追逐名利啊,并不是我的心中所求。人生暮景渐渐就要降临啊,我担心的是人生的美名没有树立!早上啜饮木兰上滴下的露水啊,傍晚含咀坠落的秋菊。只要我的情志美好、精纯如一啊,长久以来的神形消损又怎值得悲戚!持取木根绕结茝花啊,将薜荔刚绽放的花心联结成串。使菌桂变直并缀结上蕙草啊,再把胡绳绞合起来而彰显飘逸身姿。我效法前贤的装束啊,并非流俗之辈所能服习。即使不能迎合当世的人啊,我愿依从彭咸留下的范型!

【原文】 长太息以掩涕兮,哀民生之多艰。余虽好修姱以鞿羁兮[1],謇朝谇而夕替[2]。既替余以蕙纕兮[3],又申之以揽茝[4]。亦余心之所善兮,虽九死其犹未悔。怨灵修之浩荡兮[5],终不察夫民心[6]。众女嫉余之蛾眉兮[7],谣诼谓余以善淫[8]。固时俗之工巧兮,偭规矩而改错[9]。背绳墨以追曲兮[10],竞周容以为度[11]。忳郁邑余侘傺兮[12],吾独穷困乎此时也。宁溘死以流亡兮[13],余不忍为此态也[14]。鸷鸟之不群兮[15],自前世而固然。何方圜之能周兮[16],夫孰异道而相安?屈心而抑志兮,忍尤而攘诟[17]。伏清白以死直兮[18],固前圣之所厚。

【注释】 ①虽:通"唯"。修姱:修洁而姱美,喻美德。鞿羁:马缰绳和络头,比喻束缚。②謇:发语词。谇:谏。一释为"诟""让",意即指责,责备。替:废,废弃。③纕:佩带。一说即今香囊之属。④申:重复。揽茝:姜亮夫认为此"揽"字当为"兰"字,"兰茝"与上文"蕙纕"为对。⑤灵修:指楚国国君。浩荡:犹荒唐。⑥民:人,屈原自谓。⑦蛾眉:指女子美丽的容貌,又用以比喻屈原自己优秀的品质。⑧谣诼:造谣毁谤。淫:邪乱,淫乱。⑨偭:背,违背。规矩:规和矩,校正圆形和方形的两种工具。错:通"措",措施。⑩绳墨:木工画直线用的工具,这里比喻正道直行。追曲:随意曲直,没有一定的法则。⑪周容:迎合讨好。度:常行之法。一说为态度。⑫忳:忧郁,烦闷。郁邑:忧愤郁结,忧懑压抑。侘傺:失意而神情恍惚的样子。⑬溘死:忽然死去。流亡:谓淹忽而死,随水以去。⑭此态:指小人工巧、周容之丑态。⑮鸷鸟:指凶猛的鸟。一说鸷鸟当为忠贞刚特之鸟。不群:猛禽不与众凡鸟为群,喻刚正之君子不与阘茸之小人为伍。⑯方圜:同"方圆"。周:合。⑰忍尤:容忍罪过。尤,罪过。攘诟:容忍耻辱。以上"屈心"与"抑志""忍尤"与"攘诟"均为对文。⑱伏:通"服",信服。

【译文】 长长地叹息我掩面拭泪啊,感伤人生的道路是多么的艰难。我虽爱好美德却遭受羁縻啊,早上向君王进谏傍晚就被废弃。废弃我的原因是因为我身佩蕙草啊,又加上我用兰茝作为佩饰。它们都是我心头之好啊,为此即使万死我也不后悔。埋怨怀王行事荒唐啊,终究不明察我的忠心。女人们都嫉恨我美丽的容貌啊,恶语中伤说我善于淫逸。本来流俗善于取巧啊,背弃原则篡改措施。违反标准并无原则啊,争相迎合讨好且以之为常行之法。忧郁压抑我失意不乐啊,偏偏独有我受困于时。宁肯突然死去形体不存啊,我不忍心做出那副样子!鸷鸟高飞远走、卓特不群啊,先世以来就一向如此。圆凿方枘如何能够互容啊,谁可以道不同却彼此相安?委屈本心压抑情志啊,包容过错含垢忍耻。坚持清白之躯为正义而死啊,那才是先贤们所珍视的事。

【原文】 **悔相道之不察兮①,延伫乎吾将反②。回朕车以复路兮,及行迷之未远。步余马于兰皋兮③,驰椒丘且焉止息④。进不入以离尤兮,退将复修吾初服⑤。制芰荷以为衣兮⑥,集芙蓉以为裳⑦。不吾知其亦已兮,苟余情其信芳⑧。高余冠之岌岌兮⑨,长余佩之陆离⑩。芳与泽其杂糅兮⑪,唯昭质其犹未亏⑫。忽反顾以游目兮,将往观乎四荒⑬。佩缤纷其繁饰兮⑭,芳菲菲其弥章⑮。民生各有所乐兮⑯,余独好修以为常⑰。虽体解吾犹未变兮⑱,岂余心之可惩⑲?**

【注释】 ①相道:观察道路。一释为寻找道路。察:详细察看。②延伫:长久地站立。一释为长望。③步余马:骑着我的马慢慢走。一释为训练我的马。兰皋:长着兰草的水边高地。④椒丘:尖削的高丘。一释为生有椒木的丘陵。焉:于此。⑤初服:未入仕时的服装。⑥制:裁剪。芰荷:指菱叶与荷叶。一说芰荷为一物。衣:上衣。⑦芙蓉:荷花的别名。裳:古代称下身穿的衣裙,男女皆服。⑧其:句中衬字,无义。⑨岌岌:高高的样子。⑩佩:身上佩带的剑。陆离:长的样子。⑪芳:草香,亦泛指香,香气。泽:姜亮夫《屈原赋校注》认为此为"臭"字之讹变。糅:混杂,混合。⑫唯:有三解:一释为"独"。二释为"辞也",即发语词。三说同"惟",表明心中冀望之意。三说均可通。昭质:明洁的

品质。亏:损。⑬"忽反顾"以下二句:屈原欲离朝去野,隐居避祸。忽,不经意。游目,放眼纵望。四荒,四方荒远之地。⑭缤纷:繁盛的样子。繁饰:众多的彩饰,盛饰。⑮菲菲:香气很盛。⑯民生:即人生。⑰好修:喜作修饰。常:常规,习惯。⑱体解:分解人的肢体,古代酷刑之一。⑲惩:克制,制止。

【译文】 悔恨选择道路时未曾看清啊,站在那里久久凝望而后我就要回返。调转我的车头重归正确的路啊,趁误入迷途还不是太远。让我的马漫步在长满兰花的湿地上啊,跑到遍是椒树的土坡上在那里休憩。进谏不被君王接纳却承受过错啊,我将隐退重新穿回当初的衣冕。裁制菱叶作为上衣啊,缀合莲花以做下裙。没有人理解我也就算了吧,只要我的情志真正高洁芳郁。加高我的帽子使之显得危耸啊,加长我的佩剑使之更加奇诡斑斓。芳香和腐臭混杂在一处啊,只有明洁的品质尚未缺损。倏忽间回首远望啊,我将去四方荒远之地游览。戴上众多华美的佩饰啊,浓郁的芳香使它们更加耀眼。人生各有各的乐事啊,我偏好美洁已习惯成自然。即使躯体分解我也不会改变啊,我的心中还有何畏惧?

【原文】 女媭之婵媛兮[①],申申其詈予[②]。曰鲧婞直以亡身兮[③],终然殀乎羽之野[④]。汝何博謇而好修兮,纷独有此姱节[⑤]。薋菉葹以盈室兮[⑥],判独离而不服[⑦]。众不可户说兮,孰云察余之中情?世并举而好朋兮,夫何茕独而不予听[⑧]。

【注释】 ①女媭:有六解:一释为屈原之姊。二释为屈原之妹。三释为女巫或神巫。四释为女伴、侍女。五释为贱妾,比喻党人。六释为一个假想的女性。婵媛:痛恻婉转陈辞。②詈:责骂。③曰:说。以下至"夫何茕独而不予听"是女媭责备屈原的话。鲧:传说中古代部落酋长名,号崇伯,禹之父。据说奉尧之命治水,未成,而被舜杀于羽山。一说被舜幽囚在羽山,最后死在那里。婞直:倔强,刚直。一说为"刚愎自用"之意。亡身:一作"方身"。一说当作"方命",是不听指挥,不服从命令之意。一释为忘身。④殀:早死。一释为死。又释为不得善终而死。羽:羽山,地名。⑤纷:纷然、美盛。姱节:美好的节操。一释为奇异的行为。⑥薋:积聚。菉:草名。葹:草名。⑦判独:分别离散,与众不同。服:用,使用。⑧茕独:孤独。不予听:即不听予。予,我,女媭自谓。

【译文】 女媭满心痛彻啊,重重责骂我。她说鲧因为刚直而遭流放啊,最后幽殁在羽山的郊野。你为什么还博采众芳而爱好美洁啊,美好的节操显得如此与众不同!蒺藜、苍草、地葵充满屋子啊,你却迥异于众人偏偏不肯佩用在身上。不可能向每个人都详尽说明心中的想法啊,谁能明白我们内心的真诚呢?世人相互推举而好朋比为奸啊,你为什么茕然独立却不听我的劝告。

【原文】 依前圣以节中兮[①],喟凭心而历兹[②]。济沅湘以南征兮[③],就重华而陈词[④]。启《九辩》与《九歌》兮[⑤],夏康娱以自纵[⑥]。不顾难以图后兮[⑦],五子用失乎家巷[⑧]。羿淫游以佚畋兮[⑨],又好射夫封狐[⑩]。固乱流其鲜终兮[⑪],浞又贪夫厥家[⑫]。浇身被服强圉兮[⑬],纵欲而不忍。日康娱而自忘兮[⑭],厥首用夫颠陨[⑮]。夏桀之常违兮[⑯],乃遂焉而逢殃。后辛之菹醢兮[⑰],殷宗用而不长[⑱]。汤禹俨而祗敬兮[⑲],周论道而莫差。举贤而授能兮,循绳墨而不颇[⑳]。皇天无私阿兮[㉑],览民德焉错辅[㉒]。夫维圣哲以茂行兮[㉓],苟得用此下

土[24]。瞻前而顾后兮,相观民之计极[25]。夫孰非义而可用兮,孰非善而可服[26]。阽余身而危死兮[27],览余初其犹未悔。不量凿而正枘兮[28],固前修以菹醢[29]。曾歔欷余郁邑兮[30],哀朕时之不当[31]。揽茹蕙以掩涕兮[32],沾余襟之浪浪[33]。

【注释】①节中:犹折中,取正。②喟:叹息,叹声。凭:满。历兹:至此。③沅:沅江,古称沅水,源出贵州省云雾山,东北流经黔阳、常德到汉寿入洞庭湖。湘:即湘江,源出广西,流入湖南省,为湖南省最大的河流。④重华:虞舜的美称。一说舜重瞳,故名。⑤启:指夏启,大禹之子,夏朝君主。一释为“开启”。《九辩》:夏代乐名。一说天帝乐名。《九歌》:古代乐曲,相传为禹时乐歌。一说《九歌》也是天帝乐名。⑥夏:有四解,此释为“大”。康娱:逸乐,安乐。⑦不顾难:不回顾其最初取得天下之不易。以图后:为后代作谋划。⑧五子:有四解:一释为启的五个儿子。二释为太康昆弟五人。三释为启之第五子。四释为启的兄弟。用失乎:即“用乎”,“失”字为衍文,用乎,因之,因而。家巷:内讧。巷,通“閧”。⑨羿:传说中夏代有穷氏之国君,因夏氏以代,善射,不修民事,为家臣寒浞所杀。佚:放纵。畋:畋猎,打猎。⑩好:喜好。封狐:大狐。一释为大猪。“狐”是“狶”之误。⑪乱流:乱逆之流。鲜终:少有善终。⑫浞:传说中夏时有穷氏后羿之相。羿不理政事,寒浞遂杀羿自立。厥:其,这里指代羿。家:通“姑”,古时对妇女的一种称谓,这里指羿的妻室。⑬浇:即过浇。传说中夏代寒浞之子。被服强圉:负恃有力,即依仗自己强大的力量。一释为穿着坚甲。⑭自忘:忘怀自身安危。⑮用夫:因而。颠陨:坠落。⑯夏桀:夏代最后一个君主,名履癸,相传为暴君。常违:经常违背天道和人理。⑰后辛:即殷纣王。后,君主。辛,纣王之名。菹醢:亦作“葅醢”,古代把人剁成肉酱的酷刑。后亦用以泛指处死。⑱殷宗:殷商之国祚。用而:因而,因此。⑲汤禹:商汤与夏禹。一释为大禹。俨:恭敬,庄重,庄严。祗敬:恭敬。⑳循:顺着,遵从。绳墨:木工画直线用的工具,此处喻规矩、准则和法度。㉑皇天:对天及天神的尊称。私阿:偏爱,曲意庇护。㉒民德:在皇天看来,人君也是臣民,故此“民德”是指那些得了天下的君王而言。错辅:安排辅助。错,通“措”,安排。㉓维:同“唯”,独。圣哲:此处指具有超人的道德才智的人。茂行:德行充盛。㉔苟:于是。用:拥有,治理。下土:天下。㉕相:看,观察。计极:兴亡的原因。㉖服:行,行事。㉗阽:临近危险。危死:濒临死亡。㉘凿:榫眼。正:审定,确定。枘:器物的榫头。㉙前修:古代的贤人,此处指因忠言直谏而遭到菹醢之刑的贤人,如龙逢、梅伯等。㉚曾:通“增”,屡屡。歔欷:悲泣,抽噎。郁邑:即“郁悒”,苦闷,忧愁。㉛哀朕时之不当:哀叹自己生不逢时。当,引申为“值”,逢,遇之义。㉜茹:柔软。一释为香草名。㉝沾:浸湿。浪浪:泪流不止的样子。

【译文】依从先贤的价值标准进行评判啊,满怀感喟为何遭此厄运。渡过沅、湘向南进发啊,到帝舜跟前大声陈说:夏启创制《九歌》《九辩》啊,恣意寻欢作乐以致放纵堕落。不顾念先王创业艰难并为后代打算啊,五位王公因此内讧相争。后羿过度沉溺于狩猎啊,又喜欢射杀大猪以取乐。本来恣肆妄行就没有好下场啊,寒浞夺权又占有了他的妻子。浇恃强尚武啊,放纵欲念不肯放弃糜烂生活。每天沉浸于燕舞笙歌浑然忘我啊,他的头颅因此而掉落。夏桀所行与常情有违啊,最后终究遭受了灾祸。纣王辛发明将人

剁成肉酱的酷刑啊，殷商因而不能国祚绵长。大禹庄穆而敬畏神灵啊，周详地施行仁政而没有差错。推举贤德、任用能臣啊，遵守法则而不偏颇。上苍不会偏袒谁啊，视民心向背加以辅佐。只有贤达睿智、德行充盛啊，才能拥有这整个天下。回顾历史展望将来啊，考察人世治变的道理。谁不是因为忠义而被任用啊，谁不是因为纯良美好而成为奉行的楷模！我身陷危难几蹈死地啊，静观初心从未后悔。不度量凿孔而选用合适的榫头啊，这本是前贤被剁成肉末的原因。我频频悲叹抑郁忧伤啊，哀婉自己生不逢时。拿起柔软蕙草掩面痛哭啊，泪珠滚滚滑落打湿我的前襟。

【原文】 跪敷衽以陈辞兮[①]，耿吾既得此中正[②]。驷玉虬以椉鹥兮[③]，溘埃风余上征[④]。朝发轫于苍梧兮[⑤]，夕余至乎县圃[⑥]。欲少留此灵琐兮[⑦]，日忽忽其将暮。吾令羲和弭节兮[⑧]，望崦嵫而勿迫[⑨]。路曼曼其修远兮[⑩]，吾将上下而求索[⑪]。饮余马于咸池兮[⑫]，总余辔乎扶桑[⑬]。折若木以拂日兮[⑭]，聊逍遥以相羊[⑮]。前望舒使先驱兮[⑯]，后飞廉使奔属[⑰]。鸾皇为余先戒兮[⑱]，雷师告余以未具[⑲]。吾令凤鸟飞腾兮[⑳]，继之以日夜。飘风屯其相离兮[㉑]，帅云霓而来御[㉒]。纷总总其离合兮[㉓]，斑陆离其上下[㉔]。吾令帝阍开关兮[㉕]，倚阊阖而望予[㉖]。时暧暧其将罢兮[㉗]，结幽兰而延伫。世溷浊而不分兮[㉘]，好蔽美而嫉妒[㉙]。

【注释】 ①敷：铺开。衽：衣之前襟。②耿：耿介，光明正大。此中正：此中正之道，即上文所说明主贤臣相得、昏君乱臣相残的道理。③驷：古代一车套四马，因以称驾一车之四马，或四马所驾之车。这里意思是以四虬龙驾车。虬：传说中的一种无角龙。椉：同“乘”。鹥：传说中的鸟名，凤凰之属，身有五彩花纹。④溘：忽然。埃：微小的尘土。征：行，此处指乘坐四龙所拉的风车飞上天空。⑤发轫：拿掉支住车轮的木头，使车前进。借指启程，出发。苍梧：一名九疑，在湖南省宁远县东南。⑥县圃：又作玄圃、悬圃，传说中神仙居处，在昆仑山顶。⑦灵琐：君门。姜亮夫《屈原赋校注》以为即玄圃之门。⑧羲和：古代神话传说中驾驭日车的神。弭节：缓慢行驶。节，车子行驶的步调。⑨崦嵫：山名，在甘肃省天水市西境，传说以为日落的地方。迫：迫近。⑩曼曼：形容距离远或时间长。修远：长远。⑪上下而求索：求索的对象，各家说法不一，联系上下文，当以“求天帝之所在”近是。⑫咸池：神话中谓日浴之处。⑬总：系，结，束结。辔：驾驭马的缰绳。扶桑：神话中的树名。传说日出于扶桑之下，拂其树杪而升，因谓为日出处。⑭若木：古代神话中的树名。一说即扶桑。⑮聊逍遥以相羊：聊逍遥、相羊，是联绵词的不同交体，意思相同，都有徘徊之义。⑯望舒：神话中为月驾车的神。先驱：原指军队中的前锋，此处引申指向导。⑰飞廉：即风神。一说能致风的神禽名。奔属：奔跑着紧跟在后面。⑱鸾皇：亦作“鸾凰”。鸾与凰，皆瑞鸟名，常用以比喻贤士淑女。⑲雷师：神话中的雷神。或说就是丰隆。未具：驾驭未备。⑳凤鸟：凤凰，传说中的瑞鸟。㉑飘风：旋风，暴风。屯：聚集。离：附丽。㉒帅：通“率”，率领。霓：虹的一种，又称副虹（相对于主虹而言）。㉓总总：聚集一处的样子。㉔斑：荣盛。陆离：光辉灿烂的样子。㉕帝阍：天帝的看门人。阍，看门人。㉖阊阖：神话中的天门。㉗暧暧：昏暗的样子。㉘溷浊：混乱污浊。㉙美：品德、才能皆优秀的人。

【译文】 衣襟铺开跪着慷慨陈词啊，我得到无私正道心中豁然通明。驾驭四条无角

玉龙所拉的凤车啊，倏忽间我依托风云直上天空。早上从苍梧出发啊，傍晚到县圃停歇。我打算在神门前稍歇片刻啊，日头渐渐偏移入暮。我让羲和徐徐前行啊，看到崦嵫山暂且止步。前途漫长遥远无边啊，我将上天入地寻求出路。在咸池饮我的马啊，将马缰系在扶桑神木。攀折若木遮蔽日光啊，姑且逍遥徜徉自由自在。使月神望舒在前面开路啊，让风伯奔跑于后。早有鸾凤为我戒严道路啊，雷神却告诉我严装未备。我命凤鸟们腾翔于九天啊，夜以继日不得疏忽。暴风骤集欲使队伍离散啊，统率着前来迎接的云雾。来势盛大忽散忽聚啊，上下翻转光彩夺目。我命天帝的看门人打开天门啊，他却倚靠在天门外视而不见。此刻光线暗淡日将西落啊，只得编结幽兰长久停驻。世道混乱良莠不分啊，喜欢掩蔽贤才妄加嫉妒。

【原文】 朝吾将济于白水兮[①]，登阆风而緤马[②]。忽反顾以流涕兮，哀高丘之无女[③]。溘吾游此春宫兮[④]，折琼枝以继佩[⑤]。及荣华之未落兮[⑥]，相下女之可诒[⑦]。吾令丰隆乘云兮[⑧]，求宓妃之所在[⑨]。解佩纕以结言兮[⑩]，吾令蹇修以为理[⑪]。纷总总其离合兮[⑫]，忽纬繣其难迁[⑬]。夕归次于穷石兮[⑭]，朝濯发乎洧盘[⑮]。保厥美以骄傲兮[⑯]，日康娱以淫游。虽信美而无礼兮，来违弃而改求[⑰]。览相观于四极兮[⑱]，周流乎天余乃下。望瑶台之偃蹇兮[⑲]，见有娀之佚女[⑳]。吾令鸩为媒兮[㉑]，鸩告余以不好。雄鸠之鸣逝兮，余犹恶其佻巧[㉒]。心犹豫而狐疑兮[㉓]，欲自适而不可。凤皇既受诒兮[㉔]，恐高辛之先我[㉕]。

【注释】 ①白水：神话传说中源出昆仑山的一条河流，相传饮之可以不死。②阆风：山名。神话传说中神仙居住的地方，在昆仑之巅。緤马：系马。③高丘：楚国山名。一释为传说中的神山。④春宫：神话传说中东方青帝居住的地方。⑤琼枝：神话传说中的玉树。⑥荣华：原意指草木茂盛、开花，此处喻美好的容颜或年华。⑦相：视。下女：有多种解释，蒋骥《山带阁注楚辞》认为"指下处宓妃诸人；对高丘言，故曰下。"诒：通"贻"，赠送。⑧丰隆：神话传说中的雷神，后多用作雷的代称。一说是云神。⑨宓妃：神话传说中的洛水女神。⑩纕：佩带。结言：用言辞订约。⑪蹇修：人名，传说中伏羲氏之臣，古贤者。一释为以钟磬声乐为媒使。理：使者，媒人。⑫纷总总：此处形容使者纷纷攘攘，络绎于道。⑬纬繣：乖戾，不合。⑭次：留宿。穷石：神话中传说的地名。⑮濯：洗涤。洧盘：神话传说中的水名。据说发源于崦嵫山。⑯保：依靠，仗恃。厥：其，指宓妃。⑰来：回来吧！这是召回丰隆的话。违弃：抛开，丢开。⑱览相观：三字同义，看。四极：泛言四方之边极。⑲瑶台：美玉砌的楼台。偃蹇：高耸。⑳有娀：传说中的古国名。殷始祖契之妃简狄，即有娀氏女。有，词头。佚女：美女。指有娀氏美女简狄。㉑鸩：传说中的一种毒鸟，以羽浸酒，饮之立死。㉒恶：讨厌，憎恨。佻巧：轻佻巧佞。㉓犹豫：迟疑不决。狐疑：猜疑，怀疑。㉔凤皇：即凤凰。受诒：指凤凰已接受了送给简狄的聘礼，准备前去说媒。诒，通"贻"，指聘礼。㉕高辛：帝喾初受封于辛，后即帝位，号高辛氏。事迹详见《史记·五帝本纪》。

【译文】 早上我将渡过白水啊，登上阆风山系马驻足。忽然回首眺望潸然泪下啊，哀伤楚地高丘没有美女。我迅疾游历青帝所居之春宫啊，攀折那琼枝来补充我的佩饰。趁着缤纷的花草还未零落啊，我寻访美女赠送给她。我让雷神驾云而去啊，探寻宓妃所

在的居处。解下佩带的香囊来订下誓约啊，我命蹇修来当媒人。纷繁盛多来去不定啊，善变乖戾难以迁就。晚上回穷石过宿啊，早上在洧盘濯洗秀发。倚仗她的美貌心骄气傲啊，每天安然享乐游玩无度。虽然她确实美丽却缺乏礼教啊，回来吧蹇修，让我们丢开她再去别处寻求。查考天下四方啊，绕天巡行后我降临下土。望见玉台高拔耸立啊，我看到有娀氏的美丽公主。我命鸩去为我做媒啊，鸩告诉我她的种种不好。雄鸠高叫着远去啊，它轻佻讨巧实在令我厌恶。犹豫不定狐疑满腹啊，我打算亲自造访又不合礼数。凤凰虽已接受信物啊，又怕帝喾比我提前一步。

【原文】 欲远集而无所止兮，聊浮游以逍遥①。及少康之未家兮②，留有虞之二姚③。理弱而媒拙兮，恐导言之不固④。世溷浊而嫉贤兮⑤，好蔽美而称恶。闺中既以邃远兮⑥，哲王又不寤⑦。怀朕情而不发兮，余焉能忍与此终古。

【注释】 ①浮游：不知所求，无目的地漫游。逍遥：徘徊不进，与“浮游”义近。②少康：夏代中兴之主，帝相之子。③有虞：相传是虞舜后裔的部落国家，故址在今河南省虞城县。二姚：有虞国君的两个女儿。④导言：传达疏导之言。⑤世溷浊：对世混乱污浊。⑥闺中：宫室之中。邃远：深远。⑦哲王：明智的君王。寤：醒悟，觉醒。

【译文】 想在远方栖身却无处落脚啊，姑且漫游天地飘荡不前。趁少康还未成家啊，有虞氏的二姚尚待字闺中。使者无能媒人拙劣啊，恐怕无法传达心曲不能让人信服。时世混乱嫉恨贤良啊，喜欢遮蔽美善称扬邪恶。宫闱如此深远啊，明君却偏不觉悟！怀有我这样的衷情却不能舒泄啊，我怎能强忍郁闷抱恨过此一生？

【原文】 索藑茅以筳篿兮①，命灵氛为余占之②。曰两美其必合兮③，孰信修而慕之？思九州之博大兮④，岂唯是其有女⑤？曰勉远逝而无狐疑兮⑥，孰求美而释女⑦？何所独无芳草兮⑧，尔何怀乎故宇⑨？世幽昧以眩曜兮⑩，孰云察余之善恶。民好恶其不同兮，惟此党人其独异⑪。户服艾以盈要兮⑫，谓幽兰其不可佩。览察草木其犹未得兮，岂珵美之能当⑬？苏粪壤以充帏兮⑭，谓申椒其不芳。欲从灵氛之吉占兮，心犹豫而狐疑。巫咸将夕降兮⑮，怀椒糈而要之⑯。百神翳其备降兮⑰，九疑缤其并迎⑱。皇剡剡其扬灵兮⑲，告余以吉故。曰勉升降以上下兮⑳，求矩矱之所同㉑。汤禹严而求合兮㉒，挚咎繇而能调㉓。苟中情其好修兮，又何必用夫行媒㉔。说操筑于傅岩兮㉕，武丁用而不疑㉖。吕望之鼓刀兮㉗，遭周文而得举㉘。宁戚之讴歌兮㉙，齐桓闻以该辅㉚。及年岁之未晏兮㉛，时亦犹其未央。恐鹈鴂之先鸣兮㉜，使夫百草为之不芳。何琼佩之偃蹇兮㉝，众薆然而蔽之㉞。惟此党人之不谅兮，恐嫉妒而折之。时缤纷其变易兮㉟，又何可以淹留。兰芷变而不芳兮，荃蕙化而为茅㊱。何昔日之草兮，今直为此萧艾也㊲。岂其有他故兮，莫好修之害也。余以兰为可恃兮㊳，羌无实而容长㊴。委厥美以从俗兮㊵，苟得列乎众芳。椒专佞以慢慆兮㊶，榝又欲充夫佩帏㊷。既干进而务入兮㊸，又何芳之能祗㊹。固时俗之流从兮㊺，又孰能无变化。览椒兰其若兹兮，又况揭车与江离㊻。惟兹佩之可贵兮，委厥美而历兹㊼。芳菲菲而难亏兮㊽，芬至今犹未沫㊾。和调度以自娱兮㊿，聊浮游而求女。及余饰之方壮兮51，周流观乎上下。

【注释】 ①藑茅：即旋花，一种多年生的茅草，可用于占卜，又称灵草。筳篿：筳，木

棍，一说为竹片。篿，楚人用茅草加木棍或竹片的占卜方法的统称。隋唐以前折竹为卜，为篿本义。②灵氛：神巫名。灵，神巫。占：占卜吉凶。③曰：以下四句是灵氛的答语。一说"曰"字以下四句是屈原问卜之词。两美其必合：这里"两美"有象喻义，承上文"求女"而来，指男女匹合。其深层象喻意义则是指圣君贤臣的遇合，屈原作品经常以男女关系比喻君臣关系。④九州：《书·禹贡》中称当时中国有冀、徐、梁、雍、兖、荆、扬、青、豫九州，而此处似为更加宽泛，与邹衍所言"赤县神州"之大九州说近。⑤是：此处，这里，指楚国。一说指上文所云天地四方，即宓妃、简狄、二姚之所在。女：美女。承上文"求女"而来。⑥曰：以下四句也是灵氛劝告作者的话。⑦女：通"汝"，你。⑧芳草：与上文"女"一样，都有象喻意义，喻指贤人。⑨故宇：指家园，旧居。宇，屋檐。⑩眩曜：迷惑混乱。眩，一作"眩"。曜，通"耀"。⑪党人：特指楚国谄上欺下的结党营私之徒。⑫服：佩带。艾：白蒿，一种恶草。盈要：满腰。⑬珵：美玉。当：得当，得宜。⑭苏：即"索"一音之转，有拾取义。帏：香囊。⑮巫咸：古神巫名，史有其人，而后人加以神化。⑯椒糈：以椒香拌和的精米，类似粽子。椒为香料。糈，精米。要：同"邀"，迎候。⑰翳：华盖。此处用作动词，遮蔽。备降：一同降临。⑱九疑：即九嶷，山名，在湖南宁远县南。此指九嶷诸神。⑲皇剡剡：皇，大。剡剡，光华四溢的样子。扬灵：显扬神灵。⑳曰：以下至"使夫百草为之不芳"都是巫成劝告诗人的话。升降以上下：上天入地，周游四方，有寻找贤君知已之意。㉑矩矱：即规矩、规约。矩，本指画直角或方形的工具，后引申为法度。矱亦指尺度。㉒严：通"俨"，庄重，恭敬。合：匹合，这里指与自己志同道合的贤臣。㉓挚咎繇：挚，商汤名臣伊尹。咎繇，舜臣，又作"皋陶"。㉔媒：本指出使以通聘问之人。此指通达己意于君王左右的媒介、使臣。㉕说：即傅说，殷时贤臣。操筑：版筑。操，持。筑，持土。傅岩：地名，傅说服贱役的地方，在今山西平陆县东。㉖武丁：殷高宗，一代中兴之君。㉗吕望：即姜子牙，晚年出仕，助武王破商，受封齐地。鼓刀：指运刀镞时虎虎有声。鼓，舞动。㉘周文：周文王姬昌，韬光养晦，广求贤才，到儿子武王时一举实现灭殷大业。㉙宁戚：卫人。《史记·鲁仲连邹阳列传》："宁戚饭牛车下，而桓公任之以国。"㉚齐桓：春秋五霸之一，曾九次召令诸侯拱卫周室，并为盟主。该辅：征用以备辅佐之选。该，备。㉛晏：晚。㉜鹈鴂：鸟名，即子规、杜鹃，或作鶗鴂。㉝琼佩：玉佩，这里象征美好的德行。琼，美玉。偃蹇：形容美盛的样子。㉞薆然：遮蔽的样子。㉟缤纷：这里形容时世纷乱混浊。㊱茅：茅草，这里比喻谗佞小人。㊲直：竟然。萧艾：贱草，这里比哈谗佞小人。萧即白蒿。艾，艾草，生于山原，茎直，色白，高四五尺，霜后始枯。㊳兰：指子兰，乃怀王少子，襄王弟。一说此处"兰"并非实有所指，只是喻指变节之人。㊴无实：徒有其表，缺乏内在实质。容长：外貌美好。容，外貌。长，华硕，美好。本句历来多认为有影射时事之意。㊵从俗：追随世俗，与小人同流合污。㊶椒：一种说法认为是影射当时楚国大夫子椒。另一种说法认为只是对于一班变节之人的比喻说法。慢慆：怠惰佚乐。㊷榝：似茱萸而小，赤色。夫：于，乎。㊸干进：即汲汲于进退之间。干，求。进，进身。务入：即务必求进，与"干进"同义。㊹祗：尊敬，爱护。㊺流从：如水流顺势而下，滔滔不返，比喻时俗盲目从众，不辨是非。㊻揭车与江离：借喻贤才之变节者。㊼委：丢弃，这里是遭人抛弃的意思。历兹：

到这步田地的意思,意即遭遇祸殃,以至于此。㊽亏:亏损,消歇。㊾沫:这里是香气消散的意思。㊿调度:格调和法度。调,格调。度,法度。[51]饰:佩饰,服饰,这里比喻年岁。壮:壮大,壮健,这里比喻年富力强。

【译文】 取竹片、茅叶来卜筮啊,命灵氛为我占知。他说两种美好事物一定能会合啊,哪个真正美好的人不会招人思慕?想一想九州之地的广大啊,难道只有这里才有美女存在?他说勉力远走不要迟疑啊,哪个真心追求美好的人会把你放弃?哪里没有芬芳的花草啊,你为何必单恋旧居?世道昏暗使人迷乱啊,谁说能明察我心的善恶!人的好恶尺度有别啊,只有这些党徒们格外令人不可思议。家家户户将艾草挂满腰间啊,说幽谷香兰不能作佩饰。查考选用的草木都不得当啊,难道能公正地衡量玉石的美质?拾取粪土装满香囊啊,他们说大椒毫不芳馨。我打算听从灵氛吉祥的卜辞啊,心里却还怀疑彷徨。巫咸傍晚就要降临啊,我怀揣香粽前往迎候。众神遮天蔽日纷纷降临啊,九嶷山灵纷纷也来迎接。煌煌威灵神光特显啊,他们告诉我灵氛吉卜的缘故。我上天入地周游四方啊,只为寻求君臣间同心勠力。汤禹虔敬求索与己合德的贤臣啊,伊尹、皋陶得以与之调和共济。只要内心崇尚修洁啊,又何必用那使臣来进行沟通。傅说在傅岩操杵筑土啊,武丁任用他毫无猜疑。吕尚挥刀屠肉啊,遇到文王而得到重用。宁戚击牛角高歌啊,齐桓公听到后让其入朝辅弼。趁年龄还不算老大啊,时机还未尽失。唯恐鹈鴂早早啼叫啊,使花卉凋零黯淡了芳香。为何玉佩那么卓然高贵啊,人们却群起把它光芒遮蔽?只有这些党徒不诚信啊,恐怕会出于嫉妒将它摧折伤害。时代纷乱变幻莫测啊,又有什么理由长期逗留?兰草、白芷被同化而不香醇啊,荃、蕙变得与茅草无异。为什么曾经的香草啊,如今竟与白蒿、艾草同处一地!难道还有别的缘由吗?这是不喜好修洁带来的危害!我以为兰草可以依靠啊,却不知它华而不实只是外貌修颀。委弃它的美好而随波逐流啊,苟且偷生得以列入芳香花草的行列!椒专断谄佞飞扬跋扈啊,榝又想混进人们佩带的香囊里。既然一心只想钻营汲汲于名位啊,又怎能对芳华本有的品格抱有敬意?本来时俗就随大流啊,谁又能固持原则坚定不移。看到椒和兰也是这样啊,又何况揭车和江离?想到这佩饰如此可贵啊,它的美质遭人唾弃竟到如此田地。我的香囊芬芳浓郁难以消损啊,馨香至今还未散去。调节自我以求欢娱啊,姑且飘浮观览寻找知己。趁我恰当年富力强啊,巡行天地上下游历。

【原文】 灵氛既告余以吉占兮,历吉日乎吾将行。折琼枝以为羞兮[1],精琼爢以为粻[2]。为余驾飞龙兮,杂瑶象以为车[3]。何离心之可同兮,吾将远逝以自疏[4]。邅吾道夫昆仑兮[5],路修远以周流。扬云霓之晻蔼兮[6],鸣玉鸾之啾啾[7]。朝发轫于天津兮[8],夕余至乎西极[9]。凤皇翼其承旂兮[10],高翱翔之翼翼。忽吾行此流沙兮,遵赤水而容与[11]。麾蛟龙使梁津兮[12],诏西皇使涉予[13]。路修远以多艰兮,腾众车使径侍[14]。路不周以左转兮[15],指西海以为期[16]。屯余车其千乘兮[17],齐玉轪而并驰[18]。驾八龙之婉婉兮[19],载云旗之委蛇[20]。抑志而弭节兮[21],神高驰之邈邈[22]。奏《九歌》而舞《韶》兮[23],聊假日以媮乐[24]。陟升皇之赫戏兮[25],忽临睨夫旧乡[26]。仆夫悲余马怀兮[27],蜷局顾而不行[28]。

乱曰[29]:已矣哉,国无人莫我知兮,又何怀乎故都?既莫足与为美政兮[30],吾将从彭咸

之所居。

【注释】①羞:同“馐”,美味。②精:精细制作,去杂取纯。琼靡:玉屑,玉粒。粻:干粮。③瑶象:珠玉象牙。瑶,美玉,一说似玉的美石。象,象牙。④自疏:自我疏离,即离开楚国远行。⑤邅:调转,转向。昆仑:古代神话传说中山名。⑥晻蔼:遮天蔽日。⑦鸾:通“銮”,马铃。啾啾:形容铃声如鸟鸣。⑧天津:天河渡口。⑨西极:最为辽远的西疆,传说为日落之处。⑩翼:这里形容凤旗庄重严整的样子。承旂:指凤旗与龙旗随风飘展,交互掩映。承,相接,相连。旂,竿头系铃,绘有双龙缠斗图样的旗。⑪遵:沿着。赤水:神话传说中水名。容与:徘徊。⑫麾:举手号令。蛟龙:传说中龙的两种。梁津:即在渡口间架起浮桥。梁,浮桥。⑬诏:告诉,这里有命令的意思。西皇:西方之神,传说为少皞。一指蓐收。少皞为西天之皇,蓐收则为西天之神使。⑭腾:传言,告诉。径侍:径直侍候。径,径直,直接。侍,侍卫。⑮不周:古代神话传说中山名。⑯西海:古代神话传说中西部大湖名。⑰乘:四马驾一车称乘。⑱轪:车辖,即车轮与车轴固定在一起的插栓。⑲婉婉:曲折蜿蜒。⑳委蛇:形容车旗迎风飘舞的样子。㉑抑志:按压或安定心志。弭节:停车。弭,止。节,车行的节度。㉒邈邈:高远貌。㉓《九歌》:上古乐曲名。《韶》:相传为夏启之乐舞。㉔假日:假借时日。媮:一作“愉”解,愉悦。一作“偷”解,苟且。㉕陟:上升,从低处往高处走,与“降”相对。皇:天。赫戏:辉煌隆盛貌。㉖睨:斜视。旧乡:即楚国。㉗仆夫:为诗人驾车的人。怀:眷恋,思念。㉘蜷局:拘挛回环,徘徊不前。㉙乱:楚辞篇末结束全篇的标志称为乱,与结束曲、尾声相似。㉚美政:指作者心目中的理想政治。

【译文】灵氛已告诉我吉祥的卦辞啊,选好良辰我即将出行。攀折琼枝当作美味啊,精制玉屑作为点心。为我驾起奔腾的龙车啊,珠玉象牙缀饰车身。离心离德如何能同归一途啊,我将远走离开故国。调转车头我取道昆仑啊,路途遥远绕四方巡行。张扬云霓旌旗遮天蔽日啊,玉铃啾啾作响发出清鸣。早上由天河渡口出发啊,晚上我要到达日落的西方。凤旗庄严肃穆连绵不断啊,高高飞翔凌空舒展。我快行走到流沙地带啊,沿赤水岸边徘徊不前。指挥蛟龙在渡口间架起浮桥啊,命少皞帮我涉险过关。路途遥远艰险重重啊,传令众车径直侍候身边。路经不周山转而向左啊,遥指西海作相会地点。聚集我的车队足有千驾啊,使玉轮一起并驾齐驱。驾乘八匹龙马蜿蜒飞驰啊,载着迎风飞舞的绘有云霓的旗帜。气定神闲徐缓前进啊,神思飞扬超越无边。弹奏《九歌》应和《韶》乐而舞啊,姑且借这辰光娱乐身心。登临光明浩大的苍天啊,忽然向下一瞥看到楚地故园。车夫悲伤我马哀恋啊,徘徊不前无限顾念。

尾声:算了吧,国中没有贤士,无人理解我啊,又何必苦苦眷恋我的故国?既然没有谁能与我一起致力于政治革新啊,我将追随彭咸到他栖息的居所。

九　歌

《九歌》是楚国祭祀神祇的乐歌。今人多取朱熹之说,认为《九歌》是屈原对南楚祭

歌的修改加工、"更定其词"的结果。

《九歌》前五篇《东皇太一》《云中君》《大司命》《少司命》《东君》为祭祀天神之歌,其演唱形式由饰为天神的主巫与代表世人的群巫共同参与、轮流演唱。但《东皇太一》中,主巫只出现于祭坛,并不演唱;后四篇《湘君》《湘夫人》《河伯》《山鬼》为祭祀地祇之歌,以饰为地祇的主巫独唱独舞,没有群巫歌舞穿插其中;《国殇》为祭祀楚国阵亡将士的哀歌,因对祭祀对象的敬重,与祭神相似,也由主巫与群巫轮流对唱;最后一篇《礼魂》为送魂曲,表明祭礼结束。"天神""地祇""人鬼"的体制安排,体现了《九歌》的完整性及系统性特点。姜亮夫认为东君与云中君、大司命与少司命、湘君与湘夫人、河伯与山鬼是四对配偶神。

关于《九歌》的创作时间,王逸认为是屈原放逐江南时所作,当时屈原"怀忧若苦,愁思沸郁",故通过制作祭神乐歌,以寄托自己的思想感情。但现代研究者多认为作于放逐之前,仅供祭祀之用。

东皇太一

【题解】

《东皇太一》是祭祀最高天神的乐歌,因居《九歌》之首,被称为迎神曲。"太一"之名在先秦的一些典籍中不是天神的名称,而是一个抽象的哲学概念,或指形成天地万物的元气,或指老庄思想中所谓"道"的概念。姜亮夫《楚辞通故·天部》中说:"上皇即上帝之称变,言上皇者,以协韵之故,以此知战国时已以太一为上帝矣。"将"太一"视为天神并加以祭祀最早见于《九歌》,因此,祭祀"太一"可能是楚国特有的风俗。

因东皇太一高踞众神之上,从篇中表述的祭祀形式看,主巫所饰东皇太一在受祭过程中略有动作而不歌唱,以示威严、高贵。群巫则载歌载舞,通篇充满馨香祷祝之音,使人油然而生庄穆敬畏之情,以此表现对东皇太一的虔敬与祝颂。

【原文】 **吉日兮辰良①,穆将愉兮上皇②。抚长剑兮玉珥③,璆锵鸣兮琳琅④。**

【注释】 ①辰良:"良辰"的倒文,为押韵之故。好时光。②穆:恭敬。愉:娱乐。上皇:天帝,指东皇太一。③珥:即剑珥,剑鞘出口旁像两耳的突出部分,又叫剑鼻。④璆:美玉。锵:金属发出的音响。琳琅:美玉名。

【译文】 吉祥的日子啊美好时刻,恭敬地取悦啊天上的帝王。手抚长剑啊玉石为珥,身上玉佩啊锵锵相鸣。

【原文】 **瑶席兮玉瑱①,盍将把兮琼芳②。蕙肴蒸兮兰藉③,奠桂酒兮椒浆④。**

【注释】 ①瑶席:装饰华美的供案。瑶,美玉。席,此为呈献美玉的供案。玉瑱:玉器。瑱,通"镇"。②盍:通"合",会集。琼芳:美好的芳香植物。琼,本义美玉,引申为美好。③蕙肴:与"桂酒"相对。即用蕙草包裹的佳肴。蕙为香草名,又名薰草。蒸:姜亮夫《屈原赋校注》认为当作"荐",即进献;而且应置于"蕙肴"之前,印此句应为"荐(蒸)蕙肴兮兰藉。"这样与下句"奠桂酒兮椒浆"结构完全相称。兰藉:垫在祭食下的兰草。兰,香草名。藉,古时祭礼朝聘时陈列礼品用的草垫。④桂酒:用桂花泡制的酒。椒浆:用椒泡

制的酒浆。桂、椒都是香料。

【译文】 献祭供案上啊放着宝瑱，还摆上成把啊芳香的植物。蕙草包裹着祭品啊下面垫有兰叶，桂椒泡制酒浆啊敬献上神。

【原文】 扬枹兮拊鼓[1]。疏缓节兮安歌，陈竽瑟兮浩倡[2]。

【注释】 ①枹：击鼓槌。拊：轻轻敲打。②竽瑟：都是古代乐器。竽，古吹奏乐器，笙类中较大者，管乐，有三十六簧。瑟，古弹拨乐器，琴类，弦乐，其形制颇多异说。浩倡：声势浩大。倡，一作“唱”。

【译文】 祭巫举起鼓槌啊轻轻敲击鼓面。鼓节舒缓啊歌声安闲，竽瑟齐鸣啊声势震天。

【原文】 灵偃蹇兮姣服[1]，芳菲菲兮满堂。五音纷兮繁会[2]，君欣欣兮乐康[3]。

【注释】 ①灵：代表神的巫者。偃蹇：形容巫师优美的舞蹈姿态。一称美盛貌，即美好众多的样子。②五音：宫、商、角、徵、羽合称五音。繁会：音调繁杂，交会在一起。③君：指东皇太一。

【译文】 巫师翩翩起舞啊衣服亮丽，祭殿芳香馥郁啊让人心旷神怡。乐声纷繁啊众音交会，天帝喜悦啊安乐无边。

云中君

【题解】

“云中君”历来多认为是王逸《楚辞章句》题解所说的“云神丰隆也。一曰屏翳。”而姜亮夫则认为是月神，其《屈原赋校注》有云：“《云中》在《东君》之后，与东君配，亦如大司命配少司命，湘君配湘夫人，则云中君月神也。”此解甚新，本篇取此说。

《云中君》按韵可分为两章，每章都采用主祭的巫与扮云中君的巫对唱的形式来颂扬月神。除了描述祭祀“云中君”的全过程之外，无论人的唱词、神的唱词，都从不同角度叙说了月神的特征，表现出人对云中君的热切期盼和思念，以及对云、雨的渴望和云中君对人们祭礼的报答。

【原文】 浴兰汤兮沐芳[1]，华采衣兮若英。灵连蜷兮既留[2]，烂昭昭兮未央[3]。

【注释】 ①浴：洗身体。兰汤：煮兰为汤。汤即洗浴用的热水。沐：洗头发。芳：白芷。②灵：即云中君，这里指扮月神的巫。连蜷：形容身姿矫健美好的样子。③烂昭昭：指天色微明。昭昭，光明，明亮。未央：未尽，未已。央，极，尽。

【译文】 主祭者用芳香兰汤浴身啊以白芷水洗发，穿上华美的五彩衣裳啊芳香宜人绚丽如花。神灵附身啊巫师身姿美好而让人流连，天色微明啊夜犹未尽。

【原文】 蹇将憺兮寿宫[1]，与日月兮齐光。龙驾兮虎服[2]，聊翱游兮周章。

【注释】 ①蹇：发语词。憺：安居。寿宫：供神之宫。②龙驾：用龙拉的车。驾，把车套在马等牲口身上。虎服：驾着虎。服，车右边所驾之物。

【译文】 月神将要安居啊在那寿宫，那里灯火通明啊如日月同辉。月神乘着龙车啊鞭策着虎，在空中回旋飞翔啊周游盘桓。

【原文】 **灵皇皇兮既降[1]，猋远举兮云中[2]。览冀州兮有余[3]，横四海兮焉穷[4]。**

【注释】 ①灵：指云中君。皇皇：同"煌煌"，指云中君下降时神光灿烂盛明的样子。②猋：迅速前行。云中：云霄之中，高空，常指传说中的仙境。这里指云中君原来居住的地方。③冀州：古九州之一。有余：还有其他的地方。这里指所望之远，不止此一州。④横：遍及。四海：指中国以外的地方。焉穷：哪有穷尽。焉，安，何。穷，尽，完。

【译文】 月神光明灿烂啊已经降临，既而疾人云霄啊远远高翔。俯瞰冀州啊还有其他所在，光芒照耀九州啊直到宇外八荒。

【原文】 **思夫君兮太息[1]，极劳心兮忡忡[2]。**

【注释】 ①夫：与"此"相对，即"彼"。君：指云中君。②忡忡：形容忧愁的样子。

【译文】 月神啊！我如此思念你啊不由悠声长叹，每日忧心百转啊神思不安。

湘　君

【题解】

湘君和湘夫人都是湘水之神。《湘君》描绘了湘君与湘夫人相约而不得相见的憾事。相传帝尧之女娥皇、女英为舜二妃，舜巡视南方，二妃未同往。二妃后来赶到洞庭湖滨，听到舜崩于苍梧的消息，南望痛哭，自投湘水而死，成为湘水之神。这一传说长期流传，逐渐演变成舜为湘水之男神，二妃为湘水之女神。关于湘君和湘夫人与舜的关系，学界历来纷争不断，但从《湘君》《湘夫人》两篇内容来看，他们之间的热烈思恋，既是人们对超自然力量的崇拜，又是人们对纯真爱情的向往和幸福生活追求的意愿。全诗共分五章，依次叙述湘君对即将赴约的湘夫人的苦恋和约会前的精心准备，久候湘夫人不至而前去迎接，备尝艰辛却未能相遇，遍寻湘夫人不得又重返约会地点，最终相会成泡影后黯然离去等。情感变化曲折、缠绵悱恻。

【原文】 **君不行兮夷犹[1]，蹇谁留兮中洲[2]？美要眇兮宜修[3]，沛吾乘兮桂舟[4]。令沅湘兮无波[5]，使江水兮安流[6]！望夫君兮未来[7]，吹参差兮谁思[8]！**

【注释】 ①君：指湘夫人。行：动身走来，即赴湘君之约。夷犹：犹豫，迟疑不前。②蹇：楚国方言，发语词。③要眇：形容姿态美好。宜修：修饰合宜。④沛：形容迅疾的样子。吾：我，湘君自谓。桂舟：用桂木造的船。后亦用作对舟船的美称。⑤沅湘：水名。沅水源出贵州，穿过湖南西部，流入洞庭湖。湘水源出广西，穿过湖南东部，流入洞庭湖。⑥江水：指长江。一说即指沅、湘之流水。⑦夫君：犹彼君，这里指湘夫人。⑧参差：一作"篸篕"，洞箫的别名。谁思：谁会知道。

【译文】 你犹犹豫豫啊终未赴约，究竟为谁驻留在啊你居住的水洲？我已修饰停当啊容仪美好，乘上轻快桂舟啊赶到这里守候。我叫沅湘之水啊不要掀起波浪，让那水流啊能够舒缓向前。我望了又望啊还是不见你的丽影，只有吹起排箫啊谁能听懂我的哀伤？

【原文】 **驾飞龙兮北征[1]，邅吾道兮洞庭[2]。薜荔柏兮蕙绸[3]，荪桡兮兰旌[4]。望涔**

阳兮极浦⑤，横大江兮扬灵⑥。

【注释】 ①飞龙：即上文之“桂舟”，以龙引舟（或舟形似龙，舟行如龙飞），故曰“飞龙”。②邅：回转，绕道。洞庭：即今洞庭湖。③薜荔柏：用薜荔编织的帘子。薜荔，植物名，又称木莲。柏，通“箔”，帘子，船屋的门窗上所挂。蕙绸：以蕙草织为帷帐。蕙，香草名。绸，通“帱”，或作“裯”，印床帐。④荪桡：缠绕以荪草的船桨。兰旌：以兰草为旌旗。兰，兰草。旌，古代用牦牛尾或兼五彩羽毛饰竿头的旗子。⑤涔阳：地名，即涔阳浦，在今湖南省涔水北岸，澧县附近，地处洞庭湖西北岸与长江之间。一说在郢都附近。极浦：遥远的水滨。⑥扬灵：划船前进。灵，通“灵”，一种有舱有窗的船。

【译文】 驾着龙舟啊直向北行，折转路线啊取道洞庭。薜荔为帘啊蕙草当帐，荪草绕桨啊兰草为旗。远远望见涔阳啊在那遥远水滨，继续横渡大江啊划船找寻。

【原文】 **扬灵兮未极，女婵媛兮为余太息①。横流涕兮潺湲②，隐思君兮陫侧③。桂棹兮兰枻④，斲冰兮积雪⑤。采薜荔兮水中，搴芙蓉兮木末⑥。心不同兮媒劳，恩不甚兮轻绝！石濑兮浅浅⑦，飞龙兮翩翩。交不忠兮怨长，期不信兮告余以不闲。**

【注释】 ①女：湘夫人的侍女。婵媛：忧愁悲怨。②潺湲：形容流淌的样子。这里是就流泪而言。③隐：忧痛。陫侧：即“悱恻”，悲痛的意思。④桂棹：桂木做的船桨。棹，船桨。兰枻：兰木做的船舷。兰，这里指木兰，香木名。⑤斲冰：在激流中行船，波浪翻滚，水花四溅的景象。这里“冰”“雪”是对流水的比喻说法。积雪：比喻浪花翻腾，清澈洁白。⑥“采薜荔”以下两句：这两句比喻采择非于其地，枉劳无益。薜荔，缘树而生的香草。搴，拔取，采取。芙蓉，荷花。木末，树梢。⑦石濑：沙石间的浅水滩。浅浅：水流迅疾的样子。

【译文】 我驱舟前进啊未能与你相遇，你身边的侍女也忧愁悲怨啊不禁为我长长叹息。眼泪奔泻而出啊犹如泉涌，痛苦地思念你啊心情多么悲伤。桂木为桨啊木兰为舷，劈波斩浪啊水花飞溅。就像到水中啊采摘薜荔，爬到树梢啊采摘荷花。两人心意不同啊媒人说合也无意义，恩情不深啊就会轻易弃绝。沙石间江水啊在快速流淌，我的龙船啊在水上飞快前行。两人交往不能推心相爱啊难免怨恨绵长，约期相会不守信用啊却告诉我没有闲暇。

【原文】 **鼂骋骛兮江皋①，夕弭节兮北渚②。鸟次兮屋上③，水周兮堂下④。**

【注释】 ①鼂：通“朝”，早晨。骋骛：疾驰，奔腾。这里指行船而言。江皋：江岸，江边高地。②弭节：停船。北渚：洞庭湖北岸的小洲。③次：止宿，留宿超过两天。屋上：迎神用的屋子。④堂：坛，一种方形土台，这里指祭坛。

【译文】 早晨行船到江岸高地上啊把你寻找，傍晚一无所获啊重回北岸。但见鸟儿栖宿啊在屋顶之上，水流环绕啊在祭坛下边。

【原文】 **捐余玦兮江中①，遗余佩兮醴浦②。采芳洲兮杜若③，将以遗兮下女④。时不可兮再得，聊逍遥兮容与⑤。**

【注释】 ①捐：舍弃。玦：古时佩戴的玉器，环形，有缺口，常用作表示决断、决绝的象征物。②佩：古代系于衣带的装饰品，常指珠玉之类。醴浦：澧水之滨。澧水经澧

县入湖一段，正在长江与洞庭之间。醴，通“澧”，水名，是今湖南省境内流入洞庭湖的大河。③杜若：香草名，又名山姜，古人谓服之“令人不忘”。④遗：赠送。下女：即前文所说湘夫人的侍女。⑤逍遥：徜徉，缓步行走的样子。容与：义与“逍遥”接近。

【译文】 我把玉玦啊投到江水之中，把玉佩啊丢在醴水之滨。我在芳草丛生的水洲啊采摘杜若，准备送给啊她的侍女。时间一去啊再不复返，暂且漫步啊排遣忧愁。

湘夫人

【题解】

作为《湘君》的姊妹篇，《湘夫人》依《湘君》体制作了平行对称的表述，写湘夫人同样思念湘君而终不能如愿的惆怅与伤怀，哀感顽艳，情感动人。全诗共分四节，依次铺叙湘夫人因不得与湘君相见的忧愁，思念湘君又不敢吐露的矛盾，想象与湘君会面的美景，最终未能与湘君相见的满腹惆怅等。《湘夫人》中的独特意象、清美的辞藻被后人无数次引用和发挥，如唐人李贺《帝子歌》曾一改悲情式的构思，使二湘故事焕发出喜乐的亮彩等，可见后世文人对此的喜爱程度。

【原文】 **帝子降兮北渚[1]，目眇眇兮愁予[2]。嫋嫋兮秋风[3]，洞庭波兮木叶下。**

【注释】 ①帝子：湘夫人。上古“子”既可称儿子，又可称女儿。北渚：指靠近洞庭湖北岸的小洲。②眇眇：瞻望弗及，望眼欲穿之貌。愁予：忧愁。予，通“忬”，《说文·心部》：“忬，忧也。”③嫋嫋：又作“袅袅”，本义柔弱曼长貌，这里指微风徐徐吹拂的样子。

【译文】 湘夫人以帝子之尊啊降临洞庭湖北岸的小洲，远寻湘君身影啊望眼欲穿悲痛忧伤。萧瑟的秋风啊徐徐吹拂，洞庭湖波涛涌起啊，树叶纷纷飘落。

【原文】 **白薠兮骋望[1]，与佳期兮夕张[2]。鸟萃兮蘋中[3]，罾何为兮木上[4]。**

【注释】 ①白薠：水草名。骋望：放眼远望。②与：古多训“为”。佳期：男女约会的日期。佳，美，美好。期，会，会合。夕：傍晚，日暮。张：陈设，布置。③萃：聚集，汇集。蘋：植物名，多年生草本，生浅水中。④罾：用木棍或竹竿做支架的方形渔网，形似伞。鸟当止于木上，而集于水中；罾当施于水中而置于木上，二物所施不得其所，喻心意难达，与《湘君》之“采薜荔兮水中，搴芙蓉兮木末”用意相同。

【译文】 在白蘋丛中啊放眼远望，为约会的美好时刻啊早已准备停当。但鸟儿怎会聚集在啊水蘋之中，渔网怎会挂在啊树梢之上？

【原文】 **沅有茝兮醴有兰[1]，思公子兮未敢言[2]。荒忽兮远望，观流水兮潺湲[3]。**

【注释】 ①茝：香草名，即白芷。②公子：指湘君。未敢言：不敢说出来，指蕴藏在内心而无法倾吐的深情。③潺湲：水缓缓流淌的样子。

【译文】 沅水生有白芷啊澧水长着兰草，我思念您啊却不敢说出来。我神思迷惘啊向远处眺望，却只见那流水啊缓缓流淌。

【原文】 **麋何食兮庭中[1]？蛟何为兮水裔[2]？朝驰余马兮江皋，夕济兮西澨[3]。闻佳人兮召予[4]，将腾驾兮偕逝[5]。**

【注释】 ①麋：哺乳动物，毛淡褐色，雄的有角，角像鹿，尾像驴，蹄像牛，颈像骆驼，但从整体上来看哪一种动物都不像，故又俗称“四不像”。②蛟：古代传说中的一种龙。水裔：水边。③澨：水滨。④佳人：爱人，即湘君。⑤腾驾：传车马急驰飞奔。腾，传。偕逝：一同前往。

【译文】 麋鹿为什么啊在庭堂上吃草，蛟龙为什么啊被困水边？早晨我纵马啊奔驰在江岸，傍晚我渡过啊西边水滨。一旦听到爱人啊召唤我的声音，我就急驰飞奔啊和他一同高飞远去。

【原文】 筑室兮水中[1]，葺之兮荷盖[2]。荪壁兮紫坛[3]，匊芳椒兮成堂[4]。桂栋兮兰橑[5]，辛夷楣兮药房[6]。罔薜荔兮为帷[7]，擗蕙櫋兮既张[8]。白玉兮为镇[9]，疏石兰兮为芳[10]。芷葺兮荷屋[11]，缭之兮杜衡[12]。合百草兮实庭，建芳馨兮庑门[13]。九嶷缤兮并迎[14]，灵之来兮如云[15]。

【注释】 ①室：古代称堂后为室。②葺：用茅草覆盖房屋，亦泛指覆盖。③荪壁：以荪草装饰墙壁。紫坛：用紫贝砌成的中庭的地面，取其坚滑而有光彩。紫，“紫贝”的简称，水产的宝物。④匊芳椒兮成堂：谓两手掬椒泥以涂堂室。匊，“播”的古字，当为“匊”字形误，即后世“掬”字。芳椒，植物名。椒，实多而香，故名“芳椒”。堂：坛，一种方形土台，这里指祀神之殿堂中的祭坛。⑤桂栋：桂木作的梁栋。栋，房屋正中最高的大梁。兰橑：用木兰做的椽子，亦作为椽子的美称。橑，搭在栋旁的木条，以承载瓦的重量，又叫椽或榱。⑥辛夷楣：用辛夷做的房屋的次梁。辛夷，植物名，此指辛夷树或其花。辛夷树属木兰科，落叶乔木，高数丈，木有香气。今多以“辛夷”为木兰的别称。楣，房屋的次梁。药房：以白芷饰房。药，即白芷。房，古人称堂后曰室，室之两旁曰房。⑦罔：同“网”，绳索交叉编结而成的渔猎用具。这里释为“编结”。薜荔：植物名，又称木莲。帷：以丝帛制作的环绕四周的遮蔽物。泛指起间隔、遮蔽作用的悬垂的丝帛制品。⑧擗：分开，裂开。蕙：蕙草做的隔扇。櫋，隔扇。⑨镇：用重物压在上面，向下加重量。亦指压东西的用具。⑩疏：放置。石兰：香草名，蔓延于山石上，叶如苇而柔韧，亦名石苇。芳：闻一多《楚辞校补》疑为“防”之误。《本草》：“防风，一曰屏风。”“防”与“屏”音近。上句言“白玉”压席，此句言以石兰为床头的屏风。⑪芷葺：以白芷覆盖的屋顶。芷，香草名，即白芷。葺，指加盖。⑫杜衡：香草名，即杜若，叶似葵，形似马蹄，俗名“马蹄香”。⑬芳馨：犹芳香，也借指香草。庑：堂下周围的走廊、廊屋。⑭九嶷：山名，在湖南省宁远县南。此借指九嶷山诸神。并：共同，一起。⑮灵：指扮神的女巫。如云：形容盛多。

【译文】 我们将在水中啊筑起房屋，用荷叶啊来做房顶。以荪草装饰墙壁啊用紫贝来铺地面，用芳椒和泥啊涂抹祭坛。以桂木为栋啊用兰木做椽，用玉兰为次梁啊用白芷装饰侧房。编结薜荔啊做成帷帐，蕙草成隔扇啊放置停当。使用白玉啊压住睡席，放下石兰啊为床前屏风。白芷加盖啊荷叶为屋，周围环绕啊还有杜衡。汇集香草啊装满庭院，门旁廊下啊充满芳香。九嶷山神啊纷纷前来恭贺新宅，众神降临啊齐集如云。

【原文】 捐余袂兮江中[1]，遗余褋兮醴浦[2]。搴汀洲兮杜若[3]，将以遗兮远者[4]。时不可兮骤得，聊逍遥兮容与！

【注释】 ①袂：衣袖。②褋：禅衣，即无里之衣，指贴身穿的汗衫之类。醴浦：澧水之滨。此处与《湘君》"捐玦""遗佩"之意同。③搴：采摘，折取。汀：水之平，引申为水边平地，小洲。杜若：香草名。④遗：赠予。远者：指湘君。

【译文】 我把衣袖啊丢在江水之中，将禅衣啊扔向澧水之滨。我到水边小洲上啊采摘杜若，准备真的再见时送给啊远方爱人。美好时光啊不易碰到，只有暂且漫步啊独自排遣忧伤！

大司命

【题解】

司命是掌握人的寿运之星官，《大司命》是一首迎送大司命的乐歌。对于大司命与少司命的职责划分，王夫之《楚辞通释》认为："大司命统司人之生死，而少司命则司人子嗣之有无。"这就详细述说了大司命掌管人的寿命，而少司命则为世人子嗣传承而分忧。在体制安排上，《大司命》与《少司命》似与《湘君》《湘夫人》不同：二司命因其职责不同而得到楚人的分别祭祀，故并不如"二湘"一样同尊共祀；两篇中的互指称谓均限于主巫与二司命之间，因而未见二司命间有相互的交流。今人汤炳正《楚辞今注》认为"大司命"为男性神，"少司命"为女性神，《大司命》为女巫迎祭男神之辞，《小司命》乃男巫迎条女神之辞，有表现男女相慕之意，此说可参。

【原文】 **广开兮天门，纷吾乘兮玄云[①]。令飘风兮先驱[②]，使涷雨兮洒尘[③]。**

【注释】 ①吾：我，大司命自称，其应出于扮演大司命的主巫之口。玄云：黑云，浓云。一说青云。②飘风：旋风，暴风。③涷雨：暴雨。洒尘：洒水洗尘，用来清洗道路。

【译文】 完全敞开啊天宫大门，我从天门出发啊足下踩踏青云。我让旋风啊在前开路，又令暴雨啊清洗道路灰尘。

【原文】 **君迴翔兮以下[①]，踰空桑兮从女[②]。**

【注释】 ①君：指大司命。迴翔：盘旋飞翔。②空桑：传说中的山名，产琴瑟之材。女：通"汝"，你，此处当指众巫。

【译文】 您在天上盘旋飞翔啊降临下界，越过空桑山啊来到众巫中间。

【原文】 **纷总总兮九州[①]，何寿夭兮在予！**

【注释】 ①九州：古代分中国为九州，此泛指天下，全中国。

【译文】 人数众多啊九州的众民，为什么生老病死啊全掌握在我手中！

【原文】 **高飞兮安翔，乘清气兮御阴阳[①]。吾与君兮斋速[②]，导帝之兮九坑[③]。**

【注释】 ①阴阳：阴、阳是我国古代哲学思想中两个相对的基本概念，用它们可以表示一切对立的事物。"御阴阳"和"寿夭在予"为同义语，都是控制人类生死之意。②吾：主祭者自称。君：指大司命。斋：郭在贻《楚辞解诂》认为是"齐"字之讹，即谨畏虔敬之貌。③帝：天帝。之：往，至。九坑：九州之山。坑，山脊。

【译文】 大司命高高飞起啊从容翱翔，驾乘清明之气啊主宰死生阴阳。我主巫恭敬虔诚啊为您大司命做向导，迎接您来到啊这天帝创造的九州之地。

【原文】 灵衣兮被被[1],玉佩兮陆离[2]。壹阴兮壹阳[3],众莫知兮余所为[4]。

【注释】 ①灵衣:神灵的衣裳。被被:长大貌。②玉佩:古人佩挂的玉制装饰品。③壹阴兮壹阳:犹言或阴或阳,阴代表死亡,阳代表生存。意谓大司命能执掌生死。④众:指一般世俗的人。余:我,大司命自称。

【译文】 云霞之衣啊长长委落,佩带的玉饰啊绚烂错综。生存啊与死亡,世间人哪知道啊都由我掌握。

【原文】 折疏麻兮瑶华[1],将以遗兮离居[2]。老冉冉兮既极,不寖近兮愈疏[3]。

【注释】 ①疏麻;传说中的神麻,常折以赠别。瑶华:神麻的花朵。②离居:巫称即将离去的大司命。③寖:逐渐。

【译文】 我折取神麻啊那白玉般的花朵,准备送给啊那即将离去的神灵。我人已渐渐啊走人暮年,如果再不亲近神灵啊就会日益疏远。

【原文】 乘龙兮辚辚[1],高驼兮冲天[2]。结桂枝兮延伫[3],羌愈思兮愁人[4]。愁人兮奈何,愿若今兮无亏。固人命兮有当[5],孰离合兮可为?

【注释】 ①乘龙:乘坐用龙驾驶的车。辚辚:车行声。②驼:同。“驰”,飞驰。③廷伫:长久站立。延,长久。④羌:句首发语词。⑤“固人命”以下两句:指人的生命和悲欢离合都操纵在神的手中,只有安于现状,以求神的眷顾。这是神巫祭祀大司命后的感叹之词。固,乃。人命,人的生命、命运。有当,有定数。离合,分离与团圆。这里指人与神的离合。为,做。

【译文】 大司命驾乘龙车啊车声辚辚,它飞腾而起啊直入云天。我手执编织好的桂枝啊在原地久久伫立,越来越思念他啊愁心百结。愁心百结啊又能怎样?宁可保持现状啊没有缺损。人的生死啊本来就有定数,面对人神的离合啊谁又能做什么?

少司命

【题解】

少司命主恋爱及人类子嗣延续,是位温柔多情、令凡人倾慕追思的女神,为凡间送子并保佑其平安,深得下界爱戴。本篇为少司命的祭歌。《少司命》遵循对唱形式,共分五部分:女巫登场告慰少司命接受歆飨,少司命离去时群巫合唱追念,祭终祈愿和述说对少司命的爱戴。从篇章安排上明显可见降神、娱神、颂神、送神的祭祀全过程,其中女巫与少司命浓厚缱绻的情谊贯穿始终,给人淡淡的忧思而不失庄重肃穆。

【原文】 秋兰兮麋芜[1],罗生兮堂下[2]。绿叶兮素枝[3],芳菲菲兮袭予[4]。夫人自有兮美子[5],荪何以兮愁苦[6]!

【注释】 ①麋芜:香草名。麋,通“蘼”,芎䓖幼苗的别称。②堂下:厅堂阶下,此处指祭堂之下。③素枝:“枝”应作“华”。素华,白色的花。④予:我,为群巫自称,与两司命无关。⑤夫:那。美子:对他人子女的美称。子,子女。⑥荪:香草名,这里是对少司命的美称。

【译文】 秋兰啊蘼芜,分散生长在啊厅堂台阶下。碧绿的叶子啊白色的花朵,浓郁

的芳香啊沁染着我。世间人都会有啊美好的子女,您又为什么啊忧虑担心!

【原文】 秋兰兮青青[①],绿叶兮紫茎。满堂兮美人[②],忽独与余兮目成[③]。入不言兮出不辞,乘回风兮载云旗。悲莫悲兮生别离,乐莫乐兮新相知。

【注释】 ①青青:通"菁菁",草木茂盛的样子。②美人:与"美子"相应,指出众美好的人。这里应是以参与祭祀的众巫来代指人间的女性。③余:我,据上下文意,应即少司命。目成:通过眉目传情来结成亲好。此处指少司命与群巫情谊融洽,堂上虽然有众多美好的人,但众巫还是把眼光投向少司命。

【译文】 秋兰啊如此繁茂,它有绿叶啊和紫色花茎。厅堂之中啊有众多美好之人,但她们突然看到我啊就以目光传达友好。悄悄降临啊她又总是不辞而行,凭依疾风啊张扬云旗。世上最伤心的事啊莫过于活着的时候分离,最开心的事啊莫过于结交新的知己。

【原文】 荷衣兮蕙带,儵而来兮忽而逝[①]。夕宿兮帝郊,君谁须兮云之际[②]?

【注释】 ①儵:迅疾。②君:少司命。须:等待。

【译文】 以荷为衣啊腰围蕙带,来去迅速啊转瞬即逝。傍晚在天国郊野啊停歇止宿,您在等待谁啊在那遥远天际?

【原文】 与女游兮九河[①],冲风至兮水扬波。与女沐兮咸池[②],晞女发兮阳之阿[③]。望美人兮未来[④],临风怳兮浩歌[⑤]。

【注释】 ①"与女游"以下两句:疑是《河伯》中语,应删去。②女:通"汝",你。沐:洗头发。咸池:神话中的天池,日浴之处。③晞:干,晒干。阳之阿:阳谷,乃日出之处。阿,曲隅,指屈曲偏僻之处。④美人:指少司命。⑤怳:心神不定,失意的样子。浩歌:大声歌唱。

【译文】 我多想与您啊在天河中畅游,但暴风来临啊水中掀起巨浪。多想陪您啊在天池中清洗秀发,到那日出的地方啊把它晒干。不停张望啊您始终未回,失意的我伫立风中啊忍不住以歌解忧。

【原文】 孔盖兮翠旍[①],登九天兮抚彗星[②]。竦长剑兮拥幼艾[③],荪独宜兮为民正[④]。

【注释】 ①翠旍:亦作"翠旌",用翡翠鸟羽毛制成的旌旗。②九天:天极高处。古代传说天有九重,故称"九天"。彗星:绕太阳运行的一种星体,后曳长尾,呈云雾状,俗称"扫帚星"。③竦:执,持。幼艾:泛指少年男女。④荪独宜:即"独荪宜",只有您才适合。荪,对神的敬称。宜,合适,适宜。民正:人民的命运主宰。

【译文】 您以孔雀羽为车盖啊以翡翠羽为旌旗,登上高天啊安抚彗星。您手拿长剑啊保护幼童,只有您才有资格啊成为我们命运的主宰。

东　君

【题解】

《东君》是中国文学史上第一支太阳礼赞曲,姜亮夫先生《楚辞通故》称:"《周礼》云'大宗伯以实柴祀日月星辰',则古载日月祀典甚明……祭日必于东方行之,盖日出于东,

故迎日于东，而其神亦曰东君矣。东君，犹后世东王之意云耳……盖皆楚之习也。”由此可知“东君”是古代神话传说中的日神，之所以称之为“东君”，应当是楚国地方风俗。

《东君》赞颂了太阳神普照万物、惩除邪恶、保佑众生的美好品质，体现了人们对太阳神的无限感激和赞颂之情。作为祭祀太阳神的乐歌，《东君》通篇以祭者和神灵两种口吻交替歌唱，既表现了日神战胜邪恶、为民除害的英雄气概和留恋故居的温柔情怀，又描绘了初民对太阳神的崇敬和对光明的无限渴望。尽管《东君》的祭祀规格不及《东皇太一》，但万众聚集的参祭场面犹有过之。特别是篇末“撰余辔兮高驼翔，杳冥冥兮以东行”的点睛之笔，将前进不止、循行不息的日神形象刻画得极为饱满，令人油然而生崇敬之情。

【原文】 **暾将出兮东方[1]，照吾槛兮扶桑[2]。抚余马兮安驱[3]，夜皎皎兮既明[4]。**

【注释】 ①暾：形容旭日初升的样子，又可指代太阳。②吾：主祭者自称。槛：栏杆。扶桑：神话中树名。传说日出于扶桑之下，拂其树杪而升，因谓为日出处，此亦可代指太阳。③余：主祭者自称，这里是其代神立言。④皎皎：同“皎皎”，形容明亮的样子。

【译文】 温暖明亮的太阳啊即将从东方升起，照耀着我门前的栏杆啊光芒出自扶桑。轻拍胯下的马儿啊缓步徐行，夜色渐渐散去啊即将天亮。

【原文】 **驾龙辀兮乘雷[1]，载云旗兮委蛇[2]。长太息兮将上[3]，心低徊兮顾怀。**

【注释】 ①龙辀：即龙驾的车。辀，车辕，这里代指车。乘雷：指车声隆隆似雷。②委蛇：指周围用作旗子的云彩飘动舒卷的样子。③太息：长声叹息。此为将日神拟人化的描写。

【译文】 驾着我的龙车啊车声隆隆如雷，云彩为旗高高举起啊飘动舒卷。我长长地叹息啊即将升起，却又犹豫迟疑啊心中眷念故居。

【原文】 **羌声色兮娱人[1]，观者憺兮忘归[2]。**

【注释】 ①羌：楚国方言，发语词。声色：指日出时的奇景。②憺：安乐。

【译文】 日出景象光辉灿烂啊令人欣喜，观看的人群怡然自得啊流连忘返。

【原文】 **緪瑟兮交鼓[1]，箫钟兮瑶簴[2]。鸣篪兮吹竽[3]，思灵保兮贤姱[4]。翾飞兮翠曾[5]，展诗兮会舞[6]。应律兮合节，灵之来兮蔽日[7]。**

【注释】 ①緪瑟：张紧瑟上的弦。緪，原指粗绳索，此处引申为绷紧、急促的意思。交鼓：古人悬鼓于架，多二人对击，故曰交鼓。②箫：本指一种竹制管乐器，此处意为敲击。钟：古代乐器，青铜制，悬挂于架上，以槌叩击发音，祭祀或宴飨时用，战斗中亦用以指挥进退。瑶：应为“摇”，使动摇。簴：通“虡”，悬挂钟磬的木架两侧的立柱。③篪：通“篪”，一本即作“篪”，古代管乐器的一种。竽：古代竹制簧管乐器，与笙相似而略大。④灵保：神巫。贤姱：既贤且美。⑤翾飞：飞翔。翠：鸟名。一说“翠曾”应作“卒翻”，迅速高飞的意思。曾：通“翻”。举起翅膀，飞举。⑥展诗：赋呈或吟唱诗歌。会舞：指合舞，群舞。一说指歌声舞节相配合。⑦灵：指其他神灵。蔽日：遮蔽日光，极言侍从众多。

【译文】 绷紧瑟弦啊对敲乐鼓，敲击铜钟啊震动钟架。吹响横篪啊吹奏竽笙，思念神灵啊他既贤又美。飞翔而下啊如翠鸟展翅高举，神人同唱歌诗啊一齐跳舞。应着音乐

旋律啊和着节拍，神灵纷纷前来啊遮天蔽日。

【原文】 青云衣兮白霓裳[①]，举长矢兮射天狼[②]。操余弧兮反沦降[③]，援北斗兮酌桂浆[④]。撰余辔兮高驼翔[⑤]，杳冥冥兮以东行[⑥]。

【注释】 ①白霓裳：以白霓为裳（下装）。②矢：箭，以木或竹制成。天狼：星名，天空中非常明亮的一颗恒星，属于大犬座，古以为主侵略。一说以天狼比喻秦国。③余：东君自谓。弧：木弓，亦为弓的通称。沦降：坠落，这里指日渐西下。④北斗：北斗七星，其形似舀酒酒勺，故有此比喻。酌：斟酒。桂浆：以桂制成的酒浆，意即美酒。⑤撰：持，握。余：东君自谓。辔：缰绳。高驼翔：高驰飞翔。驼，同"驰"。⑥杳：幽深。冥冥：昏暗。

【译文】 我以青云作衣啊以白虹为下裳，举起手中长箭啊射杀凶残天狼。手持我的木弓啊准备返回西方，端起北斗七星啊让它斟满醇香酒浆。握紧手中马缰啊向上高高飞翔，穿越幽黑长夜啊我将再次奔向东方。

河　伯

【题解】

河，古时为黄河的代称，河伯即指黄河之神。王逸《楚辞章句》曰："河为四渎长，其位视大夫。屈原亦楚大夫，欲以官相友，故言女也。"关于"伯"字含义，汪瑗《楚辞集解》认为："曰伯者，称美之词，如称湘君、东君之类，非如侯伯之伯、爵位等级之称也。"同时他以为黄河既然不在楚国境内，此祭应为僭越之举。汪说较为合理。

关于河伯神话的流传非常多，最为典型的是"以女童祭河伯"的"河伯娶妇"故事。据此，有人认为《河伯》是屈原咏河伯娶妻之辞。《河伯》主要描述祭巫在想象中与河神在九河遨游，继而登昆仑。望极浦，入龙宫，游河渚，最后依依惜别的情景。整个游玩过程体现出的是歌者无拘无束的情怀，语言上也全是君子之交的清淡口气，未见恋爱中人的热情，故而将其理解为众巫于水边祭祀河神，并向其表达亲近友睦的情怀较为合理。篇中部分描写在一定程度上保留了某些古代遗俗，如篇末"子交手兮东行，送美人兮南浦。"朱熹《楚辞集注》云："交手者，古人将别，则相执手，以见不忍相远之意。晋、宋间犹如此也。"可知"南浦"已成为后代送别怀人的惯用之典。《河伯》迷离清婉的意境给后人许多启发，是江淹《恨赋》《别赋》等"感别赋"的先声。

【原文】 与女游兮九河[①]，冲风起兮横波。乘水车兮荷盖，驾两龙兮骖螭[②]。

【注释】 ①女：通"汝"，你。九河：黄河下游河道的总名。传说禹治河，至兖州，为防止河水流溢，把它分成"徒骇""太史""马颊""覆釜""胡苏""简""洁""钩磐""鬲津"九道，徒骇在北，为主河道，其余都在东南，成为并行东注的八条支流，相距各大约二百里。②驾两龙：指河伯以两条龙为自己拉车。骖：古人用四匹马驾车，辕内两匹为"服"，辕外为"骖"。这里用作动词，驾驭，乘。螭：古代传说中无角的龙。

【译文】 和你一起游览啊观赏九河，暴风搅动水流啊生成巨涛。我们以水为车啊荷叶为那车盖，两条神龙驾车啊螭龙在旁。

【原文】 登昆仑兮四望[①]，心飞扬兮浩荡[②]。日将暮兮怅忘归[③]，惟极浦兮寤怀[④]。

【注释】 ①昆仑：古代神话传说中山名。②飞扬：心情舒展，思绪飘飞。浩荡：这里形容意绪放达，无拘无束。③怅：姜亮夫《屈原赋校注》认为"怅"为"憺"字之讹，即安乐。④惟：思念。极浦：遥远的水滨。寤怀：睡不着而怀念，犹言日夜想念。

【译文】 登上昆仑神山啊极目四望，我心被这壮阔的水势啊深深激荡。太阳即将落山啊乐不知返，我还思念那遥远水滨啊难以入梦。

【原文】 **鱼鳞屋兮龙堂[1]，紫贝阙兮朱宫[2]，灵何为兮水中[3]？**

【注释】 ①鱼鳞屋：以鱼鳞造屋，取其光彩闪耀。龙堂：以龙鳞装饰之堂。②紫贝阙：以紫贝做宫门。紫贝，也称文贝、砑螺，海中软体动物名。壳圆质洁白，有紫色斑纹，大者至尺许。阙，宫门，城门两侧的高台，中间有道路，台上起楼观。朱宫：亦作"珠宫"，意即以珍珠为宫殿，与"贝阙"对应。③灵：神灵，指河伯。

【译文】 以鱼鳞造房啊龙鳞装饰厅堂，紫贝修饰宫门啊珍珠做成宫殿，神灵您为什么啊停留在水中？

【原文】 **乘白鼋兮逐文鱼[1]。与女游兮河之渚[2]，流澌纷兮将来下[3]。**

【注释】 ①鼋：大鳖，俗称癞头鼋。文鱼：有花纹的鱼，或即鲤鱼。②渚：小洲，水中的小块陆地。③澌：解冻时流动的冰。纷：这里形容河水解冻时水势盛大。

【译文】 驾乘白色大鼋啊五彩鲤鱼跟随。我和你游玩啊在那河中小洲，冰块纷纷解冻啊顺势奔流向前。

【原文】 **子交手兮东行[1]，送美人兮南浦[2]。波滔滔兮来迎，鱼隣隣兮媵予[3]。**

【注释】 ①子：指河伯。交手：拱手，即告别之意。②美人：指河伯。浦：水边，河岸。③隣隣：通"鄰鄰"，比次相连，形容众多。媵：送别。予：我，主人公自称，似指祭祀河伯的巫者。

【译文】 您拱手告别啊要向东而行，我特意送您啊到南方水边。滔滔波浪啊奔涌来迎，鱼儿众多啊向我道别。

山　鬼

【题解】

山鬼的形象历来颇多歧义，综合看有三种：一是清人顾成天"山鬼即是巫山神女瑶姬"说。郭沫若、马茂元、陈子展、聂石樵、金开诚、汤炳正等认同此说；二是洪兴祖、王夫之的"山鬼为山魈"之精怪说；三是明人汪瑗"山鬼即山神"说。汪瑗在《楚辞集解》中云："诸侯得祭其境内山川，则山鬼者固楚人之所得祠者也。但屈子做此，亦借此题以写己之意耳，无关于祀事也。……此题曰山鬼，犹言山神、山灵云耳，奚必夔魍魉魑魅之怪异而后谓之鬼哉？"本书认为山神说可信。《山鬼》祭祀的是位温柔多情而又遗恨绵绵的山中女性精灵，全篇叙述了山鬼与思慕的人相约却未见的哀怨之情。因她温柔婉丽，不以神力凌人，故与其他法力无边而威严逼人的神祇有极大区别。

《山鬼》共分三部分，依次叙述她满怀柔情盛装赴约，等待恋人却终未出现的欣喜与忧虑，预知约会成空时不能割舍的怨恨等。整篇始终以山鬼约会过程中的心理为主线来

刻画"痴情自古空遗恨"的女子形象,微妙细腻、温柔感人,与恋爱中少女的心理特点甚为合拍。其中景物描写与人物心理的刻画可谓珠联璧合、相得益彰。

【原文】 若有人兮山之阿[①],被薜荔兮带女罗[②]。既含睇兮又宜笑[③],子慕予兮善窈窕[④]。乘赤豹兮从文狸[⑤],辛夷车兮结桂旗。被石兰兮带杜衡[⑥],折芳馨兮遗所思。

【注释】 ①阿:山的弯曲处。②被:同"披"。带:用以约束衣服的狭长或扁平形状的物品,古代多用皮革、金玉、犀角或丝织物制成。此处用作动词。女罗:植物名,即松萝,多附生在松树上,成丝状下垂。或说即菟丝。③含睇:含情而视。睇,微微斜视。宜笑:适宜于笑,指笑时很美。④子:山鬼对所思之人的称呼。予:我,山鬼自称。窈窕:娴静、美好的样子。⑤赤豹:毛呈赤色,有黑色斑点的豹。文狸:毛色有花纹的狸猫。⑥石兰:香草名。杜衡:即杜若。

【译文】 隐隐约约有人啊在那山的拐弯处,身披薜荔啊腰间系着松萝。我美目含情啊微笑美好,您爱慕我的姿态啊娴静美好。我驾赤豹出行啊后有花狸跟随,车是辛夷所制啊捆结桂枝为旗。身披石兰为衣啊又再佩带杜若,折取那芳香花草啊送我思慕的人。

【原文】 余处幽篁兮终不见天[①],路险难兮独后来。表独立兮山之上[②],云容容兮而在下[③]。杳冥冥兮羌昼晦[④],东风飘兮神灵雨。留灵修兮憺忘归[⑤],岁既晏兮孰华予[⑥]。

【注释】 ①余:山鬼自称。幽篁:幽深的竹林。②表:特出,迥异于众。③容容:云气浮动的样子。④杳冥冥:阴暗。羌:发语词。昼晦:白日光线昏暗。⑤灵修:对爱人的尊称。憺:安乐。⑥晏:晚,迟。华予:使我如花开般美丽。华,使开花。

【译文】 我住在幽深竹林中啊终日见不到天,道路艰险难走啊使我姗姗来迟。不见思慕的人啊我独立在那山巅,云雾舒卷自如啊在脚下飘荡。天色幽暗无光啊白日如同黑夜,东风迅疾吹过啊雨神为我落雨。想挽留思慕的人啊使他乐而忘返,年华渐渐老去啊谁来使我重现花容。

【原文】 采三秀兮于山间[①],石磊磊兮葛蔓蔓[②]。怨公子兮怅忘归[③],君思我兮不得闲。山中人兮芳杜若[④],饮石泉兮荫松柏[⑤]。君思我兮然疑作[⑥],雷填填兮雨冥冥[⑦],猨啾啾兮又夜鸣[⑧]。风飒飒兮木萧萧[⑨],思公子兮徒离忧。

【注释】 ①三秀:灵芝草的别名,灵芝一年开花三次,故又称三秀。②磊磊:形容石头众多堆积的样子。葛:多年生草本植物,茎蔓生。蔓蔓:形容葛草蔓延的样子。③公子:山鬼称所思之人。怅:怨望,失意。④山中人:山鬼自称。芳杜若:芬芳似杜若,比喻香洁。⑤荫松柏:以青松翠柏荫蔽,言居处的清幽。⑥君:山鬼称爱人。然疑:将信将疑,半信半疑。然,肯定,相信,与"疑"相对。作:兴起,发生。⑦填填:形容雷声之大。冥冥:阴雨貌。⑧猨:同"猿",似猕猴。啾啾:鸟兽虫的鸣叫声。又:当作"狖",长尾猿。⑨飒飒:风声。萧萧:草木摇落声。

【译文】 我在山间啊寻采灵芝,山石到处堆积啊藤蔓缠结。怨恨思慕的人儿啊惆怅忘返,或许你也想我啊只是没有空闲。我这山中之人啊如杜若般芬芳,渴饮石间清泉啊居于松柏山林。或许您思念我啊却又半信半疑,雷声隆隆大作啊伴着绵绵阴雨,猿声啾啾而响啊长夜呼唤不停。风声飒飒地吹啊树叶纷纷掉落,思念公子啊徒然叫人忧伤。

国　殇

【题解】

“国殇”，戴震《屈原赋音义》解释“殇”曰：“国殇，死国事者。”何为“国事”？据《左传》云“国之大事，惟祀与戎”，故所谓死于国事，必是死于祭祀与战争的人。汪瑗《楚辞集解》对此加以申述：“此曰国殇者，谓死于国事者，固人君之所当祭者也。此篇极叙其忠勇节义之志，读之令人足以壮浩然之气，而坚确然之守也。”由此可知，本篇是楚人对为国牺牲战士的祭歌。

楚国从怀王后期即与秦国频繁交战，但均以失败告终。《国殇》从两军激战的惨烈场面开始描绘，依次刻画了楚国战士的英武传神，同时也以钦佩敬仰之情对壮烈牺牲将士的坚强不屈之战斗精神和战死于沙场的英雄灵魂给予礼赞，以此激励民众，实现退敌保国的愿望。

【原文】 **操吴戈兮被犀甲[1]，车错毂兮短兵接[2]。旌蔽日兮敌若云，矢交坠兮士争先。凌余阵兮躐余行[3]，左骖殪兮右刃伤[4]。霾两轮兮絷四马[5]，援玉枹兮击鸣鼓[6]。天时坠兮威灵怒，严杀尽兮弃原野[7]。**

【注释】 ①吴戈：兵器名。吴地所产，故称，亦泛指精良的戈。一说指盾。戈，古代主要兵器，青铜制，其突出部分名援，援上下皆刃，用以横击和钩杀。又有石戈、玉戈，多为礼仪用具或明器。被：同“披”。披挂，佩带。犀甲：犀牛皮制的铠甲。犀皮不常有，或用牛皮，亦称犀甲。②错毂：轮毂交错。错，交错。毂，车轮的中心部位，周围与车辐的一端相接，中有圆孔，用以插轴。短兵接：犹言短兵相接。短兵，刀剑等短武器。③躐：践踏，踩。行：军队的行列。④左骖：古时用四匹战马牵一辆战车，左右两旁的马叫骖，中间两匹叫服。殪：死亡。刃伤：为刃所伤。一说伤者是车右之辕马。“刃”当为“服”。⑤霾：遮掩，掩埋。絷：拴住马足。⑥援玉枹：古时以击鼓指挥军队进击。‘枹’一作“桴”，鼓槌。⑦严杀：残酷杀戮。

【译文】 手持吴地利戈啊身披犀皮铠甲，战车轮毂交错啊刀光剑影相接。敌军旌旗遮天啊敌人众多如云，流矢坠落如雨啊战士奋战向前。敌军侵犯我军阵地啊冲乱我军队列，左侧骖马已死啊右服也遭重创。深埋车轮啊拴紧马腿，手持鼓槌啊敲起震天战鼓。天道沦丧啊神灵发怒，勇士惨遭杀戮啊抛尸疆场。

【原文】 **出不入兮往不反[1]，平原忽兮路超远[2]。带长剑兮挟秦弓[3]，首身离兮心不惩[4]。诚既勇兮又以武，终刚强兮不可凌。身既死兮神以灵[5]，子魂魄兮为鬼雄[6]。**

【注释】 ①出不入：指壮士出征，决心以死报国，不打算再进国门，与“往不反”互文见义。反：同“返”，返回。②忽：恍惚不明的样子。③挟：夹持。秦弓：秦地所产良弓。秦地产坚硬的木材，用以为弓，射程较远。④不惩：不畏惧。⑤神以灵：精神成为神灵，指精神不死而永生。⑥子：对战士亡灵的尊称。魂魄：古人观念中一种能脱离人体而独立存在的神灵，附体则人生，离体则人死。附形之灵为魄，附气之神为魂。鬼雄：鬼中之英雄，用以称誉为国捐躯者。

【译文】 当初出征报国啊就没打算活着归来，平野辽阔苍茫啊路途遥远漫长。身佩长剑啊我臂下夹持着秦弓，即使身首异处啊也将无所畏惧。你们实在勇敢啊并且武艺超群，始终刚强不屈啊敌人不可侵凌。如今为国捐躯啊精神不死永生，你们的魂魄啊也是鬼中英雄。

礼　魂

【题解】

姜亮夫《楚辞通故》释“礼魂”称：“盖魂者气之神也，即神灵之本名，故以之概九神也。据此，《九歌》是最后之大合乐，盖总概《东君》《云中君》《湘君》《湘夫人》《大司命》《少司命》《河伯》《山鬼》《国殇》。九祀做最后之总结，篇首《东皇太一》为迎神曲，与此相合，有叙有结，蔚成套数，故曰《九歌》也。”据此可知，这是一首送神曲，是宗教祭典结束时表示欢庆的特定仪式。

歌中描写的场面非常隆重热闹，有密集交汇的鼓声，声势浩大的人群，种类繁多的香花，欢跃动的舞姿，以及浩荡庄重的合唱队伍，组成了一次热烈隆重的送神场面结束仪式。其中有许多地方与《九歌》首篇《东皇太一》遥相呼应，如前者“会鼓”与后者“扬兮拊鼓”，前者“传芭”与后者“灵偃蹇兮姣服”，前者“姱女倡兮容与”与后者“疏缓节兮安歌”“陈竽瑟兮浩倡”“五音纷兮繁会”，等等，都可以看出彼此遥相呼应的关系。

【原文】 成礼兮会鼓①，传芭兮代舞②，姱女倡兮容与③。春兰兮秋菊④，长无绝兮终古。

【注释】 ①成礼：有三解，此指祭祀礼仪结束。会鼓：众鼓齐鸣。会，会合，聚集。这里指鼓点密集，节奏急疾明快。②传芭：这里指舞者手执香草，相互传递。芭，指香草。一说“芭”同“葩”，印花。代舞：更迭起舞。③姱女：美丽的女子。倡：发声先唱，领唱。④春兰兮秋菊：春秋二季祭祀用的香花。

【译文】 祭礼全部完成啊鼓乐合奏共鸣，芳香花草相互传递啊众人依次起舞，美女领唱乐歌啊仪态闲舒从容。春祀奉献兰草啊秋祀祭以晚菊，永远无终无止啊千秋万代相继。

天　问

【题解】

姜亮夫《屈原赋校注》认为“天”可引为一切高远神异不可知之事的总称，故《天问》即对自然、人事一切不可知的疑问。它的独特之处在于它以“问”为主，全篇共三百七十四句，提出一百七十二个问题，涉及天地生成、历史兴衰、神仙鬼怪等问题。既表现了屈原渊博的知识涵养，又体现了他大胆疑古的求知精神。

《天问》通过对历朝兴衰的考察，把屈原对历史和楚国的情绪蕴含在追问中，在纵观历史兴衰的同时，强烈地表达了追求自我价值、实现理想的愿望和对楚国及民族发展、人

生命运的深切忧虑。全诗气势磅礴,雄壮奇特。

【原文】 **曰:遂古之初[1],谁传道之?上下未形[2],何由考之?冥昭瞢暗[3],谁能极之?冯翼惟像[4],何以识之?明明暗暗[5],惟时何为?阴阳三合[6],何本何化?圜则九重[7],孰营度之[8]?惟兹何功[9],孰初作之?斡维焉系[10]?天极焉加[11]?八柱何当[12]?东南何亏?九天之际[13],安放安属[14]?隅隈多有[15],谁知其数?天何所沓[16]?十二焉分[17]?日月安属?列星安陈?出自汤谷[18],次于蒙汜[19]。自明及晦,所行几里?夜光何德[20],死则又育[21]?厥利维何[22],而顾菟在腹[23]?女岐无合[24],夫焉取九子?伯强何处[25]?惠气安在[26]?何阖而晦[27]?何开而明?角宿未旦[28],曜灵安藏[29]?**

【注释】 ①遂古:远古。遂,通"邃",遥远。②上下:代指天地。未形:没有形成固定的样子。③冥昭瞢暗:紧承上句,描述当天地未分之时,宇宙空间明暗混沌的状态。冥,昏暗。昭,明亮。瞢,昏暗模糊。④冯翼:元气充盈貌。姜亮夫《屈原赋校注》认为"冯冀"声转则为"丰融",即充盈之意。像:指想象中之无形之像,意近《老子》四十一章之"大音希声,大象无形",亦近二十一章"惚兮恍兮,其中有象"之意。⑤明明暗暗:指一天分昼夜而有明有暗。⑥三合:"三"同"参",意即交融。可参考《老子》四十二章:"道生一,一生二,三生万物。"⑦圜:同"圆",指天体。则:法度。九重:古说天有九重,极言其高。重,层。⑧营度:量度营造。营,经营。度,度量。⑨兹:此,指天分九层而言。何功:何等的工程。⑩斡:运转的枢纽。古人认为天体运行是围绕一个轴心进行的。维:指系于轴上的绳索,此处指空间维度。⑪天极:天之轴心的顶端。加:放置,安放。⑫八柱:指支持天宇的八根柱子。当:支撑。⑬九天:天之四面八方。⑭放:至。属:连接。⑮隅:角落。隈:弯曲的地方。⑯沓:合。⑰十二:古人认为太阳与月亮在黄道上每年相遇十二次,故将黄道分为十二,以记日月运行之轨迹。后人引申与地之十二分野相对应。⑱汤谷:或作"旸谷",日出之处。⑲次:驻扎,止息。蒙汜:或称"蒙谷",日落之处。⑳夜光:月的别名。㉑死:指月缺而渐没。育:指月没而复圆。㉒利:黑影。㉓而顾:犹"而乃"。姜亮夫《屈原赋校注》:"顾字当与'而'连续为一词,'而顾'犹言'而乃'。"菟:即兔。闻一多《天问疏证》以为即蟾蜍。㉔女岐:古代传说中的神名。合:婚配。这里有野合之义。㉕伯强:有五种说法,一般认为是风神名。㉖惠气:即惠风,和畅的风。㉗阖:闭。晦:暗,指天黑。㉘角宿:东方星。旦:指日出。㉙曜灵:太阳。

【译文】 问道:远古始初的情况,是由谁流传下来的?天地没有形成之前的事情,要如何才能探究清楚?天地蒙昧一片,昏明不分,谁能够将它考察明白?宇宙混沌一团,元气充盈,只是想象中得到的虚拟之"像",要通过什么才能把握到它?天地已分,昼明夜黑,为什么会是这个样子?阴阳交融而诞生万物,以什么为基础,又化育成了什么?天体分为九重,是谁度量过?这样浩大的工程,一开始又是谁干的?使天体围绕轴心旋转的绳索,系在天轴的什么地方?天轴的顶部,又安置在哪里?支持天体的八根巨柱,安放在哪里?东南方的地面为什么塌下去一块?四面八方的天际,分别在什么地方?它们又是如何连接的?天际的角落曲折很多,谁又知道它们确切的数量?天上日月在何处会合?黄道天体又是怎样划分为十二区的?日月是怎样附着在天上而不掉下来?群星又是如

何排列而井然有序？太阳从汤谷出来，歇息在蒙汜。从早晨到傍晚，它走了多少里路？月亮又有什么高尚的德行，可以缺而复圆？它上面的黑色东西是什么？难道是一只蟾蜍在那里面？女歧没有婚配，她怎么能生出九个儿子？风神伯强居住在什么地方？那和畅之风又从哪里吹来？为什么天门闭上就是夜晚，天门打开就是白天？天门没有打开之前，太阳未出之时，阳光又藏在什么地方？

【原文】 不任汩鸿①，师何以尚之②？佥曰何忧③？何不课而行之④？鸱龟曳衔⑤，鲧何听焉⑥？顺欲成功⑦，帝何刑焉？永遏在羽山⑧，夫何三年不施⑨？伯禹愎鲧⑩，夫何以变化？纂就前绪⑪，遂成考功⑫。何续初继业⑬，而厥谋不同⑭？洪泉极深，何以窴之⑮？地方九则⑯，何以坟之⑰？河海应龙⑱，何尽何历⑲？鲧何所营⑳？禹何所成？康回冯怒㉑，墬何故以东南倾㉒？九州安错㉓？川谷何洿㉔？东流不溢，孰知其故？东西南北，其修孰多？南北顺椭㉕，其衍几何㉖？昆仑县圃㉗，其尻安在㉘？增城九重㉙，其高几里？四方之门，其谁从焉？西北辟启，何气通焉？日安不到，烛龙何照㉚？羲和之未扬㉛，若华何光㉜？何所冬暖？何所夏寒？焉有石林㉝？何兽能言？焉有虬龙㉞，负熊以游？雄虺九首㉟，儵忽焉在㊱？何所不死？长人何守㊲？靡萍九衢㊳，枲华安居㊴？一蛇吞象，厥大何如？黑水玄趾㊵，三危安在㊶？延年不死，寿何所止？鲮鱼何所㊷？鬿堆焉处㊸？羿焉彃日㊹？乌焉解羽㊺？

【注释】 ①汩：治理。鸿：同“洪”，洪水。②师：众人。尚：推举，推荐。③佥：众人。④课：试验。⑤鸱龟：一种神龟。曳衔：拉扯。⑥听：音近“圣”，谓圣德。⑦顺欲：按照鲧的意图。⑧遏：幽闭。羽山：神话中的地名，在今江苏赣榆。一说在今山东蓬莱。⑨三年：约数，指多年。施：解脱。⑩伯禹：即禹。伯为禹之封爵，禹曾受封为夏伯，故称伯禹。愎：通“腹”，这里指从腹中出来。⑪纂：继续，继承。⑫考：死去的父亲。功：事业。⑬续初：继续鲧的事业。⑭厥谋：指禹的治水方略。厥，指禹。⑮窴：同“填”，填塞。⑯方：区分。九则：九品，禹分天下土地为上上、上中、上下、中上、中中、中下、下上、下中、下下九等，故曰九则。⑰坟：区分。⑱应龙：古代神话传说中有翼能飞的龙。⑲尽：疑为“画”，划的意思。一本此句作“应龙何画，河海何历。”游国恩《天问纂义》认为此句当是错简倒乱。⑳营：惑乱。㉑康回：共工。王逸《楚辞章句》：“康回，共工名也。《淮南子》（按见《天文训》）言共工与颛顼争为帝，不得，怒而触不周之山，天维绝，地柱折，故东南倾也。”冯怒：大怒。㉒墬：同“地”。㉓九州：传说禹分天下为冀、兖、青、徐、扬、荆、豫、梁、雍九州。详《书·禹贡》。错：通“措”，安置。㉔洿：水深。㉕椭：狭长。㉖衍：多余。㉗昆仑：神话中的神山，在西部。县圃：神话中的山峰，在昆仑山上。㉘尻：即“尻”，本指脊椎尾骨，或指臀部。引申为山之尾麓，山脊尽处。㉙增城：神话中的地名，在昆仑山上。九重：极言高。㉚烛龙：神名。洪兴祖《楚辞补注》：“《山海经》云：‘钟山之神，名曰烛阴，视为昼，瞑为夜，吹为冬，呼为夏，不饮不食，不喘不息，身长千里，人面蛇身，赤色。’注曰：即烛龙也。”㉛羲和：神名。扬：日出。㉜若华：若木之花。《山海经·大荒北经》：“大荒之中，有衡石山、九阴山、洞野之山，上有赤树，青叶赤华，名曰若木。”㉝石林：石柱之林，为喀斯特地貌中的特有景观，多分布在我国云南、贵州、广西等地。㉞虬龙：龙无角为虬。㉟虺：

毒蛇。㊱儵忽：行动迅速。㊲长人：即长寿之人。一说指身材高大之人。守：指操守。姜亮夫《屈原赋校注》："此中长寿之人，更有何操守而能长寿乎？"㊳靡蓱：分枝众多的浮萍。九衢：谓分枝众多。引申为枝叶交叠的样子。㊴枲华：麻的花。㊵黑水：古代神话传说中水名，在昆仑山。一说为怒江。玄趾：疑为"交趾"，古地名，泛指五岭南。㊶三危：地名，说法有许多，总结起来有四种：一，在甘肃敦煌三危山，此为古三危山（《尚书·禹贡》）。二，在甘肃岷山西南（孙星衍《尚书今古文注疏·尧典》）。三，在西藏。姜亮夫《屈原赋校注》引刘逢禄《尚书古今集解》引《西藏总传》："卫在打箭炉西南，俗称前藏，藏在卫西南，俗称后藏。喀木在卫东南之处，统名三危，即《禹贡》'导黑水至于三危也'。"四，仙山。㊷鲮鱼：神话中的一种鱼。㊸鬿堆：魁堆，大雀。鬿，同"魁"。㊹羿：此处指尧时善射箭者。彃：射。㊺乌：传说日中有乌鸦。

【译文】 鲧不能胜任治水的重任，众人为什么要推举他？他们都对尧说：您有什么好担心的呢，为什么不让他试试再说？鲧到底有什么德行，可以让神龟来帮他治水？按照鲧的想法治水会成功，尧为什么要惩罚他？把他长久地流放在羽山，为什么那么多年不把他释放？大禹从鲧的肚子里生出来，怎么会有这种变化？禹继承了父亲鲧的事业，成就了去世的父亲未竟的丰功。禹继承了鲧的事业，为什么他们治水的思路却一点儿不一样？洪水那么深，禹是用什么东西把它填平的？九州之地分为九块，禹又是用什么标准进行的划分？应龙的尾巴划过哪些地方？江河入海又经过哪里注入大海？鲧被什么迷惑而治水不成？禹又为什么能治水成功？共工怒气冲天，为什么会使大地向东南倾斜？九州如何设置？河谷的水为什么这样深？水向东流，为什么东方永不满溢？东西南北四边哪边距离更长？南北狭长，它能比东西长多少？昆仑山和县圃，它们的边际在哪里？增城高峻，到底有多高？昆仑山上四面八方都有门，谁从那里通过？西北面的门大开，什么风从那里吹过？太阳可有照不到的地方？烛龙照亮了哪里？太阳没有升起之前，若木之花为何能照亮大地？什么地方冬天温暖？什么地方夏天寒冷？什么地方有石林？哪一种兽类能说话？哪里有虬龙，驮着黄熊游来游去？九个头的毒蛇来往迅疾，到底在哪里？什么地方的人能长生不死？那些长命之人有何操守可以如此？分枝极多的浮萍与麻花生在哪里？一条蛇吞下一头大象，它有多大？黑水、交趾、三危在什么地方？延长寿命以求不死，寿数到什么时候会结束？传说中的鲮鱼在哪里？大雀又在哪里？羿为什么要射九日，太阳中的乌鸦又为什么会死？

【原文】 禹之力献功[①]，降省下土四方[②]，焉得彼嵞山女[③]，而通之於台桑[④]？闵妃匹合[⑤]，厥身是继[⑥]，胡维嗜不同味[⑦]，而快鼌饱[⑧]？启代益作后[⑨]，卒然离蠥[⑩]，何启惟忧[⑪]，而能拘是达[⑫]？皆归射鞫[⑬]，而无害厥躬[⑭]。何后益作革[⑮]，而禹播降[⑯]？启棘宾商[⑰]，《九辩》《九歌》[⑱]。何勤子屠母[⑲]，而死分竟地[⑳]？帝降夷羿[㉑]，革孽夏民[㉒]。胡射夫河伯[㉓]，而妻彼雒嫔[㉔]？冯珧利决[㉕]，封豨是射[㉖]。何献蒸肉之膏[㉗]，而后帝不若[㉘]？浞娶纯狐[㉙]，眩妻爰谋[㉚]。何羿之射革[㉛]，而交吞揆之[㉜]？阻穷西征[㉝]，岩何越焉[㉞]？化为黄熊[㉟]，巫何活焉？咸播秬黍[㊱]，莆雚是营[㊲]。何由并投[㊳]，而鲧疾修盈[㊴]？白蜺婴茀[㊵]，胡为此堂[㊶]？安得夫良药[㊷]，不能固臧[㊸]？天式从横[㊹]，阳离爰死。大鸟何鸣[㊺]，夫焉丧厥体？蓱号起雨[㊻]，何以兴

之？撰体协胁[47]，鹿何膺之[48]？鳌戴山抃[49]，何以安之？释舟陵行[50]，何以迁之？惟浇在户[51]，何求于嫂？何少康逐犬[52]，而颠陨厥首[53]？女歧缝裳[54]，而馆同爰止[55]，何颠易厥首[56]，而亲以逢殆[57]？汤谋易旅[58]，何以厚之？覆舟斟寻[59]，何道取之？桀伐蒙山[60]，何所得焉？妹嬉何肆[61]，汤何殛焉[62]？舜闵在家[63]，父何以鳏[64]？尧不姚告[65]，二女何亲[66]？厥萌在初[67]，何所亿焉？璜台十成[68]，谁所极焉？登立为帝，孰道尚之？女娲有体[69]，孰制匠之？舜服厥弟[70]，终然为害。何肆犬体[71]，而厥身不危败[72]？吴获迄古[73]，南岳是止[74]。孰期去斯[75]，得两男子[76]？缘鹄饰玉[77]，后帝是飨[78]。何承谋夏桀[79]，终以灭丧？帝乃降观[80]，下逢伊挚[81]。何条放致罚[82]，而黎服大说[83]？

【注释】 ①力：勤勉。功：指治理水灾，平定九州。②降省：到下面视察。③嵞山：即"涂山"，其地不可确指。王逸《楚辞章句》："言禹治水，道娶嵞山氏女也，而通夫妇之道于台桑之地。"④通：相会。台桑：地名，其地不可确考。⑤闵：爱怜。匹合：婚配。⑥厥身：指禹。继：继承，印指生启之事。⑦胡维：为何。维，朱熹《楚辞集注》本作"为"。嗜：爱好。姜亮夫《屈原赋校注》认为"嗜不同味"之"不"字，误衍，可从。⑧快：满足。鼌：同"朝"，指时间很短。饱：满足。⑨启：禹之子，夏朝国王，中国历史上由"禅让制"变为"世袭制"的第一人。益：禹贤臣，是禹选定的继承人。后：君王。⑩卒：同"猝"，突然。离：遭受。蠥：忧患，灾难。⑪惟：遭受。⑫拘：拘囚，囚禁。达：逃脱。⑬躬籥：此处指交战。躬，一作"射"。籥，一作"鞫"，射箭声。⑭厥躬：指启。⑮作：通"祚"，国祚，国家运命福祉。革：变革，指启代益为王。⑯播降：繁荣昌盛。⑰棘：急切。宾：祭祀。商："帝"之误字。⑱《九辩》《九歌》：均为古乐曲名，传说是启所作。⑲勤子：贤子，指启。屠母：传说启母涂山氏化为石，石破而生启，故日屠母。⑳死：通"尸"，尸体。竟地：满地，到处都是。㉑夷羿，指羿，上古羿有多人，此处指有穷氏羿，夏太康、少康时人。㉒革：革除。孽；祸患。夏民：夏朝之民，或泛指民众。㉓河伯：即黄河水神。一说河伯为古诸侯。王夫之《楚辞通释》："河伯，古诸侯，同河祀者。羿射杀河伯，而夺其妻有雒氏。"㉔雒嫔：上古神话中的雒水女神。㉕冯：持。珧：本指小蚌，其壳可以镶嵌于弓上。这里指良弓。利：精良。决：通"玦"，钩弦工具。㉖封豨：大野猪。历史传说中羿有多人，尧时之羿有射封豨事，屈原或混杂之。㉗蒸肉：祭内。膏：祭肉的膏脂。㉘后帝：天帝。若：通"诺"，赞许，保佑。㉙浞：指寒浞，传说为羿之相，后杀羿。纯狐：羿之妻。或云即嫦娥。㉚眩妻：善于迷惑人的妻子，指纯狐。爰：于是。㉛躬革：羿善射，传说可射透七层兽皮。㉜吞：消灭。揆：消灭。㉝西征：指鲧被放逐到东方海滨的羽山，曾向神巫众多的西方行进求救。㉞岩：险峰，这里指前往羽山。㉟黄熊：指鲧。《左传·昭公七年》："昔尧殛鲧于羽山，其神化为黄熊。以入于羽渊，实为夏郊，三代祀之。"㊱秬黍：黑米。㊲莆雚：皆水草名。营：耕种。㊳并投：一起流放，指鲧与共工等人一起被流放。一说鲧与妻修已一同被流放。㊴疾：罪恶。修盈：谓罪恶深重。修，长。盈，满。㊵白蜺：白色的虹。婴：本指装饰品，这里释为"环绕"。茀：云雾。㊶堂：有四种说法，此取"盛"之解。㊷良药：指不死之药。㊸固臧：妥善保管。固，稳妥。臧，同"藏"，保存。㊹天式：自然法则。从横：即"纵横"，意即阴阳消长、生生死死。㊺大鸟：王子侨所化之鸟。王逸《楚辞章句》："言崔文子取王子侨之尸，置

之室中，覆之以弊筐，须臾则化为大鸟而鸣，开而视之，翻飞而去。文子焉能亡子侨之身乎？言仙人不可杀也。”㊻蓱：雨神。号：号令。㊼撰：通“巽”，柔顺。协：合顺。㊽鹿：指风神飞廉。膺：响应。㊾鼇：传说中的大龟。戴：背负，驮。抃：拍浮，游动，此指大龟伸足游动。㊿释：放置。陵：本义是大土山，这里指陆地。(51)浇：古史传说中的大力士，夏少康时人，寒浞之子。(52)少康：夏朝国王，夏后相之子。(53)颠陨：坠落，此指浇被杀。厥首：指浇的首级。(54)女歧：亦即女艾。闻一多《天问疏证》：“案，‘女歧’当从《左传》作‘女艾。’”按见《左传·哀公元年》：“（少康）使女艾谍浇，使季杼诱豷，遂灭过戈，复禹之绩。”姜亮夫《屈原赋校注》：“艾在泰韵，歧在支韵，古支泰相转而又同声，故歧得为艾也。”缝裳：据《左传·哀公元年》的记载，则女歧（艾）是夏少康为报父（夏后相）为浇所杀之仇，以及复兴夏王朝而派到浇身边去的间谍一类人物，目的在于以女色使浇惑乱，从而伺机杀之。“缝裳”意即缝衣裳，当是女歧（艾）与浇的亲密行为之一。(55)馆同：即“同馆”，同房。爰：与，一起。止：止宿，居住。(56)易：换，此处指砍错了。王逸《楚辞章句》：“言少康夜袭得女歧头，以为浇，因断之，故言易首。”厥首：指女艾的头。(57)亲：指女艾。逢殆：遭祸，指被杀。(58)汤：为“康”之误，当指少康。此处所问当为少康中兴之事。易：治理，整顿。旅：军队，部下。(59)斟寻：古国名，与夏同为姒姓，地在今河南巩义市西南。(60)桀：夏代最后一位君王。蒙山：古国名。一说是指岷山。(61)妹嬉：夏桀之妃。何肆：姜亮夫《屈原赋校注》：“何肆’之‘何’，当读与‘何有与我’之‘何’，训为不。”不肆，意即不恣纵。(62)殛：惩罚。(63)闵：妻室。(64)父：“夫”之误字。姜亮夫《屈原赋校注》：“父何以鳏’，父字讹，当为夫字。‘夫何以’，《天问》句例。”鳏：同“鳏”，男子年长而无妻。(65)姚告：即告姚。姚。王逸《楚辞章句》：“舜姓也。”此处指舜之父母。(66)二女：指尧的两个女儿娥皇、女英。亲：结亲。(67)萌：通“民”。(68)璜台：用玉装饰的高台。汤炳正《楚辞今注》认为即指舜登基之台。十成：十层，极言其高。(69)女娲：神女名。(70)弟：指舜弟象。(71)犬体：这里是对舜弟象的贬称，言其行径悖谬不法有类于犬。(72)危败：指舜弟象行事悖逆，一再谋害舜，却未被追究。(73)获：得到。一说认为“吴获”为人名。迄古：从远古时开始，意为国运长久。(74)南岳：泛指南方地区。止：留下居住。(75)去：一作“夫”。姜亮夫《屈原赋校注》：“应作夫，夫、去形近而误。夫在句中作于字解。”斯：这样，指代“吴获迄古，南岳是止”这一情况。(76)两男子：王逸《楚辞章句》认为指太伯、仲雍。(77)缘鹄饰玉：此句指伊尹借助烹调食物供汤享用之际接近汤，向他陈说治国之道。缘、饰，义近，皆装饰之义。鹄、玉，皆鼎上做装饰用的花纹与器物。(78)后帝：指汤。飨：赏识。(79)承谋：指伊尹接受汤的旨意，假意事奉桀，实则探听夏之虚实，图谋灭之。(80)帝：指汤。降观：四处巡察。(81)伊挚：即伊尹。(82)条放：指夏桀被流放到鸣条之事。致罚：受到上天的惩罚。(83)黎服：天下众民。服，古代行政区划单位。说：同“悦”。喜悦。

【译文】 大禹勤劳地治理水患，巡查四方。他怎么遇到那个涂山国的女子，和她相爱并私会在台桑的？大禹和那位姑娘成就婚配，他因此有了后代。为什么他们相隔很远，族姓相同，本不该通婚却很快能被彼此吸引，以求一时之欢？启想取代益成为君王，突然遭到了麻烦。为什么启虽遭难，却能从拘禁中逃脱？益与启两个部族交战，箭如雨

下，而启却没有受到伤害。为什么益的统治权被夺去，而禹的后代却能繁荣昌盛？启急切地向上帝祭祀并得到了《九辩》和《九歌》。为什么这样贤良勤勉的儿子却会害死自己的母亲，让母亲的尸骨散落遍地？天帝降生了羿，让他为夏民除去祸害，他为什么要射瞎河伯，又娶了河伯的妻子雒水女神？他拿着强弓利器，射杀了大野猪。为什么他献给上帝肥美的祭肉，上帝却不保佑他？寒浞娶走了羿的妻子，那个善于迷惑人的妻子与浞合谋。为什么羿力大善射，却被他们设计消灭了？鲧化为黄熊，向西方进发，他怎样越过那高峻的山岩？鲧的身体已经化为黄熊，神巫又怎能把他救活？鲧辛勤地耕作，把田地都种上了黑粟，铲除了杂草。为什么他却与共工等人一起被流放？难道他真的罪无可赦？嫦娥佩戴着精美的服饰，她为何要打扮得如此美丽？她从哪里得到了那不死良药，并把它妥善保管在月宫里面？天地之间阴阳消长、生生死死，阳气离开就会死亡。王子侨死了之后怎么会变成大鸟，还会发出鸣叫？他是怎样失去了原有的身体？萍翳发出号令就能下雨，雨又是怎样兴起的？风神性情温顺，它怎么能响应兴云起雨的事情？海中的大龟顶着大山四脚划动，又怎能让大山安稳下来？将船放在陆地上，怎样才能移动它？大力士浇在家，为什么还要求助于他的嫂子？少康驱驰猎犬打猎，为什么能将浇的首级砍下？女艾为浇缝衣裳，并同他一起住宿，为什么少康却砍下女艾的头，亲信之人反而遭殃？少康谋划大兴军事，他靠什么使自己的力量增强？那浇曾经倾覆了斟寻国的战船，少康用什么手段取胜了他？夏桀讨伐蒙山，他得到了什么？妹嬉本人并不十分放纵，为何汤要将她惩罚？舜在家有妻室，为何却称他为鳏夫？尧不告诉舜的父母，又怎能将两个女儿嫁给他？舜当初为民的时候，他怎能料到会有今日登基之事？玉饰的高台，又有谁可以登上？舜被立为君王，是谁引导他上台？女娲躯体变化无穷，又是谁造就了她？舜恭顺地对待他的弟弟象，却终于酿成祸患。为什么象极端地放肆，却没有败亡？吴国立国于南方，国运长久。谁能料到会这样，难道只因为出了泰伯、仲雍这两个贤良男子？伊尹用精美的器具烹制美味的羹肴进献给汤，因而得到了赏识。为什么他要假装为夏桀谋划，使夏桀败亡？汤巡视四方，遇到了伊尹。他在鸣条战胜了夏桀，并将其放逐，为何百姓却非常喜悦？

【原文】 **简狄在台[1]，喾何宜[2]？玄鸟致贻[3]，女何喜[4]？该秉季德[5]，厥父是臧。胡终弊于有扈[6]，牧夫牛羊？干协时舞[7]，何以怀之[8]？平胁曼肤[9]，何以肥之？有扈牧竖[10]，云何而逢？击床先出[11]，其命何从？恒秉季德[12]，焉得夫朴牛[13]？何往营班禄[14]，不但还来[15]？昏微遵迹[16]，有狄不宁[17]。何繁鸟萃棘[18]，负子肆情[19]？眩弟并淫[20]，危害厥兄。何变化以作诈[21]，后嗣而逢长？成汤东巡，有莘爰极[22]。何乞彼小臣[23]，而吉妃是得[24]？水滨之木，得彼小子[25]。夫何恶之，媵有莘之妇[26]？汤出重泉[27]，夫何罪尤[28]？不胜心伐帝[29]，夫谁使挑之？**

【注释】 ①简狄：帝喾的妃子。②喾：传说中的古帝王名。宜：祭祀。姜亮夫《屈原赋校注》作“祭祀求福”解，可从。③玄鸟：黑色的鸟，指燕。致贻：送礼。王逸《楚辞章句》：“贻，遗也。言简狄侍帝喾于台上，有飞燕坠遗其卵，喜而吞之，因生契也。”④喜：一作“嘉”，意即受孕而生子。⑤该：即殷侯亥。季：王亥之父，殷侯冥。⑥弊：困厄。《山海经·大荒东经》:“王亥托于有易,河伯仆牛。有易杀王亥,取仆牛。”有扈:王国维《殷卜辞中所见先公先王考》认为即“有易”,“易”与“扈”金文形近。⑦干:盾。协:和合。时舞:指万舞,古代一种大型乐舞。⑧怀:挑逗,引诱。⑨平胁:指体形俊美。曼肤:皮肤细腻。姜亮夫《屈原赋校注》认为此句形容有易之女形体曼泽之状。⑩有扈:即有易。姜亮夫《屈原赋校注》:“按有扈印上文有易,……此有易指王亥所淫之女。”牧竖:指王亥。⑪击床:姜亮夫《屈原赋校注》认为指有易氏杀亥事。先出:依《山海经》说,王亥已被杀,则“击床先出”之“先”,当为误字,以意校之,或“不”“未”之属也。⑫恒:即殷侯王恒,王亥之弟。⑬朴牛:即服牛,可驾车的大牛。王国维《殷卜辞中所见先公先王考》:“服牛者,即《大荒东经》之仆牛,古服、仆同音也。”⑭营:经营。班禄:颁布爵禄。⑮但:空。一说疑为“得”之误。⑯昏微:指殷侯上甲微。迹:道路。⑰有狄:即有易。不宁:不安宁。⑱繁鸟萃棘:喻荒淫事。姜亮夫《校注》认为此句或指上甲微晚年的荒淫之行。⑲负:姜亮夫推测本为“媍”字,亦印“妇”。“妇子”或即劫夺儿媳为己妻之丑行。⑳眩:惑乱,荒唐。㉑变化:指改变帝位继承顺序。作诈:行为奸诈。㉒有莘:古国名。㉓乞:讨,要。小臣:指伊尹。㉔吉妃:美好的姑娘。得:娶到。㉕小子:指伊尹。㉖媵:陪嫁,指汤娶有莘氏女为妻,有莘氏以伊尹为陪嫁。㉗重泉:地名。《史记·夏本纪》记夏桀召汤并囚之于夏台,后又将其释放。重泉,大约是夏台之所在。㉘尤:过失。㉙胜心:压住怒气。帝:指夏桀。

【译文】 简狄住在高台之上,帝喾为什么要祭祀求福?燕子给简狄送来了礼物,她为什么会怀孕有子?亥继承了他父亲季的美德,并得到了嘉奖。为什么会最终被困于有易氏,为人牧牛放羊?亥拿起盾,跳起万舞,他用什么来诱惑有易氏的姑娘?姑娘肌体丰满,皮肤细腻,是什么让她如此丰美?他们一个是有易氏的美女,一个是低贱的牧人,为什么会碰到一起?有易氏要杀亥,他在事发之前尚未走出家门,他的命运会有怎样的结局?恒也继承了父亲季的美德,他怎样得到那驾车的大牛?他为什么要去有易氏颁布爵禄?目的没有达到他为什么就回来了?上甲微遵循父祖的美德,有易氏从此不得安宁。为什么他晚年竟会荒淫无度,放纵情欲?荒唐昏乱的弟弟和哥哥一起淫乱,最后谋害了他的兄长。为什么坏人篡夺王位,行为狡诈,却能子孙昌盛?成汤在东方巡视,到了有莘国。他为什么想要小臣伊尹,却得到了美丽的新娘?在水边的树木中,伊尹降生。有莘氏为什么厌恶他,让他做有莘氏姑娘的陪嫁?汤因何种罪过被囚禁在重泉,后来才被释放?汤压抑不住胸中的怒火,讨伐夏桀,这又是谁唆使的?

【原文】 **会鼌争盟①,何践吾期②?苍鸟群飞③,孰使萃之?到击纣躬④,叔旦不嘉⑤。何亲揆发足⑥,周之命以咨嗟⑦?授殷天下,其位安施?反成乃亡⑧,其罪伊何?争遣伐器⑨,何以行之?并驱击翼,何以将之?昭后成游⑩,南土爰底⑪。厥利惟何,逢彼白雉⑫?穆王巧梅⑬?夫何为周流?环理天下⑭,夫何索求?妖夫曳衒⑮,何号于市?周幽谁诛,焉得夫褒姒⑯?天命反侧,何罚何佑?齐桓九会⑰,卒然身杀⑱。彼王纣之躬⑲,孰使乱惑?何恶辅弼⑳,谗谄是服㉑?比干何逆㉒,而抑沉之?雷开阿顺㉓,而赐封之?何圣人之一德,卒其异方㉔?梅伯受醢㉕,箕子详狂㉖。稷维元子㉗,帝何竺之㉘?投之於冰上,鸟何燠之㉙?何冯弓挟矢㉚,殊能将之?既惊帝切激㉛,何逢长之㉜?伯昌号衰㉝,秉鞭作牧㉞。何**

令彻彼岐社[35],命有殷国?迁藏就岐,何能依?殷有惑妇,何所讥?受赐兹醢[36],西伯上告。何亲就上帝罚[37],殷之命以不救?师望在肆[38],昌何识[39]?鼓刀扬声,后何喜?武发杀殷[40],何所悒[41]?载尸集战[42],何所急?伯林雉经[43],维其何故?何感天抑墬[44],夫谁畏惧?皇天集命[45],惟何戒之?受礼天下[46],又使至代之[47]?初汤臣挚[48],后兹承辅。何卒官汤[49],尊食宗绪[50]?勋阖梦生[51],少离散亡。何壮武厉,能流厥严?彭铿斟雉[52],帝何飨[53]?受寿永多[54],夫何久长?中央共牧[55],后何怒?蜂蛾微命[56],力何固?惊女采薇[57],鹿何祐[58]?北至回水[59],萃何喜[60]?兄有噬犬[61],弟何欲[62]?易之以百两[63],卒无禄[64]。

【注释】 ①会鼂:即“朝会”。争盟:一本作“请盟”,即宣誓于神。②践:履行。吾期:武王定下的日期。吾,同“武”。③苍鸟:比喻跟从武王伐纣的将士。④到:一作“列”,分解。朱熹《楚辞集注》:“《史记》言:武王至纣死所,射之三发,以黄钺斩其头,悬之太白之旗,此所谓列击纣躬也。”躬:身体。⑤叔旦:即周公旦。不嘉:不赞许。⑥揆:谋划。发:指周武王姬发。足:当作“定”,这里是“使安定”之意。姜亮夫《屈原赋校注》认为“足”当为“定”之形误,且应在下句。⑦咨嗟:叹息。⑧反:一本作“及”,指殷有天下而又失去了它。⑨伐器:作战的器具,指军队。⑩昭后:指周昭王。成:同“盛”,盛大。⑪南土:荆楚地区。底:止,至。此指周昭王南征楚国不还之事。⑫白雉:白色的野鸡。⑬穆王:昭王之子。巧梅:善于驾车。梅,通“枚”,马鞭。一说通“挴”,贪。⑭环理:周游。⑮妖夫:妖人。曳衒:当为“曳衔”,犹言“相将”。一说“衒”为“卖”的意思。为“衔”之形误。⑯褒姒:周幽王妃。⑰九会:指齐桓公九会诸侯,以尊周室。⑱身杀:身死。王逸《楚辞章句》:“言齐桓公任管仲,九合诸侯,一匡天下;任竖刁易牙,子孙相杀,虫流出户。”⑲躬:身躯。⑳辅弼:忠诚的大臣。㉑谗谄:指谄邪小人。服:任用。㉒比干:纣王之叔,劝告纣为善去恶,纣王剖其心而杀之。逆:触犯。㉓雷开:纣时奸佞之人。阿:阿谀奉承。一作“何”。姜亮夫《屈原赋校注》:“作阿非是,此与上句何逆为相对而相反之问,若为阿,则为陈述语矣。”㉔卒:最后,最终。方:方式。㉕梅伯:纣时诸侯。醢:肉酱,此处意为砍成肉酱。㉖箕子:纣王叔父。详狂:装疯。详,通“佯”。据《史记·殷本纪》,纣王杀比干后,箕子惧而佯狂,为奴。㉗稷:周人始祖,姜嫄之子。元子:嫡长子。㉘帝:指帝喾。竺:厚。或指“竺”为“毒”。㉙燠:焐热,温暖。即《史记·周本纪》所载帝喾将稷“弃渠中冰上,飞鸟以其翼覆荐之”一事。㉚冯弓:拿着弓。冯,同“凭”,持。㉛惊帝:惊动上帝。《诗·大雅·生民》记稷生“上帝不宁”。“帝”有三说。一说指上帝。二说指纣。三说为高辛氏,即帝喾。切激:强烈。㉜逢长:繁荣昌盛。长,一说文王所受封西伯或西长一职。㉝伯昌:周文王姬昌。衰:衰世。㉞秉鞭:执政。牧:古代地方长官。牧,“牧师”的简称,见《周礼·夏官》,是我国古代管理牧区的官吏,后引申为地方长官。㉟彻:放弃,毁弃。岐社:岐地是周氏族祭祀之所。㊱受:纣王名。兹:子,指纣杀文王子伯邑考,烹以为羹,赐文王食。㊲亲:指纣。就:受到,遭受。㊳师望:即太公吕望。肆:店铺。㊴昌:文王姬昌。㊵武发:指周武王姬发。殷:指纣王。㊶悒:愤恨。㊷尸:灵位。集战:会战。㊸伯林:指纣。林,《尔雅·释诂》:“君也。”雉经:上吊自杀。㊹墬:地。㊺集命:集天命于一身。㊻礼:同“理”,治理。㊼至:后来之人。㊽臣挚:以挚为臣,挚是伊尹名。㊾官汤:指伊尹辅佐汤。㊿尊食：指伊尹死后配祀汤。宗绪：宗庙。51勋：有功绩。阖：吴王阖闾。梦生：吴王寿梦之孙。52彭铿：彭祖。斟雉：善于调制雉（野鸡）羹。53帝：天帝。一说帝尧。飨：享用。54受寿永多：寿命很长。据说彭祖寿七百六十七岁。55中央：指周王朝。共牧：共同管理。《史记·周本纪》记厉王暴虐，周人将其流放，由周公、召公共执国政。56蜂蛾：指百姓民众。57惊女采薇：指伯夷、叔齐二人不食周粟，采薇为食，从而惊动女子。58鹿何祐：为何得到神鹿的庇祐、帮助。闻一多《楚辞校补》："《琱玉集感应篇》引《列士传》曰：伯夷兄弟遂绝食（薇），七日，天遣白鹿乳之。此即所谓'鹿何祐'也。"59回水：首阳山处河曲之中，故以曲水代之。60萃：停止，歇宿。61兄：指秦景公伯车。噬犬：咬人的狗。62弟：子鍼，秦景公弟。63易：交换。两：同"辆"，用于车辆。64无禄：丧失爵禄。

【译文】 诸侯聚集在一起结盟宣誓，他们如何履行周武王定下的约期？苍鹰一样勇敢的将士，谁把他们招集在一起？武王砍断纣王的躯体，周公并不赞同。他亲自为武王谋划，安定周室，却为何要叹息？上帝把天下交给殷朝，帝位为什么又会转移？先让殷室成功后又让他们灭亡，他们犯了什么罪过？诸侯派出军队，是通过什么指挥的？将士们并驾齐驱，攻击敌军两翼，是谁带领的？昭王进行盛大的游历，到了南方。他到底要贪图什么？难道仅仅是为了寻找那白色的野鸡？穆王心巧善驾，他为什么要周游四方？在国中四处行走，他又有什么追求？妖人相携沿街兜售，他们为什么要到大街上高声叫卖？周幽王要诛灭谁？他怎么得到那个褒姒的？天命反复，它会惩罚谁？又会保佑谁？齐桓公为安定周室，九次大会诸侯，为什么最终却那样身死。那个纣王，是谁使他变得如此昏乱？他为什么厌恶忠心辅佐他的大臣，而任用那些谗佞小人？比干到底哪里冒犯了纣王而被压制？雷开怎样阿谀依顺纣王，为什么会得到封赏？为什么圣人的美德都差不多，而他们最终的结局却不相同？梅伯被砍成肉酱，箕子装疯卖傻。后稷是帝喾的嫡长子，帝喾为什么那么讨厌他？他把稷丢弃在寒冰之上，大鸟为什么会用羽翼去温暖稷？稷善务农，又是什么特殊本领使他能操弓执箭？既然他强烈地惊动了上帝，为何他的子孙反而繁荣昌盛？西伯姬昌在乱世中发号施令，成为地方的霸主。武王姬发为什么放弃了岐地的宗社，却能承受天命占有殷室的天下？周太王携带宝藏迁到岐地，他如何能让部族跟随他？纣王身边有个惑乱的褒姒，还能进谏什么？纣王把文王的儿子做成肉羹赐给文王，文王向上天告状。为什么纣王得到上天的处罚，而殷王室却难以挽救？太公吕望栖身在市井小店，姬昌为什么会认识他？太公操刀割肉，西伯听了为什么会高兴？武王姬发击杀纣王，他为什么如此愤恨？他用车载着父亲的灵位，聚集将士就出征，又为什么这么急切？纣王自缢而死，这是什么缘故？他为什么要向上天呼告？难道他还有所畏惧？上天把天命赐予殷王室，为什么又会有后人去讨伐？纣王治理天下，又为什么让人取代他？当初汤以伊尹为臣子，伊尹承担辅佐的任务。他为什么能成了汤的宰相并配祀商汤，接受献祭？功绩赫赫的阖闾是吴王寿梦的孙子，从小就遭遇流亡的命运。为什么长大后勇武威猛，他的声威四处流播？彭祖调制好的雉羹，天帝为什么喜欢享用？他的寿命极长，为什么能够拥有如此高寿？为什么召、周二人共理国政，厉王发怒是为了什么？

百姓身份微贱，他们的力量为何如此强大？伯夷、叔齐采薇为食物惊动了妇人，受到了讥讽，神鹿为何要庇佑他们？他们北行到了首阳山，为什么会那样高兴？秦景公有条猛犬，他弟弟为什么想要拥有？他想用一百辆车来交换它，却最终丢失了性命。

【原文】 薄暮雷电，归何忧[①]**？厥严不奉**[②]**，帝何求**[③]**？伏匿穴处**[④]**，爰何云？荆勋作师**[⑤]**，夫何长？悟过改更，我又何言？吴光争国**[⑥]**，久余是胜**[⑦]**。何环穿自闾社丘陵**[⑧]**，爰出子文？吾告堵敖以不长**[⑨]**。何试上自予**[⑩]**，忠名弥彰？**

【注释】 ①归何忧：回去有何担忧。此句有五种理解：一指屈原当时"问天"时之事。二指舜时之事。三指周公时之事。四指孔甲时之事。五指楚灵王时之事。②厥：其，这里指楚国。不奉：不能保持。楚先败于吴，后败于秦，故云"不奉"。③帝何求：即何求于帝，求天帝有什么用。帝，天帝。④伏匿：潜伏，潜藏。穴处：住在山洞里，亦印身处山林荒野的意思。⑤荆勋：楚国勋旧贵族。作师：犹"兴师"。毛晋本作"荆勋佝师"。⑥光：吴王阖闾名。争国：吴楚相争。⑦久余是胜：即"久胜余"。久，长久。余，我们，亦即楚国。⑧"何环"以下两句：当从洪兴祖、朱熹校语作"何环闾穿社，以及丘陵？是淫是荡，爰出子文？"环，绕。闾，乡里。穿，穿过。社，古代地方基层行政单位，泛言之，即里社、村落。及，至，到。丘、陵，皆指土山。是，指代前面的"闾社丘陵"，"是淫是荡"，即"淫荡于是"。爰，于是。出，生出。子文：春秋时期楚国令尹，成王时人，有贤明之名。据《左传·宣公四年》记载，其父伯比居邧（即勋，《左传·桓公十一年》杜预注曰："在江夏云杜县东南。"则当在今湖北京山西北）国时，与邧国国君之女私通，遂生子文。此处所问当指此事。⑨堵敖：名熊胜，楚文王子，继位五年为其弟成王熊恽所杀。⑩试上：弑君。自予：自立为君。

【译文】 傍晚时分电闪雷鸣，回去又有什么可担心的呢？国家的尊严不保，祈求上帝又有什么用处？我幽居在洞穴中，面对此景又能说些什么？楚国不断地大举兴兵，这样国运怎能长久？如果君王能改过自新，我又何必再说什么？吴王阖闾与我国相争，多年来一直战胜我们。子文的父母穿过村子到了山丘，做出苟且淫秽的勾当，又怎么会生出贤明的子文？我说堵敖不会长久。为何成王弑兄自立，他的忠诚名声更加显著？

九　　章

"九章"即屈原《惜诵》《涉江》《哀郢》《抽思》《怀沙》《思美人》《惜往日》《橘颂》《悲回风》等九篇作品的合称，朱熹在《楚辞集注》中认为："后人辑之，得其九章，合为一卷"，现代学界多信此说。关于《九章》创作时的问题，历来众说纷纭，王逸认为它们都是屈原流放在江南时所作；朱熹则认为"非必出于一时之言也"。细观《九章》各篇内容，朱说较符合作品实际。

因《九章》非一时一地之作，故各篇思想内容也不尽相同。《惜诵》与《离骚》前半篇政治失意的愤懑心情相似。《涉江》表达了放逐江南时，坚守高洁品性与社会黑暗现实的矛盾。《哀郢》抒写了国破家亡的哀思。《抽思》是见疏于怀王后的怫郁和幽怨。《怀沙》

抒发了屈原正道直行、不随世浮沉的节操和愿以死殉理想、殉信仰的决心。《思美人》反映了忠贞其君不愿从俗的心意。《惜往日》概述了他一生的政治遭遇及理想难达的痛惜，也表达了必死的决心。《橘颂》则就橘树形象和特征影射了诗人的人格品性，清新秀拔，别具一格，从辞赋的体裁上说，开了体物写志的先河。《悲回风》流露了低回缠绵的忧苦之情。总之，各篇均善于把纪实、写景与抒情相契合，以华美而富于表现力的语言，写出复杂的、激烈冲突的内心状态。

惜　诵

【题解】

关于"惜诵"二字，主要有以下三种解释：一是王逸《楚辞章句》的贪忠信之道而论之；二是洪兴祖《楚辞补注》的爱怜君主而陈言；三是林云铭《楚辞灯》的痛惜过去而进谏。综合来讲，"惜诵"就是以痛惜的心情来称述自己因直言进谏而遭谗言被疏远之事。

关于本篇的写作时期历来有两种分歧：一是作于顷襄王时期；一是作于怀王时期。从作品内容上看不出已遭放逐的景象，故汪瑗《楚辞集解》认为："大抵此篇作于谗人交构，楚王造怒之际，故多危惧之词，然尚未遭放逐也"，这一说法比较符合实际情况。至于具体的作时，姜亮夫《屈原赋校注》认为是"其三十岁初放时之作"，即作于怀王十六、七年，是比较合理的。

《惜诵》是《九章》的第一篇，作者叙述了自己在政治上遭受打击的始末和自己对待现实的态度，基本内容与《离骚》前半篇大致相似，故有"小离骚"之称。

【原文】 **惜诵以致愍兮①，发愤以抒情。所作忠而言之兮②，指苍天以为正③。令五帝以折中兮④，戒六神与向服⑤。俾山川以备御兮⑥，命咎繇使听直⑦。**

【注释】 ①愍：忧伤。②所作：当作"所非"，"假如不是"的意思。③正：通"证"，证明。④五帝：古代神话传说中的五位神祇。东方太皞，南方炎帝，西方少昊，北方颛顼，中央黄帝。枏中：意即依照法律条文来判断是非。枏，即折、析，分判、明辨。中，刑书、律书、法律条文。⑤六神：即六宗之神，古代神话传说中的六位神祇，其说不一，主要有以下几种说法：一指四时、寒暑、日、月、星、水旱之神。二指星、辰、风伯、雨师、司中、司命。三指日、月、星辰、太山、河、海。向：对证，对质。服：事理，事实。⑥俾：使。山川：指山川之神。备御：即准备侍御之人以陪审。御，侍从，侍御。⑦咎繇：即"皋陶"，相传是虞舜时执掌刑狱法律的大臣。听直：听审诉讼，裁判曲直对错。

【译文】 哀惜进谏表达忧伤啊，发泄愤懑抒写衷情。发誓忠心陈说心声啊，手指苍天为我作证。令五方天神为我剖白啊，命六宗之神为我证明。让山川神祇来做陪审啊，命法官皋陶辨明对错。

【原文】 **竭忠诚以事君兮，反离群而赘肬①。忘儇媚以背众兮②，待明君其知之。言与行其可迹兮，情与貌其不变。故相臣莫若君兮③，所以证之不远。吾谊先君而后身兮④，羌众人之所仇⑤。专惟君而无他兮⑥，又众兆之所雠⑦。壹心而不豫兮，羌不可保也。疾亲君而无他兮⑧，有招祸之道也。**

【注释】 ①离群：指离开群体，为众人所不容。赘肬：多余的肉瘤。②儇：聪慧，狡黠，有机巧。③相：审察，察看。④谊：即“宜”“义”，这里是“应当”的意思。凡品质、行为符合人世间道德标准、社会利益，便是合适、适宜的，就可称为“义”。⑤羌：句首发语词，楚地方言。⑥惟：思念，牵挂。⑦兆：众人。雠：仇恨，怨恨。⑧疾：急切，极力。

【译文】 竭尽忠诚服侍君王啊，却为众所不容反成多余。不懂谄媚违背众意啊，等待有明君了解我心。言行一致有据可寻啊，内心与外貌成为不变。所以没有谁比君王更清楚臣子啊，他的取证都亲身得来不须远求。我应先顾君王后及自身啊，却成为众人怨恨的对象。一心忠君不作他想啊，又招来众人怨恨。心思专一从不犹豫啊，竟导致自身难以保全。急切亲近君王并无它念啊，竟成招致祸殃的根源。

【原文】 **思君其莫我忠兮，忽忘身之贱贫①。事君而不贰兮，迷不知宠之门②。忠何罪以遇罚兮，亦非余心之所志③。行不群以巅越兮④，又众兆之所咍⑤。纷逢尤以离谤兮⑥，謇不可释⑦。情沉抑而不达兮⑧，又蔽而莫之白。心郁邑余侘傺兮⑨，又莫察余之中情⑩。固烦言不可结诒兮⑪，愿陈志而无路。退静默而莫余知兮，进号呼又莫吾闻。申侘傺之烦惑兮⑫，中闷瞀之忳忳⑬。**

【注释】 ①忽：忽略，忘记。贱贫：这里大约是指遭怀王疏远而失去尊官厚禄的情况。②迷：迷惑。宠之门：得到君王宠幸的门户、途径。③志：通“知”，知道，明白。④不群：与众人不同，不合群。巅越：坠落，跌落。⑤咍：嘲笑，嗤笑。⑥逢尤：即遭到罪责。尤，罪过，罪责。离谤：即遭到毁谤。离，遭。⑦謇：句首发语词。释：解释，解说。⑧沉抑：指愁闷的情绪沉积、压抑在心底的样子。⑨郁邑：形容忧郁愁闷的样子。侘傺：形容因失意而惆怅，于是彷徨徘徊的样子。⑩中情：泛指为内心情感，专指则为内心忠信之情。⑪烦言：指要说的话众多而烦冗、杂乱。诒：赠送。⑫申：重累，重复。烦惑：形容心里烦乱、迷惑的样子。⑬闷瞀：形容内心烦乱的样子。闷，烦闷。瞀，迷乱。忳忳：形容忧愁的样子。

【译文】 思念君王有谁比我更忠贞啊，忘记了自己出身贫贱。服侍事君王忠心不二啊，迷茫不知邀宠之法。忠诚有何罪以至遭到责罚啊，其中的缘由也不是我能明白的。行为与众不同因而栽了跟头啊，又被众人嘲弄嗤笑。那么多次受罪责遭毁谤啊，却没办法解释表白。情绪压抑无法畅快表达啊，又遭壅蔽无处澄清。忧郁愁闷失意彷徨啊，又无人明了我的衷情。本来心里的话就杂乱冗多无法总结在一起给别人说啊，想要陈述心志却没有途径。如果隐退沉默便无人了解我啊，如果奔进呼喊却又无人肯听。心中失意，烦乱迷惑啊，内里苦闷，忧虑重重。

【原文】 **昔余梦登天兮，魂中道而无杭①。吾使厉神占之兮②，曰有志极而无旁③。终危独以离异兮④，曰君可思而不可恃⑤。故众口其铄金兮⑥，初若是而逢殆⑦。惩于羹者而吹整兮⑧，何不变此志也？欲释阶而登天兮，犹有曩之态也⑨。众骇遽以离心兮⑩，又何以为此伴也⑪？同极而异路兮，又何以为此援也？晋申生之孝子兮⑫，父信谗而不好⑬。行婞直而不豫兮⑭，鲧功用而不就⑮。**

【注释】 ①中道：半路。杭：渡过。②厉神：主杀罚的神灵，或又能执占卜之事。

③志极：心志很高，志存高远。旁：辅佐，帮助。④危独：指处境危险而孤立无援。离异：与他人不同而分离，各走各的路。⑤曰：从这里到"鲧功用而不就"是厉神占卜后根据兆象显示而劝告屈原的话。⑥铄：销熔，熔化。⑦初若是：这里指"恃君"而言。初，当初，以前。若是，像这样。殆：危险，险境。⑧羹：古代用肉和菜调和五味做成的带汁的食物，这里指热羹。整：一种被切细的酱菜，属凉菜。⑨曩：以前。⑩骇遽：惊惶，畏惧。离心：这里指与己心分离、不合。⑪伴："伴"与下句之"援"都是攀援、求援的意思。⑫申生：春秋时晋献公太子。献公宠爱骊姬，骊姬欲立己子奚齐为太子，因而向献公进谗言，说申生有杀父之心，于是献公追捕申生，申生乃被逼自杀。⑬好：喜爱，喜欢。⑭婞直：刚愎，刚直。豫：安乐，宽和，从容不迫。⑮鲧：古代传说是禹的父亲，夏族的首领。

【译文】 以前我梦见自己登上天庭啊，魂魄走到半路却无路向前。我让厉神算上一卦啊，他说："你志存高远，却没有同伴。""最终会陷入险境众叛亲离吗？"他说："君王可以思慕，但不可以依靠。所以众口一词说坏话能熔化金子啊，当初你依靠君王却因此遭遇了祸患。有过被热羹烫过的教训见到凉菜也要吹一吹啊，为何你却不改变忠直的志向？想要把梯子撇在一边去登天啊，你仍然还是以前那副模样。众人惊惶畏惧，跟你离心离德啊，又怎能同他们结队同行？都想获得君王的任用却追求不同啊，又怎能让他们出手相帮？晋国申生那样的孝子啊，父亲也会听信谗言而不喜欢。行为刚直而不和顺啊，鲧的功业因此没有完成。"

【原文】 吾闻作忠以造怨兮，忽谓之过言[①]。九折臂而成医兮[②]，吾至今而知其信然。矰弋机而在上兮[③]，罻罗张而在下[④]。设张辟以娱君兮[⑤]，愿侧身而无所[⑥]。欲儃佪以干傺兮[⑦]，恐重患而离尤[⑧]。欲高飞而远集兮，君罔谓汝何之[⑨]。欲横奔而失路兮[⑩]，坚志而不忍。背膺牉以交痛兮[⑪]，心郁结而纡轸[⑫]。梼木兰以矫蕙兮[⑬]，糳申椒以为粮[⑭]。播江离与滋菊兮[⑮]，愿春日以为糗芳[⑯]。恐情质之不信兮，故重著以自明[⑰]。矫兹媚以私处兮[⑱]，愿曾思而远身[⑲]。

【注释】 ①忽：忽略，忽视。过言：被过分夸大的话，言过其实。②九折臂而成医：指多次遭受被折断手臂一类的打击、祸殃，于是不断积累经验，改良药方，从而成为好的医生。九，虚数，多次。③矰弋：用来射鸟的短箭。机：安装并发射。④罻罗：用来捕鸟的网。罻，捕鸟小网。⑤张辟：用来捕猎鸟兽的工具，一说为罗网，一说为弓弩。⑥愿侧身而无所：意即想要蛰伏、躲藏而没有地方。侧，伏着身子，蛰伏。⑦儃佪：徘徊不前。干傺：求得仕进。⑧重：增加。离：遭遇。尤：罪过，罪责。⑨罔：得无，莫非，该不会。之：往，到……去。⑩横奔而失路：肆意狂奔，从而迷失正道。⑪膺：胸。牉：分开。⑫郁结：形容心中忧郁的情思缠结积聚的样子。纡：弯曲，萦回。轸：痛。⑬梼：通"捣"，舂。木兰：一种落叶小乔木或灌木，早春先叶开花，花大，外面紫色，内面近白色，微香。矫：糅合，混合。蕙：香草名。⑭糳：这里是舂，从而使之精细的意思。申椒：香草名。⑮江离：香草名。滋：栽种，种植。⑯糗芳：芳香的干粮。糗，干粮。芳，形容其气味的芳香，因为这儿的"糗"是用香草做成的。⑰重：反复，一再。著：表明，申述。⑱矫：举。媚：美好的东西。⑲曾：重复，再三。远身：远远地离开，以躲避祸害。

【译文】 我听说做忠臣会招来怨恨啊,心里却不以为意,认为是夸大其词。多次折断胳臂自然成为良医啊,我现在才明白确实如此。短箭装好对着天上啊,罗网就在地面张设起来。设置机关取悦君王啊,想要躲藏却没有地方。徘徊不定想要求得仕进啊,又怕增加罪责忧患更深。想要远走高飞另觅他处啊,君王该不会说你要去哪里?想要肆意狂奔不循正道啊,但又意志坚定不忍变心。后背前胸如裂开一般疼痛难忍啊,心里忧思纠结愁苦不堪。捣碎木兰再拌上蕙草啊,磨细申椒来做点心。种上江离栽上菊花啊,希望春天能做成芳香的干粮。担心内心本性无人相信啊,所以要反复陈说表明自身。标举美德我将隐退独处啊,希望深思熟虑后全身远祸。

涉　江

【题解】

《涉江》为顷襄王时期,屈原远放江南时,为记叙征程和抒写怨愤而作。本篇记述了他渡过大江,溯沅水而上达溆浦一带,幽然独处于深山的旅程,也穿插了在行程中及到达目的地后的所思所感。洪兴祖《楚辞补注》说:"此章言己佩服殊异,抗志高远,国无人知之者,徘徊江之上,叹小人在位,而君子遇害也。"汪瑗《楚辞集解》说:"此篇言己行义之高洁,哀浊世而莫我知也。欲将渡湘沅,入林之密,入山之深,宁甘愁苦以终穷,而终不能变心以从俗,故以《涉江》名之",这是对本篇内容与题旨的较好概括。

关于本篇的创作时地,清人蒋骥在《山带阁注楚辞》中认为:"皆顷襄时放于江南所作。然《哀郢》发郢而至陵阳,皆自西徂东。《涉江》从鄂渚入溆浦,乃自东北往西南,当在既放陵阳之后。"其说较为合理。

【原文】 **余幼好此奇服兮,年既老而不衰①。带长铗之陆离兮②,冠切云之崔嵬③。被明月兮珮宝璐④。世溷浊而莫余知兮⑤,吾方高驰而不顾。驾青虬兮骖白螭⑥,吾与重华游兮瑶之圃⑦。登昆仑兮食玉英⑧,与天地兮同寿,与日月兮同光。哀南夷之莫吾知兮⑨,旦余济乎江湘。**

【注释】 ①衰:衰退,懈怠。②长铗:长剑。陆离:形容其所佩带宝剑之长。③冠:本指帽子,这里释为"戴"。切云:一种很高的帽子。崔嵬:形容高的样子。④被:穿在身上或披在身上的意思。明月:一种夜间能发光的宝珠。珮:犹"佩",佩带。璐:玉。⑤溷:混乱。⑥虬:一种有角的龙。骖:本义指一车驾三马。又特指驾车时服马两边的马。这里指驾驭车两旁的白螭。螭:一种无角的龙。⑦重华:古史传说中的五帝之一舜的名号。瑶:美玉。圃:这里的"瑶之圃"或即《离骚》之"县圃",是神话传说中天帝及众神居住的地方。⑧昆仑:古代神话传说中西方神山的名称。英:花。⑨南夷:当时楚国江南一带的土著民族。

【译文】 我从小便爱好这身奇特装束啊,如今进入暮年却仍兴致不减。我腰间佩带长长宝剑啊,头戴高高发冠。身上饰有明月珠啊,美玉佩戴在我的腰间。人世污浊无人了解我啊,我正自高飞驰骋不再留恋人间。驾着那有角青龙啊配上无角白龙,我和重华大神一起游览啊在那天上的玄圃。登上昆仑山啊品尝那美玉一般的花朵,要和天地啊有

一样的寿命,要和日月啊同样灿烂光辉。哀痛的是南方夷族无人了解我啊,清早我便要渡过湘水,去到江南。

【原文】 **乘鄂渚而反顾兮[1],欸秋冬之绪风[2]。步余马兮山皋[3],邸余车兮方林[4]。乘舲船余上沅兮[5],齐吴榜以击汰[6]。船容与而不进兮[7],淹回水而疑滞[8]。朝发枉陼兮[9],夕宿辰阳[10]。苟余心其端直兮,虽僻远之何伤。**

【注释】 ①鄂渚:地名,在今湖北鄂州。②欸:感叹,叹息。绪风:大风。③步:使行走。皋:水泽,引申为水边之地。④邸:停留。方林:面积广大的树林。⑤舲船:有窗子的船。上:这里是沿沅水逆流而上的意思。⑥吴榜:船桨。一作"大棹"。汰:水波。⑦容与:徘徊不前的样子。⑧淹:停留,滞留。回水:江中急流回旋而形成的涡流,即漩涡。疑滞:即"凝滞",停滞不前。⑨枉陼:地名,沅水中的一个河湾,在辰阳以东,沅水下游,今属湖南常德。⑩辰阳:地名,汉有辰阳县,属武陵郡,在今湖南辰溪。

【译文】 登上鄂渚回头远望啊,慨叹秋冬时节大风凄寒。让我的马儿啊在山边泽畔,将我的车子啊停靠在大片林边。乘坐舲船我沿沅水上溯啊,众人一起举桨划开水波。船儿徘徊不往前走啊,在急流漩涡中停滞不前。早晨从枉陼开始出发啊,晚上就留宿在那辰阳。假如我的心正直无偏啊,流放之地即使偏远又有什么可伤感的?

【原文】 **入溆浦余儃佪兮[1],迷不知吾所如。深林杳以冥冥兮[2],猨狖之所居[3]。山峻高以蔽日兮,下幽晦以多雨。霰雪纷其无垠兮[4],云霏霏而承宇[5]。哀吾生之无乐兮,幽独处乎山中。吾不能变心而从俗兮,固将愁苦而终穷。**

【注释】 ①溆浦:地名,在今湖南溆浦一带,或因溆水而得名,因其在溆水之滨的缘故。儃佪:徘徊不前。②杳以冥冥:意即幽深晦暗。"杳"与"冥"意义相近,都是幽暗、昏暗的意思。③猨:一种猕猴。狖:猿猴的一种。④霰:小雪珠。垠:边际,涯岸。⑤霏霏:这里形容云气很盛的样子。承宇:指山中云气旺盛而与屋檐相承接。宇,屋檐。

【译文】 进入溆浦我却徘徊犹豫啊,心中迷惑不知去往何方。幽深的树林昏暗阴沉啊,这是那猿猴栖居的所在。山势高峻陡峭遮住太阳啊,山下幽深晦暗阴雨绵绵。雪珠雪花纷纷扬扬无边无际啊,云层浓重与屋檐相连。哀痛我这一生缺少欢乐啊,孤苦寂寞独居在山中。我不能改变志节去随波逐流啊,理所当然会忧愁苦闷困穷终生。

【原文】 **接舆髡首兮[1],桑扈臝行[2]。忠不必用兮,贤不必以[3]。伍子逢殃兮[4],比干菹醢[5]。与前世而皆然兮,吾又何怨乎今之人!余将董道而不豫兮[6],固将重昏而终身[7]!**

【注释】 ①接舆:春秋时楚国人,佯狂避世。髡首:剃去头发。②桑扈:古代隐士。臝行:意即裸体而行。臝,同"裸"。③以:用。④伍子:伍子胥。逢殃:遭遇祸殃。⑤比干:殷末纣王的叔伯父。菹醢:肉酱,这里指剁成肉酱。菹、醢,均有肉、肉酱的意思。⑥董:正。豫:犹豫。⑦重昏:重重昏暗。

【译文】 接舆剃去头发佯狂避世啊,隐士桑扈裸体而行。忠臣不一定能得到任用啊,贤人未必能发挥才能。伍子胥遭遇祸患啊,比干被剁成肉酱。整个前代都是这样啊,我又何必怨恨如今的君王!我将正道而行不再犹豫啊,本就准备在重重昏暗中度过一生!

【原文】 **乱曰[①]:鸾鸟凤皇[②],日以远兮。燕雀乌鹊[③],巢堂坛兮[④]。露申辛夷[⑤],死林薄兮[⑥]。腥臊并御[⑦],芳不得薄兮[⑧]。阴阳易位[⑨],时不当兮。怀信侘傺[⑩],忽乎吾将行兮!**

【注释】 ①乱:乐曲的最后一章叫乱。古时诗乐不分,故诗文中最后总括全篇要旨的一段文字也被称作乱。②鸾鸟凤皇:古人心目中神异的鸟类,这里比喻贤能之士。③燕雀乌鹊:都是普通常见鸟类,这里比喻谗佞小人。④巢:鸟窝,这里是搭窝的意思。堂:古时天子以及诸侯议政、祭祀的朝堂、庙堂。坛:用土筑起的高台。⑤露申:一种香草。辛夷:一种香草。⑥薄:草木丛生的地方。⑦腥臊:恶臭秽浊的气味,这里比喻奸邪小人。御:进用。⑧薄:靠近,接近。⑨阴阳易位:这里比喻当时社会忠奸不辨,是非不分,从而使君子贤士失位,奸邪小人得志。⑩怀信:怀抱忠贞诚信之心。侘傺:惆怅失意的样子。

【译文】 乱辞称:鸾鸟凤凰,一天天地远去啊。燕雀乌鹊,却在庙堂上公然筑巢安居啊。露申辛夷,在草木丛中干枯死去啊。腥臊恶臭都能得到君王的取用啊,芳香的花草却无法靠近他的身边。阴阳颠倒,生不逢时啊。怀抱忠信却失意彷徨啊,我怅然迷惘,还是远行吧!

哀　郢

【题解】

“哀郢”即对楚国都城郢都的思念与哀痛,是屈原在顷襄王时作于江南流放地陵阳的作品。屈原久被流放,怀念宗国日益炽烈,恰逢怀王入秦不返而顷襄王新立,楚国各派内争纷起,而秦国又大兵压境,民心惶惶。他面对宗国已危、社稷难保的时局,痛惜自己空有济世之才、匡时之志,却无以施展。在悲愤难平、哀思不已的情况下,便以《哀郢》寄托对楚国及郢都的深切眷恋与刻骨思念。

【原文】 **皇天之不纯命兮[①],何百姓之震愆[②]?民离散而相失兮[③],方仲春而东迁[④]。去故乡而就远兮,遵江夏以流亡[⑤]。出国门而轸怀兮[⑥],甲之鼂吾以行[⑦]。**

【注释】 ①皇天:天在古人思想观念里占有至高无上的主宰神地位,以“皇”修饰之是古人对天的尊称。皇,美大。②百姓:指楚国的贵族。震愆:震恐,惊恐。③民:普通民众。④仲春:阴历二月。⑤遵:沿着。江夏:长江和夏水。江即长江。夏指夏水,夏水是古水名,由长江分流而出,注入汉水,今已淹没。⑥国:这里是国都、京城的意思。轸:痛,哀痛。⑦甲:甲日。古以十天干记日。鼂:通“朝”,早晨。

【译文】 天命反复无常啊,为何让宗亲贵戚们惊恐万端?民众流离,亲人失散啊,在这仲春二月向东逃难。离开故土,去向远方啊,沿着江水夏水一路流亡。出了郢都城门便痛切地思念啊,甲日的早晨我启程上路。

【原文】 **发郢都而去闾兮[①],荒忽其焉极[②]?楫齐扬以容与兮[③],哀见君而不再得。望长楸而太息兮[④],涕淫淫其若霰[⑤]。过夏首而西浮兮[⑥],顾龙门而不见[⑦]。心婵媛而伤怀兮[⑧],眇不知其所蹠[⑨]。顺风波以从流兮,焉洋洋而为客[⑩]。凌阳侯之氾滥兮[⑪],忽翱翔之焉薄[⑫]。心絓结而不解兮[⑬],思蹇产而不释[⑭]。将运舟而下浮兮[⑮],上洞庭而下江[⑯]。去终**

古之所居兮[17]，今逍遥而来东[18]。羌灵魂之欲归兮[19]，何须臾而忘反[20]。背夏浦而西思兮[21]，哀故都之日远。登大坟以远望兮[22]，聊以舒吾忧心。哀州土之平乐兮[23]，悲江介之遗风[24]。当陵阳之焉至兮[25]，淼南渡之焉如[26]？曾不知夏之为丘兮[27]，孰两东门之可芜[28]？

【注释】①闾：本义是里巷的大门，也可用来指称居民区。这里当是指楚国贵族"昭""屈""景"三氏聚居之所在，即"三闾"。②荒忽：神思恍惚的样子。③楫：船桨。容与：形容船徘徊不进的样子。④长楸：即高大的梓树。太息：长声叹息。⑤淫淫：这里形容眼泪流而不止的样子。霰：小雪珠。⑥夏首：夏水从长江分流而出的地方。西浮：从西面顺水漂流。一说"西浮"为"疾浮"。⑦龙门：郢都的东城门。⑧婵媛：眷恋，牵挂。⑨眇：远。蹠：踩，踏，落脚。⑩焉：于是。洋洋：这里形容漂泊不定的样子。⑪凌：乘，凌驾。阳侯：传说中司波浪的神，这里指其所掀起的波浪。氾滥：这里形容大水漫流的样子。⑫忽：快速地。薄：停留，止息。⑬絓结：这里形容内心情感郁结牵缠而愁苦烦闷的样子。⑭蹇产：形容情思屈曲而无法舒展的样子。⑮下浮：顺着江流而向下游漂浮。⑯上洞庭而下江：这里指船行至洞庭湖汇入长江之处时的情形，若船南向驶入洞庭湖则逆流而上，以入沅湘水系，若东向沿长江行驶则顺流而下。⑰终古之所居：楚国历代先祖自古以来居住的地方，即郢都。⑱逍遥：飘荡，流落。⑲羌：楚地方言，句首发语词。⑳须臾：顷刻，片刻。㉑夏浦：即夏口，今汉口。西思：这里是思念西方郢都的意思。㉒坟：江中岛屿沙洲。㉓州土：荆楚大地。平乐：土地平坦富饶，人民安居乐业。㉔介：间。一说是边上、侧畔的意思。遗风：楚先人世代遗传下来的美好风习。㉕当：到，抵达。陵阳：地名，《汉书·地理志》载丹扬郡陵阳县，在今安徽青阳南。㉖淼：水面阔大无边的样子。南渡：指往南渡过大江而登岸抵达陵阳。㉗夏：高大的房屋。丘：丘墟，废墟。㉘两东门："两"疑有误，或为"网"字，考量计较的意思。东门即郢都东城门，亦即上面提到的"龙门"。

【译文】从郢都出发离开故土啊，神思恍惚不知该去向何方？桨一齐划动，船却徘徊不前啊，哀痛的是不能再见到君王。看那故国乔木我长声叹息啊，眼泪如同雪珠一样流淌。船过夏浦向东漂荡啊，回头看那郢都龙门已踪影难觅。心里牵挂不舍充满哀伤啊，前路邈远不知在何方落脚？顺风而行，随着流水啊，于是漂泊无依，流寓他乡。乘着水神掀起的巨浪啊，如鸟儿一般飞起却不知落在何方？心乱如麻难以解开啊，情思郁结无法抒怀。将要驾船顺流而下啊，上溯是洞庭下流是长江。离开先人世代居住的土地啊，而今漂泊流落来到东方。灵魂它想要回归故土啊，何尝有片刻忘记还乡？离开夏口思念郢都啊，哀伤距故都日渐遥远。登上沙洲纵目远眺啊，姑且舒散我忧愁的心情。哀怜荆楚大地曾富饶安乐啊，悲伤的是江上故俗遗风。抵达陵阳后该往哪里去啊，南渡浩渺大江后又将去何处？不知高大的宫殿楼台是否已成为丘墟啊，谁能料到郢都东门是否化为荒芜？

【原文】心不怡之长久兮，忧与愁其相接。惟郢路之辽远兮，江与夏之不可涉。忽若不信兮[1]，至今九年而不复。惨郁郁而不通兮[2]，蹇侘傺而含戚[3]。外承欢之汋约兮[4]，谌荏弱而难持[5]。忠湛湛而愿进兮[6]，妒被离而鄣之[7]。尧舜之抗行兮[8]，瞭杳杳而薄

天[9]。众谗人之嫉妒兮，被以不慈之伪名[10]。憎愠惀之修美兮[11]，好夫人之忼慨[12]。众踥蹀而日进兮[13]，美超远而逾迈[14]。

【注释】 ①忽：迷惘，恍惚。不信：当作"去不信"。去，离开。信，两天，这里形容时间很短。②惨：忧愁。郁郁：形容忧愁的样子。不通：这里指心情忧愁烦闷、郁结不畅。③蹇：句首发语词。侘傺：惆怅失意的样子。④汋约：本指柔美的样子，这里形容小人谄媚的样子。⑤谌：确实，实在。荏：弱，软弱。⑥湛湛：厚重。⑦被离：分离，离散。鄣：壅蔽，阻塞。⑧抗：高，高尚。⑨瞭：明。杳杳：高远的样子。薄：迫近，靠近。⑩被：加。不慈：不爱自己的儿子，指尧舜禅让天下于他人而不传给自己的儿子。伪名：与事实不符的名声。⑪愠惀：大约是形容怨思蕴积于心的样子，当是就忠贞君子而言。⑫夫人：这里指谗佞小人。忼慨：即"慷慨"，形容情绪激昂奋发的样子。⑬众：这里指表面上故作慷慨之态的谗佞小人。踥蹀：形容行走的样子。⑭美：忠贤君子。超：远。逾：跃进，行进。迈：远走高飞。

【译文】 心中长久不快啊，忧和愁绵绵不绝。想到回郢都的路那么遥远啊，江水夏水已难以渡过。恍惚中仿佛刚刚离开故土啊，到如今已有九年未曾回去。心情忧郁愁闷不畅啊，惆怅失落一腔凄楚。小人们表面上奉承君王，一副媚态啊，实际上软弱不堪，难以辅国。忠厚之士愿有所作为啊，谗妒小人却从中阻挠。圣王尧舜德行高尚啊，他明智高远直逼苍穹。谗佞小人心怀嫉妒啊，给他加上不慈爱的恶名。君王嫌恶正直忠贤的君子啊，却喜爱那故作慷慨姿态的伪善小人。众多谗佞小人竞相奔走，日益得势啊，忠臣贤士被日益疏远，却远走高飞。

【原文】 乱曰：曼余目以流观兮[1]，冀壹反之何时？鸟飞反故乡兮[2]，狐死必首丘。信非吾罪而弃逐兮，何日夜而忘之？

【注释】 ①曼：本义是引而使长，这里指张大双眼。流观：四处观看。②"鸟飞"以下两句：这是当时流行的成语。鸟飞虽远，终将返回故乡；狐狸死时，头必朝向其所出生的山丘。比喻对故土深厚而炽热的爱恋情怀。

【译文】 乱辞称：睁大我的眼睛环顾周围啊，盼望什么时候能回去一次？鸟儿远飞终究要返回故林啊，狐狸死时头必朝着故土山丘。实在不是我有罪过啊而被流放，何尝有一日一夜忘怀故都？

抽　思

【题解】

"抽思"取自少歌部分首句"与美人之抽思兮"中的二字。蒋骥《山带阁注楚辞》以为："抽，拔也。抽思，犹言剖露其心思，即指上陈之耿著言。"即部陈心迹、将心中郁结的情思抒发出来的意思。关于《抽思》的创作时地，清人林云铭提出是屈原在怀王时作于汉北，蒋骥《山带阁注楚辞》也认为："此篇盖原怀王时斥居汉北所作也"，其说大致可信。《抽思》表达屈原被怀王疏远而蛰居汉北时，仍忧心国事，思念郢都，意欲回归的拳拳之情，以及心系怀王，而心境无由上达的愁苦。

【原文】 心郁郁之忧思兮[①],独永叹乎增伤。思蹇产之不释兮[②],曼遭夜之方长。悲秋风之动容兮[③],何回极之浮浮[④]。数惟荪之多怒兮[⑤],伤余心之忧忧。愿摇起而横奔兮[⑥],览民尤以自镇。结微情以陈词兮,矫以遗夫美人[⑦]。

【注释】 ①郁郁:忧愁的样子。②蹇产:情思屈曲而不得舒展的样子,即忧思郁结之义。③动容:意即动摇。容,即"搈",动。④回极:回旋的天极。浮浮:变动不定的样子。⑤数:多次,频频。惟:思。荪:一种香草,这里用来比喻君王。⑥摇起:迅速地起身、跃起。横奔:大步流星地疾急奔跑。⑦矫:举起。美人:这里代指怀王。

【译文】 心中忧愁思绪烦乱啊,独自长叹又增感伤。情思郁结不能化解啊,漫漫长夜睡意全无。悲叹秋风猛烈撼动外物啊,何以竟使回旋的天极也变动不定?多次想起君王屡屡发怒啊,使我心伤忧苦无边。我愿疾起大步狂奔啊,看到百姓动辄得罪又静下心来。总结幽隐情思来陈词啊,面向君王表白心意。

【原文】 昔君与我诚言兮[①],曰黄昏以为期[②]。羌中道而回畔兮[③],反既有此他志。憍吾以其美好兮[④],览余以其修姱[⑤]。与余言而不信兮[⑥],盖为余而造怒[⑦]。愿承间而自察兮[⑧],心震悼而不敢[⑨]。悲夷犹而冀进兮[⑩],心怛伤之憺憺[⑪]。

【注释】 ①诚言:"诚"当作"成"。成言即已约定的言语。成,定。②黄昏:日落的时候,古代于此时举行昏礼(即今婚礼)。屈原作品多以男女关系比喻君臣关系。③羌:楚地方言,句首发语词。回畔:改道,改路。④憍:同"骄",骄傲,矜夸。⑤览:向他人展示。修姱:美好。⑥不信:不守信用,不可靠,印言而无信。⑦盖:通"盍"。何,为什么。造怒:发怒,生气。⑧间:间隙,机会。自察:自我表白。⑨震悼:内心惊恐、震恐的样子。⑩夷犹:犹豫。进:进言。⑪怛:痛苦,忧伤。憺憺:因忧惧惊恐而心情动荡不安的样子。

【译文】 从前君王和我曾约定啊,说好相会在黄昏时分。半路上他却改了主意啊,转身而去有了别的想法。向我矜夸他的美好啊,对我展示他的才能。跟我说好的话不算数啊,为什么还对我怒气冲冲?我希望寻找机会表白自己啊,心里又惊惧不敢随意行动。悲伤犹豫盼望能进言啊,心中痛苦忧愁难安。

【原文】 兹历情以陈辞兮[①],荪详聋而不闻[②]。固切人之不媚兮[③],众果以我为患[④]。初吾所陈之耿著兮[⑤],岂至今其庸亡[⑥]?何毒药之謇謇兮[⑦],愿荪美之可完[⑧]。望三五以为像兮[⑨],指彭咸以为仪[⑩]。夫何极而不至兮,故远闻而难亏[⑪]。善不由外来兮,名不可以虚作。孰无施而有报兮,孰不实而有获?

【注释】 ①兹历:当作"历兹"。历,陈列,列举。兹,此。②详:通"佯",假装。③切:正直,恳切。媚:谄媚,讨好。④众:这里指跟屈原对立,专以谄媚君王为能事的谗佞小人。⑤耿著:光明,明白。⑥庸:乃。亡:忘。⑦何毒药之謇謇兮:当作"何独乐斯之謇謇兮"。謇謇,形容忠贞切直的样子。⑧完:当作"光",发扬光大。⑨三五:三指三王,即禹、汤、周文王;五指春秋五霸。一说指三皇五帝。像:法式,榜样。⑩彭咸:传说是殷商时的贤人。仪:法式。⑪闻:名声,声誉。亏:缺失,消歇。

【译文】 列数心事来陈辞啊,君王却假装耳聋听不见。本来正直的人就不会阿谀谄媚啊,一众小人果然把我当作祸患。当初我所陈说的话明明白白啊,难道如今竟全都忘

却？为什么总是这样忠贞耿直啊，是希望君王美德能发扬光大。仰慕三王五霸以他们为榜样啊，指着古贤彭成以他为楷模。假若如此，还有什么终极不能达到啊，从此声名远播将会永远流芳。善心不会自外产生啊，名声不会凭空出现。谁能不给予便有回报啊，谁能不播种就有收获？

【原文】 **少歌曰[①]：与美人抽怨兮[②]，并日夜而无正[③]。憍吾以其美好兮[④]，敖朕辞而不听[⑤]。**

【注释】 ①少歌：即《荀子·赋篇·佹诗》的“小歌”，是古代乐章结构的组成部分，对前一部分内容起小结、收束的作用。②怨：朱熹《楚辞集注》本作“思”。③并日夜：即夜以继日，日夜不分。并，合。无正：无从论证、评断是非。④憍：同“骄”，骄傲，骄矜。⑤敖：同“傲”。

【译文】 少歌说：跟君王剖白心迹啊，夜以继日却得不到评判。向我夸耀他的美好啊，傲慢地将我的言语抛在一边。

【原文】 **倡曰[①]：有鸟自南兮[②]，来集汉北[③]。好姱佳丽兮，牉独处此异域[④]。既茕独而不群兮[⑤]，又无良媒在其侧[⑥]。道卓远而日忘兮[⑦]，愿自申而不得。望北山而流涕兮[⑧]，临流水而太息。望孟夏之短夜兮[⑨]，何晦明之若岁[⑩]！惟郢路之辽远兮，魂一夕而九逝[⑪]。曾不知路之曲直兮，南指月与列星[⑫]。愿径逝而未得兮[⑬]，魂识路之营营[⑭]。何灵魂之信直兮，人之心不与吾心同！理弱而媒不通兮[⑮]，尚不知余之从容[⑯]。**

【注释】 ①倡：同“唱”，古代乐章的结构组织形式之一，作用是发端启唱。②鸟：屈原自喻为鸟。南：这里指郢都。③汉北：汉水以北的地方，屈原当时被迁于此。④牉：分离，离别。异域：他乡，这里指汉北迁所。⑤茕：孤独。⑥良媒：好的媒人，这里指能够为作者和怀王之间沟通关系的人。⑦卓：同“逴”，远。日忘：这里指被怀王一天天地淡忘。⑧北山：当是郢都附近的山，或谓即郢都纪南城北的纪山。⑨孟夏：阴历四月，初夏时节。⑩晦明之若岁：形容度日如年，难以入眠。晦明，由夜至曙。晦，昏暗，黑夜。明，白昼。⑪一夕而九逝：是说灵魂在一夜之内多次前往郢都，表达了对郢都的刻骨思念。夕，晚上。逝，去，往。⑫南指月与列星：这里是说在由汉北往南去往郢都的路上，靠着月亮与群星来辨认方向。⑬径逝：一直前往，返回郢都。⑭识：辨认。营营：形容来回走动的样子。⑮理：媒人，媒介。⑯从容：举动，行为。

【译文】 倡说：有只鸟儿从南边来啊，飞来栖息在汉北。容貌美好清丽动人啊，却独在异乡离群而居。既已孤身一个不能合群啊，又没好的媒人在旁扶持。道路遥远日渐被人遗忘啊，想要自己陈说却没有机会。望着北山落泪啊，对着流水叹息。初夏夜晚本来短暂啊，为何度日如年却难以入眠？想起回郢都的路途那么遥远啊，灵魂一夜之间多次前往。不知那道路是曲是直啊，只好靠着星月指认南去的方向。多想一直前往到达郢都却不被君王接纳啊，只有灵魂辨认那来往的路途。为何灵魂那么忠信正直啊，别人的心思和我却不一样！信使孱弱，没媒人通路子啊，还有谁知道我的言行思想。

【原文】 **乱曰：长濑湍流[①]，泝江潭兮[②]。狂顾南行[③]，聊以娱心兮。轸石崴嵬[④]，蹇吾愿兮[⑤]。超回志度[⑥]，行隐进兮[⑦]。低徊夷犹，宿北姑兮[⑧]。烦冤瞀容[⑨]，实沛徂兮[⑩]。愁**

叹苦神[11]，灵遥思兮。路远处幽，又无行媒兮。道思作颂[12]，聊以自救兮。忧心不遂，斯言谁告兮。

【注释】①濑：沙石滩上的水流。湍：急流。②泝：逆流而上。潭：水深的地方。③狂顾：心神迷乱而左右顾盼。南行：向着南方郢都的方向而行。④轸：通"畛"，田间道路。崴嵬：形容石头高低不平的样子。⑤蹇：通"謇"，使……艰难。⑥超回：徘徊。志度：通"踶踱"，意即踯躅，徘徊不前。⑦隐进：指一点点慢慢前进。⑧北姑：大约是汉北一带的地名。⑨烦冤：形容心中忧愁烦闷的样子。瞀容：当为"瞀俗"，心情烦乱不安。瞀，乱。容，通"俗"，不安。⑩沛徂：即颠沛困苦地行进。徂，去往。⑪苦神：伤神，损伤精神。⑫道：通"导"，表达，表述。颂：即指本文。

【译文】乱辞说：长长的沙石滩上流水湍急，沿着深潭逆流而上啊。心神迷乱顾盼南行，聊且抚慰我的心伤啊。路上石头高低不平，让我回家的路途艰难啊。徘徊踯躅，慢慢前行啊。迟疑犹豫，停歇在北姑啊。愁闷烦乱，走得实在艰辛啊。忧愁叹息，黯然神伤，灵魂仍在思念故乡啊。路途遥远，居处幽僻，又没人为我通报啊。表达忧思写下歌词，姑且自我解脱啊。忧郁心绪不得舒畅，这些话该向谁倾诉啊！

怀　　沙

【题解】

"怀沙"一名有两种说法：一是认为"沙"即"沙石"，"怀沙"意即怀抱沙石而自沉。东方朔《七谏·沉江》就有"怀沙砾以自沉兮，不忍见君之蔽壅。"此说在汉至宋间颇为流行。另种说法指"沙"为"长沙"，地名。"怀沙"即怀念长沙。明代汪瑗在《楚辞集解》中认为："世传屈原自投汨罗而死，汨罗在今长沙府。……怀者，感也。沙指长沙。题《怀沙》云者，犹《哀郢》之类也。"李陈玉《楚辞笺注》、钱澄之《庄屈合诂》、蒋骥《山带阁注楚辞》，以及今人游国恩、姜亮夫、马茂元等也同意"怀沙"为怀念长沙。因长沙是楚国始祖熊绎始封之地，是楚先王旧居，故此标题有"鸟飞反乡、狐死首丘"的含义，体现了屈原的宗国故土情结。

诗篇虽未必是屈原的绝命辞，但距其投水而死理应不远。本篇一方面重申自己虽然屡受打击挫折，却始终不改高洁的志节；另一方面将批判的矛头指向楚国昏乱颠倒的政治与社会，述说谗佞当道，国君昏愦，"人心不可谓"的深深绝望和将死前的愤激和悲哀。全诗言辞激切，情调哀惨。

【原文】**滔滔孟夏兮[1]，草木莽莽[2]。伤怀永哀兮，汩徂南土[3]。眴兮杳杳[4]，孔静幽默[5]。郁结纡轸兮[6]，离慜而长鞠[7]。抚情效志兮，冤屈而自抑。**

【注释】①滔滔：这里形容夏季暑热之气旺盛的样子。孟夏：阴历四月，初夏时节。②莽莽：这里形容草木茂盛的样子。③汩：快速地行走。徂：去，往。④眴：看。杳杳：昏暗，幽深。⑤孔：很，甚。幽：幽深，深沉。默：寂静无声。⑥郁结：形容心中忧郁的情思缠结积聚的样子。纡轸：形容内心情感扭曲而伤痛的样子。⑦慜：哀痛，悲哀。鞠：困苦。

【译文】暖洋洋的四月初夏啊，草木茂盛葱郁。心情伤感，哀思绵长啊，匆匆又往南

迁。眼前景象昏暗幽深啊，静谧幽深万籁悄然。愁绪纠结，内心痛苦啊，遭受悲哀，困苦无边。抚慰忧伤，考量心志啊，暗自压抑内心沉冤。

【原文】 **刓方以为圜兮[①]，常度未替。易初本迪兮[②]，君子所鄙。章画志墨兮[③]，前图未改。内厚质正兮，大人所盛[④]。**

【注释】 ①刓：削，剜刻。圜：同“圆”，圆形。②本迪：常道，本来的路径。③画：规划，计划。墨：即绳墨，木工画直线用的工具。④大人：有三种说法：一指君子。二指居高位之人。三指有圣德之人。

【译文】 把方的削成圆的啊，正常的法度不能废弃！改变本心更替常道啊，这向来为君子所鄙薄。彰显原则标举准绳啊，前人的法度不曾更改。内心敦厚品格方正啊，大人君子盛赞不已。

【原文】 **巧倕不斲兮[①]，孰察其拨正[②]。玄文处幽兮，矇瞍谓之不章[③]。离娄微睇兮[④]，瞽以为无明[⑤]。变白以为黑兮，倒上以为下。凤皇在笯兮[⑥]，鸡鹜翔舞[⑦]。同糅玉石兮[⑧]，一概而相量[⑨]。夫惟党人鄙固兮，羌不知余之所臧[⑩]。任重载盛兮，陷滞而不济。怀瑾握瑜兮[⑪]，穷不知所示。邑犬之群吠兮[⑫]，吠所怪也。非俊疑杰兮[⑬]，固庸态也。文质疏内兮[⑭]，众不知余之异采。材朴委积兮[⑮]，莫知余之所有。**

【注释】 ①倕：传说是虞舜时能工巧匠的名字。斲：砍，削。②察：知道，了解。拨：弯曲。③矇瞍：瞎子。④离娄：古代传说中视力超强的人。睇：眼睛微睁着看。⑤瞽：瞎子。⑥笯：笼子。⑦鹜：鸭。⑧糅：错杂，混杂。玉石：指君子和小人。玉，比喻德行端正的君子。石，比喻谗佞小人。⑨一概而相量：用一个度量衡标尺来衡量的意思，比喻善恶不分。概，古代称量米粟等时用来刮平斗斛的木板，这里引申为标准、尺度。量：衡量。⑩臧：指自己所具备的美好品质。⑪瑾：美玉。⑫邑：城镇，城市，人口聚居的地方。⑬非俊疑杰：非，毁谤，诋毁。俊、杰，都是指才能出众、智识过人的人。⑭文质：外在和本质。文指外表。质指本质。疏：疏阔，阔略，没有太多繁文缛节。内：木讷，不善言辞。⑮材朴：可以使用的木材、木料，这里比喻人的才干。委积：堆积。

【译文】 巧匠倕如果不砍不削啊，谁会知道是曲是直？黑色花纹隐在暗处啊，瞎子也说它不明显。离娄眯着眼睛看啊，盲人认为他没眼力。把白变成黑啊，把上下颠倒过来。凤凰被关进笼子啊，鸡鸭却肆意飞舞。美玉顽石掺杂在一起啊，用一个标尺衡量它们。结党营私之徒卑鄙顽固啊，不知我内蕴的美好。负担太重装载过多啊，陷没停滞难达目标。怀抱美玉，手握宝石啊，身处困境，不知向谁展示。城里的狗一起狂叫啊，对着它们眼中怪异的人事叫嚣。毁谤俊才，猜忌贤才啊，本来就是庸人的常貌。外表质朴秉性木讷啊，众人不知我出众的文采。栋梁之材堆积一旁啊，我的才能无人知晓。

【原文】 **重仁袭义兮[①]，谨厚以为丰。重华不可遌兮[②]，孰知余之从容[③]！古固有不并兮[④]，岂知其何故？汤禹久远兮，邈而不可慕[⑤]。**

【注释】

①重：积累，重叠。袭：重累，重叠。②遌：遇。③从容：行为，举动。④不并：指圣君与贤臣不生在一个时代。⑤邈：远。慕：仰慕，思念。

【译文】 积累宽仁培养忠义啊，谨慎敦厚充实自身。圣王重华不能与他相遇啊，有谁能了解我的言行举动？明君贤臣自古就不常生在一个时代啊，怎知其中的原因？汤禹距今如此久远啊，时代太早让人无从表达思慕之情。

【原文】 惩连改忿兮[①]，抑心而自强。离慜而不迁兮[②]，愿志之有像[③]。进路北次兮，日昧昧其将暮[④]。舒忧娱哀兮[⑤]，限之以大故[⑥]。

【注释】 ①惩：止住。连：当从《史记·屈原贾生列传》作“违”，恨的意思。②慜：同“愍”，祸难。③像：法则，榜样。④昧昧：形容昏暗的样子。⑤舒忧娱哀：舒散、发泄忧愁，使悲哀的情绪快乐起来。⑥限：限度，期限。大故：死亡。

【译文】 克制心中怨恨改掉自己的愤怒啊，平抑心情自我勉励。饱受哀愁却不变心啊，希望志节有所依归。向北进发暂且停歇啊，天色昏暗已到黄昏。舒散忧愁排遣悲哀啊，期限已到死亡将临。

【原文】 乱曰：浩浩沅湘，分流汩兮[①]。修路幽蔽，道远忽兮[②]。怀质抱情，独无匹兮。伯乐既没[③]，骥焉程兮[④]。万民之生，各有所错兮[⑤]。定心广志，余何畏惧兮？曾伤爰哀[⑥]，永叹喟兮[⑦]。世溷浊莫吾知，人心不可谓兮。知死不可让，愿勿爱兮。明告君子，吾将以为类兮[⑧]。

【注释】 ①汩：水流湍急的样子。②忽：荒忽，茫茫，辽远阔大的样子。③伯乐：古代传说中善于识别、挑选马匹的人。没：通“殁”，死亡。④骥：好马，良马。程：衡量，测量。⑤错：安置。⑥曾：重累。爰：哀伤不止。⑦喟：叹息。⑧类：法则，标准，榜样。

【译文】 乱辞说：沅湘之水阔大，湍急向前奔流啊。长路幽深昏暗，辽远苍茫无际啊。内心修美品格坚贞，无可匹敌啊。伯乐已死，好马又该怎样衡量啊。万民降生，各有自己的命运啊。安心骋志，我还有什么好畏惧啊。满腹哀伤无休无止，叹息长久不绝啊。世间混浊无人理解，我对人心已无话可说啊。知道死亡不可避免，宁愿不再爱惜自己啊。明白地告诉大人君子，我将以此作为法则啊。

思美人

【题解】

“思美人”由篇首语“思美人兮，擥涕而伫眙”而来，所谓“美人”，有“怀王”或“襄王”之说，后人多认同王逸《楚辞章句》的“怀王”说。“思美人”，如王逸所说“言己忧思。念怀王也”的意思。《思美人》抒发了思念君王，却得不到表白心志的机会、无法接受变节以从俗邀宠的郁怨，也坚定了始终执守高洁人格与美政理想、宁死不变节的信念。

本篇的创作时地，多沿袭王逸的流放江南时的说法。至清代林云铭《楚辞灯》则提出：“与江南之野所作无涉。”屈复《楚辞新集注》也指出：“此亦迁汉北时作也。”近代沈德鸿、姜亮夫、陈子展等人也认为此篇是屈原于怀王时作于汉北，兹从后说。

【原文】 思美人兮，擥涕而伫眙[①]。媒绝路阻兮[②]，言不可结而诒[③]。蹇蹇之烦冤兮[④]，陷滞而不发[⑤]。申旦以舒中情兮[⑥]，志沉菀而莫达[⑦]。愿寄言于浮云兮，遇丰隆而不将[⑧]。因归鸟而致辞兮，羌宿高而难当[⑨]。

【注释】 ①擥涕:擦干、收起眼泪。擥,同"揽"。伫眙:久久站立,注视前方。②媒绝:指自己孤单一人,无人为自己和君王沟通。绝,断绝。路阻:这里比喻自己和君王之间存在隔阂,无法互相了解、沟通。③诒:赠送。④蹇蹇:形容情绪滞塞、郁结而不通畅的样子。烦冤:形容心情烦乱而郁积不得发泄的样子。⑤陷滞而不发:指愁闷烦乱的情绪郁积于内,无法发泄舒散。⑥申旦:由夜至曙,通宵达旦。中情:屈原作品习语,即内心情感。⑦沉菀:形容心思郁积而不通的样子。⑧丰隆:古代神话传说中云神的名号。不将:不听从命令。⑨羌:楚地方言,句首发语词。宿:当作"迅",即速度快。当:遇到。

【译文】 思念我那美人啊,擦干眼泪久久伫立,望眼欲穿。媒人断绝了消息,路途多有险阻啊,有话对君王说却言不成句。烦闷愁苦郁积我胸中啊,陷滞停留却难以舒泄。由夜至曙我想要抒怀啊,心思缠结却又无法传达。愿把话儿托付给浮云啊,碰上云神不听我言。想靠归鸟为我传辞啊,它迅疾高飞,转瞬不见。

【原文】 **高辛之灵盛兮[1],遭玄鸟而致诒[2]。欲变节以从俗兮,愧易初而屈志。独历年而离愍兮[3],羌冯心犹未化[4]。宁隐闵而寿考兮[5],何变易之可为!知前辙之不遂兮[6],未改此度。车既覆而马颠兮,蹇独怀此异路[7]。勒骐骥而更驾兮[8],造父为我操之[9]。迁逡次而勿驱兮[10],聊假日以须时。指嶓冢之西隈兮[11],与纁黄以为期[12]。**

【注释】 ①高辛:五帝之一"帝喾"的名号。灵盛:神灵旺盛充沛。②玄鸟:燕。致诒:传送礼物。诒,礼物。③离愍:遭遇忧愁。④冯:愤怒,愤懑。⑤隐闵:隐忍,沉默不言。寿考:终身。⑥前辙:前面、未来的道路。遂:通达,顺利。⑦蹇:通"謇",句首发语词。异路:与世俗之人不同的道路。⑧勒:本义是套在马首上的笼头,这里释为驾驭、控御。骐骥:一种骏马的名称。⑨造父:周穆王时人,以善于驾车著称。操:执辔驾车。⑩迁:迁延不进的样子。逡次:徘徊不前的样子。⑪嶓冢:山名。大约是蜿蜒于陕甘交界处的山脉名称,汉水的发源处。隈:山崖。⑫纁黄:日落、黄昏的时候。

【译文】 古帝高辛神灵多么荣盛啊,遇上玄鸟为他传送礼物。想要改变志节追随流俗啊,我又以改变节操委屈心志为愧。常年独自经受忧痛熬煎啊,一腔怨懑依旧不能化解。宁愿隐忍不言了此穷苦一生啊,又怎能改辙变节呢?明知前方道路艰难不通啊,却不更改这种处世原则。车已颠覆,马已颓倒啊,这路与众不同却仍是我的选择。勒住骏马,重套车驾啊,造父为我执辔驾驭。要他慢慢前行且莫纵马疾驰啊,姑且偷闲一番等待时机。指着嶓冢山的西面山崖啊,约好黄昏时分在那里相见。

【原文】 **开春发岁兮,白日出之悠悠。吾将荡志而愉乐兮[1],遵江夏以娱忧[2]。擥大薄之芳茝兮[3],搴长洲之宿莽[4]。惜吾不及古人兮[5],吾谁与玩此芳草?解萹薄与杂菜兮[6],备以为交佩[7]。佩缤纷以缭转兮,遂萎绝而离异。吾且儃佪以娱忧兮[8],观南人之变态[9]。窃快在中心兮,扬厥凭而不竢[10]。芳与臭其杂糅兮,羌芳华自中出[11]。纷郁郁其远承兮[12],满内而外扬。情与质信可保兮[13],羌居蔽而闻章。**

【注释】 ①荡志:放纵情思,开怀。荡,放荡,放纵。②娱忧:排解忧愁。③擥:持取,摘取。薄:草木丛生的地方。茝:香草名,或即白芷。④搴:拔取。长洲:即形状长而大的沙洲。洲,沙洲,岛屿。宿莽:一种越冬生长的草本植物,或即卷葹草。⑤不及古人:未能

和古代的圣贤君子同处一个时代。⑥萹薄：丛生的萹蓄。篇，萹蓄，一名篇竹。蓼科，一年生平卧草本植物。薄，丛生的杂草。⑦交佩：两两相交的佩饰物。⑧儃佪：徘徊不前的样子。⑨南人：郢都以南之人。变态：不正常的情态。⑩凭：愤懑，愤怒。竢：等待。⑪羌：句首发语词，楚地方言。芳华：即芬芳的花朵。华，同"花"。自中出：从里面凸显出来。⑫纷：疑当作"芬"，芳香之气。郁郁：这里形容香气浓郁的样子。远承：指香气向远处飘散。"承"即"烝"，气味向外飘扬发散。⑬情：指人的外在感情。质：指人的内在本体的特质、特征，即本质。

【译文】 春天到来新年开始啊，白天的时间越来越长。我将敞开心扉寻找快乐啊，沿着江水、夏水消解忧愁。摘下丛林里芬芳的茝草啊，拔取大沙洲上生长的宿莽。可惜我没能生在古代先贤的时代啊，如今与谁一起玩赏这些芳香的花草？采折丛生的萹蓄杂菜啊，备作左右相交的佩饰。它们缤纷繁盛缭绕周身啊，最终却枯萎凋落，被扔在一旁。我且徘徊闲行消愁解闷啊，瞧瞧这些南人不正常的情态。一丝快意暗自浮上心头啊，舒散愤懑不必再有所期待。虽然芳香、浊臭混杂在一处啊，花朵的芬芳依旧难以掩盖。浓郁香气远远飘散啊，充盈于内自然会发散于外。我的心志若能真的保持啊，居处虽然蔽塞，也能名声显扬。

【原文】 令薜荔以为理兮[①]，惮举趾而缘木。因芙蓉而为媒兮，惮褰裳而濡足[②]。登高吾不说兮[③]，入下吾不能。固朕形之不服兮，然容与而狐疑。广遂前画兮[④]，未改此度也。命则处幽[⑤]，吾将罷兮[⑥]，愿及白日之未暮[⑦]。独茕茕而南行兮[⑧]，思彭咸之故也。

【注释】 ①薜荔：香草名，一种缠绕着树木生长的藤本植物。理：媒人，媒介。②蹇：通"褰"，提起。濡：沾湿，浸湿。③说：通"悦"，喜爱，喜欢。④遂：道路。画：分布。⑤处幽：居处于幽暗僻远的地方，这里指被疏遭逐而出居汉北荒凉之地。⑥罷：同"罢"，即休止，作罢。一通"疲"，指疲乏，疲劳。⑦白日之未暮：比喻尚有时日，要抓紧时间，及时有所作为。⑧茕茕：形容孤独的样子。

【译文】 命令薜荔去做信使啊，却恐怕如同抬脚攀援树木。依靠芙蓉去做媒人啊，却担心提起裤子将双脚弄湿。向高处攀爬我不喜欢啊，往低处行走我也不愿。本来是我的形貌不适应当世啊，我却仍然犹豫不决徘徊踟蹰。广阔道路向前方延伸啊，我却仍然不改一贯法度。命中注定居于幽僻之地，我将就此停止下来啊，但仍愿趁年轻有所作为。独自一人往南行走啊，这是思念彭咸的缘故。

惜往日

【题解】

《惜往日》记载了屈原的一些生平史实，是屈原临终前不久的作品，这一点学界大都认可，但是否为屈原的绝笔，尚有争议。蒋骥《山带阁注楚辞》、夏大霖《屈骚心印》、陆侃如《屈原评传》、郭沫若《屈原研究》、游国恩《楚辞论文集》、姜亮夫《楚辞今绎讲录》等，均持肯定态度。从文中"宁溘死而流亡兮，恐祸殃之有再。不毕辞而赴渊兮，惜壅君之不识"语气看，此篇应是绝命词。

关于本篇内容，姜亮夫《屈原赋校注》说："言己初见信任，楚几于治。而怀王不知君子小人之情，以忠为邪，以谮为信，贞臣无辜，遂以见逐。然楚君昏暗，任私无法，而秦方朝夕以谋东略，则国亡无日，义恐再辱，遂欲赴渊，又惧无益君国，徒死无用，遂剀切以陈，思以牖启昏暗；然法度已隳，罔可救药，故毕辞赴渊以成其忠爱之忱矣！"其说颇为允当。而钱澄之在《庄屈合诂》中进一步引申说"《惜往日》者，思往日之王之见任而使造为宪令也。始曰'明法度之嫌疑'，终曰'背法度而心治'，原一生学术在此矣。楚能卒用之，必且大治；而为上官所谗，中废其事，为可惜也。原之惜，非惜己身不见用，惜己功之不成也。"此见解甚为精辟。

【原文】　惜往日之曾信兮[1]，受命诏以昭诗[2]。奉先功以照下兮[3]，明法度之嫌疑[4]。国富强而法立兮，属贞臣而日娭[5]。秘密事之载心兮[6]，虽过失犹弗治。心纯庬而不泄兮[7]，遭谗人而嫉之。君含怒而待臣兮[8]，不清澈其然否。蔽晦君之聪明兮[9]，虚惑误又以欺[10]。弗参验以考实兮[11]，远迁臣而弗思。信谗谀之溷浊兮，盛气志而过之。何贞臣之无罪兮，被离谤而见尤[12]。惭光景之诚信兮[13]，身幽隐而备之[14]。

【注释】　①往日：这里指屈原青壮年对被怀王信任并重用的那一段时期。②命诏：君王发布的命令或文告。昭：明。诗：当从朱熹本作"时"，时世。③先功：指楚国前代君王的功业、业绩。功，指对国而言的事功、功绩。照下：昭示下民。④法度：指国家的章程、法令、制度。嫌疑：指法度中不明确或有疑难的地方。⑤属：托付。娭：游乐，嬉戏。⑥秘密：即"黾勉"，勤勉，勤恳。⑦庬：敦厚，厚道。不泄：出言谨慎，不随便乱说话。泄，泄漏。⑧君含怒而待臣：《史记·屈原贾生列传》："怀王使屈原造为宪令，屈平属草稿未定。上官大夫见而欲夺之，屈平不与。因谗之曰：'王使屈平为令，众莫不知，每一令出，平伐其功，曰以为非我莫能为也。'王怒而疏屈平。"大约即指此事。⑨蔽晦：遮蔽、蒙蔽从而使之昏暗不明。聪明：聪就听觉而言，明就视觉而言，所谓"耳聪目明"，即视听感官敏锐的意思。引申则指判断、辨别是非善恶的能力。⑩虚：空虚不实，假而伪。惑：使……疑惑。误：使……行为举动颠倒错讹。⑪参：参互比较。考实：考察、考核事实真相。⑫被：蒙受。离：当从洪兴祖及朱熹本作"谯"，诽谤。尤：罪过，罪责。⑬景：同"影"。⑭幽隐：这里形容其居所的偏僻荒凉。备：具备。

【译文】　痛惜年轻时曾受信任啊，传达君王的诏令昭明时世。承袭先王的功业昭示下民啊，辨明法度决断疑难。国家富强法度建立啊，国政托付忠臣而君王轻松游乐。勤于国事时刻在心啊，即使有过失也没有治罪。心性敦厚而不随便说话啊，竟遭谗佞小人妒忌。君王满含怒火对待臣下啊，不去澄清其中对错是非。小人蒙蔽了君王耳目啊，用假话误导君王又欺骗了他。君王不去比较核查事情的真相啊，远远把我放逐不加考虑。君王听信谗言奉承的话啊，对我怒气冲冲大加责备。为何忠臣本无罪过啊，却遭到诽谤承受罪过？惭愧的是日月光影真实无伪啊，身处僻远之地也得蒙其光辉。

【原文】　临沅湘之玄渊兮[1]，遂自忍而沉流？卒没身而绝名兮，惜壅君之不昭[2]。君无度而弗察兮[3]，使芳草为薮幽[4]。焉舒情而抽信兮，恬死亡而不聊[5]。独鄣壅而蔽隐兮[6]，使贞臣为无由。

【注释】 ①玄渊：水呈黑色的深渊。②壅君：被壅蔽、蒙蔽的君王。③度：法度，客观的衡量标准。④薮幽：水泽幽暗的地方。⑤恬：安适，安静。聊：苟且偷生。⑥鄣壅：阻塞，阻隔。鄣，同“障”。壅，义近“障”，又写作“雍”。

【译文】 走近沅湘这深渊啊，就此忍心自沉江流？最终身死名声磨灭啊，痛惜君王被蒙蔽而不觉悟。君王没有原则不能明察啊，把香草丢弃在深暗水沼。该如何打开心扉、展示诚信啊，安静的死亡，我决不苟且偷生。只因有着重重阻碍啊，令忠贞的臣子无从接近君王。

【原文】 闻百里之为虏兮[①]，伊尹烹于庖厨[②]。吕望屠于朝歌兮[③]，宁戚歌而饭牛[④]。不逢汤武与桓缪兮，世孰云而知之？吴信谗而弗味兮[⑤]，子胥死而后忧[⑥]。介子忠而立枯兮[⑦]，文君寤而追求[⑧]。封介山而为之禁兮[⑨]，报大德之优游[⑩]。思久故之亲身兮，因缟素而哭之[⑪]。

【注释】 ①百里：即百里奚，春秋时人。初为虞国大夫，晋献公灭虞时被俘，后作为陪嫁媵臣入秦国。后又亡秦入楚，为楚人所执。时秦穆公闻其贤能，遣人至楚，以五张羊皮赎得其身，用为大夫，故又称之为“五羖大夫。”②伊尹：商初成汤的大臣，名挚，尹是官名，因其母居伊水，故称伊尹。庖厨：厨房。庖厨烹饪之事古代视为下贱者所为。③吕望：即俗称所谓姜太公、姜子牙。其佐周文、武王，乃灭商功臣，后封于齐，为齐国始祖，其族世代为姬周姻亲。朝歌：古地名，殷纣时国都，在今河南淇县。④宁戚：春秋时卫人，曾至齐国国都经商，喂牛而歌，为齐桓公所闻，桓公认为他是贤人，遂任用其为大夫。⑤吴：这里指吴王夫差。⑥子胥：即伍子胥。后忧：指日后的亡国之忧。⑦介子：介子推。春秋时晋国人，曾跟随晋文公重耳在外流亡十九年，文公归国继位后，介子推携母隐于绵上山中。立枯：抱着树而被烧死。⑧文君：晋文公，晋献公子，大戎女所生，姬姓，名重耳，“春秋五霸”之一。寤：觉醒，醒悟。⑨介山：古代山名。因介子推而得名，在今山西介休。禁：禁止民众上介山砍柴打猎，因为晋文公将介山作为介子推的封地。⑩优游：形容德行至高至大。⑪缟素：本义是白色的织物，这里指白色的丧服。

【译文】 听说百里奚做过俘虏啊，伊尹在厨房里烹制过食物。吕望在朝歌做过屠夫啊，宁戚边唱歌边喂过牛。若非遇到商汤、周武王、齐桓公、秦穆公啊，世上谁会说知道他们的好处？夫差听信谗言不加思量啊，伍子胥死后国家败亡。介子推忠于晋文公却被烧死啊，晋文公醒悟后立刻去访求。将介山作为他的封地禁止樵猎啊，来报答他的仁厚大德。怀念他是多年亲密的故人啊，穿上白色丧服痛哭泪流。

【原文】 或忠信而死节兮，或訑谩而不疑[①]。弗省察而按实兮[②]，听谗人之虚词。芳与泽其杂糅兮[③]，孰申旦而别之[④]？何芳草之早殀兮[⑤]，微霜降而下戒。谅聪不明而蔽壅兮[⑥]，使谗谀而日得。

【注释】 ①訑谩：欺骗，诈伪。②省：检察，审察。按：考察。③泽：当为“臭”字之误。④申旦：意即日复一日。申，重复。旦，天亮。⑤殀：夭折，死亡。⑥谅：确实，的确。聪不明：即听觉不敏锐，引申就是偏听偏信，不辨是非忠奸。

【译文】 有人忠贞诚信却为节操而死啊，有人欺诈虚伪却没有人怀疑。不审察验证

核对事实啊，却听信小人的不实之言。芳香腐臭混杂一处啊，谁能日复一日来加以辨析？为什么芳草过早夭亡啊，寒霜从天而降，给以警示。实在是君王偏听偏信受到蒙蔽啊，才使谗谀之徒日益得势。

【原文】 **自前世之嫉贤兮，谓蕙若其不可佩①。妒佳冶之芬芳兮，嫫母姣而自好②。虽有西施之美容兮③，谗妒入以自代。愿陈情以白行兮④，得罪过之不意。情冤见之日明兮⑤，如列宿之错置⑥。**

【注释】 ①蕙若：两种香草的名称。②嫫母：传说是黄帝的妃子，貌丑。后世作为丑女的代名词。这里比喻奸邪小人。姣：容貌美丽。③西施：春秋时越国人，以貌美著称，越人将其献于吴王夫差，令夫差荒淫不理政事，后卒亡吴国。④白行：表白、说明自己的所作所为。⑤情冤：指是非曲直。情，真情，真实。冤，冤枉，委屈。见：同“现”，表现，显现。日明：一天天地变得明白起来。⑥列宿：排列在天幕上的众多星宿。错：通“措”，放置，安放。

【译文】 自古以来小人嫉贤妒能啊，都说芬芳的蕙草、杜若不可佩带。妒忌佳人芳美袭人啊，丑妇嫫母却自认为美丽而装出媚态。即使有西施那样的美艳容貌啊，谗妒小人也要钻进来取代。希望陈述衷情，表白所为啊，却无意之间招致罪过。事实与冤屈终究会得到澄清啊，就像天上星宿般排列有序。

【原文】 **乘骐骥而驰骋兮，无辔衔而自载①；乘氾泭以下流兮②，无舟楫而自备。背法度而心治兮③，辟与此其无异④。宁溘死而流亡兮⑤，恐祸殃之有再。不毕辞而赴渊兮，惜壅君之不识。**

【注释】 ①辔：马缰绳。衔：马嚼子。②氾泭：筏子。③心治：依着一己的私心去治理。④辟：通“譬”。譬如，好像。⑤溘：忽然，快速。流亡：随流水而去。

【译文】 骑上骏马我自由驰骋啊，没有缰绳和衔铁自行驾驭。乘着筏子顺流而下啊，却无船桨而要自己准备。背离法度自行治理啊，这跟以上情形没有两样。宁愿突然死去随流水飘逝啊，只怕再一次遭受祸殃。不把话说完便投赴深渊啊，痛惜君王被蒙蔽却一无所知。

橘　颂

【题解】

洪兴祖《楚辞补注》曰：“美橘有是德，故曰颂”。《橘颂》即对橘树的颂歌，是屈原自比志节如橘，不可移徙。关于《橘颂》的创作时间，王逸以来的注家均认为是顷襄时，如林云铭《楚辞灯》认为是在流放地“触目所见，借以自写”等。至明代汪瑗提出质疑，清之学者姚鼐更确切地说“疑此篇尚在怀王朝初被谗时所作，故首言‘后皇’，末言‘年岁虽少’，与《涉江》‘年既老’之时异矣。”今人多认同为屈原青年时代担任三闾大夫一职时的作品。

《橘颂》是我国文学史上第一首文人咏物诗，开后世咏物诗的先河。本篇以细腻生动的笔触从橘树外形开始描绘，全景观照、细节刻画、内外结合、总分交汇，在有限的篇幅内

腾挪变化，成功地塑造了橘树的美丽外表。随后由外转向里，将橘树绰约风姿比拟为坚守操守、保持公正无私品格的君子，挖掘其超乎寻常的品性：独立不迁、深固难移、遗世独立、闭心自慎、柔德无私。创设出咏橘述志，描物喻人的圆融诗境。

【原文】 后皇嘉树[1]，橘徕服兮[2]。受命不迁[3]，生南国兮[4]。深固难徙，更壹志兮。绿叶素荣[5]，纷其可喜兮[6]。曾枝剡棘[7]，圆果抟兮[8]。青黄杂糅[9]，文章烂兮[10]。精色内白[11]，类可任兮[12]。纷缊宜修[13]，姱而不丑兮[14]。

【注释】 ①后：后土。后土是古人对土地的尊称，大地在古人心目中地位极为崇高，是具有神性、神格的事物。②徕：来。服：习惯，适应。③迁：迁移，迁徙。橘是南方特有的植物，所以说“不迁”。④南国：泛释之为南方之义。在屈原的时代南方即楚国之地。⑤素：白。荣：花。⑥纷：这里形容橘树花叶茂盛的样子。⑦曾：层层叠叠。剡：尖，锐利。棘：刺。⑧抟：圆。⑨青黄：橘的果实未成熟时外皮呈青色，成熟时则呈黄色。杂糅：各种不同的东西混杂在一起，这里指青、黄两色交织、混杂。⑩文章：文采，错综华美的色彩或花纹。文，同“纹”。章，文采。烂：色彩鲜明灿烂。⑪精色：指橘实外表皮色明亮。内白：指橘实内部瓤肉色泽洁白。⑫类可任兮：如同肩负重任的君子。当依洪兴祖、朱熹等校语作“类任道兮”。类，似、好像。任，承担，担任，肩负。⑬纷缊：纷繁茂盛，是针对橘树枝、叶、花、果各个方面而言的。宜修：修饰得宜，恰到好处。⑭姱：美好。

【译文】 后土皇天的美好橘树，它生来适应这片土地啊。禀承天地之命决不外迁，扎根生长在南方大地啊。根深牢固难以迁移，更加具有专一的心志啊。绿色的叶子白色的花朵，缤纷茂盛惹人喜爱啊。层叠的树枝尖锐的利刺，圆圆的果实簇聚成团啊。青黄两色混杂在一起，色泽文采多么美丽啊。外表鲜丽，内在纯洁，如同肩负重任的君子啊。风姿美盛，修饰得宜，美丽没有一点瑕疵啊。

【原文】 嗟尔幼志[1]，有以异兮。独立不迁，岂不可喜兮？深固难徙，廓其无求兮[2]。苏世独立，横而不流兮[3]。闭心自慎[4]，不终失过兮[5]。秉德无私，参天地兮[6]。愿岁并谢[7]，与长友兮。淑离不淫[8]，梗其有理兮。年岁虽少，可师长兮。行比伯夷[9]，置以为像兮[10]。

【注释】 ①嗟：表示感叹语气的虚词。②廓：广大，空阔。这里指橘树的心境、品格的阔大，申言之即超脱旷达的意思。③横：充满。不流：不随波逐流、媚俗从众、与世沉浮。④闭心：将心灵关闭，如此则能排除外界的诱惑与干扰，保持自身内心世界的纯净。⑤不终失过：当作“终不失过”，即始终不犯错误。⑥参：三。这里指与天地相配，合而成三。⑦谢：离去，这里指岁月流逝。⑧淑离：鲜明美好的样子。⑨伯夷：商代末年孤竹国国君的长子，因与弟叔齐互相谦让王位而双双去国弃位，来到周国。后谏阻周武王伐纣，武王不纳其言，遂双双逃隐于首阳山，耻食周粟而饿死在山里。⑩置：建立，树立。像：法式，榜样。

【译文】 惊叹你从小志向便与众不同啊。巍然独立而不变更，怎能不令人欢喜啊。根深蒂固难以移动，胸襟开阔无所欲求啊。清醒卓立在人间浊世，志节充盈，决不随波逐流啊。闭敛心扉，摒除物扰，保持审慎，始终不犯过错啊。秉持道德，公正无私，和天地同

在啊。愿与岁月一起流逝，和你长久相伴永远为友啊。心灵美好而不淫乱，坚强正直而有条理啊。年纪虽小，可为人师啊。高洁德行与伯夷比肩，把你作为榜样来学习啊。

悲回风

【题解】

“悲回风”一名取自篇首句“悲回风之摇蕙兮”，其写作时间历来学界多有歧义，如陆侃如等怀王十六年放逐汉北时说；林云铭等襄王六、七年间说；蒋骥等自沉汨罗前一年秋天说；王夫之等自沉之时所作等四种意见。从篇中所流露的感情来看，当是屈原自沉前不久，因秋夜愁苦不堪，难以入睡，感回风吹起，凋伤万物，抒发兰草独芳，君子遭乱而不变其志的内心愤懑之情。

《悲回风》没有叙事成分，全篇为诗人内心的独白。由诗人见“回风之摇蕙”的观物之感，联想到美好事物因遭受暴力摧残而毁灭，内心感情沉郁，意境迷离，充满了悲伤的气氛和绝望的情绪。

【原文】 **悲回风之摇蕙兮[①]，心冤结而内伤[②]。物有微而陨性兮[③]，声有隐而先倡[④]。夫何彭咸之造思兮[⑤]，暨志介而不忘[⑥]！万变其情岂可盖兮，孰虚伪之可长！鸟兽鸣以号群兮，草苴比而不芳[⑦]。鱼葺鳞以自别兮[⑧]，蛟龙隐其文章。故荼荠不同亩兮[⑨]，兰茝幽而独芳。惟佳人之永都兮[⑩]，更统世而自贶[⑪]。眇远志之所及兮[⑫]，怜浮云之相羊[⑬]。介眇志之所惑兮，窃赋诗之所明。**

【注释】 ①回风：疾风，旋风。蕙：一种香草。②冤结：形容心情忧伤、愁闷的样子。伤：悲伤，哀痛。③物：这里指蕙而言。陨：陨落，凋丧。性：生命，性命。④声：这里指风声。隐：这里指风声藏匿无形。倡：起始，先导。⑤造思：树立的思想。造，制造，造就。⑥暨：与，和。介：坚固，坚定，坚贞。⑦苴：枯草。比：合在一起。⑧葺：整理，修饰。⑨荼：苦菜。荠：一种味甘的野菜。⑩惟：思念。佳人：这里或是屈原自谓。佳，美好。都：美好。⑪更：经历，经过。统世：经过几世几代，历时久远。贶：给予，赐予。⑫眇：远。及：至，到达。⑬相羊：形容飘浮、游荡、没有凭依的样子。

【译文】 悲悯疾风摇落蕙草啊，内心忧伤愁思郁结。蕙草微小而丧失了性命啊，风声隐匿无形却能发出声响。为什么彭咸树立的思想啊，和他那坚定志节让我无法忘怀？情态万变，怎能掩盖内心的真实啊，虚伪的事物哪会绵延久长？鸟兽鸣叫招呼同类啊，荣草、枯草不能一起散发芳香。鱼儿修饰鳞片显示其与众不同啊，蛟龙则将身上文采隐藏。所以苦菜和甘荠不能在同一块田里生长啊，兰花芷草在幽僻之地独自散发芬芳。想起君子永远那么美好啊，经历几世几代却自求多福。志向远大与天比高啊，怜惜浮云游荡无依。我志向远大坚定让世人迷惑啊，暗自写作诗篇表明心志。

【原文】 **惟佳人之独怀兮[①]，折若椒以自处[②]。曾歔欷之嗟嗟兮[③]，独隐伏而思虑。涕泣交而凄凄兮[④]，思不眠以至曙。终长夜之曼曼兮，掩此哀而不去。寤从容以周流兮，聊逍遥以自恃[⑤]。伤太息之愍怜兮[⑥]，气於邑而不可止[⑦]。糺思心以为纕兮[⑧]，编愁苦以为膺[⑨]。折若木以蔽光兮[⑩]，随飘风之所仍[⑪]。存髣髴而不见兮[⑫]，心踊跃其若汤[⑬]。抚珮衽**

以案志兮[14]，超惘惘而遂行[15]。岁曶曶其若颓兮[16]，时亦冉冉而将至[17]。薠蘅槁而节离兮[18]，芳以歇而不比[19]。怜思心之不可惩兮，证此言之不可聊。宁逝死而流亡兮[20]，不忍为此之常愁。孤子吟而抆泪兮[21]，放子出而不还。孰能思而不隐兮，照彭咸之所闻。

【注释】 ①惟：思念，想念。独怀：独特的胸襟、怀抱。怀，胸怀，襟怀。②若：杜若，一种香草的名称。椒：一种芳香的植物，或即花椒。③曾：重累。歔欷：哭泣，哽咽。嗟嗟：不断叹息。④凄凄：形容悲伤的样子。⑤逍遥：遨游嬉戏以自适其心怀。恃：怙恃，依赖，依靠。⑥憨怜：怜悯。⑦於邑：呜咽，哽咽。⑧纠：编结，缠扎。纕：佩带。⑨膺：大约是紧贴前胸的衣物。⑩若木：古代神话传说中的神木。⑪飘风：疾风，旋风。仍：跟从，跟随。⑫髣髴：仿佛，好像。⑬踊跃：跳动，跳跃。汤：热水。⑭珮：玉佩，一种玉制的装饰品。衽：衣襟。案：抑制。⑮超惘惘：惆怅，怅惘。⑯曶曶：即"忽忽"，这里形容时间流逝的样子，有迫促、迅疾的含义。颓：下坠，流逝，过去。⑰时：这里指老年，老境。冉冉：形容渐渐前进的样子。⑱薠：一种水草的名称。蘅：一种香草的名称，即杜蘅。槁：枯。节离：枝节脱落、断开。⑲不比：即不再茂盛，不再显得生机勃勃。比，茂盛。⑳宁逝死而流亡兮：当作"宁溘死而流亡兮"。这是屈赋成句，又见于《离骚》《惜往日》等。㉑吟：叹息。抆：擦拭。

【译文】 想那美人有独特的胸襟啊，采折杜若芸椒独自居住。哭泣不止，频频叹息啊，独自隐居，思索考虑。涕泪交流如此悲伤啊，沉思无眠直到天亮。熬过这漫漫长夜啊，压抑心头哀愁却萦绕不去。醒来后优游四处观览啊，姑且畅怀自我娱乐。伤感长叹实在可怜啊，气息哽咽无法抑止。缠扎忧心作为佩带啊，编结愁苦作为心衣。折下若木遮蔽阳光啊，随着疾风任意飘摇。仿佛存在的一切已经模糊不见啊，心如沸水猛烈悸动。抚摸玉佩、衣襟来抑制情绪啊，在惆怅迷惘中起身前行。岁月流逝匆匆过去啊，时光冉冉人生也将渐入老境。白薠、杜蘅已然枯落啊，芳香消散生机全无。可怜思念君国的心绪无法悔改啊，证明克制忧愁的话靠不住。宁愿快点死去而随流水飘逝啊，不能忍受这没完没了的愁苦。独自叹息，擦拭泪水啊，被放逐的人一去不返。谁能想到这些不忧伤啊，我明白了彭咸的传说的真假。

【原文】 **登石峦以远望兮[1]，路眇眇之默默[2]。入景响之无应兮[3]，闻省想而不可得[4]。愁郁郁之无快兮，居戚戚而不可解[5]。心鞿羁而不形兮[6]，气缭转而自缔[7]。穆眇眇之无垠兮[8]，莽芒芒之无仪[9]。声有隐而相感兮，物有纯而不可为[10]。藐蔓蔓之不可量兮[11]，缥绵绵之不可纡[12]。愁悄悄之常悲兮[13]，翩冥冥之不可娱[14]。淩大波而流风兮[15]，托彭咸之所居。**

【注释】 ①峦：小而锐峭的山。一说指形状狭长的山。②眇眇：遥远的样子。默默：寂静的样子。③景：同"影"，阴影。④闻省想：耳听目视心想。闻，听。省，看，审视。想，心想，思考。⑤居：疑为"思"之误。戚戚：忧愁、愁苦的样子。⑥鞿羁：鞿，马嚼子，马韁绳。羁，马络头，马笼头。凯和羁都是控御马匹的用具，这里引申作束缚解。形：当作"开"，排解，开释。⑦缭转：纠缠、缠绕，无法排解的样子。缔：缠结在一起而无法解开。⑧穆：深远，幽微。垠：边际，涯岸。⑨莽：苍莽，广大。芒芒：空间广阔的样子。仪：景象，

容仪，仪貌。⑩纯：精纯，粹美。不可为：有无能为力，无可奈何的含义。⑪藐：通“邈”，远。蔓蔓：与“漫漫”声义相同，漫长、久远的样子。量：计算，度量。⑫缥绵绵：细微绵长的样子。纡：弯曲，萦绕。⑬悄悄：忧愁的样子。⑭翩：快速地飞。冥冥：形容飞得又高又远的样子。⑮淩：乘。流：跟随，跟从。

【译文】 登上小山眺望远方啊，路途遥远寂静无声。进入空旷阴影万籁俱静啊，耳听目视心想都已徒然。忧愁苦闷心不快乐啊，思绪忧苦愁郁不解。内心纠缠不得排解啊，气息郁结不能发散。四周幽远无垠无际啊，莽莽苍苍茫茫无边。仿佛有幽微的声音在相互感应啊，纯洁美好的事物却无奈殒殁。思绪悠远不能测量啊，细微绵长而无法绕回。忧愁满怀常自悲苦啊，远走高飞也无欢娱。乘着滚滚波浪随风飘逝啊，投身于彭咸所在的深渊。

【原文】 上高岩之峭岸兮[①]，处雌蜺之标颠[②]。据青冥而摅虹兮[③]，遂儵忽而扪天[④]。吸湛露之浮源兮[⑤]，漱凝霜之雰雰[⑥]。依风穴以自息兮[⑦]，忽倾寤以婵媛[⑧]。冯昆仑以瞰雾兮[⑨]，隐岷山以清江[⑩]。惮涌湍之磕磕兮[⑪]，听波声之汹汹[⑫]。纷容容之无经兮[⑬]，罔芒芒之无纪[⑭]。轧洋洋之无从兮[⑮]，驰委移之焉止[⑯]。漂翻翻其上下兮[⑰]，翼遥遥其左右[⑱]。泛滥潏潏其前后兮[⑲]，伴张弛之信期[⑳]。观炎气之相仍兮[㉑]，窥烟液之所积[㉒]。悲霜雪之俱下兮，听潮水之相击。借光景以往来兮[㉓]，施黄棘之枉策[㉔]。求介子之所存兮[㉕]，见伯夷之放迹[㉖]。心调度而弗去兮，刻著志之无适[㉗]。

【注释】 ①岸：这里指山崖的侧畔，即崖壁。②雌蜺：古人称彩虹色彩较暗淡的外环部分为蜺，因其暗淡，则属阴、属雌，所以叫作雌蜺。与之相对，彩虹色彩较明亮的内环部分则叫作虹，其属阳、属雄，所以又叫雄虹。标颠：顶端，最高处。③青冥：青天，天空。摅：舒展。④儵忽：迅疾，快速。扪：抚摸。⑤湛：浓重，浓厚。浮源：疑本作“浮浮”，形容露水浓重的样子。⑥雰雰：形容霜雪缤纷的样子。这里当是就霜而言。⑦风穴：古代神话传说中的一个洞穴，是产生风的地方。⑧倾寤：全都明白了。倾，全，都。寤，领悟，明白。婵媛：伤感，悲伤。⑨冯：凭依，依靠。瞰：俯视。⑩隐：凭依，依靠。岷山：即岷山。清江：看清江流的面貌。一说作“清澈的江水”解。⑪磕磕：本指石头发出的声音。这里当指水石相激而发出的声音。⑫汹汹：波浪澎湃相击发出的声音。⑬容容：形容变动不居、纷乱的样子。无经：没有法度，缺乏条理。⑭罔：怅惘，惆怅。芒芒：这里形容迷乱的样子。纪：头绪。⑮洋洋：彷徨而不知何去何从的样子。⑯委移：同“逶迤”，曲折前行的样子。⑰漂：漂浮，飞动。翻翻：形容上下翻飞、不安定的样子。⑱翼：飞动。遥遥：摇摆。⑲氾：氾滥。潏潏：形容水流奔涌而出的样子。⑳张弛：这里指潮水的涨落。弛，同“弛”。信期：潮水涨落是有一定的时间、期限的，仿佛信守约定一般，所以叫作“信期”。㉑炎：通“焰”，火焰。仍：跟从，跟随。㉒烟：指云。液：指雨。㉓光景：这里是时日、岁月的意思。景，同“影”。㉔黄棘：是一种带刺植物的名称。枉：弯曲。策：鞭子，马鞭。㉕介子：即介子推。所存：即所在，指介子推生前居住过的地方。㉖放：为放逐。一说作远、故旧解。㉗刻著志：下定决心，打定主意。刻，刻镂，铭刻。著，附着而不分离。

【译文】 登上高高山岩陡峭崖壁啊，处在彩虹的最高点。倚靠苍穹，舒展一道虹彩啊，于是刹那间抚摸到青天。吸吮浓厚的露水啊，含漱着飞落的凝霜。凭依风穴独自停歇啊，忽然领悟一切的奥秘，不禁忧思伤感。倚靠昆仑俯瞰云雾啊，凭依岷山看清江流湍急。激流冲击岩石发出骇人响声啊，听到波浪汹涌涛声震天。心里纷乱没个条理啊，情思芜杂缺乏头绪。要止住彷徨却不知如何下手啊，悲愁纠缠，何处才是终点？心绪漂荡上下翻飞啊，高高飞起彷徨不定。如同泛滥水流前后涌动啊，伴随着潮水涨落的固定约期。看那火焰与烟气相随而生啊，窥见云雨聚积显现。悲伤那霜雪一齐降下啊，听取那潮水击荡的巨响。借时间的光影驰骋往来啊，用那黄棘制成的弯曲神鞭来驾驭。访求介子推生前的居所啊，去看伯夷远遁的高山。心中思量，不能释怀啊，下定决心，决不离开。

【原文】 **曰[①]：吾怨往昔之所冀兮，悼来者之愁愁[②]。浮江淮而入海兮，从子胥而自适[③]。望大河之洲渚兮[④]，悲申徒之抗迹[⑤]。骤谏君而不听兮[⑥]，重任石之何益[⑦]。心絓结而不解兮[⑧]，思蹇产而不释[⑨]。**

【注释】 ①曰：这里的“曰”的作用类似“乱曰”，用来总结全篇。②愁愁：形容忧虑、恐惧、不安的样子。③自适：意即自求适意，自适己志。适，安适，逸乐。④洲：水中的陆地。渚：水中的小块陆地。⑤申徒：指申徒狄。传说其谏君不听，不容于世，于是投水自尽。其年代则说法不一。抗：高，高尚。⑥骤：屡次。⑦任：背负。一说为抱。⑧絓结：心中郁结。⑨蹇产：思绪郁结，不顺畅。

《楚辞》书影

【译文】 乱辞说：我哀怨以前所抱的期望啊，悲悼未来感到忧惧不安。顺着江淮漂流入海啊，追随伍子胥以求心安。望着大河中的洲渚啊，为申徒狄的高尚行为而伤感。屡次向君王进谏却不被接受啊，抱石投水又有何益处？心绪纠结难以解脱啊，思理不畅无法释怀。

唐诗

【导语】

一代有一代之文学，诗歌作为唐代的主要文学形式，在唐朝二百八十九年间发展到了高度成熟的阶段，诸体完备，名家辈出，流派众多。至今流传下来的诗作有五万多首，可考的诗人有两千八百余人。在唐诗的普及和流播过程中，历代唐诗选本难以胜数，其中流传最广、在中国民间影响最大的是《唐诗三百首》。著名学者钱钟书先生曾在他的诗集序言中回忆《唐诗三百首》对自己的影响："余童时从先伯父与先君读书，经、史、古文而外，有《唐诗三百首》，心焉好之。独索冥行，渐解声律对偶。"（钱钟书：《槐聚诗存·序》，生活·读书·新知三联书店 2002 年版）而作家王蒙在《非常中国》中赞道："最能表达汉语汉字的特色的，我以为是中国的旧诗。一个懂中文的华人，只要认真读一下《唐诗三百首》，他或她的心就不可能不中国化了。"

五言古诗

【题解】

五言古诗，又称五言古风，简称"五古"，古体诗的一种，形成于汉、魏时期。每句字数为五个，每篇句数不拘，不求对仗，但一般遵守"拈二"原则，即每句的第二个字要尽量依照粘对原则。平仄和用韵比较自由，可用仄声韵，也可转韵。其内容"非指言时事，即感伤已遭"（胡震亨）。五言古诗篇幅短者，一般直赋其情或比兴寄托，较长者可叙事、议论、抒情。风格以高古、雄浑、有风骨为正。

五言古诗在唐代较为流行，唐人的五古笔力豪纵，气象万千，其代表作家有李白、杜甫、王维、孟浩然、韦应物等。

张九龄

张九龄（678～740），一名博物，字子寿，韶州曲江（今广东韶关）人。长安二年（702）中进士。张九龄守正嫉邪，敢言直谏，被视为开元贤相。有《曲江张先生文集》二十卷传世，《全唐诗》存其诗三卷。

张九龄的诗作，最为人称道的是他的五言古诗，词旨冲融，委婉深秀，上追汉魏而下开盛唐；尤其是《感遇》十二首，感事寄兴，历来与陈子昂的《感遇》三十八首并称。明胡震亨在《唐音癸签》中说："张曲江五言以兴寄为主，而结体简贵，选言清泠，如玉磬含风，晶盘盛露，故当于尘外置赏。"清沈德潜在《唐诗别裁集》中说："唐初五言古渐趋于律，风格未遒。陈正字（子昂）起衰而诗品始正，张曲江继续而诗品乃醇。"清管世铭在《读雪山房唐诗钞序例》中说："张曲江襟情高迈，有遗世独立之意，《感遇》诸诗，与子昂称岱、华矣。"

感遇[①] 二首

张九龄

兰叶春葳蕤[②]，桂华秋皎洁[③]。
欣欣此生意[④]，自尔为佳节[⑤]。
谁知林栖者[⑥]，闻风坐相悦[⑦]。
草木有本心，何求美人折[⑧]。

【注释】 ①原诗共有十二首，作于唐开元二十五年（737）张九龄被贬为荆州长史时。本诗借歌咏兰草和桂花抒发自己不慕权贵、不求名利的高尚情操。②兰：即兰草，古人视兰草为香草，用来比喻高洁的操守。葳蕤：指草木枝叶茂盛的样子。③桂华：即桂花，也是香草。古人常以“兰桂”连称。皎洁：明净。④欣欣：欣欣向荣，指草木蓬勃茂盛。生意：即生机。⑤自尔：从此。佳节：指春秋二季因为有了兰桂而成了最好的季节。⑥林栖者：指山林隐士。⑦闻风：指沐浴在兰桂的芬芳里。坐：因。悦：爱，赏。⑧“草木”二句：春兰和秋桂竞相开放，吐露芬芳是它们的天性，并不是为了取悦于人，让人们摘取欣赏的。作者以此比喻自己要遵从美好的天性，行芳志洁，而不求人赏识，博取名利。本心，本质，天性。

江南有丹橘[①]，经冬犹绿林[②]。
岂伊地气暖[③]，自有岁寒心[④]。
可以荐嘉客[⑤]，奈何阻重深。
运命惟所遇，循环不可寻[⑥]。
徒言树桃李，此木岂无阴[⑦]。

【注释】 ①橘为嘉木，屈原曾作《橘颂》，称赞它志向高洁。此诗是作者借歌咏丹橘，来倾诉遭受排挤的愤懑心情，进而表达自己坚贞不屈的态度。丹橘：红橘。②经冬：经过了整个冬天。犹：尚，还。③岂：难道。伊：那里，此指江南。④岁寒心：据《论语·子罕》，孔子有“岁寒，然后知松柏之后凋也”之语，后用以比喻节操坚贞。此指橘具有耐寒的本性。⑤荐：赠给。⑥“运命”二句：人的命运只能随境遇的起伏沉降而定，循环往复，其中的道理没法预料追寻。运命，犹言命运。⑦“徒言”二句：只听有人说种桃树、李树，能得其蔽，能吃其果实，难道这橘树就没有绿荫吗？树桃李，《韩诗外传》记载，赵简子说：“春树桃李，夏得阴其下，秋得食其实。”树，种植。阴，同“荫”。

李　白

李白（701~762），字太白，号青莲居士。祖籍陇西成纪（今甘肃秦安），出生于中亚碎叶城（今吉尔吉斯斯坦托克马克城）。五岁时随父迁回四川绵州彰明（今属四川江油）。二十五岁出蜀漫游，仗剑任侠，访道学仙，纵酒赋诗，结交文友，狂放个性和天赋诗才闻名遐迩。贺知章见到他的《蜀道难》诗，称之为“谪仙人”。天宝元年（742），李白应诏入京，供奉翰林，受到唐玄宗特殊的礼遇，但唐玄宗只是把他当作一个清客。天宝三年（744）春天，因权贵谗毁，被玄宗“赐金放还”。至洛阳，与杜甫、高适相会，同游梁宋、齐鲁。安史

之乱中，李白隐卧庐山；永王李璘东巡，被召至幕中。至德二年(757)，李璘谋乱兵败，李白受牵连，流放夜郎(今贵州桐梓)，途中遇赦而回。宝应元年(762)在其族叔当涂令李阳冰处病逝。

李白

李白是个天才的诗人。杜甫称赞他“白也诗无敌，飘然思不群”(《春日忆李白》)、“笔落惊风雨、诗成泣鬼神”(《寄李十二白二十韵》)。王安石曾用李白本人的诗句形容他的诗“清水出芙蓉，天然去雕饰”(宋胡仔《苕溪渔隐丛话》前集卷五)。裴敬更说他“为诗格高旨远，若在天上物外，神仙会集，云行鹤驾，想见飘然之状”(《翰林学士李公墓碑》)。黄庭坚体会他的诗“如黄帝张乐于洞庭之野，无首无尾，不主故常，非墨人椠工所可拟议”(《题李白诗草后》)。

李白诗以乐府、绝句最为杰出。明李攀龙说：“太白古乐府，窈冥惝恍，纵横变幻，极才人之致。”(见明王世贞《艺苑卮言》)明胡震亨说：“太白于乐府最深，古题无一弗拟，或用其本意，或翻案另出新意，合而若离，离而实合，曲尽拟古之妙。”(《唐音癸签》)明陆时雍称之为“想落意外，局自变生，真所谓‘驱走风云，鞭挞海岳’。其殆天授，非人力也”(《诗境总论》)。李白的绝句被李攀龙称作“实唐三百年一人”(明王世贞《艺苑卮言》)。明胡应麟说他“绝句超然自得，冠古绝今”(《诗薮》)。这是因为在诸体诗中，乐府歌行和绝句较少拘束，最适合李白展示其豪迈纵逸的天才。今有《李太白全集》行世，《全唐诗》编其诗二十五卷。

下终南山过斛斯山人宿置酒①

李白

暮从碧山下，山月随人归。
却顾所来径②，苍苍横翠微③。
相携及田家④，童稚开荆扉⑤。
绿竹入幽径，青萝拂行衣⑥。
欢言得所憩⑦，美酒聊共挥⑧。
长歌吟松风⑨，曲尽河星稀⑩。
我醉君复乐，陶然共忘机⑪。

【注释】 ①这是一首访友诗，将下山之景、田家之幽和友人间的乐饮酣歌描写得情景如画。终南山：为秦岭的主峰之一，在今陕西西安市南，是著名的隐居地。过：拜访，访问。斛斯山人：指复姓斛斯的山中隐士。②却顾：回头望。③翠微：山坡上草木翠绿茂盛。④及：至，到。田家：农家。此指斛斯山人之家。⑤童稚：小孩子。荆扉：用小树枝编成的院门，指柴门。⑥青萝：即松萝，一种悬垂的绿色植物。⑦憩：休息。⑧挥：指举杯畅饮。⑨松风：指古琴曲《风入松》。⑩河星稀：银河中星光稀微，此指天快亮了。⑪忘机：忘却世俗机巧之心。

月下独酌[①]

李白

花间一壶酒，独酌无相亲。
举杯邀明月，对影成三人[②]。
月既不解饮[③]，影徒随我身。
暂伴月将影[④]，行乐须及春。
我歌月徘徊，我舞影零乱。
醒时同交欢，醉后各分散。
永结无情游[⑤]，相期邈云汉[⑥]。

【注释】 ①原诗有四首，此为第一首。以月下独饮为背景，想象以“月”与“影”为伴，抒发孤独无知音的苦闷。酌：喝酒。②三人：指李白自己、月亮和人的影子。③不解饮：不会饮酒。④将：和。⑤无情游：忘情的游乐。⑥相期：相约。邈：远。云汉：银河。此指天上的仙境。

春　　思[①]

李白

燕草如碧丝，秦桑低绿枝[②]。
当君怀归日，是妾断肠时。
春风不相识，何事人罗帏[③]。

【注释】 ①此诗为闺情诗，描写春天将临，秦地少妇思念远戍燕地的丈夫之苦。②“燕草”二句：燕地的草嫩绿如丝时，秦中的桑树早已茂盛，枝条也低垂了，说明两地时序不同。燕，今河北一带，诗中征人所在地。秦，今陕西一带。③罗帏：丝织的帏帐。此指女子的闺房。

杜　　甫

杜甫(712~770)，字子美。原籍襄阳(今湖北襄樊)，其十三世祖杜预，乃京兆杜陵(今陕西西安市长安区东北)人，故杜甫自称“杜陵布衣”。曾祖时迁居巩县(今河南巩义市)。杜审言之孙。杜甫曾居长安城南少陵附近，故又尝自称“少陵野老”，世称“杜少陵”。开元二十三年(735)举进士落第，游齐、赵。天宝三载(744)与李白、高适同游梁宋、齐鲁间。十载(751)，进《三大礼赋》，为唐玄宗称赞，命待制集贤院。十五载(756)得授右卫率府胄曹参军。安史之乱中，被困长安。至德二年(757)赴凤翔，拜左拾遗。乾元元年(758)为华州司功。因饥年，于第二年弃官入蜀，在成都营草堂，后称“杜甫草堂”。宝应元年(762)蜀乱，流亡梓州、阆州，两年后得归成都。故人严武镇蜀，表荐杜甫为节度参谋、检校工部员外郎。后世因称“杜工部”。大历五年(770)病死于湘中。

杜甫是古代最伟大的诗人，被称为“诗圣”；其诗因能全面反映当时的政治、军事、社会情况，故世称“诗史”，后人以之与李白并称“李杜”。韩愈曰：“李杜文章在，光焰万丈长。”(《调张籍》)元稹曰：“至于子美，盖所谓上薄风骚，下该沈宋，言夺苏李，气吞曹刘，掩颜谢之孤高，杂徐庾之流丽，尽得古今之体势，而兼今人之所独专矣。……则诗人以来，未有如子美者。"（《唐故检校工部员外郎杜君墓系铭并序》）秦观曰："于是杜子美者，穷高妙之格，极豪逸之气，包冲淡之嗓，兼峻洁之姿，备藻丽之态，而诸家之作所不及焉。"（《韩愈论》）胡应麟曰："盛唐一味秀丽雄浑，杜则精粗、巨细、巧拙、新陈、浅深、浓淡、肥瘦靡不毕具，参其格调，实与盛唐大别。其能荟萃前人在此，滥觞后世亦在此。且言理近经，叙事兼史，尤诗家绝睹。"（《诗薮》）李维桢曰："昔人云诗至子美集大成，不为四言，不用乐府旧题，虽唐调时露，而能得风雅遗意。七言歌行扩汉魏而大之，沉郁瑰琦，巨丽超逸。五言律体裁明密，规模宏远，比耦精严，音节调畅；七言律称是。至于长律，阖辟驰骤，变化错综，未可端倪，冠绝古今矣。"（《雷起部诗选序》）今有《杜工部集》二十卷、《补遗》一卷行世，《全唐诗》编其诗十九卷。

望　岳①

杜甫

岱宗夫如何②，齐鲁青未了③。
造化钟神秀④，阴阳割昏晓⑤。
荡胸生层云⑥，决眦入归鸟⑦。
会当凌绝顶，一览众山小⑧。

【注释】 ①此诗作于开元二十四年(736)杜甫游齐、赵时，由望岳而生登临之想，表现了青年杜甫壮志凌云的气概和抱负。岳：指东岳泰山。②岱宗：即泰山。因泰山别称岱山，位居五岳之首，故称岱宗。③齐鲁：春秋时，齐国在泰山之北，鲁国在泰山之南。后泛指山东一带为齐鲁。青：指泰山青翠的山色。未了：不尽，无穷无尽之意。④造化：大自然。钟：聚集。⑤阴：山北为阴，即山之背阴面。阳：山南为阳，即山之向阳面。割：分割。昏晓：山北背日故曰昏，山南向日故曰晓。⑥荡胸生层云：意为山中云气吞吐，涤荡胸襟。⑦决眦：睁大眼睛。决：裂开。眦，眼眶。⑧"会当"二句：表达了作者昂扬向上，积极进取，欲攀登绝顶俯视一切的豪情。会当，终将，定要。凌，登上。绝顶，即泰山的最高峰。一览众山小，此句出自《孟子·尽心上》"登泰山小天下"。这是孔子的理想。

赠卫八处士①

杜甫

人生不相见，动如参与商②。
今夕复何夕③，共此灯烛光。
少壮能几时，鬓发各已苍。④
访旧半为鬼⑤，惊呼热中肠⑥。
焉知二十载⑦，重上君子堂⑧。
昔别君未婚，儿女忽成行。
怡然敬父执⑨，问我来何方。
问答未及已⑩，儿女罗酒浆⑪。
夜雨剪春韭，新炊间黄粱⑫。

主称会面难，一举累十觞[13]。
十觞亦不醉，感子故意长[14]。
明日隔山岳，世事两茫茫。

【注释】 ①此诗作于乾元二年(759)，杜甫为华州司功参军时。时逢战乱，又遇荒年，老友相逢，感慨万千。卫八处士：姓卫，行八，名不详。处士，隐士。②动如：动不动就像。动，动辄，往往。参与商：即参星与商星。参星居西方，商星居东方，天各一方，一星升起，一星落下，永不能相见。③今夕复何夕：语出《诗经·唐风·绸缪》："今夕何夕，见此良人。"④苍：灰白色。⑤访旧：打听老朋友的消息。半为鬼：多半人已死去。⑥热中肠：内心激动。⑦焉知：哪知。⑧君子：指卫八处士。⑨怡然：和悦的样子。父执：父亲的好友。⑩未及已：还没有说完。⑪罗酒浆：摆酒设筵。⑫新炊：新做的饭。间：掺和。黄粱：黄小米。⑬累：接连。十觞：指好多杯。⑭子：指卫八处士。故意：老友的情意。

梦李白二首[1]

杜甫

其一

死别已吞声，生别常恻恻[2]。
江南瘴疠地[3]，逐客无消息[4]。
故人入我梦，明我长相忆[5]。
恐非平生魂，路远不可测[6]。
魂来枫林青[7]，魂返关塞黑[8]。
君今在罗网[9]，何以有羽翼[10]？
落月满屋梁，犹疑照颜色[11]。
水深波浪阔，无使蛟龙得[12]。

【注释】 ①乾元元年(758)李白因参加永王李璘(玄宗第十六子)的军事行动，系浔阳狱，长流夜郎(今贵州桐梓县)，第二年遇赦而归。此二首诗作于乾元二年(759)杜甫流寓秦州时。此时杜甫尚不知李白赦还，忧念成梦，成此二诗。②"死别"二句：意谓生离比死别更让人伤痛。吞声，饮泣，泣不成声之意。已，只，止。恻恻，悲痛的样子。③瘴疠地：南方湿热蒸郁，是易于致病之地。瘴疠，指瘴气瘟疫。④逐客：被放逐的人，这里指李白。⑤明：知晓。⑥路远不可测：意谓担心李白在途中遭遇不测。⑦枫林：宋玉《楚辞·招魂》："湛湛江水兮上有枫。"此指李白所在的南方地区。枫，指枫香树。⑧关塞：指杜甫所在的秦陇地区。⑨在罗网：指李白获罪流放，如鸟在罗网之中。罗网，原为捕鸟的工具，此指法网。⑩何以有羽翼：语出《胡笳十八拍》"焉得羽翼兮将汝归"句。⑪犹疑：隐约。颜色：指李白之容颜。⑫"水深"二句：祝福李白，道路艰险，万分小心，别再遭人陷害。

其二

浮云终日行，游子久不至①。
三夜频梦君，情亲见君意②。
告归常偈促③，苦道来不易④。
江湖多风波，舟楫恐失坠⑤。
出门搔白首，若负平生志。
冠盖满京华⑥，斯人独憔悴⑦。
孰云网恢恢，将老身反累⑧。
千秋万岁名，寂寞身后事⑨。

【注释】 ①“浮云”二句：语出《古诗十九首》“浮云蔽白日，游子不顾反”诗意。浮云，飘浮不定的云。游子，在此指李白。②情亲：情意亲厚。③告归：告辞。偈促：不安的样子。④苦道：反复诚恳地诉说。⑤“江湖”二句：化用《汉书·贾谊传》“若夫经制不定，是犹度江河，亡维楫，中流而遇风波，船必覆矣”之意。楫，划船的用具，此指船。恐失坠，只怕翻船落水。⑥冠盖：冠冕与车盖，在此指达官贵人。⑦斯人：此人，指李白。憔悴：困苦萎靡的样子。⑧“孰云”二句：谁说天道公正，名满天下的李白到老了却还被不幸牵累。网恢恢，老子《道德经》有“天网恢恢，疏而不漏”句，谓天理宏大公正，谁也不能逃脱。⑨“千秋”二句：李白之名能千古流传，却无补于身后寂寞之悲。身后，死后。

王　维

王维（701~761），字摩诘，祖籍太原祁县（今属山西晋中市）人，后迁居蒲州河东（今山西永济）。开元九年（721）进士，当过右拾遗、左补阙、给事中等职。安史之乱后，虽因曾任伪职而被贬官，但不久复为太子左庶子、中书舍人、给事中；上元元年（760）为尚书右丞，世称“王右丞”。

王维多才多艺，诗文、书画、音乐无不精通，这使他的诗作既富音律之韵，又多绘画之美。唐殷璠评论道：“维诗词秀调雅，意新理惬，在泉为珠，着壁成绘，一字一句，皆出常境。”（《河岳英灵集》）宋苏轼则说：“味摩诘之诗，诗中有画；观摩诘之画，画中有诗。”（《书摩诘蓝田烟雨图》）王维又笃志奉佛，晚年在退朝之余，焚香默坐，以诵禅为事。因而他的诗作极富禅趣，尤其是其山水田园诗，“意趣幽娴，妙在文字之外”（明许学夷《诗源辨体》），“读之身世两忘，万念俱寂”（明胡应麟《诗薮》）。这都使王维的诗表现出“澄澹精微”（司空图《与李生论诗书》）、“淳古淡泊”（宋欧阳修《书梅圣俞稿后》）的特色。

王维诗兼众体，尤擅长五言律绝，当时就有“天下文宗”（《代宗皇帝批答手敕》）之誉；与孟浩然齐名，被视作盛唐山水田园诗派的代表，世称“王孟”。王维死后，代宗命人辑其遗文，编成《王维集》十卷，另请赵殿成撰有《王右丞集笺注》。《全唐诗》编其诗四卷。

送綦毋潜落第还乡[1]

王维

圣代无隐者[2],英灵尽来归[3]。
遂令东山客[4],不得顾采薇[5]。
既至金门远[6],孰云吾道非[7]?
江淮度寒食,京洛缝春衣[8]。
置酒长安道,同心与我违[9]。
行当浮桂棹[10],未几拂荆扉[11]。
远树带行客,孤城当落晖[12]。
吾谋适不用,勿谓知音稀[13]。

【注释】 ①此诗是诗人送友人归乡的赠行诗。綦毋潜:字孝通,盛唐诗人。落第:应试不中。②圣代:当代的美称。③英灵:杰出的人才。④东山客:指隐士。东晋时谢安曾隐居会稽东山,故后世称隐居者为“东山客”。⑤采薇:周武王灭商后,孤竹君之子伯夷、叔齐兄弟不食周粟,采薇于首阳山。薇:指野菜。此后遂以“采薇”代指隐居。⑥金门远:此喻落第。金门,金马门,汉宫门名。汉代征召英才时,令贤士待诏金马门。此处指代朝廷。⑦吾道非:《史记·孔子世家》记载,孔子出游,被困于陈蔡之间,对弟子说:“吾道非耶?吾何为至此?”子贡答:“夫子之道至大也,故天下莫能容夫子。”此句是对綦毋潜的安慰。⑧“江淮”二句:这是推测说,綦毋潜由京返乡的途中,在洛阳自缝春衣在江淮过寒食节。江淮,长江、淮水。这是綦毋潜回乡必经之路。寒食,节名,古时以清明前一日或二日为寒食节,当日不得举火。京洛,洛阳。⑨违:分离,分别。⑩行当:即将,将要。浮桂棹:指乘船。桂棹,语出《离骚》:“桂棹兮兰枻。”指用桂木做的船桨,后泛指船。⑪未几:没过多久。荆扉:用荆条做的门,即柴门。⑫当:对着。⑬“吾谋”二句:安慰綦毋潜,偶然失利不必挂心,来日方长,还是有人会赏识你的才华的。吾谋适不用,《左传·文公十三年》载,秦大夫绕朝说:“子无谓秦无人,吾谋适不用也。”此处是说,綦毋潜的才华未被考官所赏识。知音稀,《古诗十九首》中《西北有高楼》有“不惜歌者苦,但伤知音稀”之句。知音,原指通晓音律的人,后亦称知己好友为“知音”。

送　别[1]

王维

下马饮君酒[2],问君何所之[3]。
君言不得意[4],归卧南山陲[5]。
但去莫复问,白云无尽时。

【注释】 ①这是一首送别仕途受挫归隐终南山友人的诗,对友人的归隐不无羡慕向往。②饮君酒:请君喝酒。饮,请别人喝。③何所之:往什么地方去。④不得意:指仕途遭际不顺,无法展示才华。⑤南山:指终南山。陲:边。

渭川田家[1]

王维

斜阳照墟落[2]，穷巷牛羊归[3]。
野老念牧童，倚杖候荆扉[4]。
雉雊麦苗秀[5]，蚕眠桑叶稀[6]。
田夫荷锄至[7]，相见语依依。
即此羡闲逸[8]，怅然吟式微[9]。

【注释】 ①此诗以自然的笔触描写了乡村黄昏的山水田园景象，寄托向往之情，抒发宦海沉浮的彷徨。渭川：渭水。②墟落：村庄。③穷巷：深巷。④荆扉：柴门。⑤雉雊：野鸡鸣叫。⑥蚕眠：蚕成长时，在蜕皮前，不食不动，似睡眠样，称"蚕眠"。⑦荷：扛着。⑧即此：就这样，此指所见上述的农家情景。羡闲逸：羡慕闲散安逸的生活。⑨怅然：失意的样子。式微：《诗经·邶风》有《式微》一篇，咏服役者思归之情，有"式微，式微，胡不归"句。王维取其思归之意，表达去官归隐田园的愿望。

孟浩然

孟浩然(689~740)，襄州襄阳(今湖北襄樊)人。早年隐居鹿门山，开元间入长安，应试不第。开元二十五年(737)入荆州长史张九龄幕为从事，次年归里。二十八年(740)病卒。孟浩然虽终身是个布衣，但当时的诗名却很大。唐殷璠曰："浩然诗文文采芊茸，经纬绵密，半遵雅调，全削凡体。"(《河岳英灵集》)他的诗冲澹清远，"出语洒落，洗脱凡近，读之浑然省净，而采秀内映，虽悲感谢绝，而兴致有馀"(明徐献忠《唐诗品》)。何景明称他的诗"秀雅不及王(维)，而闲澹颇自成局"(明胡震亨撰《唐音癸签》引)。沈德潜说："襄阳诗从静悟得之，故语淡而味终不薄，此诗品也。"(《唐诗别裁集》)孟浩然最擅长做五言诗，"天下称其尽美"(王士源《孟浩然集序》)。明谢榛称赞说："浩然五言古诗近体清新高妙，不下李杜。"(《四溟诗话》)明胡应麟说："孟五言不甚拘偶者，自是六朝短古，加以声律，便觉神韵超然。"(《诗薮》)明许学夷称"浩然五言律兴象玲珑，风神超迈"，"乃盛唐最上乘"(《诗源辨体》)。今有《孟浩然诗集》三卷传世，《全唐诗》编其诗二卷。

孟浩然像

秋登兰山寄张五[1]

孟浩然

北山白云里，隐者自怡悦[2]。
相望试登高，心随雁飞灭[3]。
愁因薄暮起[4]，兴是清秋发。
时见归村人，沙行渡头歇[5]。
天边树若荠[6]，江畔洲如月[7]。

何当载酒来[8]，共醉重阳节[9]。

【注释】 ①此诗描写清秋登高忆友的情景。兰山：一作“万山”，在今湖北襄阳区，山上多兰草，故名“兰山”。张五：当是张諲，永嘉人，官至刑部员外郎，与王维相善，长于书画。②“北山”二句：化用晋陶弘景《诏问山中何所有赋诗以答》“山中何所有，岭上多白云。只可自怡悦，不堪持赠君”诗意。北山：即上文所提“兰山”“万山”。因山在襄阳区北，故称北山。隐者：孟浩然自称。③灭：消失。④薄暮：太阳将落山之时。⑤沙行：在沙地上行走。渡头：渡口。⑥天边树若荠：远看天边的树像荠菜一般细小。荠，荠菜，一种野菜，茎高数寸，叶可食用。⑦洲：水中的小沙丘。⑧何当：何时能够。⑨重阳节：旧以阴历九月九日为重阳节，在这一天民间有登高、赏菊、饮酒等习俗。

夏日南亭怀辛大[1]

孟浩然

山光忽西落，池月渐东上[2]。
散发乘夕凉[3]，开轩卧闲敞[4]。
荷风送香气，竹露滴清响。
欲取鸣琴弹，恨无知音赏[5]。
感此怀故人，终宵劳梦想。

【注释】 ①此诗由夏夜乘凉所见的自然景观巧妙过渡到怀念老友，景情相生。辛大：其人未详，但却是孟浩然的老朋友。②池月：映在池水中的月亮。③散发：披散开头发。古人在正式场合要束发戴冠，闲时就松开头发，披散下来。④轩：窗。闲敞：宽绰幽静的地方。⑤知音：相传春秋时钟子期能听出伯牙琴声中《高山》《流水》之曲意，伯牙称之为知音。后以之比喻知心朋友。

宿业师山房待丁大不至[1]

孟浩然

夕阳度西岭，群壑倏已暝[2]。
松月生夜凉，风泉满清听。
樵人归欲尽，烟鸟栖初定[3]。
之子期宿来[4]，孤琴候萝径[5]。

【注释】 ①此诗描写诗人在山中等候友人的情景。宿：过夜，住宿。业师：名字叫业的僧人。山房：山中的屋舍，此指僧房。丁大：即丁凤，排行老大，生平不详，是诗人的朋友。②壑：山谷。倏：忽然。暝：昏暗。③烟鸟：暮霭中的飞鸟。④之子：此人。期：约定。⑤萝径：长满悬垂植物的小路。

王昌龄

王昌龄（约694~约757），字少伯，京兆万年（今陕西西安）人。开元十五年（727）进士，授秘书省校书郎。二十二年（734）登博学宏词科，授汜水尉。后曾先后被贬为江宁尉和龙标尉，故世称“王江宁”或“王龙标”。安史之乱中，被亳州刺史闾丘晓所杀。王昌龄

在开元、天宝年间诗名极著,有“诗家夫子王江宁”之称。殷璠编《河岳英灵集》,选入王诗达十六首,居诸家之首,并云:“元嘉以还,四百年后,曹、刘、陆、谢风骨顿尽。顷有太原王昌龄、鲁国储光羲颇从厥迹。且两贤气同体别,而王稍声峻。”王昌龄做得最好的是七绝。明王世贞说:“七言绝句,王江宁与太白争胜毫厘,俱是神品。”(《艺苑卮言》)王世懋也说盛唐七绝“惟青莲、龙标二家诣极”(《艺圃撷馀》)。清王夫之说:“七言绝句,唯王江宁能无疵颣。”(《姜斋诗话》)沈德潜形容王昌龄绝句“深情幽怨,意旨微茫,令人测之无端,玩之不尽,谓之唐人《骚》语可”(《唐诗别裁集》)。今《全唐诗》编其诗四卷。

丘　为

丘为(约703~约798),嘉兴(今属浙江)人。累试不第,归山读书数年。天宝二年(743)进士及第。累官太子右庶子,以左散骑常侍致仕,九十六岁卒。丘为与王维、刘长卿友善,时相唱和。明唐汝询评他的诗“未免染吴音,然亦清倩不凡”(《唐诗解》)。《全唐诗》存其诗十三首。

寻西山隐者不遇[1]

丘为

绝顶一茅茨[2],直上三十里。
扣关无僮仆[3],窥室惟案几。
若非巾柴车[4],应是钓秋水[5]。
差池不相见[6],黾俛空仰止[7]。
草色新雨中,松声晚窗里。
及兹契幽绝[8],自足荡心耳[9]。
虽无宾主意,颇得清净理。
兴尽方下山,何必待之子[10]。

【注释】 ①此诗写攀山访友不遇却意外悟得纯任自然的玄理。②茅茨:草屋。③扣关:敲门。④巾柴车:盖上了帷幔、构造简陋的车子,指隐士用的车。后引申为乘车行之意。语见自晋陶渊明《归去来兮辞》:“或命巾车,或棹孤舟。”又见江淹《拟陶》诗“日暮巾柴车”句。⑤钓秋水:在秋水中垂钓。《庄子·秋水》载庄子钓于濮水,不接受楚国官职事,后指隐居。⑥差池:原为参差不齐。此指我来你往,交叉而错过之意。⑦黾俛:踌躇不定的样子。仰止:敬慕、仰望。语自《诗经·小雅·车章》:“高山仰止,景行行止。”⑧契,惬意、融洽之意。⑨荡心耳:指山中美景使感官与心胸涤荡清净。⑩“兴尽”二句:语出《世说新语·任诞》,晋王徽之雪夜乘船到剡溪访友戴逵,至其门不入而返。人问其故,答曰:“吾本乘兴而来,兴尽而返,何必见戴?”待,等待。之子,此人。指西山隐者。

綦毋潜

綦毋潜(生卒年不详),字孝通,虔州南康(今江西赣县)人。开元十四年(726)进士及第,当过宜寿尉、校书郎、右拾遗、著作郎。天宝末年归隐。綦毋潜与张九龄、孟浩然、储光羲、高适、卢象等友善,与李颀、王维唱和诗尤多。唐殷璠评他的诗“屹崒峭蒨足佳

句，善写方外之情”（《河岳英灵集》）。宋严羽在《沧浪诗话》中将他列为“大名家”。《全唐诗》收其诗一卷。

春泛若耶溪[①]

綦毋潜

幽意无断绝[②]，此去随所偶[③]。
晚风吹行舟，花路入溪口。
际夜转西壑[④]，隔山望南斗[⑤]。
潭烟飞溶溶[⑥]，林月低向后，
生事且弥漫[⑦]，愿为持竿叟[⑧]。

【注释】 ①此诗描绘春夜泛舟若耶溪的幽美情趣和感受。若耶溪：即越溪，在今浙江绍兴市东南若耶山下，相传为越国美女西施浣纱处，故又名浣纱溪。②幽意：指隐居之心。③偶：二人相遇。④际夜：至夜，到了夜晚。⑤南斗：即天上的星座名，因在北斗之南，故称。⑥溶溶：形容暮霭迷濛。⑦生事：指世间之事。弥漫：渺茫混沌之意。⑧持竿叟：即钓鱼翁。

常　建

常建（生卒年里不详），开元十五年（727）进士及第，曾任盱眙尉。后仕途失意，往来山林幽隐之地。常建之诗在当时极受推重。殷璠在《河岳英灵集》中评论说：“其旨远，其兴僻，佳句辄来，惟论意表。”刘辰翁形容常诗“情景沉冥，不类著色”（《唐诗品汇》）。灵慧雅秀、轻隽幽玄是其诗的特点。有《常建诗集》一卷，《全唐诗》录其诗一卷。

宿王昌龄隐居[①]

常建

清溪深不测，隐处惟孤云[②]。
松际露微月，清光犹为君。
茅亭宿花影，药院滋苔纹[③]。
余亦谢时去[④]，西山鸾鹤群[⑤]。

【注释】 ①这首诗作于辞官归隐途中，夜宿挚友入仕前居所，触景生情。王昌龄：字少伯，盛唐著名诗人，他与常建是同榜进士。②隐处：隐居之处。③药院：种着芍药的庭院。滋：生。④余：我。谢时：摆脱世俗之累。⑤鸾鹤群：与鸾鸟、仙鹤为伍。

岑　参

岑参（717～770），祖籍南阳（今属河南），后徙居荆州江陵（今属湖北）。天宝三年（744）进士。八年（749）入安西节度使高仙芝幕为掌书记。十年（751）回长安。十三年（754）又入安西北庭节度使封常清幕为节度判官。至德二年（757）入朝为右补阙。宝应元年（762）又入幕府，为关西节度判官。大历元年（766）以殿中侍御史随剑南西川节度使杜鸿渐入蜀。以嘉州刺史终，世称“岑嘉州”。

岑参"早岁孤贫,能自砥砺,遍览史籍,尤工缀文"(杜确《岑嘉州诗集序》)。同时,他"累佐戎幕,往来鞍马烽尘间十余载,极征行离别之情"(辛文房《唐才子传》),所以,他创作了许多描绘边塞风光、生活的诗作,与高适并称为盛唐边塞诗派的代表,世称"高岑"。殷璠评论其边塞诗曰:"语奇体峻,意亦造奇。"(《河岳英灵集》)徐献忠论曰:"嘉州诗一以风骨为主,故体裁峻整,语亦造奇,持意方严,竟鲜落韵。"(《唐诗品》)奇峭苍峻是岑诗的特点。他最擅长五古、七古,胡应麟称赞其五古"清新奇逸,大是俊才"(《诗薮》),施补华称其七古"劲骨奇翼,如霜天一鹗,故施之边塞最宜"(《岘佣说诗》)。有《岑嘉州集》七卷行世,《全唐诗》编其诗四卷。

与高适薛据登慈恩寺浮图[①]

岑参

塔势如涌出[②],孤高耸天宫。
登临出世界[③],蹬道盘虚空[④]。
突兀压神州[⑤],峥嵘如鬼工[⑥]。
四角碍白日[⑦],七层摩苍穹[⑧]。
下窥指高鸟,俯听闻惊风。
连山若波涛,奔走似朝东。
青槐夹驰道[⑨],宫观何玲珑[⑩]。
秋色从西来,苍然满关中。
五陵北原上[⑪],万古青濛濛[⑫]。
净理了可悟[⑬],胜因夙所宗[⑭]。
誓将挂冠去[⑮],觉道资无穷[⑯]。

【注释】 ①此诗作于天宝十一年(752)秋,岑参与高适、薛据、杜甫、储光羲五人同登慈恩寺塔。五人都有诗记其事,现惟薛诗佚失。高适:字达夫,一字仲武,渤海蓨(今河北景县)人,唐诗人。薛据:河东宝鼎人,开元进士,历任县令、司议郎、水部郎中等,终老于终南山别业。慈恩寺浮图:即今陕西西安大雁塔,为唐高宗永徽三年(652)唐僧玄奘所建。慈恩寺,在今西安市,是唐高宗做太子时,在贞观二十年(646)为其母文德皇后建造的,故以慈恩为名。浮图,梵语"佛陀"的音译,即佛塔。②涌出:语本《法华经·见宝塔品》:"佛前有七宝塔,……从地涌出,住在空中。"此处意谓塔突起于平地。③出世界:走出尘世。世界,佛语,世指时间,界指空间,连用指宇宙。④蹬道:梯级,指塔内阶梯石道。⑤突兀:高耸的样子。神州:指中国。《史记·邹衍传》:"中国名曰赤县神州。"⑥峥嵘:高峻的样子。如鬼工:意谓非人力所能为。⑦碍:遮挡。⑧摩:挨、擦,即"直接"意。⑨驰道:指皇帝车驾专用的御道。⑩宫观:指皇帝的宫殿。玲珑:灵巧精致。⑪五陵:指汉代五个皇帝的陵墓:高祖长陵、惠帝安陵、景帝阳陵、武帝茂陵、昭帝平陵。⑫濛濛:苍润、茂盛的样子。⑬净理:佛家清净的佛理。了:明白。⑭胜因:佛语,指善因善缘。夙:平素,向来。宗:信奉。⑮挂冠:辞官。⑯觉道资无穷:此句是说,佛理中的善根功德对人的帮助是无穷尽的。觉道,正悟之大道,即佛道。资,意谓以善根功德资助自身。

元　　结

元结(719~772),字次山,自号元子、猗玕子、漫郎、聱叟等。汝州鲁山(今河南鲁山)人。天宝十三年(754)举进士。安史之乱中,为右金吾兵曹参军、山南东道节度参谋,击讨史思明。唐代宗时,拜著作郎,后两度出任道州刺史,颇有政声。后又迁容州刺史,当过御史中丞。大历七年(772)病死于旅舍。

元结是盛唐著名的文学家。他的文章"笔力雄健,意气超拔"(欧阳修《集古录跋尾》),为古文运动之先驱。他的诗歌自创一格,"欲质不欲野,欲朴不欲陋,欲拙不欲固"(湛若水《元次山集序》),"以真朴自立门户"(贺贻孙《诗筏》)。尤其是他在道州所做的《悯农诗》《春陵行》《贼退示官事》等诗,以忧道悯世之思,"质实无华,最为淳古"(许学夷《诗源辨体》),开中唐元、白诗风。元结著述颇富,惜散佚亦多。后人辑有《元次山文集》十卷,《全唐诗》编其诗二卷。

贼退示官事[①]并序

元结

癸卯岁,西原贼入道州[②],焚烧杀掠,几尽而去[③]。明年,贼又攻永破邵[④],不犯此州边鄙而退[⑤]。岂力能制敌欤?盖蒙其伤怜而已。诸使何为忍苦征敛[⑥]?故作诗一篇,以示官吏。

昔年逢太平,山林二十年。
泉源在庭户[⑦],洞壑当门前。
井税有常期[⑧],日晏犹得眠[⑨]。
忽然遭世变[⑩],数岁亲戎旃[⑪]。
今来典斯郡[⑫],山夷又纷然[⑬]。
城小贼不屠,人贫伤可怜。
是以陷邻境,此州独见全[⑭]。
使臣将王命[⑮],岂不如贼焉。
今被征敛者,迫之如火煎[⑯]。
谁能绝人命,以作时世贤[⑰]?
思欲委符节[⑱],引竿自刺船[⑲]。
将家就鱼麦[⑳],归老江湖边。

【注释】 ①唐代宗广德元年(763)癸卯年十二月,"西原蛮"攻陷道州。次年五月,元结任道州刺史。七月,"西原蛮"又攻破永州,但没有犯道州而去。朝廷派来的催征官吏却又来横征暴敛。元结感慨百姓贫困,不愿同流合污,故赋诗明志。贼:指对抗官府者。②西原贼:指今广西西原地区的少数民族。因当时少数民族反对压迫,多次起义,与朝廷对抗,起义者被贬称为"贼"。道州:在今湖南道县。③几:几乎。④永:永州,在今湖南零陵县。邵:邵州,在今湖南邵阳市。⑤此州:指道州。边鄙:边境。⑥使:官吏。何为:为什么。⑦户:门。⑧井税:指田赋。常期:一定的日期。⑨晏:晚。⑩世变:指安史之乱。⑪数岁:好几年。亲戎旃:指亲自参与战事。元结于乾元二年(759)任山南东道节

度参谋,参加对叛军作战。戎旃,军中营帐。⑫典斯郡:指任道州刺史。典,治理。⑬山夷:山居的少数民族,即指"西原蛮"。⑭见全:得以保全。⑮使臣:指朝廷派来催征的官吏。将:奉。⑯迫:逼迫。⑰"谁能"二句:谁能断绝了百姓的生路,还被称作当今的贤臣呢?⑱委符节:即弃官。委,弃。符节,古代将官受任时的凭证,是用玉、金属和竹等做成的,在上面刻上字从中分之,各取一半,有事时则相合以为信。古时使臣出行须持符节,唐时刺史也持符节。⑲刺船:撑船。⑳将家:携带着全家。就鱼麦:意谓隐居乡间。

韦应物

韦应物(约737~约792),京兆万年(今陕西西安)人。天宝年间为玄宗侍卫,后入太学读书,历任洛阳丞、京兆府功曹、比部员外郎、滁州刺史等。贞元元年(785)为江州刺史,三年(787)为左司郎中,四年(788)出任苏州刺史。故世称"韦江州""韦左司"或"韦苏州"。

韦应物交游广泛,诗名颇著。李肇称:"其为诗驰骤建安以还,各得其风韵。"(《唐国史补》)白居易说:"韦苏州歌行,才丽之外,颇近兴讽。其五言诗,又高雅闲澹,自成一家之体。"(《与元九书》)何良俊曰:"左司性情闲远,最近风雅,其恬澹之趣,不减陶靖节。唐人中,五言古诗有陶、谢遗韵者,独左司一人。"(《四友斋丛说》)许学夷评曰:"其源出于渊明,以萧散冲淡为主。"(《诗源辨体》)他诸体皆工,而以五言古体为最出色,与王维并称为"五言之宗匠"(张戒《岁寒堂诗话》)。纪昀评曰:"其诗七言不如五言,近体不如古体。五言古体源出于陶,而熔化于三谢,故真而不朴,华而不绮。"(《四库全书总目》)今存《韦应物集》十卷,《全唐诗》编其诗十卷。

郡斋雨中与诸文士燕集[1]

韦应物

兵卫森画戟[2],燕寝凝清香[3]。
海上风雨至,逍遥池阁凉。
烦疴近消散[4],嘉宾复满堂。
自惭居处崇[5],未睹斯民康[6]。
理会是非遣,性达形迹忘[7]。
鲜肥属时禁[8],蔬果幸见尝。
俯饮一杯酒,仰聆金玉章[9]。
神欢体自轻,意欲凌风翔。
吴中盛文史[10],群彦今汪洋[11]。
方知大藩地,岂曰财赋强[12]。

【注释】 ①此诗作于贞元五年(789)韦应物在苏州刺史任上,表现了诗人作为当时东南诗坛领袖的气度。郡斋:指官署中的房舍。燕集:饮酒聚会。②森:众多,密集。画戟:有刻饰的古兵器。此指官署中的仪仗。③燕寝:卧室。凝清香:指所焚之香在屋里缭绕。④烦疴:即烦闷。疴,疾病。⑤崇:高。⑥斯民:百姓。康:安乐。⑦"理会"两句:意谓领悟事物的情理就能排遣是非,性情旷达就能不拘世俗。理会,领悟事物之通理。遣,

排遣,消释。性达,个性旷达。形迹,指世间俗务。⑧鲜肥:此指荤腥之食物。时禁:古代正月、五月、九月禁止杀生,称为时禁。此诗中宴会正当五月时禁,不能食荤,只能吃素。⑨聆:听。金玉章:指诸文人的篇章。⑩吴中:苏州的古称,此指苏州地区。盛文史:文史之学昌盛。⑪彦:美士,才德杰出的人。⑫"方知"二句:方才知道苏州之所以被称为大郡,不仅仅是因为物产赋税收入比别的郡强,而且人文荟萃,学术昌明。大藩地,指大郡。藩,王侯封地称藩。

初发扬子寄元大校书[1]

韦应物

凄凄去亲爱[2],泛泛入烟雾。
归棹洛阳人[3],残钟广陵树[4]。
今朝此为别,何处还相遇。
世事波上舟,沿洄安得住[5]。

【注释】 ①此诗作于大历九年(774)韦应物客游江汉返程时,描写与友人离别的情景。初发:启程。扬子:渡口名,在今江苏江都市南。元大:其人未详。校书:官名,校书郎的省称。②去:离别。亲爱:指好友。③棹:桨,也引申指船。洛阳人:去洛阳之人,即韦应物自称。④广陵:即今江苏扬州市。⑤沿:顺流。洄:逆流。

寄全椒山中道士[1]

韦应物

今朝郡斋冷[2],忽念山中客。
涧底束荆薪[3],归来煮白石[4]。
欲持一瓢酒,远慰风雨夕。
落叶满空山,何处寻行迹[5]。

【注释】 ①此诗作于韦应物滁州刺史任上,描写清秋寂寞,风雨怀人。全椒:今安徽省全椒县,唐时属滁州。山:指全椒县西三十里的神山。宋王象之《舆地纪胜》记载:"神山在全椒县西三十里,有洞极深。唐韦应物《寄全椒山中道士》诗,此即道士所居也。"②郡斋:指官署中的房舍。③束:捆。荆薪:柴草。④白石:典出葛洪《神仙传》卷二:"白石先生者,中黄大人弟子也。……不肯修升天之道,但取不死而已,不失人间之乐。……常煮白石为粮,因就白石山居,时人故号曰'白石先生'。"此借喻全椒山中道士。⑤"欲持"四句:本想执酒上山慰问,但风雨中的神山满是落叶,不知到何处去寻道士的踪迹。

长安遇冯著[1]

韦应物

客从东方来,衣上灞陵雨[2]。
问客何方来?采山因买斧[3]。
冥冥花正开[4],飏飏燕新乳[5]。
昨别今已春[6],鬓丝生几缕[7]?

【注释】 ①此诗作于大历十一年(776)春冯著自关东来长安时,于平易中写出朋友间深挚的情谊。冯著:河间(今河北河间)人,曾任洛阳尉、左补阙,与韦应物友善,多有唱酬。②灞陵:即霸陵,汉文帝陵墓,在今西安市东,因地处霸上而得名。③采山因买斧:此句有归隐山林之意。采山,进山采樵。④冥冥:昏暗。形容下雨。⑤飏飏:形容飞翔。燕新乳:此指初生之燕。⑥昨别:上一年冬,冯著到过长安,故言。⑦鬓丝:鬓间白发。

送杨氏女[①]

韦应物

永日方戚戚[②],出行复悠悠[③]。
女子今有行[④],大江溯轻舟[⑤]。
尔辈苦无恃[⑥],抚念益慈柔。
幼为长所育[⑦],两别泣不休。
对此结中肠,义往难复留[⑧]。
自小阙内训[⑨],事姑贻我忧[⑩]。
赖兹托令门[⑪],任恤庶无尤[⑫]。
贫俭诚所尚[⑬],资从岂待周[⑭]。
孝恭遵妇道,容止顺其猷[⑮]。
别离在今晨,见尔当何秋[⑯]。
居闲始自遣[⑰],临感忽难收[⑱]。
归来视幼女,零泪缘缨流[⑲]。

【注释】 ①此诗作于建中兴元年间韦应物任滁州刺史任上,是送女出嫁时的叮嘱训诫。杨氏女:指嫁到杨家的女儿。此女为韦应物之长女。②永曰:整天。戚戚:伤悲的样子。③悠悠:形容路途遥远。④女子今有行:语本《诗经·邶风·泉水》:"女子有行,远父母兄弟。"行,指出嫁。⑤溯:逆水而行。⑥尔辈:你们。指韦应物的孩子们。无恃:指母逝失去依靠。韦应物妻于大历十二年(777)去世。恃,依靠。⑦幼为长所育:此句下作者自注曰:"幼女为杨氏所抚育。"⑧义往:指长女到了婚嫁年龄,应该出嫁。⑨阙内训:指自幼丧母,缺乏闺中妇德的教诲。⑩事姑:侍奉婆婆。贻我忧:意谓我担心她侍姑不周。贻,留。⑪托:托付。令门:有名望的好人家。⑫任:信任。恤:体恤,关怀。庶:庶几,差不多。无尤:没有过失。⑬尚:推崇。⑭资从:嫁妆。周:完备。⑮容止:指仪容、行为举止。猷:规矩。⑯尔:你,指长女。何秋:哪一年。⑰自遣:自我排解。⑱临感:临别时的伤感。难收:不能控制。⑲零泪:流泪。缘:沿着。缨:系在下巴下的帽带。

柳宗元

柳宗元(773~819),字子厚,祖籍河东(今山西永济)人,故世称"柳河东"。贞元九年(793)登进士第。十四年(798)登博学宏词科,曾当过监察御史。永贞元年(805)因参与王叔文革新,被贬为永州司马。元和十年(815)召还京师,又出为柳州刺史,四年后卒于任上。人称"柳柳州"。

柳宗元是唐代古文大家,与韩愈同为古文运动的主将,世称"韩柳"。他又工于诗,苏

轼评其诗曰："发纤秾于简古，寄至味于澹泊"(《书黄子思诗集后》)；又说："所贵于枯澹者，谓其外枯而中膏，似澹而实美，渊明、子厚之流是也。"(《东坡题跋·评韩柳诗》)方回评曰："柳柳州诗精绝工致，古体尤高。"(《瀛奎律髓汇评》)后人评诗常把他与韦应物并称为"韦柳"，但苏轼和严羽都认为，柳宗元的古诗在韦应物之上，尤其是他在永州、柳州期间的山水之作，"高者逼陶、阮"(刘克庄《后村诗话》)，"句澹雅而味深长"(魏庆之《诗人玉屑》)。今有《柳河东集》三十卷行世，《全唐诗》编其诗四卷。

柳宗元

晨诣超师院读禅经[1]

柳宗元

汲井漱寒齿，清心拂尘服[2]。
闲持贝叶书[3]，步出东斋读。
真源了无取[4]，妄迹世所逐[5]。
遗言冀可冥，缮性何由熟[6]？
道人庭宇静[7]，苔色连深竹。
日出雾露馀，青松如膏沐[8]。
澹然离言说[9]，悟悦心自足[10]。

【注释】①此诗是柳宗元被贬为永州司马时所作，抒写读经的感想。诣：到。超师：法名为超的僧人。禅经：即佛经。②"汲井"二句：意谓井水漱口，可以清心；穿衣时掸去灰尘，可以去垢；内外清洁，方可读佛经。汲井，从井中打水。清心，内心清静。服，穿衣。③贝叶书：即佛经。因古印度僧人常用贝多罗树叶写经，故称。④真源：指佛家的真谛。⑤妄迹：虚妄之事，即指世俗事务。逐：追求。⑥"遗言"二句：对佛经中的遗言，我还有希望能够心领神会，却不知道通过什么途径使我的本性修炼到精熟完满的程度。遗言，指佛家先贤的遗言。此指佛经中语。冀，希望。冥，暗合，指心悟。缮性，修养本性。熟，精熟。⑦道人：有道之人，此指超师。⑧"日出"二句：青松经雨露晨雾滋润后，在阳光的照耀之下，像油脂洗过一样润泽。膏，油脂。⑨澹然：形容心境宁静。离言说：难以用言语来表达。⑩悟悦：悟道之乐。足：满足。

溪　居[1]

柳宗元

久为簪组束[2]，幸此南夷谪[3]。
闲依农圃邻[4]，偶似山林客[5]。
晓耕翻露草，夜傍响溪石[6]。
来往不逢人，长歌楚天碧[7]。

【注释】①此诗是柳宗元被贬永州时所作，描写闲居的佳境。溪居：指柳宗元在永州零陵的冉溪边筑的屋舍。②簪组：官吏的冠饰，此处用指为官生涯。束：束缚。③南

夷:古时对南方少数民族的贬称。此指永州地区。谪:贬官。④农圃:农田。⑤偶似:有时好像。⑥响溪石:船桨碰溪石所发出的响声。⑦楚天:指永州,因永州古属楚地之故。

五古乐府

乐府,最初指古代音乐官署。据《汉书·礼乐志》记载,汉武帝开始建立乐府,掌管朝会宴飨、道路游行时所用的音乐,兼采集民间诗歌和乐曲。乐府作为一种诗体,最初就是指乐府官署所采集、创作的乐歌。后来魏晋至唐代可以入乐的诗歌和后人仿效乐府古题的作品也称为"乐府诗",简称"乐府"。宋元以后的词、散曲和剧曲,因配合音乐,有时也称乐府。因此,乐府诗是古体诗中依据其源流及与音乐的关系所划分出的一种类别。其字数、句数和格律都没有严格的要求。

五言古诗与五古乐府,虽然在发生学上别有系统,但二者在句式和字数上有类似之处,即都要求每句五个字,句数长短不拘。而按照乐府曲调来说,五古乐府既有沿用乐府旧题写时事以抒发自己情感的,也有模仿民歌以写男女恋情的,还有"悲如蛩螿"(姜夔《白石道人诗说》)的吟体。

塞上曲①

王昌龄

蝉鸣空桑林②,八月萧关道③。
出塞入塞寒,处处黄芦草。
从来幽并客④,皆共尘沙老。
莫学游侠儿⑤,矜夸紫骝好⑥。

【注释】 ①此为写幽、并健儿的边塞诗。塞上曲:为唐新乐府辞,出自汉乐府《出塞》《入塞》,属横吹曲辞。此题一作"塞下曲"。②空桑林:指秋天桑林叶落,变得空疏。③萧关:在今宁夏原州区东南。④幽并客:幽州和并州的人。幽、并二州在今河北、山西和陕西一部分,此概指燕赵之地。⑤游侠儿:指重义气、以勇武驰骋天下的人。⑥矜夸:夸耀。紫骝:古骏马名。此指骏马。

塞下曲①

王昌龄

饮马度秋水,水寒风似刀。
平沙日未没,黯黯见临洮②。
昔日长城战③,咸言意气高④。
黄尘足今古⑤,白骨乱蓬蒿⑥;

【注释】 ①这是一首具有非战意味的边塞诗。塞下曲:唐新乐府辞,属横吹曲辞。②黯黯:隐隐约约的样子。临洮:在今甘肃省岷县,唐时为边防要地。古长城西边的起点。③长城战:指开元二年(714)唐军在临洮和吐蕃的战争。④咸:都。⑤足:充满。今古:从古至今。⑥蓬蒿:野草。

关山月[1]

李白

明月出天山[2]，苍茫云海间。
长风几万里，吹度玉门关[3]。
汉下白登道[4]，胡窥青海湾[5]。
由来征战地[6]，不见有人还。
戍客望边邑[7]，思归多苦颜。
高楼当此夜[8]，叹息未应闲。

【注释】 ①关山月为古乐府名，本为诉离别之苦。李白用此题写边塞戍士思归及闺中思夫的内容。②天山：此指甘肃境内祁连山。③玉门关：故址在今甘肃省敦煌西，为唐时边关，是通西域的关塞要道。④汉：指汉朝。下：出兵之意。白登：白登山，在今山西省大同市东。据《汉书》记载，汉高祖亲征匈奴，曾被困于白登山。⑤胡：此指吐蕃。青海湾：指青海湖，在今青海省西宁附近。⑥由来：从来。⑦戍客：守边将士。⑧高楼：指在高楼中的远征边塞将士的妻子。

长干行[1]

李白

妾发初覆额[2]，折花门前剧[3]。
郎骑竹马来[4]，绕床弄青梅[5]。
同居长千里，两小无嫌猜。
十四为君妇，羞颜未尝开[6]。
低头向暗壁，千唤不一回。
十五始展眉[7]，愿同尘与灰[8]。
常存抱柱信，岂上望夫台[9]。
十六君远行，瞿塘滟滪堆[10]。
五月不可触[11]。猿声天上哀[12]。
门前迟行迹，一一生绿苔。
苔深不能扫，落叶秋风早。
八月蝴蝶黄，双飞西园草。
感此伤妾心，坐愁红颜老。
早晚下三巴[13]，预将书报家[14]。
相迎不道远[15]，直至长风沙[16]。

【注释】 ①此诗代商人妇自白，回忆其与夫君青梅竹马的童年，抒发盼君早归的急切和挚爱。长干行：乐府《杂曲歌辞》旧题，本为江南一带民歌，内容多写男女恋情。长干，地名，古时建业（今江苏南京市）有长干里，处秦淮河南岸，地近长江。《舆地纪胜》："江东谓山陇之间曰干，金陵五里有山冈，其间平地民庶杂居，有大长干，小长干，东长干，并是地名。"②妾：古代妇女自称。③剧：游戏。④郎：古代妻子对丈夫的称呼。竹马：儿

童游戏时，把竹竿当马骑，即称竹马。⑤床：井栏杆。弄：玩。⑥羞颜未尝开：指结婚后的害羞之意还没有释解。⑦展眉：指懂得人事，不再害羞。⑧愿同尘与灰：意谓愿与丈夫同生共死。⑨“常存”二句：表达对夫妻情爱的坚信不疑。抱柱信，典出《庄子·盗跖》，相传古代尾生和一女子约会于桥下，到时女子未来，而潮水已至，尾生坚持不去，抱桥柱而被淹死。此后用来比喻信守诺言、忠贞不贰。望夫台，古时传说有丈夫久出不归，妻子在台上眺望，久而成石，此台称望夫台。⑩瞿塘：瞿塘峡，长江三峡之一，在今重庆市奉节县。滟滪堆：瞿塘峡口的一块大礁石。⑪五月不可触：指船只不要碰到礁石。阴历五月江水上涨，滟滪堆被江水淹没，往来船只极易触礁。《太平寰宇记》中民谣有“滟滪大如襆，瞿塘不可触”句。⑫猿声天上哀：瞿塘峡两岸，高山耸立，山中群猿啼声凄厉，船行其间，闻猿啸之声似在天上。⑬下三巴：指丈夫离开三巴顺流而下。三巴，巴郡、巴东、巴西统称三巴，地在今重庆市东部。⑭书：家信。⑮不道远：不嫌远。⑯长风沙：地名，在今安徽省安庆东长江边，地险水急。

孟　郊

孟郊（751～814），字东野，湖州武康（今浙江德清）人，郡望平昌（今山东安丘）。贞元十四年（798）登进士第，当过溧阳尉、水陆转运从事、大理评事。元和九年（814）暴疾卒。孟郊生性孤直，不谐世媚俗，一生穷困潦倒，却刻意吟诗，到了“刿目鉥心，刃迎缕解，钩章棘句，掐擢胃贤”（韩愈《贞曜先生墓志铭》）的地步。

他的诗“蹇涩穷僻，琢削不假，真苦吟而成”（魏泰《临汉隐居诗话》），“横空盘硬语，妥帖力排奡”（韩愈《荐士》）。张为《诗人主客图》把他列为“清奇僻苦主”，苏轼将他与贾岛并称为“郊寒岛瘦”（《祭柳子玉文》）。但大家最喜欢的却还是孟郊为数不多的平易自然的作品，如《游子吟》《列女操》《结爱》等。传有《孟东野诗集》十卷，《全唐诗》编其诗十卷。

游子吟①

孟郊

慈母手中线，游子身上衣。
临行密密缝，意恐迟迟归。
谁言寸草心，报得三春晖②。

【注释】 ①此题下有自注：“迎母溧上作。”可知此诗是孟郊为溧阳市尉时，迎养母亲时所做的。吟：诗体之一。②“谁言”二句：谁说儿女微薄的孝心能报答得了阳光般温暖的母爱呢？寸草心，指小草生出的嫩芽，又象征儿女的孝心。寸草，小草。三春晖，指春天的阳光，也象征母爱。三春，春天。因春季有三个月，故称。

七言古诗

七言古诗，又称七言古风，简称“七古”，一般是对七言古诗和歌行的统称。作为古体诗的一种，七言古诗起源于汉代民间歌谣，甚至更早。每句字数一般为七个，但也并不绝

对如此,只要诗中多数句子是七个字就可以,每篇句数不拘。七言古诗是中国古典诗歌的主要形式之一,其形式活泼、体裁多样、句法和韵脚的处理较为自由,而且富有极强的抒情、叙事的表现力。尤其是其中篇幅较长者,容量较大,用韵也非常灵活。

现在公认最早、最完整的七古是曹丕的《燕歌行》。南北朝时期,鲍照致力于七古创作,将之发展成一种充满活力的诗体。唐代七古气象宏放,手法多样,深沉开阔,代表诗人有李白、杜甫、韩愈、李颀、岑参等。

陈子昂

陈子昂(661~702),字伯玉,梓州射洪(今属四川)人。文明元年(684)登进士第,当过麟台正字、右卫胄曹参军、右拾遗。世称"陈正字"或"陈拾遗"。圣历元年(698)辞官回乡,被县令段简陷害,死于狱中。陈子昂是初唐诗歌革新的先驱,他反对齐梁诗风,提倡复兴"汉魏风骨"。刘克庄评曰:"陈拾遗首唱高雅冲淡之音,一扫六代之纤弱。"(《后村诗话》)高棅盛赞为:"继往开来,中流砥柱,上遏贞观之微波,下决开元之正派。"(《唐诗品汇·五言古诗叙目》)他的《感遇诗》三十八首"尽削浮靡,一振古雅"(胡应麟《诗薮》),"词旨幽邃,音节豪宕"(朱熹《斋居感兴二十首序》),直追阮籍《咏怀》,以至于方回极称《感遇诗》三十八首为唐诗"古体之祖"(《瀛奎律髓汇评》)。今有《陈伯玉文集》十卷行世,《全唐诗》编其诗二卷。

登幽州台歌①

陈子昂

前不见古人,后不见来者。

念天地之悠悠②,独怆然而涕下③。

【注释】 ①此诗是万岁通天初年(696),陈子昂随军北征契丹,登台而作。其诗意本《楚辞·远游》:"惟天地之无穷兮,哀人生之长勤。往者余弗及兮,来者吾不闻。步徙倚而遥思兮,怊惝怳而乖怀。"慨叹人生短暂,宇宙无穷。幽州台:即蓟北楼,又叫蓟丘、燕台,相传是燕昭王为招揽人才而筑的黄金台,故址在今北京市。幽州,郡名,治所蓟,在今北京大兴区。②悠悠:无穷无尽的样子。③怆然:伤感悲凉的样子。涕:眼泪。

李颀

李颀(生卒年不详),赵郡(今河北赵县)人,居住颍阳(今河南登封)。开元二十三年(735)进士,当过新乡尉,后弃官隐居颍阳。他交游广泛,与王昌龄、崔颢、高适、岑参、王维、綦毋潜等著名诗人都有交往,诗名颇著。

殷璠评论李颀的诗"发调既清,修辞亦绣,杂歌咸善,玄理最长"(《河岳英灵集》)。贺贻孙认为:"唐李颀诗虽近于幽细,然气骨则沉壮坚老。"(《诗筏》)他最擅七言,胡应麟把他与高适、岑参、王维并称,形容为"音节鲜明,情致委折,浓纤修短,得衷合度"(《诗薮》)。他的七律更是大受称誉,陆时雍称其"诗格清炼,复流利可诵,是摩诘以下第一人"(《唐诗镜》)。王士禛更说:"唐人七言律,以李东川、王右丞为正宗。"(《师友诗传

录》)今存《李颀诗集》,《全唐诗》存其诗三卷。

古　意[①]

李颀

男儿事长征[②],少小幽燕客[③]。
赌胜马蹄下[④],由来轻七尺[⑤]。
杀人莫敢前[⑥],须如猬毛磔[⑦]。
黄云陇底白云飞,未得报恩不得归。
辽东小妇年十五[⑧],惯弹琵琶解歌舞[⑨]。
今为羌笛出塞声[⑩],使我三军泪如雨。

【注释】 ①此诗为写幽燕客立功边关雄心和思乡之情的边塞诗。古意:即拟古诗。②事长征:从军远征。③幽燕:泛指今辽宁、河北一带,在唐时为边境地区。④赌胜:逞强争胜。⑤轻七尺:意谓不惧怕死亡。七尺,七尺之躯,此谓生命。⑥杀人莫敢前:奋勇杀敌,使敌人不敢近前。⑦须如猬毛磔:意谓胡须如刺猬毛一样纷张,以形容形貌威猛。猬毛磔,语本《晋书·桓温传》,称桓温姿貌威武,"眼如紫石棱,须作猬毛磔"。猬,刺猬。磔,张开。⑧小妇:少妇。⑨解:擅长之意。⑩羌笛:据说笛出于羌中,故称。

送陈章甫[①]

李颀

四月南风大麦黄,枣花未落桐叶长。
青山朝别暮还见,嘶马出门思旧乡。
陈侯立身何坦荡[②],虬须虎眉仍大颡[③]。
腹中贮书一万卷,不肯低头在草莽。
东门酤酒饮我曹[④],心轻万事如鸿毛。
醉卧不知白日暮,有时空望孤云高。
长河浪头连天黑,津吏停舟渡不得[⑤]。
郑国游人未及家[⑥],洛阳行子空叹息[⑦]。
闻道故林相识多[⑧],罢官昨日今如何[⑨]。

【注释】 ①此诗是李颀送陈章甫罢官还乡之作。陈章甫:楚人,开元中进士。②陈侯:对陈章甫的尊称。③虬须:蜷曲的胡须。大颡:宽额。④酤酒;买酒。饮:使喝,作动词。我曹:我辈,我们。⑤津吏:管理渡口的小官。⑥郑国游人:指陈章甫。河南春秋时属郑国,陈曾在河南居住了很久。⑦洛阳行子:作者自指。因李颀曾任新乡县尉,地近洛阳。⑧故林:故乡。⑨昨日:犹言过去。

夜归鹿门歌[①]

孟浩然

山寺钟鸣昼已昏[②],渔梁渡头争渡喧[③]。
人随沙岸向江村,余亦乘舟归鹿门。

鹿门月照开烟树[4],忽到庞公栖隐处[5]。
岩扉松径长寂寥[6],唯有幽人自来去[7]。

【注释】 ①此诗写夜归一路所见,抒发企慕古贤的情怀。鹿门:山名,在今湖北省襄阳。据《后汉书·庞公传》载,东汉时庞德公在鹿门山采药,是著名的隐者。孟浩然追慕先贤高致,也在此地隐居。②昼已昏:指天色已近黄昏。③渔梁:地名,指渔梁洲,在今湖北省襄樊境内。《水经注·沔水》载:"沔水中有鱼梁洲,庞德公所居。"④开烟树:指月光下,原先烟幕缭绕下的树木渐渐显现出来。⑤庞公:即庞德公。⑥岩扉:指山岩相对如门。⑦幽人:隐者,孟浩然自称。

梦游天姥吟留别[1]

李白

海客谈瀛洲[2],烟涛微茫信难求[3]。
越人语天姥[4],云霓明灭或可睹。
天姥连天向天横,势拔五岳掩赤城[5]。
天台四万八千丈,对此欲倒东南倾[6]。
我欲因之梦吴越,一夜飞度镜湖月[7]。
湖月照我影,送我至剡溪[8]。
谢公宿处今尚在[9],绿水荡漾清猿啼。
脚著谢公屐[10],身登青云梯[11]。
半壁见海日[12],空中闻天鸡[13]。
千岩万壑路不定,迷花倚石忽已暝[14]。
熊咆龙吟殷岩泉[15],慄深林兮惊层巅[16]。
云青青兮欲雨,水澹澹兮生烟[17]。
列缺霹雳[18],丘峦崩摧[19]。
洞天石扉[20],訇然中开[21]。
青冥浩荡不见底[22],日月照耀金银台[23]。
霓为衣兮风为马[24],云之君兮纷纷而来下[25]。
虎鼓瑟兮鸾回车[26],仙之人兮列如麻。
忽魂悸以魄动[27],恍惊起而长嗟[28]。
惟觉时之枕席[29],失向来之烟霞[30]。
世间行乐亦如此,古来万事东流水。
别君去兮何时还,且放白鹿青崖间[31],
须行即骑访名山。
安能摧眉折腰事权贵[32],使我不得开心颜。

【注释】 ①此诗以写梦中佳境留别友人,表达遭谗离京,意欲寻仙的愤懑。天姥:山名。天姥山在今浙江天台县、嵊州市和新昌县之间,为道教七十二福地之第十六福地,相传是因闻天姥歌声而得名。自六朝时起,天姥山就成为游览的胜地,并传说曾有仙人居其中。吟:诗体名,是歌行体中的一种。此诗又题作《别东鲁诸公》。②海客:来自海上的

人。瀛洲：古代传说东海中以蓬莱、方丈、瀛洲为海上三仙山，山中多居仙人。③微茫：隐约迷离，形容海上烟雾缥缈、波涛天际的样子。④越人：指当地人。天姥山古属越地。⑤拔：超越。五岳：东岳泰山、南岳衡山、西岳华山、北岳恒山、中岳嵩山合称五岳。掩：压倒。赤城：山名。赤城山为仙霞岭支脉，正与天姥山相对，据说山色皆赤，故称赤城。⑥"天台"二句：天台山虽高，但在天姥山面前，却像要向东南倾倒。上四句都是"越人语天姥"的内容。天台，即天台山，在今浙江天台县，天姥山东南面。四万八千丈，极言山之高。⑦"我欲"二句：我听了越人的话，夜间梦游吴越之地，梦魂飞到镜湖，见到湖中之月。镜湖，即鉴湖，在今浙江绍兴。⑧剡溪：水名。即曹娥江上游，在今浙江嵊州市。⑨谢公：即谢灵运。他曾游过天姥山，投宿剡溪。有《登临海峤与从弟惠连》诗曰："暝投剡中宿，明登天姥岑。"⑩谢公屐：据《南史·谢灵运传》记载，谢灵运曾为登山专门制作了一种木屐，上山去其前齿，下山去其后齿，世称"谢公屐"。⑪青云梯：指陡峭的山石级。语本谢灵运《登石门最高顶》"惜无同怀客，共登青云梯"。⑫半壁：半山腰。⑬天鸡：《述异记》说桃都山上有大树，树上有天鸡，日出照临此树，天鸡就开始鸣叫，于是天下的鸡都随之报晓。⑭暝：昏黑。⑮殷：震动。⑯慄：恐惧。巅：山顶。⑰澹澹：水波闪动的样子。⑱列缺：闪电。霹雳：雷鸣。扬雄《羽猎赋》："霹雳列缺，吐火施鞭。"⑲丘峦：山峰。⑳洞天：道家所谓神仙居处。石扉：石门。㉑訇然：轰然巨响。㉒青冥：天空。㉓金银台：神仙宫阙。语本郭璞《游仙诗》"神仙排云出，但见金银台。"㉔霓：彩虹。㉕云之君：指云神。《楚辞·九歌》中有《云中君》篇。㉖鼓瑟：弹瑟。瑟，古代的一种弦乐器。鸾：仙鸟。㉗魂悸以魄动：即魂魄悸动。悸，动。㉘恍：恍然。长嗟：长叹。㉙觉时：醒来时。㉚向来：刚才。㉛白鹿：《楚辞·哀时命》有"浮云雾而入冥兮，骑白鹿而容与"句，王逸注曰："言已与仙人俱出，……乘云雾骑白鹿而游戏也。"以后诗人咏游仙时，白鹿即为游仙坐骑。㉜摧眉折腰：低头哈腰。

金陵酒肆留别[①]

李白

风吹柳花满店香，吴姬压酒劝客尝[②]。
金陵子弟来相送，欲行不行各尽觞[③]。
请君试问东流水，别意与之谁短长[④]。

【注释】 ①此诗是李白离开金陵，东游扬州前留赠友人之作。金陵：今江苏南京市。酒肆：酒店。②吴姬：指酒店侍女，因金陵古属吴地，故称吴姬。压酒：取酒。酿就新酒，须压酒槽取之，故称压酒。③尽觞：干杯。④"请君"二句：请你问一问东流的江水，离别的情意与这水比起来，谁短谁长。

宣州谢朓楼饯别校书叔云[①]

李白

弃我去者昨日之日不可留，乱我心者今日之多烦忧。
长风万里送秋雁，对此可以酣高楼[②]。
蓬莱文章建安骨[③]，中间小谢又清发[④]

俱怀逸兴壮思飞，欲上青天览明月[⑤]。
抽刀断水水更流，举杯销愁愁更愁。
人生在世不称意，明朝散发弄扁舟[⑥]。

【注释】 ①此诗是天宝末年李白在宣州饯别族权时所作，以谢朓比李云，抒写在世不称意的苦闷。宣州：在今安徽宣城市。谢朓：字玄晖，阳夏（今河南太康）人，南朝时齐诗人。谢朓楼：谢朓任宣州太守时所建，又称北楼，唐时改名叠嶂楼。校书叔云：李白族叔，名李云，曾任秘书省校书郎。②酣：畅饮。③蓬莱文章建安骨：此为称赞李云的文章。蓬莱文章，此指李云的文章。因李云任秘书省校书郎，专事校订图书，故借蓬莱做比喻。蓬莱，《后汉书·窦章传》记载，东汉学者称朝廷藏书楼东观为"蓬莱山"，因为传说海上仙山蓬莱藏有"幽经秘籍"。此处借指李云所在的秘书省。建安骨，建安风骨。汉末建安年间，曹操父子和建安七子所作诗文苍劲刚健，史称"建安风骨"。④小谢：谢朓。后人把他与谢灵运并称，称谢灵运"大谢"，称谢朓"小谢"。清发：清新秀发。此处是李白自比小谢。⑤览：通"揽"，摘取。⑥散发：古人平时都束发戴帽，闲散时松开头发，称散发。后因其有不受冠冕拘束之意，引申出弃官归隐之意。又因头发披散零乱，便有了疏狂放纵的意味。扁舟：小船。

走马川行奉送封大夫出师西征[①]

岑参

君不见走马川行雪海边[②]，平沙莽莽黄入天[③]。
轮台九月风夜吼[④]，一川碎石大如斗，
随风满地石乱走。
匈奴草黄马正肥[⑤]，金山西见烟尘飞[⑥]，
汉家大将西出师[⑦]。
将军金甲夜不脱，半夜军行戈相拨[⑧]，
风头如刀面如割。
马毛带雪汗气蒸，五花连钱旋作冰[⑨]，
幕中草檄砚水凝[⑩]。
虏骑闻之应胆慑[⑪]，料知短兵不敢接[⑫]，
车师西门伫献捷[⑬]。

【注释】 ①此诗当作于天宝十三年（754）九月，极力铺张自然环境的险恶以反衬大军的一往无前。走马川：地名，在北庭川，今新疆古尔班通古特。行：古诗体裁之一。封大夫：指封常清，蒲州猗氏（今山西临猗）人。天宝年间任北庭都护、伊西节度使、瀚海军使，调岑参任安西、北庭节度判官，军府驻轮台。因封常清曾任御史大夫，故称封大夫。西征：封常清于天宝十三年率军对突厥西叶护阿布思叛军余部用兵，一月之内，受降而归。②雪海：山区名，为今新疆吉木萨尔县南之天山，因常年雨雪，雪峰层叠，故称雪海。③莽莽：浩渺无边的样子。④轮台：在今新疆库车县东。封常清驻军于此，岑参亦常居于此。⑤匈奴草黄马正肥：据《汉书·匈奴传》记载，秋天草黄马肥时，匈奴人常侵汉境劫掠。⑥金山：即阿尔泰山，在今新疆北部和蒙古人民共和国西部。此指敌军侵犯的方向。

⑦汉家大将：指封常清。⑧戈相拨：指戈与铠甲互相碰击。⑨五花连钱旋作冰：马鬃和马身上的雪与汗被冷风一吹很快冻成了冰。五花，即五花马。唐人剪马鬃成花状，三瓣称三花，五瓣称五花。连钱，指马身上斑驳如钱的花纹。旋，随即。⑩草檄：起草军中征讨文书。⑪慑：惧怕。⑫料知短兵不敢接：敌人不敢短兵相接地战斗。短兵，指刀剑之类的短兵器。⑬"车师"：古国名，唐时为北庭都护府治所北庭城。伫：站着等待。

白雪歌送武判官归京[1]

岑参

北风卷地白草折[2]，胡天八月即飞雪[3]。
忽如一夜春风来，千树万树梨花开。
散入珠帘湿罗幕，狐裘不暖锦衾薄[4]。
将军角弓不得控[5]，都护铁衣冷犹着[6]。
瀚海阑干百丈冰[7]，愁云惨淡万里凝。
中军置酒饮归客[8]，胡琴琵琶与羌笛。
纷纷暮雪下辕门[9]，风掣红旗冻不翻[10]。
轮台东门送君去[11]，去时雪满天山路[12]。
山回路转不见君，雪上空留马行处。

【注释】 ①此诗与《轮台歌》作于同时，描写边地八月飞雪的奇丽景象，抒发送别武判官的无尽离思。白雪歌：乐府琴曲有《白雪歌》。判官：官名。唐时节度使、观察使下掌书记之官吏。武判官：其人不详。②白草：因西域牧草秋天变白，故称。③胡天：此处指西域的气候。④衾：被子。⑤角弓：以兽角为装饰的硬弓。控：拉弦。⑥都护：官名。唐时曾设安西等六大都护府，每府有大都护，管理行政事务。铁衣：护身铁甲衣。着：穿。⑦瀚海：即大沙漠。阑干：犹言纵横交错的样子。⑧中军：主帅所在的军营。此指主帅营帐。⑨辕门：军营之门。⑩风掣红旗冻不翻：红旗因被冰雪冻住，风吹也不能使它拂动。掣，拽动。⑪轮台：轮台县，北庭都护府治所。⑫天山：唐时称伊州、西州以北一带山脉为天山。

古柏行[1]

杜甫

孔明庙前有老柏[2]，柯如青铜根如石[3]。
霜皮溜雨四十围[4]，黛色参天二千尺[5]。
君臣已与时际会，树木犹为人爱惜[6]。
云来气接巫峡长，月出寒通雪山白[7]。
忆昨路绕锦亭东[8]，先主武侯同閟宫[9]。
崔嵬枝干郊原古[10]，窈窕丹青户牖空[11]。
落落盘踞虽得地[12]，冥冥孤高多烈风[13]。
扶持自是神明力，正直原因造化功[14]。
大厦如倾要梁栋，万牛回首丘山重[15]。

不露文章世已惊[16],未辞剪伐谁能送[17]。
苦心岂免容蝼蚁,香叶曾经宿鸾凤[18]。
志士仁人莫怨嗟,古来材大难为用。

【注释】 ①此诗作于唐代宗大历元年(766),以古柏礼赞追念孔明,亦以自喻自伤。古柏:指夔州(今重庆市奉节县)诸葛庙前的古柏。②孔明庙:诸葛孔明庙有三处;一在定军山(今陕西勉县);一在成都,为武侯祠,附刘备庙中;一在夔州,与刘备庙分立。此指夔州孔明庙。③柯:枝干。④霜皮溜雨:树皮自而光滑。四十围:极言其粗。围,合抱曰围。⑤黛色:青黑色。二千尺:极言其高。⑥"君臣"二句:刘备、孔明君臣遇合,有德于民,人们怀念他们因而对树木更加爱惜。与时,因时。际会,遇合。此处用召伯甘棠之典。《左传·定公九年》:"《诗》曰:'蔽芾甘棠,勿剪勿伐,召伯所茇。'思其人犹爱其树,况用其道而不恤其人乎?"⑦"云来"二句:白天云来,云气与巫峡相接;夜晚月出,寒气来自雪山。此处形容柏树气象。雪山,岷山主峰,在四川松潘。⑧路绕锦亭东:因武侯祠在草堂东面,故去武侯祠必绕道而行。锦亭,杜甫在成都的草堂有亭,因草堂近锦江,故称锦亭。⑨閟宫:神宫,指祠庙。⑩崔嵬:高大的样子。⑪窈窕:幽深的样子。丹青:绘画。⑫落落:指树独立挺拔的样子。盘踞:语自《西京杂记》载中山王《文木赋》:"或如龙盘虎踞。"此指古柏雄壮。得地:得其所在。⑬冥冥:高空深远的样子。⑭"扶持"二句:古柏经烈风而长存,自是神明着意扶持;其挺拔正直,是因为造物主赋予它力量。神明力、造化功,皆指自然的力量。⑮万牛回首丘山重:语自鲍照诗:"丘山不可胜。"此言古柏重如丘山,万牛也拉不动。⑯不露文章:指古柏不炫耀自己的花纹之美。文章,指古柏华美的花纹。⑰未辞剪伐谁能送:古柏虽不避砍伐,可又有谁能采送。比喻栋梁之材虽想为世所用,但无人引荐。⑱"苦心"二句:古柏的根茎虽难免遭蝼蚁侵害,但其枝叶上曾有鸾凤栖宿过。苦心,柏心味苦。蝼蚁,蝼蛄蚂蚁,喻小人。鸾凤,鸾鸟凤凰,喻贤人。

观公孙大娘弟子舞剑器行并序[1]

杜甫

大历二年十月十九日,夔府别驾元持宅[2],见临颍李十二娘舞剑器[3],壮其蔚跂[4]。问其所师,曰:"余公孙大娘弟子也。"开元三载[5],余尚童稚[6],记于郾城观公孙氏舞剑器浑脱[7],浏漓顿挫,独出冠时[8]。自高头宜春、梨园二伎坊内人[9],洎外供奉[10],晓是舞者,圣文神武皇帝初[11],公孙一人而已。玉貌锦衣,况余白首[12],今兹弟子,亦匪盛颜[13]。既辨其由来,知波澜莫二[14]。抚事慷慨[15],聊为《剑器行》[16]。往者吴人张旭[17],善草书书帖,数常于郧县见公孙大娘舞西河剑器[18],自此草书长进[19]。豪荡感激,即公孙可知矣[20]。

昔有佳人公孙氏,一舞剑器动四方。
观者如山色沮丧[21],天地为之久低昂[22]。
㸌如羿射九日落[23],矫如群帝骖龙翔[24]。
来如雷霆收震怒[25],罢如江海凝清光[26]。
绛唇珠袖两寂寞[27],晚有弟子传芬芳。
临颍美人在白帝[28],妙舞此曲神扬扬。
与余问答既有以[29],感时抚事增惋伤[30]。

先帝侍女八千人[31],公孙剑器初第一[32]。
五十年间似反掌[33],风尘澒洞昏王室[34]。
梨园子弟散如烟,女乐馀姿映寒日[35]。
金粟堆前木已拱[36],瞿塘石城草萧瑟[37]。
玳弦急管曲复终[38],乐极哀来月东出。
老夫不知其所往,足茧荒山转愁疾[39]。

【注释】 ①此诗是唐代宗大历二年(767)杜甫在夔州观剑器舞时"感时抚事"之作。公孙大娘:开元年间著名的舞蹈艺人,能为《邻里曲》《西河剑器浑脱》等舞。剑器:唐代"健舞"之一,属"武舞",舞者穿戎装,执剑。②夔府:贞观十四年(640),夔州曾设督府,故夔州又称夔府,在今重庆市奉节县。别驾:官名,刺史佐官。元持:人名,其人不详。③临颍,在今河南临颍县。④蔚跂:形容其舞姿矫健凌厉。⑤开元三载:"三"一作"五"。⑥童稚:年幼。开元三载(715)时杜甫四岁;开元五载时为六岁。⑦郾城:在今河南郾城区。浑脱:原指一种帽子。唐太宗时,赵国公长孙无忌用乌羊毛做成浑脱毡帽,人多效之,称"赵公浑脱"。后演变成舞,也属"武舞"。⑧冠时:冠绝一时。⑨高头:前头,指在皇帝跟前。宜春、梨园:指唐玄宗时设于宫内的皇家歌舞班子。伎坊:教坊,或称"内供奉",教演音乐歌舞的机构。《雍录》卷九记载:"开元二年,置教坊于蓬莱宫,上自教法曲,谓之梨园子弟。……至天宝中,即东宫置宜春北苑,命宫女数百人为梨园弟子。"⑩洎:及。外供奉:设于宫外的外教坊。⑪圣文神武皇帝:唐玄宗的尊号。⑫"玉貌"二句:想起当年公孙大娘容貌美丽、衣着华艳,今已不在,何况我也白头了呢?⑬"今兹"二句:现在这个弟子也不年轻了。盛颜,容貌年轻。⑭"既辨"二句:既然明白了她的师承,那她的舞技与公孙大娘也没有差别。波澜莫二,指一脉相承。⑮抚事:回忆往事。⑯聊:姑且。⑰张旭:唐代书法家,最善草书,有"草圣"之名。⑱数:多次。邺县:地名,在今河南安阳县。西河剑器:剑器舞中的一种。⑲草书长进:草书书法大有进步。⑳"豪荡"二句:张旭的书法从公孙大娘那里受到感染,则公孙大娘的舞技就可想见了。㉑观者如山:指观众众多。色沮丧:失色之意。㉒低昂:起伏动荡。㉓㸌:闪光貌。羿射九日:传说帝尧时,天上十日并出,草木焦枯。后尧命羿射落九日。㉔矫:飞腾貌。群帝:天上众仙。骖龙翔:驾龙飞翔。㉕来:指上场。雷霆:指鼓声如雷鸣。㉖罢:指下场。清光:指剑闪寒光。㉗绛唇珠袖两寂寞:公孙大娘人与舞都亡逝了。绛唇,红唇。此指公孙大娘其人。珠袖,此指舞蹈。㉘临颍美人:指李十二娘。白帝:白帝城,在夔州。㉙既有以:有根由,即序中所说"既辨其由来"。㉚感时抚事:感于今事,追忆往昔。㉛先帝;指唐玄宗。㉜初:本。㉝五十年间:指自开元三载至大历二年,其间有五十余年。似反掌:形容岁月迅速流逝。㉞风尘澒洞:指安史之乱。澒洞,形容弥漫无际。㉟女乐馀姿:指李十二娘的舞姿有开元歌舞的神韵。寒日:杜甫观舞作诗正值十月。㊱金粟堆:即金粟山,在今陕西蒲城县东北,唐玄宗陵泰陵即在山上。木已拱:墓前所栽种之树已有合抱一般粗了。㊲瞿塘石城:即白帝城。夔州近瞿塘峡。㊳玳弦:玳瑁制的弦乐器。急管:节奏急促的管乐之声。㊴"老夫"二句:离开元持宅,我不知该往何处去,脚上生茧走不快,可仍像在荒山行路一样,担心走得太快。这里比喻恋恋不忍离去。老夫,杜甫自指。

石鱼湖上醉歌并序[①]

元结

漫叟以公田米酿酒[②]，因休暇则载酒于湖上，时取一醉。欢醉中，据湖岸引臂向鱼取酒[③]，使舫载之[④]，遍饮坐者。意疑倚巴丘酌于君山之上[⑤]，诸子环洞庭而坐[⑥]，酒舫泛泛然触波涛而往来者，乃作歌以长之[⑦]。

石鱼湖，似洞庭，
夏水欲满君山青。
山为樽[⑧]，水为沼[⑨]，
酒徒历历坐洲岛。
长风连日作大浪，不能废人运酒舫[⑩]。
我持长瓢坐巴丘[⑪]，酌饮四座以散愁。

【注释】 ①此诗极写酒兴之豪，放浪之中实有苦衷。石鱼湖：在今湖南道县东，因湖中有大石，状如游鱼而得名。元结任道州刺史时，常到石鱼湖饮酒赋诗。其《石鱼湖上作》诗序云："瀌泉南山，有独石在水中，状如游鱼。鱼凹处，修之可以贮酒。水涯四匝，多欹石相连。石上，人堪坐。水能浮小舫载酒，又能绕石鱼回流，乃命湖目'石鱼湖'。"②漫叟：元结之自号。③引臂：伸臂。向鱼取酒：在石鱼上有凹处，可以贮酒，故称。④舫：小船。石鱼湖上，水绕石鱼回流，故饮酒时，用小船载酒，绕石而行，遍饮同游之人。⑤疑：就好像。巴丘：即巴陵，洞庭湖岸边山名。君山：又名洞庭山，在洞庭湖中。⑥洞庭：此指洞庭湖（一说指石鱼湖）。⑦长：助兴之意。⑧樽：酒器的一种。⑨沼：即池，此指酒池。⑩废：阻止。⑪长瓢：长柄的舀酒器。

韩　　愈

韩愈（768~824），字退之，河南河阳（今河南孟州市）人，郡望昌黎（今属河北），故世称"韩昌黎"。贞元八年（792）登进士第，当过宣武军节度使观察推官、监察御史。因上疏触怒权贵，被贬为阳山令。元和元年（806）召为国子博士，历任都官员外郎、比部郎中、中书舍人、刑部侍郎等职。十四年（819）因谏迎佛骨获罪，被贬为潮州刺史。穆宗即位后，征为国子祭酒，历兵部侍郎、京兆尹、吏部侍郎。长庆四年（824）卒。世称"韩吏部"或"韩文公"。

韩愈像

韩愈是中唐古文运动的领袖，也是当时的文坛盟主，其古文被苏轼誉为"文起八代之衰"（《韩文公庙碑》）。韩愈的诗歌吸收古文的章法、句式，"以文为诗"（《后山诗话》引苏轼语），因而表现出"骋驾气势，崭绝崛强"（高棅《唐诗品汇》）的特色。张戒评曰："退之诗大抵才气有馀，故能擒能纵，颠倒崛奇，无施不可。放之则如长江大河，澜翻汹涌。滚滚不穷；收之则藏形匿影，乍出乍没，姿态横生，变怪百出。"（《岁寒堂诗话》）同时，为了出奇制胜、别开生面，韩愈诗喜用险

韵、奇字、古句、方言，钱良择评曰：“唐自李杜崛起，尽翻六朝窠臼，文章能事已尽，无可变化矣。昌黎生其后，乃尽废前人之法，而创为奇辟拙拗之语，遂开千古未有之面目。”(《唐音审体》)所以苏轼认为“诗格之变自退之始”(《王直方诗话》引)。方东树评韩诗“笔力强，造语奇，取境阔，蓄势远，用法变化而深严”，可谓概括了其特点。今有《昌黎先生集》四十卷及《外集》行世，《全唐诗》编其诗十卷。

山　石[①]

韩愈

山石荦确行径微[②]，黄昏到寺蝙蝠飞。
升堂坐阶新雨足，芭蕉叶大支子肥[③]。
僧言古壁佛画好，以火来照所见稀[④]。
铺床拂席置羹饭，疏粝亦足饱我饥[⑤]。
夜深静卧百虫绝，清月出岭光入扉[⑥]。
天明独去无道路[⑦]，出入高下穷烟霏[⑧]。
山红涧碧纷烂漫[⑨]，时见松枥皆十围。
当流赤足踏涧石，水声激激风生衣。
人生如此自可乐，岂必局促为人鞿[⑩]。
嗟哉吾党二三子[⑪]，安得至老不更归[⑫]。

【注释】 ①此诗作于贞元十七年(801)韩愈在洛阳惠林寺时，描写游山寺的所遇、所见、所闻、所感。②荦确：险峻不平的样子。微：狭窄。③支子：即栀子，夏天开白花。④稀：模糊，少见。⑤疏粝：糙米饭。⑥扉：门。⑦无道路：意指随处闲走，不择路径。⑧烟霏：指云雾。⑨山红：指山花红艳。涧碧：指涧水碧绿。⑩局促：约束之意。为人鞿：形容被人所控制。鞿，马络头。⑪吾党二三子：意谓我的几个志趣相投的朋友。吾党，语出《论语·公冶长》：“吾党之小子简狂。”二三子，语出《论语·述而》：“二三子以我为乎?”⑫不更归：即再不归。更，再。

渔　翁[①]

柳宗元

渔翁夜傍西岩宿[②]，晓汲清湘燃楚竹[③]。
烟销日出不见人，欸乃一声山水绿[④]。
回看天际下中流，岩上无心云相逐[⑤]。

【注释】 ①此诗作于柳宗元被贬永州司马期间，以写渔翁写景，寄托超脱心绪。②傍：靠。③汲：打水。清湘：指湘江。楚竹：楚地之竹。因永州古属楚国，故称。④欸乃：摇桨发出的声音。唐时湘中有渔歌《欸乃曲》，有人也认为此处指船歌。⑤无心云相逐：语本陶渊明《归去来辞》“云无心以出岫”，指任意飘荡的云。

白居易

白居易(772~846)，字乐天，祖籍太原(今属山西)，居于下邽(今陕西渭南)，生于郑

州新郑市(今属河南)。贞元十六年(800)登进士第,历任秘书省校书郎、左拾遗、京兆府户曹参军等职,为翰林学士。元和十年(815)因上书请急捕刺杀宰相武元衡凶手,遭当权者嫉恨,被贬为江州司马。穆宗即位后,召为尚书司门员外郎。以后当过主客郎中、知制诰、中书舍人、杭州刺史、苏州刺史、刑部侍郎、河南尹、太子宾客等。会昌二年(842)以刑部尚书致仕。白居易晚年皈依佛教,吟咏自适,自号“醉吟先生”“香山居士”。

白居易以诗著称,早年与元稹齐名,称“元白”。晚年与刘禹锡齐名,称“刘白”。元和年间提倡新乐府,主张作诗“辞质而径”“言直而切”“事核而实”“体顺而肆”(《新乐府序》),影响深远。他的作品“自擅天然,贵在近俗”(蔡僚《西清诗话》),“看是平易,其实精纯”(赵翼《瓯北诗话》),“言浅而思深,意微而词显”(薛雪《一瓢诗话》)。他的七言古诗以《长恨歌》《琵琶行》最著名。赵翼认为白居易“即无全集,而二诗已自不朽”(《瓯北诗话》)。后世把白居易和元稹的这类七言长篇叙事歌行称作“长庆体”(林昌彝《射鹰楼诗话》)。张为《诗人主客图》把白居易列为“广大教化主”。胡应麟认为:“唐诗文至乐天,自别是一番境界、一种风流。”(《题白乐天集》)现有《白氏长庆集》七十五卷,《全唐诗》编其诗三十九卷。

长恨歌[1]

白居易

汉皇重色思倾国[2],御宇多年求不得[3]。
杨家有女初长成,养在深闺人未识。
天生丽质难自弃,一朝选在君王侧[4]。
回眸一笑百媚生,六宫粉黛无颜色[5]。
春寒赐浴华清池[6],温泉水滑洗凝脂[7]。
侍儿扶起娇无力,始是新承恩泽时[8]。
云鬓花颜金步摇[9],芙蓉帐暖度春宵[10]。
春宵苦短日高起,从此君王不早朝。
承欢侍宴无闲暇,春从春游夜专夜。
后宫佳丽三千人,三千宠爱在一身。
金屋妆成娇侍夜[11],玉楼宴罢醉和春。
姊妹弟兄皆列土[12],可怜光彩生门户[13]。
遂令天下父母心,不重生男重生女[14]。
骊宫高处入青云[15],仙乐风飘处处闻。
缓歌慢舞凝丝竹,尽日君王看不足[16]。
渔阳鼙鼓动地来[17],惊破《霓裳羽衣曲》[18]。
九重城阙烟尘生[19],千乘万骑西南行[20]。
翠华摇摇行复止[21],西出都门百馀里[22]。
六军不发无奈何[23],宛转蛾眉马前死[24]。
花钿委地无人收[25],翠翘金雀玉搔头[26]。
君王掩面救不得,回看血泪相和流。

黄埃散漫风萧索，云栈萦纡登剑阁[27]。
峨眉山下少人行[28]，旌旗无光日色薄[29]。
蜀江水碧蜀山青，圣主朝朝暮暮情。
行宫见月伤心色[30]，夜雨闻铃肠断声[31]。
天旋地转回龙驭[32]，到此踌躇不能去[33]。
马嵬坡下泥土中，不见玉颜空死处[34]。
君臣相顾尽沾衣[35]，东望都门信马归[36]。
归来池苑皆依旧，太液芙蓉未央柳[37]。
芙蓉如面柳如眉，对此如何不泪垂？
春风桃李花开日，秋雨梧桐叶落时。
西宫南内多秋草[38]，落叶满阶红不扫。
梨园弟子白发新[39]，椒房阿监青娥老[40]。
夕殿萤飞思悄然[41]，孤灯挑尽未成眠。
迟迟钟鼓初长夜，耿耿星河欲曙天[42]。
鸳鸯瓦冷霜华重[43]，翡翠衾寒谁与共[44]？
悠悠生死别经年[45]，魂魄不曾来入梦。
临邛道士鸿都客[46]，能以精诚致魂魄[47]。
为感君王辗转思[48]，遂教方士殷勤觅[49]。
排空驭气奔如电[50]，升天入地求之遍。
上穷碧落下黄泉[51]，两处茫茫皆不见。
忽闻海上有仙山，山在虚无缥渺间。
楼阁玲珑五云起[52]，其中绰约多仙子[53]。
中有一人字太真[54]，雪肤花貌参差是[55]。
金阙西厢叩玉扃[56]，转教小玉报双成[57]。
闻道汉家天子使，九华帐里梦魂惊[58]。
揽衣推枕起徘徊，珠箔银屏迤逦开[59]。
云髻半偏新睡觉[60]，花冠不整下堂来。
风吹仙袂飘飘举[61]，犹似霓裳羽衣舞。
玉容寂寞泪阑干[62]，梨花一枝春带雨[63]。
含情凝睇谢君王[64]，一别音容两渺茫。
昭阳殿里恩爱绝[65]，蓬莱宫中日月长[66]。
回头下望人寰处[67]，不见长安见尘雾。
惟将旧物表深情，钿合金钗寄将去[68]。
钗留一股合一扇，钗擘黄金合分钿[69]。
但教心似金钿坚，天上人间会相见。
临别殷勤重寄词[70]，词中有誓两心知：
七月七日长生殿[71]，夜半无人私语时。
在天愿作比翼鸟，在地愿为连理枝[72]。

天长地久有时尽，此恨绵绵无尽期！

【注释】 ①此诗作于元和元年(806)，白居易时任盩厔县尉。这是一首咏叹唐玄宗与杨贵妃爱情悲剧的长篇叙事诗。②汉皇：此指唐玄宗李隆基。唐人常以汉武帝指唐玄宗，又以武帝之宠李夫人喻玄宗之宠杨贵妃。倾国：据《汉书·外戚传》载，李延年(李夫人之兄)歌曰："北方有佳人，绝世而独立。一顾倾人城，再顾倾人国。"意谓佳人美色能倾动全城、全国。后以"倾城""倾国"来比喻佳人美貌，或代称美人。③御宇：治理天下。④"一朝"以上四句：杨贵妃小名玉环，蒲州永乐(今山西永济)人，蜀州司户杨玄琰之女。因父早死，养于叔父杨玄珪家。开元二十三年(735)封为唐玄宗之子寿王李瑁之妃。二十八年，玄宗命她出家为女道士，改名太真。天宝四年(745)，册封为贵妃。诗中所写并不符合事实，这是白居易为唐玄宗隐讳。⑤六宫粉黛：指后宫中所有的妃嫔。颜色：姿色。⑥华清池：即骊山(在今陕西临潼)上的华清宫中，为温泉。⑦凝脂：指白嫩柔滑的肌肤。《诗经·卫风·硕人》有"肤如凝脂"句。⑧承恩泽：指得到皇帝的宠幸。⑨云鬓：指女人浓密卷曲如云的鬓发。金步摇：一种缀有垂珠的头钗，因步行则垂珠摇动，故称。据宋人乐史《杨太真外传》记载，玄宗于定情之夕亲手给玉环插上一枝"丽水镇库紫磨金琢成步摇"。⑩芙蓉帐：上绣并蒂莲花的幔帐。⑪金屋：据《汉武故事》载，汉武帝幼时，看上姑母长公主之女阿娇，曾说："若得阿娇作妇，当作金屋贮之。"后用金屋指宠姬之居。⑫列土：分封土地。杨贵妃被册封后，其大姐封韩国夫人，三姐封虢国夫人，八姐封秦国夫人；族兄杨铦封鸿胪卿，杨锜任侍御史，杨钊(国忠)为右丞相，封魏国公。⑬可怜：可羡。⑭"遂令"二句：当时有歌谣曰："生女勿悲酸，生男勿喜欢"，"男不封侯女作妃，看女却为门上楣"。⑮骊宫：指骊山华清宫。⑯尽日：一整天。看不足：看不够。⑰渔阳鼙鼓：指安禄山起兵渔阳叛乱事。渔阳，唐郡名，在今河北蓟州区一带。鼙鼓，骑马所用的战鼓。安禄山为平卢、范阳、河东三镇节度使，天宝十四年(755)起兵范阳(渔阳郡为范阳节度使所辖八郡之一)，反叛朝廷。⑱《霓裳羽衣曲》：唐代著名舞曲。西凉节度使杨敬述献西域乐曲，唐玄宗据以改编而成。⑲九重城阙：指京城长安。烟尘：尘土与烽火骤起，指战火逼近。⑳千乘万骑：指跟随玄宗的大队人马。天宝十五年(756)，安禄山破潼关，唐玄宗带着杨贵妃出逃西南。乘，指车。㉑翠华：皇帝仪仗中用翠鸟羽毛装饰的旗帜。此指皇帝车驾。㉒百馀里：马嵬坡在今陕西兴平市，距长安约百余里路。㉓六军：皇帝卫队。不发：不肯前进。唐玄宗行至马嵬坡，卫队哗变，请杀杨国忠和杨贵妃，以泄天下之愤，玄宗无奈从之，杀杨国忠，令杨贵妃自缢。㉔宛转：委婉委屈的样子。蛾眉：指美貌女子，此指杨贵妃。㉕花钿：嵌珠玉的花形头饰。委地：扔在地上。㉖翠翘：形似翠鸟尾的首饰。金雀：黄金制成的凤形首饰。玉搔头：即玉簪子。㉗云栈：直入云霄的栈道。关中入蜀，必走栈道。萦纡：指栈道曲折迂回。剑阁：在大小剑山之间，地势极险，为南栈道的一部分，在今四川剑阁县东北。㉘峨眉山：在今四川峨眉县。此处泛指蜀中之山。㉙日色薄：日光惨淡。㉚行宫：皇帝出行时所住之处。㉛夜雨闻铃：据唐人郑处诲《明皇杂录·补遗》记载，唐玄宗"初入斜谷，霖雨涉旬，于栈道雨中闻铃音，隔山相应。上既悼念贵妃，采其声为《雨淋铃》曲以寄恨焉。"铃：此指栈道铁索上所挂铃铛。㉜天旋地转：指时局好转。肃宗至德二年(757)十月，唐军收复长安。回龙驭：指此年十二月唐玄宗回京。龙驭，皇帝车驾。㉝此：指马嵬坡。踌躇：徘徊流连。㉞空死处：只见死的地方。据《新唐书·后

妃传》载，唐玄宗回京，经马嵬坡，派人以礼改葬贵妃，见其香囊犹在，不胜悲切。㉟沾衣：流泪。㊱都门信马：任马驰去。㊲太液：汉长安有太液池；唐太液池在大明宫北。未央：汉未央宫，故址在今西安市。此处借指唐朝宫苑。芙蓉：荷花。㊳西宫南内：西宫指太极宫，故址在今西安市以北故宫城内。南内即南宫，指兴庆宫，故址在今西安市东南。唐玄宗回京后，先住南内；后迁居西宫，被软禁。㊴梨园弟子：唐玄宗通晓音乐，曾亲自教习音乐于梨园，习艺者即称梨园弟子。㊵椒房：指后宫。汉时后妃宫中，取椒粉涂墙，因其香可避恶气，且温暖，故称。阿监：宫中女官。青娥：青春少女。㊶悄然：兴味索然。㊷耿耿：明亮的样子。星河：银河。㊸鸳鸯瓦：两片瓦上下合扣称鸳鸯瓦。霜华：霜花。㊹翡翠衾：绣有翡翠鸟的锦被。据说翡翠鸟雌雄相随而行。㊺经年：整年。㊻临邛：今四川邛崃市。鸿都：汉代洛阳北官门名。此借指长安。临邛道士和鸿都客指同一人，意谓从四川来到长安的道士。㊼致魂魄：把杨贵妃的魂灵招来。据《太平广记》卷二十引《仙传拾遗》里说，此道士叫杨通幽，会招魂之术，"役命鬼神，无不立应"。㊽辗转思：反复思念。㊾方士：即道士。秦汉时称方士，好讲神仙方术。㊿排空驭气：驾着云气横飞过天空。(51)碧落：道家所说东方第一层天叫碧落，此指天堂。黄泉：地下极深处，此指地府。(52)五云：五色祥云。(53)绰约：姿态柔美的样子。(54)太真：杨玉环出家时道号。(55)参差：好像，差不多。(56)金阙、玉扃：道家说，天堂上有上清官，左金阙、右玉扃。扃，门户。此处金阙指金碧辉煌的仙官，玉扃指玉制的门。(57)小玉：相传吴王夫差之女名小玉，死后成仙。双成：相传西王母侍女董双成。此处皆喻指杨太真之侍女。(58)九华帐：绣着百花图案的帷帐。(59)珠箔：珠帘。银屏；银制屏风。迤逦：形容连续不断。(60)新睡觉：刚睡醒。(61)袂：衣袖。(62)泪阑干：眼泪纵横。(63)梨花一枝春带雨：以梨花带雨形容美人雪白的脸上挂着泪珠。(64)凝睇：定睛凝视。谢：告诉。(65)昭阳殿：汉宫殿名，为汉成帝皇后赵飞燕得宠时所居之官。此指杨贵妃生前居处。(66)蓬莱宫：蓬莱相传为海上仙山。蓬莱宫即指仙宫。(67)人寰：人世间。(68)钿舍：镶金花的盒子。(69)"钗留"二句：把金钗和钿盒连同钗上的金饰和盒上的钿（金花）一起折断，杨太真留下一半，叫道士带给玄宗一半。钗留一股，金钗有两股，留下其中的一股。合一扇，盒子有底有盖，分开则成两扇，留下其中的一扇。擘，用手中间分开或折断。(70)重：反复。(71)长生殿：在华清宫中，为祭神之宫，一名集灵殿。七月七日：相传此日牛郎、织女在天上鹊桥相会，故古代妇女在此日穿针，称为"乞巧"。(72)"在天"二句：这是二人私语誓词。比翼鸟，名鹣鹣，据说生于南方，雌雄双飞双宿，常用来比喻夫妇。连理枝，不同根的树木，其枝叶同生在一起，称连理枝。

琵琶行[①]并序

白居易

元和十年，余左迁九江郡司马[②]。明年秋，送客湓浦口[③]，闻舟中夜弹琵琶者。听其音，铮铮然有京都声[④]。问其人，本长安倡女[⑤]，尝学琵琶于穆、曹二善才[⑥]。年长色衰，委身为贾人妇[⑦]。遂命酒使快弹数曲[⑧]，曲罢悯然[⑨]。自叙少小时欢乐事，今漂沦憔悴，转徙于江湖间[⑩]。余出官二年[⑪]，恬然自安[⑫]；感斯人言[⑬]，是夕始觉有迁谪意[⑭]。因为长歌以赠之，凡六百一十二言[⑮]，命曰《琵琶行》。

浔阳江头夜送客[⑯]，枫叶荻花秋瑟瑟[⑰]。

主人下马客在船，举酒欲饮无管弦[18]。
醉不成欢惨将别[19]，别时茫茫江浸月。
忽闻水上琵琶声，主人忘归客不发[20]。
寻声暗问弹者谁[21]，琵琶声停欲语迟[22]。
移船相近邀相见，添酒回灯重开宴[23]。
千呼万唤始出来，犹抱琵琶半遮面。
转轴拨弦三两声[24]，未成曲调先有情。
弦弦掩抑声声思[25]，似诉平生不得志。
低眉信手续续弹[26]，说尽心中无限事。
轻拢慢捻抹复挑[27]，初为霓裳后六幺[28]。
大弦嘈嘈如急雨[29]，小弦切切如私语[30]。
嘈嘈切切错杂弹，大珠小珠落玉盘。
间关莺语花底滑[31]，幽咽流泉水下滩[32]。
水泉冷涩弦凝绝，凝绝不通声渐歇。
别有幽愁暗恨生，此时无声胜有声。
银瓶乍破水浆迸，铁骑突出刀枪鸣[33]。
曲终收拨当心画[34]，四弦一声如裂帛[35]。
东船西舫悄无言，唯见江心秋月白。
沉吟放拨插弦中，整顿衣裳起敛容[36]。
自言本是京城女，家在虾蟆陵下住[37]。
十三学得琵琶成，名属教坊第一部[38]。
曲罢常教善才服[39]，妆成每被秋娘妒[40]。
五陵年少争缠头[41]，一曲红绡不知数[42]。
钿头银篦击节碎[43]，血色罗裙翻酒污[44]。
今年欢笑复明年，秋月春风等闲度。
弟走从军阿姨死[45]，暮去朝来颜色故[46]。
门前冷落车马稀，老大嫁作商人妇。
商人重利轻别离，前月浮梁买茶去[47]。
去来江口守空船，绕船明月江水寒。
夜深忽梦少年事，梦啼妆泪红阑干[48]。
我闻琵琶已叹息，又闻此语重唧唧[49]。
同是天涯沦落人，相逢何必曾相识。
我从去年辞帝京，谪居卧病浔阳城。
浔阳地僻无音乐，终岁不闻丝竹声[50]。
住近湓城地低湿，黄芦苦竹绕宅生。
其间旦暮闻何物，杜鹃啼血猿哀鸣。
春江花朝秋月夜，往往取酒还独倾[51]。
岂无山歌与村笛，呕哑嘲哳难为听[52]。

今夜闻君琵琶语，如听仙乐耳暂明。
莫辞更坐弹一曲[53]，为君翻作琵琶行[54]。
感我此言良久立，却坐促弦弦转急[55]。
凄凄不似向前声[56]，满座重闻皆掩泣。
座中泣下谁最多，江州司马青衫湿[57]。

【注释】 ①题一作《琵琶引》。此诗叙写琵琶女身世，描摹琵琶曲，抒发沦落天涯的感伤。②左迁：即贬官。汉制以右为上，故贬官又称左迁，后世沿用。九江郡：即诗中指到的浔阳、江州，治所在今江西九江。司马：原为刺史下的武职佐吏，此时已变成安置贬官的闲职。③湓浦口：湓水入长江处。湓水，今称龙开河，源于江西青盆山，至九江入长江。④铮铮然：形容乐声铿锵宏亮。京都声：有长安乐手演奏的韵味。⑤倡女：以歌舞演奏为业的乐伎。⑥善才：名手。⑦委身：出嫁之意。贾人：商人。⑧命酒：命人置办酒席。快弹：尽情弹奏。⑨悯然：伤感的样子。⑩转徙：辗转迁移。⑪出官：即贬官之意。⑫恬然：平静悠闲的样子。⑬斯人：此人。⑭迁谪意：被贬逐的感觉。⑮六百一十二言：此诗实为六百一十六字。⑯浔阳江：长江在今九江市附近的一段。⑰瑟瑟：风吹草木之声。⑱管弦：管乐器与弦乐器，此指音乐。⑲惨：指情绪暗淡。⑳发：启程。㉑暗问：低声问。㉒欲语迟：想说又迟疑了没说。㉓回灯：指添油拨芯，使灯重新明亮。㉔转轴：即定弦。轴，指琵琶上调整琴弦松紧的木把手。㉕掩抑：指琵琶声低沉压抑。㉖信手：随手。㉗拢、捻：弹琵琶的左手指法，拢是按弦内拢，捻是按弦左右揉。抹、挑：弹琵琶的右手用拨子的指法，抹是向左弹，挑是向右弹。㉘霓裳：《霓裳羽衣曲》。六幺：本作“录要”，又叫“绿腰”，为京都流行的曲子。㉙大弦：琵琶弦有粗细，最粗的称大弦，音低而沉。㉚小弦：最细的弦，音尖而细。㉛间关莺语花底滑：形容乐声流畅轻快，如同莺声从花下滑过。间关，鸟鸣声。㉜幽咽流泉水下滩：形容乐声涩咽沉重，如同泉水滞留在滩石之下。水下滩，一作“水下难”。㉝“银瓶”二句：形容乐声暂歇后突然发出激烈的声音。银瓶，汲水瓶。乍，突然。㉞拨：弹琵琶用的拨片。当心画：用拨片扫过几根弦，以示结束。㉟裂帛：指乐声如撕裂帛的声音。㊱敛容：指琵琶女从音乐中恢复过来，脸色重又严肃矜持。㊲虾蟆陵：在长安东南，为歌女聚居之处。据说此地原为汉儒董仲舒墓，门人过此须下马，故称“下马陵”，后讹为“虾蟆陵”。㊳教坊：唐代掌管音乐、歌舞、杂技艺人的机构。第一部：第一队，意指最优秀的演奏队。㊴曲罢常教善才服：形容演奏技艺高超。教，使得。㊵妆成每被秋娘妒：自己貌美，被同行嫉妒。秋娘，唐代歌舞伎的通称。㊶五陵年少：指豪门子弟。五陵是长安城外五个汉代皇帝的陵墓所在地，为豪门贵族居住区。缠头：赠送的锦帕绫罗。艺伎演出时以锦缠头，客人便以缠头之锦为赠礼，后成为专送歌舞伎的礼物，称“缠头彩”。㊷红绡：红色的丝织品。㊸钿头银篦：镶嵌金丝的银篦子。击节碎：因打拍子而打碎了。㊹血色：鲜红色。㊺阿姨：鸨母。㊻颜色故：姿色衰老。㊼浮梁：在今江西景德镇，唐时为茶叶集散地。㊽妆泪红阑干：泪水流过带着脂粉的脸，红泪纵横。㊾唧唧：叹息声。㊿丝竹：管乐和弦乐。51独倾：独饮。52呕哑嘲哳：形容乐声杂乱刺耳。53更坐：再请坐下。54翻：依曲作辞。55却坐：退回坐下。促弦：拧紧弦子。56凄凄：形容乐声凄婉。向前：刚才。57青衫：唐时八、九品文官着青衣。白居易为江州司马，品级是最低的九品将仕郎，故穿青衫。

李商隐

李商隐(813~858),字义山,号玉谿生,怀州河内(今河南沁阳)人。大和年间,为天平节度使令狐楚赏识,辟为巡官,并亲授骈文。开成二年(837)因令狐楚之子令狐绹之荐,登进士第。令狐楚死后,为泾原节度使王茂元掌书记,并娶王女为妻。时牛、李党争激烈,令狐父子为牛党,王茂元属李党,牛党恶其背恩而排挤他,故李商隐坎壈终身。以后当过弘农尉、秘书省正字、京兆尹掾曹、节度判官、盐铁推官等。

李商隐是晚唐诗坛之巨擘,"欲取一人备晚唐之数,定在此君"(牟愿相《小澥草堂杂论诗》)。李商隐与杜牧齐名,人称"小李杜"。他又与温庭筠、段成式以骈文著名,三人皆行十六,故时号"三十六体"。王安石以为"唐人知学老杜而得其藩篱,唯义山一人而已"(《蔡宽夫诗话》)。其诗"感事托讽,运意深曲"(方回《瀛奎律髓》),"造意幽深,律切精密"(高棅《唐诗品汇》),"高华典丽,音韵缠绵"(陈明善《唐八家诗钞·例言》),"微婉顿挫,使人荡气回肠"(翁方纲《石洲诗话》)。李商隐之七律、七绝最受人称道,其七律"婑绩重重,长于讽喻,中有顿挫沉着可接武少陵者"(沈德潜《唐诗别裁集》),其七绝"寄托深而措词婉,实可空百代无其匹"(叶燮《原诗》)。吴乔评曰:"于李、杜、韩后,能别开生路、自成一家者,唯李义山一人。"(《围炉诗话》)今有《李义山诗集》六卷,《全唐诗》编其诗三卷。

韩　碑①

李商隐

元和天子神武姿②,彼何人哉轩与羲③。
誓将上雪列圣耻④,坐法宫中朝四夷⑤。
淮西有贼五十载⑥,封狼生貙貙生罴⑦。
不据山河据平地,长戈利矛日可麾⑧。
帝得圣相相曰度⑨,贼斫不死神扶持⑩。
腰悬相印作都统⑪,阴风惨澹天王旗⑫。
愬武古通作牙爪⑬,仪曹外郎载笔随⑭。
行军司马智且勇⑮,十四万众犹虎貔⑯。
入蔡缚贼献太庙⑰,功无与让恩不訾⑱。
帝曰汝度功第一,汝从事愈宜为辞⑲。
愈拜稽首蹈且舞⑳,金石刻画臣能为㉑。
古者世称大手笔㉒,此事不系于职司㉓。
当仁自古有不让㉔,言讫屡颔天子颐㉕。
公退斋戒坐小阁㉖,濡染大笔何淋漓㉗。
点窜尧典舜典字,涂改清庙生民诗㉘。
文成破体书在纸㉙,清晨再拜铺丹墀㉚。
表曰臣愈昧死上㉛,咏神圣功书之碑。
碑高三丈字如斗,负以灵鳌蟠以螭㉜。
句奇语重喻者少㉝,谗之天子言其私㉞。

长绳百尺拽碑倒，粗砂大石相磨治[35]。
公之斯文若元气，先时已人人肝脾[36]。
汤盘孔鼎有述作，今无其器存其辞[37]。
呜呼圣王及圣相[38]，相与烜赫流淳熙[39]。
公之斯文不示后，曷与三五相攀追[40]。
愿书万本诵万遍[41]，口角流沫右手胝[42]。
传之七十有二代，以为封禅玉检明堂基[43]。

【注释】 ①韩碑：指韩愈所作《平淮西碑》。唐宪宗元和十二年（817）十月，丞相裴度率军讨平反叛的淮西藩镇吴元济，节度使李愬雪夜入蔡州，生擒吴元济。十二月，诏命韩愈撰《平淮西碑》。因碑文中突出了裴度之功，引起李愬的不满。因李愬妻是唐安公主之女，故得入宫向宪宗陈述碑文不实。于是诏令磨去韩愈碑文，命翰林学士段文昌重撰勒石。比较两篇碑文，韩碑比较客观地评述了裴度与李愬在战争中的作用和功绩，且文学价值也远胜段碑。李商隐支持韩愈的观点，在诗中推崇韩碑，称赞君圣相贤。②元和天子：指唐宪宗。元和，宪宗的年号。③彼何人哉：语出《孟子·滕文公》："舜何人也，予何人也。"轩与羲：轩指轩辕氏黄帝，羲指伏羲氏。此泛指三皇五帝。④列圣耻：指宪宗之前的几个皇帝在平叛战争中的失败。唐自安史之乱以后，藩镇多有叛乱，君王蒙受耻辱。⑤法宫：皇帝处理政事的宫殿。朝四夷：接受四方边远之地使节的朝见。⑥五十载：自唐代宗宝应元年（762）李忠臣任淮西节度使，镇蔡州（今河南汝南）起，经过李希烈、陈仙奇、吴少诚、吴少阳至吴元济的割据，达五十余年。⑦封狼：大狼。貙、罴：皆为猛兽，用来比喻藩镇凶狠残暴，几代相承。⑧"不据"二句：藩镇自恃兵强将勇，不必据山河之险，竟然在平原地区公然对抗朝廷。日可麾，典出《淮南子·览冥训》："鲁阳公与韩构战酣，日暮，援戈而挥之，日为之反三舍。"麾，同"挥"。此处用来比喻对抗朝廷军队，反叛作乱。⑨度：指裴度。⑩贼斫不死：当时宰相武元衡、御史中丞裴度坚决主张出兵平定淮西，而节度使王承宗、李师道则要求赦免吴元济，以避免战事，朝中斗争激烈。元和十年（815）六月，李师道派刺客暗杀武元衡和裴度，武身死非命，而裴受伤，侥幸未死，后任为宰相。斫，砍。神扶持：天神保佑之意。宪宗得知裴度未死，说："度得全，天也。"⑪都统：指行营都统，为讨伐藩镇军队的军事首领。当时裴度率军出征，以宰相之名，兼彰义军节度使、淮西宣慰招讨处置使。因韩弘为淮西行营都统，就只称宣慰处置使。事实上，仍行使都统之权。⑫阴风：秋风。天王旗：皇帝的旗帜。裴度赴淮西时，已是秋天，宪宗亲临通化门送行。⑬愬：指邓随节度使李愬。武：指淮西都统韩弘之子韩公武。古：指鄂岳观察使李道古。通：指寿州团练使李文通。此四人皆为裴度的部将。牙爪：即爪牙，即得力助手之意。⑭仪曹外郎：仪曹，指礼部郎中。外郎，当时司勋员外郎李正封、都官员外郎冯宿、礼部员外郎李宗闵都随军出征，任书记。⑮行军司马：指以太子右庶子的身份为军中行军司马的韩愈。⑯貔：貔貅，传说中的猛兽。⑰入蔡：十月十五日，李愬攻入蔡州；十七日，擒吴元济。献太庙：吴元济被押解至京，献于太庙，后斩于独柳树。⑱功无与让恩不訾：裴度之功自然当仁不让，而皇帝的恩遇也不可估量。裴度回朝，加金紫光禄大夫、弘文馆大学士，赐勋上柱国，封晋国公。訾，估量。⑲"帝曰"二句：以皇帝语入诗。从事，州郡长官的幕僚都称从事。韩愈时为行军司马，也可称从事。宜为辞，应该写文章。指韩愈奉诏撰《平淮西碑》。⑳稽首：叩头。㉑金石刻画：指为钟鼎碑碣而写的歌功颂德之文。㉒大手笔：典出《晋书·王殉传》，王珣梦见有人给他如椽大笔，醒来对人说："此当有大手笔事。"后用指朝廷重要的诏令文书，也可代指著名的作家。㉓不系于职司：与职司不相干。职司，指以撰写文章为职业的翰林。㉔当仁自古有不让：语出《论语·卫灵公》："当仁不让于师。"韩愈《进撰平淮西碑文表》曰："兹事至大，不可以轻属人。"即有当仁不让之意。以上四句是韩愈之语，意为写碑文正是我的擅长，这种朝廷重要的文章，自古以来就称大手笔，不能让一般的翰林撰写，我正愿意承担。㉕言讫：说完。屡颔天子颐：天子频频点头。颔，原指下巴，后用作点头之意。颐，面颊。㉖公：指韩愈。斋戒：原指祭祀前表示虔诚的仪式。此处形容韩愈写文章前的郑重严肃的态度。㉗濡染大笔何淋漓：形容韩愈写文章酣畅淋漓。㉘"点窜"二句：韩愈的碑文追摹古代典诰雅颂之意。点窜，运用之意。尧典、舜典，都是《尚书》的篇名。涂改，也是运用之意。清庙、生民，《诗经》中的篇名。㉙破体：行书的一种。又一说，韩愈之文意韵独创，破当时之文体。㉚再拜：一种礼节。丹墀：皇宫内涂红漆的台阶。㉛表：指韩愈所作《进撰平淮西碑文表》。臣愈昧死上：引用表中的话。古时臣下上书多用此语，以示敬畏。昧死，冒死。㉜灵鳌：即灵龟。蟠：盘旋。螭：神龙。古时碑石下雕大龟以负碑，碑上刻着盘旋的龙纹作装饰。㉝喻者：读懂碑文的人。㉞谗之天子言其私：指李愬之妻进宫向皇帝述说碑文不实之事。㉟"长绳"二句：指皇帝命推倒韩碑，磨去文字，让段文昌重撰碑文事。㊱"公之"二句：韩愈的碑文早已深入人心。公，指韩愈。斯文，这篇碑文。元气，不可伤损的天然之气。㊲"汤盘"二句：意谓韩碑就像汤盘孔鼎一样，器物虽已不存，但文字能流传下去。汤盘，商汤沐浴之盘，其铭文见《礼记·大学》。孔鼎，孔子祖先正考父之鼎，其铭文见《左传·昭公七年》。有述作，指盘鼎上都有文字。㊳圣王：指唐宪宗。圣相：指裴度。㊴相与：互相。烜赫：显耀。淳熙：耀眼的光辉。㊵"公之"二句：韩碑如果不能流传后世，那宪宗的功绩又如何与三皇五帝相承接。示后，让后人看见。曷，怎么。三五，指三皇五帝。㊶书：抄写。㊷胝：印老茧。此用作动词，起老茧。㊸"传之"二句：韩碑就像封禅时明堂的基石一样，一代代地流传下去。七十二代，《史记·封禅书》："古者封泰山、禅梁父者七十二家。"封禅，古时帝王称扬功业的祭祀仪式。封，在泰山筑坛祭天。禅，在梁父山辟基祭地。玉检，封禅书的封套。明堂，天子接见诸侯、举行祭祀的场所。

七古乐府

七古乐府，每首诗，除大多数句子为七个字外，句数长短不拘。既有沿用乐府旧题写边塞军旅生活的，也有承古意，用古调却能创为新声的，还有唐代的新乐府辞。

高　适

高适（约700~765），字达夫，一字仲武。渤海蓨（今河北省景县）人，居住在宋中（今河南商丘一带）。少孤贫，爱交游，有游侠之风。天宝八载（749），经睢阳太守张九皋推荐，应举中第，授封丘尉。十一载，因不忍"鞭挞黎庶"和不甘"拜迎官长"而辞官，又一次到长安。次年入陇右河西节度使哥舒翰幕为掌书记。安史之乱后，曾任淮南节度使、彭

州刺史、蜀州刺史、剑南节度使等职，广德中以左散骑常侍封渤海侯，世称“高常侍”。永泰元年(765年)卒，赠礼部尚书，谥号忠。高适是盛唐时期“边塞诗派”的领军人物，与岑参并称“高岑”。其诗“多胸臆语，兼有气骨”(唐殷璠《河岳英灵集》)，不尚雕饰，以七言歌行最富特色。大多写边塞生活，“豪壮中写出暇整气象”(明钟惺《唐诗归》)，“雄浑悲壮”是其边塞诗的突出特点。有《高常侍集》等传世，《全唐诗》编其诗四卷。

燕歌行[①]并序

高适

开元十六年，客有从元戎出塞而还者[②]，作《燕歌行》以示适。感征戍之事，因而和焉[③]。

汉家烟尘在东北[④]，汉将辞家破残贼。
男儿本自重横行[⑤]，天子非常赐颜色[⑥]。
摐金伐鼓下榆关[⑦]，旌旗逶迤碣石间[⑧]。
校尉羽书飞瀚海[⑨]，单于猎火照狼山[⑩]。
山川萧条极边土[⑪]，胡骑凭陵杂风雨[⑫]。
战士军前半死生[⑬]，美人帐下犹歌舞。
大漠穷秋塞草衰，孤城落日斗兵稀[⑭]。
身当恩遇常轻敌[⑮]，力尽关山未解围。
铁衣远戍辛勤久[⑯]，玉箸应啼别离后[⑰]。
少妇城南欲断肠，征人蓟北空回首[⑱]。
边风飘飖那可度[⑲]，绝域苍茫更何有。
杀气三时作阵云[⑳]，寒声一夜传刁斗[㉑]。
相看白刃血纷纷，死节从来岂顾勋[㉒]？
君不见沙场争战苦，至今犹忆李将军[㉓]。

【注释】 ①此诗描写塞北征战之苦，礼赞士卒的爱国忘身精神。燕歌行：乐府旧题，属《相和歌·平调曲》，为曹丕所创，多写边塞苦寒或思妇征夫的内容。②元戎：主帅。一作“御史大夫张公”，指河北节度副使张守珪。据《旧唐书·张守珪传》记载，开元二十六年(738)，张守珪之部伍战败，张却反称大胜。③和：作诗相答。④汉家：唐时人常以汉喻唐。此指唐朝。烟尘：指烽火，泛指边警。⑤横行：在疆场纵横驰骋。⑥非常：破格。赐颜色：给予恩遇。⑦摐：击打。金：指钲，一种行军乐器。伐：击。榆关：山海关。⑧逶迤：连绵不绝的样子。碣石：山名，在今河北昌黎。此泛指东北滨海地区。⑨校尉：武将官名。此处泛指将领。羽书：插羽毛表示万分紧急的文书。瀚海：大沙漠。⑩单于：古代匈奴首领。此泛指敌方首领。狼山：一在今内蒙古乌拉特旗，一在河北易县。此泛指敌军活动地区。⑪极边土：直到边境的尽头。⑫凭陵：侵凌、冲击。⑬半死生：战死和生还者各占一半。⑭斗兵稀：还能战斗的士兵已很少。⑮恩遇：朝廷的恩典。轻敌：蔑视敌军。⑯铁衣：铠甲，此借指远征战士。⑰玉箸：比喻眼泪，此借指闺中少妇。⑱蓟北：在今天津蓟州区，此泛指边境。⑲边风飘飖那可度：无法借风向家乡传递消息。度，过。⑳杀气三时作阵云：白天杀气腾腾，化作阵地上的云，历久不散。三时，指一天的早、午、晚三时。㉑刁斗：军中铜制饮具，夜间用以巡夜打更。㉒死节从来岂顾勋：战士为国捐躯，难道是

为了功名利禄？死节，为国家而死。顾勋，因军功而获得功名利禄。㉓李将军：指西汉名将李广。李广号飞将军，镇守边境，与士卒同甘共苦，匈奴数年不敢犯境。

古从军行[1]

李颀

白日登山望烽火，黄昏饮马傍交河[2]。
行人刁斗风沙暗[3]，公主琵琶幽怨多[4]。
野云万里无城郭，雨雪纷纷连大漠。
胡雁哀鸣夜夜飞，胡儿眼泪双双落[5]。
闻道玉门犹被遮，应将性命逐轻车[6]。
年年战骨埋荒外，空见葡萄入汉家[7]！

【注释】 ①此乃拟古之作，描写塞外征戍的苦情，表达非战思想。从军行：古乐府《相和歌辞·平调曲》旧题，多写军旅生活。②饮：使喝，作动词。交河：在今新疆吐鲁番，唐时为安西都护府治所。③行人刁斗风沙暗：风沙弥漫，行人只能听见刁斗打更声。刁斗，古代军中铜制饮具，夜间用以打更。④公主琵琶：汉武帝时，江都王女细君远嫁乌孙国王昆弥，为消除旅途愁闷，让乐工带上多种乐器，为“马上之乐”，琵琶亦是其中之一。⑤胡儿：在胡地的将士。⑥“闻道”二句：听说玉门关还关闭着，不能回家，只能跟着将军去拼命。玉门，玉门关，在今甘肃敦煌西，为古时通西域之要道。遮，拦阻。据《史记·大宛传》记载，汉武帝时命李广利攻大宛取汗血马，战不利，李广利请求罢兵。汉武帝大怒，派臣关闭玉门关，断其归路，说：“军有敢入，斩之。”轻车，汉时有轻车将军。此处指将领。⑦“年年”二句：一年年将士的死战牺牲，只换得葡萄进入了皇家宫廷。葡萄入汉家，蒲亦作葡。据《汉书·西域传》记载：“汉使采葡萄、苜宿种归。”从此，葡萄传入中原。

老将行[1]

王维

少年十五二十时，步行夺得胡马骑[2]。
射杀山中白额虎[3]，肯数邺下黄须儿[4]。
一身转战三千里，一剑曾当百万师。
汉兵奋迅如霹雳[5]，虏骑奔腾畏蒺藜[6]。
卫青不败由天幸[7]，李广无功缘数奇[8]。
自从弃置便衰朽，世事蹉跎成白首[9]。
昔时飞箭无全目[10]，今日垂杨生左肘[11]。
路旁时卖故侯瓜[12]，门前学种先生柳[13]。
苍茫古木连穷巷，寥落寒山对虚牖[14]。
誓令疏勒出飞泉[15]，不似颍川空使酒[16]。
贺兰山下阵如云[17]羽檄交驰日夕闻[18]。
节使三河募年少[19]，诏书五道出将军[20]。
试拂铁衣如雪色[21]，聊持宝剑动星文[22]。

愿得燕弓射大将[23]，耻令越甲鸣吾君[24]。
莫嫌旧日云中守[25]，犹堪一战立功勋[26]。

【注释】①此篇为新乐府辞，咏一久经沙场的老将仍壮心不已，一心为国立功。②胡马：匈奴人的马。据《史记·李将军列传》记载，汉名将李广曾被匈奴所擒，夺胡马而归。③白额虎：事见《晋书·周处传》。晋名将周处年轻时为乡里除三害，入南山射杀白额虎（三害之一）。④肯数："岂让"之意。邺下：曹操为魏王时，定都于邺，在今河北临漳县西南。黄须儿：即曹彰，曹操第二子。他性格慷慨刚猛，善骑射，曾远征乌丸，大胜而归。因胡须黄，故曹操称为"黄须儿"。"肯数"以上四句是写老将年轻时英勇激烈。⑤霹雳：疾雷声。此处形容军兵作战迅猛。⑥蒺藜：本为带刺的植物，此指铁蒺藜，对阵时用作障碍物。⑦卫青：汉之名将，以征伐匈奴而至大将军。天幸：上天保佑之意。事见《史记·卫将军骠骑列传》。卫青姐姐的儿子霍去病出兵匈奴时，曾领兵深入匈奴境内，却能不受损失，多立战功，实有天幸。此本霍去病事，王维称卫青，是因卫、霍往往并称之故。⑧数奇：运数不偶，即不吉利、不走运之意。此事见《史记·李将军列传》。李广戍边多年，屡立战功，却始终没有封侯。随卫青出征时，汉武帝认为他年高，暗示卫青不要让李广出战，怕不吉利。"李广"以上六句是说，老将在边塞英勇善战，但因不走运，总无大功。⑨蹉跎：虚度岁月之意。白首：白发满头，指年老。⑩无全目：鲍照《拟古》诗有"惊雀无全目"句，李善注引《帝王世纪》，后羿善射，曾与吴贺出游。吴贺要后羿射雀之左目，羿却误中右目，引为终身憾事。但羿之射术，却令人称颂。后以无全目来比喻射术精湛，能使鸟雀双目不全。⑪今日垂杨生左肘：老将年老，肘下肌肉松垂，如肉瘤一般。垂杨生左肘，典出《庄子·至乐》："支离叔与滑介叔观于冥伯之丘，昆仑之虚，黄帝之所休。俄而柳生其左肘，其意蹶蹶然恶之。"柳，"瘤"之假借字，肉瘤之意。古时杨、柳常合称并用，故王维在此处用"垂杨"代指"柳"。⑫路旁时卖故侯瓜：喻老将之家贫。故侯瓜，典出《史记·萧相国世家》。召平本为秦之东陵侯，后为平民，因家贫，种瓜自养。瓜味甘美，世称"东陵瓜"。⑬门前学种先生柳：喻老将闲散，欲学归隐。先生柳，陶渊明弃官隐居，因门前有五棵柳树，自号"五柳先生"。⑭虚牖：敞开的窗。⑮誓令疏勒出飞泉：此句典出《后汉书·耿弇传》。后汉将军耿弁出兵疏勒城，匈奴围之，绝城下涧水。耿弇在城中挖井十五丈，仍不见水，叹道："闻昔贰师将军（李广利）拔佩刀刺山，飞泉涌出；今汉德神明，岂有穷哉！"便向井祈祷，果然得水。匈奴解围而去。疏勒，汉疏勒城，在今新疆什噶尔。⑯颍川空使酒：事见《史记·魏其武安侯列传》：汉将军灌夫，颍川颍阳（今河南许昌）人，为人刚直。得势后使酒骂人，得罪丞相田蚡而被杀。使酒，纵酒使气。"不似"以上十句是说，老将被弃用后，虚度岁月，年老家贫，孤寂无靠，但仍心怀壮志，愿为国立功。⑰贺兰山：在今宁夏西北部，唐时为前线。⑱羽檄：军中加急文书。⑲节使：使臣。古时使者持天子符节，以为信物，故称节使。三河：汉时以河东、河内、河南为三河，辖境在今山西西南部和河南北部一带。⑳五道出将军：典出《汉书·常惠传》："本始一年，……汉大发十五万骑，五将军分道出。"此即谓将军带兵分五路出击。㉑铁衣：盔甲。㉒聊：且。动星文：指剑上七星纹饰闪光流动。相传春秋时伍子胥所用宝剑上有七星，价值连城。后人常以七星形容宝剑。㉓燕弓：古时燕地所产的弓以坚劲著名，故硬弓又称燕弓。㉔聊令越甲鸣吾君：老将抱定必死的决心。越甲，越国军队。鸣吾君，惊扰我的国君。此句事见《说

苑·立节》。越国军队攻到齐国,雍国子狄请求自杀。齐王问其故,他答道:“今越甲至,其鸣吾君也。”便刎颈而死。越军听说,解甲而退。㉕莫嫌旧日云中守:老将希望复出,被委以重任。旧日云中守,指汉名将魏尚。事见《汉书·冯唐传》。汉文帝时,魏尚为云中太守,体恤将士,身先士卒,匈奴不敢犯境,但却因小过失被削职罚作苦役。冯唐为此在汉文帝前分说原委,文帝当天即令冯唐持节赦免魏尚,仍为云中太守。云中,汉郡名,治所在今内蒙古托克托。㉖“犹堪”以上十句:老将听说边事紧急,朝廷派军出征,愿意复出立功,为国而战。

桃源行[1]

王维

渔舟逐水爱山春,两岸桃花夹古津[2]。
坐看红树不知远[3],行尽青溪忽值人。
山口潜行始隈隩[4],山开旷望旋平陆[5]。
遥看一处攒云树[6],近入千家散花竹[7]。
樵客初传汉姓名,居人未改秦衣服[8]。
居人共住武陵源[9],还从物外起田园[10]。
月明松下房栊静[11],日出云中鸡犬喧。
惊闻俗客争来集[12],竞引还家问都邑[13]。
平明闾巷扫花开[14],薄暮渔樵乘水入。
初因避地去人间[15],更问神仙遂不还。
峡里谁知有人事,世中遥望空云山。
不疑灵境难闻见[16],尘心未尽思乡县。
出洞无论隔山水,辞家终拟长游衍[17]。
自谓经过旧不迷[18],安知峰壑今来变。
当时只记入山深,青溪几度到云林。
春来遍是桃花水[19],不辨仙源何处寻。

【注释】 ①此为新乐府,咏《桃花源记》故事。原题下注“时年十九”。桃源:即陶渊明《桃花源记》所述之桃源。②津:溪流。③红树:指桃花林。④隈隩:山崖弯曲处。⑤旷望:即远望。旋:忽然。⑥攒:聚集。⑦散花竹:花与竹散布各处。⑧“樵客”二句:即用《桃花源记》“自云先世避秦时乱,率妻子邑人来此绝境,不复出焉”和“不知有汉,无论魏晋”文意。樵客初传汉姓名,桃源中人第一次听说汉朝的名字。樵客,打柴人。此指桃源中人。⑨武陵源:指武陵溪水之源头,即桃花源。⑩物外:世外。⑪房栊:窗户。⑫俗客:指武陵渔人。⑬都邑:指居人原来的家乡。⑭平明:天刚亮。⑮避地:为避乱而寄迹他方。去:离。⑯灵境:仙境。⑰游衍:游乐。⑱自谓:自以为。⑲桃花水:即桃花汛。春天桃花盛开时节,雨水不断,河水涨溢。

蜀道难[1]

李白

噫吁嚱[2],危乎高哉!

蜀道之难，难于上青天！
蚕丛及鱼凫，开国何茫然[3]。
尔来四万八千岁[4]，不与秦塞通人烟[5]。
西当太白有鸟道[6]，可以横绝峨眉巅[7]。
地崩山摧壮士死，然后天梯石栈方钩连[8]。
上有六龙回日之高标[9]，下有冲波逆折之回川[10]。
黄鹤之飞尚不得过，猿猱欲度愁攀缘[11]。
青泥何盘盘[12]，百步九折萦岩峦[13]。
扪参历井仰胁息[14]，以手抚膺坐长叹[15]。
问君西游何时还[16]，畏途巉岩不可攀[17]。
但见悲鸟号古木[18]，雄飞从雌绕林间。
又闻子规啼夜月[19]，愁空山。
蜀道之难，难于上青天，使人听此凋朱颜[20]。
连峰去天不盈尺[21]，枯松倒挂倚绝壁。
飞湍瀑流争喧豗[22]，砯崖转石万壑雷[23]。
其险也若此，嗟尔远道之人胡为乎来哉[24]！
剑阁峥嵘而崔嵬[25]，一夫当关，万夫莫开。
所守或匪亲，化为狼与豺[26]。
朝避猛虎，夕避长蛇，
磨牙吮血，杀人如麻[27]。
锦城虽云乐[28]，不如早还家。
蜀道之难，难于上青天，侧身西望长咨嗟[29]。

【注释】 ①《蜀道难》原为乐府《相和歌·瑟调曲》的旧题，备言蜀道之险阻。李白承古意，用古调，却能创为新声。全诗险难与奇伟交融，形成雄健奔放的气势。蜀道：指入四川的山路。②噫吁嚱：惊叹声。③“蚕丛”二句：蜀国开国史事，久远难知。蚕丛、鱼凫，皆是传说中古蜀国的国王。茫然，渺茫难知。④尔来：自那时以来。四万八千岁：极言时间长久，并非实指。⑤秦塞：秦地。今陕西一带。⑥太白：太白山，秦岭主峰。鸟道：指极险窄的山路，仅容鸟飞过。⑦横绝：横渡。峨眉巅：峨眉山顶。⑧“地崩”二句：据《蜀王本纪》《华阳国志·蜀志》记载，相传秦惠王赠五美女给蜀王，蜀王派五丁力士迎回。走至梓潼，见一大蛇入穴中，五力士共拉蛇尾使出，忽然山崩，力士、美女皆压死。从此山分五岭，秦蜀之间通道始得以开通。此二句即咏其事。天梯，此指陡峭山路。石栈，山险处凿石架木筑成的通道。⑨上有六龙回日之高标：意谓蜀中山极高，连六龙日车也被阻挡，只能回车。六龙回日，相传羲和驾六龙、载日神，每日由东而西驶之。高标，指高山。⑩回川：迂曲的河流。⑪“黄鹤”二句：状言山之高险。黄鹤，即指黄鹄，最善高飞。猿猱，统指猿猴一类。⑫青泥：青泥岭，入蜀要道，在今陕西略阳。盘盘：形容盘旋曲折。⑬萦岩峦：指曲折的山路在山峦中回绕。萦，绕。⑭扪参历井：是说因山路极高，可以摸到天上的星宿。参和井都是天上的星宿。古时以星宿分野，来划分地上区域。参为蜀的分野，井为秦的分野。胁息：屏住呼吸。⑮膺：胸部。⑯西游：因蜀在秦之西，故入蜀称西

游。⑰畏途：令人可畏的艰险之途。巉岩：险峻山岩。⑱号：悲鸣。⑲子规：杜鹃鸟，相传是蜀帝杜宇魂魄所化，蜀中最多，鸣声悲哀。⑳凋朱颜：容颜衰老。㉑去：离。盈：满。㉒飞湍：飞下的急流。喧豗：喧闹声。㉓砯崖转石：指水在峭岸岩石上往复冲击。砯，水击岩石。万壑雷：指水击岩石在山谷中发出惊雷声。壑，山谷。㉔嗟：感叹词。尔：你。胡为乎来哉：为什么啊要来呀！㉕剑阁：即剑门关，为川北门户，在今四川剑阁县北。地在两山之间，易守难攻。峥嵘而崔嵬：山峦险峻的样子。㉖"所守"二句：如果守关之人不是可靠良善之人，那就同遇着豺狼一样。或：如果。匪亲：不是可靠的人。㉗"杀人"以上四句：行于蜀道，既要躲避毒蛇猛兽，还要防备杀人强盗。㉘锦城：今四川成都。古时以产锦闻名，故称锦城，或锦官城。㉙咨嗟：叹息。

长相思二首[①]

李白

其一

长相思，在长安。
络纬秋啼金井阑[②]，微霜凄凄簟色寒[③]。
孤灯不明思欲绝，卷帷望月空长叹。
美人如花隔云端[④]，上有青冥之长天[⑤]，
下有渌水之波澜[⑥]。
天长地远魂飞苦，梦魂不到关山难[⑦]。
长相思，摧心肝[⑧]。

【注释】 ①李白所作《长相思》共三首，此处选了两首。均咏闺中少妇对远戍丈夫的相思之苦。长相思：古代乐府中属《杂曲歌辞》，多以"长相思"起首，末以三字作结，咏男女相思缠绵之意。②络纬：一种昆虫，又叫莎鸡，俗称纺织娘。金井阑：精致的井边栏杆。③簟：竹席。④美人：指所思念的人。⑤青冥：高远的青天。⑥渌水：清水。⑦关山难：指道路艰险难行。⑧摧：伤。

其二

日色欲尽花含烟[①]，月明如素愁不眠[②]。
赵瑟初停凤凰柱[③]，蜀琴欲奏鸳鸯弦[④]。
此曲有意无人传，愿随春风寄燕然[⑤]，
忆君迢迢隔青天[⑥]。
昔时横波目[⑦]，今作流泪泉。
不信妾肠断，归来看取明镜前[⑧]。

【注释】 ①花含烟：花丛中绕缭着水雾。②素：白绢。③赵瑟：相传古时赵国人善于弹瑟，故此称赵瑟。凤凰柱：刻成凤凰形状的瑟柱。④蜀琴：据说蜀中桐木适宜做琴，故

古诗中好琴往往称作蜀琴。⑤燕然:燕然山,又名杭爱山,在今蒙古国中部。此指丈夫征戍之地。⑥迢迢:形容道途遥远。⑦横波目:秋波流动的眼睛。⑧“不信”二句:你要不信我为你相思断肠,你回家时在明镜前就看看我的容颜(怎样憔悴)。

行路难[①]

李白

金樽清酒斗十千[②],玉盘珍羞直万钱[③]。
停杯投箸不能食[④],拔剑四顾心茫然。
欲渡黄河冰塞川,将登太行雪满天[⑤]。
闲来垂钓坐溪上,忽复乘舟梦日边[⑥]。
行路难,行路难,
多歧路,今安在?
长风破浪会有时[⑦],直挂云帆济沧海[⑧]。

【注释】 ①李白此题下原有三首,这是第一首。写辞官还家放浪江湖的愤懑和彷徨。行路难:乐府《杂曲歌辞》之旧题,以言世路艰难以及离别伤悲为内容。②金樽:指精美的酒器。斗十千:一斗酒值十千钱,极言酒好价高。此用曹植《名都篇》“归来宴平乐,美酒斗十千”之语。③珍羞:珍贵的菜肴。直:值。④箸:筷子。⑤太行:太行山。⑥“闲来”二句:用两个典故,比喻人生遇合无常。垂钓坐溪上,传说姜太公未遇周文王时,曾在渭水磻溪垂钓。乘舟梦日边,传说伊尹见商汤前,曾梦见乘舟经过日月边。⑦长风破浪:据《宋书·宗悫传》记载,宗悫在回答叔父宗炳志向是什么的提问对,答道:“愿乘长风破万里浪。”⑧云帆:此指大海中的航船。济:渡。沧海:大海。

将进酒[①]

李白

君不见黄河之水天上来,奔流到海不复回。
君不见高堂明镜悲白发,朝如青丝暮成雪[②]。
人生得意须尽欢,莫使金樽空对月[③]。
天生我材必有用,千金散尽还复来。
烹羊宰牛且为乐,会须一饮三百杯[④]。
岑夫子,丹丘生[⑤],
将进酒,杯莫停。
与君歌一曲,请君为我倾耳听。
钟鼓馔玉何足贵[⑥],但愿长醉不愿醒。
古来圣贤皆寂寞,唯有饮者留其名。
陈王昔时宴平乐,斗酒十千恣欢谑[⑦]。
主人何为言少钱[⑧],径须沽取对君酌[⑨]。
五花马,千金裘[⑩],
呼儿将出换美酒[⑪],与尔同销万古愁。

【注释】 ①此诗借酒抒怀,诗人以睥睨权贵、弃绝世俗的气概在醉乡中实现对不如意现实的超越。将进酒:是乐府《鼓吹曲·汉铙歌》的旧题,本以欢宴饮酒放歌为内容。将,请。②“朝如”以上四句:意谓岁月易逝,人生易老。青丝,黑发。③金樽:指精美的酒器。④会须:正当。⑤岑夫子:即岑勋,南阳人。丹丘生:即元丹丘。二人都是李白之友。⑥钟鼓馔玉:泛指富贵豪华的生活。钟鼓,富贵人家宴会时用的乐器。馔玉,吃精美的饮食。馔,吃喝。⑦“陈王”二句:化用曹植《名都篇》中句:“归来宴平乐,美酒斗十千。”陈王,指三国魏之曹植,被封陈王。平乐,指平乐观。斗酒十千,一斗酒值十千钱。极言酒好。恣,任意。欢谑,欢笑。⑧何为:为什么。⑨沽取:买来。⑩五花马:指名贵的马。唐开元、天宝时,好马的鬃毛都被剪成花瓣形,三瓣称三花,五瓣称五花。千金裘:名贵的皮衣。《史记·孟尝君传》:“孟尝君有一狐白裘,直千金,天下无双。”⑪将出:取出。

兵车行[①]

杜甫

车辚辚[②],马萧萧[③],
行人弓箭各在腰[④]。
爷娘妻子走相送[⑤],尘埃不见咸阳桥[⑥]。
牵衣顿足拦道哭,哭声直上干云霄[⑦]。
道傍过者问行人[⑧],行人但云点行频[⑨]。
或从十五北防河[⑩],便至四十西营田[⑪]。
去时里正与裹头[⑫],归来头白还戍边。
边庭流血成海水,武皇开边意未已[⑬]。
君不闻汉家山东二百州[⑭],千村万落生荆杞[⑮]。
纵有健妇把锄犁,禾生陇亩无东西[⑯]。
况复秦兵耐苦战[⑰],被驱不异犬与鸡[⑱]。
长者虽有问[⑲],役夫敢申恨[⑳]?
且如今年冬,未休关西卒[㉑]。
县官急索租[㉒],租税从何出?
信知生男恶[㉓],反是生女好。
生女犹得嫁比邻[㉔],生男埋没随百草[㉕]。
君不见青海头[㉖],古来白骨无人收,
新鬼烦冤旧鬼哭,天阴雨湿声啾啾[㉗]!

【注释】 ①此诗当作于天宝十年(751)。天宝九年六月,哥舒翰攻克吐蕃石堡城,但唐军死伤数万人。十二月,关西游奕使王难得又与吐蕃交战。战争使内郡凋敝,民不聊生,杜甫作诗讥刺之。②辚辚:车行声。③萧萧:马鸣声。④行人:行役之人。⑤妻子:妻子和儿女。⑥咸阳桥:在咸阳西南渭水上,秦汉时称“便桥”,为出长安西行必经之地。⑦干:冲。⑧过者:杜甫自称。⑨点行:按户籍依次点名,强行征调。频:多次。以下是行人的答话。⑩十五:十五岁。防河:亦称防秋,即调集军队守御河西,以防吐蕃于秋季侵犯骚扰。⑪四十:四十岁。营田:屯田,戍边时期战时作战,平时种田。⑫里正:唐时每百户为一里，设里正一人，管理农桑、赋役、户籍等事。与裹头：古时人以皂罗三尺裹头做头巾。因应征者年纪太小，故里正替他裹头。⑬武皇开边意未已：有讽刺唐玄宗黩武之意。武皇，指汉武帝。此隐喻唐玄宗。开边，开拓边境。意未已，没有停止的想法。⑭山东：指华山以东。二百州：唐于潼关以东凡设二百一十七州。⑮荆杞：荆棘等灌木丛。⑯无东西：指庄稼长得不成行列，难辨东西。⑰秦兵：即关中之兵，最善勇战。⑱被驱：被役使。⑲长者：行人对杜甫的尊称。⑳役夫：行人自称。敢：岂敢。㉑"且如"二句：指关西游弈使王难得征兵攻吐蕃事。休，罢。关西卒，函谷关以西的士卒，即秦兵。㉒县官：古时天子称县官。此指朝廷。㉓信知：真的明白。㉔比邻：近邻。㉕生男埋没随百草：生男从军，战死疆场，埋没于野草之中。㉖青海头：青海边。唐时与吐蕃大战，多于青海附近。㉗天阴：古人以为天阴则能闻鬼哭。啾啾：象声词，呜咽哭声。

丽人行[①]

杜甫

三月三日天气新[②]，长安水边多丽人[③]。
态浓意远淑且真[④]，肌理细腻骨肉匀[⑤]。
绣罗衣裳照暮春，蹙金孔雀银麒麟[⑥]。
头上何所有，翠微㔩叶垂鬓唇[⑦]。
背后何所见，珠压腰衱稳称身[⑧]。
就中云幕椒房亲[⑨]，赐名大国虢与秦[⑩]。
紫驼之峰出翠釜[⑪]，水精之盘行素鳞[⑫]。
犀箸厌饫久未下[⑬]，鸾刀缕切空纷纶[⑭]。
黄门飞鞚不动尘，御厨络绎送八珍[⑮]。
箫鼓哀吟感鬼神，宾从杂遝实要津[⑯]。
后来鞍马何逡巡[⑰]，当轩下马入锦茵[⑱]。
杨花雪落覆白蘋[⑲]，青鸟飞去衔红巾[⑳]。
炙手可热势绝伦[㉑]，慎莫近前丞相嗔[㉒]。

【注释】 ①此诗作于天宝十二年(753)春，讽刺杨国忠兄妹骄奢淫逸。②三月三日：此日为上巳日，古时人们到水边祓除不祥，称"修禊"。后演变为春日郊游的一个节日。③长安水边：此指曲江，在长安城东南，为唐时京都人们的游赏之地。④态浓：梳妆浓艳。意远：神情高雅。淑且真：娴静和端庄。⑤肌理细腻：即皮肤细嫩柔滑。骨肉匀：体态匀称。⑥蹙金孔雀：用金线绣成的孔雀。蹙，一种刺绣方法。银麒麟：用银线绣成的麒麟。⑦翠微：青翠色。㔩叶：㔩彩花叶。㔩彩为妇女的头饰。鬓唇：鬓边。⑧珠压腰衱：即裙带上缀有珠子，下垂而压住后襟，不被风掀动，使之称身合体。"珠压"以上一段写丽人容妆服饰之华贵。腰衱，即裙带。衱，衣服后襟。⑨就中：唐人习语，即其中之意。云幕：云幕般的帐幕。椒房亲：本指皇后亲戚，此指杨家亲戚。时杨贵妃位同皇后，故称。椒房，汉代皇后所居以椒和泥涂壁，取其温暖而有香气。后以椒房代称皇后。⑩赐名：指赐封号。《旧唐书·杨贵妃传》："太真有姊三人，皆有才貌，玄宗并封国夫人之号：长曰大姨，封韩国，三姨封虢国，八姨封秦国，并承恩泽，出入宫掖，势倾天下。"⑪紫驼之峰：即驼背隆起

的肉。唐时贵族有道菜,称“驼峰炙”。翠釜:精致华美的锅。⑫水精之盘:水晶盘。素鳞:白色的鱼。⑬犀箸:犀牛角制的筷子。厌饫:饱食生腻。⑭鸾刀:切肉用的带小铃的刀。缕切:细细地切肉。空纷纶:白忙一场。“鸾刀”以上四句写杨氏外戚家饮食之精。⑮“黄门”二句:写杨氏外戚深得皇帝宠爱。黄门,指宦官。飞鞚,飞马。不动尘,形容马快如飞,尘土不扬。御厨,天子之厨。八珍,本《周礼·天官·膳夫》“珍用八物”语,此指各种珍贵菜肴。⑯宾从:宾客侍从,此指杨氏的门下人。杂遝:纷乱。实要津:占满了各个重要的职位。⑰后来鞍马:最后来到的那匹马,此指杨国忠。逡巡:原为徘徊缓行之意,此为趾高气扬,顾盼自得之意。⑱锦茵:锦绣地毯。⑲杨花雪落覆白蘋:据《埤雅》:“世说杨花入水化为浮萍。”大萍称蘋。故杨花和白蘋同源,此处以杨花谐杨姓,暗喻杨国忠与虢国夫人兄妹苟合。又北魏胡太后与杨白花私通,白花惧祸降梁,胡太后思之,作“杨白华歌”,有“杨花飘荡落南家”“愿衔杨花入窠里”之诗句。此处借用此事,暗喻杨家淫乱事。⑳青鸟飞去衔红巾:暗指杨氏兄妹传情达意。青鸟,神话中为西王母传递消息的神鸟。后用指男女之间的信使。红巾,妇人所用的红手帕。㉑炙手可热:形容气焰灼人。㉒丞相:指杨国忠。天宝十一年,杨国忠为右丞相,兼领四十馀使。嗔:恼怒。

五言律诗

五言律诗,简称“五律”,近体诗的一种。源于五言古体,起源于南北朝,成熟于唐初。格律严密,每首八句四韵或五韵,每句五个字,中间两联必须对仗,第二、四、六、八句押韵,首句可押可不押,五言律诗首句不入韵是正格,入韵为变格。通常押平声韵。其押韵的音韵标准为中古音韵系统,即南北朝至隋唐时期汉语的话音。根据其平仄,定格为四式:首句仄起不入韵式、首句仄起入韵式、首句平起不入韵式、首句平起入韵式。

五言律诗是最具唐诗“丰神情韵”(钱钟书《谈艺录》)的诗歌体裁。一般是对社会现实、自然景物和内心世界的表现,融情入景,侧重于客观观照。五律是唐人应制、应试以及日常生活中普遍采用的诗歌体裁。唐代五律名家数不胜数,以王昌龄、王维、孟浩然、李白、杜甫、刘长卿成就为大。

望月怀远①

张九龄

海上生明月,天涯共此时②。
情人怨遥夜③,竟夕起相思④。
灭烛怜光满⑤,披衣觉露滋⑥。
不堪盈手赠⑦,还寝梦佳期⑧。

【注释】 ①这首羁旅诗以悬想妻子思念自己的情状来写游子的相思深情。怀远:思念远方之人。②“海上”二句:意谓海上明月升起,远在天涯之人此时此刻正和我一样望月思人。③情人:有情谊之人。遥夜:长夜。④竟夕:整夜。⑤怜:爱。光满:月光满照。指月色皎洁,浩渺无边。⑥滋:滋生。⑦不堪:不能。盈手:满手,指把月光捧满手中。⑧还寝:回去睡觉。佳期:指相会的好日子。

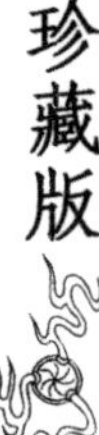

王　勃

王勃(650~676),字子安,绛州龙门(今山西河津)人。乾封元年(666)应幽素科举及第。当过朝散郎、沛王府侍读、虢州参军。上元二年(675)去交趾探望父亲,归来渡海时溺水受惊而卒。王勃自幼聪慧,早有文名,与杨炯、卢照邻、骆宾王并称"初唐四杰",而王勃最为杰出。王勃诗有"高华"(陆时雍《诗镜总论》)之誉,胡应麟称其五律"兴象宛然,气骨苍然,实首启盛、中妙境"(《诗薮》)。有《王子安集》十六卷,《全唐诗》编其诗二卷。

杜少府之任蜀州[1]

王勃

城阙辅三秦[2],风烟望五津[3]。
与君离别意,同是宦游人[4]。
海内存知己,天涯若比邻[5]。
无为在歧路,儿女共沾巾[6]。

【注释】 ①这是一首送别诗,写得旷达豪爽。杜少府:其人不详。少府,即县尉的通称,主缉捕盗贼。之任:赴任。蜀州:在今四川崇州市。一作"蜀川"。②城阙:指都城长安。辅:护持。三秦:西楚霸王项羽灭秦后,曾将其旧地分为雍、塞、翟三国,称三秦。此处指今陕西一带。③五津:四川灌县至犍为一段岷江上有五个渡口,为白华津、万里津、江首津、涉头津、江南津,称五津。此指蜀州一带。④宦游人:在外做官之人。⑤比邻:近邻。古代以五家为"比"。⑥"无为"二句:意谓不要在分手的路上,像小儿女一样哭哭啼啼。无为,不要。歧路,分手的路上。沾巾,指流泪。

骆宾王

骆宾王(约627~约684),字观光,婺州义乌(今属浙江)人。显庆年间,为道王李元庆属官。高宗咸亨年间,从军塞上。后返京当过武功主簿、长安主簿、侍御史。不久获罪下狱,贬为临海(今浙江天台)丞,世称"骆临海"。光宅元年(684)从徐敬业讨武则天,所作《讨武曌檄》,四方传诵。兵败被杀(一说投江而死。又一说逃亡后削发为僧)。骆宾王诗文兼长,与王勃、杨炯、卢照邻并称"初唐四杰"。魏庆之称其诗"格高旨远,若在天上物外,神仙会集,云行鹤驾,想见飘然之状"(《诗人玉屑》)。他长于七言歌行,五律也时有佳作。吴之器称其"五言气象雄杰,构思精沉,含初苞盛,卓然鲜俪。七言缀锦贯珠,汪洋洪肆。《帝京》《畴昔》特为擅长,《灵妃》《艳情》尤极凄靡。虽本体间有离合,抑亦六代之遗则也"(《骆丞列传》)。有《骆宾王文集》十卷行世,《全唐诗》编其诗三卷。

在狱咏蝉[1]并序

骆宾王

余禁所禁垣西[2],是法厅事也[3],有古槐数株焉。虽生意可知,同殷仲文之古树[4];而听讼斯在,即周召伯之甘棠[5]。每至夕照低阴,秋蝉疏引[6],发声幽息[7],有切尝闻[8]。岂人心异于曩时[9],将虫响悲于前听[10]?嗟乎!声以动容,德以象贤。故洁其身也,禀君子达人

之高行[11];蜕其皮也[12],有仙都羽化之灵姿[13]。候时而来,顺阴阳之数[14];应节为变[15],审藏用之机[16]。有目斯开,不以道昏而昧其视[17];有翼自薄[18],不以俗厚而易其真[19]。吟乔树之微风[20],韵姿天纵;饮高秋之坠露,清畏人知[21]。仆失路艰虞[22],遭时徽纆[23]。不哀伤而自怨,未摇落而先衰。闻蟪蛄之流声[24],悟平反之已奏;见螳螂之抱影。怯危机之未安[25]。感而缀诗[26],贻诸知己[27]。庶情沿物应[28],哀弱羽之飘零[29];道寄人知,悯馀声之寂寞。非谓文墨,取代幽忧云尔[30]。

西陆蝉声唱[31],南冠客思深[32]。
不堪玄鬓影[33],来对白头吟[34]。
露重飞难进,风多响易沉[35]。
无人信高洁,谁为表予心[36]。

【注释】 ①此诗作于狱中,借咏蝉的高洁喻自己不肯同流合污的节操。在狱:唐高宗仪凤三年(678),骆宾王任侍御史,因上疏进谏,被诬下狱。②禁所:囚牢。③法厅事:意谓在此听讼断案。厅事,即听事。④殷仲文之古树:东晋殷仲文见大司马桓温府中槐树,叹道:"此树婆娑,无复生意。"后借以叹不得志。⑤周召伯之甘棠:据说周代召伯巡行民间,为不扰劳百姓,在甘棠下听讼断案,后人相戒不要损伤此树。⑥疏引:稀疏不绝的蝉鸣。⑦幽息:气息清幽。⑧有切尝闻:这是曾经听到过的最凄切的蝉鸣。切,凄切。⑨曩时:前时。⑩将:或者,抑或。⑪"故洁其身也"二句:古人以为蝉餐风饮露,不居巢中,随季候而生死,故有清廉俭信之美德高致。⑫蜕:指蝉自幼虫变为成虫时要蜕壳。⑬仙都羽化:道教中常以蝉蜕喻指飞升成仙。⑭阴阳之数:犹指自然界的规律。⑮应节为变:根据季节改变自己的形态,指蝉蜕。节,季节。⑯藏用:《论语·述而》:"用之则行,舍之则藏。"指士人的出仕与归隐。此处是用蝉的两种生存形态来做比喻。⑰"有目斯开"二句:睁开眼睛,不因为世道黑暗而遮住自己的视线。斯,语助词。⑱自薄:指蝉能飞,却甘愿淡泊寡欲。⑲不以俗厚而易其真:不因为世风淫靡而改变自己的本色。⑳乔树;高大的树木。㉑清畏人知:语本《晋书·胡威传》:荆州刺史胡质忠义清廉,晋武帝问其子胡威:"卿孰与父清?"胡威答曰:"臣不如也。臣父清恐人知,臣清恐人不知。"此处用指品德高洁。㉒仆:自称。失路:指仕途受挫。艰虞:忧郁。㉓徽纆:绑犯人的绳索。此指被囚禁。㉔蟪蛄:即寒蝉。㉕"悟平反之已奏"以下四句:虽然自己的冤狱已经奏请平反,但对手仍跃跃欲试,企图加害,自己尚未转危为安。螳螂之抱影,据《说苑·正谏》,蝉居高饮露,螳螂委身以捕蝉。此指仍有人要陷害自己。怯,担忧。㉖缀诗:作诗。㉗贻:赠送。㉘庶:希冀之意。情沿物应:情感与自然界中事物相对应。㉙弱羽:指蝉。㉚取代幽忧:即倾诉幽忧之意。云尔:如此而已。㉛西陆:指秋天。司马彪《续汉书》有"日行西陆谓之秋"句。西陆为二十八宿中的昴宿。㉜南冠:《左传·成公九年》记楚钟仪戴南冠被囚于晋军,后以南冠代指囚徒。㉝玄鬓:指蝉。古代妇女梳鬓发如蝉翼状,称蝉鬓。此处反过来以蝉鬓称蝉。㉞《白头吟》:古乐府名,传说是汉代卓文君因丈夫司马相如再娶而写的,曲调哀怨。㉟"露重"二句:因露重则蝉飞不快,风大则蝉鸣声易被风声掩盖,比喻仕途艰难,阻力重重。㊱予:我。

杜审言

杜审言(约645~708),字必简,祖籍襄阳(今湖北襄樊),迁居巩义市(今属河南)。

“诗圣”杜甫的祖父。高宗成亨元年(670)擢进士第,当过隰城尉、洛阳丞。武后圣历元年(698)因事被贬为吉州司户参军,后又被武则天召见,授著作左郎。中宗神龙元年(705)因依附张易之而被流放岭南,次年赦归,为国子监主补簿、修文馆直学士。杜审言善诗、工书翰,与李峤、崔融、苏味道并称“文章四友”。其五言律诗“体自整栗,语自雄丽”(许学夷《诗源辨体》)、“浑厚有馀”(陆时雍《诗境总论》)、“句律极严”(陈振孙《直斋书录解题》),“开诗家齐整平密一派门户”(钟惺《唐诗归》),对近体诗的成熟是有贡献的。《全唐诗》存其诗一卷。

和晋陵陆丞早春游望[①]

杜审言

独有宦游人,偏惊物候新[②]。
云霞出海曙,梅柳渡江春[③]。
淑气催黄鸟[④],晴光转绿蘋[⑤]。
忽闻歌古调[⑥],归思欲沾巾[⑦]。

【注释】 ①陆丞曾作《早春游望》诗赠给当时在江阴市的杜审言,杜作此诗和之。写自己宦游异乡的思归心绪。晋陵:县名,在今江苏常州。陆丞:姓陆的县丞,其人不详。②“独有”二句:只有在外做官的人,才会对自然界中季节景物的变化感到格外的惊异。宦游人,在外做官的人。物候,指在不同季节里自然界的景物变化。③“云霞”二句:云霞从海上升起,那正是曙色初露;梅柳间的绿意从江南渡到江北,那是春天已经到来。④淑气催黄鸟:春天的气息使黄莺叫得更欢。淑气,指春天的和暖气息。黄鸟,黄莺。⑤晴光转绿蘋:晴明的春光在绿色的水草间流转浮动。绿蘋,指水中绿色的水草。⑥古调:此指陆丞的诗篇。⑦沾巾:指眼泪沾湿衣巾。

沈佺期

沈佺期(约656~713),字云卿,相州内黄(今属河南)人。上元二年(675)登进士第。当过协律郎、考功员外郎等。神龙元年(705)因依附张易之而流放驩州(今越南荣市),后又召为起居郎、修文馆直学士、中书舍人等。官至太子詹事,世称“沈詹事”。沈佺期擅诗文,与宋之问被时人并称“沈宋”。他长于五、七言律诗,靡丽清宛,“高华典重”(吴乔《围炉诗话》),被张说推为当时第一(刘竦《隋唐嘉话》)。同时,由于沈、宋律诗格律谨严,故对律诗的定型是有贡献的,辛文房说:“至佺期、之问,又加靡丽,迴忌声病,约句准篇,著定格律,遂成近体。……谓唐诗变体,始自二公。”(《唐才子传》)有明人辑《沈詹事诗集》七卷,《全唐诗》编其诗三卷。

杂　诗[①]

沈佺期

闻道黄龙戍[②],频年不解兵[③]。
可怜闺里月,长在汉家营[④]。
少妇今春意,良人昨夜情[⑤]。

谁能将旗鼓⑥,一为取龙城⑦。

【注释】 ①《杂诗》原为三首,此为其三。为边塞诗,虽也咏闺怨征苦,但凄怨中仍含有积极进取之心。②黄龙戍:唐代边塞,在今辽宁开原市西北。③频年:多年。解兵:休战撤兵。④汉家营:指唐军营。汉家,实指唐朝。⑤良人:古时妇女对丈夫的尊称。⑥将旗鼓:指率军出征。⑦一为取龙城:一为,一举。龙城,匈奴名城,原址在今蒙古人民共和国。据《汉书·武帝本纪》载,元光五年(130),车骑将军卫青在龙城大败匈奴,后龙城多用指敌方要地。此句化用此典。比喻出征敌方,一战而捷。

宋之问

宋之问(约656~712),一名少连,字延清,虢州弘农(今河南灵宝)人,一说汾州(今山西汾阳)人。高宗上元二年(675)进士,曾当过洛州参军、尚方监丞等。神龙元年(705)因攀附张易之而贬为泷州参军。后起为鸿胪主簿、考功员外郎等。不久,又因受贿贬为越州长史。睿宗即位,再贬钦州。唐玄宗先天年间,赐死于桂州。宋之问和沈佺期一样长于文辞,时称"沈宋"。其诗多为宫廷应制之作,"平正典重,赡丽精严"(胡应麟《诗薮》)。与沈佺期相比,他的律诗较为"精硕""缜密",对律诗的定型起到了规范的作用。今有明人辑《宋学士集》九卷,《全唐诗》编其诗三卷。

题大庾岭北驿①

宋之问

阳月南飞雁②,传闻至此回。
我行殊未已③,何日复归来。
江静潮初落,林昏瘴不开④。
明朝望乡处,应见陇头梅⑤。

【注释】 ①此诗为宋之问神龙五年(705)遭贬岭南,途经大庾岭时所作,以南雁北归有日反衬诗人南行无已的愁思。大庾岭:在今江西大余县。②阳月:阴历十月。③殊未已:还没到终点。④瘴:南方山林中湿热郁蒸之气。⑤陇头梅:大庾岭上多梅又称梅岭,因此地气候湿暖,故作者十月过岭,即见梅花盛开。又据《荆州记》载,东汉陆凯从江南给长安的范晔寄梅花一枝,并赠诗曰:"折梅逢驿使,寄与陇头人。江南无所有,聊寄一枝春。"此处用此典,寄托思念都城之情。

王　湾

王湾(生卒年不详),洛阳(今属河南)人。太极元年(712)进士及第。开元初,为荥阳主簿。曾参与校理群书,编成《群书四部录》。后官洛阳尉。王湾词翰早著,其《次北固山下》被殷璠誉为"诗人以来,少有此句"(《河岳英灵集》)。今仅存诗十首,载《全唐诗》卷一五五。

次北固山下[①]

王湾

客路青山下[②],行舟绿水前。
潮平两岸阔[③],风正一帆悬[④]。
海日生残夜,江春入旧年[⑤]。
乡书何处达[⑥],归雁洛阳边[⑦]。

【注释】 ①题又作《江南意》。此诗写节候变化引动乡思。次:停宿。北固山:在今江苏镇江市长江南岸,与金山、焦山合称“京口三山”。②客路:远行的路。③潮平:指潮水上涨与两岸齐平。阔:一作“失”。④风正:指风正对着帆吹,顺风之意。一帆:孤舟。⑤“海日”二句:意谓海上涌起一轮红日,但四周仍是残夜;江上已有春意,但旧年还未过完。⑥乡书:家信。⑦归雁洛阳边:意谓希望归雁能把我的家信捎到故乡洛阳去。归雁,古时相传鸿雁可以传书。

破山寺后禅院[①]

常建

清晨入古寺,初日照高林。
曲径通幽处,禅房花木深[②]。
山光悦鸟性,潭影空人心[③]。
万籁此皆寂[④],惟闻钟磬音。

【注释】 ①这是一首游破山寺的题壁诗。破山寺:即兴福寺,在今江苏常熟虞山北麓。②禅房:僧房。③空人心:使人心空明洁净。④万籁:各种声音。籁,从孔穴里发出的各种声音,泛指声音。

寄左省杜拾遗[①]

岑参

联步趋丹陛[②],分曹限紫微[③]。
晓随天仗入[④],暮惹御香归[⑤]。
白发悲花落,青云羡鸟飞。
圣朝无阙事[⑥],自觉谏书稀。

【注释】 ①此诗作于乾元元年(758),岑参为右补阙,与杜甫一样,都是谏官。此诗在表面颂圣中含蓄悲愤。左省:即门下省,因在宣政殿门左,故称左省。杜拾遗:杜甫,时任门下省左拾遗。②联步:即连步。趋:小步走。丹陛:天子宫殿前的台阶漆成红色,称丹陛,又称“丹墀”。③分曹:时岑参为右补阙,属中书省,因在宣政殿门右,故称右省。而杜甫则为左拾遗,属左省。二人上朝时分站左右两边,称分曹。曹,官署。紫微:此指宣政殿。本为星名,古人以紫微星为天帝之居,后转指皇帝之居。④天仗:天子仪仗。⑤御香:天子宫殿所点之香。⑥阙事:缺失之事。

赠孟浩然[1]

李白

吾爱孟夫子[2],风流天下闻。
红颜弃轩冕[3],白首卧松云[4]。
醉月频中圣[5],迷花不事君[6]。
高山安可仰[7],徒此揖清芬[8]。

【注释】 ①此诗为孟浩然归南山时,李白送行之作。孟浩然:唐代大诗人,李白之友。②孟夫子:指孟浩然。③红颜:指青壮年。弃轩冕:指轻视仕宦。轩,车。冕,礼帽。古时高官才能乘轩戴冕。④卧松云:稳居于山林白云之间。⑤醉月:对月醉酒。中圣:指醉酒。典出《三国志·魏书·徐邈传》。尚书郎徐邈醉酒,有人来问事,他答道:"中圣人。"曹操得知,大怒。度辽将军鲜于辅解释道:"平日醉客谓酒清者为圣人,浊者为贤人。"⑥迷花:留恋自然花草。这里指隐居。⑦高山安可仰:语本《诗经·小雅·车舝》:"高山仰止,景行行止。"用以比喻孟浩然品行之高洁。⑧徒此:唯此。揖:致敬之意。清芬:指高洁的节操。

渡荆门送别[1]

李白

渡远荆门外,来从楚国游[2]。
山随平野尽,江入大荒流[3]。
月下飞天镜[4],云生结海楼[5]。
仍怜故乡水[6],万里送行舟。

【注释】 ①此诗作于开元十四年(726),李白沿长江出蜀东下时。描绘出一幅渡荆门的长江长轴山水图,将深挚乡思与远游壮怀水乳交融。荆门:荆门山,在今湖北宜都市北,长江南面,为楚蜀交界之地。②楚国:长江出荆门,即属古时楚国之地,故称。③"山随"二句:意谓山随着平原的出现渐渐远去消失,大江汇入旷野中,从容流去。大荒,广阔的原野。④月下飞天镜:江中月影,如同空中飞下的天镜。⑤海楼:海市蜃楼,为云气折射出的各种景象。⑥怜:爱。故乡水:指从四川流来的水。因诗人从小生活在四川,故称。

送友人[1]

李白

青山横北郭[2],白水绕东城。
此地一为别,孤蓬万里征[3]。
浮云游子意[4],落日故人情[5]。
挥手自兹去[6],萧萧班马鸣[7]。

【注释】 ①此诗写送别却充满诗情画意和豁达乐观。②郭:外城。③蓬:蓬草。蓬草随风飞转,漂泊无定,古诗中常用以比喻远行者。④浮云:因浮云四处飘荡,古诗中也

用以形容游子漂泊。⑤落日：落日下山，如同与人告别。⑥自兹：从此。⑦萧萧班马鸣：双方分别时，主客之马也萧萧长鸣，似有离群之憾。萧萧，马叫声。班马，离群的马。

夜泊牛渚怀古[①]

李白

牛渚西江夜[②]，青天无片云。
登舟望秋月，空忆谢将军[③]。
余亦能高咏，斯人不可闻[④]。
明朝挂帆去[⑤]，枫叶落纷纷。

【注释】 ①此题下原注：此地即谢尚闻袁宏咏史处。李白借谢尚、袁宏事，寄寓怀才不遇的感慨。牛渚：牛渚山，在今安徽当涂县。②西江：从南京至江西一段长江，古时称西江。牛渚即在其间。③空忆：徒然追忆。谢将军：即谢尚，东晋时阳夏（今河南太康）人，官镇西将军。谢尚守牛渚时，曾于秋夜泛舟赏月，遇袁宏正诵《咏史》诗，音词俱妙，因此大为赞赏，并邀来交谈，直至天明。自此袁宏声名日著，后为大官。④斯人：此人，指谢尚。⑤挂帆：指乘船。

春　望[①]

杜甫

国破山河在[②]，城春草木深[③]。
感时花溅泪[④]，恨别鸟惊心[⑤]。
烽火连三月[⑥]，家书抵万金[⑦]。
白头搔更短[⑧]，浑欲不胜簪[⑨]。

【注释】 ①此诗作于至德二年（757）三月，杜甫在长安城时。时安禄山叛军占领长安，杜甫身陷贼中，国破家亡，内心极其痛苦。②国破：指长安沦陷。山河在：山河依旧。③草木深：草木茂盛。④感时花溅泪：感于国事，见花而落泪。⑤恨别鸟惊心：家人分离，闻鸟鸣而心惊。⑥烽火：时安史叛军正与唐军在各地激战，烽火不息。⑦家书：家信。⑧白头：白发。⑨浑欲不胜簪：这里说，因头白短少，简直插不了簪了。浑，简直。不胜簪，古时男子用簪束发。

月　夜[①]

杜甫

今夜鄜州月[②]，闺中只独看[③]。
遥怜小儿女，未解忆长安[④]。
香雾云鬟湿，清辉玉臂寒[⑤]。
何时倚虚幌[⑥]，双照泪痕干。

【注释】 ①天宝十五年（756）五月，杜甫携家避难于鄜州。八月，只身投奔肃宗，途中被叛军俘获，陷于长安。此诗即杜甫在长安因思念住在鄜州的家人而作的。②鄜州：今陕西富县。③闺中：此处指妻子。④“遥怜”二句：儿女还小，还不懂思念在长安的父亲。⑤

“香雾”二句：写妻子在月下思念自己的情景。清辉，指月光。⑥“何时”二句：什么时候我们能团圆重聚，拭干泪痕，共享同一地的月色。虚幌，透明的帷幔。

天末怀李白[①]

杜甫

凉风起天末，君子意如何[②]。
鸿雁几时到[③]，江湖秋水多。
文章憎命达[④]，魑魅喜人过[⑤]。
应共冤魂语[⑥]，投诗赠汨罗[⑦]。

【注释】 ①此诗作于乾元二年(759)流寓秦州时。杜甫得知李白流放夜郎，但尚未知晓他已遇赦而归，写此诗同情其遭遇，表达怀想之情。天末：天边。秦州地处边塞，故称天末。②君子：指李白。③鸿雁：比喻音信。④文章憎命达：好文章都是在命运艰难时才写出来的。⑤魑魅喜人过：要提防山神鬼怪把你吃了，这是要李白提防小人陷害。魑魅，山神鬼怪。夜郎偏远，多魑魅。⑥冤魂：指屈原。屈原无罪被放，投汨罗江而死。李白被流放，与屈原相似，不为生者理解，可与死者共语。⑦汨罗：汨罗江，在今湖南湘阴县。

旅夜书怀[①]

杜甫

细草微风岸，危樯独夜舟[②]。星垂平野阔[③]，月涌大江流[④]。名岂文章著[⑤]，官应老病休[⑥]。飘飘何所似[⑦]，天地一沙鸥。

【注释】 ①此诗作于永泰元年(765)五月。正月，杜甫辞严武幕。四月，严武卒。五月，杜甫携家离开成都，乘舟东下，经渝州(今重庆)、忠州(今忠县)途中，作此诗，以写景展示诗人漂泊无依的境况和情怀。②危樯：高耸的桅杆。③星垂平野阔：因平野广阔，故天边星辰遥挂如垂。④月涌大江流：大江奔流，江中明月也随之涌动。⑤名岂文章著：自己的名气难道是因文章而昭著的吗？⑥官应老病休：自己的官职想必因老病而罢了。⑦飘飘：形容漂泊不定。

登岳阳楼[①]

杜甫

昔闻洞庭水，今上岳阳楼。
吴楚东南坼，乾坤日夜浮[②]。
亲朋无一字，老病有孤舟[③]。
戎马关山北[④]，凭轩涕泗流[⑤]。

【注释】 ①此诗作于大历三年(768)冬，杜甫出峡，漂泊至岳州，登岳阳楼而望故乡，成此感怀之作。岳阳楼：湖南岳阳城西门城楼，下临洞庭湖。唐张说出守岳州时所筑，为登临胜地。②“吴楚”两句：写洞庭湖之广大，跨有吴楚，包涵日月。吴楚东南坼，意谓吴在湖之东，楚在湖之南，两地以洞庭湖为分界。坼，分裂。乾坤，指日月。《水经注·湘

水》:“洞庭湖水广圆五百余里,日月若出没其中。”③老病:杜甫此时五十七岁,身患多种疾病。孤舟:杜甫携家乘船出蜀,一路漂泊。④戎马关山北:此时北方战事频繁,唐军正与吐蕃激战。⑤凭轩:靠着栏杆。涕泗:眼泪鼻涕。

辋川闲居赠裴秀才迪[①]

王维

寒山转苍翠,秋水日潺湲[②]。
倚杖柴门外,临风听暮蝉。
渡头馀落日,墟里上孤烟[③]。
复值接舆醉[④],狂歌五柳前[⑤]。

【注释】 ①此诗写闲居之乐和对友人的深切情谊。辋川:河名,在今陕西蓝田终南山下,宋之问建有别墅。王维晚年得此别墅隐居,与裴迪唱和。秀才:古时泛称士子为秀才。②潺湲:水徐缓流淌的样子。③墟里:村落。陶渊明《归园田居》有“暧暧远人村,依依墟里烟”之句,即此句所本。④接舆:春秋时隐士陆通,字接舆,楚国人,曾狂歌避世。此处指裴迪。⑤五柳:陶渊明因其住宅旁有五株柳树而自号“五柳先生”,曾作《五柳先生传》。此处王维自比陶渊明。

山居秋暝[①]

王维

空山新雨后,天气晚来秋。
明月松间照,清泉石上流。
竹喧归浣女[②],莲动下渔舟。
随意春芳歇[③],王孙自可留[④]。

【注释】 ①此诗作于王维居辋川时期,以诗情画意的山水寄托诗人高洁的情怀。暝:天黑。②浣女:洗衣女。③春芳:春天的芳菲。歇:消歇、逝去。④王孙:《楚辞·招隐士》:“王孙游兮不归,春草生兮萋萋。……王孙兮归来,山中兮不可以久留。”原为招隐士出山之词。王维在此处反用其意,说任春芳消逝,而美好的秋色让王孙(王维自指)自可以留居于山中。

归嵩山作[①]

王维

清川带长薄[②],车马去闲闲[③]。流水如有意,暮禽相与还。荒城临古渡,落日满秋山。迢递嵩高下[④],归来且闭关[⑤]。

【注释】 ①此诗作于王维辞官、隐居嵩山时,描写归隐途中所见的景色和内心的怅惘。嵩山:在今河南登封市,史称中岳。②川:河流。薄:草木丛生之处。③闲闲:从容自在的样子。④迢递:遥远的样子。嵩高:即指嵩山。⑤闭关:闭门谢客之意。

终南山[①]

王维

太乙近天都[②],连山到海隅[③]。白云回望合,青霭入看无[④]。分野中峰变[⑤],阴晴众壑殊[⑥]。欲投人处宿[⑦],隔水问樵夫[⑧]。

【注释】 ①此诗作于开元二十九年(741)王维隐居终南山时,以移步换形手法写出终南山的无穷奇景。②太乙:亦作太一,终南山主峰,又用作终南山之别名。天都:指唐都城长安。③海隅:海角。④"白云"二句:意谓山中的云雾变幻不定。霭,雾气。⑤分野中峰变:终南山中蜂盘踞不止一州之地,成为分隔不同州郡的分界,此极言山域之广大。⑥阴晴众壑殊:各个山谷中的阴晴都不同。殊,不同。⑦人处:有人居住处。⑧樵夫:打柴人。

终南别业[①]

王维

中岁颇好道[②],晚家南山陲[③]。兴来每独往,胜事空自知[④]。行到水穷处[⑤],坐看云起时。偶然值林叟[⑥],谈笑无还期[⑦]。

【注释】 ①开元二十九年(741),王维曾隐居终南山。此诗即作于这一时期。写随缘任运的禅趣和闲适。终南:终南山,唐都城长安附近。别业:野墅。②中岁:中年。③晚:晚近,即近日。家:安家。南山:即指终南山。陲:边。④胜事:佳事,快意之事。空:只。⑤水穷处:水尽头。⑥值:遇。林叟:山林野老。⑦无还期:忘了回家的时间。

临洞庭上张丞相[①]

孟浩然

八月湖水平[②],涵虚混太清[③]。气蒸云梦泽,波撼岳阳城[④]。欲济无舟楫[⑤],端居耻圣明[⑥]。坐观垂钓者,徒有羡鱼情[⑦]。

【注释】 ①此诗一题《望洞庭湖赠张丞相》。开元二十一年(733),张九龄为相,作者以此诗相赠,有乞仕之意。洞庭:洞庭湖。张丞相:指张九龄。②湖水平:八月江汛,湖水涨满,故说"平"。③涵虚:水气弥漫。太清:天空。④"气蒸"二句;形容水势之浩荡。云梦泽:古时有"云""梦"二泽,在今湖北南部、湖南北部的长江沿岸一带低洼地区,后大部分淤成陆地。今洞庭湖即为古云梦泽的一部分。岳阳城:在今湖南岳阳,洞庭湖东岸。⑤欲济无舟楫:意谓自己要出仕而无人引荐。济,渡水。舟楫,指船。古时也用之比作贤臣。楫,橹。⑥端居耻圣明:自己在圣明之世闲居,实感有愧。端居,安居。⑦"坐观"二句:典出《淮南子·说林训》:"临河而羡鱼,不如归家织网。"意谓与其在河边羡慕别人钓到鱼,不如回家织网来捕鱼。作者化用此典,说自己有心出仕(羡鱼情),可无人引荐,也只能坐观他人(垂钓者)。

岁暮归南山[1]

孟浩然

北阙休上书[2],南山归敝庐。
不才明主弃[3],多病故人疏。
白发催年老,青阳逼岁除[4]。
永怀愁不寐,松月夜窗虚。

【注释】 ①诗题一作《归终南山》。作于开元十六年(728),时孟浩然进京应进士落第。南山:此指岘山,因在襄阳城南,故称。孟浩然隐居的园庐就在附近。②北阙:指皇帝的居处,因宫殿坐北朝南,故名。也代称皇帝。③明主:指当今皇帝。④青阳:指春天。《尔雅》有"春为青阳,一曰发生"。因春天气清而温阳,故称。岁除:旧俗在腊月三十击鼓驱疫,称"逐除"。后以年终之日为岁除。

过故人庄[1]

孟浩然

故人具鸡黍[2],邀我至田家。
绿树村边合[3],青山郭外斜[4]。
开轩面场圃[5],把酒话桑麻[6]。
待到重阳日[7],还来就菊花。

【注释】 ①这是一首写农家闲适恬淡情景的田园诗。过:探访。故人:老朋友。②鸡黍:语出《论语·微子》"杀鸡为黍而食之"。后指农家丰盛的饭菜。③合:环绕之意。④郭:外城,指城墙。⑤轩:此指窗。场圃:打谷场和菜园子。⑥桑麻:泛指农事。⑦重阳日:指阴历九月九日重阳节,旧时有登高饮菊花酒之风俗。

留别王维[1]

孟浩然

寂寂竟何待,朝朝空自归。欲寻芳草去[2],惜与故人违[3]。当路谁相假[4],知音世所稀[5]。只应守寂寞,还掩故园扉[6]。

【注释】 ①此诗作于开元十七年(729),孟浩然欲隐居,告别好友王维。②寻芳草:隐居山林之意。③违:别离。④当路:当权者。假:相助之意。⑤知音:指知心朋友。⑥还掩故园扉:意谓闭门不仕。扉,门。

早寒有怀[1]

孟浩然

木落雁南渡[2],北风江上寒。
我家襄水曲[3],遥隔楚云端[4]。
乡泪客中尽,孤帆天际看。
迷津欲有问[5],平海夕漫漫[6]。

【注释】 ①诗题一作《江上思归》。此诗写作者思乡情切,又无可奈何之意。②木落:树叶飘落。③襄水:汉水流经襄阳,称襄水。④楚云:襄阳古属楚国。遥望家乡,被云阻隔,故称楚云。⑤迷津欲有问:典出《论语·微子》,孔子周游列国时,曾让子路向长沮、桀溺问路,遭二人讥讽,以为入世不如隐居好。津,渡口。⑥平海:平阔的水面。

刘长卿

刘长卿(?~约790),字文房,宣城(今属安徽)人,郡望河间(今河北献县)。天宝年间登进士第。至德年间当过长洲尉、海盐令,不久被贬为南巴尉。广德年间为监察御史,大历中当过转运使判官、知淮西、鄂岳转运留后,不久又被贬为睦州司马。德宗时才擢为随州刺史。刘长卿在肃宗、代宗期间诗名颇著,尤善五言诗,自诩"五言长城"。高仲武评论道:"诗体虽不新奇,甚能炼饰,大抵十首以上,语意稍同,于落句尤甚,思锐才窄也。"(《中兴间气集》)张戒称其"笔力豪赡,气格老成,……'长城'之目,盖不徒然"(《岁寒堂诗话》)。方回形容其诗"细淡而不显焕,当缓缓味之"(《瀛奎律髓》),顾磷称其诗"雅畅清夷,中唐独步"(《批点唐音》)。所以人们往往把他作为盛唐与中唐的分野,胡应麟称其诗"自成中唐,与盛唐分道矣"(《诗薮》)。陆次云说:"文房在盛、晚转关之时,最得中和之气。"(《唐诗善鸣集》)有《刘长卿集》十卷,《全唐诗》编其诗五卷。

寻南溪常道士[①]

刘长卿

一路经行处,莓苔见屐痕[②]。
白云依静渚[③],芳草闭闲门。
过雨看松色[④],随山到水源。
溪花与禅意,相对亦忘言[⑤]。

【注释】 ①此题一作《寻常山南溪道人隐居》,又作《寻南溪常山道人隐居》。此诗写寻隐者不遇而悟道的禅趣。常道士:或为"常山道人"之误,而非实姓常。②屐痕:指足迹。屐,木鞋。③渚:水中小洲。④过雨:遇雨。⑤相对亦忘言:此句化用陶渊明《饮酒》诗意:"此中有真意,欲辨已忘言。"

新年作[①]

刘长卿

乡心新岁切[②],天畔独潸然[③]。
老至居人下,春归在客先[④]。
岭猿同旦暮,江柳共风烟。
已似长沙傅[⑤],从今又几年。

【注释】 ①此诗约作于建中元年(780)。时刘长卿被贬潘州(今广东茂名)南巴尉已三年。写身居异地佳节思乡的伤感。②乡心:思乡之心。③潸然:流泪的样子。④"老至"二句:人已老了,但被贬小官,居于人下;春天已归去,而自己尚未回去。⑤长沙傅:西汉贾谊被贬为长沙王太傅三年。

钱　起

钱起(约710~约782),字仲文,湖州(今属浙江)人。天宝九载(750)进士,当过秘书省校书郎、司勋员外郎、祠部员外郎、考功郎中等。与卢纶、韩翃、吉中孚、司空曙、苗发、耿湋、崔峒、李端、夏侯审合称“大历十才子”,又与郎士元合称“钱郎”。钱起诗多饯别应酬之作,大历中声名甚著。据《南部新书》记载:“大历来,自丞相以下出使作牧,无钱起、郎士元诗祖送者,时论鄙之。”高仲武作《中兴间气集》选钱起为第一人,并称其诗“体格新奇,理致清赡”,“文宗右丞,许以高格;右丞没后。员外为雄。”纪昀评曰:“大历以还,诗格初变,开宝浑厚之气渐远渐漓,风调相高,稍趋浮响。升降之关,十子实为之职志。起与郎士元,其称首也。然温秀蕴藉,不失风人之旨,前辈典型,犹有存焉。”(《四库全书总目》)今有《钱考功集》十卷,《全唐诗》编其诗四卷。

送僧归日本[①]

钱起

上国随缘住[②],来途若梦行。
浮天沧海远[③],去世法舟轻[④]。
水月通禅寂[⑤],鱼龙听梵声[⑥]。
惟怜一灯影[⑦],万里眼中明。

【注释】 ①此诗为送赠日本僧人而作,语多褒扬。唐时,日本曾派僧人来中国留学,两国交流密切。②上国:指唐王朝。随缘:佛家语,指佛应众生之缘而施教化。③浮天:形容小船如浮于天际。④法舟:特指佛船。⑤水月:佛典《智度论》:“解了诸法,如幻如焰,如水中月。”佛教中比喻一切事物像水中月一样虚幻。禅寂:佛教中指清寂的心境。⑥鱼龙:泛指水族。梵声:诵经声。⑦灯:佛教以灯能以明破暗,用以比喻佛法。此处以船灯喻禅灯,意为最爱佛法。

谷口书斋寄杨补阙[①]

钱起

泉壑带茅茨[②],云霞生薜帷[③]。
竹怜新雨后[④],山爱夕阳时。
闲鹭栖常早,秋花落更迟。
家僮扫萝径[⑤],昨与故人期[⑥]。

【注释】 ①此诗写招引友朋聚会,突出一种娴雅的情趣。谷口:在今陕西泾阳县西北。杨补阙:其人不详。补阙,谏官,专向皇帝规谏举荐。②壑:山谷。茅茨:草屋,指题中的书斋。③薜帷:成片如帷帐的薜荔。薜,薜荔,常绿灌木。语本《楚辞·九歌·湘夫人》:“网薜荔兮为帷。”④怜:爱。⑤萝:爬蔓常绿灌木,古时常与薜合称,曰薜萝。⑥故人:老友,指杨补阙。期:约定。

淮上喜会梁州故人[①]

韦应物

江汉曾为客[②],相逢每醉还。
浮云一别后,流水十年间。
欢笑情如旧,萧疏鬓已斑[③]。
何因不归去,淮上有秋山[④]。

【注释】 ①此诗写故友相逢悲喜交集的情景。淮上:淮河边。梁州:今陕西南郑区。故人:老朋友。②江汉:即汉江。③萧疏:形容头发零落、稀少。斑:斑白。④"何因"二句:为什么不回乡去,是因为淮上有秋山之美景值得留恋。

赋得暮雨送李胄[①]

韦应物

楚江微雨里[②],建业暮钟时[③]。
漠漠帆来重,冥冥鸟去迟[④]。
海门深不见[⑤],浦树远含滋[⑥]。
相送情无限,沾襟比散丝[⑦]。

【注释】 ①此诗以暮雨写离情,景语中渗透黯然神伤之情。赋得:古时文人分题作诗,分到的诗题称"赋得"。此诗题"暮雨",故作"赋得暮雨"。李胄:生平不详。②楚江:指属古楚国境内的一段长江。③建业:今江苏南京市。④冥冥:形容天色昏黑,也形容雨密。⑤海门:指长江入海处。⑥浦树:指江边的树木。⑦沾襟:比喻眼泪。散丝:指密雨。晋代张协《杂诗》有"密雨如散丝"句。

韩　翃

韩翃(生卒年不详),字君平,南阳(今属河南)人。天宝十三载(754)登进士第,先后当过淄青节度使和汴宋节度使的幕僚。建中初年,德宗赏其《寒食》诗,御批驾部郎中、知制诰,官终中书舍人。韩翃为"大历十才子"之一,尤擅七绝。高仲武评曰:"韩员外诗,匠意近于史,兴致繁富,一篇一咏,朝士珍之,多士之选也。"并形容其诗如"芙蓉出水"(《中兴间气集》)。王士禛称其七绝"蕴藉含蓄,意在言外"(《带经堂诗话》)。有《韩君平集》八卷,《全唐诗》编其诗三卷。

酬程近秋夜即事见赠[①]

韩翃

长簟迎风早[②],空城澹月华[③]。
星河秋一雁,砧杵夜千家[④]。
节候看应晚,心期卧已赊[⑤]。
向来吟秀句[⑥],不觉已鸣鸦[⑦]。

【注释】 ①此诗为酬答程近所赠《秋夜即事》之作,在摹写秋景中抒发朋友间的深

情。程近：其人不详。②簟：竹席。③月华：月光。④砧杵：指捣衣，以备寒衣。砧，捣衣石。杵，捣衣棒。⑤心期：指朋友间心心相印。《南史·向柳传》："我与士逊心期久矣，岂可一旦以势利处之？"赊：迟。⑥秀句：佳句，对程近诗的美称。点明题中的"酬"字。⑦鸣鸦：指天亮时的乌鸦叫声。

刘昚虚

刘昚虚（生卒年不详），字全乙，洪州新吴（今江西奉新）人。开元间进士，当过弘文馆校书郎。为人淡泊，与王昌龄、孟浩然友善。殷璠称其诗"情幽兴远，思苦语奇；忽有所见，便惊众听"（《河岳英灵集》）。王士禛称其诗"超远幽夐，在王、孟、王昌龄、常建、祖咏伯仲之间"（《渔洋诗话》）。《全唐诗》存其诗一卷。

阙　　题[1]

刘昚虚

道由白云尽，春与青溪长。
时有落花至，远随流水香。
闲门向山路[2]。深柳读书堂。
幽映每白日，清辉照衣裳[3]。

【注释】 ①阙题：题原缺。此诗写作者在山中的闲居生活。②闲门：开着的门。③清辉：指白日之光。

戴叔伦

戴叔伦（732～789），字次公，一字幼公，润州金坛（今属江苏）人。先后当过湖南转运留后、东阳令、抚州刺史、容州刺史等。晚年上表请为道士。有诗名，高仲武称"其诗体格虽不越中（格），然'廨宇经山火，公田没海潮'，亦指事造型。其骨稍软，故诗家少之"（《中兴间气集》）。徐献忠评其诗"情旨馀旷，而调颇促急"，"虽工于斫炼，而寡于华要矣"（《唐诗品》）。《全唐诗》编其诗二卷。

江乡故人偶集客舍[1]

戴叔伦

天秋月又满，城阙夜千重[2]。
还作江南会，翻疑梦里逢。
风枝惊暗鹊[3]，露草泣寒虫。
羁旅长堪醉[4]，相留畏晓钟。

【注释】 ①此诗咏与故乡老友偶遇之事。②城阙：宫门前的望楼。此借指长安。③风枝惊暗鹊：曹操《短歌行》有"月明星稀，乌鹊南飞。绕树三匝，何枝可依"句。此句暗用其意，寓思乡之情。④羁旅：犹漂泊。

卢　　纶

卢纶（748～约799），字允言，河中蒲（今山西永济）人。大历间考进士不中，因文才受

宰相元载赏识而当了阌乡尉，以后任过秘书省校书郎、昭应令、检校户部郎中等。为“大历十才子”之一。在代宗、德宗朝，诗名颇著，文宗尤爱其诗。《旧唐书·卢简求传》称：“大历中，诗人李端、钱起、韩翃辈能为五言诗，而辞情捷丽，纶作尤工。”“在大历十才子中，号为翘楚”（《吴礼部诗话》引时天彝《唐百家诗选评》）。尤其是他的《塞下曲》六首，劲健爽捷，“有盛唐之音”（贺裳《载酒园诗话又编》）。有《卢户部诗集》十卷，已佚。《全唐诗》编其诗五卷。

送李端[①]

卢纶

故关衰草遍[②]，离别正堪悲。
路出寒云外，人归暮雪时。
少孤为客早[③]，多难识君迟[④]。
掩泣空相向[⑤]，风尘何所期[⑥]。

【注释】 ①这是一首送别好友的诗。李端：字正己，赵州（今河北赵县）人。大历十才子之一。②故关：故乡。这里指送别之地。③少孤：指自己早年丧父。《孟子·梁惠王》：“幼而无父曰孤。”为客：古人称离开家乡谋生或做官为“做客”。④君：指李端。⑤空：徒然。⑥风尘：指时世纷乱。何所期：何时能再相会。

李　益

李益（748~约827），字君虞，郑州（今属河南）人，郡望陇西姑臧（今甘肃武威）。大历四年（769）进士。曾几度入节度使幕府为从事，随军出征边塞。元和年间入朝，先后任过都官郎中、中书舍人、秘书少监、集贤学士判院事、右散骑常侍。大和间以礼部尚书致仕。李益在当时就诗名卓著，令狐楚选《御览诗》，以李益诗为集中之最。据说他“每作一篇，为教坊乐人以赂求取，唱为供奉歌词”（《旧唐书》本传）。他诸体皆工，其“五言古，多六朝体，效永明者，酷得其风神”，“七言古，气格绝类盛唐”，“五言律，气格亦胜，……可配开、宝”，“七言绝，开、宝而下，足称独步”（许学夷《诗源辨体》）。他的边塞诗很著名，“多抑扬激励悲离之作，高适、岑参之流也”（辛文房《唐才子传》）。其七言绝句为中唐一绝，气韵风骨，直追李白、王昌龄。胡应麟称：“七言绝开元以下，便当以李益为第一。”（《诗薮》）今有《李益集》二卷行世，《全唐诗》编其诗二卷。

喜见外弟又言别[①]

李益

十年离乱后，长大一相逢。
问姓惊初见，称名忆旧容。
别来沧海事[②]，语罢暮天钟。
明日巴陵道[③]，秋山又几重。

【注释】 ①此诗作于安史之乱后。写乱世的离合聚散情景。外弟：表弟。②沧海事：典出葛洪《神仙传》：“麻姑自说云：接待以来，已见东海之为桑田。”后以沧海桑田比

喻世事变迁。③巴陵:唐郡名,在今湖南岳阳。

司空曙

司空曙(生卒年不详),字文初,一字文明,广平(今河北永年)人。大历初中进士,当过右拾遗、长林丞、检校水部郎中,官终虞部郎中。司空曙为"大历十才子"之一,其诗"属调幽闲,终篇调畅"(辛文房《唐才子传》),"婉雅闲淡,语近性情"(胡震亨《唐音癸签》)。有《司空曙诗集》(一作《司空文明集》)二卷,《全唐诗》编其诗二卷。

云阳馆与韩绅宿别[1]

司空曙

故人江海别,几度隔山川。

乍见翻疑梦[2],相悲各问年[3]。孤灯寒照雨,深竹暗浮烟。更有明朝恨[4],离杯惜共传[5]。

【注释】 ①此诗写旅途中与老友乍逢又别的怅恨。云阳:县名,在今陕西泾阳县。馆:驿站馆舍。韩绅:一作"韩升卿",疑即韩绅卿。韩愈有叔父名韩绅卿,曾任泾阳县令。宿别:同宿后告别。②翻:反。③问年:询问几年来的情况。④明朝恨;指明早离别之恨。⑤共传:传杯共饮。

喜外弟卢纶见宿[1]

司空曙

静夜四无邻,荒居旧业贫[2]。
雨中黄叶树,灯下白头人。
以我独沉久[3],愧君相见频。
平生自有分[4],况是蔡家亲[5]。

【注释】 ①此诗写荒村独居喜见亲人的情景。外弟:表弟。卢纶:中唐诗人。见宿:来住宿。"见"一作"访"。②旧业:原有的家产。③沉:沉沦。④分:缘分。⑤蔡家亲:指表亲。晋大将羊祜是蔡邕的外孙,因有功被封爵,而他却要求将爵位转赐给表兄弟蔡袭。蔡家亲一作"霍家亲",亦指表亲。因西汉霍去病是卫青姐姐的儿子。

贼平后送人北归[1]

司空曙

世乱同南去,时清独北还[2]。
他乡生白发,旧国见青山[3]。
晓月过残垒,繁星宿故关[4]。
寒禽与衰草,处处伴愁颜。

【注释】 ①此诗写送友人还乡的心境。贼平:指安史之乱被平定。②时清:时世安定。③旧国:故乡。④"晓月"二句:想象友人北归途中的艰辛。残垒,废弃的营垒。故关,旧的关口。

刘禹锡

刘禹锡(772~842),字梦得,洛阳(今属河南)人。贞元九年(793)进士,当过太子校书、监察御史等。永贞间,参与王叔文革新活动,宪宗立,贬连州刺史,再贬朗州司马,后又当过播州、夔州、和州刺史。大和初,入朝为主客、礼部郎中,充集贤殿直学士,复出为苏州、汝州、同州刺史。开成初年,为太子宾客、分司东都。后改秘书监分司,加检校礼部尚书。世称"刘宾客"。

刘禹锡诗才卓著,白居易推之为"诗豪",称其诗"其锋森然,少敢当者"(《刘白唱和集解》)。胡震亨称:"其诗气该今古,词总华实,运用似无甚过人,却都惬人意,语语可歌。"(《唐音癸签》)胡应麟形容其七律"骨力豪劲"(《诗薮》),杨慎则说:"元和以后,诗人之全集可观者数家,当以刘禹锡为第一。"(《升庵诗话》)刘禹锡的民歌体组诗很有特色,尤以《竹枝词》最受称道,苏轼誉为"奔轶绝尘,不可追也",黄庭坚称"词意高妙"(俱见《豫章黄先生集》卷二十六引)。有《刘梦得文集》四十卷,《全唐诗》编其诗十二卷。

蜀先主庙[①]

刘禹锡

天地英雄气[②],千秋尚凛然。
势分三足鼎[③],业复五铢钱[④]。
得相能开国[⑤],生儿不象贤[⑥]。
凄凉蜀故妓,来舞魏宫前[⑦]。

【注释】 ①此诗是刘禹锡任夔州刺史时,过先主庙而作的怀古诗。蜀先主:指三国时蜀主刘备。蜀先主庙在夔州,印今重庆市奉节县。②天地英雄:据《三国志·蜀书·先主传》记载,曹操曾与刘备饮酒论英雄,说:"今天下英雄,惟使君与操耳!"此处专指刘备的英雄气概。③三足鼎:刘备建立蜀汉,与魏、吴三分天下,成鼎足之势。④业复五铢钱:意谓刘备的事业是要复兴汉室。五铢钱,汉时通行货币,为汉武帝所立,新莽代汉时,曾废止不用;光武帝兴汉,重铸五铢钱,天下称便。⑤得相:指刘备得诸葛亮辅佐,建立蜀汉政权,立诸葛亮为丞相。⑥生儿不象贤:意谓刘备之子刘禅不能谨守父业。象贤,效法先人的好榜样。⑦"凄凉"二句:据《三国志·蜀书·后主传》注引《汉晋春秋》中记载,魏灭蜀后,蜀主刘禅至洛阳,被封为安乐县公。魏太尉司马昭与之宴饮,专请蜀国的女乐歌舞表演,旁人皆为之感伤,而刘禅却嬉笑自若,乐不思蜀。此二句慨叹先主艰苦创业,而后主昏庸亡国。

张　籍

张籍(约766~约830),字文昌,吴郡(今江苏苏州)人,后迁居和州乌江(今安徽和县)。贞元十五年(799)进士,当过太常寺太祝、秘书省秘书郎、水部员外郎、主客郎中、国子司业等职,世称"张水部"或"张司业"。张籍工诗,尤以乐府诗最受人称道。白居易赋诗称颂张籍"尤工乐府诗,举代少其伦""风雅比兴外,未尝著空文"(《读张籍古乐府诗》)。周紫芝甚至说:"唐人作乐府诗者甚多,当以张文昌为第一。"(《竹坡诗话》)刘放

称其乐府“清丽深婉”(《中山诗话》),贺贻孙则评曰“深秀古质”,但又觉得“边幅稍狭”(《诗筏》)。由于诗风与王建相近,宋代人常以“张王”并称。有《张司业集》八卷,《全唐诗》编其诗五卷。

没蕃故人[①]

张籍

前年戍月支[②],城下没全师[③]。
蕃汉断消息,死生长别离。
无人收废帐[④],归马识残旗。
欲祭疑君在,天涯哭此时。

【注释】 ①此诗是为作者怀念在唐蕃战争中失踪的老朋友而作。没:消失。蕃:吐蕃,古代藏族建立的政权。②戍:此指出征。月支:又作月氏,汉西域国名,此借指吐蕃。③没:覆灭。④废帐:指废弃的营帐。

草[①]

白居易

离离原上草[②],一岁一枯荣。
野火烧不尽,春风吹又生。
远芳侵古道[③],晴翠接荒城[④]。
又送王孙去,萋萋满别情[⑤]。

【注释】 ①此诗以咏草写离情,并蕴含生命不止的感悟。此题一作《赋得古原草送别》。据说此诗为白居易十六岁时所作。但此说仅为传闻,并不可靠。②离离:形容草茂盛。③远芳:指远处的绿草。④晴翠:指晴空下的青山。⑤“又送”二句:化用《楚辞·招隐士》“王孙游兮不归。春草生兮萋萋”之意。王孙,指远行之游子。萋萋,形容草茂盛。

杜　　牧

杜牧(803~853),字牧之,京兆万年(今陕西西安)人。大和二年(828)登进士第,为弘文馆校书郎。后曾在江西观察使,宣歙观察使、淮南节度使为幕僚。在朝中当过监察御史、左补阙、史馆修撰等官。会昌间,先后为黄州、池州、睦州刺史。大中年间,为司勋员外郎、史馆修撰、吏部员外郎。又复出为湖州刺史。官终中书舍人。杜牧是晚唐文学大家,古文、诗赋、书画无一不精。他作诗力求“苦心为诗,唯求高绝,不务奇丽,不涉习俗,不今不古,处于中间”(杜牧《献诗启》)。当时人评其诗“情致豪迈,人号为‘小杜’,以别杜甫”(《新唐书》本传)。宋人评其诗“风调高华,片言不俗”(蔡絛《蔡伯衲诗评》),“豪而艳,有气概,非晚唐人所能及也”(陈振孙《直斋书录解题》)。因为晚唐诗风柔靡,杜牧力矫其弊,“恐流于平弱,故措词必拗峭,立意必奇辟”(赵翼《瓯北诗话》)。徐献忠评其诗“含思悲凄,流情感慨,下语精切,含声圆整,而抑扬顿挫之节尤其所长”(《唐诗品》)。有《樊川文集》二十卷,《全唐诗》编其诗八卷。

旅　　宿[1]

杜牧

旅馆无良伴，凝情自悄然[2]。
寒灯思旧事，断雁警愁眠[3]。
远梦归侵晓[4]，家书到隔年[5]。
沧江好烟月，门系钓鱼船。

【注释】 ①此诗写旅途的寂寞之感。②悄然：指心情忧郁。③断雁：离群之雁。此指离雁的鸣叫。警：惊醒。④远梦归侵晓：因距家遥远，梦魂归家也要到天破晓时才能到达。侵晓，破晓。⑤家书：家信。

许　　浑

许浑（生卒年不详），字用晦，一字仲晦，润州丹阳（今属江苏）人。大和六年（832）进士，任当涂令。后当过监察御史，润州司马，睦州、郢州刺史。许浑多作律诗，尤工于七律，在晚唐“以精密俊丽见称”（徐献忠《唐诗品》）。《宣和书谱》评曰：“浑作诗似杜牧，俊逸不及而美丽过之。”其七律诗圆熟工巧，“格律匀称，工夫极细”（周咏棠《唐贤小三昧集续集》），田雯曰：“声调之熟，无如浑者。”（《古欢堂集杂著》）故为后世学诗者奉为样板。有自编《丁卯集》三卷，《全唐诗》编其诗十一卷。

秋日赴阙题潼关驿楼[1]

许浑

红叶晚萧萧，长亭酒一瓢[2]。
残云归太华[3]，疏雨过中条[4]。
树色随关迥[5]，河声入海遥。
帝乡明日到[6]，犹自梦渔樵[7]。

【注释】 ①此诗写赴京述职考选将近都城时的心境。阙：宫门前的望楼，此处代指都城长安。潼关：在今陕西潼关县。驿楼：即驿站。②长亭：此泛指路边亭舍。古时大道旁十里设一长亭，五里设一短亭，作为旅客休歇之所，与驿站有共同之处。③太华：即华山。此处为与附近的少华山相区别。故称太华。④中条：据《括地志》，蒲州河东县雷首山，一名中条山，在今山西永济市，处于太行山与华山之间。⑤迥：远。⑥帝乡：指都城长安。⑦渔樵：捕鱼打柴，指隐居生活。

蝉[1]

李商隐

本以高难饱，徒劳恨费声[2]。
五更疏欲断，一树碧无情[3]。
薄宦梗犹泛[4]，故园芜已平[5]。
烦君最相警[6]，我亦举家清[7]。

【注释】 ①此诗是作者借孤穷悲鸣之寒蝉，寄寓自己穷困潦倒、漂泊无依的悲愤心情。②"本以"二句：蝉身居高树，难以饱腹，虽然恨声悲鸣，却也只是徒劳。高难饱，古人认为，蝉是栖息高树，餐风饮露的，故说"高难饱"。③"五更"二句：寒蝉悲鸣彻夜，至五更时，稀疏几声，已近断绝，而绿树则无动于衷，无情相待。④薄宦：官职卑微。梗犹泛：典出《战国策·齐策》：土偶人对桃梗说："今子东国之桃梗也，刻削子以为人，降雨下，淄水至，流子而去，则子漂漂者将何如耳。"后以梗泛比喻漂泊无依。梗，树枝。⑤故园芜已平：故园已荒芜，透露出欲归不得的意蕴。芜已平，杂草丛生，已平膝没胫，覆盖了田园。⑥君：指蝉。警：提醒。⑦举家清：全家清贫。"清"字又有操守清高之意。

风　雨[1]

李商隐

凄凉《宝剑篇》[2]，羁泊欲穷年[3]。
黄叶仍风雨，青楼自管弦[4]。
新知遭薄俗，旧好隔良缘[5]。
心断新丰酒[6]，销愁斗几千[7]？

【注释】 ①此诗是作者自伤身世，慨叹飘零沦落，怀才不遇的苦闷，当作于大中十一年(857)游江东时。②《宝剑篇》：一名《古剑篇》。唐代名将郭震所作，借宝剑埋尘喻才士沦落飘零，抒发抑郁不平之气。郭震少有大志，武则天闻其名，征见，令录旧文，震献《古剑篇》，得以升擢。③羁泊：羁旅漂泊。穷年：终年。④"黄叶"二句：自己如风雨中黄叶般飘零，而豪富之家却在歌舞取乐。仍，更。青楼，指富家高楼。⑤"新知"二句：新知遭受世俗的非难，旧友也良缘阻隔，关系疏远。新知，新交的知己。薄俗，浅薄世俗。旧好，旧日的好友。⑥心断新丰酒：自己再不会有马周那样的幸遇了。心断，犹绝望。新丰酒，典出《新唐书·马周传》：马周游长安，宿新丰旅店，遭店主慢待，便取酒独饮。后马周得唐太宗赏识，授监察御史。⑦销愁斗几千：想用新丰美酒消愁，又不知道这酒值多少钱了。斗几千，一作"又几千"。王维《少年行》有"新丰美酒斗十千"一句，言酒价极贵。

落　花[1]

李商隐

高阁客竟去[2]，小园花乱飞。
参差连曲陌[3]，迢递送斜晖[4]。
肠断未忍扫，眼穿仍欲归[5]。
芳心向春尽[6]，所得是沾衣[7]。

【注释】 ①此诗借落花以寓慨身世。②竟：终于。③参差：形容花影之错落迷离。曲陌：弯曲的小路。④迢递送斜晖：花瓣在夕阳下随风飘得很远。迢递，遥远的样子。斜晖，斜阳。⑤眼穿仍欲归：望眼欲穿盼来了春天，可春天仍要归去。⑥芳心：指花，又指惜花之心。⑦沾衣：眼泪。

凉　　思[1]

李商隐

客去波平槛[2]，蝉休露满枝[3]。
永怀当此节[4]，倚立自移时[5]。
北斗兼春远[6]，南陵寓使迟[7]。
天涯占梦数[8]，疑误有新知[9]。

【注释】①此诗是李商隐寓使南陵时，怀人思归之作。②槛：栏杆。③蝉休：蝉停止鸣叫，指夜深了。④永怀：长久思念。节：季节。此指秋季。⑤移时：季节更替。⑥北斗兼春远：友人远在北斗星下，与逝去的春天一样遥远。兼，与。⑦南陵：唐宣城县（今安徽南陵县）。寓使：因出使而流寓异地。⑧占梦：即圆梦，据梦中见闻预测人事吉凶。数：多次。⑨疑误：错误地怀疑。

北青萝[1]

李商隐

残阳西入崦[2]，茅屋访孤僧。
落叶人何在，寒云路几层。
独敲初夜磬[3]，闲倚一枝籐[4]。
世界微尘里[5]，吾宁爱与憎[6]。

【注释】①此诗写作者在北青萝访孤僧事。北青萝：地名，在王屋山中。②崦：指崦嵫山。《山海经》里记载，崦嵫山是日落之地。③初夜：夜之初。磬：寺庙中的一种钵状铜乐器。④籐：藤制手杖。⑤世界微尘里：此句是说，大千世界都在小小的微尘之中，为佛家常语。《法华经》："譬如有经卷，书写三千大千世界事，全在微尘中。"⑥宁：为什么。爱与憎：《愣严经》曰："人在世间，直微尘耳，何必拘于憎爱而苦此心也。"

温庭筠

温庭筠（约 801～约 870），本名岐，字飞卿，太原祁（今山西祁县）人。才情敏捷，每入试，八叉手而成八韵，人号"温八叉"。因恃才傲物，放浪不羁，又好讥权贵，故屡试不第，仕途坎坷，仅当过隋县尉、方城尉等小官，官终国子助教，世称"温助教"。温庭筠诗与李商隐齐名，时号"温李"。为诗华艳绮丽，"调多清逸，语多闲婉"（许学夷《诗源辨体》）。其乐府歌行"似学长吉"（胡震亨《唐音癸签》），近体诗则颇近李商隐。贺裳评论其诗较公允："大抵温氏之才，能瑰丽而不能澹远，能尖新而不能雅正，能矜饰而不能自然；然警慧处，亦非流俗浅学所易及。"（《载酒园诗话又编》）有《温飞卿集》七卷，别集一卷。《全唐诗》编其诗九卷。

送人东游[1]

温庭筠

荒戍落黄叶[2]，浩然离故关[3]。

高风汉阳渡，初日郢门山[4]。
江上几人在，天涯孤棹还。
何当重相见[5]，樽酒慰离颜[6]。

【注释】 ①东游：一作“东归”。此诗为送友人还乡的送别之作。②荒戍：废弃的营垒。③故关：指故乡。④“高风”二句：在汉阳渡下船，乘着秋日之高风，到太阳刚升起时，就到了郢门山了。汉阳渡，在今湖北蔡甸区。郢门山，即荆门山，在今湖北宜都市北、长江南面。⑤何当：何时。⑥樽酒：即杯酒。樽，古时盛酒之具。

马　　戴

马戴（生卒年不详），字虞臣，曲阳（今江苏东海）人。会昌四年（844）登进士第。大中年间，在太原军幕府为掌书记，后又贬为朗州龙阳尉。官终太学博士。马戴与姚合、贾岛等诗人友善，他的诗“优游不迫，沉着痛快”（辛文房《唐才子传》），“在晚唐诸人之上”（严羽《沧浪诗话》）。马戴尤长五律，“不坠盛唐风格”（杨慎《升庵诗话》），“直可与盛唐诸贤侪伍”（翁方纲《石洲诗话》）。有《马戴诗》一卷，《全唐诗》编其诗二卷。

楚江怀古[1]

马戴

露气寒光集，微阳下楚丘[2]。
猿啼洞庭树[3]，人在木兰舟[4]。
广泽生明月[5]，苍山夹乱流。
云中君不见[6]，竟夕自悲秋[7]。

【注释】 ①题下原有诗三首，此为其一。作于宣宗初年贬龙阳尉途经洞庭时。借怀古写莫名的烦愁。楚江：此指湘江。②楚丘：楚地之山。③洞庭：洞庭湖，在湖南北部。④木兰舟：木兰木制的舟。《述异记》载：“木兰洲在浔阳江中，多木兰树，七里洲中有鲁班刻木兰为舟，舟至今在洲中。”《楚辞》中多有“兰舟”之称。⑤广泽：广大的水域，指洞庭湖。⑥云中君：《楚辞·九歌》有《云中君》一篇，为祭祀云神之作。此即指云神。⑦竟夕：终夜。

张　　乔

张乔（生卒年不详），字伯迁，池州（今安徽贵池）人。咸通年间应进士举，其诗擅场。与许棠、郑谷等被誉为“咸通十哲”。黄巢兵起后，归隐九华山。《唐摭言》中称其“诗句清雅，敻无与伦”。胡震亨谓其“吟价颇高，如《听琴》之幽淡，《送许棠》之惊耸，亦集中翘英”（《唐音癸签》）。有《张乔诗集》二卷，《全唐诗》编其诗二卷。

书边事[1]

张乔

调角断清秋[2]，征人倚戍楼[3]。
春风对青冢[4]，白日落梁州[5]。

大漠无兵阻，穷边有客游。
蕃情似此水，长愿向南流[⑥]。

【注释】①此诗是作者游边塞时所作。书：写。边：边地。②调角：吹角。角，军中乐器。③戍楼：兵士戍防的城楼。④青冢：指昭君墓，在今内蒙古呼和浩特西南。据说塞外草枯，只有昭君墓上草色青青，故又名青冢。⑤梁州：在今陕西南郑。此泛指边塞地域。⑥"蕃情"二句：以南流之水比喻蕃情，希望吐蕃能长久地归附中央政权。蕃情，指吐蕃人的心情。蕃，指吐番，古代藏族建立的地方政权。

崔　涂

崔涂（生卒年不详），字礼山，睦州桐庐（今属浙江）人。光启四年（888）登进士第。他家境贫寒，一生四处漂泊，因而其诗多羁旅离怨之作。辛文房称其诗"深造理窟，端能竦动人意；写景状怀，往往宣陶肺腑"（《唐才子传》）。他的律诗较佳，徐献忠谓"音节虽促，而兴致颇多；身遭乱梗，意殊凄怅。虽喜用古事，而不见拘束"（《唐诗品》）。有《崔涂诗》一卷，《全唐诗》编其诗一卷。

除夜有怀[①]

崔涂

迢递三巴路[②]，羁危万里身[③]。
乱山残雪夜，孤独异乡人。
渐与骨肉远[④]，转于僮仆亲。
那堪正飘泊，明日岁华新[⑤]。

【注释】①此诗一题作《巴山道中除夜书怀》。此诗写客中度除夕的离愁乡思。除夜：除夕之夜。②迢递：形容遥远。三巴：古称巴郡、巴东、巴西为三巴，在今四川东部。③羁危：指流落于危险的蜀道上。④骨肉：指家中亲人。⑤明日岁华新：意为明天就是新年了。岁华，年华。

杜荀鹤

杜荀鹤(846~904)，字彦之，号九华山人，池州石埭（今安徽石台）人。累举进士不第，归隐山中。大顺二年(891)登进士第，当过主客员外郎、知制诰，充翰林学士。杜荀鹤有诗名，辛文房曰："荀鹤苦吟，平生所志不遂，晚始成名，况丁乱世，殊多忧惋思虑之语，于一觞一咏，变俗为雅，极事物之情，足丘壑之趣，非易能及者也。"（《唐才子传》）胡震亨形容其诗"以衰调写衰代，事情亦真切"（《唐音癸签》）。有《杜荀鹤文集》三卷，《全唐诗》编其诗三卷。

春宫怨[①]

杜荀鹤

早被婵娟误，欲妆临镜慵[②]。
承恩不在貌[③]，教妾若为容[④]。

风暖鸟声碎，日高花影重。
年年越溪女，相忆采芙蓉[5]。

【注释】 ①此诗一说是周朴所作。作者借咏宫怨，寄托自己幽寂郁闷之情。②“早被”二句：因貌美而入宫中却耽误了青春，连梳妆镜都懒得照了。婵娟，容貌美丽。慵，懒。③承恩：指得皇帝宠爱。④若为容：怎样梳妆打扮。⑤“年年”二句：西施由浣女而入宫为妃，倒是那些女伴，年年想起一同采芙蓉的快乐。越溪女，指西施。《方舆胜览》：若耶溪，一名越溪，西施采莲于此。王维《西施咏》有“朝为越溪女，暮作吴官妃”。此指与西施一起浣纱的女伴。芙蓉，荷花。

韦　庄

韦庄（约836~910），字端己，京兆杜陵（今陕西西安）人，韦应物四世孙。乾宁元年（894）进士，授校书郎。曾奉使入蜀。天复元年（901）再度入蜀，后协助王建称帝，任左散骑常侍、判中书门下事、吏部侍郎、平章事。韦庄在晚唐诗坛是最好的诗人之一，“体近雅正”（胡震亨《唐音癸签》），“律诗虽不甚雄，亦是可讽”（《唐诗选脉会通评林》唐汝询语），“绝句在唐末诸人之上”（许学夷《诗源辨体》）。韦庄景仰杜甫，故其部分诗作“颇似老杜笔力”（余成教《石园诗话》）。韦庄也是晚唐五代重要词人，花间派之代表，与温庭筠齐名，史称“温韦”。有《浣花集》十卷，《全唐诗》编其诗六卷。

章台夜思[1]

韦庄

清瑟怨遥夜，绕弦风雨哀。
孤灯闻楚角[2]，残月下章台。
芳草已云暮，故人殊未来[3]。
乡书不可寄[4]，秋雁又南回[5]。

【注释】 ①此诗是韦庄在长安时思念远在越中的亲人而作的。章台：故址在今陕西长安，汉时此地为游览胜地。②楚角：楚地曲调的角声。因韦庄思念南方的亲人。故听到的角声也恍然认为奏的是南方的曲调。③故人：老友。殊：绝。④乡书：家信。⑤秋雁又南回：古时有鸿雁传书的传说，此句是羡秋雁能南归，而悲家信之不能寄。

皎　然

皎然（约720~约800），俗姓谢，字清昼，湖州长城（今浙江长兴）人。开元天宝间应进士试未第，失意出家，居润州长干寺。后居湖州杼山妙喜寺。交游广泛，诗名颇著。其诗“清机逸响，闲淡自如”（胡震亨《唐音癸签》），“极于缘情绮靡，故辞多芳泽；师古兴制，故律尚清壮”（于頔《释皎然杼山集序》）。故而在唐代诗僧中，皎然是最为杰出的。他还撰有《诗式》五卷，为系统的诗论专著，总结了中国古典诗歌创作和评论的一些重要原则。有《杼山集》（一作《皎然集》）十卷，《全唐诗》编其诗七卷。

寻陆鸿渐不遇[①]

皎然

移家虽带郭[②],野径入桑麻。
近种篱边菊,秋来未著花。
扣门无犬吠,欲去问西家。
报道山中去[③],归来每日斜。

【注释】 ①此诗为访迁居好友而不遇所作。陆鸿渐:陆羽,字鸿渐,竟陵(今湖北天门)人。隐居苕溪,著有《茶经》。后被奉为茶神。②带郭:指乡间靠近城墙之地。郭,城墙。③报道:回答道。

七言律诗

七言律诗,简称“七律”,近体诗的一种,源于七言古体。起源于南北朝,成熟于唐初,至杜甫臻至炉火纯青。格律严密,每首八句四韵或五韵,每句七个字,中间两联必须对仗,第二、四、六、八句押韵,首句可押可不押,七言律诗首句入韵为正格,不入韵是变格。通常押平声韵。其押韵的音韵标准为中古音韵系统,即南北朝至隋唐时期汉语的语音。根据其平仄,定格为四式:首句平起入韵式、首句平起不入韵式、首句仄起入韵式、首句仄起不入韵式。

七言律诗则是最具宋诗“筋骨思理”(钱钟书《谈艺录》)的诗歌体裁,也是中国古典诗歌最成熟的一种体裁,为唐以后历代文人最为倾心,可以充分表达诗人强烈的主观感受。有唐一代,七律圣手有王维、杜甫、李商隐、刘长卿等。

崔　　颢

崔颢(约704~754),汴州(今河南开封)人。开元十一年(723)进士及第。曾入河东军幕,后任太仆寺丞、司勋员外郎。崔颢“名重当时”(《新唐书·杜佑传》),其诗“气格奇俊,声调蒨美”(徐献忠《唐诗品》),边塞之作“风骨凛然”(殷璠《河岳英灵集》),其乐府歌行富赡委婉,情致真切。尤其是《黄鹤楼》诗,极负盛名,严羽评为唐人七律之首(《沧浪诗话》)。有《崔颢诗》一卷,《全唐诗》编其诗一卷。

黄鹤楼[①]

崔颢

昔人已乘黄鹤去[②],此地空馀黄鹤楼。
黄鹤一去不复返,白云千载空悠悠。
晴川历历汉阳树[③],芳草萋萋鹦鹉洲[④]。
日暮乡关何处是[⑤]?烟波江上使人愁。

【注释】 ①此诗写登黄鹤楼之所见及引发的乡愁,被誉为题黄鹤楼之绝唱。黄鹤楼:在今湖北武汉黄鹤山西北黄鹤矶上,面江而立。传说是因仙人王子安乘黄鹤路经此

地而得名。②昔人:指传说中的仙人。③历历:分明的样子。汉阳:在今武昌西北,与黄鹤楼隔江相望。④萋萋:草茂盛的样子。鹦鹉洲:长江中的小沙洲,在武汉市西南长江中,相传因东汉祢衡曾作《鹦鹉赋》而得名。⑤乡关:故乡。

祖　咏

祖咏(生卒年不详),洛阳(今属河南)人。开元十二年(724)进士。颇有文名,与王维、储光羲、王瀚等唱和。所作多山水田园诗,凝练精致。殷璠评其诗"剪刻省净,用思尤苦,气虽不高,调颇凌俗"(《河岳英灵集》)。有《祖咏诗》一卷,《全唐诗》编其诗一卷。

望蓟门①

祖咏

燕台一去客心惊②,笳鼓喧喧汉将营③。
万里寒光生积雪,三边曙色动危旌④。
沙场烽火侵胡月⑤,海畔云山拥蓟城⑥。
少小虽非投笔吏⑦,论功还欲请长缨⑧。

【注释】 ①此诗是祖咏唯一的一首边塞诗,勾画蓟门的山川形胜,写出雄伟阔大的意象。蓟门:蓟门关,在今北京市。②燕台:即幽州台。一名蓟北楼。相传燕昭王在此筑黄金台以招揽天下贤士。③汉将营:指唐将军营。④三边:古称幽、并、凉三州为三边。危旌:高扬的旗帜。⑤胡月:指边地之月。⑥海畔:因蓟门关地近渤海,故称海畔。蓟城:即蓟门关。⑦投笔吏:典出《后汉书·班超传》。班超原为抄写文书的小吏,一天投笔叹道:"大丈夫无它志略,犹当效傅介子、张骞立功异域,以取封侯,安能久事笔研间乎?"⑧论功:指论功封赏。请长缨:典出《汉书·终军传》。终军出使南越,对汉武帝说:"愿受长缨,必羁南越王而致之阙下。"即说用一根长绳把南越王牵来。此句与上句表达愿从军报国的志向。

崔　曙

崔曙(?~739),一作崔署,原籍博陵(今河北安平),寓居宋州(今河南商丘)。开元二十六年(738)进士及第,为河内尉。有诗名,与薛据友善。殷璠选其诗六首入《河岳英灵集》,并评论曰:"署诗多叹词要妙,清意悲凉,送别、登楼,俱堪泪下。"有《崔曙集》一卷,《全唐诗》存其诗一卷。

九日登望仙台呈刘明府①

崔曙

汉文皇帝有高台,此日登临曙色开。
三晋云山皆北向②,二陵风雨自东来③。
关门令尹谁能识④,河上仙翁去不回⑤。
且欲近寻彭泽宰⑥,陶然共醉菊花杯⑦。

【注释】 ①此诗为重阳怀古投赠之作。九日:指九月九日重阳节,古时有登高赏菊

之旧俗。《西京杂记》卷三:“九月九日,佩茱萸、食蓬饵、饮菊花酒,令人长寿。”望仙台:汉文帝所筑,在今陕西峡县。据《神仙传》记载:“河上公授文帝《老子》而去,失所在,帝于西山筑台望之。”刘明府:其人不详。明府,县令的尊称。②三晋:战国时晋国被韩、赵、魏三家所分,后称此三国为三晋,地属今山西、河南北部、河北西部地区。③二陵:崤山的南陵北陵合称二陵,在今河南洛宁县北。据《左传·僖公十三年》记载,南陵是夏后皋之墓,北陵是周文王避风雨之所在。④关门令尹:此即指关尹子,名喜,为函谷关掌关门的官吏。据说老子至关,关尹子留他著书,成《道德经》授之。后关尹子也随他而去。⑤河上仙翁:即河上公,晋人葛洪把他写入《神仙传》中。⑥彭泽宰:指陶渊明。他曾任彭泽县令,因不愿为五斗米折腰,挂冠而去。此处借指刘明府。⑦共醉菊花杯:据《南史·隐逸传》记载,陶渊明辞官后,家贫,九九重阳节时无酒,便在屋边菊丛中久坐,逢王宏送酒至,大醉而归。

送魏万之京[①]

李颀

朝闻游子唱离歌[②],昨夜微霜初度河。
鸿雁不堪愁里听,云山况是客中过[③]。
关城曙色催寒近[④],御苑砧声向晚多[⑤]。
莫见长安行乐处,空令岁月易蹉跎[⑥]。

【注释】 ①此诗为送别之作,除写离情还致良友规勉之意。魏万:又叫魏颢,上元初登第,诗人,曾为李白集作序,为李白之友。之:往。②游子:指魏万。离歌:告别之歌。③况是:更何况是。客中:客游四方途中。④关城:指潼关城。⑤御苑;皇家宫苑,此指长安城。砧声:捣衣声。⑥“莫见”二句:不要因为长安城是行乐之地,就让岁月白白浪费掉。蹉跎,虚度。

积雨辋川庄作[①]

王维

积雨空林烟火迟[②],蒸藜炊黍饷东菑[③]。
漠漠水田飞白鹭,阴阴夏木啭黄鹂[④]。
山中习静观朝槿[⑤],松下清斋折露葵[⑥]。
野老与人争席罢[⑦],海鸥何事更相疑[⑧]。

【注释】 ①此诗描写雨后辋川庄清幽的景色和纯朴的生活。积雨:久雨。庄:别墅。②烟火迟:因久雨后,故烟火之燃徐缓。③藜:一种野菜。黍:黄米。饷东菑:把饭送到东边新开的田地里。菑,新开一年的土地。④夏木:大树。⑤习静:道家静坐守一的方法。观朝槿:静观槿花,可以体悟人生短暂、荣枯无常之理。朝槿,木槿花早开午谢,故称朝槿。⑥清斋:素食之意。《旧唐书·王维传》载:“维弟兄俱奉佛,居常素食,不茹荤血,晚年常斋,不衣文采。”露葵:葵菜有“百菜之主”之称。此指新鲜蔬菜。⑦野老:王维自称。争席罢:是说自己已没有倨傲损人之心,已与世无争。争席,典出《庄子·寓言》。杨朱倨傲骄矜,自见老子之后,学会了谦恭礼敬,人们也敢于与他争座席了。⑧海鸥何事更相

疑:我已无好胜损人之心,海鸥为什么还怀疑我呢?海鸥,典出《列子·黄帝》。有海边好鸥者,每天与海鸥相亲。后其父要他捉海鸥来玩,第二天,海鸥再也不与他亲近了。

蜀　　相[①]

杜甫

丞相祠堂何处寻?锦官城外柏森森[②]。
映阶碧草自春色[③],隔叶黄鹂空好音[④]。
三顾频烦天下计[⑤],两朝开济老臣心[⑥]。
出师未捷身先死[⑦],长使英雄泪满襟!

【注释】 ①此诗是杜甫于上元元年(760)初到成都游武侯祠时所作。蜀相:指诸葛亮。刘备在蜀即帝位后,以诸葛亮为丞相。②锦官城:成都别名,古代成都以产锦著名,设专官管理,故称。武侯祠在成都城南门外,晋代李雄在成都称王时所建。③自春色:自呈春色。④空好音:空作好音。⑤三顾:诸葛亮隐居襄阳隆中,刘备三请方出。顾,访问。频烦,多次烦劳。⑥两朝:指蜀汉刘备、刘禅两朝。开济:指诸葛亮佐刘备开国,助刘禅继业。⑦出师:出兵伐魏。建兴十二年(234),诸葛亮兴师伐魏,出斜谷据五丈原,与魏司马懿相拒百余日。八月,病死军中。

客　　至[①]

杜甫

舍南舍北皆春水[②],但见群鸥日日来。
花径不曾缘客扫,蓬门今始为君开[③]。
盘飧市远无兼味[④],樽酒家贫只旧醅[⑤]。
肯与邻翁相对饮[⑥],隔篱呼取尽馀杯[⑦]。

【注释】 ①原诗自注:"喜崔明府相过。"过:访问。此诗是杜甫在上元二年(761)作于成都草堂。写客人来访的村野日常生活细事,流露出真率、闲适的情怀。客:指崔明府。唐人称县令为明府。②舍:指草堂。③"花径"二句:意谓来宾稀少,也写客来欣悦之情。缘客扫,因为有客来而打扫。④盘飧:泛指菜肴。飧,熟菜。市远:远离集市。无兼味:指菜少。兼味,多种味道。⑤樽:酒器。旧醅:隔年陈酒。⑥肯:能否之意。⑦呼取:唤来。尽馀杯:一同干杯。

野　　望[①]

杜甫

西山白雪三城戍[②],南浦清江万里桥[③]。
海内风尘诸弟隔[④],天涯涕泪一身遥。
惟将迟暮供多病,未有涓埃答圣朝[⑤]。
跨马出郊时极目[⑥],不堪人事日萧条[⑦]。

【注释】 ①诗作于上元二年(761)。此诗写野望所见和忧家忧国的愁绪。②西山:即雪岭,在成都西面,终年积雪,是岷山主峰。三城:指松(今四川松潘)、维(故城在今四

川理县西)、保(故城在理县新保关西北)三州。此三城为蜀边要镇,为防吐蕃侵犯,有兵戍守。③清江:锦江,在城外南郊。万里桥:在成都城南,相传诸葛亮送费祎访问吴国时说:"万里之行,始于此桥。"故名。④风尘:指战乱不息。诸弟隔:与诸弟分隔。杜甫有四弟,此时唯杜占随他入蜀,另三弟散在各地。⑤"惟将"二句:只有将不多的余生交给时时发作的各种疾病了,却没有一点点报答国家。迟暮,时杜甫五十岁,故称迟暮。多病,时杜甫身患肺病、疟疾、头风等多种疾病。涓埃,一点点、丝毫。涓为细流,埃为微尘。⑥极目:放眼远望。⑦人事:世事。

闻官军收河南河北[①]

杜甫

剑外忽传收蓟北[②],初闻涕泪满衣裳。
却看妻子愁何在[③]? 漫卷诗书喜欲狂[④]。
白日放歌须纵酒[⑤],青春作伴好还乡[⑥]。
即从巴峡穿巫峡,便下襄阳向洛阳[⑦]。

【注释】 ①此诗作于广德元年(763)春,杜甫在梓州(今四川三台县)。这一年正月,史思明之子史朝义兵败而死,其部将田承嗣、李怀仙归降,河南、河北地区相继收复,安史之乱终于结束。此诗叙写闻听光复蓟北的喜悦和还乡的愉快。②剑外:剑门以南地区称剑外,即蜀地。收:收复。蓟北:河北北部地区。③却看:回头看。妻子:妻子儿女。④漫卷;随手卷起。⑤放歌:放声歌唱。纵酒:纵情饮酒。⑥青春:明媚春色。⑦"即从"二句:这是杜甫想象中的还乡路线。巴峡,指在今重庆嘉陵江之巴峡,俗称"小三峡"。巫峡,三峡之一,在今重庆市巫山县。襄阳,今湖北襄阳区。杜甫先世为襄阳人。洛阳,杜甫家在洛阳。"洛阳"句下原注云:"余有田园在东京。"

阁　　夜[①]

杜甫

岁暮阴阳催短景[②],天涯霜雪霁寒宵[③]。
五更鼓角声悲壮[④],三峡星河影动摇[⑤]。
野哭几家闻战伐[⑥],夷歌数处起渔樵[⑦]。
卧龙跃马终黄土[⑧],人事音书漫寂寥[⑨]。

【注释】 ①此诗是大历元年(766)冬,杜甫寓居夔州西阁时所作。抒写伤乱思乡之慨。②阴阳:指日月。短景:冬季日短,故称短景。③霁寒宵:指雪后寒冷的夜空十分晴朗。霁,雨过天晴曰霁。④鼓角:更鼓与号角。⑤三峡星河影动摇:银河星辰之影随三峡之水而摇动。一写江中夜景,另亦暗喻战乱未已。三峡,长江之瞿塘峡、巫峡、西陵峡。夔州之东即为瞿塘峡。星河,银河。古时认为天上星辰位置动摇往往是有战事的征兆。⑥野哭几家闻战伐:从几家野哭声中能感到战争的存在。战伐,指此时蜀中崔旰、郭英乂、杨子琳等的混战。⑦夷歌:当地少数民族之歌。起渔樵:起于渔人樵夫之中。即渔樵都唱夷歌,足见夔州之偏远。⑧卧龙:诸葛亮又号卧龙先生。跃马:指公孙述。公孙述在西汉末年乘乱据蜀,称白帝。晋左思《蜀都赋》有"公孙跃马而称帝"句。二人在夔州都

有祠庙。⑨人事音书：指仕途生涯与亲朋消息。漫寂寥：任其寂寞寥落。

咏怀古迹五首[①]

杜甫

其一

支离东北风尘际，飘泊西南天地间[②]。
三峡楼台淹日月，五溪衣服共云山[③]。
羯胡事主终无赖[④]，词客哀时且未还[⑤]。
庾信平生最萧瑟，暮年诗赋动江关[⑥]。

【注释】 ①此是杜甫作于大历元年(766)的一组七律连章诗，五首分咏五处古迹，一指江陵的庾信宅，二指归州(今湖北秭归)的宋玉宅，三指归州的昭君村，四、五分指夔州的先主庙和武侯祠。杜甫由古迹而追怀古人，又由古人而抒发一己之怀抱。②"支离"二句：指作者在安史之乱期间，逃离长安，入蜀往来漂泊。支离，流离之意。东北风尘际，指安史之乱时期。③"三峡"二句：意谓作者在三峡、五溪地区都居住过。楼台，泛指房屋。淹日月，指滞留多日。五溪，指雄溪、樠溪、酉溪、沅溪、辰溪，在今鄂贵交界处，为古代少数民族所居住。《后汉书・南蛮传》："武陵五溪蛮，皆槃瓠之后。……织绩木皮，好五色衣服。"④羯胡：指安禄山，亦指反南朝梁的侯景。无赖：狡猾可恶之意。⑤词客：指庾信，也指自己。哀时：感伤时事。未还：指漂泊异乡，不能回家。⑥"庾信"二句：梁朝诗人庾信，字子山，新野(今属河南)人，梁元帝时出使北周，被留不归，常怀乡国之思。作《哀江南赋》曰："将军一去，大树飘零；壮士不还，寒风萧瑟。提挈老幼，关河累年。"有《伤心赋》："对玉关而羁旅，坐长河而暮年。"此处作者把安禄山叛唐比作梁朝侯景叛梁，把自己的乡国之思比作庾信之哀思故乡。

其二

摇落深知宋玉悲[①]，风流儒雅亦吾师[②]。
怅望千秋一洒泪，萧条异代不同时[③]。
江山故宅空文藻，云雨荒台岂梦思[④]。
最是楚宫俱泯灭，舟人指点到今疑[⑤]。

【注释】 ①宋玉：战国楚人，其所作《楚辞・九辩》："悲哉，秋之为气也，萧瑟兮草木摇落而变衰。"深知：指杜甫十分理解宋玉悲秋之原因。②风流儒雅：指宋玉的气度和才学。③"帐望"二句：慨叹与宋玉异代相隔近千年，而萧条之感却是相同的。④"江山"二句：宋玉故宅空，只留下盖世文章，所作《高唐赋》难道只是说梦，而没有讽劝君王之意吗？故宅，指宋玉宅。空文藻，枉留下文采。云雨荒台，宋玉曾作《高唐赋》：昔先王尝游高唐，梦见一妇人曰："妾巫山之女也。"王因幸之。去而辞曰："妾在巫山之阳，高丘之岨，旦为行云，暮为行雨；朝朝暮暮，阳台之下。"阳台山，在今重庆市巫山县。岂梦思，难道是梦中

的思绪。⑤“最是”二句：最叫人感慨的是，当年的楚宫今天都已片瓦不存，船夫们驾船经过这里，指点旧址，还有怀疑。

其三

群山万壑赴荆门[①]，生长明妃尚有村[②]。
一去紫台连朔漠[③]，独留青冢向黄昏[④]。
画图省识春风面，环珮空归月夜魂[⑤]。
千载琵琶作胡语，分明怨恨曲中论[⑥]。

【注释】 ①荆门：荆门山。《水经・江水注》：“江水东历荆门虎才之间。荆门山在南，上合下开，其状似门。”②明妃：王昭君，汉元帝时宫人；晋时为避司马昭名讳而改称明妃。尚有村：昭君村在归州东北四十里，唐时还留有昭君故居遗址，故说“尚有村”。③紫台：帝王之宫。朔漠：北方沙漠。④青冢：即昭君墓，在今内蒙古呼和浩特西南。汉元帝时，朝廷与匈奴和亲，把宫人王昭君嫁给匈奴呼韩邪单干，从此再也没有回来，死在沙漠匈奴中。⑤“画图”二句：靠画图怎么能知道昭君的美貌呢？使得昭君葬身沙漠，只有魂魄随着月夜归来。省识，认识。春风面，指美貌。据《西京杂记》载：“元帝后宫既多，使画工图形，按图召幸之。宫人皆赂画工，昭君自恃其貌，独不肯与，工人乃丑图之，遂不得见。后匈奴入朝求美人，上案图以昭君行。及去，召见，貌为后宫第一。帝悔之，而重信于外国，故不复更人。乃穷案其事，画工毛延寿弃市。”环珮，指妇女的装饰品，此借指昭君。⑥“千载”二句：千年来流传的《昭君怨》虽然是胡人音乐的风格，但曲中幽怨怅恨的乡思还是听得很清楚的。相传王昭君在匈奴曾作怨思之歌，后人名为《昭君怨》。作胡语，琵琶为西域胡人乐器，所秦皆为胡音。曲中论，曲中所倾诉之意。

其四

蜀主窥吴幸三峡[①]，崩年亦在永安宫[②]。
翠华想像空山里[③]，玉殿虚无野寺中[④]。
古庙杉松巢水鹤[⑤]，岁时伏腊走村翁[⑥]。
武侯祠屋常邻近[⑦]，一体君臣祭祀同[⑧]。

【注释】 ①蜀主：指刘备。窥吴：对东吴有企图。幸：旧称帝王驾临曰幸。②崩：旧称帝王死亡曰崩。永安宫：三国蜀汉章武二年(222)，刘备率蜀军经三峡攻东吴，被陆逊击溃，退至鱼复(今重庆市奉节)白帝城，改鱼复为永安，建永安宫居之，次年四月病死。③翠华：皇帝的仪仗。④玉殿：此句下有原注：“殿今为卧龙寺，庙在宫东。”则唐时永安宫已变成荒凉的寺庙了。⑤巢：筑窝。水鹤：鹤为水鸟，故称。⑥岁时：一年中的节日。伏腊：古代两种祭祀的名称，伏在六月，腊在十二月。“岁时”以上四句是说，当年刘备在此建宫驻跸的情景依稀还能想见，而现在玉殿已不复存在，变成山间寺庙了。鹤鸟在寺旁林中建窝筑巢，每逢节日还有老乡来这里祭祀。⑦武侯祠：诸葛亮封武乡侯，其武侯祠与先主庙相邻。⑧一体君臣：刘备诸葛亮君臣和谐，视如一体。祭祀同：一同接受后人的祭祀。

其五

诸葛大名垂宇宙，宗臣遗像肃清高[①]。
三分割据纡筹策，万古云霄一羽毛[②]。
伯仲之间见伊吕[③]，指挥若定失萧曹[④]。
运移汉祚终难复，志决身歼军务劳[⑤]。

【注释】 ①宗臣：为后世所敬仰的重臣。《三国志·蜀志·诸葛亮传》注引张俨《默记》："亦一国之宗臣，霸主之贤佐也。"肃清高：为其清高的节操而肃然起敬。②"三分"二句：诸葛亮以其出色的谋略导致了三分天下，他就像千百年来仅见的鸾凤翱翔在云霄。三分割据，指魏蜀吴三国鼎立。纡筹策，周密的筹划谋略。羽毛，指鸾凤。③伯仲之间：意谓不相上下。伊吕：指商之伊尹和周之吕尚，皆为辅佐贤主开基立国的名相。④失萧曹：意谓萧曹有所不及。萧曹，指辅佐汉高祖的萧何、曹参，皆一代名臣。⑤"运移"二句：不可抗拒的气运转移，再不护佑汉朝，诸葛亮终究难以复兴汉室，虽然他志向坚定，但终因军务繁杂，积劳成疾，不治而亡。运，指气运。汉祚，指汉朝的国统。祚，帝位。身歼，死亡。

长沙过贾谊宅[①]

刘长卿

三年谪宦此栖迟[②]，万古惟留楚客悲[③]。
秋草独寻人去后，寒林空见日斜时[④]。
汉文有道恩犹薄[⑤]，湘水无情吊岂知[⑥]。
寂寂江山摇落处[⑦]，怜君何事到天涯[⑧]。

【注释】 ①刘长卿曾两度被贬，此诗当作于贬谪江西以后，以吊古而自伤。贾谊宅：西汉贾谊曾被贬为长沙王太傅。据《太平寰宇记》称，贾谊宅在县南六十步。②三年谪宦：贾谊为长沙王太傅三年。栖迟：逗留。③楚客：指贾谊。④寒林空见日斜时：据《史记·屈原贾生列传》记载，贾谊在长沙时，有鸮飞入居室，自以为不祥，乃作《鹏鸟赋》，有"庚子日斜兮，鹏集予舍"和"野鸟入室兮，主人将去"之句。作者在此处化用其语，即景写心。⑤汉文：汉文帝，他虽有明君之称，仍不能重用贾谊。⑥岂知：哪里知道。贾谊渡湘水时，曾作赋吊屈原。⑦摇落：秋景荒凉。⑧君：作者自指。到天涯：指被贬到极远的地方。

自夏口至鹦鹉洲夕望岳阳寄源中丞[①]

刘长卿

汀洲无浪复无烟[②]，楚客相思益渺然[③]。
汉口夕阳斜渡鸟[④]，洞庭秋水远连天。
孤城背岭寒吹角[⑤]，独树临江夜泊船。
贾谊上书忧汉室，长沙谪去古今怜[⑥]。

【注释】 ①此诗作于刘长卿被贬，途经汉水时，抚景感怀。夏口：今湖北武昌。鹦鹉

洲：在今武汉西南长江中，因东汉祢衡在此做《鹦鹉赋》而得名。岳阳：今属湖南。源中丞：即源休，曾任御史中丞，后贬岳州（今湖南岳阳）。②汀洲：指鹦鹉洲。③楚客：作者自指。④汉口：汉水入长江处。⑤孤城：指汉阳城。⑥“贾谊”二句：用贾谊故事。西汉贾谊心系汉室，向汉文帝上书，言辞激烈，被贬为长沙王太傅。此处，刘长卿自比贾谊，内心凄苦。

赠阙下裴舍人①

钱起

二月黄鹂飞上林②，春城紫禁晓阴阴③。
长乐钟声花外尽④，龙池柳色雨中深⑤。
阳和不散穷途恨⑥，霄汉常悬捧日心⑦，
献赋十年犹未遇⑧，羞将白发对华簪⑨。

【注释】 ①此诗为诗人赴京求官献诗裴舍人以期荐引之作。阙下：即宫阙之下，此指朝廷。裴舍人：其人不详。舍人，中书舍人，专掌草诏传旨之职。②上林：上林苑，秦汉时皇家官苑，在今陕西西安市。此指唐宫苑。③紫禁：指皇宫。古时星象学家把天上紫微星座比作皇帝居处，故有称皇宫为“紫宫”。又皇宫禁卫森严，非人可随意出入，又称“宫禁”。合二称即为“紫禁”。④长乐：长乐宫为汉宫殿名，此借指唐官。花外尽：指钟声在花丛中渐渐消散。⑤龙池：在唐宫中，唐中宗时因称有云龙之祥，故名。⑥阳和：仲春之气。此处喻天子布施恩泽。⑦霄汉：指云空。捧日心：典出《三国志・魏书・程昱传》裴注。程昱年轻时曾梦见自己双手捧日。曹操得知，对他说：“卿当终为吾腹心。”昱原名立，曹操在其上加“日”，改为昱。此处指效忠皇帝之心。⑧献赋：向皇帝献辞赋，以示忠诚。古代文人常以献赋为仕途捷径。⑨华簪：指高官华美的冠饰。此指裴舍人。簪，指官吏的冠饰。

寄李儋元锡①

韦应物

去年花里逢君别，今日花开又一年。
世事茫茫难自料，春愁黯黯独成眠②。
身多疾病思田里，邑有流亡愧俸钱③。
闻道欲来相问讯④，西楼望月几回圆⑤。

【注释】 ①此诗当作于韦应物为滁州刺史任上。因春愁而怀友寄赠。李儋：武威（今甘肃武威）人，曾任殿中侍御史。元锡：字君贶，曾任淄王傅。二人皆韦应物之友。②黯黯：形容心情郁闷。③邑：指滁州属境。流亡：逃亡之灾民。俸钱：指自己所得的薪金。④问讯：探问消息，此为探望之意。⑤西楼：指滁州西楼。

同题仙游观[1]

韩翃

仙台初见五城楼[2]，风物凄凄宿雨收[3]。
山色遥连秦树晚，砧声近报汉宫秋[4]。
疏松影落空坛静，细草香生小洞幽。
何用别寻方外去[5]，人间亦自有丹丘[6]。

【注释】 ①此诗描写秋雨后道观的清虚悠远。仙游观：道士潘师正在嵩山逍遥谷所立之道观。②五城楼：据《史记·封禅书》记载："黄帝时为五城十二楼，以候神人于执期，命曰迎年。"后人以"五城楼""十二楼"为神仙之居处。此处即指仙游观。③宿雨：经夜之雨。④砧声：捣衣声。汉宫：也指唐宫。⑤方外：即世外仙居。⑥丹丘：传说中神仙所居，昼夜常明。

皇甫冉

皇甫冉(约717~约770)，字茂政，润州丹阳(今属江苏)人，郡望安定(今甘肃泾州)。天宝十五载(755)进士，当过无锡尉、左拾遗、左补阙等。皇甫冉诗名早著，与弟皇甫曾齐名。张九龄爱其所作，称"清颖秀拔，有江、徐之风"。高仲武评其诗"巧于文字，发调新奇，远出情外"(《中兴间气集》)。有《皇甫冉诗集》三卷，《全唐诗》编其诗二卷。

春　　思[1]

皇甫冉

莺啼燕语报新年，马邑龙堆路几千[2]？
家住层城临汉苑[3]，心随明月到胡天[4]。
机中锦字论长恨[5]，楼上花枝笑独眠。
为问元戎窦车骑，何时返旆勒燕然[6]？

【注释】 ①此诗写新春时闺中妻子思念征戍在外的丈夫。②马邑：边城名，在今山西朔县西北。龙堆：即白龙堆，在今新疆。③层城：指京城。因京城分内外两层，故称。汉苑：此指唐时皇宫。④胡天：指丈夫征戍之地，即上文马邑、龙堆。⑤机中锦字：典出《晋书·窦滔传》。苻坚时，窦滔为秦州刺史，被徙流沙。其妻苏蕙能文，思念窦滔，织锦为回文诗寄给他，共二百余首，循环反复，皆成文意。机，指织机。锦字，即回文诗。⑥"为问"二句：借东汉窦宪故实，表达盼望丈夫早日立功凯旋的心情。元戎，主将。窦车骑，指东汉车骑将军窦宪。返旆，班师。勒，刻石。燕然，燕然山，即今蒙古国杭爱山。窦宪为车骑将军，大破匈奴，登燕然山，刻石而归。

晚次鄂州[1]

卢纶

云开远见汉阳城，犹是孤帆一日程[2]。

估客昼眠知浪静[3]，舟人夜语觉潮生[4]。
三湘愁鬓逢秋色[5]，万里归心对月明[6]。
旧业已随征战尽[7]，更堪江上鼓鼙声[8]。

【注释】 ①此诗作于安史之乱之后，卢纶做客鄱阳途中，夜泊武昌之时，即景抒怀，寓伤老、思归、厌战的感慨。次：留宿。鄂州：今湖北武汉市武昌。②孤帆：指船。③估客：商人。④舟人：船家。⑤三湘：漓湘、潇湘、蒸湘之总称，在今湖南境内。卢纶此去鄱阳，由武昌南下即入湖南。愁鬓：指鬓发因愁思而变白。⑥归心：思乡之心。⑦旧业：原有的家产。征战：指安史之乱。⑧鼓鼙声：战鼓声。

登柳州城楼寄漳汀封连四州刺史[1]

柳宗元

城上高楼接大荒[2]，海天愁思正茫茫。
惊风乱飐芙蓉水[3]，密雨斜侵薜荔墙[4]。
岭树重遮千里目，江流曲似九回肠[5]。
共来百越文身地[6]，犹自音书滞一乡[7]。

【注释】 ①唐顺宗永贞元年(805)，柳宗元因参加王叔文集团政治革新失败，与刘禹锡等八人一起被贬为州郡司马，史称“八司马”。唐宪宗元和十年(815)，其中的五人又另有任命：柳宗元为柳州刺史，韩泰为漳州刺史，韩晔为汀州刺史，陈谏为封州刺史，刘禹锡为连州刺史。此诗是柳宗元初到任时，寄赠其他四人的。柳州：在今广西。漳州：在今福建。汀州：今福建长汀。封州：今广东封川。连州：今广东连州市。②大荒：旷野。③惊风：狂风。飐：吹动。芙蓉水：指生长着荷花的河流。④薜荔墙：爬满薜荔的城墙。薜荔，蔓生植物，又称木莲。⑤九回肠：语本司马迁《报任安书》“肠一日而九回”，比喻愁绪萦绕心中。⑥百越：指岭南少数民族地区。文身地：意指蛮荒之地。文身，在身上刺花纹，据古书记载，此地少数民族“文身断发”。⑦音书：音信。滞：阻隔。

西塞山怀古[1]

刘禹锡

王濬楼船下益州，金陵王气黯然收[2]。
千寻铁锁沉江底[3]，一片降幡出石头[4]。
人世几回伤往事，山形依旧枕寒流[5]。
从今四海为家日，故垒萧萧芦荻秋[6]。

【注释】 ①此诗作于长庆四年(824)由夔州调任和州刺史，途经西塞山时。是一首咏晋、吴兴亡事迹的怀古诗。西塞山：在今湖北大冶市，为长江中流要塞，三国时东吴曾在此设防。②“王濬”二句：王濬出兵益州，吴国都城的王气便黯然消散，国运将终。王濬，字士治，弘农湖县(今河南灵宝)人，官益州刺史。楼船，晋成宁五年(279)，王濬奉晋武帝之命，为伐吴造战船，船上以木为城，起楼。每船可容二千人。益州，今四川成都。太康元年(280)，王濬率船队从益州出发，顺流而下，征伐东吴。金陵王气，金陵即建业，今南京市。相传战国楚威王时，有人见此地有王气，埋金以镇之，故名金陵。东吴也以金

陵为都城。黯然,形容伤神。③千寻:形容长。寻,古时八尺为一寻。铁锁:为防守晋国战船的进攻,吴国在江面上拉起铁锁,横绝江面,但被王濬用大火烧断。④降幡:降旗。石头:石头城,在今江苏江宁,为吴都的屏障。王濬率军攻入石头城,吴主孙皓亲至营门投降。⑤寒流:指长江。⑥"从今"二句:在今天唐代一统天下的时代,旧日的营垒都荒废遗弃了,只剩下瑟瑟芦荻、萧萧秋风了。四海为家,四海为一家所有,即天下统一之意。故垒,旧日的营垒。

元　稹

元稹(779~831),字微之,别字威明,河内(今河南洛阳)人。贞元九年(793)以明经登第,十八年举书判拔萃科,授秘书省校书郎。元和元年(806)又登制举甲科,授左拾遗。后当过监察御史、通州司马、虢州长史、膳部员外郎、祠部郎中、中书舍人等。长庆二年(822)由工部侍郎拜相。大和五年(831)以武昌节度使卒于任所。元稹与白居易为至交,一起倡导新乐府运动,唱和极多,"擅名一时,天下称为'元白',学者翕然,号'元和诗'"(顾陶《唐诗类选后序》)。其乐府诗遵循"美刺"传统,最为警策。而流传最广的则是其悼亡诗和艳诗,《才调集》选载达五十九首之多,足见影响之大。虽在后世多受诟病,但却受人喜爱。今有《元氏长庆集》六十卷行世,《全唐诗》编其诗二十八卷。

遣悲怀三首[1]

元稹

其一

谢公最小偏怜女[2],自嫁黔娄百事乖[3]。
顾我无衣搜荩箧[4],泥他沽酒拔金钗[5]。
野蔬充膳甘长藿[6],落叶添薪仰古槐[7]。
今日俸钱过十万[8],与君营奠复营斋[9]。

【注释】 ①题一作《三遣悲怀》,是元稹追悼妻子的三首诗作。元稹原配韦丛,字茂之,生五人而仅存一女,死于元和四年(809)七月,仅二十七岁。此首回忆婚后贫苦生活。②谢公:指东晋宰相谢安。谢安最偏爱其侄女谢道韫。韦丛之父韦夏卿,官至太子少保,死后赠左仆射,亦为宰相之位,韦丛为其幼女。此处以谢安比作韦夏卿。怜:爱。③黔娄:为春秋时齐国贫士,其妻最贤。此处元稹用以自比。乖:不顺利。④顾:看。荩箧:草编箱子。⑤泥:软语央求。沽酒:买酒。⑥藿:豆叶。⑦薪:柴禾。仰:依靠。⑧俸钱:官吏的薪金。此时元稹已官监察御史。⑨营奠:置办祭品。营斋:请僧人斋会,超度亡灵。

其二[1]

昔日戏言身后意[2],今朝都到眼前来。
衣裳已施行看尽[3],针线犹存未忍开。

尚想旧情怜婢仆[4],也曾因梦送钱财[5]。
诚知此恨人人有,贫贱夫妻百事哀[6]。

【注释】 ①此首抒写诗人丧妻后无法驱遣的悲痛。② 身后意:有关死后的话。③施:施舍与人。行看尽:看着就要没有了。④尚想旧情怜婢仆:想起与你的旧情,对你以前的侍女仆从都格外关怀。⑤也曾因梦送钱财:也曾因为梦到了你,就去施舍钱财,为你做好事超度亡灵。⑥贫贱夫妻:元稹与韦丛共同生活时,境况贫困,故称。

其三[1]

闲坐悲君亦自悲,百年多是几多时[2]。
邓攸无子寻知命[3],潘岳悼亡犹费词[4]。
同穴窅冥何所望[5],他生缘会更难期[6]。
唯将终夜长开眼[7],报答平生未展眉[8]。

【注释】 ①此首由哀余生、疑来生引发百年长恨,哀思无尽。②百年多是几多时:就算多至百年又有多少时间呢。③邓攸无子:晋河东太守邓攸,字伯道,战乱中曾保侄舍子,后终无子,时人叹道:"天道无知,使伯道无儿!"韦丛曾生五人,仅存一女,故元稹如此慨叹。寻知命:眼看到了知天命之年。④潘岳悼亡:晋人潘岳为大文学家,妻子死后,作《悼亡》诗三首,世所传诵。费词:浪费笔墨,意谓多说无用。⑤同穴:指夫妻死后合葬一处。窅冥:形容渺茫深远。⑥他生缘会:指再世里有缘重会,仍为夫妻。期:期待,期望。⑦终夜长开艰:传说中鳏鱼的眼睛终夜不闭,而无妻之人又称鳏夫。此处用作长鳏不娶之意。事实上,元稹在韦丛死后两年就纳安氏为妾,六年后,又娶裴氏,"终夜长开眼",实为一时冲动之词。⑧未展眉:没有快乐。此指韦丛一生都过着清贫生活。

无　　题[1]

李商隐

昨夜星辰昨夜风,画楼西畔桂堂东[2]。
身无彩凤双飞翼,心有灵犀一点通[3]。
隔座送钩春酒暖[4],分曹射覆蜡灯红[5]。
嗟余听鼓应官去,走马兰台类转蓬[6]。

【注释】 ①此题下原有诗二首,作于李商隐做秘书省校书郎时。此为其一,写一场聚会的经过。至于其主旨则很难确证,历代诸说争论,了无定见。②"昨夜"二句:写聚会的时间、地点。画楼、桂堂,指富丽的屋舍。③"身无"二句:虽然身无双翼,飞越阻隔,但两心都如灵犀般一脉相通。灵犀,旧说犀牛角为灵异之物,中间有一条白纹贯通上下。④送钩:又叫"藏钩",一种游戏,人分两队,一队传递一钩,令另一队猜钩所在,猜不中则罚。⑤分曹射覆:分两队互相猜。射覆,也是一种游戏,猜盖在器皿下的东西。⑥"嗟余"二句:比喻自己为官,像蓬草遇风一样身不由己。听鼓应官,唐时,官府五更二点击鼓召集官员。兰台,即指秘书省。转蓬,指随风吹转的飞蓬。

无　　题二首[①]

李商隐

其一

来是空言去绝踪[②],月斜楼上五更钟。
梦为远别啼难唤[③],书被催成墨未浓[④]。
蜡照半笼金翡翠,麝熏微度绣芙蓉[⑤]。
刘郎已恨蓬山远,更隔蓬山一万重[⑥]。

【注释】 ①此题下原为四首,此处录前二首。这一首是写情人远别后的思念之情。②来是空言去绝踪:归来重逢已成空言,人去之后再无消息。③梦为远别啼难唤:积思成梦,梦中却为远别而悲啼,但远别之人却唤不回来。④书被催成墨未浓:墨还没磨浓就急急地写了给情人的书信。⑤"蜡照"二句:写室内华美的陈设,透出寂寥的气氛,是主人在追忆往昔的欢乐。半笼,半映。金翡翠,指有金翡翠花纹的被子。麝,指麝香。度,透过。绣芙蓉,绣以芙蓉图案的帐子。⑥"刘郎"二句:刘郎已恨仙凡路隔,仙境渺不可及,而我与情人更远隔万重蓬莱山,相会杳不可期。刘郎,典出刘义庆《幽明录》,东汉永平中,刘晨、阮肇入天台山采药,遇二仙女邀至仙府,留半年返故里,子孙已七世。后重入天台,踪迹渺然。后以此事用作人仙相恋以及艳遇之典。刘郎即指刘晨。蓬山,蓬莱山,传说中的海上仙山。

其二[①]

飒飒东风细雨来[②],芙蓉塘外有轻雷[③]。
金蟾啮锁烧香入,玉虎牵丝汲井回[④]。
贾氏窥帘韩掾少,宓妃留枕魏王才[⑤]。
春心莫共花争发,一寸相思一寸灰[⑥]。

【注释】 ①此诗写闺中女子之情思和相思无望之痛苦。②飒飒:风声。③芙蓉塘:即荷塘。轻雷:隐约的雷声。④"金蟾"二句:含义隐晦,用清人朱彝尊之说,是说,锁虽坚固,但香气依然能透过;井虽深,但井绳一样能打上水来。金蟾啮锁,形容锁的形状。金蟾,因蟾善闭气,古人用蟾来装饰锁。啮,咬。玉虎,井上的辘轳。丝,指井绳。汲井,从井中打水。⑤"贾氏"二句:贾氏爱韩寿是因为他年少美貌,宓妃爱曹植是因为他才华出众。贾氏,典出《世说新语》。晋人韩寿美貌,被贾充辟为掾。贾充之女从窗格中见韩寿,爱上了他,私与之通。后贾充得知,便把女儿嫁给了韩寿。韩掾,韩寿。掾,僚属。少,年轻。宓妃,典出《文选洛·神赋》李善注。曹植曾求娶甄逸之女而未成,后甄氏为曹丕皇后,被郭后谗死。黄初年间,曹植入朝,曹丕取出甄后玉镂金带枕,曹植见之泣下。曹丕便把枕送给曹植。植返回时停于洛水,忽见一女子来,赠以在家时所用枕,自言即甄氏,遂欢会。后隐身不见。曹植遂作《洛神赋》。此事为后人附会。宓妃,即洛神,相传为伏羲之女。留枕，此指幽会。魏王，指曹植，他曾为魏东阿王。才，才华。曹植是历史上有名的才子。⑥“春心”二句：不要让春心和春花一同萌发生长，否则相思之情焰会把一切都烧成灰烬。

无　　题[①]

李商隐

相见时难别亦难[②]，东风无力百花残。
春蚕到死丝方尽[③]，蜡炬成灰泪始干[④]。
晓镜但愁云鬓改[⑤]，夜吟应觉月光寒。
蓬山此去无多路，青鸟殷勤为探看[⑥]。

【注释】 ①此诗所咏，历代说法不一。有人说是怀念朋友的，有人说是写给心爱的女人的。今天看来，其曲折缠绵的情感，更像首爱情诗。②相见时难别亦难：曹丕《燕歌行》有“别日何易会何难”，曹植《当来日大难》有“别易会难，各尽杯觞”。此句更进一层，因相会难，故离别也难。③春蚕到死丝方尽：南朝乐府《西曲歌·作蚕丝》有“春蚕不应老，昼夜常怀丝。何惜微躯尽，缠绵自有时”句，“丝”字与“思”谐音双关。此句化用其意。④蜡炬成灰泪始干：蜡炬，蜡烛。杜牧《赠别》有“蜡烛有心还惜别，替人垂泪到天明”句，此句化用其意。⑤晓镜：清晨照镜。云鬓改：指头发由黑变白。⑥“蓬山”二句：对方所居之地离这儿不远，希望有信使为我传递消息。蓬山，蓬莱山，传说中的海上仙山。青鸟，西王母的神禽。据《汉武故事》记载，西王母见汉武帝时，先有青鸟临殿前报信。后人常以青鸟为信使。探看，打听打听看。

苏武庙[①]

温庭筠

苏武魂销汉使前[②]，古祠高树两茫然。
云边雁断胡天月[③]，陇上羊归塞草烟。
回日楼台非甲帐[④]，去时冠剑是丁年[⑤]。
茂陵不见封侯印[⑥]，空向秋波哭逝川[⑦]！

【注释】 ①此为写苏武事迹的怀古诗。苏武：西汉人，字子卿。汉武帝天汉元年(前100)出使匈奴，被扣留逼降，始终不屈，乃流放至北海(今贝加尔湖)牧羊，达十九年，历尽艰苦，忠心不渝。汉昭帝时，与匈奴和亲，汉使臣与匈奴交涉，苏武方得回国，至长安已是始元六年(前81)春了。后拜典属国，专掌少数民族事务。②苏武魂销汉使前：苏武见到汉昭帝派来的使节时万分激动。③雁断：指音讯不通。汉使向匈奴询问苏武时，匈奴诡称苏武已死。后有人教汉使对单于说，汉帝射雁，在雁足上得苏武之亲笔信，称在某泽中。单于这才承认苏武尚在。④回日楼台非甲帐：回国的时候，汉武帝已死，楼台宫殿已非当时出国时的样子。甲帐，据《汉武故事》记载，汉武帝以琉璃、珠玉、宝石等为帷帐，分为甲帐和乙帐，甲帐居神，乙帐自居。

⑤去时冠剑是丁年：当年出使的时候，冠冕佩剑的人正当壮年。丁年，壮年。汉制，男子二十岁至五十岁须服徭役，谓之丁年。旧题李陵《答苏武书》有“丁年奉使，皓首而

归”之句。⑥茂陵不见封侯印：苏武不能在汉武帝在世时见到他，得到封侯之赏。茂陵，汉武帝陵墓，在今陕西兴平市。此代指汉武帝。⑦逝川：《论语·子罕》：“子在川上曰：逝者如斯夫！”后以逝川比喻流逝的岁月。

薛　逢

薛逢（生卒年不详），字陶臣，蒲州河东（今山西永济）人。会昌元年（841）登进士第，授秘书省校书郎，后当过万年尉、侍御史、尚书郎、给事中等，官终秘书监。薛逢以才名著于当时，辛文房谓其“天资本高，学力亦赡，故不甚苦思，而自有豪逸之态。第长短皆率然而成，未免失浅露俗”（《唐才子传》）。诗以七律为工，胡震亨评论曰：“长歌似学白氏，虽以此得名，未如七律多警。”（《唐音癸签》）《全唐诗》存其诗一卷。

宫　词[①]

薛逢

十二楼中尽晓妆，望仙楼上望君王[②]。
锁衔金兽连环冷[③]，水滴铜龙昼漏长[④]。
云髻罢梳还对镜[⑤]，罗衣欲换更添香。
遥窥正殿帘开处，袍袴宫人扫御床[⑥]。

【注释】 ①此诗写宫妃望幸不得的寂寞和顾影自怜。②“十二楼”二句：一大早皇宫中的妃嫔们都打扮好，盼望着皇帝的临幸。十二楼，《史记·封禅书》记载方士所云：“黄帝时为五城十二楼，以候神人于执期，命曰迎年。”后以“五城楼”“十二楼”指仙人之居处。此处把皇帝比作仙人，即指皇宫。望仙楼，唐宫中楼名，武宗会昌五年（841）修建，此非实指，意同“十二楼”。③金兽连环：宫门上铜制的兽头形的门环。④铜龙：指铜制龙形的滴漏，是古时的计时器，水从龙口滴下，观刻度以知时。昼：白天。⑤罢梳：梳妆完毕。⑥袍袴宫人：指穿袍套裤的宫女。短袍绣裤是当时宫女的装束。御床：皇帝睡的龙床。

秦韬玉

秦韬玉（生卒年不详），字中明（一作仲明），湖南人。屡试不第，后交通宦官，为神策军判官。随唐僖宗入蜀，为工部侍郎。中和二年（882）。特赐进士及第。秦韬玉“有辞藻，工歌吟，恬和浏亮”……每作人必传诵（辛文房《唐才子传》）。胡震亨也称其诗“调似李山甫，《咏平》押‘髯’字诗，尤娇痴可喜”（《唐音癸签》）。《全唐诗》存其诗一卷。

贫　女[①]

秦韬玉

蓬门未识绮罗香[②]，拟托良媒亦自伤。
谁爱风流高格调[③]，共怜时世俭梳妆[④]。
敢将十指夸针巧[⑤]，不把双眉斗画长[⑥]。
苦恨年年压金线[⑦]，为他人作嫁衣裳。

【注释】 ①此诗是作者借贫女自伤身世,来倾诉自己的抑郁心情。②蓬门:蓬草编的门,指贫女破败之居。绮罗香:指富贵女子的服装。③风流:举止潇洒。高格调:指气质品格超群。④怜:爱。时世:当代。俭梳妆:俭朴的打扮。唐文宗曾下诏:"禁高髻,俭妆,去眉开额。"白居易《时世妆》也将"腮不施朱,面无粉"作为当时流行的俭妆。⑤敢将十指夸针巧:意谓贫女精于刺绣。⑥不把双眉斗画长:意谓贫女貌美。斗:争。⑦压金线:指刺绣。

五言绝句

五言绝句,简称"五绝",既包括五言律绝,也包括五言古绝,前者属于近体诗的一种,而后者则属于古体诗的一种。五绝起源于汉,一般认为南朝陈徐陵《玉台新咏》中的四首古绝句是目前所见收录最早的五言古绝。古人作诗一般以四句为一个意思的完结,所以单独四句诗便称为绝句。五言绝句,每首四句,每句五个字,通首比兴,婉而多讽。五言律绝则四句二韵或三韵,平仄、押韵均有要求。依据平仄,其定格有四式:首句仄起不入韵式、首句仄起入韵式、首句平起不入韵式、首句平起入韵式。

唐代绝句率真自然,名家有李白、王维、孟浩然、刘长卿等人。

鹿　柴[1]

王维

空山不见人,但闻人语响。
返影入深林[2],复照青苔上。

【注释】 ①王维有《辋川集》,收诗二十首,前有序,举孟城坳、华子冈、鹿柴、竹里馆等二十景,每景一诗,并有裴迪的同咏。此诗写山林幽趣。鹿柴:用带枝杈树木搭成的栅栏,形似鹿角,故名。这是王维辋川别业中的一景。柴,通"寨""砦",木栅栏。②返影:落日返照。

相　思[1]

王维

红豆生南国[2],春来发几枝。
愿君多采撷[3],此物最相思。

【注释】 ①此诗以咏物而咏人,有因物而寄相思之意。②红豆:相思木所结之子,又名相思子,产于亚热带地区。相传相思子圆而红,昔有人死于边塞,其妻思之,哭于树下而卒,因以为名。③采撷:采摘。

杂　诗[1]

王维

君自故乡来,应知故乡事。

来日绮窗前[②],寒梅著花未[③]?

【注释】 ①原题下有三首,此为其二。以淡绝口吻写思乡之切,宛然如画。②来日:来的时候。绮窗:镂花之窗。③著花:开花。

裴　迪

裴迪(生卒年不详),关中(今陕西)人。早年与王维、崔兴宗隐居终南山,后于辋川与王维唱和。上元年间入蜀州,与杜甫友善。其诗多五绝,咏田园山水,淡雅清逸。王士禛称王维、裴迪"辋川唱和,工力悉敌"(《唐人万首绝句选评·凡例》),管世铭也认为他的"辋川唱和不失为摩诘劲敌"(《读雪山房唐诗钞·凡例》)。《全唐诗》存其诗二十九首。

宿建德江[①]

孟浩然

移舟泊烟渚[②],日暮客愁新。
野旷天低树,江清月近人。

【注释】 ①此诗作于诗人漫游吴越时,约在开元十六年(728)后,写羁旅之思。建德江:新安江流经建德县(今浙江建德市)的一段。②烟渚:暮烟笼罩的小洲。

春　晓[①]

孟浩然

春眠不觉晓[②],处处闻啼鸟。
夜来风雨声,花落知多少。

【注释】 ①此诗以春睡醒觉的片段写出喜春、惜春的生活情味。②不觉晓:不知道天亮了。

静夜思[①]

李白

床前明月光,疑是地上霜。
举头望明月[②],低头思故乡。

【注释】 ①诗题一作《夜思》,作年不详。此诗以"月光"与"霜"之间所形成的错觉写游子思乡之情。②望明月:晋《清商曲辞·子夜四时歌·秋歌》:"仰头看明月,寄情千里光。"

八阵图[①]

杜甫

功盖三分国[②],名成八阵图。
江流石不转[③],遗恨失吞吴[④]。

【注释】 ①此诗作于大历元年(761),杜甫初到夔州之时。借评述孔明表明自己的

识见。八阵图：诸葛亮所布八阵共有四处，以夔州为最著名。八阵即天、地、风、云、飞龙、翔鸟、虎翼、蛇盘。②功盖三分国：诸葛亮佐蜀，三分天下，成盖世之功。三分国，即魏、蜀、吴三国鼎立。③江流石不转：八阵之石虽经江水冲激，仍屹立不动。石不转，八阵在夔州西南江边，聚石成堆，纵横棋布，夏季为水所淹，冬季水退则现。④遗恨失吞吴：此处说法不一：一解作以失策于吞吴为恨。诸葛亮本意在联吴抗曹，故不赞成刘备兴兵伐吴，猇亭大败，以为失策。一解作以未能灭吴为恨。诸葛亮立志灭吴伐魏，复兴汉室，本有灭吴之心，而刘备未能成功，以此为恨。一解作以不能用八阵图制吴为恨。三说中，以第一说较为合理。

王之涣

王之涣(688~742)，字季凌，祖籍晋阳(今山西太原)，后徙居绛郡(今山西新绛)。当过衡水主簿和文字尉，为官清正。王之涣"慷慨有大略，倜傥为异才"(靳能《唐故文安郡文安县太原王府君墓志铭并序》。曾游边地，是唐代著名边塞诗人之一。所作边塞诗"传乎乐章，布在人口"(同上)，辛文房称其"为诗情致雅畅，得齐梁之风"《唐才子传》)。《全唐诗》存其诗六首。

登鹳雀楼[①]

王之涣

白日依山尽，黄河入海流。
欲穷千里目，更上一层楼。

【注释】 ①此诗抒写登高望远的豪迈之情。鹳雀楼：在蒲州(今山西永济)西南城上，因常有鹳雀栖其上而得名。

送灵澈[①]

刘长卿

苍苍竹林寺[②]，杳杳钟声晚[③]。
荷笠带斜阳[④]，青山独归远。

【注释】 ①此诗以写景而写送别，似一幅有声画。灵澈：唐著名诗僧，本姓汤，生于会稽，后出家，号灵澈，字源澄。②竹林寺：在今江苏镇江南。③杳杳：形容钟声幽远。④荷：背着。

送上人[①]

刘长卿

孤云将野鹤[②]，岂向人间住。
莫买沃洲山[③]，时人已知处。

【注释】 ①此诗为一首送别之作，意谓：若想当孤云野鹤，就该隐居。但不能去沃洲山这种名山，这会让人知道你的居处。上人：佛教称具备德智善行的人，后用作对僧人之尊称。此指灵澈。②此句用张祜《寄灵澈诗》"独树月中鹤，孤舟云外人"之意，形容上人

之清高。③沃洲山:在今浙江新昌。相传晋代名僧支遁曾居此;道家第十二福地。

秋夜寄丘员外[1]

韦应物

怀君属秋夜[2],散步咏凉天。
空山松子落,幽人应未眠[3]。

【注释】 ①此诗作于韦应物任苏州刺史任上,时丘丹正在临平山中学道。此诗以秋夜独吟怀想未眠的幽人,诗意空灵。丘员外:指丘丹,嘉兴(今浙江嘉兴)人,曾任仓部员外郎。②属:适逢。③幽人:指学道的丘丹。

李 端

李端(生卒年不详),字正己,赵郡(今河北赵县)人。大历五年(770)登进士第,授秘书省校书郎。以病辞官,隐居终南山草堂寺。建中中为杭州司马。李端为“大历十才子”之一,为诗工捷,辛文房言其“诗更高雅,于才子中名响铮铮”(《唐才子传》)。胡震亨称其“七字俊语亮节,开口欲佳”(《唐音癸签》)。有《李端诗集》三卷,《全唐诗》编其诗三卷。

听 筝[1]

李端

鸣筝金粟柱[2],素手玉房前[3]。
欲得周郎顾,时时误拂弦[4]。

【注释】 ①此诗写一弹筝女郎为吸引情郎聆赏,故意将曲子弹错。筝:拨弦乐器,古为十二弦,后十三弦。②金粟柱:桂木做的柱。古称桂为金粟,柱为琴筝上系弦之木。此写弦轴之精美。③玉房:筝上安枕之处。④“欲得”二句:典出《三国志·吴书·周瑜传》。周瑜二十四岁为建威中郎将,吴中人称作周郎。他精通音乐,听人弹奏有误,必能知之,知之必会顾看,故时人有“曲有误,周郎顾”的说法。

王 建

王建(约766~?),字仲初,颍川(今河南许昌)人。贞元间,先后入淄青、幽州幕为从事,元和间佐岭南、荆南节度使幕,后当过太府寺丞、秘书郎、陕州司马。王建与张籍早年为同窗,后为挚友,诗风相近,世称“张王”,其乐府古诗也称“张王乐府”,为人称道。高棅评曰:“大历以还,古声逾下,独张籍、王建二家,体制相似,稍复古意。或旧曲新声,或新题古义,词旨通畅,悲欢穷泰,慨然有古歌谣之遗风。”(《唐诗品汇》)严羽称:“张籍、王建之乐府,我所深取耳。”(《沧浪诗话》)王建因与宦官王守澄联宗,而尽得宫中之情,因作《宫词》百首,脍炙人口,被视为“宫词名家”(葛立方《韵语阳秋》)。有《王建集》八卷(一作十卷),《全唐诗》编其诗六卷。

新嫁娘词[①]

王建

三日入厨下[②],洗手作羹汤。
未谙姑食性[③],选遣小姑尝。

【注释】 ①此题下原有三首,此为其二。此诗写纯朴的民间风俗人情。②三日入厨下:按古代风俗,婚后三天叫"过三朝",新娘要下厨房做菜。③谙:熟悉。姑:指婆婆。食性:口味。

权德舆

权德舆(761~818),字载之,天水略阳(今甘肃秦安)人,居润州丹阳(今江苏丹阳)。先后当过太常博士、司勋郎中、中书舍人,礼部、吏部、兵部、户部侍郎,礼部和刑部尚书等职,掌诰九年,三知贡举,位历卿相,在贞元、元和间名重一时。其为文博雅弘正,时人奉为宗匠。其诗多五言,"词致清深,华彩巨丽,言必合雅,情皆中节"(张荐《答权载之书》),"有绝似盛唐者"(严羽《沧浪诗话》)。有《权德舆集》五十卷,《全唐诗》编其诗十卷。

玉台体[①]

权德舆

昨夜裙带解[②],今朝蟢子飞[③]。
铅华不可弃[④],莫是藁砧归[⑤]。

【注释】 ①此题下,权德舆原作诗十二首,此为其十一,咏闺情。玉台体:南朝陈徐陵编《玉台新咏》十卷,选古代艳情诗作,后世称之为玉台体。②裙带解:指裙带不解自开。章云仙《唐诗注疏》有"裙带解,主应夫归之兆"。③蟢子:一种蜘蛛,又名喜蜘。因嬉、喜谐音,而引为吉兆。胡震亨《唐音癸签》卷二十云:"俗说:裙带解,有酒食;蟢子缘人衣,有喜事。其来盖远。"④铅华:脂粉。⑤莫是:莫不是之意。藁砧:古时妇女称丈夫的隐语。藁砧都是切割用的垫具,切时用铁,即铡刀。因铁、夫谐音而生此意。

江　　雪[①]

柳宗元

千山鸟飞绝,万径人踪灭。
孤舟蓑笠翁[②],独钓寒江雪。

【注释】 ①此诗作于柳宗元被贬永州司马期间,写极寥廓的背景中的孤舟蓑笠翁,隐含诗人凄苦、倔强的心志。②蓑笠:穿蓑衣,戴斗笠。蓑衣是一种棕编成的雨衣。

张　　祜

张祜(约792~约854),字承吉,南阳(今河南邓州市)人,寓居姑苏(今江苏苏州)。早年漫游江湖。屡举进士不第。曾先后以诗投谒李愿、李愬、韩愈、裴度、白居易等,终无

成。大和五年(831),令狐楚表荐之,并献其诗,被抑退。与杜牧相得,多有唱和。张祜素有诗名,令狐楚评其诗"研机甚苦,搜象颇深;辈流所推,风格罕及"(《进张祜诗册表》)。徐献忠评其诗"长于模写,不离本色,故览物品游,往往超绝,可谓五言之匠也"(《唐诗品》)。其所作宫体诗声调谐美,婉绝可思。有《张承吉文集》十卷行世,《全唐诗》编其诗二卷。

何满子[①]

张祜

故国三千里[②],深宫二十年。
一声《何满子》[③],双泪落君前!

【注释】 ①此题下原有二首,此为第一首,写宫女之怨。题又作《宫词》。②故国:故乡。③何满子:又作《河满子》,乐府曲名。据白居易《听歌六绝句》之五《何满子》一诗自注说:"开元中,沧州有歌者何满子,临刑进此曲以赎死,上意不免。"后以其名命曲,曲调哀婉悲切。它也为舞曲名。苏鹗《杜阳杂编》记载,唐文宗时,"宫人沈阿翘为帝舞《何满子》,调辞风态,率皆宛畅。"张祜又有一诗《孟才子叹》,序中说,唐武宗病重临终前,问宠姬孟才人今后怎么办,孟才人指着笙囊说:"请以此就缢。"又说:"妾尝艺歌,愿对上歌一曲,以泄其愤。"于是,"乃歌一声《何满子》,气亟立殒"。武宗让医生看视,医生说:"脉尚温而肠已断。"张祜听知其事,作《孟才人叹》诗:"偶因歌态咏娇嚬,传唱宫中十二春。却为一声《何满子》,下泉须吊旧才人。"

登乐游原[①]

李商隐

向晚意不适[②],驱车登古原。
夕阳无限好,只是近黄昏。

【注释】 ①此诗以登高远览,抒发迟暮之感、沉沦之痛。乐游原:又名乐游苑、乐游阙,本为汉宣帝所立乐游庙。地处长安东南,登高可眺望全城。②不适:不快。

贾　　岛

贾岛(779~843),字浪仙,一作阆仙,自称碣石山人,范阳幽都(今北京市)人。初为僧,法名无本,后还俗。累举进士不第,当过遂州长江主簿、普州司仓参军等。贾岛作诗以苦吟著名,诗境奇僻寒峭,与孟郊齐名,苏轼有"郊寒岛瘦"(《祭柳子玉文》)之喻。司空图评曰:"贾浪仙诚有警句,视其全篇,意思殊馁,大抵附于蹇涩,方可致才。"(《与李生论诗书》)其诗对晚唐、五代、宋影响较大。有《长江集》十卷,《小集》三卷,《全唐诗》编其诗四卷。

寻隐者不遇[①]

贾岛

松下问童子[②],言师采药去。

只在此山中，云深不知处。

【注释】 ①此诗一题《访羊尊师》，孙革作。此诗以问答体写访友不遇。②童子：指隐者之弟子。

渡汉江[①]

宋之问

岭外音书绝[②]，经冬复立春。
近乡情更怯，不敢问来人[③]。

【注释】 ①宋之问张易之事而被贬岭南，于神龙二年（706）逃归洛阳。此诗作于途经汉水时，以白描手法写特定时间、环境中的特殊心态。此诗原题李频作，误。汉江：汉水。②岭外：指岭南。书：信。③来人：指从家乡来的人。

金昌绪

金昌绪（生卒年不详），余杭（今浙江杭州）人。大中以前在世，生平无考。《全唐诗》仅有其诗一首，即脍炙人口的《春怨》。

春　　怨[①]

金昌绪

打起黄莺儿，莫教枝上啼。
啼时惊妾梦[②]，不得到辽西[③]。

【注释】 ①一题作《伊州歌》。此为一首闺怨诗，丈夫从军在外，少妇梦中与之相会，却被黄莺惊醒。②妾：古时女子自称。③辽西：辽河以西，为丈夫从军之地。

西鄙人

西鄙人，天宝时西北边境人，姓名事迹无考。所作《哥舒歌》收入《全唐诗》。

哥舒歌[①]

西鄙人

北斗七星高[②]，哥舒夜带刀[③]。
至今窥牧马[④]，不敢过临洮[⑤]。

【注释】 ①此为西北边地人民怀念哥舒翰的诗歌。哥舒：指哥舒翰，唐玄宗时大将，曾大败吐蕃，威名甚著，使之不敢西进。他曾任陇右节度使兼河西节度使，积功封西平郡王。②北斗七星：即北极星。古人常以之喻指人君或威望很高的人。③夜带刀：指哥舒翰严守边防，枕戈待旦。④窥：偷视。牧马：古代北方少数民族常南下牧马劫掠，后用之以称其侵边。⑤临洮：在今甘肃岷县。

五绝乐府

五绝乐府，句式和字数与五言绝句类似，或拟用江南民歌的乐府旧题写男女恋情及闺怨，或以唐代的新乐府辞写边塞生活。

长干行二首[①]

崔颢

其一

君家何处住，妾住在横塘[②]。
停船暂借问[③]，或恐是同乡。

【注释】 ①崔颢此题下原有四首诗，此选前二首。以青年男女邂逅水上相互问答写其相悦之情。长干行：乐府《杂曲歌辞》旧题，本为江南一带民歌。长干：地名，古时建业（今江苏南京市）有长干里，在秦淮河南，地近长江。②横塘：地名，在今南京市西南，与长干里相近。③借问：请问。

其二

家临九江水[①]，来去九江侧。
同是长干人，生小不相识[②]。

【注释】 ①九江：泛指长江下游。②生小：从小。

玉阶怨[①]

李白

玉阶生白露，夜久侵罗袜[②]。
却下水精帘[③]，玲珑望秋月[④]。

【注释】 ①此题为乐府《楚调曲》的旧题，李白拟作，写闺怨。②侵罗袜：露水打湿了丝织袜子。③水精帘：即水晶所制帘子。④玲珑：澄澈明亮的样子。

塞下曲[①]四首

卢纶

其一

鹫翎金仆姑[②]，燕尾绣蝥弧[③]。

独立扬新令[④],千营共一呼。

【注释】 ①塞下曲:唐新乐府辞,属《横吹曲》,源出《出塞》《入塞》曲。一题作《张仆射塞下曲》。题下原有六首,此选前四首。此首写将军的装束气概。②鹫:鹰的一种,体形较大。翎:鸟尾上长羽毛,可制箭翎。金仆姑:箭名。《左传·庄公十一年》:"乘丘之役,公以金仆姑射南宫长万。"此指箭。③燕尾:指旗上飘带。蝥弧:旗名。《左传·隐公十一年》:"颍考叔取郑伯之旗蝥弧以先登。"④扬:传达。

其二[①]

林暗草惊风[②],将军夜引弓[③]。

平明寻白羽,没在石棱中[④]。

【注释】 ①此诗写将军黑夜射虎的神勇。②林暗草惊风:写猛虎出现之状。③引弓:拉弓④"平明"两句:用李广事。《史记·李将军列传》:"广出猎,见草中石,以为虎而射之,中石没镞,视之,石也。"平明,天刚亮。白羽,指箭。因箭上装有鸟羽,故称。石棱,石之边角。

其三[①]

月黑雁飞高,单于夜遁逃[②]。

欲将轻骑逐,大雪满弓刀。

【注释】 ①此诗写雪夜闻警追击的场面。②单:于:匈奴首领之称。遁:逃避。

其四[①]

野幕敞琼筵[②],羌戎贺劳旋[③]。

醉和金甲舞[④],雷鼓动山川[⑤]。

【注释】 ①此诗写野外军帐祝捷的欢欣场景。②野幕:指野地里的营帐。敞:开设。琼筵:指盛宴。③羌戎:对西北少数民族的泛指。此指被征服而归附的部族。贺劳:庆贺慰劳。旋:凯旋。④和:穿戴着。金甲:铠甲。⑤雷鼓:即擂鼓。

江南曲[①]

李益

嫁得瞿塘贾[②],朝朝误妾期[③]。

早知潮有信[④],嫁与弄潮儿[⑤]。

【注释】 ①此诗以嗔怨写商人妇对丈夫的挚情。江南曲:乐府《相和歌》旧调,源自江南民歌,多写男女恋情。②瞿塘:长江三峡有瞿塘峡,在今重庆市奉节县。瞿塘贾:指经长江入蜀经商的商人。贾,商人。③妾:古代妇女的谦称。④潮有信:指潮水涨落有固

定的时候。信,信期,约定的归期。⑤弄潮儿:据《元和郡县志》卷二十五记载,每年八月十八日人们观浙江潮时,总有渔家子弟溯涛触浪,称之为弄潮。

七言绝句

七言绝句,简称“七绝”,既包括七言律绝,也包括七言古绝,前者属于近体诗的一种,而后者则属于古体诗的一种。七绝起源于六朝,在齐梁时期成型,初唐阶段成熟。七言绝句,每首四句,每句七个字,其章法往往是一、二句正说,三、四句转折,从而使全诗婉曲回环,韵味无穷。七言律绝则四句二韵或三韵,平仄、押韵均有要求。依据平仄,其定格有四式:首句仄起不入韵式、首句仄起入韵式、首句平起不入韵式、首句平起入韵式。唐代绝句气象高远,名家有李白、王昌龄、杜牧、刘禹锡、李商隐等人。

贺知章

贺知章(659~744),字季真,会稽永兴(今浙江萧山)人,早年移居山阴(今浙江绍兴)。武后证圣元年(695)擢进士第,又登超拔群类科,授四门博士。曾做过太子宾客、秘书监。天宝二年(743)上疏请为道士,求还乡里。至乡不久而卒。贺知章早年就以文辞知名,与包融、张旭、张若虚并称“吴中四士”。他的诗歌以《回乡偶书》和《咏柳》最为有名。贺知章性格疏放不羁,晚年自号“四明狂客”;又好饮酒,与李白、张旭等合称“饮中八仙”。《全唐诗》存其诗一卷。

回乡偶书[①]

贺知章

少小离家老大回,乡音无改鬓毛衰[②]。
儿童相见不相识,笑问客从何处来。

【注释】 ①此诗作于天宝三年(744)贺知章辞官还乡时,时已八十六岁了。此诗截取诗人久客返乡的生活场景,表达感触万千的心情。②衰:稀疏。

张　旭

张旭(生卒年不详),字伯高,吴郡(今江苏苏州)人。天宝年间当过金吾长史,故世称“张长史”。张旭最善草书,唐文宗时,诏以李白歌诗、裴旻剑舞、张旭草书为“三绝”。他又嗜酒,是“饮中八仙”之一,每每大醉后号呼狂奔,下笔挥洒,或以头濡墨而书,变化无穷,如有神助,时人称其为“张颠”。他的诗做得也不错,明杨慎在《升庵诗话》中称“清逸可爱”,与贺知章、包融、张若虚合称“吴中四士”。今存诗十首,《全唐诗》存其诗六首。

桃花溪[①]

张旭

隐隐飞桥隔野烟,石矶西畔问渔船[②]。
桃花尽日随流水,洞在清溪何处边?

【注释】①此诗承陶渊明《桃花源记》之事，加以发挥。桃花溪：在今湖南桃源县西南，源自桃花山。②矶：水边突出的岩石。

九月九日忆山东兄弟[1]

王维

独在异乡为异客，每逢佳节倍思亲。
遥知兄弟登高处，遍插茱萸少一人[2]。

【注释】①此诗作于王维十七岁时。当时他在长安，家乡蒲州(今山西永济)在华山之东，故称家乡兄弟为山东兄弟。以浅切的语言写出佳节异乡为异客的孤独、凄惶感受。九月九曰：重阳节。山东：指华山以东。②"遥知"二句：遥想兄弟们一定都登高插茱萸，只我一人还在异乡。茱萸，一种有浓香的植物。据《风土记》载，古时在重阳节有登高饮菊花酒、佩戴茱萸以避祸驱邪的风俗。

芙蓉楼送辛渐[1]

王昌龄

寒雨连江夜入吴，平明送客楚山孤[2]。
洛阳亲友如相问，一片冰心在玉壶[3]。

【注释】①此诗当作于王昌龄官江宁丞时。据殷璠《河岳英灵集》卷下记载，王昌龄晚年"晚节不矜细行，谤议沸腾，再历遐荒"，正是此时。王昌龄此诗正是要向亲友表明自己的清白。芙蓉楼：为唐代润州(今江苏镇江)之西北角楼。辛渐：其人不详。②平明：天刚亮。楚山：润州春秋时属吴地，战国时属楚地，故称楚山，与上句"吴"互文。③冰心在玉壶：此用以表明自己心地纯洁。语有所本：陆机《汉高祖功臣颂》有"心若怀冰"句，鲍照《白头吟》有"清如玉壹冰"句，姚崇《冰壶诫序》云："内怀冰清，外涵玉润，此君子冰壶之德也。"俱用以比喻君子之品格。

闺　怨[1]

王昌龄

闺中少妇不知愁，春日凝妆上翠楼[2]。
忽见陌头杨柳色[3]，悔教夫婿觅封侯[4]。

【注释】①此诗以春光反衬闺中少妇的孤清、寂寞和怨悔。②凝妆：盛妆。③陌头：道边。④觅封侯：为封侯而从军。

王　翰

王翰(生卒年不详)，字子羽，并州晋阳(今山西太原)人。

景云元年(710)进士及第，为张嘉贞、张说所礼重，当过秘书正字、驾部员外郎、汝州长史、道州别驾等。王翰恃才豪健，能文善诗，善写边塞生活，以《凉州词》最著名。张说评其所作"有如琼杯玉斝，虽烂然可珍，而多有玷缺"(《大唐新语》引)。辛文房称其诗"多壮丽之词"(《唐才子传》)。有《王翰集》十卷，已佚。《全唐诗》存其诗一卷。

凉州曲[1]

王翰

葡萄美酒夜光杯[2],欲饮琵琶马上催[3]。

醉卧沙场君莫笑,古来征战几人回。

【注释】 ①此诗是描写出征情景的边塞诗。凉州曲:又作《凉州词》,唐乐府名。据《乐府诗集》引《乐苑》说,它是开元年中西凉府都督郭知运进献给朝廷的。凉州:在今甘肃武威。②葡萄美酒:西域盛产葡萄,酿成美酒,汉武帝时已传入中国。夜光杯:据《海内十洲记》记载,周穆王时,西域曾进献白玉制作的"光明照夜"的"夜光常满杯"。这里借以形容酒杯的晶莹精致。③琵琶:据刘熙《释名·释琵琶》说,琵琶是马上弹奏的乐器。催:弹奏。

送孟浩然之广陵[1]

李白

故人西辞黄鹤楼[2],烟花三月下扬州[3]。

孤帆远影碧空尽,惟见长江天际流。

【注释】 ①此诗写楼头送别,怅望之情,俱在言外。孟浩然:盛唐诗人。之:往。广陵:今江苏扬州。②故人:老友,指孟浩然。③烟花三月:繁花浓丽的春天。

下江陵[1]

李白

朝辞白帝彩云间,千里江陵一日还[2]。

两岸猿声啼不住,轻舟已过万重山。

【注释】 ①此诗又题《早发白帝城》。白帝城在今四川奉节县。诗作于乾元二年(759),李白因永王李璘事而流放夜郎,行至白帝城而遇赦,故乘船返江陵,一日千里可谓欢快心情的写照。江陵:在今湖北江陵县。②千里江陵一日还:盛弘之《荆州记》曰:"有时朝发白帝,暮到江陵,其间千二百里,虽乘奔御风,不为疾也。"

逢入京使[1]

岑参

故园东望路漫漫,双袖龙钟泪不干[2]。

马上相逢无纸笔,凭君传语报平安。

【注释】 ①此诗作于天宝八年(749)岑参前往安西时,写故园难归的乡思酸辛。②龙钟:被泪水沾湿的样子。

江南逢李龟年[1]

杜甫

岐王宅里寻常见[2],崔九堂前几度闻[3]。

正是江南好风景，落花时节又逢君。

【注释】 ①此诗作于大历五年(770)春，杜甫少时曾听李龟年唱过歌，此时在潭州(今湖南长沙)重逢，即作此诗相赠。江南：指长江、湘水一带。李龟年：唐时著名音乐家，善歌，开元、天宝年间颇负盛名，得玄宗优遇。安史之乱后，流落江南，每逢良辰胜景，为人歌数曲，座中无不掩泪罢酒。②岐王宅：在洛阳尚善坊。岐王，李范，睿宗之子、玄宗之弟。喜爱文学，好结纳文士。寻常：平常。③崔九堂：崔涤有宅在洛阳遵化里。崔九，即崔涤，玄宗宠臣，常出入禁中。杜甫少时"出游瀚墨场"，常于岐王、崔九的宅第中出入，见过李龟年。

滁州西涧①

韦应物

独怜幽草涧边生②，上有黄鹂深树鸣。
春潮带雨晚来急，野渡无人舟自横。

【注释】 ①此诗作于建中四年(783)春，韦应物为滁州刺史时。此诗是写春游西涧赏景和晚雨野渡所见的山水诗。西涧：在滁州(今安徽滁县)城西，俗称上马河。②独怜：只爱。

张　继

张继(生卒年不详)，字懿孙，襄州(今湖北襄阳)人。天宝十二载(753)登进士第。大历间当过检校祠部员外郎，在洪州掌管财赋。张继的诗"诗体清迥，有道者风"(高仲武《中兴间气集》)，"诗情爽激，多金玉音"(辛文房《唐才子传》)。有《张继诗》一卷，《全唐诗》存其诗一卷。

枫桥夜泊①

张继

月落乌啼霜满天，江枫渔火对愁眠②。
姑苏城外寒山寺③，夜半钟声到客船。

【注释】 ①此诗写旅人夜泊枫桥的景象和感受。枫桥：本名"封桥"，因张继诗而相沿为"枫桥"，在今江苏苏州市西郊。②江枫渔火对愁眠：因愁绪而未入眠的人只能与江枫、渔火相对。江枫，江边枫树。③姑苏：苏州的别称，因城西南有姑苏山而得名。寒山寺：寺在枫桥边，相传因唐名僧寒山、拾得曾在此居住而得名。

枫桥夜泊

寒　食①

韩翃

春城无处不飞花②，寒食东风御柳斜③。
日暮汉宫传蜡烛④，轻烟散入五侯家⑤。

【注释】 ①此诗描绘寒食节景象和改火习俗。寒食:古代以冬至后一百零五天为寒食节,约在清明节前二天,其时禁火,吃寒食。寒食禁火是古代"改火"习俗的延续,每年春天,灭旧火,用新火,除旧迎新。②飞花:初春柳絮纷飞,称飞花。③御柳:指皇宫之柳。④汉宫:指唐宫。传蜡烛:寒食节时,据唐制,须由宫廷取新火,由蜡烛以赐群臣。⑤五侯:《汉书·元后传》载,汉成帝时封王谭等五个外戚为侯,称"五侯"。此处指豪门贵族。

刘方平

刘方平(生卒年不详),河南(今河南洛阳)人。天宝中举进士不第;曾入军幕,也怀才不遇,故退居颍水、汝水之滨,终身不仕。工诗,为李颀、萧颖士所赞颂。辛文房评其诗"多悠远之思,陶写性灵,默会风雅,故能脱略世故,超然物外"(《唐才子传》)。有《刘方平诗》一卷,《全唐诗》存其诗一卷。

月　　夜[①]

刘方平

更深月色半人家[②],北斗阑干南斗斜[③]。
今夜偏知春气暖,虫声新透绿窗纱[④]。

【注释】 ①此诗描写春夜的静谧、虫鸣的欢快,写景幽深,含情言外。②半人家:半个庭院。指月亮已西斜,只能照亮半个院落。③阑干:形容星斗横斜。南斗:即斗宿,二十八宿之一,位于北斗之南,故称。④新透:初透。

春　　怨[①]

刘方平

纱窗日落渐黄昏,金屋无人见泪痕[②]。
寂寞空庭春欲晚,梨花满地不开门。

【注释】 ①此题原有诗二首,此为其一。这是一首宫怨诗。②金屋:指华丽的宫殿。《汉武故事》记载,汉武帝少年时喜欢其表妹阿娇,说:"若得阿娇作妇,当作金屋贮之。"

柳中庸

柳中庸(? ~775),名淡,以字行,蒲州虞乡(今山西永济)人。天宝中受学于萧颖士,后居江南。曾诏授洪府户曹,不就。与陆羽、李端等友善。工诗,乔亿称其七绝"体源于乐府","而五言轻艳,殆不减梁、陈间人"(《大历诗略》)。《全唐诗》存其诗十三首。

征人怨[①]

柳中庸

岁岁金河复玉关[②],朝朝马策与刀环[③]。
三春白雪归青冢[④],万里黄河绕黑山[⑤]。

【注释】 ①此诗写征人久戍边塞不能还乡之怨。征人:指征戍边塞的将士。②岁岁金河复玉关:意谓年年战争不断。金河,即黑河,在今内蒙古呼和浩特市南,唐时属匈奴

辖地。玉关，即玉门关。③朝朝马策与刀环：意谓每天都有战斗。马策，马鞭。刀环，指刀。④三春白雪归青冢：指三月阳春，仍有白雪，状此地之苦寒。三春，三月阳春。青冢，指昭君墓，在今内蒙古呼和浩特市西南。⑤万里黄河绕黑山：意谓此地还应是大唐帝国的疆土。黑山，即杀虎山，在今呼和浩特市东南。

顾　况

顾况（约727～约820），字逋翁，自号华阳山人。苏州（今属江苏）人。至德二载（757）进士，当过新亭、永嘉的监盐官和大理寺司直、秘书省著作佐郎等。晚年归隐茅山。顾况性诙谐放任，有诗名，长于歌行。皇甫湜称其诗“偏于逸歌长句，骏发踔厉，往往若穿天心，出月胁，意外惊人语非寻常所能及”（《唐故著作佐郎顾况集序》）。严羽评曰：“顾况诗多在元、白之上，稍有盛唐风骨处。”（《沧浪诗话》）今有《顾华阳集》三卷行世，《全唐诗》编其诗四卷。

宫　词[①]

顾况

玉楼天半起笙歌[②]，风送宫嫔笑语和[③]。
月殿影开闻夜漏[④]，水精帘卷近秋河[⑤]。

【注释】　①此题下原为五首，此为其二，也是一首咏宫怨的诗。②天半：形容玉楼之高。③和：喧闹之意。④闻夜漏：半夜里听着漏滴水声。漏，古代滴水（或沙）计时器。⑤水精帘：水晶帘。秋河：即银河。

夜上受降城闻笛[①]

李益

回乐烽前沙似雪[②]，受降城外月如霜。
不知何处吹芦管[③]，一夜征人尽望乡[④]。

【注释】　①此诗写边塞月夜，芦管引乡思。受降城：唐中宗景龙二年（708），朔方军总管张仁愿为出击突厥，在黄河以北筑东、西、中三座受降城。此指西城，在今宁夏灵武。②回乐烽：指回乐城附近的烽火台。回乐城故址在今宁夏灵武西南。③芦管：以芦叶所做的笛子。④征人：指远征的将士。

乌衣巷[①]

刘禹锡

朱雀桥边野草花[②]，乌衣巷口夕阳斜。
旧时王谢堂前燕，飞入寻常百姓家[③]。

【注释】　①此诗是《金陵五题》的第二首。此诗写乌衣巷的现状，将抚今吊古的感慨寄寓景物描写中。乌衣巷：在今南京市区东南。自东晋至唐代，乌衣巷一直是王、谢两大世家的居处。②朱雀桥：秦淮河上的浮桥，在六朝都城金陵正南朱雀门外，为交通要道。花：开花。③“旧时”二句：王、谢世家的旧宅子现已成为普通的民居了。寻常，平常。

朱庆馀

朱庆馀(生卒年不详),名可久,以字行,越州(今浙江绍兴)人。宝历二年(826)进士,授秘书省校书郎,迁协律郎。其诗受张籍赞赏,由是知名,与贾岛、姚合、顾非熊等唱和。徐献忠称其诗"文有精思,词有调发,意匠所遣,纵横得意"(《唐诗品》)。有《朱庆馀诗》一卷,《全唐诗》存其诗二卷。

宫中词[①]

朱庆馀

寂寂花时闭院门[②],美人相并立琼轩[③]。
含情欲说宫中事,鹦鹉前头不敢言。

【注释】 ①诗题一作《宫词》。此诗以细节写森严宫禁中宫女的怨思。②花时:春暖花开时节。③琼轩:装饰富丽的长廊。

近试上张水部[①]

朱庆馀

洞房昨夜停红烛[②],待晓堂前拜舅姑[③]。
妆罢低声问夫婿,画眉深浅入时无[④]。

【注释】 ①此题又作《闺意献张水部》。这是一首以新妇自比的求荐诗。近试:临近考试。张水部:指张籍,他曾任水部员外郎。水部,工部四司之一,掌水道事。②停:置放。③舅姑:公婆。④入时:时髦。

将赴吴兴登乐游原[①]

杜牧

清时有味是无能[②],闲爱孤云静爱僧。
欲把一麾江海去[③],乐游原上望昭陵[④]。

【注释】 ①大中四年(850),杜牧由吏部员外郎出任湖州刺史,行前登乐游原告别。吴兴:今浙江吴兴。乐游原:为长安城南登临游览之处,为长安最高处。因西汉时汉宣帝在此建乐游苑,故名。②清时有味是无能:此句是说,当此清平之世,正当有所作为,我却有如此闲情,那是因为自己无能啊。③把:持。一麾:语本颜延之《五君咏》"屡荐不入官,一麾乃出守"句。麾,指旌旗。此处用指出任外省官吏。江海:此指湖州。因湖州临太湖、近海滨,故称。④昭陵:唐太宗陵墓,在今陕西礼泉县九嵕山。

赤　壁[①]

杜牧

折戟沉沙铁未销,自将磨洗认前朝[②]。
东风不与周郎便,铜雀春深锁二乔[③]。

【注释】 ①这是一首咏史诗。赤壁:在今湖北武昌赤矶山,一说在今湖北蒲圻县赤

壁山。建安十三年(208),孙权、刘备联军大败曹操,史称"赤壁之战"。②"折戟"二句:断戟沉埋沙里,还未腐蚀掉,我拿起来洗干净,认出是前代的遗物。折戟,断戟。将,拿起。③"东风"二句:如果没有东风助周郎一臂之力,那么天姿国色的二乔怕会被幽闭在铜雀台上了。东风,赤壁大战时,曹操兵多势强,东吴都督周瑜用黄盖火攻之策,趁着东南风,用火船冲击曹军,大获全胜。周郎,指周瑜。铜雀,台名。曹操在邺城(今河北临漳县)建铜雀台,高十丈,极尽富丽。楼顶有大铜雀,故名。曹操把自己的宠姬歌妓尽贮台中,以娱晚景。二乔,指东吴美女大乔、小乔。大乔为孙策之妇,小乔为周瑜之妇。

泊秦淮[①]

杜牧

烟笼寒水月笼沙,夜泊秦淮近酒家。
商女不知亡国恨[②],隔江犹唱后庭花[③]。

【注释】 ①此诗抚景感事,有亡国之忧。秦淮:秦淮河,长江下游支流,穿过金陵(今江苏南京市)而入长江。时秦淮河两岸酒家林立,纸醉金迷,为寻欢作乐之所。②商女:指在商人船上的扬州歌女。③后庭花:即《玉树后庭花》,为陈朝末代皇帝陈后主(叔宝)所作乐府新曲。陈后主耽于声色,寻欢作乐,终至亡国。后人以此曲为亡国之音。

遣　怀[①]

杜牧

落魄江湖载酒行[②],楚腰纤细掌中轻[③]。
十年一觉扬州梦,赢得青楼薄幸名[④]。

【注释】 ①杜牧年轻时曾在扬州放浪冶游,颇受责备,后反省前事而作此诗。②落魄:漂泊之意。③楚腰纤细掌中轻:此句是说,喜爱那些体态轻盈、腰肢纤细、能歌善舞的美女。楚腰,典出《韩非子·二柄》:"楚灵王好细腰,而国中多饿人。"此处借喻美人细腰。掌中轻,典出《飞燕外传》,说汉成帝皇后赵飞燕体轻,能在掌中起舞。④青楼:歌楼妓院。薄幸:薄情负心。

秋　夕[①]

杜牧

银烛秋光冷画屏[②],轻罗小扇扑流萤[③]。
天阶夜色凉如水[④],卧看牵牛织女星[⑤]。

【注释】 ①此诗一题王建作。向被认作为宫词,写宫女秋夜冷落寂寥的心情。②银烛秋光冷画屏:意谓秋夜中烛光照在画屏上,透出凉意。银烛,白蜡烛。③轻罗:轻薄丝织品。④天阶:指皇宫里的台阶。⑤牵牛织女:相传牵牛、织女二星原为地上夫妇,因得罪天庭,被招回天上,隔于银河两端,相望而不相及。

夜雨寄北[①]

李商隐

君问归期未有期，巴山夜雨涨秋池[②]。
何当共剪西窗烛，却话巴山夜雨时[③]。

【注释】 ①此诗是李商隐入东川节度使柳仲郢幕时所作，写给朋友的。它又题作《夜雨寄内》，即是写给北方妻子的，但有人反对此说。②巴山：今四川、陕西、湖北交界处的大巴山。这里泛指四川东部的山。③"何当"两句：是设想重逢时的情景。何当，何时。却话，回忆、追溯过去而谈起。却，回溯。

瑶　　池[①]

李商隐

瑶池阿母绮窗开[②]，黄竹歌声动地哀[③]。
八骏日行三万里[④]，穆王何事不重来？

【注释】 ①此诗假借《穆天子传》故事，讽刺唐王学仙服药之虚妄无稽。②瑶池阿母绮窗开：意谓西王母在瑶池开窗等待穆王。瑶池阿母，据《穆天子传》记载，周穆王西游昆仑山，与西王母会宴于瑶池。临别时，西王母作歌，希望穆王"将子毋死，尚能复来"。穆王表示，三年后再来相会。阿母，即西王母。绮窗，雕饰精丽的窗户。③黄竹歌声动地哀：借以暗示周穆王已死。黄竹，地名。《穆天子传》记载，周穆王在黄竹路上见风雪冻死人，便作诗哀之。④八骏：相传周穆王有赤骥、华骝等八匹骏马。

瑶瑟怨[①]

温庭筠

冰簟银床梦不成[②]，碧天如水夜云轻。
雁声远过潇湘去[③]，十二楼中月自明[④]。

【注释】 ①这是一首闺怨诗。瑶瑟：瑟的美称。②冰簟：凉席。银床：指月光照临的床。③潇湘：水名，即潇水、湘江，在今湖南境内。此处用刘禹锡《潇湘神》诗意："楚客欲听瑶瑟怨，潇湘深夜月明时。"④十二楼：《史记·封禅书》中记方士曾说："黄帝时为五城十二楼，以候神人于执期，命曰迎年。"此处以十二楼喻指闺楼。

郑　　畋

郑畋（825～883），字台文，荥阳（今属河南）人。会昌二年（842）登进士第，历任秘书省校书郎、刑部员外郎、中书舍人。僖宗时为兵部侍郎、中书侍郎、兼礼部尚书、集贤殿大学士。郑畋文学优赡，尤擅制诰，亦有诗名，诗以《马嵬坡》最为著名。有《玉堂集》五卷，《凤池稿草》《续凤池稿草》各三十卷，均佚。《全唐诗》存其诗十六首。

马嵬坡[1]

郑畋

玄宗回马杨妃死[2],云雨难忘日月新[3]。
终是圣明天子事,景阳宫井又何人[4]。

【注释】①此诗咏玄宗与杨贵妃事,意在翻案。马嵬:在今陕西兴平市。唐天宝十四载安禄山反,次年玄宗仓皇奔蜀,过马嵬驿,赐杨贵妃死,葬于此。②回马:指叛乱平定后,唐玄宗从蜀地返回长安。③云雨:宋玉《高唐赋》述楚王梦遇巫山神女,神女自称"旦为朝云,暮为行雨"。后用指帝王艳遇及男女欢会。日月新:指唐肃宗即位后,中兴唐室。④景阳宫井:即景阳井,又称胭脂井,在今南京。陈后主闻隋兵攻入都城,偕宠妃张丽华、孔贵嫔逃匿于井内,终被俘获。

韩　偓

韩偓(约842~约915),字致尧(一作致光),自号玉山樵人。京兆万年(今陕西西安)人。龙纪元年(889)进士,当过左拾遗、翰林学士、中书舍人、兵部侍郎等,受唐昭宗信任。后为朱全忠排挤而贬为濮州司马、邓州司马。晚年入闽投靠王审知。韩偓十岁能诗,其姨父李商隐曾赠诗,有"雏凤清于老凤声"之句。诗多伤时叹世之作,"忠愤之气,时时溢于语外。性情既挚,风骨自遒"(《四库全书总目》)。又作艳诗,成《香奁集》,"词致婉丽"(薛季宣《香奁集叙》),"丽而无骨"(《彦周诗话》引高秀实语)。有《韩翰林诗集》(或名《玉山樵人集》)行世,《全唐诗》编其诗四卷。

已　凉[1]

韩偓

碧阑干外绣帘垂,猩色屏风画折技[2]。
八尺龙须方锦褥[3],已凉天气未寒时。

【注释】①此题下原有诗二首,此为第一首。全诗以秋天室内陈设烘托闺客的秋思。②猩色:如猩猩血的颜色,指红色。折技:画花卉的一种技法,画枝而不带根。③龙须:此指龙须草织成之席。

金陵图[1]

韦庄

江雨霏霏江草齐[2],六朝如梦鸟空啼[3]。
无情最是台城柳[4],依旧烟笼十里堤。

【注释】①此题一作《台城》,原有诗二首,此为其二,乃作者吊古伤今之作。金陵:今江苏南京市。②霏霏:雨细密的样子。③六朝:指吴、东晋、宋、齐、梁、陈六朝。金陵为此六朝的都城。④台城:为六朝建业城的旧址,在南京市鸡鸣山麓,玄武湖边。

陈　陶

陈陶(约803~约879),字嵩伯,长江以北人。初举进士不第。大和中南游江南、岭南。大中中隐居洪州西山,与蔡京、贯休往还,以读书、种兰、饮酒、赋诗为事。工诗,长于乐府。其事亦多与南唐另一陈陶相混,宋以后人常混二人为一人。有《陈嵩伯诗集》一卷行世,《全唐诗》编其诗二卷,其中都混有南唐陈陶及他人作品。

陇西行[①]

陈陶

誓扫匈奴不顾身,五千貂锦丧胡尘[②]。
可怜无定河边骨[③],犹是春闺梦里人。

【注释】 ①题下原有诗四首,此为其二。写战争给百姓带来的痛苦和灾难。陇西行:古乐府《相和歌辞·瑟调曲》旧题。②"誓扫"二句:用汉李陵故事。李陵为击败匈奴,率步卒不足五千人深入沙漠,为诱兵之计。但因救兵不至,死伤殆尽。貂锦,汉羽林军着貂裘锦衣。此处指将士。③无定河:源出内蒙古鄂尔多斯,流经陕西,汇入黄河。

张　泌

张泌(生卒年不详),字子澄,淮南(今安徽寿县)人。在南唐李后主时,当过句容尉、监察御史、内史舍人等。擅诗词,其词收入《花间集》,其诗收入《才调集》。《全唐诗》编其诗一卷。

寄　人[①]

张泌

别梦依依到谢家[②],小廊回合曲阑斜[③]。
多情只有春庭月,犹为离人照落花。

【注释】 ①此题下原有诗二首,此为其一,写梦寄人,表现入骨相思。②谢家:此指情人所居之处。唐人常以萧娘、谢娘称所爱之人。③回合:回环。

杂　诗[①]

无名氏

近寒食雨草萋萋[②],著麦苗风柳映堤[③]。
等是有家归未得,杜鹃休向耳边啼[④]。

【注释】 ①此诗写有家未归者的愁思。②寒食:清明节前两天为寒食节。③著:吹拂。④杜鹃:杜鹃鸟,又名子规,旧说其啼鸣婉,如叫"不如归去",最能动思乡人之旅思。

七绝乐府

七绝乐府,句式和字数与七言绝句类似,既有用乐府古题,亦有自创的乐府曲牌,还

有当时的唐教坊曲调。内容则写闺怨，写边塞生活，或写唐时社会生活。

渭城曲[①]

王维

渭城朝雨浥轻尘[②]，客舍青青柳色新。
劝君更尽一杯酒，西出阳关无故人[③]。

【注释】 ①此诗以清景写别情，风味隽永。诗题一作《送元二使安西》。元二，其人不详。安西：指唐安西都护府，治所在今新疆库车。诗题又作《赠别》《阳关》。此诗《乐府诗集》列入《近代曲辞》。王维作诗，后谱成曲，有《阳关三叠》之名。②渭城：秦时名咸阳市，汉时改名渭城，治所在今陕西咸阳市东北。浥：湿润。③阳关：汉置边关，因在玉门关南，故称阳关，故址在今甘肃敦煌西南。

秋夜曲[①]

王维

桂魄初生秋露微[②]，轻罗已薄未更衣[③]。
银筝夜久殷勤弄[④]，心怯空房不忍归。

【注释】 ①此为乐府《杂曲歌辞》。题下原有二诗，此为其二，咏闺怨。有题此首为王涯作，第一首为张仲素作。今检《王右丞集》无此诗。其他唐诗选本均属王涯作。②桂魄：指月亮。据《酉阳杂俎》载，月中桂树高五百丈，故常将月与桂联系起来。③轻罗：轻薄的丝织衣服。更衣：指换上厚暖的衣服。④弄：弹奏。

长信怨[①]

王昌龄

奉帚平明金殿开[②]，暂将团扇共徘徊[③]。
玉颜不及寒鸦色，犹带昭阳日影来[④]。

【注释】 ①此题又作《长信秋词》，原有五首，此其三，写宫怨。长信怨：乐府《相和歌·楚调曲》。据《汉书》记载，班婕妤入宫后，深得汉成帝宠爱，但后因赵飞燕而失宠。婕妤害怕赵飞燕加害，请求到长信宫供养太后。②奉帚：执帚洒扫。据《汉书·外戚传》载，班婕妤在长信宫作赋自伤，有“共洒扫于帷幄兮，永终死以为期”句。平明：天刚亮。金殿：指长信官。③团扇：相传班婕妤作《团扇诗》，有“弃捐箧笥中，恩情中道绝”句，以团扇比喻自己失宠被弃。④“玉颜”二句：意谓寒鸦从昭阳宫飞来，还带着太阳的光彩，而自己失宠憔悴，比不上寒鸦的颜色。玉颜，指班婕妤之容颜。昭阳，昭阳宫，为赵飞燕之妹赵合德所居，亦受汉成帝宠爱。日影，指阳光，又暗喻皇帝的恩幸。

出　塞[①]

王昌龄

秦时明月汉时关[②]，万里长征人未还[③]。
但使龙城飞将在[④]，不教胡马度阴山[⑤]。

【注释】 ①此题下原为二首，此为其一。此诗即景怀古，思慕古代名将，暗讽边将不得其人。出塞：乐府古题，属《横吹曲》。②秦时明月汉时关：此句为互文见意，是说，明月仍是秦汉时的明月，边关仍是秦汉时的边关。③万里长征：指在万里之遥长久地戍边。④龙城飞将：此处合用二典。龙城，《汉书·卫青传》载，汉车骑将军卫青出击匈奴至龙城，斩首数百。龙城为汉时匈奴祭天处，在今蒙古人民共和国境内。也泛指边关。飞将，《史记·李将军列传》载，汉名将李广为右北平太守时，勇猛善战，匈奴称其为"汉之飞将军"。此处泛指古代边塞立功的名将。⑤胡马：此指北方少数民族。阴山：在今内蒙古中部。

清平调[1]三首

李白

其一

云想衣裳花想容[2]，春风拂槛露华浓[3]。
若非群玉山头见，会向瑶台月下逢[4]。

【注释】 ①清平调：此为乐府曲牌名，为李白所创。又作《清平调辞》。此首以花暗喻人，写杨贵妃如仙之美。②云想衣裳花想容：云彩想变做她的衣裳，花朵想变做她的容颜，极喻杨贵妃之美。③露华：带露之花。④"若非"两句：赞美杨贵妃的美貌，只有在天上仙界中才会见到。群玉山，据《山海经》说，群玉之山为西王母所居之处。会，终应。瑶台，据《拾遗记》说，昆仑山有瑶台，为西王母之宫。

其二[1]

一枝红艳露凝香，云雨巫山枉断肠[2]。
借问汉宫谁得似[3]，可怜飞燕倚新妆[4]。

【注释】 ①此首以巫山、神女和汉宫飞燕衬托杨贵妃之美。②"一支"二句：意谓楚王神女巫山云雨的传说终是虚幻，真比不上杨贵妃受唐玄宗的宠爱，如牡丹花承雨露滋润，让人羡慕。③借问：请问。④可怜：可爱。飞燕：指赵飞燕。她初为宫女，因貌美，能歌善舞，为汉成帝所宠爱，后立为皇后。倚：依靠。

其三[1]

名花倾国两相欢[2]，常得君王带笑看。
解释春风无限恨[3]，沉香亭北倚栏杆[4]。

【注释】 ①此首写沉香亭唐玄宗与杨贵妃赏花情景。②名花：指牡丹花。唐朝贵族特别看重牡丹。白居易《买花》："一丛深色花，十户中人赋。"倾国：指杨贵妃。《汉书·外戚传》引《李延年歌》："北方有佳人，绝世而独立。一顾倾人城，再顾倾人国。"③解释

春风无限恨：君王所爱的名花和美人，能释解心中所有的愁闷怅恨，使之心情舒畅。解释，消释。④沉香亭：在唐兴庆宫图龙池东。

出　塞[1]

王之涣

黄河远上白云间[2]，一片孤城万仞山[3]。
羌笛何须怨杨柳[4]，春风不度玉门关[5]。

【注释】 ①题又作《凉州词》。此为写戍边将士思乡之情的边塞诗。②黄河远上：又有作"黄沙直上"。③万仞：形容极高。仞，古代八尺为一仞。④羌笛：据说笛子出于西羌，故称羌笛。杨柳：笛子古曲中有《折杨柳枝》，词曰："上马不捉鞭，反拗杨柳枝。下马吹横笛，愁杀行客儿。"由于古人有临别折柳送行的习俗，故《折杨柳枝》曲也成为怀乡怨别的曲调。⑤玉门关：故址在今甘肃敦煌西，为古时通西域要道。

杜秋娘

杜秋娘，唐时金陵（今江苏南京市）人，原为节度使李锜妾，善唱《金缕衣》。后入宫，为唐宪宗所宠。穆宗立，为皇子保姆。皇子被废，杜秋娘回故乡，穷老无依。

金缕衣[1]

杜秋娘

劝君莫惜金缕衣，劝君惜取少年时。
花开堪折直须折[2]，莫待无花空折枝。

【注释】 ①题又作《劝少年》。此诗主旨颇有歧解，或解为劝人惜取光阴，或解为及时行乐，或解为妓家以花柳自比。此诗词气明爽，令人百读不厌。金缕衣：唐教坊曲调名，《乐府诗集》编入《近代曲辞》。②直须：就须。

宋词

【导语】

诗有唐宋之分,故历来选诗者鲜有将注重意趣之唐诗与注重理趣之宋诗搅入同一部诗选中者。词则不同,词作为一个晚近出现的文体,萌芽于唐代,成长于五代,至两宋始成熟结实,完成其生命周期。唐宋词之间血脉贯通,故历来选词者并不把唐词、宋词划然分开,大多唐宋兼收,若《花庵词选》《草堂诗馀》之类。但是,宋词作为词史之荦荦大端,自然有其自足之存在,因而宋词的断代选本,亦代不乏编,自宋代曾慥《乐府雅词》启其端绪,至上疆村民之《宋词三百首》,已蔚然可观。

龙榆生《选词标准论》:"晚清词人,颇喜选录,以寄其论词宗尚。各矜手眼,比类观之,亦可见当时词坛趋向。"晚清词家选本如陈廷焯之《云韶集》和《词则》,樊增祥之《微云榭词选》,谭献之《箧中词》,冯煦之《宋六十一家词选》,梁令娴、麦孟华之《艺蘅馆词选》,况周颐之《蕙风簃词选》,这些选本或初具纲目,或并未完稿,或虽已编成,但影响甚微,只有上彊村民之《宋词三百首》,及今八十余年而影响不衰。

《宋词三百首》编者上疆村民,为朱祖谋号。朱祖谋(1857~1931),原名孝臧,字古微,浙江归安人,因世居归安埭溪渚上疆山麓,故号"上疆村民",又号沤尹。光绪九年(1883)进士,历官国史馆协修、会典馆总纂总校、翰林院侍讲、礼部侍郎。光绪三十年(1894),于广东学政任上辞官归隐苏州。朱氏早年工诗,四十岁始专力词学,遂成为近代词学宗师,与王鹏运、况周颐、郑文焯并称清季词学四大家。其词作《彊村语业》,"海内奉为圭臬"(吴梅语)。所编刻《彊村丛书》,汇集唐、五代、宋、金、元词总集五种,别集一百六十二家,精审严校,洵为善本。《宋词三百首》为彊村老人晚年编订。张尔田《词林新语》云:"归安朱彊村,词学宗师。方其选三百首宋词时,辄携钞帙,过蕙风簃,寒夜啜粥,相与探论。继时风雪甫定,清气盈宇,曼诵之声,直充闾巷。"可知,此选并非彊村老人独任其事,其间亦有况周颐、张尔田等人的切磋裁定之功,堪称是一部凝聚了近代词坛精英们心力的扛鼎之作。

赵　佶

赵佶(1082~1135),即宋徽宗,神宗第十一子,1100~1125年在位。传位给长子赵桓(宋钦宗)后,被尊为教主道君太上皇帝。靖康二年(1127),金兵攻陷汴京,他与钦宗一起被俘入金,后囚死于五国城(今黑龙江省依兰县)。赵佶精通诗词、书画、音乐、歌吹,多才多艺。但政治上昏聩,重用奸臣,导致亡国。现存词十七首,早年词风秾艳,晚期情调凄凉。

燕山亭[1]北行见杏花

裁剪冰绡[2],打叠数重,淡着燕脂匀注[3]。新样靓妆[4],艳溢香融,羞杀蕊珠宫女[5]。易得凋零,更多少、无情风雨。愁苦。闲院落凄凉,几番春暮。

凭寄离恨重重,这双燕,何曾会人言语[6]。天遥地远,万水千山,知他故宫何处。怎不思量,除梦里、有时曾去。无据[7]。和梦也、新来不做[8]。

【注释】 ①《词苑丛谈》卷六:"徽宗北辕后,赋《燕山亭》杏花一阕,哀情哽咽,仿佛南唐李主,令人不忍多听。"清宋荦《题宋徽宗竹禽图》:"春风艮岳罢朝时,蕞尔微禽费睿思。肠断燕山亭子畔,杏花新燕又题词。""燕山亭"一作"宴山亭"。《词律》:"此调本名《燕山亭》,恐是燕国之'燕',《词汇刻》作'宴山亭',非也。"这首词通过写杏花的凋零,借以自悼。上片描写杏花,运笔极其细腻,好似在做工笔画。下片抒写离恨衷情,层层深入,愈转愈深,愈深愈痛。②冰绡:轻薄洁白的绢。这里指杏花花瓣像白色薄绢。唐王勃《七夕赋》:"停翠梭兮卷霜縠,引鸳杼兮割冰绡。"③燕脂:同"胭脂"。匀注:涂抹均匀。④靓妆:艳丽的装扮。鲍照《代朗月行》:"靓妆坐帷里,当户弄清弦。"⑤蕊珠宫:道教经典中所说的仙宫。周邦彦《汴都赋》:"蕊珠、广寒、黄帝之宫,荣光休气,瞳胧往来。"赵佶信奉道教,自号教主道君皇帝。⑥会:理解。⑦无据:无所依凭。宋谢懋《蓦山溪》词:"飞云无据,化作冥蒙雨。"⑧和:连。

钱惟演

钱惟演(962~1034),字希圣,临安(今浙江省杭州市)人。吴越王钱俶之子,入宋,历官知制诰、翰林学士、工部尚书、枢密使等。博学能文,曾参与修撰《册府元龟》。尤工诗,与杨亿、刘筠号"江东三虎",领袖西昆诗派。今存词二首。

木兰花[1]

城上风光莺语乱[2]。城下烟波春拍岸。绿杨芳草几时休[3],泪眼愁肠先已断[4]。

情怀渐觉成衰晚。鸾镜朱颜惊暗换[5]。昔年多病厌芳尊[6],今日芳尊惟恐浅。

【注释】 ①木兰花,为唐教坊曲名,宋人所填木兰花,皆名为玉楼春。据《花间集》分析,《木兰花》与《玉楼春》原为两调,自《尊前集》误刻后,宋人相沿,率多混填。惟演暮年有汉东(今湖北钟祥)之谪,此调即当时所作,词极凄婉。②莺语乱:莺的叫声此起彼伏。辛弃疾《锦帐春》(春色难留)有"燕飞忙,莺语乱"句,应为借用惟演成语。③绿杨芳草几时休:笔意追慕李后主《虞美人》"春花秋月何时了?往事知多少"句。④泪眼愁肠先已断:范仲淹《御街行》"柔肠已断无由醉,酒未到先成泪",与此句笔意相似。⑤鸾镜朱颜惊暗换:鸾镜,镜子的美称。《艺文类聚》卷九十引南朝宋范泰《鸾鸟诗》序云:罽宾王获一鸾鸟,三年不鸣。夫人悬镜于鸾鸟之前,欲使其见同类而后鸣。不想鸾鸟睹镜中影则愈悲,哀鸣不已,不久即亡。故诗词中多以鸾镜表现临镜而生悲。朱颜惊暗换,用李后主《虞美人》"雕栏玉砌应犹在,只是朱颜改"句意。⑥尊:同"樽"。酒杯。

范仲淹

范仲淹(989~1052),字希文,吴县(今江苏省苏州市)人。大中祥符八年(1015)进士,官至枢密副使、参知政事。积极推行“庆历新政”,曾提出十项政治改革方案。其词清丽而豪健,气势恢宏。《彊村丛书》收《范文正公诗馀》一卷,《全宋词》据《中吴纪闻》卷五补辑一首。魏泰《东轩笔录》谓仲淹守边日,作《渔家傲》数阕,皆以“塞下秋来”为首句,颇述边镇之劳苦,今只存“衡阳雁去”一首。

范仲淹像

渔家傲[1]

塞下秋来风景异。衡阳雁去无留意[2]。四面边声连角起[3]。千嶂里。长烟落日孤城闭[4]。

浊酒一杯家万里。燕然未勒归无计[5]。羌管悠悠霜满地。人不寐。将军白发征夫泪。

【注释】 ①此调始见于北宋晏殊,因词中有“齐揭调,神仙一曲渔家傲”,因以“渔家傲”作调名。这是一首边塞词,起片写边塞景物,寒风萧瑟,满目荒凉。下片词人自抒怀抱,战争没有取得胜利,还乡之计是无从谈起的,然而要取得胜利,更为不易。继而由自己而及征夫,总收全词。爱国激情,浓重乡思,兼而有之,构成了将军与征夫复杂而又矛盾的情绪。这种情绪主要是通过全词景物的描写,气氛的渲染,婉曲地传达出来,情调苍凉而悲壮。②衡阳:位于今湖南省。其旧城之南有回雁峰,状如雁之回旋。相传雁飞至此,不再南飞。③边声:指边境上羌管、胡笳、画角等音乐声音。汉李陵《答苏武书》:“吟啸成群,边声四起。”④孤城闭:杜甫《题忠州龙兴寺所居院壁》有“孤城早闭门”句。⑤燕然:即杭爱山,在今蒙古人民共和国境内。据《后汉书》载,东汉窦宪领兵出塞,大破北匈奴,登燕然山,刻石记功,宣扬汉朝威德。勒:刻石记功。

苏幕遮[1]怀旧

碧云天,黄叶地。秋色连波,波上寒烟翠。山映斜阳天接水。芳草无情[2],更在斜阳外。

黯乡魂[3],追旅思。夜夜除非,好梦留人睡。明月楼高休独倚。酒入愁肠,化作相思泪。

【注释】 ①苏幕遮,为唐教坊曲名。唐慧琳《一切经音义》卷四十一“苏莫遮”条:“‘苏莫遮’,西域胡语也,正云‘飒磨遮’。此戏本出西龟兹国,至今犹有此曲。此国浑脱、大面、拔头之类也。”《唐会要》卷三十四《论乐》:(神龙)二年三月,并州清源县尉吕元泰上疏曰:“比见都邑城市,相率为浑脱,骏马胡服,名为苏莫遮。旗鼓相当,军阵之势也;腾逐喧噪,战争之象也;锦绣夸竞,害女工也;征敛贫弱,伤政体也;胡服相效,非雅乐也;

浑脱为号,非美名也。安可以礼仪之朝,法戎虏之俗;军阵之势,列庭阙之下。窃见诸王,亦有此好,自家刑国,岂若是也。”可见,此曲流传中国当在唐中宗之前。据吕元泰的描述,此曲最早应属军乐。至宋,词家用此调度新曲。又名鬓云松令、云雾敛。范仲淹的这首词上片写秾丽阔远的秋景,暗透乡思;下片直抒思乡情怀。纵观全词,词人将阔远之境、秾丽之景与深挚之柔情完美地统一在一起,显得柔而有骨,深挚而不流于颓靡。②芳草无情:据《穷幽记》载,小儿坡上草很旺盛,裴晋公经常散放几只白羊于其中,并说:“芳草无情,赖此装点。”温庭筠《经西坞偶题》:“摇摇弱柳黄鹂啼,芳草无情人自迷。”③黯:黯然失色。“黯乡魂”暗用江淹《别赋》“黯然销魂”语。

御街行[①]秋日怀旧

纷纷坠叶飘香砌[②]。夜寂静、寒声碎。真珠帘卷玉楼空[③],天淡银河垂地。年年今夜,月华如练,长是人千里[④]。

愁肠已断无由醉。酒未到、先成泪。残灯明灭枕头攲[⑤],谙尽孤眠滋味[⑥]。都来此事,眉间心上,无计相回避[⑦]。

【注释】 ①此调首见柳永《乐章集》,因宋杨湜《古今词话》收无名氏词有“听孤雁声嘹唳”句,因此又名“孤雁儿”。这是一首怀人之作,其间洋溢着一片柔情。上片描绘秋夜寒寂的景象,下片抒写孤眠愁思的情怀,由景入情,情景交融。②香砌:铺有落花的台阶。③真珠:即珍珠。④长是人千里:谢庄《月赋》有“隔千里兮共明月”句。⑤攲:倾斜。⑥谙尽:犹言尝尽。谙,熟悉。⑦眉间心上,无计相回避:李清照《一剪梅》“此情无计可消除,才下眉头,却上心头”句当化用此句。

张　先

张先(990~1078),字子野,乌程(今浙江省湖州市)人。天圣八年(1030)进士,曾任嘉禾判官,知渝州、虢州,以尚书都官郎中致仕。为人风趣幽默,晚年常与蔡襄、苏轼等名士唱酬。他善写清新含蓄的小令,又创作了大量慢词长调,情真意切,细腻深婉。初以《行香子》词有“心中事,眼中泪,意中人”之句,人称为“张三中”。后又自举平生所得意的三首词:“云破月来花弄影”(《天仙子》),“娇柔懒起,帘幕卷花影”(《归朝欢》),“柔柳摇,坠轻絮无影”(《剪牡丹》)。世称“张三影”。著有《张子野词》。

千秋岁[①]

数声鹈鴂[②]。又报芳菲歇。惜春更把残红折。雨轻风色暴[③],梅子青时节。永丰柳[④],无人尽日飞花雪[⑤]。

莫把幺弦拨[⑥]。怨极弦能说。天不老,情难绝[⑦]。心似双丝网,中有千千结。夜过也,东窗未白凝残月。

【注释】 ①唐教坊大曲有“千秋乐”调。据《旧唐书》卷八:“(开元十七年)百僚表请以每年八月五日为千秋节,王公已下献镜及承露囊,天下诸州咸令燕乐,休暇三日……”

《新唐书》卷二十二《礼乐志》:"千秋节者,玄宗以八月五日生,因以其日名节,而君臣共为荒乐,当时流俗多传其事以为盛。其后巨盗起,陷两京,自此天下用兵不息,而离宫苑囿遂以荒堙,独其余声遗曲传人间,闻者为之悲凉感动。""千秋乐"调可能就是从宫中流传到坊间的乐调,经宋人翻为新曲。又名"千秋节""千秋万岁"。张先这首词写悲欢离合之情,声调激越,极尽曲折幽怨之能事。上片完全运用描写景物来烘托、暗示美好爱情横遭阻抑的沉痛之情。下片主人公表示了反抗的决心,"心似双丝网,中有千千结",在这个情网里,他们是通过千万个结,把彼此牢牢地系住,谁想破坏它都是徒劳的。②教声鶗鴂:鶗鴂亦作"鹈鴂",即杜鹃。张衡《思玄赋》:"恃己知而华予兮,鶗鴂鸣而不芳。"李善注:"《临海异物志》曰:'鶗鴂,一名杜鹃,至三月鸣,昼夜不止,夏末乃止。'"③风色:即风势。韩偓《江行》诗:"舟人偶语忧风色,行客无聊罢昼眠。"④永丰柳:唐时洛阳永丰坊西南角荒园中有垂柳一株被冷落,白居易赋《杨柳枝词》,以喻家妓小蛮,后传入乐府,遍流京师。后园以"永丰柳"泛指园柳,比喻孤寂无靠的女子。⑤无人尽日飞花雪:白居易《杨柳枝词》有"永丰西角荒园里,尽日无人属阿谁"句。花雪,指柳絮。⑥幺弦:琵琶的第四弦。借指琵琶。⑦天不老,情难绝:化用李贺《金铜仙人辞汉歌》"天若有情天亦老"句,言天无情。

一丛花[①]

伤高怀远几时穷。无物似情浓。离愁正引千丝乱,更东陌、飞絮濛濛。嘶骑渐遥[②],征尘不断,何处认郎踪。

双鸳池沼水溶溶。南北小桡通[③]。梯横画阁黄昏后,又还是、斜月帘栊。沉恨细思,不如桃杏,犹解嫁东风[④]。

【注释】 ①据《词谱》,"一丛花"调以苏轼《一丛花》(今年春浅腊侵年)为正体。其实在苏轼之前,张先这首《一丛花》就已流传很广了。宋人范公偁《过庭录》记载:张先子野郎中《一丛花》,一时盛传。欧永叔尤爱之,恨未识其人。子野家南地,以故至都谒永叔,阍者以通,永叔倒屣迎之曰:"此乃'桃杏嫁东风'郎中。"东坡守杭,子野尚在,尝预宴席,有《南乡子》词,末句云:"闻道贤人聚吴分,试问,也应傍有老人星。"盖年八十余矣。张先的这首《一丛花》是一首闺怨词,写一位女子独处深闺的相思与愁恨。上片用倒叙的手法着意渲染女主人公的愁绪。下片写相思无奈的"沉恨"和空虚。整首词紧扣"伤高怀远",从登楼远望回忆,收归近处池沼、眼前楼阁,最后收拍到自身,由远而近,次第井然。②骑:名词。乘坐的马。③桡:船桨。此指船。④嫁东风:李贺《南园十三首》之一:"可怜日暮嫣香落,嫁于春风不用媒。"《全唐诗》收庾传素《木兰花》:"是何芍药争风彩,自共牡丹长作对。若教为女嫁东风,除却黄莺难匹配。"可见以花为女,嫁于东风,唐人已作此想。

晏　殊

晏殊(991~1055),字同叔,临川(今江西省抚州市)人。七岁能属文,以神童应召试,

赐同进士出身。三十岁拜翰林学士；庆历二年（1042）官同中书门下平章事，兼枢密使。晏殊“文章赡丽，应用不穷，尤工诗，闲雅有情思”（《宋史》本传）。其词擅长小令，是婉约派代表作家，其词风流旖旎，时有真情流露。有《珠玉词》三卷。

浣溪沙[①]

一曲新词酒一杯。去年天气旧亭台。夕阳西下几时回。

无可奈何花落去，似曾相识燕归来[②]。小园香径独徘徊[③]。

【注释】 ①浣溪沙，唐教坊曲名，张泌词有“露浓香泛小庭花”句，名“小庭花”；贺铸名“减字浣溪沙”，韩淲词有“芍药酴醿满院春”句，名“满院春”；有“东风拂槛露犹寒”句，名“东风寒”；有“一曲西风醉木犀”句，名“醉木犀”；有“霜后黄花菊自开”句，名“霜菊黄”；有“广寒曾折最高枝”句，名“广寒枝”；有“春风初试薄罗衫”句，名“试香罗”；有“清和风里绿阴初”句，名“清和风”；有“一番春事怨啼鹃”句，名“怨啼鹃”。这首词上片通过叠印时空，交错换位，进行了变与不变的哲学思考；下片则巧借眼前景物，着重写眼前的感伤。全词语言流转，明白如话，清丽自然，意蕴深沉，启人神智，耐人寻味。②无可奈何花落去，似曾相识燕归来：萧纲《春日》诗：“欲道春园趣，复忆春时人。春人竟何在，空爽上春期。独念春花落，还似昔春时。”两者立意相似。晏殊另有诗《假中示判官张寺丞王校勘》：“元巳清明假未开，小园幽径独徘徊。春寒不定斑斑雨，宿醉难禁滟滟杯。无可奈何花落去，似曾相识燕归来。游梁赋客多风味，莫惜青钱万选才。”可见是晏殊的得意之作，只是不知先有诗，还是先有词。③香径：落花满径，留有芬芳，故云香径。唐戴叔伦《游少林寺》诗：“石龛苔藓积，香径白云深。”

浣溪沙[①]

一向年光有限身[②]。等闲离别易销魂[③]。酒筵歌席莫辞频。

满目山河空念远[④]，落花风雨更伤春。不如怜取眼前人[⑤]。

【注释】 ①这是一首伤别词，所写的并非一时所感，也非一人一事，而是反映了作者对人生的认识：年光有限，世事难料；空间和时间的距离即难以逾越，加之美好事物总难追寻，不如立足现实，牢牢地抓住眼前的一切。②一向：片刻。向，同“晌”。③等闲：平常。销魂：谓心灵震荡，如魂飞魄散。形容极度哀愁感伤。④满目山河空念远：由唐李峤《汾阴行》诗“山川满目泪沾衣”句化出。念远，思念远方友人。⑤怜：爱怜。唐《会真记》载崔莺莺诗：“还将旧来意，怜取眼前人。”此句亿用其意。

清平乐[①]

红笺小字[②]。说尽平生意。鸿雁在云鱼在水[③]。惆怅此情难寄。

斜阳独倚西楼。遥山恰对帘钩。人面不知何处，绿波依旧东流[④]。

【注释】 ①王灼《碧鸡漫志》：“清平乐，《松窗录》云：开元中，禁中初种木芍药，得四本，红、紫、浅红、通白繁开，上乘照夜白，太真妃以步辇从，李龟年手捧檀板押众乐前，将

歌之。上曰：焉用旧词为？命龟年宣翰林学士李白，立进《清平调》词三章，上命梨园弟子约格调，抚丝竹，促龟年歌。太真妃笑领歌意甚厚。张君房《脞说》指此为《清平乐》曲。按：明皇宣白进《清平调》，乃是令白于《清平调》中制词。盖古乐取声律高下合为三，曰清调、平调、侧调，此谓三调。明皇止令就择上两调偶，不乐侧调故也。况白词七字绝句，与今曲不类，而《尊前集》亦载此三绝句，止目曰《清平调》，然唐人不深考，妄指此三绝句耳。此曲在越调，唐至今盛行。今世又有黄钟宫、黄钟商两音者，欧阳炯称白有应制《清平乐》四首，往往是也。"复据《词谱》，《花庵词选》名"清平乐令"，张辑词有"忆着故山萝月"句，名"忆萝月"；张翥词有"明朝来醉东风"句，名"醉东风"。这首词为怀人之作。词中寓情于景，以淡景写浓愁，言青山常在，绿水长流，而自己爱恋着的人却不知去向；虽有天上的鸿雁和水中的游鱼，它们却不能为自己传递书信，因而惆怅万端。②红笺：红色笺纸。③鸿雁在云鱼在水：暗含鱼雁传书之意。《全唐诗》收张泌《生查子》："鱼雁疏，芳信断，花落庭阴晚。"④人面不知何处：语本崔护《题都城南庄》诗"人面不知何处去，桃花依旧笑春风"。

木兰花[1]

池塘水绿风微暖。记得玉真初见面[2]。重头歌韵响铮琮[3]，入破舞腰红乱旋[4]。

玉钩阑下香阶畔[5]。醉后不知斜日晚。当时共我赏花人[6]，点检如今无一半[7]。

【注释】 ①这首词上下两片对照来写，以上片场面之热烈反衬下片眼前的凄清与孤独，怀旧之情自然流露出来。结句由虚入实，感情沉着，情韵杳渺。②玉真：玉人，美人。③重头：词的上下片声韵节拍完全相同的称重头。铮琮：形容金属撞击时所发出的声音。④入破：指乐声骤变为繁碎之音。乱旋：谓舞蹈节奏加快。⑤玉钩：指新月。鲍照《玩月城西门廨中》诗："蛾眉蔽珠栊，玉钩隔琐窗。"李白《挂席江上待月有怀》诗："倏忽城西郭，青天悬玉钩。"⑥赏花人：欣赏歌舞美色之人。⑦点检：犹言算来。

踏莎行[1]

小径红稀，芳郊绿遍。高台树色阴阴见[2]。春风不解禁杨花，濛濛乱扑行人面[3]。

翠叶藏莺，朱帘隔燕。炉香静逐游丝转[4]。一场愁梦酒醒时，斜阳却照深深院。

【注释】 ①这首词写暮春景色，上片写郊外景色，下片写院内景象，最后以"斜阳却照深深院"作结，闲愁淡淡，难以排解。②阴阳见：树木葱郁茂密，现出幽暗之色。见，同现。李商隐《燕台诗》之《夏》："前阁雨帘愁不卷，后堂芳树阴阴见。"③濛濛：纷杂貌。④游丝：飞扬在空中的蜘蛛等虫类的丝。

韩　缜

韩缜（1019～1097），字玉汝，雍丘（今河南杞县）人。庆历二年（1042）进士，官至尚书右仆射、兼中书侍郎。今存《凤箫吟》词一首，咏芳草以留别，当时天下盛传。

凤箫吟[①]

锁离愁，连绵无际，来时陌上初熏[②]。绣帏人念远，暗垂珠泪，泣送征轮[③]。长亭长在眼，更重重、远水孤云。但望极楼高，尽日目断王孙[④]。

消魂。池塘别后，曾行处、绿妒轻裙。恁时携素手[⑤]，乱花飞絮里，缓步香茵。朱颜空自改，向年年、芳意长新。遍绿野，嬉游醉眠，莫负青春。

【注释】 ①凤箫吟又名《凤楼吟》《芳草》，以韩缜词为正体。这是一首咏物词，借咏芳草以寄托离情别绪。上片写游子即将远征，女子垂泪相送，想日后征人远去，只留下思妇，危楼远眺，目断平芜。下片写别后触目伤怀，意兴索然，深恐美人迟暮，芳意不成。整首词咏草，却不着一草字，借句用典，却全无雕琢痕迹。②陌上：田间的小路上。熏：同"薰"，散发香气。江淹《别赋》："闺中风暖，陌上草熏。"③征轮：远行人乘坐的车子。唐王维《观别者》诗："挥泪逐前侣，含凄动征轮。"④王孙：即王孙草。⑤恁时：那时。

宋祁

宋祁（998~1061），字子京，祖居安陆（今属湖北省），徙居雍丘（今河南省杞县）。天圣二年（1024）与兄庠同登进士第，奏名第一。章献太后以为弟不可先兄，乃擢庠为第一，置祁第十，号称"大小宋"。累官至工部尚书、翰林学士承旨。曾参与修撰《新唐书》，著有《宋景文公集》。他以《木兰花》（又名《玉楼春》）词中"红杏枝头春意闹"句享誉词坛，人称"红杏尚书"。王国维称道其《木兰花》"'红杏枝头春意闹'，着一'闹'字而境界全出"（《人间词话》）。其词多写个人生活琐事，语言工丽。近人赵万里辑有《宋景文公长短句》一卷。

木兰花[①]春景

东城渐觉风光好。縠皱波纹迎客棹[②]。绿杨烟外晓寒轻，红杏枝头春意闹。

浮生长恨欢娱少。肯爱千金轻一笑[③]。为君持酒劝斜阳，且向花间留晚照[④]。

【注释】 ①这是一首惜春词。上片极力渲染盎然的春意，富有灵性的水波，如丝如烟的绿杨，"喧闹"于枝头的红杏，一派烂漫的春光。下片转而感叹春光易逝，良辰难驻，斜阳晚照，劝酒花间，情绪略显低沉。这与古人燃烛照花，秉烛夜游，取径相同，似不必以"及时行乐"责备古人。从写法上讲，于极盛处略抒愁思，全词意脉方显波澜。②縠皱：绉纱似的波纹。③肯爱千金轻一笑：意即怎么肯爱惜金银而轻视欢乐的生活呢。千金一笑，据《艺文类聚》卷五十七引东汉崔骃《七依》云："酒酣乐中，美人进以承宴，调欢欣以解容。四顾百万，一笑千金。"盖宴席中侑酒美女难得笑颜，后遂用"一笑千金"形容歌姬舞女娇美的形象与动人的笑容。④且向花间留晚照：化用李商隐《写意》诗"日向花间留返照"句

欧阳修

欧阳修（1007~1072），字永叔，号醉翁，晚号六一居士。吉州永丰（今属江西省）人，

天圣八年(1030)进士。官至枢密副使、参知政事。曾参与修撰《新唐书》《新五代史》。他是北宋诗文革新运动的领袖,属于"唐宋八大家"之一。他奖掖后进,王安石、曾巩及苏洵、苏轼、苏辙等都得其举荐与指导。擅长写词:或写恋情醉歌,缠绵婉曲;或绘自然美景,富于情韵。风格深婉而清丽。词集有《六一词》《近体乐府》《醉翁琴趣外编》等。

欧阳修像

采桑子[①]

群芳过后西湖好,狼藉残红[②]。
飞絮濛濛。垂柳阑干尽日风[③]。
笙歌散尽游人去[④],始觉春空。
垂下帘栊。双燕归来细雨中。

【注释】 ①据《词谱》,唐教坊曲有《杨下采桑》,《采桑子》调名本此。《采桑子》的另名如下:南唐李煜词名《丑奴几令》,冯延巳词名《罗敷媚歌》,贺铸词名《丑奴儿》,陈师道词名《罗敷媚》。这首词是欧阳修组词《采桑子》十首中的第四首,描写的是颍州西湖的暮春景象。上片以"残红""飞絮""垂柳"点出时令,末句着一"风"字,始将这些片段景物连成一片。下片写人去春空,着一"空"字,便觉真味隽永,西湖之好,正在于此。西湖之美并不仅止于此,末句"双燕归来",使西湖之美于空幽之外,平添几分灵动。②狼藉:纵横散乱貌。③阑干:纵横散乱貌,交错杂乱貌。岑参《白雪歌送武判官归京》:"瀚海阑干百丈冰,愁云惨淡万里凝。"④笙歌:奏乐唱歌。

蝶恋花[①]

庭院深深深几许。杨柳堆烟,帘幕无重数。玉勒雕鞍游冶处。楼高不见章台路[②]。
雨横风狂三月暮[③]。门掩黄昏,无计留春住。泪眼问花花不语。乱红飞过秋千去[④]。

【注释】 ①这是一首闺怨词,描写了一位独守深闺的少妇极其苦闷的心情。上片写女子生活的处境,整日禁锢于深宅大院之中,而负心的夫君,则终日游荡于歌楼妓馆,这是一桩不幸的婚姻。下片抒写少妇的心情,风雨无情,留春不住,使少妇想到自己易逝的芳年,情思绵邈,意境深远。②章台路:汉朝长安有章台街,歌妓居之。唐朝许尧佐有《章台柳传》,后人因以章台为歌妓聚居之地。③雨横:雨下得猛。④泪眼问花花不语:唐严恽《惜花》:"春光冉冉归何处,更向花前把一杯。尽日问花花不语,为谁零落为谁开。"

木兰花[①]

别后不知君远近。触目凄凉多少闷。渐行渐远渐无书,水阔鱼沉何处问[②]。
夜深风竹敲秋韵[③]。万叶千声皆是恨。故攲单枕梦中寻,梦又不成灯又烬[④]。

【注释】 ①这首词描写了闺中思妇深沉凄婉的离愁别恨。上片写别后音讯渐无,心中顿生牵念,因而触目生愁。下片写夜不成寐,梦难成,而灯已烬,凄苦至极。②鱼沉:意

谓没有信使来。③秋韵：即秋声。庾信《咏画屏风诗》之十一："急节迎秋韵，新声入手调。"④烬：化成灰烬。

浪淘沙[①]

把酒祝东风。且共从容[②]。垂杨紫陌洛城东[③]。总是当时携手处，游遍芳丛[④]。

聚散苦匆匆。此恨无穷。今年花胜去年红。可惜明年花更好，知与谁同。

【注释】 ①浪淘沙，唐教坊曲名。原与七言绝句形式相似，白居易《白氏长庆集》收有《浪淘沙》词六首，其中第六首有"却到帝都重富贵，请君莫忘浪淘沙"句。刘禹锡也写过此体。双调小令《浪淘沙》为南唐后主李煜创制，《词谱》即以李词为正体。这是一首伤时惜别之作。明道元年(1032)春，欧阳修与友人梅尧臣洛阳城东旧地重游，有感而作，感叹人生聚散无常。上片追忆昔时与友人欢聚的良辰美景，把酒赏花，意气轩昂。下片写与朋友别后的无限的离恨。其中末句"知与谁同"，以诘问作结，浓重的孤寂之感，使人不忍卒读。②"把酒"二句：唐司空图《酒泉子》词有"黄昏把酒祝东风，且从容"。此化用其句。从容，流连盘桓。③紫陌：指京城郊外的道路。刘禹锡《元和十一年自朗州召至京戏赠看花诸君子》诗："紫陌红尘拂面来，无人不道看花回。"④芳丛：花丛。晏殊《凤衔杯》词："凭朱槛，把金卮。对芳丛、惆怅多时。"

青玉案[①]

一年春事都来几。早过了、三之二。绿暗红嫣浑可事[②]。绿杨庭院，暖风帘幕，有个人憔悴。

买花载酒长安市。又争似、家山见桃李[③]。不枉东风吹客泪。相思难表，梦魂无据，惟有归来是。

【注释】 ①调名出自东汉张衡《四愁诗》："美人赠我锦绣段，何以报之青玉案。"《词谱》以贺铸《青玉案》(凌波不过横塘路)为正体，故又名《横塘路》等。这首词表现了词人暮春思归的满怀愁绪。上片写词人面对大好春光，却斯人独憔悴。下片继而解释憔悴的原因：春已尽而家难回，托梦还乡，不如遽然归去。下片立意颇似韦庄《菩萨蛮》："琵琶金翠羽，弦上黄莺语，劝我早归家，绿窗人似花。"②浑可事：宋人方言，意谓算不了啥事。③争似：怎能比得上。

聂冠卿

聂冠卿(988~1042)，字长孺，新安(今安徽省歙县)人。大中祥符五年(1012)进士，庆历元年(1041)以兵部郎中知制诰拜翰林学士。今存《多丽》词一首，才情富丽，盖北宋慢词始于此篇，在词史上有重要地位。

多　丽[①]李良定公席上赋

想人生，美景良辰堪惜。问其间、赏心乐事，就中难是并得[②]。况东城、凤台沙苑[③]，泛

晴波、浅照金碧。露洗华桐,烟霏丝柳[4],绿阴摇曳,荡春一色[5]。画堂迥、玉簪琼佩[6],高会尽词客。清欢久、重燃绛蜡[7],别就瑶席[8]。

有翩若轻鸿体态[9],暮为行雨标格[10]。逞朱唇、缓歌妖丽,似听流莺乱花隔。慢舞萦回,娇鬟低亸,腰肢纤细困无力[11]。忍分散、彩云归后,何处更寻觅。休辞醉,明月好花,莫谩轻掷[12]。

【注释】 ①据《词谱》卷三十七:“多丽”亦名“绿头鸭”“陇头泉”,宋元人少有填此体者。又据《词苑丛谈》卷一:多丽词牌名缘于张均妓名。《说郛》卷一一九下引《辨音录》:张均妓多丽,弹琵琶曲,项上有高丽丝结,赵诗争夺,致伤二指。晁补之曾经用这一词牌表现“轻盈弹琵琶”。据吴曾《能改斋漫录》卷十六,这首词为聂冠卿赋于李良定公席上。蔡襄时知泉州,寄定公书云:“新传《多丽》词,述宴游之娱,使病夫举首增叹耳。”另蔡襄《端明集》卷八诗《客有至京师言诸公春间多会于元伯园池因念昔游辄形篇咏》有句“清游胜事传京下,多丽新词到海边”。可见,聂冠卿《多丽》词写成不久,就已远近传播开了。这首词和白居易《三月三日祓禊洛滨》诗,在谋篇上有异曲同工之妙,可参看。②就中难是并得:谢灵运《拟邺中诗序》:“天下良辰、美景、赏心、乐事,四者难并。”美景、良辰、赏心、乐事,此四者正是本词的结撰之处。③凤台:华美的台榭。刘向《列仙传·萧史》:“萧史者,秦穆公时人也。善吹箫,能致孔雀白鹤于庭。穆公有女,字弄玉,好之。公遂以女妻焉……公为作凤台,夫妇止其上。”南朝宋鲍照《升天行》:“凤台无还驾,箫管有遗声。”“沙苑”一作“沁苑”。④霏:笼罩。⑤荡春一色:即春色浩荡。⑥迥:高。⑦重燃绛蜡:重新点起绛色的蜡烛。意谓良辰欢会,不觉已至深夜。⑧瑶席:美味的酒宴。⑨轻鸿:代指女子轻盈的体态。吴文英《声声慢》(云深山坞)“恨玉奴,消瘦飞趁轻鸿”句意相似。⑩暮为行雨标格:宋玉《高唐赋》言巫山之女“旦为朝云,暮为行雨”。标格,风范、风度。苏轼《荷华媚·荷花》词:“霞苞电荷碧,天然地、别是风流标格。”意谓眼前女子有仙女风度。⑪“逞朱唇”至“困无力”句:白居易《三月三日祓禊洛滨》诗:“舞急红腰软,歌迟翠黛低。”两相对比,可以看出,词中的语句显然点化了白居易的诗句。亸,低垂的样子。⑫“忍分散”至“莫谩轻掷”句:与前引白居易诗“夜归何用烛,新月凤楼西”,结绾处正同。晏几道《临江仙》(梦后楼台高锁)“当时明月在,曾照彩云归”,可以合观。谩,白白地。

柳　永

柳永(约987~约1060),初名三变,改名永,字耆卿,因排行第七,人称“柳七”。崇安(今属福建省)人。景祐元年(1034)进士,历任睦州团练推官、余杭令、定海晓峰盐场监官、泗州判官、太常博士,终官屯田员外郎,世称“柳屯田”。政治上不得志,虽奔走干谒已见于词篇,仍未得重用,遂流连于歌楼妓馆,“忍把浮名换了浅斟低唱”。在词学史上柳永有两大贡献:其一是推广慢词长调,用来铺写城市风光、承平气象,或抒发离情别绪,题材广阔,音律谐婉,时出隽语,对后世影响深远。其二是独辟蹊径,旧调翻新;俗语入词,俗事入词。《宋史》无传,事迹散见笔记、方志。善为诗文,“皆不传于世,独以乐章脍炙人口”(《清波杂志》卷八)。所著《乐章集》凡一百五十余曲。其词自成一派,世称“屯田蹊径”“柳氏家法”。《避暑录话》卷三记西夏归朝官语:“凡有井水饮处,即能歌柳词”,可见柳词影响之大。

雨霖铃[1]

寒蝉凄切[2]。对长亭晚，骤雨初歇。都门帐饮无绪[3]，留恋处、兰舟催发[4]。执手相看泪眼，竟无语凝噎[5]。念去去、千里烟波，暮霭沉沉楚天阔[6]。

多情自古伤离别。更那堪、冷落清秋节。今宵酒醒何处[7]，杨柳岸、晓风残月。此去经年[8]，应是良辰、好景虚设[9]。便纵有、千种风情，更与何人说。

【注释】 ①雨霖铃，又作雨淋铃，唐教坊曲名。据王灼《碧鸡漫志》引《明皇杂录》及《杨妃外传》记载：安史之乱爆发后，唐玄宗避乱入蜀，初入斜谷，霖雨弥目，栈道中闻铃声。玄宗方悼念贵妃，采其声为雨淋铃曲以寄托哀思。后由伶人张微（野狐）演奏，流传于世。又据《唐诗品汇》卷五十二引《明皇别录》记载："洎至德中，复幸华清宫，从宫嫔御皆非昔人，帝于望京楼令张微奏此曲，不觉凄怆流涕，其曲后入法部。"唐诗人崔道融《羯鼓》："华清宫里打撩声，供奉丝簧束手听。寂寞銮舆斜谷里，是谁翻得雨淋铃。"以雨霖铃事入诗的唐诗还有若干首，可见，玄宗翻制雨霖铃曲调事，广为唐人所知。雨霖铃又作雨霖铃慢，双调。王灼《碧鸡漫志》云："今双调雨霖铃慢，颇极哀怨，真本曲遗声。"柳永的这首词，是一首著名的别情词，描写词人离开汴京与心爱的人难舍难分的痛苦心情。②寒蝉：秋蝉之谓。陆佃《埤雅》卷八："立秋之节，初五日凉风至，次五日白露降，后五日寒蝉鸣。"③帐饮：于郊外搭起帐篷，摆宴送行。江淹《别赋》："帐饮东都，送客金谷。"《海录碎事》卷六："野次无宫室，故曰帐饮。"④兰舟：在古诗词中，常用兰舟极言舟之华贵。梁任昉《述异记》卷下："木兰川在浔阳江中，多木兰树。昔吴王阖闾植木兰于此，用构宫殿也。七里洲中有鲁班刻木兰为舟，舟至今在洲中。诗家云木兰舟出于此。"⑤执手相看泪眼，竟无语凝噎：江淹《别赋》："造携手而衔泪，各寂寞而伤神。"（文字据四部丛刊宋本《江文通集》）可以对读。⑥"念去去"至"楚天阔"句：可参看唐代诗人黄滔《旅怀寄友人》"一船风雨分襟处，千里烟液回首时"。去去，不断远去，越走越远。楚天，江南楚地的天空。⑦今晓酒醒何处：言以酒去愁，酒醒更愁。李璟《应天长》："昨夜更阑酒醒，春愁过却病。"周邦彦《关河令》："酒已都醒，如何消永夜。"句意相似。⑧经年：年复一年。⑨应是良辰、好景虚设：言若无相爱的人陪伴，美好的光景就等于虚设。类似的意思，柳永在其他词作中反复表现过多次。《慢卷䌷》："对好景良辰，皱着眉儿，成甚滋味。"《应天长》中也说："把酒与君说：恁好景佳辰，怎忍虚设。"

蝶恋花[1]

伫倚危楼风细细。望极春愁，黯黯生天际[2]。草色烟光残照里。无言谁会凭阑意。

拟把疏狂图一醉[3]。对酒当歌[4]，强乐还无味[5]。衣带渐宽终不悔。为伊消得人憔悴[6]。

【注释】 ①蝶恋花，为唐教坊曲名。本名为鹊踏枝。晏殊取梁简文帝萧纲诗句"翻阶蛱蝶恋花情"改作今名。又名黄金缕、凤栖梧、卷珠帘、江如练等。这是一首怀远之作，词人登高望远，独倚危栏，任思念在心头滋生，终无悔意。②望极春愁，黯黯生天际：黯黯春愁，生于天际。黯黯，意为伤心忧愁的样子。以黯黯言春愁有韦应物《寄李儋元锡》诗："世事茫茫难自料，春愁黯黯独成眠。"另，"薄暮起暝愁"是古诗中一个常见的主题，此处

言日暮时分，心生春愁。前人有不少类似的诗句，唐人张祜《折杨柳枝》："伤心日暮烟霞起，无限春愁生翠眉。"《鹤林玉露》引唐人赵嘏诗云："夕阳楼上山重迭，未抵春愁一倍多。"③疏狂：豪放而不受拘束。白居易《代书诗寄微之》："疏狂属年少，闲散为官卑。"朱敦儒《鹧鸪天·西都作》词："我是清都山水郎，天教懒慢带疏狂。"④对酒当歌：语出曹操《短歌行》"对酒当歌，人生几何"。⑤强乐：勉强作乐。《二程遗书》卷十八："勉强乐不得，须是知得了，方能乐得。"⑥"衣带渐宽"以下二句："衣带渐宽"化自《古诗十九首》中"相去日已远，衣带日已缓"。柳词中的这两句言为思念而憔悴，虽憔悴而不悔，较之《古诗十九首》又更进一层。冯延巳《蝶恋花》有"日日花前常病酒，不辞镜里朱颜瘦"句，两相比较，意虽有相似，但境界、气象已是不同。王国维《人间词话》将这两句作为"古今之成大事业大学问"的第二重境界，看重的正是柳永在这首词中所创造的锲而不舍、执着如一的精神境界。消得，犹言值得。唐人崔涂《夷陵夜泊》："一曲巴歌半江月，便应消得二毛生。"柳永《尾犯》："一种劳心力，图利禄殆非长策。除是恁，点检笙歌，访寻罗绮消得。"

采莲令[1]

月华收[2]，云淡霜天曙[3]。西征客、此时情苦。翠娥执手送临歧[4]，轧轧开朱户[5]。千娇面、盈盈伫立[6]，无言有泪[7]，断肠争忍回顾。

一叶兰舟，便恁急桨凌波去[8]。贪行色、岂知离绪[9]。万般方寸，但饮恨，脉脉同谁语[10]。更回首、重城不见，寒江天外，隐隐两三烟树。

【注释】 ①《文献通考》卷一百四十六：宋朝循旧制，教坊凡四部。皇帝曲宴游幸，教坊所奏乐凡十八调四十大曲，其中第九调为双调，其中有曲，名为"采莲"。可知"采莲令"亦本于教坊曲。此调为孤调，仅存柳永词一首。这是一首别情词，词中描写了一对有情人惜别时的缠绵，及别后细密的情思。其间景语情语错落编织，不辨彼此，情韵悠远。②月华收：言月已落，而天将明。月华，月光、月色。南朝梁江淹《杂体诗·效王微〈养疾〉》："清阴往来远，月华散前墀。"③云淡霜天曙：孟浩然有句"微云淡河汉，疏雨滴梧桐"，一时叹为清绝。张元幹《芦川词》："月淡霜天，今夜空清坐。"句意与此仿佛。曙，天明。④临歧：行至岔路口。古诗中常用"歧路"表现朋友分别的场景。王勃《送杜少府之任蜀州》："无为在歧路，儿女共沾巾。"高适《别韦参军》："丈夫不作儿女别，临歧涕泪沾衣巾。"皆是。⑤轧轧：象声词。开门声。⑥千娇面、盈盈伫立：柳永《玉女摇仙佩》"争如这多情，占得人间，千娇百媚"。盈盈，言女子体态轻盈。《古诗十九首》："盈盈楼上女，皎皎当窗牖。"⑦无言有泪：柳永《雨霖铃》中"执手相看泪眼，竟无语凝噎"，意同此。⑧凌波：在水面上行走。汉庄忌《哀时命》："势不能凌波以径度兮，又无羽翼而高翔。"⑨行色：行旅出发前后的情状、气派。刘因《临江仙》："行色匆匆缘底事，山阳梅信相催。"⑩脉脉同谁语：《古诗十九首》中有"盈盈一水间，脉脉不得语"句，此处化用此句。

少年游[1]

长安古道马迟迟[2]。高柳乱蝉嘶[3]。夕阳岛外[4]，秋风原上，目断四天垂[5]。

归云一去无踪迹[6]。何处是前期。狎兴生疏[7],酒徒萧索,不似去年时。

【注释】 ①少年游,最早见于晏殊的《珠玉词》,因其中有"长似少年时"句,于是以"少年游"取为调名。又名小阑干、玉蜡梅枝。这首词可能是柳永晚年之作,词以"少年游"为名,对少年快意的光阴却不着一字,只是从衰飒、颓唐的晚景写入,有追思,有悔恨,有迷惘。②长安古道马迟迟:长安古道向来是追名逐利之途,自古而今,车轮辐辏,从不稍歇。陈德武《望海潮》:"长安古道长亭,叹马蹄不住,车辙难停。"杨慎《瑞龙吟》:"记曲江池上,长安古道,多少愁落愁开,风横雨暴,沉吟无语时,把朱阑靠。"据考,柳永曾有长安之行。马迟迟:言人心萧散失意之至。白居易《立秋日登乐游园》:"独行独语曲江头,回马迟迟上乐游。萧飒凉风与衰鬓,谁教计会一时秋。"③乱蝉嘶:即乱蝉噪。不用鸣、吟、唱来形容蝉的叫声,而着一个"嘶"字,说明词人心境的烦躁。元稹《哭子十首》(其一):"独在中庭倚闲树,乱蝉嘶噪欲黄昏。"④岛外:犹方外、世外,具体说可以是京城、闹市之外,抽象说可以是世俗礼法之外。罗隐《出试后投所知》:"岛外音书应有意,眼前尘土渐无情。"齐已《道林寺居寄岳麓禅师二首》(其一):"山袍不称下红尘。各是闲居岛外身。"贯休《题一上人经阁》:"岛外何须去,衣如藓亦从。但能无一事,即是住孤峰。"⑤秋风原上,目断四天垂:原,为长安南郊的乐游原。唐时为长安士女游赏的胜地。李白《登乐游园望》诗:"独上乐游园,四望天日曛。"其后一句与"目断四天垂"摹画相似。梅尧臣《闻永叔出守同州寄之》:"访古寻碑可销日,秋风原上足麒麟。"此"秋风原上"指的就是乐游原。⑥归云一去无踪迹:参见晏几道《鹧鸪天》"凭谁问取归云信,今在巫山第几峰"。⑦狎兴:狎游的兴致。

玉蝴蝶[1]

望处雨收云断,凭阑悄悄,目送秋光。晚景萧疏[2],堪动宋玉悲凉。水风轻、蘋花渐老[3];月露冷、梧叶飘黄。遣情伤。故人何在,烟水茫茫。

难忘。文期酒会[4],几孤风月[5],屡变星霜[6]。海阔山遥,未知何处是潇湘[7]。念双燕、难凭远信,指暮天、空识归航。黯相望,断鸿声里,立尽斜阳。

【注释】 ①又名玉蝴蝶慢,此调有小令、长调两体,小令始于温庭筠,见《花间集》;长调始于柳永,见《乐章集》。在柳永的词作中,男女恋情是最常见的一种抒情形态。这首《玉蝴蝶》呈现给我们的却是不同于浅斟低唱的另一种感情,即友情。正如晓川《影殊词话》中所云:这首词,"凄怆之怀,衰飒之景,交相融注,所感甚大。不止于偎红倚翠矣"。②萧疏:有寂寞、凄凉之意。③蘋花:夏秋季开的一种白色小花。④文期酒会:指文人雅集。⑤孤:辜负。⑥星霜:星辰运转,一年一循环,寒霜秋降,一年一轮回。一星霜即一年。⑦潇湘:古水名,在今湖南省。此借指所思之处。

八声甘州[1]

对潇潇、暮雨洒江天,一番洗清秋。渐霜风凄紧[2],关河冷落[3],残照当楼。是处红衰翠减[4],苒苒物华休[5]。惟有长江水,无语东流。

不忍登高临远,望故乡渺邈[6],归思难收[7]。叹年来踪迹,何事苦淹留。想佳人、妆楼颙望[8],误几回、天际识归舟[9]。争知我、倚阑干处,正恁凝愁[10]。

【注释】 ①《甘州》为唐教坊大曲,杂曲中也有《甘州子》,属边塞曲。《八声甘州》是从大曲《甘州》改制而成,由于整首词共八韵,故称《八声甘州》,尽管规模比大曲《甘州》小了很多,但仍属慢词。这首词通过描写羁旅行役之苦,表达了强烈的思归情绪,语浅而情深。开头两句写雨后江天,澄澈如洗。复由苍莽悲壮,而转入细致沉思。下片词人推己及人,本是自己登高远眺,却偏想故园之闺中人,应也是登楼望远,伫盼游子归来。整首词结构细密,写景抒情融为一体,以铺叙见长。②霜风:刺骨的寒风。庾信《卫王赠桑落酒奉答》诗:"霜风乱飘叶,寒水细澄沙。"③关河:泛指关塞河川。《后汉书·荀彧传》:"此实天下之要地,而将军之关河也。"④红衰翠减:指花凋叶落。李商隐《赠荷花》:"此花此叶长相映,翠减红衰愁煞人。"⑤苒苒:渐渐。物华休:景物凋残。⑥渺邈:遥远。⑦归思:归家的心情。⑧颙望:举首凝望。唐李赤《望夫山》诗:"颙望临碧空,怨情感离别。"⑨天际识归舟:此句化自谢朓《之宣城郡出新林浦向板桥》:"江路西南永,归流东北骛。天际识归舟,云中辨江树。"⑩恁:如此。

竹马子[1]

登孤垒荒凉,危亭旷望,静临烟渚。对雌霓挂雨[2],雄风拂槛[3],微收残暑。渐觉一叶惊秋[4],残蝉噪晚,素商时序[5]。览景想前欢,指神京、非雾非烟深处。

向此成追感,新愁易积,故人难聚。凭高尽日凝伫。赢得消魂无语[6]。极目霁霭霏微[7],暝鸦零乱,萧索江城暮[8]。南楼画角,又送残阳去。

【注释】 ①宋叶梦得《石林词》中又名竹马儿。这首词是词人漫游江南时抒写的离情别绪之作,起片写古垒残壁与酷暑新凉,抒写了壮士悲秋的感慨,景象雄浑苍凉。次片由写景转向抒情,表现了思念故人的痛苦情绪。全词一脉相承,严谨含蓄。②雌霓:虹双出,色鲜艳者为雄,色暗淡者为雌,雄曰虹,雌曰霓。③雄风:猛烈的风。宋玉《风赋》:"此所谓大王之雄风也。"④一叶惊秋:《淮南子·说山》有"见一叶落而知岁之将暮"。⑤素商:秋日。因为秋色尚白,音属商,故名。梁元帝《纂要》:"秋曰素商,亦曰高商。"⑥赢得:剩得。消魂:即销魂。江淹《别赋》:"黯然销魂者,唯别而已矣。"⑦霁霭:晴天的烟雾。⑧萧索:萧条。

王安石

王安石(1021~1086),字介甫,号半山,抚州临川(今属江西省)人。"唐宋八大家"之一。庆历二年(1042)进士。神宗朝,召为翰林学士兼侍讲;熙宁二年(1069)除参知政事,次年拜相,推行变法革新。在一片声讨中罢相、复相、再罢相。晚年退居江宁,潜心于学术。曾封荆国公,世称王荆公。他的"新学"在当时有很大影响。他的散文简洁明快,精于说理;诗则关注现实,好发议论,其"集句诗"别具一格。写词不多,却很精彩,洗尽五代以来绮靡词风。《彊村丛书》收《临川先生歌曲》一卷,《补遗》一卷。

桂枝香[①]

登临送目[②]。正故国晚秋[③],天气初肃[④]。千里澄江似练[⑤],翠峰如簇。归帆去棹残阳里[⑥],背西风、酒旗斜矗。彩舟云淡,星河鹭起[⑦],画图难足。

念往昔、繁华竞逐。叹门外楼头[⑧],悲恨相续[⑨]。千古凭高,对此漫嗟荣辱。六朝旧事随流水[⑩],但寒烟、衰草凝绿。至今商女,时时犹唱,《后庭》遗曲[⑪]。

【注释】 ①五代王定保《唐摭言》卷三:“裴思谦状元及第后,作红笺名纸十数,诣平康里,因宿于里中。诘旦,赋诗曰:‘银釭斜背解鸣珰,小语偷声贺玉郎。从此不知兰麝贵,夜来新惹桂枝香。’”据《填词名解》,《桂枝香》调名即本于此。因张辑词有“疏帘淡月”句,所以又名《疏帘淡月》。这首词为荆公晚年退居金陵,凭览怀古之作。上片写景,斜阳映照,帆风樯影,酒肆青旗,好一幅故国晚秋图。下片感叹六朝相继覆亡的史实。结语用商女犹唱《后庭花》一典,振起全篇,嗟叹之意,千古弥永。②送目:注视。南朝齐王融《和南海王殿下咏秋胡妻诗》之五:“送目乱前华,驰心迷旧婉。”③故国:指金陵,今江苏南京。④肃:肃杀。形容秋高气爽。⑤千里澄江似练:谢朓《晚登三山还望京邑》有“余霞散成绮,澄江静如练”句。⑥棹:船桨。此以“归帆去棹”指代来往船只。⑦星河:银河。比喻长江。⑧门外楼头:语本杜牧《台城曲》诗“门外韩擒虎,楼头张丽华”,这里借隋将灭陈,泛指六朝的终结。⑨悲恨相续:指南朝各朝代相继覆亡。⑩六朝:指吴、东晋、宋、齐、梁、陈。⑪《后庭》遗曲:陈后主作《玉树后庭花》曲,其词靡丽哀怨,后人称之为“亡国之音”。杜牧《夜泊秦淮》诗有“商女不知亡国恨,隔江犹唱后庭花”句。

千秋岁引[①]

别馆寒砧[②],孤城画角。一派秋声入寥廓[③]。东归燕从海上去,南来雁向沙头落。楚台风[④],庾楼月[⑤],宛如昨。

无奈被些名利缚。无奈被他情担阁[⑥]。可惜风流总闲却。当初谩留华表语[⑦],而今误我秦楼约。梦阑时[⑧],酒醒后,思量着。

【注释】 ①《词谱》以王安石这首词为正调。复据《词谱》:《高丽史・乐志》作《千秋岁令》,李冠词名《千秋万岁》。这首词通过对秋景的赋写,抒发了曾被名利耽搁了的归隐之志。上片写秋景,下片言情。结句处又宕开一笔,说梦回酒醒的时候,每每思量此情此景。此可视为作者历尽沧桑后的幡然省悟。②别馆:客馆。寒砧:寒秋的捣衣声。砧,捣衣石。诗词中常用以描写秋景的冷落萧条。唐沈佺期《古意呈补阙乔知之》诗:“九月寒砧催木叶,十年征戍忆辽阳。”③寥廓:旷远,广阔。④楚台风:据宋玉《风赋》载,楚王游于兰台,有风飒然而来,楚王披襟而当之。⑤庾楼月:《世说新语・容止》载,庾亮镇守武昌,曾与佐吏于秋夜登南楼吟咏。后以庾楼泛指楼阁。此云庾亮南楼之月。⑥担阁:耽误。⑦谩:白白地。华表语:据《搜神后记》载,辽东人丁令威学仙得道,化鹤归来,落在城门华表柱上,有青年欲射之,鹤盘旋空中,唱道:“有鸟有鸟丁令威,去家千年今日归。城郭如旧人民非,何不学仙冢累累。”⑧阑:尽。

王安国

王安国(1030~1076),字平甫,抚州临川(今属江西省)人。王安石弟。赐进士出身,官至大理寺丞、集贤校理。其政见与安石不合,其诗文语出惊人。

清平乐[1]春晚

留春不住。费尽莺儿语。满地残红宫锦污[2],昨夜南园风雨[3]。

小怜初上琵琶[4]。晓来思绕天涯。不肯画堂朱户[5],春风自在杨花。

【注释】 ①这首词为惜春之作。上片写景,莺语间关,却留春不住,徒留下一窗风雨,满地残红。下片由惜春、惜花引入惜人。歌女小怜,技艺初成,弦语铮铮,可使闻者夜不成寐,她本可以依附权贵,享尽荣华,然而她的理想却在深宅大院之外的大自然里。结合上下两片,词人似乎在告诉我们:春之难留亦如小怜之难留,如果说春之难留带给人的是感伤,那么面对去意已决的小怜,人们只有欣羡。②宫锦:宫中所制的锦缎。③南园:泛指园圃。晋张协《杂诗》之八:“借问此何时,胡蝶飞南园。”④小怜:指齐后主宠妃冯小怜,善弹琵琶。⑤画堂朱户:达官贵人的家。

晏几道

晏几道(1038~1110),字叔原,号小山,抚州临川(今属江西省)人。晏殊第七子。由恩荫入仕,曾任太常寺太祝。熙宁七年(1074)受郑侠案株连而入狱;获释后曾任颍昌府许田镇监官、开封府推官等。他出身名门贵族却仕途坎坷,困顿潦倒又疏狂孤傲。他的词多写一见钟情的爱恋与一厢情愿的凄苦,缠绵悱恻又伤感无奈,使小令的艺术技巧臻于炉火纯青。与其父晏殊齐名,世称“二晏”。有《小山词》一卷。

临江仙[1]

梦后楼台高锁,酒醒帘幕低垂。去年春恨却来时。落花人独立,微雨燕双飞[2]。

记得小蘋初见[3],两重心字罗衣[4]。琵琶弦上说相思[5]。当时明月在,曾照彩云归[6]。

【注释】 ①这是一首感旧怀人之作。词之上片写“春恨”,描绘梦后酒醒、落花微雨的情景。下片写相思,追忆“初见”及“当时”的情状,表现词人苦恋之情、孤寂之感。词人怀人的同时,也抒发了人世无常、欢娱难再的淡淡哀愁。②“落花”二句:语本五代翁宏《春残》诗“又是春残也,如何出翠帏。落花人独立,微雨燕双飞”。③小蘋:歌妓的名字。④心字罗衣:用一种心字香熏过的罗衣。这里含有深情蜜意的双关意思。⑤琵琶弦上说相思:与白居易《琵琶行》“低眉信手续续弹,说尽心中无限事”取意相同。⑥彩云归:李白《宫中行乐词》有“只愁歌舞散,化作彩云飞”句。又,白居易《简简吟》:“大都好物不坚牢,彩云易散琉璃脆。”

蝶恋花[1]

梦入江南烟水路。行尽江南,不与离人遇。睡里消魂无说处。觉来惆怅消魂误。

欲尽此情书尺素[2]。浮雁沉鱼[3],终了无凭据。却倚缓弦歌别绪。断肠移破秦筝柱[4]。

【注释】 ①上片写梦中无法寻觅到离人。“烟水路”三字写出江南景物特征,梦境尤为优美。下片写书信无从寄出,寄了也得不到回音。相思之情,无可弥补、无法表达,只好倚弦寄恨,无奈恨深弦急促,移遍筝柱不成调。②尺素:古人将书信写在尺许长的绢帛上,故以尺素代指书信。③浮雁沉鱼:古人认为鱼、雁能够传书,雁浮鱼沉,书信便无从传递。④移破:移遍。秦筝:古秦地所用的一种弦乐器。岑参《秦筝歌送外甥萧正归京》诗:“汝不闻秦筝声最苦,五色缠弦十三柱。”

蝶恋花[1]

醉别西楼醒不记。春梦秋云,聚散真容易[2]。斜月半窗还少睡。画屏闲展吴山翠[3]。

衣上酒痕诗里字[4]。点点行行,总是凄凉意。红烛自怜无好计。夜寒空替人垂泪[5]。

【注释】 ①这首词为离别感忆之作。上片回忆醉别西楼,醒后却浑然不记。只有斜月半窗,映照画屏。词人不觉感叹,人生聚散如春梦秋云,顷刻间消逝,无影无踪。下片写词人酒醒后,意绪烦乱,检点故人旧物,徒增凄凉,唯有红烛垂泪相伴。②春梦秋云,聚散真容易:化用乃父晏殊《木兰花》“长于春梦几多时,散似秋云无觅处”词意。而晏殊则化用白居易《花非花》诗:“来如春梦不多时,去似秋云无觅处。”③吴山翠:指画屏上描绘的江南风景。④酒痕:酒滴的痕迹。岑参《奉送贾侍御史江外》诗:“荆南渭北难相见,莫惜衫襟着酒痕。”⑤夜寒空替人垂泪:化用杜牧《赠别》“蜡烛有心还惜别,替人垂泪到天明”诗意。

鹧鸪天[1]

彩袖殷勤捧玉钟[2]。当年拚却醉颜红[3]。舞低杨柳楼心月,歌尽桃花扇底风。

从别后,忆相逢。几回魂梦与君同。今宵剩把银釭照[4],犹恐相逢是梦中[5]。

【注释】 ①唐五代词中无此调,首见于宋祁之作,至晏几道多为此调。《词苑丛谈》云,调名取自唐郑嵎“春游鸡鹿塞,家在鹧鸪天”诗句。但杨慎《词品》认为此说未必确实。因贺铸词中有“化出白莲千叶花”句,故名《千叶莲》,又因其有“梧桐半死清霜后”句,又名《半死桐》等。这首词写恋人久别重逢后的喜悦。上片追忆初次相见的情景。女子的殷勤劝酒,词人的拼却一醉,以及花前月下的歌舞,所有这一切驻留在记忆深处,历久弥新。下片写别后相思,以及意外的重逢。通篇词情婉丽,读来沁人心脾。②彩袖:代指歌女。玉钟:酒杯。③拚却:甘愿,不顾。④剩把:尽把。银釭:银白色的烛台。⑤“今宵”二句:从杜甫《羌村》诗“夜阑更秉烛,相对如梦寐”两句化出。

生查子[1]

金鞭美少年,去跃青骢马[2]。牵系玉楼人,绣被春寒夜。

消息未归来,寒食梨花谢。无处说相思,背面秋千下[3]。

【注释】 ①生查子，唐教坊曲名，敦煌曲子词中有此调。该调文人词当以晚唐诗人韩偓为最早。《词苑丛谈》云："查，古槎字，张骞乘槎（往天河）事也。"聊备一说。又名《陌上郎》《梅和柳》《楚云深》《愁风月》等。这首词抒写了女主人公的相思怀人之情。词之上片写少年出游，下片写闺中相思，词中通过环境、景物描写来烘托人物的感情。②青骢马：毛色青白相杂的骏马。③背面秋千下：化用李商隐诗《无题二首》其一"十五泣春风，背面秋千下"。

生查子[①]

关山魂梦长，塞雁音书少。两鬓可怜青[②]，只为相思老。

归傍碧纱窗，说与人人道[③]。真个别离难，不似相逢好。

【注释】 ①这首词刻画了一位痴心公子的痴情痴语。上片摹写这位痴公子离家远游的经历，满篇皆是怨情：埋怨关山归梦长，埋怨家中音书少，埋怨白发只为相思生。下片这位痴公子期待爱人入梦，在梦中也还是埋怨：离别真的很难熬，相逢的日子真是好。②青：白色。③人人：为宋时口语，指所爱的人。欧阳修《蝶恋花》词："翠被双盘金缕凤。忆得前春，有个人人共。"

清平乐[①]

留人不住。醉解兰舟去。一棹碧涛春水路。过尽晓莺啼处。

渡头杨柳青青。枝枝叶叶离情[②]。此后锦书休寄[③]，画楼云雨无凭[④]。

【注释】 ①这是一首离情词。上片女子殷殷挽留，男子乘醉而别，都是为情。碧涛晓莺，应是女子意中之幻，而非男子眼前之景。过片两句方是女子眼前之景，杨柳青青，枝叶关情，景语情语，打成一片。末两句，陡然转折，以怨写爱，因多情而生绝望，绝望恰表明不忍割舍之情怀。②"渡头杨柳青青"二句：从刘禹锡《竹枝词》"杨柳青青江水平，闻郎江上唱歌声。东边日出西边雨，道是无情却有情"中化出。③锦书：即锦字书。《晋书》载，前秦窦滔妻苏蕙寄给丈夫锦字回文诗。后多用以指情书。④云雨无凭：用宋玉《高唐赋》写神女的典故，指行踪不定。

阮郎归[①]

旧香残粉似当初。人情恨不如。一春犹有数行书。秋来书更疏[②]。

衾凤冷[③]，枕鸳孤[④]。愁肠待酒舒。梦魂纵有也成虚[⑤]。那堪和梦无。

【注释】 ①《神仙记》云："刘晨、阮肇入天台山采药，遇二仙女，留住半年，思归甚苦。既归，则乡邑零落，经已十世。"调名本此。又名《碧桃春》《醉桃源》《濯缨曲》《宴桃源》等。这首词抒写思妇积思成怨的幽怀别绪。上片起首两句将物与人比照来写，物仍故物，香犹故香，而离去之人的感情，却经不起考验，逐渐淡薄，今不如昔了。下片转而叙述女子夜间的愁思，抒写其处境的凄凉、相思的痛苦。②疏：少。③衾凤：绣着凤凰的被子。④枕鸳：绣有鸳鸯的枕头。⑤梦魂：离开肉体的灵魂。唐刘希夷《巫山怀古》诗："颓

想卧瑶席，梦魂何翩翩。”晏几道《鹧鸪天》词：“春悄悄，夜迢迢，碧云天共楚宫遥。梦魂惯得无拘检，又踏杨花过谢桥。”

虞美人[①]

曲阑干外天如水[②]。昨夜还曾倚。初将明月比佳期。长向月圆时候、望人归。

罗衣着破前香在。旧意谁教改。一春离恨懒调弦。犹有两行闲泪、宝筝前。

【注释】 ①虞美人，原为唐教坊曲名，后用为此调。原本用于吟咏项羽宠妃虞姬，调名也由此而来。这首词为怀人怨别之作。上片描述女主人公倚阑望月、盼人归来之情。下片抒写女子不幸被弃之恨，与上片的真诚信托、痴情等待形成强烈的反差。②天如水：语本柳永《二郎神》词“乍露冷风清庭户，爽天如水，玉钩遥挂”。可参看唐赵嘏《江楼旧感》：“独上江楼思渺然，月光如水水如天。同来望月人何处，风景依稀似去年。”

苏　轼

苏轼（1037～1101），字子瞻，号东坡居士，眉山（今四川省眉山市）人。与其父苏洵、其弟苏辙并称“三苏”，同属“唐宋八大家”之列。嘉祐二年（1057）进士，曾任凤翔府签判。熙宁二年（1069）王安石变法，苏轼在改革主张与策略上持不同政见，被视为旧党。自请离开朝廷，出任杭州通判，转知密州、徐州、湖州。政敌以东坡讥讽朝政的罪名发动“乌台诗案”，元丰二年（1079）苏轼经牢狱之灾后被贬为黄州团练副使。哲宗继位后被召回朝廷，任翰林学士、知制诰。元祐四年（1089）出知杭州，转知颍州、扬州；元祐七年（1092）再召回京，历任礼部尚书、兵部尚书。绍圣元年（1094）再受党争牵累，被贬往惠州、儋州。建中靖国元年（1101）遇赦北归途中病死在常州。苏轼一生坎坷，总成为党争的牺牲品。但他始终关心民生疾苦，关注朝政大局。苏轼才华横溢，在诗文辞赋、书法绘画诸多方面都取得辉煌成就，逐渐形成清新淡雅与雄浑奔放并存的风格，又奖掖后进，产生深远影响。苏轼词被认为是豪放派代表，实则风格多样，题材广泛，个性鲜明，超凡脱俗。他“以诗为词”，一洗绮罗香泽之态；声韵谐婉，但不拘泥于音律；语言清新，兼采史传、口语；调名之外，创立标题、小序。他把诗文革新的成果推广到词的领域，为宋词的发展开拓出一片新天地。苏词版本很多，重要的有宋绍兴间傅干《注坡词》、元延祐间《东坡乐府》，《彊村丛书》本始创编年，《全宋词》收苏轼词最为完备。

水调歌头[①]

丙辰中秋，欢饮达旦，大醉。作此篇，兼怀子由[②]。

明月几时有[③]，把酒问青天。不知天上宫阙，今夕是何年[④]。我欲乘风归去，惟恐琼楼玉宇[⑤]，高处不胜寒。起舞弄清影，何似在人间。

转朱阁，低绮户[⑥]，照无眠。不应有恨，何事长向别时圆。人有悲欢离合，月有阴晴圆缺，此事古难全。但愿人长久，千里共婵娟[⑦]。

【注释】 ①《历代诗馀》卷五十八：“《水调》，隋唐时曲名。《水调歌》者，一曲之名。

如称《河传》曰《水调河传》。蜀王衍泛舟阆中，亦自制《水调银汉曲》是也。歌头，又曲之始音，如《六州歌头》《氐州第一》之类。姜夔填此词名为《花犯》《念奴》，吴文英名为《江南好》，皆此调也。一名《凯歌》。"复据《词谱》卷二十三："《水调》，乃唐人大曲。凡大曲有歌头，此必裁截其歌头，另倚新声也。"这是一首广为传颂的中秋词。上片表现词人由超尘出世到热爱人生的思想活动，侧重写天上。下片融写实为写意，化景物为情思，表现词人对人世间悲欢离合的解释，侧重写人间。词人俯仰古今变迁，感慨宇宙流转，渗入了浓厚的哲学意味，揭示了睿智的人生理念。宋胡仔《苕溪渔隐丛话》后集卷三十九："中秋词，自东坡《水调歌头》一出，余词尽废。"②丙辰中秋：宋神宗熙宁九年(1076)八月十五日。子由：作者之弟苏辙，字子由。③明月几时有：借用李白《把酒问月》"青天有月来几时？我今停杯一问之"诗意。④不知天上宫阙，今夕是何年：《周秦行记》载牛僧孺诗"香风引到大罗天，月地云阶拜洞仙。共道人间惆怅事，不知今夕是何年"。天上宫阙，指月宫。⑤琼楼玉宇：想象月宫中晶莹瑰丽的楼台殿阁。⑥低绮户：月光移入彩绘雕花的门窗。⑦婵娟：指代明月。末二句化用谢庄《月赋》"隔千里兮共明月"句。

水龙吟[①]次韵章质夫杨花词[②]

似花还似非花，也无人惜从教坠。抛家傍路，思量却是，无情有思[③]。萦损柔肠，困酣娇眼，欲开还闭。梦随风万里，寻郎去处，又还被、莺呼起[④]。

不恨此花飞尽，恨西园、落红难缀。晓来雨过，遗踪何在，一池萍碎[⑤]。春色三分，二分尘土，一分流水。细看来，不是杨花，点点是离人泪。

【注释】 ①调名取自李白诗《宫中行乐词八首》其三："笛奏龙吟水，箫鸣凤下空。"《词谱》以苏轼这首词为正调。这是东坡少有的婉约风格的咏物词作。词人藉暮春之际"抛家傍路"的杨花，化"无情"之花为"有思"之人，"直是言情，非复赋物"，幽怨缠绵而又空灵飞动地抒写了带有普遍性的离愁。王国维《人间词话》："咏物之词，自以东坡《水龙吟》为最工。"②章质夫：名楶，字质夫，浦城(今属福建省)人。曾作《水龙吟》咏杨花，苏轼依章词原韵唱和，故称"次韵"。③无情有思：前代诗人，有的说杨花无情，如韩愈《晓春》诗"杨花榆荚无才思"。有的说杨花有情，如杜甫《白丝行》诗"落絮游丝亦有情"。④"梦随"三句：唐金昌绪《春怨》"打起黄莺儿，莫教枝上啼。啼时惊妾梦，不得到辽西"句意相似。⑤萍碎：苏轼自注："杨花落水为浮萍，验之信然。"此说并无科学根据，是词人的误解。

念奴娇[①]赤壁怀古[②]

大江东去，浪淘尽、千古风流人物。故垒西边，人道是、三国周郎赤壁[③]。乱石穿空，惊涛拍岸，卷起千堆雪。江山如画，一时多少豪杰。

遥想公瑾当年，小乔初嫁了[④]，雄姿英发[⑤]。羽扇纶巾[⑥]，谈笑间、强虏灰飞烟灭。故国神游[⑦]，多情应笑我，早生华发。人生如梦，一樽还酹江月[⑧]。

【注释】 ①宋王灼《碧鸡漫志》：念奴娇，元微之《连昌宫词》云："力士传呼觅念奴，

念奴潜伴诸郎宿。”自注云:“念奴,天宝中名倡,善歌。每岁楼下酺宴,万众喧溢。严安之、韦黄裳辈,辟易不能禁,众乐为之罢奏。上遣高力士大呼楼上曰:‘欲遣念奴唱歌,使二十五郎吹小管逐,看人能听否?’皆悄然奉诏。岁幸温汤,时巡东洛,有司潜遣从行而已。”《天宝遗事》云:“念奴有色,善歌,宫伎中第一,帝尝曰:‘此女眼色媚人。’又云:‘念奴每执板当席,声出朝霞之上。’”今大石调《念奴娇》,世以为天宝间所制曲。予固疑之,然唐中叶渐有今体慢曲子。而近世有填连昌辞入此曲者,后复转此曲入道调宫,又转入高宫大石调。这是一首怀古词作,也是宋代豪放词的代表之作。上片即景抒情,将读者带入历史的沉思之中,唤起人们对人生的思索,气势恢宏,笔大如椽。下片刻画周瑜的丰姿潇洒、韶华似锦、年轻有为,足以令人艳羡。继而感慨身世,言生命短促,人生无常,深沉、痛切地发出了年华虚掷的悲叹。②赤壁怀古:宋神宗元丰五年(1082)七月在黄州(今湖北省黄冈市)游赤壁矶后作。③周郎:三国时吴将周瑜,字公瑾。吴主孙策授以“建威中郎将”时年仅二十四岁,吴中呼为周郎。④小乔:据《三国志》载,周瑜从孙策攻皖,得乔公二女,皆国色也。策自纳大乔,瑜纳小乔。⑤英发:神采焕发。⑥羽扇纶巾:据《演繁露》载,诸葛亮与司马懿将决战于渭水边,诸葛亮扎着葛布制作的头巾,摇着白色羽毛扇,指挥三军。后以此形容儒将的装束,表现其指挥若定,潇洒从容。此处指周瑜。⑦神游:心神向往,如亲游其境。《列子·黄帝》:“昼寝而梦游于华胥氏之国。华胥氏之国在弇州之西,台州之北,不知斯齐国几千万里,盖非舟车足力之所及,神游而已。”南朝梁沈约《谢齐竟陵王教撰〈高士传〉启》:“迹屈岩廊之下,神游江海之上。”⑧酹:以酒洒地,表示祭奠。

卜算子[①] 黄州定惠院寓居作[②]

缺月挂疏桐,漏断人初静[③]。谁见幽人独往来[④],飘渺孤鸿影。

惊起却回头,有恨无人省。拣尽寒枝不肯栖,寂寞沙洲冷。

【注释】 ①清万树《词律》云:唐骆宾王诗用数目名,人谓之卜算子。宋黄庭坚词有“似扶着,卖卜算”句。词调名称盖缘于此。又名《百尺楼》《楚天遥》。《词谱》以苏轼《卜算子》“缺月挂疏桐”为正体,所以《缺月挂疏桐》也是《卜算子》又名。词中借月夜孤鸿这一形象托物寓怀,表达了词人孤高自许、蔑视流俗的心境。黄庭坚评此词道:“语意高妙,似非吃烟火食人语,非胸中有万卷书,笔下无一点尘俗气,孰能至此!”②黄州:今湖北省黄冈市。③漏断:漏壶水已滴尽,表示夜深。④幽人:隐居之人。苏轼《定惠院寓居月夜偶出》诗:“幽人无事不出门,偶逐东风转良夜。”

临江仙[①]

夜饮东坡醒复醉,归来仿佛三更。家童鼻息已雷鸣。敲门都不应,倚杖听江声。

长恨此身非我有[②],何时忘却营营[③]。夜阑风静縠纹平[④]。小舟从此逝,江海寄余生。

【注释】 ①东坡黄州之贬第三年,深秋之夜于雪堂畅饮,醉后返归临皋。这首词正是写当时的情景。上片以动衬静,以有声衬无声,家僮如雷的鼻息和远处的江声,衬托出

夜静人寂的境界，从而烘托出词人心事之浩茫和心情之孤寂。下片以一种透彻了悟的哲理思辨，表达出一种对出处去留，无所适从的困惑和对人生的无限感伤，读来震撼人心。②长恨此身非我有：据《庄子》载，舜问于丞曰："道可得而有乎？"丞曰："汝身非汝有也，汝何得有夫道。"此借指仕宦之人不自由。③营营：为功名利禄奔波。唐张九龄《上封事》："欲利之心，日夜营营。"④縠纹：指细微的水波。苏轼《和张昌言喜雨》："禁林夜直鸣江濑，清洛朝回起縠纹。"

江城子[1]乙卯正月二十日夜记梦[2]

十年生死两茫茫。不思量。自难忘。千里孤坟[3]，无处话凄凉。纵使相逢应不识，尘满面、鬓如霜[4]。

夜来幽梦忽还乡。小轩窗。正梳妆。相顾无言，惟有泪千行。料得年年肠断处，明月夜、短松冈。

【注释】 ①清李良年《词家辨证》："南唐张泌有《江城子》二阕。"五代欧阳炯用此调填词，词中有"如西子镜，照江城"句，犹含本意。唐词为单调，宋人演为双调。又名《江神子》《村意远》《水晶帘》等。夫妻生死永诀，转瞬十载，不需思量，只因时时忆念。最可悲的是，这对恩爱夫妻面对的不只是幽冥之隔，更有空间的阻隔。身处密州的苏轼，却不能到妻子的坟前祭奠、倾诉，一个"孤"字，多少凄凉。下片记梦，羁縻于宦海的词人，只能梦中还乡，见到久别的妻子，还是十年前的模样，久别重逢当有千言万语，而词人当此之时，只有泪流满面。整首词凄情满怀，"有声当彻天，有泪当彻泉"（陈师道语）。②乙卯正月：本篇为宋神宗熙宁八年（1075）正月，作者在密州悼念亡妻王弗而作。王弗，眉州青神人。十六岁嫁与苏轼，二十七岁时病亡。从王弗逝世（1065）到作者作此词正好十年。③千里孤坟：此时作者在密州（今山东省诸城市），王弗葬于眉山东北（今四川省彭山区）苏洵夫妇墓旁，两地相距何止千里。④鬓如霜：言两鬓斑白。白居易《闻龟儿咏诗》："莫学二郎吟太苦，才年四十鬓如霜。"

贺新郎[1]

乳燕飞华屋[2]。悄无人、桐阴转午[3]，晚凉新浴。手弄生绡白团扇，扇手一时似玉。渐困倚、孤眠清熟。帘外谁来推绣户，枉教人、梦断瑶台曲[4]。又却是、风敲竹。

石榴半吐红巾蹙[5]。待浮花、浪蕊都尽，伴君幽独。秾艳一枝细看取[6]，芳心千重似束。又恐被、西风惊绿。若待得君来向此，花前对酒不忍触。共粉泪、两簌簌[7]。

【注释】 ①清毛先舒《填词名解》谓此调为苏轼首创。因苏词中有"晚凉新浴"句，故名《贺新凉》，后误"凉"为"郎"，调名盖本此。又名《金缕曲》《金缕歌》《金缕词》《风敲竹》《乳燕飞》《貂裘换酒》等。这是一首抒写闺怨的双调词，上片写美人，下片掉转笔锋，专咏榴花，借花取喻，时而花人并列，时而花人合一。作者赋予词中的美人、榴花以孤芳高洁、自伤迟暮的品格和情感，这两个美好的意象中渗透进自己的人格和感情。词中写失时之佳人，托失意之情怀；以婉曲缠绵的儿女情肠，寄慷慨郁愤的身世之感。②乳燕飞

华屋：宋赵彦卫《云麓漫抄》卷四：“东坡长短句《贺新郎》词云：‘乳燕飞华屋’尝见其真迹，乃‘栖华屋’。”③转午：天已到午后。④瑶台：传说中神仙居住的地方。⑤蹙：褶皱。⑥秾艳：艳丽。⑦簌簌：坠落貌。

黄庭坚

黄庭坚(1045～1105)，字鲁直，号山谷，又号涪翁，洪州分宁(今江西省修水县)人。治平四年(1067)登进士第，官至起居舍人；晚年一再遭贬。他是“苏门四学士”之一。诗与苏轼齐名，并称“苏黄”，被奉为“江西诗派”创始人。书法亦有盛名。黄庭坚的词，早期多写艳情，格调不高，晚年亦有疏宕豪健之词，然佳作不多，当时与秦观齐名，并称“秦黄”。本集附词一卷，另有《山谷琴趣外编》三卷单行，收入《彊村丛书》。

黄庭坚像

鹧鸪天①

坐中有眉山隐客史应之和前韵，即席答之。

黄菊枝头生晓寒。人生莫放酒杯干。风前横笛斜吹雨，醉里簪花倒着冠。

身健在，且加餐②。舞裙歌板尽清欢。黄花白发相牵挽③，付与时人冷眼看④。

【注释】 ①此为宴席间互相酬唱之作。上片是劝酒之辞，劝别人，也劝自己到酒中去求安慰，到醉中去求欢乐。下片则是对世俗的侮慢与挑战。整首词词人采取自乐自娱、放浪形骸、侮世慢俗的方式来发泄心中郁结的愤懑与不平，对现实中的政治迫害进行调侃和抗争，体现了词人挣脱世俗约束的理想。②加餐：《古诗十九首》有“弃捐勿复道，努力加餐饭”句。李白《代佳人寄翁参枢先辈》：“直是为君餐不得，书来莫说更加餐。”③黄花：同黄华，指未成年人。白发：指老年人。④冷眼：轻蔑的眼光。

定风波① 次高左藏使君韵

万里黔中一漏天②。屋居终日似乘船。及至重阳天也霁。催醉。鬼门关外蜀江前③。

莫笑老翁犹气岸④。君看。几人黄菊上华颠。戏马台南追两谢⑤。驰射。风流犹拍古人肩⑥。

【注释】 ①这首词为词人贬谪黔州期间的作品。上片首二句写黔中气候，以明贬谪环境之恶劣。下三句一转，重阳放晴，登高痛饮。久雨得晴，又适逢佳节，可谓喜上加喜，遂逼出“催醉”二字。过片三句承上意写重阳簪菊的风俗，以老翁自居的词人也将黄花插上满是白发的头上，这种不入俗眼的举止，现出一种不服老的气概。最后三句是高潮，词人不但饮酒赏菊，还要骑马射箭，其气概直追古时的风流人物。②黔中：四川一带。漏天：天似泄漏一般，比喻雨水多。③鬼门关：古代关名。④气岸：气概。李白《流夜郎赠辛判官》诗：“气岸遥凌豪士前，风流肯落他人后。”⑤戏马台：在徐州，项羽所筑。两谢：指晋宋间文学家谢灵运和其族兄谢瞻，两人均有《九日从宋公戏马台集送孔令诗》。⑥拍肩：

比肩，追踪的意思。郭璞《游仙诗》："右拍洪崖肩。"

秦　观

秦观（1049～1100），字少游，一字太虚，号淮海居士。高邮（今属江苏省）人。少有才名，研习经史，喜读兵书。熙宁十年（1077），往谒苏轼于徐州，次年作《黄楼赋》，苏轼以为"有屈、宋姿"。元丰八年（1085）进士，元祐初，任秘书省正字，兼国史院编修；晚年一再遭贬。他是"苏门四学士"之一，其诗清新婉丽；词多写恋情和身世之慨，语工而入律，情韵兼胜，哀艳动人，曾因《满庭芳》词赢得"山抹微云君"雅号。他毕生追随苏氏兄弟，而词风不学东坡，独创一格，以秀丽含蓄取胜，情调略嫌柔弱与凄凉。有单刻本《淮海居士长短句》三卷行世，后收入《彊村丛书》。

望海潮[①]

梅英疏淡，冰澌溶泄[②]，东风暗换年华。金谷俊游[③]，铜驼巷陌[④]，新晴细履平沙。长记误随车[⑤]。正絮翻蝶舞，芳思交加。柳下桃蹊，乱分春色到人家。

西园夜饮鸣笳[⑥]。有华灯碍月，飞盖妨花。兰苑未空，行人渐老，重来是事堪嗟[⑦]。烟暝酒旗斜。但倚楼极目，时见栖鸦。无奈归心，暗随流水到天涯。

【注释】 ①调见柳永《乐章集》。钱塘自古为观海潮的胜地，调名大约取意于此。为《词苑丛谈》卷七："柳耆卿与孙相何为布衣交，孙知杭，门禁甚严，耆卿欲见之不得，作《望海潮》词，往诣名妓楚楚曰：'欲见孙相，恨无门路，若因府会，愿朱唇歌之，若问谁为此词，但说柳七。'中秋夜会，楚宛转歌之，孙即席迎耆卿预坐。"这是一首怀旧之作。起片写初春景色：梅花渐落，河冰溶解，春天悄悄来了。继而写旧时游踪：前年上巳，适值新晴，游赏幽美名园，漫步繁华街道，缓踏平沙，快意无似。下片从美景而及饮宴，通宵达旦，尽情欢畅。"兰苑"二句，暗中转折，追忆前游，是事可念，而"重来"旧地，则"是事堪嗟"，感慨至深。而今酒楼独倚，只见烟暝旗斜，暮色苍茫，既无飞盖而来之俊侣，也无鸣笳夜饮之豪情，极目所至，所见唯有栖鸦。当此之时，归兮之心自然涌上心头。②冰澌：冰块。③金谷：金谷园。晋石崇所建别墅名园，常在此园中招待宾客，饮宴游玩。④铜驼：汉代洛阳街名。街道两侧有铜驼相对立，故名。⑤长记误随车：语出韩愈《游城南十六首》的《嘲少年》："直把春偿酒，都将命乞花。只知闲信马，不觉误随车。"以及张泌的《浣溪沙》："晚逐香车入凤城，东风斜揭绣帘轻，慢回娇眼笑盈盈。消息未通何计是？便须佯醉且随行，依稀闻道太狂生。"则都可作误随车的注释。⑥西园夜饮鸣笳：暗指元祐三年苏轼、秦观等十七人在附马都尉王诜家西园雅集之事。曹植《公燕》诗："清夜游西园，飞盖相追随。明月澄清景，列宿正参差。"⑦是事：事事，每件事。

八六子[①]

倚危亭。恨如芳草，萋萋刬尽还生[②]。念柳外青骢别后，水边红袂分时[③]，怆然暗惊[④]。

无端天与娉婷[5]。夜月一帘幽梦,春风十里柔情[6]。怎奈向、欢娱渐随流水,素弦声断[7],翠绡香减[8],那堪片片飞花弄晚,濛濛残雨笼晴。正销凝[9]。黄鹂又啼数声。

【注释】 ①调见《尊前集》中杜牧的作品。杜词全词八韵,以六字句为主,调名可能取自此意。因秦观词有"黄鹂又啼数声"句,故又名《感黄鹂》。这首词抒写别后相思之苦。上片径由情入,一个"恨"字,如天风海雨,忽然而来。下片回溯别前之欢,追忆离后之苦,感叹现实之悲,委婉曲折,道尽心中一个"恨"字。②刬:铲除。李煜《清平乐》:"离恨恰如春草,更行更远还生。"③红袂:红色衣袖。④怆然:悲伤貌。⑤娉婷:姿态美好貌。⑥"夜月"二句:借用杜牧《赠别》诗句"娉娉袅袅十三余,豆蔻梢头二月初。春风十里扬州路,卷上珠帘总不如"。⑦素弦声断:意谓分别后无心弹琴。⑧翠绡香减:意谓分别后懒于修饰。⑨销凝:因伤感而凝思出神。此二句化用杜牧《八六子》末句:"正销魂,梧桐又移翠阴。"

满庭芳[1]

山抹微云[2],天连衰草,画角声断谯门[3]。暂停征棹,聊共引离尊。多少蓬莱旧事,空回首、烟霭纷纷。斜阳外,寒鸦万点,流水绕孤村[4]。

消魂。当此际,香囊暗解[5],罗带轻分[6]。谩赢得、青楼薄幸名存[7]。此去何时见也,襟袖上、空惹啼痕。伤情处,高城望断,灯火已黄昏。

【注释】 ①这首词写离情别绪。上片从绘景入笔,摹画离别场景,远山淡云,衰草接天,画角声声,此景已属凄清,当此离别之际,尤觉不忍。词人于"山""云"之间着一"抹"字,出语新奇,别有意趣。继而转入叙事,引出饯别场景,并以景衬意,斜阳寒鸦,流水孤村,喻别后前程之迷惘。下片"消魂"二字,当空而来,拎出伤别题旨。以下数句直赋情事,坦陈心迹,一气贯之,酣畅淋漓。结句以景语收煞,含蓄萦回,韵味深长。②抹:涂抹。词人另有《泗州东城晚望》诗:"林梢一抹青如画,应是淮流转处山。"两者可参看。③谯门:建有瞭望楼的城门。④寒鸦万点,流水绕孤村:直接用隋炀帝断句诗:"寒鸦千万点,流水绕孤村。"⑤香囊:古代男子有佩香荷包风尚。⑥罗带轻分:意谓分离。古人用罗带结成同心结象征相爱。⑦"谩赢得"句:语本杜牧《遣怀》诗"十年一觉扬州梦,赢得青楼薄幸名"。

踏莎行[1] 郴州旅舍

雾失楼台,月迷津渡[2]。桃源望断无寻处[3]。可堪孤馆闭春寒[4],杜鹃声里斜阳暮。

驿寄梅花[5],鱼传尺素[6]。砌成此恨无重数。郴江幸自绕郴山,为谁流下潇湘去。

【注释】 ①这首词为词人贬谪郴州时所写。词中抒写了词人流徙僻远之地的凄苦失望之情和思念家乡的怅惘之情。上片以写景为主,描写了词人谪居郴州登高怅望时的所见和谪居的环境,但景中有情,表现了他苦闷迷惘、孤独寂寞的情怀。下片以抒情为主,写他谪居生活中的无限哀愁,偶尔也情中带景。②津渡:渡口。③桃源:陶渊明《桃花源记》所写的理想境界。杜甫《春日江村》:"茅屋还堪赋。桃源自可寻。"④可堪:哪堪。

⑤驿寄梅花:《太平广记》引《荆州记》曰:"陆凯与范晔为友,在江南寄梅花一枝诣长安与晔,并赠诗云:'折梅逢驿使,寄与陇头人。江南无所有,聊赠一枝春。'"⑥鱼传尺素:蔡邕《饮马长城窟行》诗有"客从远方来,遗我双鲤鱼。呼儿烹鲤鱼,中有尺素书"。两句指亲朋书信。

浣溪沙[1]

漠漠轻寒上小楼。晓阴无赖似穷秋[2]。淡烟流水画屏幽。

自在飞花轻似梦,无边丝雨细如愁。宝帘闲挂小银钩[3]。

【注释】 ①这是一首抒写淡淡春愁的词作。上片写景,漠漠轻寒,似雾如烟,春阴寒薄,使人感到郁闷无聊。环顾室内,画屏闲展:烟霭淡淡,流水轻轻。词作至此,眼前之景,画中之境,意中之情,三者交汇,亦幻亦真,亦虚亦实。下片正面描写春愁,飞花袅袅,飘忽不定;细雨如丝,迷迷蒙蒙,一派愁绪无边的景象。结语处提振全篇,帘外愁境、帘内愁人,交相呼应,不言愁而愁自现。②穷秋:深秋。③宝帘:即珠帘。

鹧鸪天[1]

枝上流莺和泪闻。新啼痕间旧啼痕。一春鱼雁无消息[2],千里关山劳梦魂[3]。

无一语,对芳尊。安排肠断到黄昏。甫能炙得灯儿了[4],雨打梨花深闭门。

【注释】 ①这首词的作者归属有争议,今暂归秦观名下。上片起句"枝上",《草堂诗馀》《历代诗馀》《词律》俱作"枕上"。若以下文之"啼痕""梦魂"和观,当以"枕上"为佳。上片径直抒情,抒情主人公园游子不归,杳无音信,遂积思成梦,梦中片刻的相聚,换来的却是梦醒后整夜的涕泪。拂晓时分,闻流莺鸣唱,感春日将尽,叹流年易逝,复又垂泪。下片写思妇终日面对相思的煎熬。把酒无语,独对黄昏,青灯枯坐,暗自垂泪。②鱼雁:代指书信。③千里关山劳梦魂:李白《长相思》有"天长路远魂飞苦,梦魂不到关山难"。④甫:刚刚。炙:烧。

晁端礼

晁端礼(1046~1113),名一作元礼,字次膺,祖居清丰,徙家彭门(今江苏省徐州市)。熙宁六年(1073)进士,两为县令,得罪上官而废徙。后以承事郎为大晟府协律,未及就职而卒。名作《绿头鸭》最为清婉。王灼谓其词"源流从柳氏来","有佳句","病于无韵"(《碧鸡漫志》卷二)。有词集《闲斋琴趣外篇》六卷。

绿头鸭[1]

晚云收,淡天一片琉璃。烂银盘、来从海底[2],皓色千里澄辉。莹无尘、素娥淡伫[3],静可数、丹桂参差[4]。玉露初零[5],金风未凛,一年无似此佳时。露坐久、疏萤时度,乌鹊正南飞[6]。瑶台冷,阑干凭暖,欲下迟迟。

念佳人、音尘别后,对此应解相思。最关情、漏声正永,暗断肠、花阴偷移。料得来

宵,清光未减,阴晴天气又争知。共凝恋、如今别后,还是隔年期。人强健,清尊素影,长愿相随。

【注释】 ①这首词写中秋赏月并寄远怀人。上片写月,晚云收尽,天空里现出一片琉璃般的色彩。接着,海底涌出了月轮,放出无边的光辉,继而描写月下的景色,美景良辰,使人流连。下片悬想远方佳人,同沐月色,一样相思,漏声相接、花影移动,料想明天夜月,清光未必减弱,至于是阴是晴,谁能预料呢?歇拍三句,与苏轼"但愿人长久,千里共婵娟"立意相同。有不尽之情,无衰飒之感。②烂银盘、来从海底:语本卢仝《月蚀》诗"烂银盘从海底出,出来照我草屋东"。烂银,指月光。③素娥:嫦娥。④丹桂:传说月亮中有桂树。⑤玉露:秋露。杜甫《秋兴八首》:"玉露凋伤枫树林,巫山巫峡气萧森。"⑥乌鹊正南飞:化用曹操《短歌行》"月明星稀,乌鹊南飞"。

赵令畤

赵令畤(1051~1134),初字景贶。改字德麟,自号聊复翁,宋太祖次子燕王德昭玄孙。元祐中签书颍州公事。时苏轼为知州,荐其才于朝。后坐元祐党籍,被废十年。绍兴初,袭封安定郡王,卒赠开府仪同三司。其词善于抒情,凄婉感伤。有赵万里辑《聊复集》一卷。

蝶恋花[①]

欲减罗衣寒未去。不卷珠帘[②],人在深深处[③]。红杏枝头花几许[④]。啼痕止恨清明雨。

尽日沉烟香一缕[⑤]。宿酒醒迟[⑥],恼破春情绪。飞燕又将归信误[⑦]。小屏风上西江路。

【注释】 ①这是一首闺中怀人之作。上片着重写闺中人不可名状的愁绪,约略可析为三层:春已至,而寒意未消,欲减衣,而时令不许,这是一层;春寒料峭,致使珠帘不卷,人困深闺,不得漫步庭园,这是一层;红杏满枝,繁花怒放,本可以尽情赏玩,不曾想清明时节,绵绵春雨,使得落红满地,一片狼藉,这又是一层。下片写闺中人终日独对香烟一缕,寂寞冷清、百无聊赖可想而知。枯坐愁城,无法排遣,唯有借酒浇愁,恨深酒多,以致一时难醒。经过层层渲染,至结片处,方揭出万愁之源:本希望春燕能给她带来远人消息,结果却是"飞燕又将归信误",只留下她空对屏风,怅望不已。②不卷珠帘:王昌龄《西宫春怨》:"西宫夜景百花香,欲卷珠帘春恨长。"③人在深深处:语出欧阳修《蝶恋花》"庭院深深深几许"句。④红杏枝头花几许:化用宋祁《木兰花》"红杏枝头春意闹"句。⑤沉烟香:即点燃的沉香。⑥宿酒:隔夜残存的酒,残醉。⑦飞燕又将归信误:古有飞燕传书的故事。

张　耒

张耒(1054~1114),字文潜,号柯山,楚州淮阴(今属江苏省)人。熙宁六年(1073)举

进士，官至起居舍人。曾出知颍、汝二州，贬黄州。他是“苏门四学士”之一，诗风平易淡然。词不多见，清新婉丽，与秦观相近。赵万里辑为《柯山诗馀》一卷。

风流子[①]

木叶亭皋下，重阳近、又是捣衣秋。奈愁人庾肠[②]，老侵潘鬓[③]，谩簪黄菊，花也应羞[④]。楚天晚、白蘋烟尽处，红蓼水边头[⑤]。芳草有情，夕阳无语，雁横南浦，人倚西楼。

玉容知安否，香笺共锦字[⑥]，两处悠悠。空恨碧云离合，青鸟沉浮[⑦]。向风前懊恼，芳心一点，寸眉两叶，禁甚闲愁。情到不堪言处，分付东流。

【注释】 ①风流子，原为唐教坊曲名。据《词苑丛谈》，调名出自《文选》。《文选》刘良注曰：风流，言其风美之声流于天下，子者，男子之通称也。《花间集》收孙光宪《风流子》三首，不过规制要小，至宋才演为慢词。这是一首羁旅怀人之作。上片落笔写景，首先点明季节，时近重阳，捣衣声声，催人乡思，愁绪萦绕心中，白发现于鬓角，遥望楚天日暮，白蘋尽头，红蓼深处，芳草有情，夕阳无语，雁阵横南浦而翱翔，远客倚西楼而怅惘。下片抒情，过片点明所思之人，揭示词旨所在。继而写游子对闺中人的怀想。并推己及人，设想闺中人怀念游子时的痛苦情状。结句：相思至极，欲说还休；反不如将此情付于东逝之水。②庾肠：北周庾信初仕梁，后出使西魏，被留，羁旅北方，思念故乡，作《愁赋》。后以此典为思乡之愁肠。明邢雉山《宴赏·燕山重九》套曲：“只恐怕老侵潘鬓，愁入庾肠，枉自惭衰朽。”③潘鬓：西晋潘岳说自己三十二岁就有白头发了。后以此典为中年鬓发初白的代词。④谩簪黄菊，花也应羞：苏轼《吉祥寺赏牡丹》：“人老簪花不自羞，花应羞上老人头。”黄庭坚《南乡子》：“花向老人头上笑，羞羞。白发簪花不解愁。”⑤红蓼：古称辛莱。能使人想起离家之苦。⑥香笺：书信。锦字：即锦字书。⑦青鸟：指信使。

晁补之

晁补之（1053~1110），字无咎，号归来子，济州巨野（今属山东省）人。“苏门四学士”之一。元丰二年（1079）进士，累官至礼部郎中。早年受苏轼赞赏，故其词风亦接近东坡，每有健句豪语，气象雄俊，但不如东坡词之旷达。有词集六卷，名《晁氏琴趣外篇》。

水龙吟[①] 次韵林圣予惜春

问春何苦匆匆，带风伴雨如驰骤[②]。幽葩细萼[③]，小园低槛，壅培未就[④]。吹尽繁红，占春长久。不如垂柳。算春常不老，人愁春老，愁只是、人间有。

春恨十常八九[⑤]。忍轻孤、芳醪经口[⑥]。那知自是，桃花结子[⑦]，不因春瘦。世上功名，老来风味，春归时候。最多情犹有。尊前青眼，相逢依旧。

【注释】 ①这首词抒写惜春的情怀。上片起首先表达一般惜春之意，春去匆匆，携风带雨，吹落香花嫩蕊、满枝繁红，委实可惜，却也有当初鹅黄嫩绿的垂柳，于今已长的密可藏鸦。四序代谢，春去复来，春常不老，所老者，只是愁春之人。下片写排解春愁的方法。春愁春恨不可免，不如借酒遣愁。排解春愁，还须从根本上下功夫，其实，春归原不

必愁，春红谢了，是为了结实，人生一世，也是如此，由壮年进入暮年，自有老来风味，不变的只有：老友相逢，青眼依旧，举杯畅饮，莫负良辰。②驰骤：疾速。③葩：草木的花。④壅培：培土。⑤春恨十常八九：辛弃疾《贺新郎》："肘后俄生柳，叹人生、不如意事，十常八九。""人生不如意事十常八九"盖为习语，宋时已然。⑥芳醪：美酒。⑦桃花结子：王建《宫词》："树头树底觅残红，一片西飞一片东。自是桃花贪结子，错教人恨五更风。"

洞仙歌[①] 泗州中秋作

青烟幂处[②]，碧海飞金镜[③]。永夜闲阶卧桂影。露凉时，零乱多少寒螀[④]。神京远，惟有蓝桥路近[⑤]。

水晶帘不下[⑥]，云母屏开，冷浸佳人淡脂粉。待都将许多明，付与金尊，投晓共、流霞倾尽[⑦]。更携取、胡床上南楼[⑧]，看玉作人间，素秋千顷。

【注释】 ①这是一首赏月词。上片写中秋夜景，下片转写室内宴饮赏月。全词从天上到人间，又从人间到天上，天上人闻浑然一体，境界阔大，想象丰富，词气雄放。与东坡词颇有相似之处。黄氏《蓼园词评》："前阕从无月看到有月，次阕从有月看到月满人间，层次井井，而词致奇杰，各段俱有新警语，自觉冰魂月魄，气象万千，兴乃不浅。"②幂：遮掩，覆盖。③碧海：指青天。金镜：指月亮。李贺《七夕》："天上分金镜，人间望玉钩。"④寒螀：即寒蝉。⑤蓝桥：桥名。传说其地有仙窟，即唐朝裴航遇仙女云英处。⑥水晶帘不下：李白《玉阶怨》："却下水晶帘，玲珑望秋月。"⑦流霞：仙酒名。⑧胡床：一种可以折叠的坐具，也称交椅。

晁冲之

晁冲之（生卒年不详），字叔用，济州巨野（今属山东省）人。尝从陈师道学诗，自称"九岁一门生"（《过陈无己墓》）；又尝与王直方、江端本唱和，与吕本中交善，"相与如兄弟"（吕本中《东莱吕紫微师友杂志》）。名列《江西诗社宗派图》。举进士不第，授承务郎。后遭废，居具茨山下，人称具茨先生。政和间，为大晟府丞。其词构思新奇。近人赵万里辑有《晁叔用词》一卷。

临江仙[①]

忆昔西池池上饮[②]，年年多少欢娱。别来不寄一行书[③]。寻常相见了，犹道不如初。

安稳锦衾今夜梦，月明好渡江湖。相思休问定何如。情知春去后，管得落花无。

【注释】 ①这是一首怀念汴京旧游的词作。上片首两句回忆往年的快意时光，以下三句埋怨旧游云散，不通音讯，并推测这些意气相投的朋友即便相见，也不可能像当初在西池那样纵情豪饮，开怀畅谈，无所顾忌了。下片别后的思念，既然无由得面，加之音信不通，不如趁今夜月明，梦魂飞渡，跨过江湖，飞越关山，与朋友相见。见面后，不要问以后会怎样，春天已经过去，落花命运如何，只能顺其自然了。②西池：即金明池，在汴京西，为京师游观胜地。③别来不寄一行书：语本杜甫《寄高三十五詹事适》诗"相看过半

百,不寄一行书”。

舒　　亶

舒亶(1041~1103),字信道,号懒堂,明州慈溪(今属浙江省)人。治平二年(1065)进士,累迁御史中丞,与李定同劾苏轼,酿成“乌台诗案”。升至龙图阁待制。工于小令,善写离情,词风近秦、黄,淡雅而不俗。近人辑有《舒学士词》一卷。

虞美人[①]

芙蓉落尽天涵水。日暮沧波起。背飞双燕贴云寒。独向小楼东畔倚阑看。

浮生只合尊前老[②]。雪满长安道。故人早晚上高台。赠我江南春色一枝梅[③]。

【注释】 ①此为寄赠友人之作。上片写词人傍晚于小楼上欣赏秋景。下片写冬日的长安,词人盼望老友送梅来到。传达出词人苦闷孤独又渴望得到友情慰藉的心情。②合:应该。③赠我江南春色一枝梅:据《荆州记》载,陆凯与范晔关系很好,陆从江南寄一枝梅花给长安的范晔,并赠诗一首。

朱　　服

朱服(1048~?),字行中,乌程(今浙江省吴兴市)人。熙宁六年(1073)进士,累迁至礼部侍郎,后加集贤殿修撰。今存《渔家傲》词一首,颇寓凄怆遣谪之情。

渔家傲[①]

小雨廉纤风细细[②]。万家杨柳青烟里。恋树湿花飞不起。愁无际。和春付与东流水。

九十光阴能有几。金龟解尽留无计[③]。寄语东阳沽酒市。拼一醉。而今乐事他年泪。

【注释】 ①这首词写词人春日里的愁绪。上片写和风细雨中的暮春景象:满城杨柳,万家屋舍,细雨蒙蒙,青烟绿雾,一派暮春景色。春日将尽,落花有离树之愁,人亦有惜春之愁,愁心难解,词人遂将它连同春天一道付与东流之水。下片写人生短暂,寿不满百,即便像贺知章,有九十之寿,也会面对春尽之愁,不如东城沽酒,拼却一醉,不将遗憾留与冉冉暮年。②廉纤:细微。形容小雨。③金龟解尽:指解下佩饰换酒酣饮。李白《对酒忆贺监》诗序曰:“太子宾客贺公,于长安紫极宫一见余,呼余为‘谪仙人’,因解金龟,换酒为乐。”

毛　　滂

毛滂(1064~?),字泽民,号东堂,衢州江山(今属浙江省)人。元祐中,苏轼守杭,毛滂为法曹,颇受器重。诗词清疏空灵,抒情写景,饶有余韵。有《东堂词》。

惜分飞[①]富阳僧舍代作别语

泪湿阑干花着露。愁到眉峰碧聚[②]。此恨平分取。更无言语。空相觑[③]。

断雨残云无意绪。寂寞朝朝暮暮。今夜山深处。断魂分付。潮回去。

【注释】 ①唐苏颋《送吏部李侍郎东归》有"赏来荣扈从,别至惜分飞"句。此调最初见于毛滂《东堂词》。据《西湖游览志》载:元祐中,苏轼知守钱塘时,毛滂为法曹掾,与歌妓琼芳相爱。三年秩满辞官,于富阳途中的僧舍作《惜分飞》词,赠琼芳。一日,苏轼于席间,听歌妓唱此词,大为赞赏,当得知乃幕僚毛滂所作时,即说:"郡寮有词人不及知,某之罪也。"于是派人追回,与其留连数日。毛滂因此而得名。这是一首别情词。全词写与琼芳恨别的相思之情。上片追忆两人恨别之状,下片写别后的羁愁。整首词感情自然真切,音韵凄婉,达到了"语尽而意不尽,意尽而情不尽"(周辉《清波杂志》)的艺术效果。②眉峰:眉毛。③觑:偷视。

陈　克

陈克(1081~?),字子高,自号赤城居士,临海(今属浙江省)人,侨居金陵(今江苏省南京市)。他亲历两宋之交的战乱,曾于绍兴七年(1137)任吕祉幕府参谋,随淮西军马抗金;又曾与吴若共著《东南防守便利》三卷。他有少数作品写身世之感,关注严酷现实;大多数词则婉雅闲丽,意境恬淡,有"花间派"遗风。陈振孙《直斋书录解题》卷二一称其"词格颇高,晏、周之流亚也"。赵万里辑其《赤城词》一卷。

菩萨蛮[①]

赤阑桥尽香街直。笼街细柳娇无力。金碧上青空[②]。花晴帘影红。

黄衫飞白马[③]。日日青楼下。醉眼不逢人。午香吹暗尘。

【注释】 ①这首词着力表现了少年公子骄奢淫逸的冶游情态。上片词人通过对赤阑桥、香街、细柳、楼台和花草、晴空和帘影的巧妙安排,使这个艳而又冶的"狭斜之地"变得竟是如此富于魅力。下片刻画一个身披黄衫,骑着白马的少年公子形象。点睛之笔,全在"醉眼不逢人"五字,将这位气焰熏天的公子哥塑造得形神毕肖。②金碧:传说中的神名。③黄衫:隋唐时少年所穿的黄色华贵服装。此代贵人。

菩萨蛮[①]

绿芜墙绕青苔院。中庭日淡芭蕉卷。蝴蝶上阶飞。烘帘自在垂。

玉钩双语燕。宝甃杨花转[②]。几处簸钱声[③]。绿窗春睡轻。

【注释】 ①这是一首表现初夏闲适情怀的词作。这首词通篇写景,而将人物的内心活动妙合于景物描绘之中,上片摹画帘内之人眼中的庭院景象:绿芜墙,青苔院,芭蕉卷,蝶蛱飞,景物由远而近,由静到动。下片写燕子梁间作巢,出入房栊,珠帘不卷,玉钩空悬,双双燕子,呢喃其上,井垣四周,杨花飘飏,上下翻飞,优游自如,远处依稀传来簸钱之

声。珠帘之内,有人于绿窗之下,午梦悠悠。②宝甃:精美的井壁。③簸钱:掷钱为赌戏。

李元膺

李元膺(生卒年不详),东平(今属山东省)人,南京(今河南省商丘市)教官。绍圣间曾为李孝美《墨谱法式》写序。蔡京翰苑,因赐宴西池,失足落水,几至沉溺,元膺闻之笑曰:“蔡元长都湿了肚里文章。”京闻之怒,卒不得召用。据此,元膺当为哲宗、徽宗时人。近人赵万里辑有《李元膺词》一卷,凡九首。其词思致妍密,清丽警人。

洞仙歌[①]

一年春物,惟梅柳间意味最深。至莺花烂漫时,则春已衰迟,使人无复新意。余作《洞仙歌》,使探春者歌之,无后时之悔。

雪云散尽,放晓晴池院。杨柳于人便青眼。更风流多处,一点梅心相映远。约略颦轻笑浅[②]。

一年春好处,不在浓芳,小艳疏香最娇软。到清明时候,百紫千红花正乱。已失春风一半。早占取韶光、共追游,但莫管春寒,醉红自暖[③]。

【注释】 ①据词的小序可知,这首词意在提醒人们及早探春,无遗后时之悔。上片分写梅与柳这两种典型的早春物候,状物写情,活用拟人手法,意趣无穷。下片说明探春需早的原因。春之佳处,当在梅香柳疏之时。世人明晓此理者不多,清明时候,繁花似锦,百紫千红,游众如云。当此之时,春色盛极而衰,故曰“已失了春风一半”。②颦轻笑浅:即轻颦浅笑。颦,皱眉。此用美人神貌喻梅花。③醉红:酒醉颜红。

时　　彦

时彦(?~1107),字邦彦,开封(今属河南省)人。元丰二年(1079)进士,进士第一,历任颍昌判官、秘书省正字,累除集贤校理。绍圣中,迁右司员外郎,提点河东刑狱。徽宗立,拜吏部侍郎、开封尹,官至吏部尚书。大观元年卒。

青门饮[①]

胡马嘶风,汉旗翻雪[②],彤云又吐[③],一竿残照。古木连空,乱山无数,行尽暮沙衰草。星斗横幽馆[④],夜无眠、灯花空老。雾浓香鸭[⑤],冰凝泪烛,霜天难晓。

长记小妆才了。一杯未尽,离怀多少。醉里秋波,梦中朝雨,都是醒时烦恼。料有牵情处,忍思量、耳边曾道。甚时跃马归来,认得迎门轻笑。

【注释】 ①此调与《青门引》令词不同,《词谱》以秦观词为正调。这首词为羁役怀人之作。上片写景,描绘作者旅途所见北国风光,风雪交加,胡马长嘶,大旗翻舞,残照西沉,老树枯枝纵横,山峦错杂堆叠。词人夜间投宿,凝望室外星斗横斜,室内灯花不剪,烛泪凝结。下片展开回忆,突出离别一幕,着力刻绘伊人形象。别离前夕,伊人浅施粉黛,饯别宴上,稍饮即醉,醉后秋波频盼,酒醒平添烦恼。最难忘,临别之际,深情耳语:何时

跃马归来，一睹故人笑靥。整首词细腻深婉，情思绵长。②胡马、汉旗：喻指西北边疆。③彤云：雪前密布的浓云。④幽馆：寂寞幽深的客舍。⑤香鸭：鸭形的香炉。

李之仪

李之仪（？～1117），字端叔，自号姑溪老农，沧州无棣（今属山东省）人。元丰中登进士。元祐末从苏轼于定州幕府，终官朝请大夫。他的词，长调近柳永，短调近秦观。多次韵，小令长于淡语、景语、情语，学习民歌乐府，深婉含蓄。词作有《姑溪词》，收入毛晋《宋六十名家词》。

谢池春[①]

残寒销尽，疏雨过、清明后。花径敛余红，风沼萦新皱[②]。乳燕穿庭户，飞絮沾襟袖。正佳时，仍晚昼。着人滋味[③]，真个浓如酒。

频移带眼[④]，空只恁、厌厌瘦[⑤]。不见又思量，见了还依旧。为问频相见，何似长相守。天不老，人未偶。且将此恨，分付庭前柳[⑥]。

【注释】 ①调名大约缘于谢灵运《登池上楼》诗，其中有“池塘生春草，园柳变鸣禽”诗句。宋杨亿《次韵和盛博士雪霁之什》：“梁苑酒浓寒力减，谢池风细冻纹开。”明黄相《送兰泉叔还莆》：“谢池春在应飞梦，阮竹风高忆共谈。”“谢池春”在古代诗文中，当是成语。这首词写离别相思之苦。上片写景，有声有色，有动有静，以酒喻春，有独到之妙，可谓色味俱佳。下片抒情：人渐消瘦，只为离愁，聚散无定，何如长相厮守。天不助我，孑然难偶，只有将相思别恨，交付庭前垂柳。②风沼萦新皱：语本冯延巳《谒金门》词“风乍起，吹皱一池春水”。沼，池塘。③着人：迷人。④移带眼：《梁书·沈约传》说，老病，腰带经常移动眼孔。喻日渐消瘦。⑤恁：如此。⑥分付：托付。

卜算子[①]

我住长江头，君住长江尾。日日思君不见君，共饮长江水。

此水几时休，此恨何时已。只愿君心似我心，定不负相思意[②]。

【注释】 ①词以长江起兴。“我”“君”对起，而一住江头，一住江尾，见双方空间距离之悬隔，也暗寓相思之悠长。日日思君而不得见，却又共饮一江之水。深味之下，尽管思而不见，毕竟还能共饮长江之水。下片紧扣长江水，进一步抒写别恨。悠悠长江之水，不知何时才能休止，绵绵相思之恨，也不知何时才能停歇。结句词人翻出新意：阻隔纵然不能飞越，两相挚爱的心灵却可一脉遥通。②“只愿”二句：语本顾蓝图夐《诉忠情》“换我心，为你心，始知相忆深”。

周邦彦

周邦彦（1056～1121），字美成，号清真居士，钱塘（今浙江省杭州市）人。元丰七年（1084）献《汴都赋》，擢为试太学正；元祐四年（1089）出为庐州（今安徽合肥）教授。绍圣

四年(1097)还朝,任国子主簿。徽宗即位,改除校书郎,历考功员外郎,卫尉宗正少卿兼议礼局检讨。政和二年(1112),出知隆德府(今山西长治)。六年,自明州(今浙江宁波)任入秘书监,进徽猷阁待制,提举大晟府。宣和二年(1120)移知处州(今浙江丽水),值方腊起义,道梗不赴。未几罢官,提举南京鸿庆宫,辗转避居于钱塘、扬州、睦州(今浙江建德)。卒年六十六。写词严分平仄四声、五音六律、清浊轻重,故音律谐婉,堪称格律词派之开山。词中多拗句;又善于括、融注前人诗句;用典自如,又善铺叙。词风富艳而高雅,沉着而拗怒。有词集《清真集》,又名《片玉集》。

瑞龙吟[①]

章台路[②]。还见褪粉梅梢,试花桃树。愔愔坊陌人家[③],定巢燕子,归来旧处。

黯凝伫。因念个人痴小[④],乍窥门户。侵晨浅约宫黄[⑤],障风映袖,盈盈笑语。

前度刘郎重到[⑥],访邻寻里,同时歌舞。惟有旧家秋娘[⑦],声价如故。吟笺赋笔,犹记燕台句[⑧]。知谁伴,名园露饮,东城闲步。事与孤鸿去。探春尽是,伤离意绪。官柳低金缕。归骑晚、纤纤池塘飞雨。断肠院落,一帘风絮。

【注释】 ①瑞龙吟为周邦彦自度曲。《词谱》以周邦彦这首词为正调。词分三叠,首写旧地重游,所见所感:人如巢燕归来,寻常坊陌,宛如从前,梅花方才谢了,又见桃花着枝。次写当年旧人旧事:凝神伫立,仿佛看到伊人临风而立,听到伊人盈盈笑语。末写抚今追昔之情。前度刘郎,旧家秋娘,而今知与谁伴,往日欢娱,不知能否重续。到如今探春所获,尽是伤离意绪,归去吧!相伴只有,纤纤飞雨,一帘风絮。整首词婉转抑扬,含蓄蕴藉,令人揣摩把玩,读之不舍。②章台:泛指妓院聚集之地。③愔愔:安静貌。④个人:伊人。⑤浅约宫黄:淡着脂粉。⑥前度刘郎重到:据《幽明录》载:东汉人刘晨、阮肇入天台山采药逢仙女,居留半年后归来,而尘世已历七代。后又重入天台山,仙女已杳不可寻。⑦秋娘:唐金陵歌妓杜秋娘。此处代指歌妓。⑧犹记燕台句:语本李商隐《梓州罢吟寄同舍》"长吟远下燕台去,惟有衣香染未销"。

风流子[①]

新绿小池塘。风帘动、碎影舞斜阳。羡金屋去来,旧时巢燕;土花缭绕[②],前度莓墙。绣阁里、凤帏深几许,听得理丝簧。欲说又休,虑乖芳信[③],未歌先噎,愁近清觞。

遥知新妆了,开朱户、应自待月西厢[④]。最苦梦魂,今宵不到伊行[⑤]。问甚时说与,佳音密耗[⑥],寄将秦镜[⑦],偷换韩香[⑧]。天便教人,霎时厮见何妨。

【注释】 ①这是一首抒发相思之情的词作。上片写两情相隔,跨着池塘,隔着莓墙,罩着绣阁,绕着凤裳。词人不禁羡慕可以穿屋而飞的燕子,可以飞越这些阻隔,飞进金屋,一睹佳人芳容。如果音讯全无,也就作罢了,偏偏能听到佳人理丝簧,曲调幽怨,愁近清觞。下片悬想佳人新妆后,待月西厢下,可惜这一令人心动的场景只是假想,白日既不能相会,那就到梦中去追寻吧。可是今晚竟然连梦魂都不能到她身边,有什么机缘能将定情的信物交付给她呢!上天啊!让我们短暂相会又有何妨!情急迂妄的情态,跃然纸

上。沈谦《填词杂说》评后两句:“卞急迂妄”,“美成真深于情者”。②土花:苔藓。李贺《金铜仙人辞汉歌》:“画栏桂树悬秋香,三十六宫土花碧。”③乖:违,误。④待月西厢:语本元稹《会真记》中诗:“待月西厢下,迎风户半开。拂墙花影动,疑是玉人来。”⑤伊行:她身边。⑥耗:消息。⑦秦镜:东汉人秦嘉赠予其妻徐淑的明镜。⑧韩香:晋贾充女贾午暗恋韩寿,窃香赠之。

夜飞鹊[1]

河桥送人处,凉夜何其。斜月远、坠余辉。铜盘烛泪已流尽,霏霏凉露沾衣。相将散离会,探风前津鼓[2],树杪参旗[3]。花骢会意[4],纵扬鞭、亦自行迟。

迢递路回清野,人语渐无闻,空带愁归。何意重经前地,遗钿不见[5],斜径都迷。兔葵燕麦[6],向斜阳、欲与人齐。但徘徊班草[7],欷歔酹酒[8],极望天西。

【注释】 ①调名取自曹操《短歌行》“月明星稀,乌鹊南飞”诗句。唐蒋冽有《夜飞鹊》诗:“北林夜方久,南月影频移。何啻飞三匝,犹言未得枝。”一名《夜飞鹊慢》。为周邦彦创调,调见《片玉词》。这是一首送别词。上片写送别的情景,下片写别后归来的相思。“自将行至远送,又自去后写怀望之情,层次井井而意致绵密,词采秾深,时出雄厚之句,耐人咀嚼。”(黄蓼园《蓼园词选》)②津鼓:古时在渡口处设置的信号鼓。③树杪:树梢。参旗:星宿名。④花骢:五花马。⑤遗钿:本指杨贵妃花钿委地,此处指落花。⑥兔葵:植物名。⑦班草:布草而坐。⑧欷歔:叹息声。酹:以酒浇地以示祭奠。

满庭芳[1] 夏日溧水无想山作[2]

风老莺雏,雨肥梅子,午阴嘉树清圆。地卑山近,衣润费炉烟。人静乌鸢自乐[3],小桥外、新绿溅溅[4]。凭阑久,黄芦苦竹,疑泛九江船[5]。

年年。如社燕[6],飘流瀚海,来寄修椽[7]。且莫思身外,长近尊前。憔悴江南倦客,不堪听、急管繁弦。歌筵畔,先安簟枕[8],容我醉时眠。

【注释】 ①这首词表现了词人的宦情羁思和身世之感。上片写景,极其细密:江南初夏,和风细雨,老了雏莺,肥了梅子,午阴嘉树,亭亭如盖。居此地也,地低湿而久雨,衣常润而难干,人静而乌鸢自乐,溪涨而新绿溅溅,此地之节候也,大类乐天之在浔阳。下片即景抒情,曲折回环:叹此身常如社燕,春社时来,秋社即去,漂泊于瀚海之间,暂栖于屋椽之下。莫思身外之事,且尽眼前之杯,江南倦客,已听不惯丝竹纷陈,不如安排簟枕,容我醉眠。②溧水:在今江苏省溧阳市。③乌鸢:乌鸦和鹰。④溅溅:流水声。⑤黄芦苦竹:语本白居易《琵琶行》:“住近湓江地低湿,黄芦苦竹绕宅生。”⑥社燕:古时以立春后第五个戊日为春社,立秋后第五个戊日为秋社,祭祀土神。燕子春社时来,秋社时去,故称社燕。⑦修椽:长椽子,形容屋檐高大修长。⑧簟:竹席。

大　酺[1]

对宿烟收,春禽静,飞雨时鸣高屋。墙头青玉旆[2],洗铅霜都尽,嫩梢相触。润逼琴

丝，寒侵枕障，虫网吹粘帘竹。邮亭无人处，听檐声不断，困眠初熟。奈愁极频惊，梦轻难记，自怜幽独[3]。

行人归意速。最先念、流潦妨车毂[4]。怎奈向、兰成憔悴[5]，卫玠清羸[6]，等闲时、易伤心目。未怪平阳客[7]，双泪落、笛中哀曲。况萧索、青芜国[8]。红糁铺地[9]，门外荆桃如菽。夜游共谁秉烛[10]。

【注释】 ①大酺，为官方特许的大聚饮。唐教坊曲有《大酺乐》，《羯鼓录》亦有《太簇商大酺乐》。宋人借旧名自制词调，《词谱》以周邦彦词为正调。这首词写春雨中的行旅之愁。上片写春雨中的闺愁。下片写春雨中的羁愁。这首词感物应心，因景抒情，写景鲜明生动，写情委曲尽致，环境气氛的渲染与心理活动的展开相互依托，造成了低回抑郁、曲折流动的意境。②旆：泛指旌旗。③幽独：寂寞孤独的人。《楚辞·九章·涉江》："哀吾生之无乐兮，幽独处乎山中。"④流潦：道路积水。毂：车轮中心的圆木。代指车轮。⑤向：语助词。兰成：文学家庾信，小字兰成。⑥卫玠：晋人，字叔宝，美仪容，有羸疾，每乘车入市，观者如堵，玠体力不堪，成病而死。⑦平阳客：东汉马融，为督邮，独卧平阳坞中，闻洛阳客吹笛，因念离京师多年，悲从中来，遂作《长笛赋》。⑧青芜国：杂草丛生的地方。温庭筠《春江花月夜》："花庭忽作青芜国。"⑨红糁：指落花满地。⑩夜游共谁秉烛：李白《春夜宴桃李园序》："古人秉烛夜游，良有以也。"

定风波[1]

莫倚能歌敛黛眉[2]。此歌能有几人知。他日相逢花月底。重理。好声须记得来时。

苦恨城头传漏水[3]。催起。无情岂解《惜分飞》[4]。休诉金尊推玉臂。从醉。明朝有酒倩谁持[5]。

【注释】 ①这是一首写给歌姬的作品。上片夸赞歌女歌唱技艺高妙，罕有人比，词人以调侃的语气发问：以后相逢还能听到这么美妙的歌声吗？语虽轻松，但还能让人感觉到惜别的意味。下片语气一转，惜别之情一泄而出，世事沧桑交幻，明天还能听到美妙的歌声，还能有美人伴酒吗？不如今天拚却一醉，以慰愁怀。②倚：凭借。③漏水：漏壶滴水。指报更。毛刻《片玉词》本中"水"原作"永"，不叶，据郑文焯本校改。④《惜分飞》：词牌名。⑤倩：请，恳求。

解连环[1]

怨怀无托。嗟情人断绝，信音辽邈。纵妙手、能解连环，似风散雨收，雾轻云薄。燕子楼空[2]，暗尘锁、一床弦索[3]。想移根换叶，尽是旧时，手种红药[4]。

汀洲渐生杜若[5]。料舟依岸曲，人在天角。谩记得、当日音书，把闲语闲言，待总烧却。水驿春回，望寄我、江南梅萼[6]。拚今生、对花对酒，为伊泪落。

【注释】 ①《战国策·齐策》："秦始皇（鲍彪注本作秦昭王）尝使使者遗君王后玉连环，曰：'齐多知，而解此环不？'君王后以示群臣，群臣不知解。君王后引椎椎破之，谢秦使曰：'谨以解矣。'"周邦彦词有"纵妙手、能解连环"句，即用此典，因取为调名。又名

《望梅》《杏梁燕》。这首词抒发了一种"怨怀无托"的复杂相思情感。上片写情人远去，音讯全无，虽然心生怨情，因不知远人心事，至于怨情无托，此正是可悲之处。环顾四周，陈迹宛然，睹物思人，远人如在面前。下片写春天来临，杜若渐萌，远人别去经年，行舟随水远去，料想已在天涯。忆当初，红笺密字，音书不断，而今读来，只是闲言淡语，真想付之一炬，以舒愤恨。现已春暖冰消，水驿通航，怎不能，把江南春梅，寄我一枝，聊解苦忆呢？无人陪伴，花下独斟，凄清已极，犹有不辞，拼却今生，为伊泪落。②燕子楼：在今江苏省徐州市。相传为唐贞元年间尚书张建封之爱妾关盼盼居所。张死后，盼盼念旧情不嫁，独居此楼十余年。白居易曾写《(燕子楼)诗序》。后以"燕子楼"泛指女子居所。③弦索：指乐器。④红药：红芍药。⑤杜若：香草名。《楚辞·九歌·湘君》："采芳洲兮杜若，将以遗兮下女。"⑥望寄我、江南梅萼：用南朝陆凯寄梅事。

关河令[1]

秋阴时晴渐向暝[2]。变一庭凄冷。伫听寒声，云深无雁影。

更深人去寂静。但照壁、孤灯相映。酒已都醒，如何消夜永[3]。

【注释】 ①原名《清商怨》，古乐府有《清商曲辞》，因曲调多哀怨之音，故名《清商怨》。晏殊《清商怨》词首句为"关河愁思望处满"，周邦彦爰将此调改名为《关河令》。这首词以时光的转换为线索，表现了萧瑟深秋中作者因人去楼空而生的凄切孤独感。上片写黄昏时的羁愁。下片写夜深不寐的凄苦。本想以酒消愁，然而酒已醒而愁未消，又如何消磨这漫漫长夜呢？陈廷焯《云韶集》评末句："笔力劲直，情味愈见。"可谓的评。②暝：日暮，天黑。③夜永：长夜。

绮寮怨[1]

上马人扶残醉，晓风吹未醒。映水曲、翠瓦朱檐，垂杨里、乍见津亭。当时曾题败壁，蛛丝罩，淡墨苔晕青。念去来、岁月如流，徘徊久、叹息愁思盈。

去去倦寻路程。江陵旧事[2]，何曾再问杨琼[3]。旧曲凄清。敛愁黛、与谁听。尊前故人如在，想念我、最关情。何须《渭城》[4]。歌声未尽处，先泪零。

【注释】 ①为周邦彦自度曲，宋词中仅此一首。上片写津亭送别。败壁偶见旧题，蛛丝牵网，苍苔遮蔽，足以启人沧桑之感。下片写别后难逢，知音难觅，相思情长。②江陵旧事：指作者居住在荆州的生活。江陵：今属湖北省。③杨琼：本名播，少为江陵歌妓。白居易《寄李苏州兼示杨琼》："真娘墓头春草碧，心奴鬓上秋霜白。为问苏台酒席中，使君歌笑与谁同。就中犹有杨琼在，堪上东山伴谢公。"④《渭城》：指送行的离歌。唐王维《送元二使安西》诗有"渭城朝雨浥轻尘""西出阳关无故人"句，后人谓之《渭城曲》或《阳关曲》。

贺　铸

贺铸(1052～1125)，字方回，自号庆湖遗老，卫州(今河南省汲县)人。重和元年

(1118)以太祖贺皇后族孙恩，迁朝奉郎，赐五品服。他终生不得美官，仕途失意。家藏书万卷，亲自校雠。其词刚柔兼济，或盛丽妖冶，或幽洁悲壮，既有语精意新的婉约佳篇，又有直抒胸臆的慷慨悲歌。他善于化用中晚唐诗句，题材意境均有所开拓，风格多样。曾自编词集为《东山乐府》，未言卷数，今存者名《东山词》，收入《彊村丛书》。

更漏子[①]

上东门[②]，门外柳。赠别每烦纤手。一叶落，几番秋[③]。江南独倚楼。

曲阑干，凝伫久。薄暮更堪搔首[④]。无际恨，见闲愁。侵寻天尽头[⑤]。

【注释】 ①古代用滴漏计时，夜间凭漏刻传更，故名更漏。唐温庭筠用此调多咏更漏，故而得名。又名《无漏子》《独倚楼》《付金钗》《翻翠袖》等。这是一首别情词。上片写离别场景，东门作别，折柳相赠，此处一别，漂泊江南，独倚危楼。下片写别后愁绪，分别后，常小楼伫立，终日凝望。每当暮色渐浓，离恨别愁，弥漫天际。②东门：指洛阳东门。③一叶落，几番秋：见柳永《竹马子》注。④搔首：抓头。指有所思。⑤侵寻：渐渐扩展到。

青玉案[①]

凌波不过横塘路[②]。但目送、芳尘去。锦瑟华年谁与度[③]。月桥花院，琐窗朱户。只有春知处。

飞云冉冉蘅皋暮。彩笔新题断肠句[④]。试问闲情都几许。一川烟草，满城风絮。梅子黄时雨[⑤]。

【注释】 ①这是一首表现相思之情的词作，写于作者晚年退隐苏州期间。上片以偶遇美人而不得见发端，下片则承上片词意，遥想美人独处幽闺的怅惘情怀。结句连用三个比喻形容闲愁，最为后人称道。愁之称“闲”，正是因为愁来之时，往往漫无目的，漫无边际，缥缥缈缈，捉摸不定，却又无处不在，无时不有。②凌波：见柳永《采莲令》注。横塘：在苏州盘门外，水上有桥。崔颢《长干曲》之一：“君家住何处？妾住在横塘。”③锦瑟华年：指青春时光。语本李商隐《锦瑟》诗：“锦瑟无端五十弦，一弦一柱思华年。”④彩笔：相传江淹年少时，梦中人授以五色笔，因而文采非凡。⑤梅子黄时雨：语本唐人诗“楝花开后风光好，梅子黄时雨意浓”。

薄　幸[①]

淡妆多态。更的的、频回眄睐[②]。便认得、琴心先许，与写宜男双带[③]。记画堂、斜月朦胧，轻颦微笑娇无奈。便翡翠屏开，芙蓉帐掩，与把香罗偷解。

自过了收灯后[④]，都不见、踏青挑菜[⑤]。几回凭双燕，丁宁深意，往来翻恨重帘碍。约何时再。正春浓酒暖，人闲昼永无聊赖。厌厌睡起[⑥]，犹有花梢日在。

【注释】 ①薄幸作为词调名，始于贺铸这首词。《词谱》即以贺铸词为正调。上片写词人同一位女子相识、相爱和热恋的经过。下片写离别后男子的相思之苦。俞陛云

《唐五代两宋词选释》:“上阕追叙前欢,下阕言紫燕西来,已寄书多阻,姑借酒以消磨永昼。乃酒消睡醒,仍日未西沉,清昼悠悠,遣愁无计,极写其无聊之思。”②的的:明亮。眄:顾盼。陈子昂《宿空舲峡青树村浦》诗:“的的明月水,啾啾寒夜猿。”③宜男:旧时祝妇人多子称宜男。此指婚配。此句一本作“欲绾合欢双带”。④收灯:唐俗元宵节“烧灯”(点花灯)三日,而后“收灯”。⑤踏青挑菜:古人以二月二日为挑菜节,妇女郊游,亦曰踏青。⑥厌厌:同“恹恹”。精神不振貌。

浣溪沙[1]

不信芳春厌老人。老人几度送余春。惜春行乐莫辞频[2]。

巧笑艳歌皆我意[3],恼花颠酒拼君瞋[4]。物情惟有醉中真[5]。

【注释】 ①这是一首惜春行乐之词。上片写春不弃人,老人更应惜春。下片写词人惜春行乐之狂态。狂恣之中有沉痛,放旷之中有真情。②莫辞频:晏殊《浣溪沙》:“等闲离别更销魂,酒筵歌席莫辞频。”③巧笑:《诗经·硕人》:“巧笑倩兮,美目盼兮。”④颠酒:颠饮,即不拘礼节之狂饮。瞋:怒目而视。此句化用杜甫《江畔独步寻花》诗“江上被花恼不散,无处告诉只颠狂”句意。⑤物情:世情。醉中真:苏轼《山光寺回次芝上人韵》:“闹里清游借隙光,醉时真境发天藏。”

蝶恋花[1]

几许伤春春复暮。杨柳清阴,偏碍游丝度。天际小山桃叶步[2]。白蘋花满湔裙处[3]。

竟日微吟长短句。帘影灯昏,心寄胡琴语。数点雨声风约住。朦胧淡月云来去。

【注释】 ①这是一首伤春怀人之作。上片写暮春之景。伤春偏逢春暮,浓密的柳荫,已阻碍了游丝的飞度,游丝这里喻指相思心绪。桃花渡口、开满白蘋花的水边,那正是两人分手的地方。下片抒写相思之情。终日枯坐,难觅佳句,缭乱胡琴,夹杂风雨,长夜不成眠,唯有淡月相伴。北宋李冠《蝶恋花》:“遥夜亭皋闲信步。乍过清明,蚤觉伤春暮。数点雨声风约住,朦胧淡月云来去。桃杏依依风暗度。谁在秋千、影里低低语。一片芳心千万绪。人间没个安排处。”比较两首词,语意相似。②桃叶步:即桃叶渡。在今南京。③湔裙:古时风俗,每年旧历正月初一至月末,在水边洗涤衣裙以驱除不祥。

望湘人[1]

厌莺声到枕,花气动帘,醉魂愁梦相半。被惜余熏,带惊剩眼[2]。几许伤春春晚。泪竹痕鲜[3],佩兰香老,湘天浓暖。记小江、风月佳时,屡约非烟游伴[4]。

须信鸾弦易断[5]。奈云和再鼓[6],曲中人远。认罗袜无踪[7],旧处弄波清浅。青翰棹舣[8],白蘋洲畔。尽目临皋飞观。不解寄、一字相思,幸有归来双燕。

【注释】 ①《望湘人》为贺铸自度曲。这是一首伤离怀人之作。上片由景生情,首三句写室外盎然春意,而冠一“厌”字,化欢乐之景而为悲哀之情,变柔媚之辞而为沉痛之语。哀愁无端,一字传神,为全词定调。以下写词人睹物思人、物是人非;朝思暮愁、形销

骨立。楚地暮春天气，湘妃斑竹，旧痕犹鲜，屈子佩兰，其香已老。末三句，引出佳人。过片抒情，前两句承上启下，直抒胸臆。鸾弦易断，好事难终；云和再鼓，曲终人远。遍寻旧日曾到，不见佳人芳踪。佳人一去，相见无期，使人愁肠百结，肝胆俱裂。幸有归来双燕，以慰相思，强颜自慰，愈见辛酸。②眼：指腰带上的孔眼。③泪竹：尧有二女，为舜妃，舜死，二女洒泪粘竹上，皆成斑点，是为斑竹，又名湘妃竹。④非烟：唐武公业之爱妾步非烟。此指作者情侣。⑤鸾弦：以鸾胶续弦。后谓男子再娶为续弦。⑥云和：山名。以产琴瑟著称。唐钱起《省试湘灵鼓瑟》："善鼓云和瑟，常闻帝子灵。"⑦罗袜：代指情侣。⑧青翰：船名。舣：船靠岸。

张元干

张元干(1091~1160?)，字仲宗，自号真隐山人，又号芦川居士、芦川老隐等，永福(今福建省永泰县)人。早有诗名。靖康元年(1126)应召为李纲行营属官，后"罪放"离京。绍兴间，不屑与奸佞秦桧同朝为官而辞归；又为上疏乞斩秦桧的胡铨赋《贺新郎》词送别，因而备遭投降派迫害。有《芦川词》二卷。周必大《跋张仲宗送胡邦衡词》："长乐张元傒，字仲宗，在政和、宣和间，已有能乐府声。今传于世，名《芦川集》，凡百六十篇，而以《虞美人》二篇为首。"其词慷慨悲凉，壮志激昂，洋溢着爱国主义豪情，融入了时代与社会重大事件，对南宋爱国词人有重要影响。也有伤漂漂泊、叹人生，啸傲山林、抒情写景的词篇，清丽而明畅。

石州慢[①]

寒水依痕[②]，春意渐回，沙际烟阔。溪梅晴照生香，冷蕊数枝争发[③]。天涯旧恨，试看几许消魂，长亭门外山重叠。不尽眼中青，是愁来时节。

情切。画楼深闭。想见东风，暗消肌雪[④]。孤负枕前云雨，尊前花月[⑤]。心期切处，更有多少凄凉，殷勤留与归时说。到得再相逢，恰经年离别。

【注释】 ①《宋史·乐志》收入越调。贺铸词有"长亭柳色才黄"句，又名《柳色黄》，谢懋词名《石州引》。这是一首羁宦思归之作。上片写春意萌发，临溪寒梅，晴照生香，冷蕊争发。末五句，点出正是"愁来时节"，逗出下片抒情。下片由景物描写转而回忆夫妻恩爱之情，词人推己及人，揣想闺中人经年离别后的绵绵情思、无限凄凉。②寒水依痕：语本杜甫《冬深》诗"寒水各依痕"。③冷蕊数枝争发：杜甫《舍弟观赴蓝田取妻子到江陵喜寄三首》(其二)："巡檐索共梅花笑，冷蕊疏枝半不禁。"④肌雪：肌肤白皙似雪。《庄子·逍遥游》："藐姑射之山有神人居焉，肌肤若冰雪，绰约若处子。"⑤"孤负"二句：写恩爱缠绵。

叶梦得

叶梦得(1077~1148)，字少蕴，号石林学士，吴县(今江苏省苏州市)人。绍兴四年(1097)进士，累官翰林学士，南渡后任江东安抚大使，兼知建康府，抗金有功。卒赠检校

少保。早期词风婉丽,后学苏轼之清旷,能于简淡中时出雄杰,不作柔语人。有《石林词》一卷。

贺新郎[1]

睡起啼莺语。掩苍苔、房栊向晚,乱红无数。吹尽残花无人见,惟有垂杨自舞。渐暖霭、初回轻暑。宝扇重寻明月影[2],暗尘侵、尚有乘鸾女[3]。惊旧恨,遽如许。

江南梦断横江渚。浪粘天、葡萄涨绿。半空烟雨。无限楼前沧波意,谁采蘋花寄取。但怅望、兰舟容与[4]。万里云帆何时到,送孤鸿、目断千山阻。谁为我,唱金缕[5]。

【注释】 ①这是一首伤春怀旧的词作。上片写词人春睡乍醒,见暮春景色,心生感伤,睹明月团扇,心念旧人。下片词人临江眺望,寄情绵渺,迂徐委婉,笔意空灵。②宝扇重寻明月影:语本班婕妤《怨歌行》诗"裁为合欢扇,团团似明月"。③乘鸾女:传说秦穆公女弄玉乘鸾飞天而去,故名。④容与:徘徊不前貌。⑤金缕:即《金缕曲》。

虞美人[1]

雨后同干誉、才卿置酒来禽花下作。

落花已作风前舞。又送黄昏雨。晓来庭院半残红。惟有游丝千丈袅晴空。

殷勤花下同携手。更尽杯中酒。美人不用敛蛾眉[2]。我亦多情无奈酒阑时[3]。

【注释】 ①这是一首伤春词。上片写景,景中寓情:昨天黄昏时分,一场风雨,吹打得落红无数。晓来天气放晴,庭院中半是残花。写景至此,读者不觉心生怅惘,上片结句,以"游丝千丈袅晴空"振起全篇,给人以高骞明朗之感。下片抒情,情真意切。本想饮酒遣愁,美人蹙眉,愈发为我添愁。明人毛晋称叶梦得词"不作柔语殢人,真词家逸品"(《石林词跋》),可谓得其肯綮。②敛蛾眉:皱眉。③酒阑:酒尽席散之时。

汪　藻

汪藻(1079~1154),字彦章,德兴(今属江西省)人。崇宁二年(1103)进士,官至显谟阁学士、左大中大夫。博览群书,工诗文。其词写离情别思,亦美赡。有《浮溪词》,收入《彊村丛书》及《四部丛刊》中。

点绛唇[1]

新月娟娟[2],夜寒江静山衔斗。起来搔首。梅影横窗瘦。

好个霜天,闲却传杯手。君知否。乱鸦啼后。归兴浓于酒。

【注释】 ①调名取自江淹《咏美人春游》中的诗句"白雪凝琼貌,明珠点绛唇",《词谱》以冯延巳词为正体。又名《南浦月》《点樱桃》《沙头雨》《十八香》《寻瑶草》等。这首词上片写景,画面冷洁清疏,下片自问自答,言上片未尽之情思,幽默而冷峻。整首词构思别致,情景相生,结构缜密,浑化无迹。②娟娟:明媚貌。

陈与义

陈与义(1090~1138),字去非,号简斋,洛阳(今属河南省)人。政和三年(1113)登太学上舍甲科,绍兴七年(1137)拜参知政事。后人称他为“江西诗派三宗”之一。诗重意境,擅白描,学杜甫。词则吐言天拔,语意超绝,清婉奇丽。有《无住词》,又名《简斋词》,收入《四库全书》及《彊村丛书》。

临江仙[①]

高咏《楚词》酬午日[②],天涯节序匆匆。榴花不似舞裙红。无人知此意,歌罢满帘风。

万事一身伤老矣,戎葵凝笑墙东[③]。酒杯深浅去年同。试浇桥下水,今夕到湘中[④]。

【注释】 ①词人在端午节凭吊屈原,感时伤怀,借此来抒发自己的爱国情怀。上片写端午时节,词人高声吟诵楚辞,深感流落天涯之苦,节序匆匆,报国无门。而今满眼桃花的颜色已不是歌舞升平时舞女舞裙的颜色。有谁能会此意,只见得,吟罢楚辞,满帘生风。下片写虽然经历沧桑变幻,人亦垂垂老矣,但英爽豪气,依然故我,酹酒江水,引屈子为同调。整首词吐言天拔,豪情壮志,意在言外。②午日:即端午节。③戎葵:植物名。④湘中:指湖南。

临江仙[①]夜登小阁忆洛中旧游

忆昔午桥桥上饮[②],坐中多是豪英。长沟流月去无声。杏花疏影里,吹笛到天明。

二十余年如一梦,此身虽在堪惊。闲登小阁看新晴。古今多少事,渔唱起三更。

【注释】 ①这是一首抚今追昔,感时伤世之作。上片追忆“洛中旧游”,长沟明月,杏花疏影,一夜笛声,疏淡的记忆里包含着对往日的留恋。下片抒怀,二十年间国破家亡,颠沛流离,九死一生,身虽在,足堪惊。末三句,淡语写哀:古今多少兴亡事,都如过眼云烟,转瞬成空。②午桥:在今河南洛阳。唐代宰相裴度曾建别墅于此。

蔡　伸

蔡伸(1088~1156),字伸道,号友古居士,莆田(今属福建省)人,蔡襄孙。政和五年(1115)进士,官至左大中大夫。伸少有文名,擅书法,得祖襄笔意。工词,与向子諲同官彭城漕属,屡有酬赠。有《友古居士词》一卷。好融化前人诗句入词,凄婉感伤。

苏武慢[①]

雁落平沙,烟笼寒水,古垒鸣笳声断。青山隐隐,败叶萧萧,天际暝鸦零乱。楼上黄昏,片帆千里归程,年华将晚。望碧云空暮,佳人何处[②],梦魂俱远。

忆旧游、邃馆朱扉,小园香径,尚想桃花人面[③]。书盈锦轴[④],恨满金徽[⑤],难写寸心幽怨。两地离愁,一尊芳酒凄凉,危阑倚遍。尽迟留,凭仗西风,吹干泪眼。

【注释】 ①苏武,汉武帝时人,尝出使匈奴,羁留十九年而不变节,为后世所重。调

名本此。《词谱》以周邦彦词为正体。这是一首秋日登高怀人之作。上片写登高远眺。落雁、烟水、古垒、青山、落叶、归帆是所见;鸣笳、暝鸦是所闻。见日暮而思佳人。下片承上回忆,香径朱扉,宛如从前,桃花人面,今却不见,惟有寄情于书,诉怨于琴,遣愁于酒,遍倚危阑,任西风吹干泪眼。②“望碧”二句:语本沈约《休上人怨别》诗“日暮碧云合,佳人殊未来”。③桃花人面:用唐人崔护事。④书盈锦轴:晋人窦滔妻苏蕙思念远方的丈夫,织锦写回文诗以赠。⑤金徽:代指琴。

李　甲

李甲(生卒年不详),字景元,华亭(今江苏省松江区)人。善画翎毛,兼工写竹。其绘画曾受到米芾赏识、苏轼称赞。元符中任武康令。词学柳永。

帝台春[①]

芳草碧色。萋萋遍南陌。暖絮乱红,也知人、春愁无力。忆得盈盈拾翠侣[②],共携赏、凤城寒食[③]。到今来,海角逢春,天涯为客。

愁旋释。还似织。泪暗拭[④]。又偷滴。谩伫立、倚遍危阑[⑤],尽黄昏,也只是、暮云凝碧[⑥]。拼则而今已拼了[⑦],忘则怎生便忘得。又还问鳞鸿[⑧],试重寻消息。

【注释】 ①帝台春,唐教坊曲名,据《词谱》:《宋史·乐志》琵琶曲有《帝台春》调。宋人罕有填此调者,现在看到的只李甲这首词。这是一首伤春怀人之作。上片写暮春之景,引出春愁,再交代思念的双方,两人曾于寒食节一同赏春,而今,春色将尽,两人却天各一方。下片写愁绪难以释怀。过片四句,三字一句,句句用韵,如冰霰降地,淅沥有声,极写独自伤心、无人与诉的情景,愁不可解,悲不可遏。以下三句,倚阑远望,不见伊人,直至黄昏,暮云凝碧,佳人依旧未来,暗示与佳人情绝。理智的决定,似乎应该忘掉这段情缘,但感情的因素,又一时很难割舍。不如再遣鱼雁传书,寻觅佳人的消息。②拾翠侣:指游伴。拾翠即拾取翠鸟羽毛作为首饰。后多指妇女游春。语出曹植《洛神赋》:“或採明珠,或拾翠羽。”③凤城:京城的美称。④泪暗拭:周邦彦《兰陵王柳》:“沈思前事,似梦里,泪暗滴。”⑤谩:徒然。⑥暮云凝碧:江淹《休上人怨别》:“日暮碧云合,佳人殊未来。”⑦拼:舍弃,放开。⑧鳞鸿:鱼雁。古人认为鱼雁可以传递书信。

李重元

李重元(生卒年不详),约为北宋末至南宋初的词人。他写过四首《忆王孙》,分咏春、夏、秋、冬四季,春词最佳。

忆王孙[①]

萋萋芳草忆王孙[②]。柳外楼高空断魂。杜宇声声不忍闻[③]。欲黄昏。雨打梨花深闭门[④]。

【注释】 ①《全唐诗》有赵光远《题妓莱儿壁》诗:“鱼钥兽环斜掩门,萋萋芳草忆王

孙。"这首词的首句全用此诗句。调名由此而来。关于这首词的作者,一作秦观,一作李甲,词作字句全同,《唐宋诸贤绝妙词选》作李重元,因其为宋人选本,故《全宋词》将这首词归到李重元名下。整首词篇幅短小,写景层次分明,抒情深婉含蓄:萋萋芳草,楼外烟柳,杜宇声声,暮雨阵阵,雨打梨花,这些都是客观景物,词人用"忆""断""闻""闭"几个动词加以连缀,景语便化作情语了。②萋萋芳草忆王孙:刘安《招隐士》有"春草兮萋萋,王孙游兮不归"句。③杜宇:即杜鹃。④雨打梨花深闭门:无名氏《鹧鸪天》:"甫能炙得灯儿了,雨打梨花深闭门。"

万俟咏

万俟咏(生卒年不详),复姓万俟,字雅言,自号大梁词隐。游上庠不第,科举落榜。政和初召补大晟府制撰,创制词谱甚多;绍兴五年(1120)补下州文学。词多应制而作,小词平和雅丽,不事雕琢。

三　台[①]清明应制

见梨花初带夜月,海棠半含朝雨。内苑春、不禁过青门,御沟涨、潜通南浦。东风静,细柳垂金缕。望凤阙、非烟非雾[②]。好时代、朝野多欢,遍九陌、太平箫鼓[③]。

乍莺儿百啭断续。燕子飞来飞去。近绿水、台榭映秋千,斗草聚、双双游女[④]。饧香更、酒冷踏青路[⑤]。会暗识、夭桃朱户。向晚骤、宝马雕鞍,醉襟惹、乱花飞絮。

正轻寒轻暖漏永,半阴半晴云暮。禁火天、已是试新妆[⑥],岁华到、三分佳处。清明看、汉蜡传宫炬。散翠烟、飞入槐府[⑦]。敛兵卫、阊阖门开[⑧],住传宣、又还休务。

【注释】 ①三台,原为唐教坊曲名。胡震亨《唐音统签》:"唐曲有《三台》:《急三台》《宫中三台》《上皇三台》《怨陵三台》《突厥三台》。《三台》为大曲。"唐李匡乂《资暇集》卷下:"三台,今之催酒三十拍促曲,名三台何?或曰:昔邺中有三台,石季伦常为游宴之地,乐工倦怠,造此以促饮也。一说蔡邕自治书御史累迁尚书,三日之间,周历三台,乐府以邕晓音律,制此曲,动邕心,抑希其厚遗。亦近之。"后演为词调。这首词写清明时节,汴京朝野祥和、歌舞升平的景象。词分三片,上片写宫苑春色,中片写清明踏青,下片写侯门之欢。整首词铺叙渲染,井然有序,语言典丽,雍容大度。②凤阙:指代皇宫。非烟非雾:吉祥之气。《史记·天官书》:"若烟非烟,若云非云,郁郁纷纷,萧索轮囷,是谓卿云。卿云,见喜气也。"③九陌:都城大道。④斗草:一种古代的游戏,采花草以比优劣。常行于端午。⑤饧:即麦芽糖。⑥禁火天:指寒食。清明前一二日。⑦"清明"二句:语本韩翃《寒食》诗"日暮汉宫传蜡烛,轻烟散入五侯家"。⑧阊阖:京都城门。

岳　飞

岳飞(1103~1141),字鹏举,相州汤阴(今属河南省)人。南宋抗金名将,受宗泽赏识,历任清远军节度使、开府仪同三司、少保、河南北诸路招讨使,进枢密副使。被奸臣秦桧以莫须有罪名杀害。追谥武穆,封鄂王,改谥忠武。有《岳忠武文集》十卷,存词三首,

充溢爱国豪情。

满江红[①]

怒发冲冠，凭阑处、潇潇雨歇。抬望眼、仰天长啸，壮怀激烈。三十功名尘与土，八千里路云和月。莫等闲、白了少年头，空悲切。

靖康耻[②]，犹未雪。臣子恨，何时灭。驾长车踏破、贺兰山缺[③]。壮志饥餐胡虏肉[④]，笑谈渴饮匈奴血[⑤]。待从头、收拾旧山河，朝天阙[⑥]。

【注释】 ①《升庵词品》引唐人小说《冥音录》："曲名有《上江虹》即《满江红》。又名《念良游》《伤春曲》。"《词谱》以柳永"暮雨初秋"为正调。此调有仄韵、平韵两体，仄韵词宋人填者最多，声调激越，宜抒发壮烈情怀。姜夔始为平韵，而情调俱变。姜夔《满江红》序云："《满江红》旧调用仄韵，多不协律。如末句云'无心扑'三字，歌者将心字融入去声，方谐音律。予欲以平韵为之，久不能成。因泛巢湖，闻远岸箫鼓声，问之舟师，云：'居人为此湖神姥寿也。'予因祝曰：'得一席风，径至居巢，当以平韵《满江红》为迎送神曲。'言讫风与笔俱驶，顷刻而成。末句云：'闻佩环。'则协律矣。书以绿笺，沈于白浪，辛亥正月晦也。"这是一首壮怀激烈，传颂千古的爱国主义名篇。上片写词人渴望杀敌报国的情怀、抱负。下片写词人雪耻复仇、重整乾坤的豪情壮志。整首词写来悲壮激昂，气势磅礴；读来振聋发聩，催人奋进。②靖康耻：指靖康二年(1127)金兵攻陷汴京，掳徽、钦二帝北去，北宋亡。③贺兰山：在今宁夏境内。此借指敌占区。④胡虏：对金兵的蔑称。⑤匈奴：代指金国。⑥朝天阙：朝见皇帝。

程　垓

程垓(生卒年不详)，字正伯，眉山(今属四川省)人。苏轼中表程之才(字正辅)之孙。以诗词名乡里，为尚书尤袤所称道，绍熙五年(1194)，王偁为其词集作序。冯煦《蒿庵论词》："程正伯凄婉绵丽，与草窗所录《绝妙好词》家法相近。"有《书舟词》，隽永洒脱。

水龙吟[①]

夜来风雨匆匆，故园定是花无几。愁多怨极，等闲孤负[②]，一年芳意。柳困桃慵[③]，杏青梅小，对人容易。算好春长在，好花长见，原只是、人憔悴。

回首池南旧事。恨星星、不堪重记。如今但有，看花老眼，伤时清泪。不怕逢花瘦，只愁怕、老来风味[④]。待繁红乱处，留云借月[⑤]，也须拚醉。

【注释】 ①这是一首惜春叹老的词作。词人通过委婉哀怨的笔触，曲折尽致、反反复复地抒写了自己郁积重重的"嗟老"与"伤时"之情，读后确有"凄婉绵丽"(冯煦《宋六十一家词选例言》评语)之感。②等闲：轻易地。③慵：懒。④风味：生活。⑤留云借月：强留云彩，借取月光。意谓努力珍惜时光。

张孝祥

张孝祥(1132~1169)，字安国，号于湖居士，历阳乌江(今安徽省和县)人。绍兴二十

四年(1154)中进士第一,为秦桧所忌。历任中书舍人、领建康留守,徙荆南湖北路安抚使。其词反映社会现实,表现爱国思想,上承苏轼,下启辛弃疾,是豪放词代表作家。词作淋漓酣畅,气势雄健,声律宏迈,善于化用前人诗句而又流畅自然,意俊而语峭。有《于湖居士长短句》五卷。

六州歌头[①]

长淮望断[②],关塞莽然平。征尘暗,霜风劲,悄边声。黯消凝。追想当年事[③],殆天数,非人力,洙泗上[④],弦歌地,亦膻腥。隔水毡乡[⑤],落日牛羊下,区脱纵横[⑥]。看名王宵猎[⑦],骑火一川明。笳鼓悲鸣。遣人惊。

念腰间箭,匣中剑,空埃蠹,竟何成。时易失,心徒壮,岁将零。渺神京。干羽方怀远,静烽燧,且休兵。冠盖使[⑧],纷驰骛[⑨],若为情。闻道中原遗老,常南望、翠葆霓旌[⑩]。使行人到此,忠愤气填膺。有泪如倾。

【注释】 ①这首词是词人在建康留守张浚宴客席上所赋,表现了强烈的爱国情怀。上片描写江淮区域宋金对峙的态势。下片抒写报国无门、壮志难酬的悲愤,讽刺朝廷当政者苟安于和议现状,深刻揭示了中原人民盼望光复的意愿。陈廷焯《白雨斋词话》卷六评此词:"淋漓痛快,笔饱墨酣,读之令人鼓舞。"②长淮:即淮河。③当年事:指1127年金兵南侵,徽、钦二帝被掳北去之事。④洙泗:二水名,流经孔子故乡曲阜。⑤隔水毡乡:指淮河以北金人所占领的中原地区。⑥区脱:金兵的哨所。⑦名王:指金兵将帅。⑧冠盖使:指求和的使臣。⑨驰骛:奔走。⑩翠葆霓旌:指皇帝的车驾。

韩元吉

韩元吉(1118~1187),字无咎,号南涧翁,许昌(今属河南省)人。隆兴中,官吏部尚书。淳熙初,出守婺州、建宁,后晋封颍川郡公。结交社会名流,多有诗词唱和。其词雄浑豪放,或寓故国之悲,或抒山林情趣,清幽感人。有《南涧诗馀》,见《南涧甲乙稿》,收入《彊村丛书》。

六州歌头[①]

东风着意,先上小桃枝。红粉腻。娇如醉。倚朱扉。记年时。隐映新妆面。临水岸。春将半。云日暖。斜桥转。夹城西。草软沙平,跋马垂杨渡,玉勒争嘶。认蛾眉凝笑,脸薄拂燕脂[②]。绣户曾窥。恨依依。

共携手处。香如雾。红随步。怨春迟。消瘦损。凭谁问。只花知。泪空垂。旧日堂前燕[③],和烟雨,又双飞[④]。人自老。春长好。梦佳期。前度刘郎,几许风流地,花也应悲。但茫茫暮霭,目断武陵溪[⑤]。往事难追。

【注释】 ①程大昌《演繁露》卷十六"六州歌头":"六州歌头,本鼓吹曲也,近世好事者倚其声为吊古词,如'秦亡,草昧刘项起吞并'者是也,音调悲壮。又以古兴亡事实之闻其歌,使人怅慨。良不与艳辞同科,诚可喜也。"据杨慎《词品》,六州指唐代西部的伊、凉、甘、

石、渭、氐等六州，宋代举行大祀、大恤典礼皆用此调。韩元吉这首词并不像程大昌所说的那样，竟是一首标准的艳词。词题是"桃花"，乍看是一首咏物词，实际内容却是借桃花诉说一段香艳而哀怨的爱情故事。上片先写两个有情人在桃花似锦的良辰相遇，下片写两人在桃花陌上携手同游，再后来则旧地重来，只见桃花飘零而不见如花人的踪影，于是只能踯躅徘徊于花径，唏嘘生悲。②燕脂：同"胭脂"。③旧日堂前燕：语本刘禹锡《乌衣巷》诗"旧时王谢堂前燕"。④和烟雨，又双飞：五代翁宏《春残》："落花人独立，微雨燕双飞。"⑤武陵溪：用陶渊明《桃花源记》典故，武陵渔人偶入桃花源，后路径迷失，没有人再能找到。

陆　　游

陆游（1125~1210），字务观，号放翁，山阴（今浙江省绍兴市）人。绍兴二十三年（1153）省试第一，后被秦桧除名。孝宗继位，赐进士出身，曾任隆兴、夔州通判，成都府安抚司参议官，先后提举福建及江南西路常平茶盐公事；光宗立，任礼部郎中、实录院同修撰兼修国史，以宝谟阁待制致仕。一生仕途坎坷，却始终为恢复中原奔走呼号，爱国豪情至死不渝。陆游诗多姿多彩。词则婉约而雅洁，飘逸而超俗；亦有饱含报国热忱、荡漾爱国激情的词章。自编词集成，作《长短句序》云："予少时汩于世俗，颇有所为，晚而悔之。然渔歌菱唱，犹不能止。"此后未尝绝笔。刘克庄《后村诗话续编》云："放翁长短句，其激昂慷慨者，稼轩不能过，飘逸高妙者，与陈简斋、朱希真相颉颃。流丽绵密者，欲出晏叔原、贺方回之上。"有《放翁长短句》附《渭南文集》后，后有双照楼影宋刻本和毛晋《宋六十名家词》刊本。

陆游像

卜算子[①]咏梅

驿外断桥边，寂寞开无主。已是黄昏独自愁，更着风和雨。

无意苦争春[②]，一任群芳妒[③]。零落成泥碾作尘[④]，只有香如故。

【注释】 ①这是一首咏梅词。上片写梅花的艰难处境：驿外断桥，寂寞无主，黄昏更兼风雨，天不眷顾，一何至此。下片托梅寄志，以梅花自喻，表现自己身处逆境、坚贞自守的孤高品格。②争春：唐戎昱《红槿花》："花是深红叶曲尘，不将桃李共争春。"③群芳妒：《离骚》有"众女嫉余之娥眉兮，谣诼谓余以善淫"句。④碾：滚压，碾碎。王安石《咏杏》："纵被春风吹作雪，绝胜南陌碾作尘。"

渔家傲[①]寄仲高[②]

东望山阴何处是[③]。往来一万三千里。写得家书空满纸。流清泪。书回已是明年事。

寄语红桥桥下水[④]。扁舟何日寻兄弟。行遍天涯真老矣。愁无寐。鬓丝几缕茶烟里[⑤]。

【注释】 ①这是陆游寄给堂兄陆仲高的词作。上片写蜀中与故乡山阴距离之远，家书难寄，归期难卜，每一念及，徒流清泪。下片直接抒情，寄语家乡流水，何时载我归舟，与家兄相聚，而今，天涯行客，忧思不寐，唯有于茶烟袅袅中，坐遣年华流逝。②仲高：陆升之，字仲高。陆游堂兄。③山阴：即今浙江省绍兴市。作者故里。④红桥：桥名。⑤鬓丝儿缕茶烟里：杜牧《醉后题僧院二首》（之二）："今日鬓丝禅榻畔，茶烟轻轻扬落花风。"

陈　亮

陈亮（1143～1194），字同甫，人称龙川先生，永康（今属浙江省）人。绍熙四年（1193）进士，授建康军节度判官厅公事，赴任途中病故。此前曾多次上书，倡议中兴复国，反对理学，笔力纵横。其词自抒胸臆，充满爱国愤世之情；亦有清幽疏宕之作，唯祝寿词无甚新意。有《龙川词》行世。

水龙吟[1]

闹花深处层楼，画帘半卷东风软。春归翠陌，平莎茸嫩，垂杨金浅。迟日催花，淡云阁雨[2]，轻寒轻暖。恨芳菲世界，游人未赏，都付与、莺和燕。

寂寞凭高念远。向南楼、一声归雁。金钗斗草[3]，青丝勒马[4]，风流云散。罗绶分香[5]，翠绡封泪，几多幽怨。正销魂、又是疏烟淡月，子规声断[6]。

【注释】 ①这是一首抒写春恨的词作。上片恨今日芳菲世界，游人未赏，付与莺燕；下片恨昔年金钗斗草，青丝勒马，风流云散。上片用大量的篇幅描写姹紫嫣红、百花竞放的大好春光，目的是为了逗出上片之恨；下片则倾全力描写人事之恨：因寂寞而凭高念远，羡鸿雁北飞，犹能见故国庭园；悔当年不知珍惜，风流都被雨打风吹去。到如今，疏烟淡月，杜鹃声里，人在天涯。②阁雨：即搁雨。止雨。③金钗斗草：斗草时以金钗为赌资。④青丝勒马：青丝编成的马络头。⑤罗绶：即罗带。分香：即分别。⑥子规：即杜鹃鸟。

范成大

范成大（1126～1193），字致能，号石湖居士，吴郡（今江苏省苏州市）人。绍兴二十四年（1154）中进士，曾任吏部员外郎、起居舍人。乾道六年（1170）作为宋廷特使出使金国，索取河南"陵寝"地，辞气慷慨，迫使金帝接受私疏，全节而归。除中书舍人，知成都府兼四川制置使。淳熙五年（1178）参知政事。其田园诗成就最高，清峻瑰丽，初步摆脱江西诗派影响。其词早期柔情幽冷，后期气韵沉雅，多写自然风光和农村景色，清疏有致。今存《石湖词》一卷，收入《彊村丛书》。

忆秦娥[1]

楼阴缺。阑干影卧东厢月。东厢月。一天风露，杏花如雪。

隔烟催漏金虬咽[2]。罗帏黯淡灯花结。灯花结。片时春梦[3]，江南天阔。

【注释】 ①据传唐李白创为此调，因其中有"秦娥梦断秦楼月"句，故名《忆秦娥》。

秦娥,谓秦地美貌女子。扬雄《方言》:“秦晋之间,美貌谓之娥。”又名《秦楼月》《碧云深》《双荷叶》等。明胡应麟《少室山房笔丛》卷二十五:“今诗余名《望江南》外,《菩萨蛮》《忆秦娥》称最古,以《草堂》二词出太白也。近世文人学士或以为实,然余谓太白在当时,直以风雅自任,即近体盛行七言律,鄙不肯为,宁屑事此。且二词虽工丽,而气衰飒,于太白超然之致,不啻穹壤。藉令真出青莲,必不作如是语。详其意调,绝类温方城辈。盖晚唐人词,嫁名太白。”这首词描写闺中少妇春夜怀人的情景。上片描绘园林景色,下片刻画人物心情。整首词不加雕饰,朴素清雅。②金虬:装置在漏上形状如虬的饰物,龙嘴吐水计时。虬:有角的龙。③片时春梦:语本岑参《春梦》:“枕上片时春梦中,行尽江南数千里。”

眼儿媚[①]

萍乡道中,乍晴。卧舆中,困甚,小憩柳塘。

酣酣日脚紫烟浮[②],妍暖破轻裘。困人天色,醉人花气,午梦扶头[③]。

春慵恰似春塘水,一片縠纹愁[④]。溶溶泄泄[⑤],东风无力,欲皱还休。

【注释】 ①《词谱》以左誉词为正调。又名《小阑干》《东风寒》《秋波媚》。这是一首即景之作。上片写词人春日旅途的春慵之感。下片写春水似人般慵懒无比。上片写人,下片写物,上下两片物我难分,妙合无垠。②酣酣:盛大充沛貌。日脚:穿过云隙照在地面上的日光。③扶头:形容醉态。④縠纹:比喻水的波纹。縠,绉纱。⑤溶溶泄泄:亦作“溶溶洩洩”。晃动荡漾貌。

霜天晓角[①]

晚晴风歇。一夜春威折[②]。脉脉花疏天淡[③],云来去,数枝雪。

胜绝。愁亦绝。此情谁共说。惟有两行低雁,知人倚、画楼月。

【注释】 ①此调首见《全芳备祖前集》,有林逋词。这是一首咏梅词。上片写梅,脉脉写其神,花疏写其形,数枝雪写其色。下片抒情,用孤梅衬出词人孤独凄黯的心情。②春威:春寒的威力。温庭筠《阳春曲》:“霏霏雾雨杏花天,帘外春威著罗幕。”③脉脉:连绵不断貌。

辛弃疾

辛弃疾(1140~1207),字幼安,号稼轩居士,历城(今山东省济南市)人。二十二岁参加抗金义军;南归后任江阴签判、建康府通判,乾道八年(1172)知滁州;淳熙间历任荆湖南路、江南西路安抚使,罢任后闲居江西上饶的带湖;绍熙间一度出任福建提点刑狱和安抚使;嘉泰三年(1203)起知绍兴府,改知镇江府,开禧二年(1206)任兵部侍郎。曾上《美芹十论》《九议》等,为抗金献计献策,却始终不得重用。一腔忠愤泄于词中,抒发爱国豪情,感慨国事身世,歌唱抗金、恢复中原成为辛词主旋律,农村词和爱情词亦质朴清新、充满活力。他以诗体赋体入词,善于用典用事,熔铸经史而无斧凿痕,丰富了词的表现手法和语言技巧。辛词题材多样,桀骜雄奇,慷慨纵横,是豪放词派最高产的代表作家。有

《稼轩词》及十二卷本《稼轩长短句》两种。《四库总目提要》云："其词慷慨纵横，有不可一世之概，于倚声家为变调，而异军特起，能于翦红刻翠之外，屹然别立一宗，迄今不废。"

贺新郎[1]别茂嘉十二弟

绿树听鹈鴂。更那堪、鹧鸪声住，杜鹃声切。啼到春归无啼处，苦恨芳菲都歇。算未抵、人间离别。马上琵琶关塞黑[2]，更长门、翠辇辞金阙[3]。看燕燕，送归妾[4]。

将军百战身名裂[5]。向河梁、回头万里，故人长绝。易水萧萧西风冷[6]，满座衣冠似雪。正壮士、悲歌未彻。啼鸟还知如许恨[7]，料不啼清泪长啼血。谁共我，醉明月。

【注释】 ①这是一首送别词。词开片一气举出三种悲切的鸟鸣声，哀鸣的鸟声，似乎在向人倾诉春归后百花凋零，芳草不觅的悲戚。至此，词人一笔宕开，由景入情：鸟鸣悲切，伤春虽甚，却不及人间离情。继而连用五事，写人间离别之悲，"啼鸟还知"二句，遥应开片：悲鸟若能理解人间的离别，也唯有啼血而已。末二句总绾，回到眼前的离别：族弟一去，谁能与我共醉明月呢？离别之词，能有如此境界，实属罕见。②马上琵琶关塞黑：用汉代王昭君出塞远嫁匈奴事。③长门：汉武帝时，陈皇后失宠，居长门宫。④看燕燕，送归妾：《诗经·邶风》有《燕燕》一篇，汉毛苌传曰："燕燕，卫庄姜送归妾也。"⑤将军：指汉将李陵。⑥易水萧萧西风冷：用荆轲辞燕入秦刺秦王事。⑦还知：如果知道。

贺新郎[1]赋琵琶

凤尾龙香拨。自开元、《霓裳曲》罢[2]，几番风月。最苦浔阳江头客[3]，画舸亭亭待发[4]。记出塞、黄云堆雪。马上离愁三万里，望昭阳、宫殿孤鸿没[5]。弦解语，恨难说[6]。

辽阳驿使音尘绝[7]。琐窗寒、轻拢慢捻[8]，泪珠盈睫。推手含情还却手，一抹《梁州》哀彻。千古事、云飞烟灭。贺老定场无消息[9]，想沉香亭北繁华歇[10]。弹到此，为呜咽。

【注释】 ①俞陛云《唐五代两宋词选释》："此调借琵琶以写怀。起句'开元'句即追想汴京之盛。以下用商妇、明妃琵琶故事，借以写怨。转头处承上阕'万里离愁'句，接以辽阳望远。慨宫车之沙漠沉沦。'琐窗'、'推手'四句咏琵琶正面，中含一片哀情。转笔'云飞烟灭'句，笔势动宕。结句沉香亭废，贺老飘零，自顾亦沦落江东，如龟年之琵琶仅在，宜其罢弹呜咽，不复成声矣。"②自开元、《霓裳曲》罢：据白居易《新乐府》自注："《霓裳羽衣曲》，起于开元，盛于天宝。"③最苦浔阳江头客：白居易贬官江州，秋夜送客而闻江上女子弹琵琶，遂作《琵琶行》，内有"浔阳江头夜送客"句。④画舸亭亭：郑文宝《柳枝词》："亭亭画舸系寒潭。"⑤昭阳：汉未央宫里殿名。⑥弦解语，恨难说：陆游《鹧鸪天》："情知言语难传恨，不似琵琶道得真。"⑦辽阳：在今东北境内。为边塞之代称。⑧轻拢慢捻：出自白居易《琵琶行》"轻拢慢捻抹复挑"句。拢、捻与下文的推手、却手、抹都是琵琶指法。⑨贺老：指贺怀智。唐玄宗时期的琵琶高手。⑩沉香亭：唐都长安宫中殿名。为唐玄宗和杨贵妃游玩取乐之所。

水龙吟[1]登建康赏心亭[2]

楚天千里清秋，水随天去秋无际。遥岑远目，献愁供恨，玉簪螺髻[3]。落日楼头，断鸿

声里,江南游子。把吴钩看了[4],阑干拍遍[5],无人会、登临意。

休说鲈鱼堪脍。尽西风、季鹰归未[6]。求田问舍,怕应羞见,刘郎才气。可惜流年,忧愁风雨,树犹如此[7]。倩何人,唤取红巾翠袖,揾英雄泪[8]。

【注释】 ①俞陛云《唐五代两宋词选释》:"前四句写登临所见,起笔便有浩荡之气。'落日'句以下,由登楼说到旅怀,而仍说不尽,仅以吴钩独看,略露其不平之气。下阕写旅怀,即使归去奇狮卜筑,而生平未成一事,亦羞见刘郎。'流年'二句,以单句旋析,弥见激昂。结句言英雄之泪,未要人怜,倘揾以红巾,或可破颜一笑,极言其潦倒,仍不減其壮怀也。"②建康:今南京。③玉簪螺髻:喻山。皮日休《缥缈峰》诗:"似将青螺髻,撒在明月中。"④吴钩:刀名。杜甫《后出塞》:"少年别有赠,含笑看吴钩。"⑤阑干拍遍:宋王辟之《渑水燕谈录》记载,刘孟节"与世相龃龉",常常凭栏静立,怀想世事,吁唏独语,或以手拍栏于。曾经作诗说:"读书误我四十年,几回醉把栏干拍。"⑥"休说"二句:据《世说新语·识鉴》载,张季鹰在洛阳为官,忽见秋风起,便想起家中的莼羹和鲈鱼,于是辞官归里。⑦树犹如此:据《世说新语。言语》,桓温北征,经过金城,见自己过去种的柳树已长到几围粗,便感叹地说:"木犹如此,人何以堪?"⑧揾:擦拭。

永遇乐[1]京口北固亭怀古[2]

千古江山,英雄无觅、孙仲谋处[3]。舞榭歌台,风流总被,雨打风吹去。斜阳草树,寻常巷陌,人道寄奴曾住[4]。想当年,金戈铁马,气吞万里如虎。

元嘉草草,封狼居胥,赢得仓皇北顾[5]。四十三年[6],望中犹记,烽火扬州路。可堪回首,佛狸祠下[7],一片神鸦社鼓[8]。凭谁问,廉颇老矣,尚能饭否[9]。

【注释】 ①这是一首怀古咏今词。上片起句雄浑,大气磅礴,接着追忆称雄江南,建功立业的历史人物。继而感叹斗转星移,沧桑屡变,歌台舞榭,遗迹沦湮。读之使人黯然神伤。下片今昔对照,用古事影射现实,古之北伐足以为今之北伐提供鉴照。末三句用廉颇典故表达词人虽年老却壮心不已,渴望精忠报国的心情。整首词抚今追昔,感慨万端,沉郁顿挫,深宏博大。②京口:今江苏省镇江市。③孙仲谋:孙权,字仲谋。三国时吴国国君。④寄奴:南朝宋武帝刘裕小名。⑤"元嘉"三句:刘裕子宋文帝刘义隆于元嘉年间草率出兵北伐,结果惨败。狼居胥:山名,在今内蒙古。据《汉书》载,汉武帝元狩四年,派大将卫青、霍去病率军打败匈奴,追击至狼居胥,封山而还。⑥四十三年:作者由宋宁宗嘉泰四年(1204)知镇江府,距其在宋高宗绍兴三十二年(1162)奉表南归,路经扬州,正是四十三年。

⑦佛狸祠:北魏太武帝小字佛狸,率军追王玄谟至长江边,驻军江北瓜步山上,在山上建行宫,后人称为佛狸祠。⑧一片神鸦社鼓:谓人们已淡忘往事,只知在佛狸祠击鼓社祭,引来乌鸦吃祭品。⑨"廉颇"二句:据《史记》载:"廉颇居梁久之,魏不能信用。赵以数困于秦兵,赵王思复得廉颇,廉颇亦思复用于赵。赵王使使者视廉颇尚可用否。廉颇之仇郭开多与使者金,令毁之。赵使者既见廉颇,廉颇为之一饭斗米,肉十斤,被甲上马,以示尚可用。赵使还报王曰:'廉将军虽老,尚善饭,然与臣坐,顷之三遗矢矣。'赵王以为

老,遂不召。”

木兰花慢[①]滁州送范倅[②]

老来情味减,对别酒、怯流年[③]。况屈指中秋,十分好月,不照人圆。无情水、都不管,共西风、只管送归船。秋晚莼鲈江上[④],夜深儿女灯前。

征衫。便好去朝天[⑤]。玉殿正思贤。想夜半承明[⑥],留教视草[⑦],却遣筹边。长安故人问我,道愁肠、泥酒只依然[⑧]。目断秋霄落雁,醉来时响空弦。

【注释】 ①这是一首别情词。上片自离别写起,一个“怯”字,潜含了对岁华逝去,壮志未酬的感慨。月近中秋,人思团圆,而今却目送朋友远去,怨秋水西风无情,使自己独对圆月;羡友人此番离去,得与家人团聚;叹自己江南飘零,不知家在何处。下片转而写对朋友的期望和自己报国之志未酬的苦闷。整首词曲情含苞,而又不失豪迈气势。②滁州:在今安徽省滁县。倅:地方佐贰副官。③对别酒、怯流年:苏轼《江神子·冬景》有“对尊前,惜流年”的句子,辛词从此化出。④莼鲈:莼菜和鲈鱼。代指思乡。⑤朝天:朝见皇帝。⑥承明:即承明庐,侍臣所住。⑦视草:为皇帝草拟制诏之稿。⑧泥酒:沉湎于酒中。

祝英台近[①]

宝钗分[②],桃叶渡[③]。烟柳暗南浦。怕上层楼,十日九风雨。断肠片片飞红,都无人管,倩谁唤、流莺声住。

鬓边觑。试把花卜归期,才簪又重数。罗帐灯昏,呜咽梦中语。是他春带愁来,春归何处。却不解、带将愁去[④]。

【注释】 ①宋罗浚《宝庆四明志》卷十三:“梁山伯、祝英台墓,县西十里,接待院之后,有庙存焉。二人少尝同学,比及三年,而山伯初不知英台之为女也,以同学而同葬。”这是现存文献较早的有关梁祝传说的记录。明陈耀文《天中记》卷十九《冥遇》中记载梁祝故事情节更为详细,并明言梁祝为东晋时人。可以推知,梁祝传说至少在宋代就已在民间广为传播了。词调《祝英台近》即以这一传说为调名。又名《月底修箫谱》《宝钗分》《燕莺语》《寒食词》等。这是一首伤春怀人的词作。从上片南浦赠别,怕上层楼,到下片“花卜归期”,“哽咽梦中语”。纡曲递转,新意迭出。上片“断肠”三句,一波三折。从“飞红”到“啼莺”,从惜春到怀人,层层推进。下片由“占卜”到“梦语”,动作跳跃,由实转虚,表现出痴情人为春愁所苦、无可奈何的心态。②宝钗分:古时情人分别之际,用女方头上金钗擘为两股以赠别。③桃叶渡:今南京秦淮河与青溪合流处。传说东晋王献之有妾名桃叶,曾在此渡水。④“是他春带愁来”以下数句:化自赵彦端《鹊桥仙》:“春愁原自逐春来,却不肯、随春归去。”

青玉案[①]元夕

东风夜放花千树。更吹落、星如雨[②]。宝马雕车香满路。凤箫声动,玉壶光转[③],一夜

鱼龙舞[④]。

蛾儿雪柳黄金缕[⑤]。笑语盈盈暗香去。众里寻他千百度。蓦然回首,那人却在,灯火阑珊处[⑥]。

【注释】 ①这是一首描写上元节盛况的词作。上片渲染上元节热闹的盛况,下片写人,先写盛装打扮、笑语盈盈的游女,然而这些都不是词人关注的对象,词人在寻找那一位幽居空谷,孤高不群的佳人。而她的踪迹总是飘忽不定,让人捉摸不透。就在词人近乎绝望的当口,猛回头,在那一角残灯旁边,分明看见了那位佳人,她原来在这冷落的地方,还未归去,似有所待!发现那人的一瞬间,是人生精神的凝结和升华,是悲喜莫名的感激铭篆,词人竟有如此本领,竟把它变成了笔痕墨影,永志弗灭!②星如雨:指灯火。《左传庄公七年》:"星陨如雨。"③玉壶:指月亮。④鱼龙舞:指鱼灯、龙灯之类。⑤蛾儿、雪柳、黄金缕:都是妇女头上所戴之物。⑥阑珊:零落。

姜　夔

姜夔(1155~1221),字尧章,号白石道人,饶州鄱阳(今属江西省)人。为人狷洁清高,终老布衣。一生湖海飘零,寄人篱下。但与杨万里、范成大交游并得其赏识,靠诗人萧德藻、贵胄张鉴资助,迹近清客。其词也有咏叹时事者,多数是写湖山之美和身世之慨,感念旧游,眷怀恋人,寄物托情,均精深华妙。词风潇洒而淳雅,笔力峭拔而隽健,讲究韵律,多自度腔,有十七首词自注工尺旁谱,其音节文采为一时之冠。有《白石道人歌曲》六卷行世。

点绛唇[①]丁未冬,过吴松作

燕雁无心[②],太湖西畔随云去。数峰清苦。商略黄昏雨[③]。

第四桥边[④],拟共天随住[⑤]。今何许。凭阑怀古。残柳参差舞。

【注释】 ①这是一首吊古怀人之作。上片写燕雁无心,随白云而来去;数峰有情,向黄昏而落雨。上片写景,而情景两融,不分彼此。下片吊古伤情,"凭阑怀古"点出题旨,继而以"残柳参差舞"收缩,"无穷哀感,都在虚处;令读者吊古伤今,不能自止"(陈廷焯《白雨斋词话》)。②燕雁:指北方的雁。③商略:商量。④第四桥:即甘泉桥。⑤天随:即唐陆龟蒙,号天随子。

鹧鸪天[①]元夕有所梦

肥水东流无尽期。当初不合种相思。梦中未比丹青见,暗里忽惊山鸟啼。

春未绿,鬓先丝[②]。人间别久不成悲。谁教岁岁红莲夜[③],两处沉吟各自知。

【注释】 ①唐圭璋《唐宋词简释》:"此首元夕感梦之作。起句沉痛,谓水无尽期,犹恨无尽期。'当初'一句,因恨而悔,悔当初错种相思,致今日有此恨也。'梦中'二句,写缠绵颠倒之情,既经相思遂能不忘,以致入梦,而梦中隐约模糊,又不如丹青所见之真。'暗里'一句,谓即此隐约模糊之梦,亦不能久做,偏被山鸟惊醒。换头,伤羁旅之久。'别

久不成悲’一语，尤道出人在天涯况味。”②先丝：先白。③红莲：灯名。

踏莎行[①]

自沔东来[②]。丁未元日，至金陵江上，感梦而作。

燕燕轻盈，莺莺娇软。分明又向华胥见[③]。夜长争得薄情知，春初早被相思染。

别后书辞，别时针线。离魂暗逐郎行远[④]。淮南皓月冷千山[⑤]，冥冥归去无人管。

【注释】 ①这首词写词人曾经的一段恋情。上片写梦境，“轻盈”“娇软”写梦中所见恋人的举止与体态。“夜长”二句，写梦中恋人的嗔语：你（薄情郎）哪里能知漫漫长夜，相思情苦；每当冬去春来，总是春意未来而相思先至。下片写梦醒之后，睹物思人。词人梦醒后看到恋人寄来的书信、临别时缝补的衣服，再回味梦中相会的情景，不禁悬想，是恋人离魂，不远千里来与自己相会吧，而离魂归去，却只有冷月相伴，是何等的伶仃无依，孤苦凄清。读之，不禁使人心生一种怜惜之情。②沔：汉阳。③华胥：指梦中。④郎行：情郎那边。行，宋时口语，犹言“这边”“那边”。⑤淮南：指安徽省合肥市。

庆宫春[①]

绍熙辛亥除夕，余别石湖归吴兴，雪后夜过垂虹[②]，尝赋诗云：“笠泽茫茫雁影微，玉峰重叠护云衣。长桥寂寞春寒夜，只有诗人一舸归。”后五年冬，复与俞商卿、张平甫、铦朴翁自封禺同载，诣梁溪。道经吴松，山寒天迥，云浪四合，中夕相呼步垂虹，星斗下垂，错杂渔火，朔吹凛凛，卮酒不能支。朴翁以衾自缠，犹相与行吟，因赋此阕，盖过旬，涂稿乃定。朴翁咎余无益，然意所耽，不能自已也。平甫、商卿、朴翁皆工于诗。所出奇诡。余亦强追逐之，此行既归，各得五十余解。

双桨莼波，一蓑松雨，暮愁渐满空阔。呼我盟鸥[③]，翩翩欲下，背人还过木末[④]。那回归去，荡云雪、孤舟夜发。伤心重见，依约眉山，黛痕低压。

采香径里春寒，老子婆娑[⑤]，自歌谁答。垂虹西望，飘然引去，此兴平生难遏。酒醒波远，正凝想、明珰素袜[⑥]。如今安在，惟有阑干，伴人一霎。

【注释】 ①又名《庆春宫》。此调有平韵、仄韵两体，平韵见周邦彦《片玉词》卷六，仄韵见王沂孙《碧山词》。这是一首追念昔游之作。俞陛云《唐五代两宋词选释》：“起笔即秀逸而工，承以‘盟鸥’三句，着笔轻灵。此下回首前游，凄然凝望，山压眉低，此中当有人在，故下阕言旧地重过，已明珰人去，酒醒波远，倚栏之惆怅可知。”②垂虹：亭名。③盟鸥：谓隐士与鸥鸟为伴侣。④木末：树梢。⑤老子：作者自称。⑥珰：妇女戴在耳垂上的一种装饰品。

念奴娇[①]

余客武陵，湖北宪治在焉。古城野水，乔木参天。余与二三友，日荡舟其间，薄荷花而饮，意象幽闲，不类人境。秋水且涸，荷叶出地寻丈，因列坐其下，上不见日，清风徐来，绿云自动。间于疏处，窥见游人画船，亦一乐也。朅来吴兴[②]，数得相羊荷花中[③]，又夜泛

西湖,光景奇绝,故以此句写之。

闹红一舸,记来时,尝与鸳鸯为侣。三十六陂人未到[4],水佩风裳无数[5]。翠叶吹凉,玉容销酒,更洒菰蒲雨[6]。嫣然摇动,冷香飞上诗句。

日暮。青盖亭亭,情人不见,争忍凌波去。只恐舞衣寒易落,愁入西风南浦。高柳垂阴,老鱼吹浪,留我花间住。田田多少[7],几回沙际归路。

【注释】 ①俞陛云《唐五代两宋词选释》:"此调工于发端。'闹红'四字,花与人皆在其中。以下三句咏荷及赏荷之人,皆从空际着想。'翠叶'三句略点正面,接以'嫣然'二句,诗意与花香俱摇漾于水烟渺霭之中。下阕怀人而兼惜花,低回不去,而留客赏荷者,托诸'柳阴'、'鱼浪',仍在空处落笔。通首如仙人行空,足不履地,宜叔夏读之'神观飞越'也。"②朅来:来到。③相羊:徜徉。④陂:池塘。⑤水佩风裳:指荷叶荷花。⑥菰蒲:水草。⑦田田:指荷叶。

扬州慢[1]

淳熙丙申至日,余过维扬[2]。夜雪初霁,荠麦弥望。入其城则四顾萧条。寒水自碧,暮色渐起,戍角悲吟;余怀怆然,感慨今昔,因自度此曲。千岩老人以为有黍离之悲也。

淮左名都,竹西佳处,解鞍少驻初程。过春风十里,尽荠麦青青。自胡马窥江去后[3],废池乔木,犹厌言兵。渐黄昏、清角吹寒,都在空城。

杜郎俊赏[4],算而今、重到须惊。纵豆蔻词工,青楼梦好[5],难赋深情。二十四桥仍在,波心荡、冷月无声。念桥边红药,年年知为谁生。

【注释】 ①《扬州慢》为姜夔自度曲,其中原委,已见这首词的小序。又名《朗州慢》。这是一首乱后感怀之作。上片写词人初到扬州的所见所感。有虚写,有实写。"淮左名都""竹西佳处",主要出自词人之前对这座名城的耳闻,属虚写;"废池乔木""清角吹寒",则是词人的亲见。正因有之前的耳闻,才有了当前的触目惊心。下片以昔日繁华,反衬今日之萧飒、冷落。明月应该是今昔荣枯的唯一见证者吧! 而冷月无声,一个"冷"字,生出无边凄凉。逢时必发的桥边红药,是有情的吗? 她年年花发,又是为谁而生呢? 至此,一种旷古的幽怨,笼罩全篇。②维扬:扬州的别称。③胡马窥江:宋高宗建炎三年(1129)金人初犯扬州,其后绍兴三十一年(1161)再次侵犯扬州。④杜郎:指杜牧。⑤"豆蔻"二句:语本杜牧《赠别》诗"娉娉袅袅十三余,豆蔻梢头二月初"及《遣怀》诗"十年一觉扬州梦,赢得青楼薄幸名"。

暗　香[1]

辛亥之冬,余载雪诣石湖。止既月,授简索句[2],且征新声,作此两曲,石湖把玩不已,使二妓肄习之,音节谐婉,乃名之曰:《暗香》《疏影》。

旧时月色。算几番照我,梅边吹笛。唤起玉人,不管清寒与攀摘。何逊而今渐老[3],都忘却、春风词笔。但怪得、竹外疏花,香冷入瑶席。

江国[4]。正寂寂,叹寄与路遥,夜雪初积。翠尊易泣,红萼无言耿相忆[5]。长记曾携手

处，千树压、西湖寒碧。又片片吹尽也，几时见得。

【注释】 ①为姜夔自度曲（参见词前小序）。调名取自林逋《山园小梅》“疏影横斜水清浅，暗香浮动月黄昏”句。又名《红情》。这是一首咏梅词。词作以梅花为线索，通过回忆对比，抒写今昔之变和盛衰之感。②授简：给予纸笔。③何逊：南朝梁诗人，在扬州有《咏早梅》诗。④江国：江乡。⑤红萼：指红梅。

疏　　影[1]

苔枝缀玉。有翠禽小小，枝上同宿。客里相逢，篱角黄昏，无言自倚修竹。昭君不惯胡沙远[2]，但暗忆、江南江北。想佩环月夜归来，化作此花幽独。

犹记深宫旧事[3]，那人正睡里，飞近蛾绿[4]。莫似春风，不管盈盈，早与安排金屋。还教一片随波去，又却怨、玉龙哀曲。等恁时、重觅幽香，已入小窗横幅。

【注释】 ①据姜夔小序，词人“做此两曲”，则《疏影》与《暗香》从音乐上讲是两支曲子，从词篇上讲却是一个题目。《疏影》与《暗香》两篇，在谋篇布局上有岭断云连之妙，《暗香》立意已如前述，《疏影》则集中描绘梅花清幽孤傲的形象。寄托作者对青春、对美好事物的怜爱之情。②昭君：即王昭君。远嫁匈奴，故想念中原。③深宫旧事：据《太平御览》载，宋武帝女寿阳公主卧于含章殿下，有梅花落公主额上，成五出花，后即以此为梅花妆。④蛾绿：指眉黛。

刘　　过

刘过（1154～1206），字改之，自号龙洲道人，吉州太和（今江西省泰和县）人。曾伏阙上书，请光宗过宫侍孝宗病；又曾上书献恢复之策，不报。屡试不第，放浪湖海间，与陆游、辛弃疾、陈亮等交游，终身未仕，死于昆山。诗多悲壮之调。词则感慨国事，痛斥奸佞，始终不忘恢复国土。词风粗豪激越，狂逸之中，自饶俊致。小词亦婉丽。有词集《龙洲词》行世。

唐多令[1]

安远楼小集[2]，侑觞歌板之姬[3]，黄其姓者，乞词于龙洲道人，为赋此。同刘阜之、刘去非、石民瞻、周嘉仲、陈孟参、孟容，时八月五日也。

芦叶满汀洲。寒沙带浅流。二十年、重过南楼。柳下系船犹未稳，能几日、又中秋。

黄鹤断矶头[4]。故人今在否。旧江山、浑是新愁。欲买桂花同载酒[5]，终不似、少年游。

【注释】 ①《太和正音谱》归入越调，亦入高平调。一名《糖多令》，周密因刘过词有‘二十年重过南楼’句，名《南楼令》，张翥词有‘花下钿箜篌’句，名《箜篌曲》。这是一首登临名作。作者借重过武昌南楼之机，感慨时事，抒写昔是今非和怀才不遇的思想感情。整首词写得蕴藉含蓄，耐人咀嚼。②安远楼：楼名。③侑觞：劝酒。④黄鹤矶：在今湖北武昌近江处。相传仙人乘黄鹤曾到此处，后有人建楼以记之。⑤桂花：酒名。

史达祖

史达祖(生卒年不详),字邦卿,号梅溪,汴(今河南省开封市)人。曾为宰相韩侂胄属吏,代韩拟帖拟旨,颇受倚重;韩败被诛,史亦受黥刑。曾师从张镃学词。其词奇秀清逸,辞情俱佳;咏物词善用拟人手法,妥帖轻圆,描写细腻,唯稍嫌纤巧。有《梅溪词》一卷,清代词家推重之。

绮罗香[1]咏春雨

做冷欺花,将烟困柳,千里偷催春暮。尽日冥迷[2],愁里欲飞还住。惊粉重、蝶宿西园,喜泥润、燕归南浦。最妨他、佳约风流,钿车不到杜陵路[3]。

沉沉江上望极,还被春潮晚急,难寻官渡[4]。隐约遥峰,和泪谢娘眉妩[5]。临断岸、新绿生时,是落红、带愁流处。记当日、门掩梨花,剪灯深夜语。

【注释】①此为史达祖自度曲。又名《绮罗春》。这是一首歌咏春雨的咏物词。上片写作者在庭院中所见。下片转为写春雨中的郊野景色。《词洁辑评》对全词的评价是:"无一字不与题相依,而结尾始出'雨'字,中边皆有,前后两段七字句,于正面尤看到,如意宝珠,玩弄难于释手。"②冥迷:昏暗迷离。③杜陵:地名,即杜县。后因汉宣帝葬此而更名杜陵。④官渡:公家开设的渡口。⑤谢娘:即谢秋娘,唐李德裕的歌妓。

双双燕[1]咏燕

过春社了,度帘幕中间,去年尘冷。差池欲住[2],试入旧巢相并。还相雕梁藻井[3],又软语、商量不定。飘然快拂花梢。翠尾分开红影。

芳径。芹泥雨润。爱贴地争飞,竞夸轻俊。红楼归晚,看足柳昏花暝。应自栖香正稳,便忘了、天涯芳信。愁损翠黛双蛾,日日画阑独凭。

【注释】①此为史达祖自度曲。这是一首歌咏燕子的咏物词。词体正文通篇不出"燕"字,而句句写燕,极妍尽态,神形毕肖。而又不觉繁复。王士祯《花草蒙拾》云:"咏物至此人,巧极天工矣!"②差池:燕子飞时羽翼参差不齐貌。③相:看。藻井:俗称天花板。

东风第一枝[1]春雪

巧沁兰心,偷粘草甲[2],东风欲障新暖。谩疑碧瓦难留,信知暮寒犹浅。行天入镜,做弄出、轻松纤软。料故园、不卷重帘,误了乍来双燕。

青未了、柳回白眼。红欲断、杏开素面。旧游忆着山阴[3],后盟遂妨上苑[4]。寒炉重熨,便放慢、春衫针线。怕凤靴、挑菜归来,万一灞桥相见[5]。

【注释】①相传宋吕渭老首创此调以咏梅,其词已佚。这是一首歌咏春雪的咏物词。词人以细腻的笔触,绘形绘神,写出春雪的特点,以及雪中草木万物的千姿百态。陈廷焯《白雨斋词话》卷二评此词道:"精妙处竟是清真高境。张玉田云:'不独措辞精粹,

又见时节风物之感。'乃深知梅溪者。"②草甲：草萌芽时所带种皮。③山阴：今绍兴。④上苑：指梁苑，即兔园。⑤灞桥：桥名。在今陕西省西安市东。

玉蝴蝶[①]

晚雨未摧宫树，可怜闲叶，犹抱凉蝉。短景归秋，吟思又接愁边。漏初长、梦魂难禁，人渐老、风月俱寒。想幽欢、土花庭甃[②]，虫网阑干。

无端啼蛄搅夜[③]，恨随团扇，苦近秋莲。一笛当楼，谢娘悬泪立风前[④]。故园晚、强留诗酒，新雁远、不致寒暄。隔苍烟、楚香罗袖，谁伴婵娟。

【注释】 ①调见《花间集》卷一温庭筠词。又名《玉蝴蝶令》《玉蝴蝶慢》。这是一首思乡怀人之作。上片写秋雨登楼，远眺生悲。下片写身世漂泊，归期无定，唯有把酒慰愁，暂提精神。②土花：指苔藓。庭甃：井壁。③啼蛄：即蝼蛄。雄虫能鸣，昼伏土穴，夜出飞翔。④谢娘：即谢秋娘。

刘克庄

刘克庄(1187~1269)，字潜夫，号后村居士，甫田(今属福建省)人。嘉定二年(1209)因恩补将仕郎；在任建阳令时，因咏《落梅》诗而罢官，闲废十年。后曾任枢密院编修官，又曾知袁州，皆中途被免。淳祐六年(1246)赐同进士出身，累迁至中书舍人，因弹劾权相史嵩之而罢官。晚节不保，趋奉奸臣贾似道；成淳四年(1268)特授龙图阁学士。他是江湖派重要作家，又是后期辛(弃疾)派词人中成就最高的。其爱国豪情与雄放风格统一，不受格律局限，散文化句式与议论化倾向发展了词的艺术表现力，又好用壮语，缺点是直致近俗。应酬的寿词有失水准。有《后村长短句》五卷，收入《彊村丛书》中。

生查子[①]元夕戏陈敬叟

繁灯夺霁华[②]，戏鼓侵明发[③]。物色旧时同，情味中年别。

浅画镜中眉，深拜楼西月。人散市声收，渐入愁时节。

【注释】 ①这是一首元夕戏友之作。上片写元宵的盛况和词人的感受。首二句写花灯万盏，街市如昼，末二句，写词人感慨：元宵节年年相同，不同的是人生况味。下片戏友，对镜画眉，款款拜月，此是戏言。结二句，人去冷清，戏罢愁来。②霁华：明朗貌。③明发：黎明。

贺新郎[①]端午

深院榴花吐。画帘开，练衣纨扇[②]，午风清暑。儿女纷纷夸结束[③]，新样钗符艾虎[④]。早已有、游人观渡。老大逢场慵作戏，任陌头、年少争旗鼓。溪雨急，浪花舞。

灵均标致高如许[⑤]。忆平生、既纫兰佩[⑥]，更怀椒糈[⑦]。谁信骚魂千载后，波底垂涎角黍[⑧]。又说是、蛟馋龙怒。把似而今醒到了[⑨]，料当年、醉死差无苦。聊一笑，吊千古。

【注释】 ①这是一首写于端午节的词作。词人借咏屈原，寄托心中感慨。上片写气

候宜人，男男女女结队出游，龙舟竞渡，观者如堵。下片抒怀寄慨，屈原高标，悬诸后世，“谁信”句，立论新警，出人意表。词人极言千载沉冤之屈原，死后竟如此之凄惨，这与上片热闹的场面形成极大的反差。“把似”句，言屈原与其醒眼阅世，不如糊涂醉死，词人之愤慨，足以使山河动容。②練衣：粗麻衣。③结束：打扮。④钗符艾虎：端午节采艾草制成虎形的钗头符，戴之可辟邪。⑤灵均：屈原，字灵均。楚国人。官三闾大夫。⑥纫兰佩：语本《离骚》“纫秋兰以为佩”。⑦怀椒糈：语本《离骚》“怀椒糈而要之”。⑧角黍：粽子。⑨把似：假如。

贺新郎[①] 九日

湛湛长空黑[②]。更那堪、斜风细雨，乱愁如织。老眼平生空四海，赖有高楼百尺。看浩荡、千崖秋色。白发书生神州泪，尽凄凉、不向牛山滴[③]。追往事，去无迹。

少年自负凌云笔[④]。到而今、春华落尽，满怀萧瑟。常恨世人新意少，爱说南朝狂客。把破帽、年年拈出。若对黄花孤负酒，怕黄花、也笑人岑寂。鸿北去，日西匿。

【注释】 ①这是一首重阳登高抒怀之作。上片“湛湛长空”是高楼眺望所见，空间开阔，“黑”字表述心情之沉重。“更那堪”句笔调忽转细腻而情绪低沉。“老眼”二句再度堆起气势。“浩荡”二字，描绘千崖秋色，胸襟为之开阔。下片从今昔对比中发出深沉叹息，渲染家国之恨。继而写饮酒，语颇癫狂，赏花饮酒，聊以自慰，但是，萧瑟岑寂之感是破除不了的。仔细体味起来，词句之中仍然隐含着悲凉的情调。结句写天际广漠之景物，与首句相呼应。②湛湛：浓重貌。③牛山滴：据《晏子春秋》载，“景公游于牛山，北临其国而流涕”。④凌云笔：指才华横溢。

木兰花[①] 戏林推

年年跃马长安市。客舍似家家似寄。青钱换酒日无何，红烛呼卢宵不寐[②]。

易挑锦妇机中字[③]。难得玉人心下事。男儿西北有神州，莫滴水西桥畔泪。

【注释】 ①这是一首规劝友人的词作。上片极力描写朋友的浪漫和豪迈。下片规劝朋友，含蓄地指出他迷恋青楼，疏远家室的错误。整首词气劲辞婉，外柔中刚。②呼卢：赌博之戏。③锦妇机中字：即指锦字书。

卢祖皋

卢祖皋（生卒年不详），字申之。又字次夔，号蒲江，永嘉（今浙江省温州市）人。庆元五年（1199）进士。嘉定十六年（1223）累官权直学士院。工小令，时有佳趣，纤雅婉秀。

江城子[①]

画楼帘幕卷新晴。掩银屏。晓寒轻。坠粉飘香，日日唤愁生。暗数十年湖上路，能几度、着娉婷。

年华空自感飘零。拥春酲[②]。对谁醒。天阔云闲，无处觅箫声。载酒买花年少事，浑

不似、旧心情。

【注释】 ①这是一首伤春怨别词。上片首句描写一幅明朗的景色。“掩银屏，晓寒轻”二句，却暗含着一个情感的过渡。“坠粉飘香”，言花事阑珊，春色渐老。于是，“日日唤愁生”就很自然了，“暗数”句，饱含低徊自怜之情韵，“十年”表时间之长。末句以问句出，表达了心口自问，缠绵悱恻之意绪。下片开头“年华”一句，紧承上片的“愁”字。一个“空”字，有虚度之意。“拥春酲”言希望醉中忘却烦恼，“对谁醒”言酒醒过来对谁倾诉呢？“天阔云闲”，既写实，又写虚，可谓情景交融，意境深远。结句言人已老，已无年少时的轻狂了！不尽惆怅之情低回萦绕，久久不去。②酲：醉酒。

吴文英

吴文英（约1212~约1274），字君特，号梦窗，晚号觉翁，四明（今浙江省宁波市）人。未入仕途，以布衣出入侯门，结交权贵；流寓吴越，多居苏州；绍定间为仓台幕；淳祐间在吴潜幕府，景定后客荣王邸。其词绵丽，措意深雅，守律精严，炼字炼句/，又多自度腔，独树一帜，对南宋后期词影响很大；缺点是雕琢过甚，题材狭窄。有《梦窗词甲乙丙丁稿》四卷附补遗，收入《宋六十名家词》及《彊村丛书》中。

宴清都[①]连理海棠

绣幄鸳鸯柱。红情密、腻云低护秦树。芳根兼倚，花梢钿合[②]，锦屏人妒。东风睡足交枝，正梦枕、瑶钗燕股[③]。障滟蜡、满照欢丛[④]，嫠蟾冷落羞度[⑤]。

人间万感幽单，华清惯浴，春盎风露[⑥]。连鬟并暖，同心共结，向承恩处。凭谁为歌《长恨》，暗殿锁、秋灯夜语。叙旧期、不负春盟，红朝翠暮。

【注释】 ①这是一首歌咏海棠的词作，词人借咏连理海棠来歌咏人间情爱。上片写连理海棠之恩爱情态。佳美海棠，恩爱双栖，地下芳根勾连，空中花梢偎依，闺中少妇见而起妒，月中嫦娥睹而含羞，东风催寝，交枝相境，梦乡神游，钗股并蒂。恨花时之短促，举华烛以继夜。下片写人间情事。见海棠之连理，思人间之幽单，华清赐浴，玉环承恩泽独多；连鬟并暖，玄宗愿同心共结。凭谁问，恩爱幻作长恨，供后人歌。只留得，长生殿里，秋灯夜语：到何时，重续前缘，朝朝暮暮，比翼连理。②钿合：形容海棠花之光耀。③瑶钗燕股：印玉燕钗。④滟蜡：跳跃的烛光。⑤嫠蟾；孤独的月亮。⑥盎：茂盛。

齐天乐[①]

烟波桃叶西陵路[②]，十年断魂潮尾。古柳重攀，轻鸥聚别，陈迹危亭独倚。凉飔乍起[③]，渺烟碛飞帆[④]，暮山横翠。但有江花，共临秋镜照憔悴。

华堂烛暗送客，眼波回盼处，芳艳流水。素骨凝冰，柔葱蘸雪，犹忆分瓜深意。清尊未洗，梦不湿行云，漫沾残泪。可惜秋宵，乱蛩疏雨里[⑤]。

【注释】 ①这是一首故地重游，伤今感昔之作。上片写眼前之景，首二句提起往事：距上次西陵诀别已经十年了。而今故地重游，陈迹宛然，树犹如此，人何以堪。下片追忆

当年相送。当年情景宛如眼前:临别之际,柔媚万端。一别之后,以酒浇愁,夜不成寐。此去黄泉,秋霄无伴,乱蛩疏雨,如何成眠。②桃叶:即桃叶渡。此泛指渡口。西陵:桥名,在杭州西湖孤山下。③飕:冷风。④烟碛:远处迷蒙的沙岸。⑤蛩:蟋蟀。

花　犯[1]郭希道送水仙索赋

小娉婷,清铅素靥[2],蜂黄暗偷晕[3]。翠翘攲鬓[4]。昨夜冷中庭,月下相认。睡浓更苦凄风紧。惊回心未稳。送晓色、一壶葱茜[5],才知花梦准。

湘娥化作此幽芳[6],凌波路[7],古岸云沙遗恨。临砌影,寒香乱、冻梅藏韵。熏炉畔、旋移傍枕,还又见、玉人垂绀鬓[8]。料唤赏、清华池馆,台杯须满引。

【注释】 ①这是一首歌咏水仙的咏物词。上片写梦花,得花:昨夜入梦,梦中一株堪比仙女的水仙花。凄风惊梦,梦回之际,正担心的水仙花,就摆在面前。才知花梦之准。下片写恋花,赏花。以人比花,人花相恋。"湘娥""凌波",写水仙身姿之曼妙;"临砌影"以下三句,以花比花,言水仙有梅花一样的高洁。"熏炉"二句,言词人护花之举;末二句,写与友人一起赏花的快乐。②靥:酒窝。③蜂黄:唐代宫妆。形容水仙花蕊。④翠翘:翠玉头饰。形容水仙绿叶。⑤葱茜:青翠茂盛貌。⑥湘娥:湘水女神。⑦凌波:水仙花又称作凌波仙子,故名。⑧绀鬓:青发。

点绛唇[1]试灯夜初晴[2]

卷尽愁云,素娥临夜新梳洗[3]。暗尘不起。酥润凌波地。

辇路重来,仿佛灯前事。情如水。小楼熏被。春梦笙歌里。

【注释】 ①俞陛云《唐五代两宋词选释》:"此词亦记灯市之游。雨后月出,以素娥梳洗状之,语殊妍妙。下阕回首前游,辇路笙歌,犹闻梦里,今昔繁华之境,皆在梨雪漠漠中,词境在空际描写。"②试灯夜:元宵节前夜。③素娥:指明月。

祝英台近[1]春日客龟溪游废园

采幽香,巡古苑,竹冷翠微路。斗草溪根[2],沙印小莲步[3]。自怜两鬓清霜,一年寒食,又身在、云山深处。

昼闲度。因甚天也悭春[4],轻阴便成雨。绿暗长亭,归梦趁风絮。有情花影阑干,莺声门径,解留我、霎时凝伫。

【注释】 ①这是一首寒食节游览废园的记游之作。上片写游园,下片写梦魂归乡。俞陛云《唐五代两宋词选释》:以双鬓词人,当禁烟芳序,在冷香芳圃间独自行吟,况莲步沙痕,曾是丽人游处,自有一种凄清之思。对值春阴酿雨,花影絮香,作片时留恋,于无情处生情,词客每有此遐想。"长亭"二句风度悠然。"花影"三句为废圃顿添情致,到底不懈。②斗草:古代的一种游戏。③莲步:女子脚步。④悭:吝啬。

澡兰香[1]淮安重午

盘丝系腕[2],巧篆垂簪,玉隐绀纱睡觉[3]。银瓶露井,彩箑云窗[4],往事少年依约。为

当时、曾写榴裙,伤心红绡褪萼。黍梦光阴[5],渐老汀洲烟箬[6]。

莫唱江南古调,怨抑难招,楚江沉魄[7]。熏风燕乳,暗雨梅黄,午镜澡兰帘幕。念秦楼、也拟人归,应剪菖蒲自酌[8]。但怅望、一缕新蟾[9],随人天角。

【注释】 ①吴文英自度曲。因词中有"午镜澡兰帘幕",取为调名。这是一首重午盼归之作。陈洵《海绡说词》:此怀归之赋也。起五句全叙往事,至第六句点出写裙,是睡中事。"榴"字融人事入风景,"褪萼"见人事都非,却已风景不殊作结。后片纯是空中设景,主意在"念秦楼,也拟人归"一句。"归"字紧与"招"字相应,言家人望己归,如宋玉之招屈原也。既欲归不得,故曰"难招",曰"莫唱",曰"但怅望",则"也拟"亦徒然耳。击首则尾应,击尾则首应,击中间则首尾皆应,阵势奇变极矣。金针度人全在数虚字,屈原事,不过估古以陈今。"薰风"三句,是家中节物。秦楼倒影,秦楼用弄玉事,谓家所在。②盘丝系腕:端午节时在腕上系五色丝线。③绀纱:青纱。④彩箑:彩扇。⑤黍梦:黄粱梦。⑥烟箬:柔嫩的蒲草。⑦楚江沉魄:指屈原。⑧应剪菖蒲自酌:端午节,剪菖蒲浸酒,传说可避瘟气。⑨新蟾:新月。

莺啼序[1]春晚感怀

残寒正欺病酒,掩沉香绣户。燕来晚、飞入西城,似说春事迟暮。画船载、清明过却,晴烟冉冉吴宫树。念羁情游荡,随风化为轻絮。

十载西湖,傍柳系马,趁娇尘软雾。溯红渐、招入仙溪[2],锦儿偷寄幽素[3]。倚银屏、春宽梦窄,断红湿、歌纨金缕[4]。暝堤空,轻把斜阳,总还鸥鹭。

幽兰旋老,杜若还生,水乡尚寄旅。别后访、六桥无信[5],事往花委,瘗玉埋香,几番风雨。长波妒盼,遥山羞黛,渔灯分影春江宿。记当时、短楫桃根渡,青楼仿佛。临分败壁题诗,泪墨惨淡尘土。

危亭望极,草色天涯,叹鬓侵半苎[6]。暗点检、离痕欢唾,尚染鲛绡[7],亸凤迷归[8],破鸾慵舞[9]。殷勤待写,书中长恨,蓝霞辽海沉过雁,漫相思、弹入哀筝柱。伤心千里江南,怨曲重招,断魂在否。

【注释】 ①调始见吴文英《梦窗词》,为词调中字数最多的一首。"序",盖大曲之序乐。一说"序"即"叙",铺叙之意。俞陛云《唐五代两宋词选释》:题虽咏荷,因和友韵,非专赏荷花,故叙事多而咏花少。首段言折花而归,这段怀人,三段忆西湖旧游,四段咏荷而兼感怀。全篇二百数十字,其精撰处在三段"鲛绡"以下数语、四段"残蝉"以下数语,及歇拍三句,藻采组织,而神韵流转,旨趣弥永。②仙溪:据《幽明录》载,刘晨、阮肇入天台山,在溪边遇二仙女故事。③锦儿:钱塘名妓杨爱爱的侍儿。幽素:代指书信。④断红:指眼泪。⑤六桥:杭州西湖堤桥。⑥苎:麻类植物,背面白色。此处形容发白如苎。⑦鲛绡:指罗帕。⑧亸凤:谓垂翅之凤。⑨破鸾:指破镜。

高阳台[1]落梅

宫粉雕痕,仙云堕影,无人野水荒湾。古石埋香,金沙锁骨连环。南楼不恨吹横笛,

恨晓风、千里关山。半飘零、庭上黄昏,月冷阑干。

寿阳空理愁鸾[②]。问谁调玉髓[③],暗补香瘢[④]。细雨归鸿,孤山无限春寒。离魂难倩招清些,梦缟衣、解佩溪边[⑤]。最愁人、啼鸟晴明,叶底青圆。

【注释】 ①这是一首歌咏落梅的咏物词。上片渲染落梅所处的凄清环境,野水荒湾,古石埋香,晓风横笛,千里关山,黄昏冷月,读来清幽之感,无可复加。下片写梅之情,梅之魂。细雨归鸿,孤山春寒,啼鸟晴明,叶底清圆,写景空灵无迹,不可捉摸。②寿阳:南朝宋寿阳公主,因梅落额头而作梅花妆。鸾:指铜镜。③玉髓:香料名。④瘢:斑痕。⑤缟衣:白衣。

八声甘州[①]灵岩陪庾幕诸公游

渺空烟四远,是何年、青天坠长星。幻苍崖云树,名娃金屋[②],残霸宫城[③]。箭径酸风射眼,腻水染花腥。时靸双鸳响,廊叶秋声[④]。

宫里吴王沉醉,倩五湖倦客[⑤],独钓醒醒。问苍波无语,华发奈山青。水涵空、阑干高处,送乱鸦、斜日落渔汀。连呼酒,上琴台去,秋与云平。

【注释】 ①陈洵《海绡说词》:换头三句,不过言山容水态,如吴王范蠡之醉醒耳。“苍波”承“五湖”,“山青”承“宫里”,独醒无语,沉醉奈何,是此词最沉痛处。今更为推演之,盖惜夫差之受欺越王也。长颈之毒,蠡知之而王不知,则王醉而蠡醒矣。女真之猾,甚于勾践。北狩之辱,奇于甬东。五国城之崩,酷于卑犹位。②名娃金屋:吴王夫差为西施所筑的馆娃宫。③残霸:吴王夫差曾破越败齐,一度称霸,后国破身亡,故称。④“时靸”二句:馆娃宫中有响屧廊,人行其上,空空作响。靸,穿。⑤五湖倦客:指范蠡。

踏莎行[①]

润玉笼绡,檀樱倚扇。绣圈犹带脂香浅[②]。榴心空叠舞裙红,艾枝应压愁鬟乱[③]。

午梦千山,窗阴一箭。香瘢新褪红丝腕。隔江人在雨声中,晚风菰叶生秋怨[④]。

【注释】 ①这是一首端午节感梦怀人的词作。上片写歌女舞罢小憩的睡姿。下片首二句写午梦方醒,揭出上片全为梦境。接着,词人思绪又回到梦中,仿佛又看到佳人系着红丝带手腕。雨声再度将词人从梦中拉回,江雨细密,菰叶瑟瑟,心中凛然生一种秋意。整首词写得腾挪跌宕,空灵无迹,难以捉摸。②绣圈:绣花妆。③艾枝:端午节时采艾叶制成虎形戴于发间,可辟邪。④菰:俗称茭白。

夜游宫[①]

人去西楼雁杳。叙别梦、扬州一觉。云淡星疏楚山晓。听啼乌,立河桥[②],话未了。

雨外蛩声早。细织就、霜丝多少[③]。说与萧娘未知道[④]。向长安,对秋灯,几人老。

【注释】 ①调见毛滂《东堂词》。贺铸词有“可怜许彩云漂泊”句,故又名《念彩云》。又因有“江北江南新念别”句,亦名《新念别》。这是一首怀念亡妾的词作。上片写人去楼空,音讯全无,说不清是梦是幻,弹指间,已是十年。恍然梦中相见:云淡星疏,楚山将

晓,乌啼声里,小河桥上,相思情话未了,转眼音容又杳。下片写梦回惊秋,隔雨蛩鸣,不堪数,相思情愁,织就多少霜丝;向谁诉,萧娘不知,独自对灯伤老。②河桥:指送别之地。③霜丝:指白发。④萧娘:泛称女子。

青玉案[1]

新腔一唱双金斗[2]。正霜落、分柑手。已是红窗人倦绣。春词裁烛,夜香温被,怕减银壶漏。

吴天雁晓云飞后。百感情怀顿疏酒。彩扇何时翻翠袖。歌边拚取,醉魂和梦,化作梅花瘦。

【注释】 ①俞陛云《唐五代两宋词选释》:"上阕回首当年之事。对酒闻歌以后,更红烛温香,何等风怀旖旎。乃雁断云飞以后,百感都来,既酒边人去,醉魂无着,只堪寄与梅花。与'约个梅魂,轻怜细语'句,皆写无聊之思,绮语而兼幽想也。"②金斗:酒杯。

贺新郎[1]陪履斋先生沧浪看梅[2]

乔木生云气。访中兴、英雄陈迹,暗追前事。战舰东风悭借便[3],梦断神州故里。旋小筑、吴宫闲地。华表月明归夜鹤[4],叹当时、花竹今如此。枝上露,溅清泪。

遨头小簇行春队[5]。步苍苔、寻幽别墅,问梅开未。重唱梅边新度曲,催发寒梢冻蕊。此心与东君同意。后不如今今非昔,两无言、相对沧浪水。怀此恨,寄残醉。

【注释】 ①这首词借沧浪亭看梅怀念抗金名将韩世忠并感及时事。上片从韩世忠沧浪亭别墅写起,感叹主战遭谗,中兴遭挫,报国无门。下片从赏梅写起,以"问梅""催梅"隐喻词人对边事日亟、将无韩岳、国脉微弱的担忧。②沧浪:亭名。在今苏州。③战舰东风:指韩世忠黄天荡之捷。④华表月明归夜鹤:用丁令威事。⑤遨头:指太守。

唐多令[1]

何处合成愁。离人心上秋[2]。纵芭蕉、不雨也飕飕[3]。都道晚凉天气好,有明月、怕登楼。

年事梦中休。花空烟水流。燕辞归、客尚淹留。垂柳不萦裙带住,漫长是、系行舟。

【注释】 ①这首词抒写秋日游子的离愁别绪。上片写羁旅秋思。下片写年光过尽,往事如梦。羁身异乡,已是凄清。客中送客,人更孤零。整首词不事雕琢,自然浑成,在吴词中当属别格。②心上秋:即"愁"字。③飕飕:象声词。

黄孝迈

黄孝迈(生卒年不详),字德文,号雪舟。其词清丽似晏(几道)贺(铸)、绵密如秦观。存词四首,见《全宋词》。

湘春夜月[1]

近清明,翠禽枝上消魂。可惜一片清歌,都付与黄昏。欲共柳花低诉,怕柳花轻薄,

不解伤春。念楚乡旅宿,柔情别绪,谁与温存。

空尊夜泣,青山不语,残照当门。翠玉楼前,惟是有、一陂湘水[2],摇荡湘云。天长梦短,问甚时、重见桃根。者次第[3],算人间、没个并刀[4],剪断心上愁痕。

【注释】 ①此调为黄孝迈自度曲,并选取词中“湘”“春”“夜”“月”字样名调。这首词内容与调名切合,描绘湘水之滨的春夜月色,抒发“楚乡旅宿”时伤春恨别的情绪。上片写伤春。下片词人紧紧抓住“湘春夜月”的景色特点,将深沉的离愁别恨熔铸进去,造成了动人的艺术效果。②陂:湖泊。③者:同“这”。④并刀:并州产的刀,以锋利著名。

潘希白

潘希白(生卒年不详),字怀古,号渔庄,永嘉(今浙江省温州市)人。宝祐元年(1253)进士,干办临安府节制司公事;德祐中起史馆检校,不赴。

大　有[1]九日

戏马台前,采花篱下,问岁华、还是重九[2]。恰归来、南山翠色依旧。帘栊昨夜听风雨,都不似、登临时候。一片宋玉情怀[3],十分卫郎清瘦[4]。

红萸佩,空对酒。砧杵动微寒,暗欺罗袖。秋已无多,早是败荷衰柳。强整帽檐攲侧,曾经向、天涯搔首。几回忆、故国莼鲈,霜前雁后。

【注释】 ①调见周邦彦《片玉集》卷五。这是一首重阳抒怀之作。上片写悲秋之情,词人于重九之日,赏菊东篱,平添许多悲秋情怀。下片写思乡之情,赏菊归来,独对酒杯,闻砧声而生悲,见衰柳而搔首,计归程,当在霜前燕后。②重九:即旧历九月初九重阳节。③宋玉情怀:指悲秋情怀。宋玉《九辩》有“悲哉,秋之为气也”句。④卫郎:指晋人卫玠。

无名氏

原题黄公绍作。《阳春白雪》《翰墨大全》《花草粹编》俱作无名氏。

青玉案[1]

年年社日停针线[2]。怎忍见、双飞燕。今日江城春已半。一身犹在,乱山深处,寂寞溪桥畔。

春衫着破谁针线。点点行行泪痕满。落日解鞍芳草岸。花无人戴,酒无人劝。醉也无人管。

【注释】 ①这是一首社日思归怀人之作。上片词人悬想远方闺中人社日停针后,如何排解相思愁绪。同时写自己客居他乡的羁旅愁思。下片写春衫已破,谁为补缀,每一念此,清泪洒衣。落日时分,驻马解鞍,虽有鲜花,却无人佩戴;便有美酒,亦无人把盏。纵然拼却一醉,又有谁能扶归。凄清、寂冷,一至于此。②社日:祭社神的日子。停针线:唐宋时期的妇人在社日忌用针线。

朱嗣发

朱嗣发(1234~1304),字士荣,号雪崖,乌程(今浙江省吴兴县)人。宋亡,举充提学学官,不受。存词一首,见《阳春白雪》。

摸鱼儿[1]

对西风、鬓摇烟碧,参差前事流水。紫丝罗带鸳鸯结,的的镜盟钗誓。浑不记,漫手织回文,几度欲心碎。安花着叶,奈雨覆云翻,情宽分窄[2],石上玉簪脆。

朱楼外,愁压空云欲坠。月痕犹照无寐。阴晴也只随天意,枉了玉消香碎。君且醉。君不见、长门青草春风泪[3]。一时左计[4],悔不早荆钗,暮天修竹,头白倚寒翠[5]。

【注释】 ①这是一首弃妇词,借弃妇之恨,寄托亡国之思。上片写女子遭遗弃后的哀怨之情,下片写女子尽管凄苦艰辛,却能够清操自守,矢志不悔。②分:缘分。③长门:汉宫名。④左计:失策。⑤"暮天"二句:语本杜甫《佳人》诗"天寒翠袖薄,日暮倚修竹"。

刘辰翁

刘辰翁(1232~1297),字会孟,号须溪,庐陵(今江西省吉安市)人。景定元年(1260)补太学生;三年(1262)廷试对策忤贾似道,虽置进士丙等,却有耿直美名;自请为赣州濂溪书院山长;后为江万里幕僚,曾任临安府学教授;德祐元年(1275)授太学博士,因战乱不能赴任。宋亡后隐居不仕。作为遗民词人,其词多写战乱之苦,故国之思,如借"送春"而悲宋亡,寄托遥深。爱国情怀及遒劲词风与苏、辛一脉相承,含蓄而不隐晦,真挚而不雕琢,清丽中又发激越豪情。有《须溪词》三卷,见《彊村丛书》。

兰陵王[1]丙子送春

送春去。春去人间无路。秋千外、芳草连天,谁遣风沙暗南浦。依依甚意绪。漫忆海门飞絮[2]。乱鸦过、斗转城荒,不见来时试灯处。

春去谁最苦。但箭雁沉边,梁燕无主。杜鹃声里长门暮。想玉树凋土[3]。泪盘如露。咸阳送客屡回顾,斜日未能度。

春去尚来否。正江令恨别[4],庾信愁赋,苏堤尽日风和雨[5]。叹神游故国,花记前度。人生流落,顾孺子,共夜语。

【注释】 ①这首词写送春,实际是哀悼南宋王朝的灭亡。词分三片,上片写临安失陷后的衰败景象及词人的感受,中片写春天归去以后,南宋君臣与庶民百姓所遭受的亡国之痛,下片写故国之思。卓人月《古今词统》:"送春去"二句悲绝,"春去谁最苦"四句凄清,何减夜猿,第三叠悠扬悱恻,即以为《小雅》《楚骚》可也。②海门:县名。③玉树凋土:喻指国破家亡。④江令:指江淹。作有《恨赋》《别赋》,表达悲痛之情。⑤苏堤:在杭州西湖中,苏东坡筑。

宝鼎现[①]

红妆春骑。踏月影、竿旗穿市。望不尽、楼台歌舞,习习香尘莲步底。箫声断、约彩鸾归去[②],未怕金吾呵醉[③]。甚辇路、喧阗且止。听得念奴歌起[④]。

父老犹记宣和事[⑤]。抱铜仙、清泪如水[⑥]。还转盼、沙河多丽[⑦]。滉漾明光连邸第。帘影冻、散红光成绮。月浸葡萄十里。看往来、神仙才子。肯把菱花扑碎。

肠断竹马儿童,空见说、三千乐指。等多时、春不归来,到春时欲睡。又说向、灯前拥髻。暗滴鲛珠坠[⑧]。便当日、亲见《霓裳》,天上人间梦里。

【注释】 ①调见《中吴纪闻》卷五宋范周词。又名《三段子》《宝鼎见》《宝鼎儿》《宝鼎词》等。俞陛云《唐五代两宋词选释》:刘在宋末隐遁不仕,此为感旧之作。上段先述元夕之盛,中段从父老眼中曾见宣和往事,朱邸豪华,铜街士女,只赢得铜仙对泣,已极伤怀。下阕言大好春色而畏逢春色,有怀莫述,归向绿窗人灯前掩泪,尤为凄黯。②彩鸾:传说中的仙女。③金吾:官名。④念奴:歌妓名。⑤宣和事:指北宋徽、钦二宗被掳事。⑥抱铜仙、清泪如下:用金铜仙人辞汉归魏事。⑦沙河:塘名。⑧鲛珠:指眼泪。

永遇乐[①]

余自乙亥上元,诵李易安《永遇乐》[②],为之涕下。今三年矣,每闻此词,辄不自堪,遂依其声。又托之易安自喻,虽辞情不及,而悲苦过之。

璧月初晴,黛云远淡,春事谁主。禁苑娇寒,湖堤倦暖,前度遽如许[③]。香尘暗陌,华灯明昼,长是懒携手去。谁知道、断烟禁夜,满城似愁风雨。

宣和旧日,临安南渡[④],芳景犹自如故。缃帙流离[⑤],风鬟三五[⑥]。能赋词最苦。江南无路。鄜州今夜[⑦],此苦又谁知否。空相对、残釭无寐[⑧],满村社鼓。

【注释】 ①这首词抒发了词人眷念故国故都的情怀。上片写故国之思,悲其沦陷,首三句春夜景致,次三句追忆起都城临安往昔的繁华,末二句写临安沦陷后城中的愁风愁雨。下片借易安自喻,自伤身世,换头三句感叹世事的变换,次三句悬想当年易安流亡之苦,再三句写自己的流离之苦,末二句写长夜难眠。②李易安:即李清照。③遽:匆匆。④临安:今杭州。⑤缃帙:浅黄色的书套。此指代书。⑥风鬟:头发凌乱貌。⑦鄜州今夜:语本杜甫《月夜》诗"今夜州月,闺中只独看"。⑧残釭:残灯。

摸鱼儿[①]酒边留同年徐云屋

怎知他、春归何处,相逢且尽尊酒。少年袅袅天涯恨,长结西湖烟柳。休回首,但细雨断桥,憔悴人归后。东风似旧,问前度桃花,刘郎能记,花复认郎否[②]。

君且住,草草留君剪韭[③],前宵正恁时候。深杯欲共歌声滑,翻湿春衫半袖。空眉皱。看白发尊前,已似人人有。临分把手。叹一笑论文,清狂顾曲[④],此会几时又。

【注释】 ①这是一首席间送别友人的词作,寄托了故国之思。上片写自己客中送客的愁思,忆昔感今,讽刺了元代的新贵。下片写依依送客之情,同时又兼及自己,感时伤老。②"东风"四句:语本刘禹锡诗"种桃道士今何去,前度刘郎今又来"。③剪韭:指留客。杜甫《赠卫八处士》:"夜雨剪春韭,新炊间黄粱。"④顾曲:指欣赏音乐。

周　　密

周密(1232~1298),字公瑾,号草窗、蘋州、弁阳啸翁、四水潜夫等。祖籍济南(今属山东省),寓居吴兴(今属浙江省)。景炎初年曾任义乌令。入元不仕,以保存故国文献自任,居杭州癸辛街,努力著述。曾编《绝妙好词》流传至今。他是宋末格律派重要词人,早期词韵美声谐,中年后常与王沂孙、陈允平、张炎等唱和,独标清丽,入元后则多寄托,情词凄切。有《草窗词》收入《知不足斋丛书》等;又《蘋州渔笛谱》二卷,集外词一卷,《彊村丛书》本收录考订为善。

瑶　　华[①]

后土之花[②],天下无二本。方其初开,帅臣以金瓶飞骑进之天上,间亦分致贵邸。余客辇下,有以一枝(下缺。按他本题改作"琼花")。

朱钿宝玦[③]。天上飞琼,比人间春别。江南江北,曾未见,漫拟梨云梅雪。淮山春晚,问谁识、芳心高洁。消几番、花落花开,老了玉关豪杰。

金壶剪送琼枝,看一骑红尘[④],香度瑶阙[⑤]。韶华正好,应自喜、初识长安蜂蝶。杜郎老矣[⑥],想旧事、花须能说。记少年、一梦扬州,二十四桥明月[⑦]。

【注释】　①调见吴文英《梦窗丁稿》。又名瑶华慢。这是一首以咏琼花来讽喻政治的词作。上片起首三句赞美琼花的特异资质,天下无双,为花中极品。"江南"二句说此花名贵,不同于梨花梅花,世人亦不能辨识。"淮山"以下,言南宋北界的淮水旁正是琼花生长的地方,胡尘弥漫,兵戈挠攘,故国难复,琼花也为之浩叹!下片换头三句讽刺当年宋宫赏花之举,次二句写当年花动京城,"杜郎"以下,回忆往事,无限向往之至。②后土:后土祠,在扬州。③玦:玉佩。④一骑红尘:语本杜牧《华清宫绝句》"一骑红尘妃子笑,无人知是荔枝来"。⑤瑶阙:宫阙。⑥杜郎:杜牧。⑦"记少年"二句:语本杜牧《寄扬州韩绰判官》"二十四桥明月夜,玉人何处教吹箫"。

玉京秋[①]

长安独客,又见西风,素月丹枫,凄然其为秋也,因调夹钟羽一解。

烟水阔。高林弄残照,晚蜩凄切[②]。碧砧度韵,银床飘叶[③]。衣湿桐阴露冷,采凉花、时赋秋雪[④]。叹轻别。一襟幽事,砌虫能说[⑤]。

客思吟商还怯。怨歌长、琼壶暗缺。翠扇恩疏,红衣香褪,翻成消歇。玉骨西风,恨最恨、闲却新凉时节。楚箫咽,谁倚西楼淡月。

【注释】　①为周密自度曲。调见《蘋州渔笛谱》卷一。这是一首感秋怀人的词。词的上片先写景,由远至近,展现出辽阔苍茫的秋天景色。"衣湿"二句才出现了感怀秋伤之人。"叹轻别"以下,追悔畴昔离别,慨叹相见无期。下片倾诉别恨,极写客愁之秋怨。

整首词结构严密，井然有序，语言精练，着笔清雅。②蜩：蝉。③银床：指井架。④秋雪：指芦花。⑤砌虫：指蟋蟀。

曲游春[1]

禁烟湖上薄游，施中山赋词甚佳，余因次其韵。盖平时游舫，至午后则尽入里湖，抵暮始出断桥，小驻而归，非习于游者不知也。故中山极击节余“闲却半湖春色”之句，谓能道人之所未云。

禁苑东风外[2]，飏暖丝晴絮[3]，春思如织。燕约莺期。恼芳情偏在，翠深红隙。漠漠香尘隔，沸十里、乱丝丛笛。看画船、尽入西泠[4]，闲却半湖春色。

柳陌。新烟凝碧。映帘底宫眉，堤上游勒[5]。轻暝笼寒，怕梨云梦冷，杏香愁幂[6]。歌管酬寒食。奈蝶怨、良宵岑寂[7]。正满湖、碎月摇花，怎生去得。

【注释】①调见《绝妙好词》卷四宋施岳词。这是一首寒食节游湖之作。上片写清明景色及词人的春思情愫，继而写十里湖面，画船笙歌，繁华喧闹的景象，词人自己的特殊感受和遐思也融汇其中。下片写游人逐渐散去、寂静清幽的西湖夜色，前后映照，层次分明，时间、空间在不断移换，这种多彩多变的写法令人耳目一新，击节称叹。②禁苑：皇家园林。③飏：飘扬。④西泠：即西泠桥。在西湖。⑤游勒：游骑。⑥幂：形容深浓。⑦岑寂：清冷，孤寂。

花　犯[1]水仙花

楚江湄[2]，湘娥再见[3]，无言洒清泪。淡然春意。空独倚东风，芳思谁寄。凌波路、冷秋无际。香云随步起。漫记得、汉宫仙掌[4]，亭亭明月底。

冰丝写怨更多情，骚人恨，枉赋芳兰幽芷[5]。春思远，谁叹赏、国香风味。相将共、岁寒伴侣，小窗静，沉烟熏翠被。幽梦觉、涓涓清露，一枝灯影里。

【注释】①这是一首吟咏水仙花的咏物词，寄托遗民之节操。上片主要描写水仙的绰约风姿。下片由水仙引发联想，赞美水仙国色多情，甘受寂寞的高洁情怀。整首词写的多情缱绻，缠绵悱恻。②湄：岸边水草相接之地。③湘娥：即湘妃。此处指水仙。④汉宫仙掌：即汉武帝所铸的以手掌托盘承露的铜仙人。⑤“骚人恨”二句：屈原赋《离骚》常以芳兰幽芷喻自身高洁。

蒋捷

蒋捷（生卒年不详），字胜欲，号竹山，阳羡（今江苏省宜兴市）人。成淳十年（1270）进士；宋亡，隐居不仕。其词多于落寞愁苦中寄寓亡国的感伤，时有清丽而不低沉的隽永之作。炼字精深，调音谐畅，语多创获，词法丰富。有《竹山词》行世。

贺新郎[1]

梦冷黄金屋[2]。叹秦筝、斜鸿阵里，素弦尘扑。化作娇莺飞归去，犹识纱窗旧绿。正

过雨、荆桃如菽。此恨难平君知否。似琼台涌起弹棋局。消瘦影，嫌明烛。

鸳楼碎泻东西玉[3]。问芳踪、何时再展，翠钗难卜。待把宫眉横云样，描上生绡画幅。怕不是、新来装束。彩扇红牙今都在，恨无人、解听开元曲。空掩袖，倚寒竹[4]。

【注释】 ①这是一首怀念故国的词作。上片写梦回故国宫殿，秦筝犹在，却无人弹奏。梦魂似娇莺，还认得旧时纱窗，窗下蓬绿。斜雨飞过，杂树亭台。不忍见烛前瘦影，却怨明烛。下片追思当年一别。玉杯碎泻，覆水难收，何时再见芳踪，佳期难卜。待图画倩影，怕不是眼前模样。抚弦寄恨，如今谁能听懂。算只有，空自掩袖，独倚寒竹。②黄金屋：汉武帝年少时，长公主欲把阿娇许配给他，武帝曰："若得阿娇作妇，当作金屋贮之。"③东西玉：指酒。④空掩袖，倚寒竹：语本杜甫《佳人》诗"天寒翠袖薄，日暮倚修竹"。

女冠子[1]元夕

蕙花香也。雪晴池馆如画。春风飞到，宝钗楼上，一片笙箫，琉璃光射[2]。而今灯漫挂。不是暗尘明月，那时元夜。况年来、心懒意怯，羞与蛾儿争耍[3]。

江城人悄初更打。问繁华谁解，再向天公借。剔残红灺[4]。但梦里隐隐，钿车罗帕[5]。吴笺银粉砑[6]。待把旧家风景，写成闲话。笑绿鬟邻女，倚窗犹唱，夕阳西下。

【注释】 ①女冠子，唐教坊曲名，后用为词调名。女冠，即女道士。此调原用来歌咏女道士之神态。分小令、长调两体，小令始于温庭筠，长调始于柳永。又名《女冠子慢》。这是一首元夕之作。词中抒写了词人的故国之思。唐圭璋《唐宋词简释》：此首元夕感赋，起六句，极力渲染昔时元夕之盛况。"蕙花"二句，写月光；"春风"四句，写灯光，中间人影、箫声，盛极一时。"而今"二字，陡转今情，哀痛无比。时既非当时之时，人亦非当时之人，故无心闲赏元夕。换头六句，皆今夕冷落景象，反应起六句盛时景象。人悄灯残，此情真不堪回首。"吴笺"以下六句，一气舒卷，言我自伤往，而人犹乐今，可笑亦可叹也。②琉璃：指琉璃灯。③蛾儿：妇女插戴于发的饰物。④灺：指灯烛。⑤钿车：嵌以珠玉的车子。⑥砑：碾磨。

张　　炎

张炎（1248～1320?），字叔夏，号玉田，又号乐笑翁，临安（今浙江省杭州市）人。张镃的曾孙。曾北游大都（今北京），失意南归，漫游江浙，潦倒终生。所著《词源》二卷，重韵律，讲技巧，是有影响的词论专著。其词写景咏物，形神兼备，凄清婉转；写国破家亡，浪迹江湖的凄苦，亦苍凉蕴藉。然偏重声律和形式，与姜夔接武，为清初浙西词派所推崇。有《山中白云词》八卷，又名《玉田词》，收入《彊村丛书》。

高阳台[1]西湖春感

接叶巢莺[2]，平波卷絮，断桥斜日归船[3]。能几番游，看花又是明年。东风且伴蔷薇住，到蔷薇、春已堪怜。更凄然。万绿西泠，一抹荒烟。

当年燕子知何处，但苔深韦曲[4]，草暗斜川。见说新愁，如今也到鸥边。无心再续笙歌梦，掩重门、浅醉闲眠。莫开帘。怕见飞花，怕听啼鹃。

【注释】 ①这首词写西湖春日之游，写词人身世之沉沦，抒发眷念故国之哀情。上片写西湖暮春景色，景象凄凉。下片借景抒情，寄托故国之思，有黍离之悲。②接叶巢莺：语本杜甫诗"卑枝低结子，接叶暗巢莺"。③断桥：桥名。在西湖。④韦曲：唐代长安城南郊是韦氏世居之地。此指杭城贵族居处。

八声甘州[1]

辛卯岁，沈尧道同余北归，各处杭、越。逾岁，尧道来问寂寞，语笑数日，又复别去，赋此曲，并寄赵学舟。

记玉关、踏雪事清游[2]。寒气脆貂裘。傍枯林古道，长河饮马，此意悠悠。短梦依然江表，老泪洒西州[3]。一字无题处，落叶都愁。

载取白云归去，问谁留楚佩，弄影中洲。折芦花赠远，零落一身秋。向寻常、野桥流水，待招来、不是旧沙鸥[4]。空怀感，有斜阳处，却怕登楼[5]。

【注释】 ①这首词是词人北游归来后，向友人诉说心中失意的词作。上片写身世之感，抒发心头凄苦之情。下片写怀友之情，表现词人对友情的珍重。整首词抒情婉转低徊，黯然神伤。②玉关：关名。在甘肃境内。③老泪洒西州：据《晋书》载，羊昙为谢安所器重，谢安抱病还都时从西州城门而入，死后，羊昙即避而不走西州路。后酒后大醉，不知至西州门，恸哭而去。④旧沙鸥：指志同道合的老朋友。⑤登楼：东汉末王粲避乱荆州，作《登楼赋》以抒发思国怀乡之情。

解连环[1]孤雁

楚江空晚。恨离群万里，恍然惊散。自顾影、却下寒塘，正沙净草枯，水平天远。写不成书，只寄得相思一点。料因循误了[2]，残毡拥雪[3]。故人心眼。

谁怜旅愁荏苒[4]。谩长门夜悄，锦筝弹怨。想伴侣、犹宿芦花，也曾念春前，去程应转。暮雨相呼，怕蓦地、玉关重见。未羞他、双燕归来，画帘半卷。

【注释】 ①这是一首歌咏孤雁的咏物词。上片词人首先描绘了一个空阔、黯淡的环境以衬托离群之雁的孤单。下片写孤雁的羁旅哀怨之情。词人借孤雁失群表现自己漂泊不定的身世，寄托国破家亡的沉痛与哀思。②因循：拖延。③残毡拥雪：据《汉书》载，苏武出使匈奴，被匈奴所拘，不屈，则置苏武于大窖中，不给饮食。天下雪，苏武以雪拌毡毛，食之，不死。后双方和亲，汉派使者到匈奴索苏武，匈奴假说苏武已死，汉使说汉天子射雁，在雁足上发现苏武的信。匈奴于是只得将苏武放回。④荏苒：时光流逝。

疏　　影[1]咏荷叶

碧圆自洁。向浅洲远浦，亭亭清绝。犹有遗簪，不展秋心，能卷几多炎热。鸳鸯密语同倾盖，且莫与、浣纱人说。恐怨歌、忽断花风，碎却翠云千叠。

回首当年汉舞,怕飞去谩皱,留仙裙折[2]。恋恋青衫,犹染枯香,还叹鬓丝飘雪。盘心清露如铅水[3],又一夜西风吹折。喜净看、匹练飞光,倒泻半湖明月。

【注释】 ①这是一首咏叹荷叶的词作。寄托词人归隐湖山的高逸情怀。上片写荷叶的高洁清绝,下片写荷叶即便凋零,犹有枯香。整首词写荷即写人,咏物言志,情物契合无垠。②"回首"三句:据《赵飞燕外传》载,飞燕善舞,裙随风起,像要成仙飞去似的,风停止后,裙就交得很皱。他日宫女们都将裙子做成皱形,号留仙裙。③盘心清露如铅水:语本李贺《金铜仙人辞汉歌》诗"忆君清泪如铅水"。

月下笛[1]

孤游万竹山中,闲门落叶,愁思黯然,因动黍离之感[2]。时寓甬东积翠山舍。

万里孤云,清游渐远,故人何处。寒窗梦里,犹记经行旧时路。连昌约略无多柳[3],第一是、难听夜雨。谩惊回凄悄[4],相看烛影,拥衾谁语。

张绪[5]。归何暮。半零落,依依断桥鸥鹭。天涯倦旅。此时心事良苦。只愁重洒西州泪,问杜曲、人家在否。恐翠袖,正天寒,犹倚梅花那树。

【注释】 ①调见周邦彦《片玉集》,又名《凉蟾莹澈》《静倚官桥吹笛》等。这是一首记孤游的词作。词人通过对杭州的怀念,表现了深沉的故国之思。上片写客舍中寒夜听雨,夜深难眠,孤独无似。下片写倦旅思归,心念故人。②黍离之感:即故国之思。③连昌:即唐连昌宫,宫中多置柳树。④谩:无端。⑤张绪:南齐时吴郡人,官至国子祭酒,风姿清雅。据《艺文类聚》载,刘悛之为益州刺史,献蜀柳数株,条甚长,状如丝缕,武帝将之置于云和殿前,常叹赏曰:"杨柳风流可爱,似张绪当年时。"

王沂孙

王沂孙(约 1240~1290),字圣与,号碧山,又号中仙,亦号玉笥山人,会稽(今浙江省绍兴市)人。曾与周密、张炎等赋词暗喻宋帝六陵被掘事,寄托亡国哀痛。至元中曾出任庆元路学正。亦为宋末格律派重要词人。词意高远,词法缜密,擅长咏物,字句工雅。然用典较多,反觉隐晦曲折。为清代常州派词家所推重。有《碧山乐府》,又名《花外集》《玉笥山人词》。

天　香[1] 龙涎香[2]

孤峤蟠烟[3],层涛蜕月,骊宫夜采铅水[4]。汛远槎风[5],梦深薇露,化作断魂心字。红瓷候火,还乍识、冰环玉指。一缕萦帘翠影,依稀海天云气。

几回殢娇半醉。剪春灯、夜寒花碎。更好故溪飞雪,小窗深闭。荀令如今顿老[6],总忘却、樽前旧风味。漫惜余熏,空篝素被[7]。

【注释】 ①唐释道世《法苑珠林》云:"天童子天香甚香。"调名本此。这是一首咏物词,词人藉咏龙涎香抒发故国之思,遗民之恨。俞陛云《唐五代两宋词选释》:此调前半体物浏亮,后半即物寓情,咏物之名作也。起笔切合而极凝练,"蟠"字、"蜕"字尤工。"萦

帘”二句既状香痕荡漾，而以海山云气关合本题，在离合之间。后四字藉香以寓身世今昔之感，开合有致。②龙涎香：香料的一种。③蟠：缭绕。④骊宫：骊龙居住的宫殿。⑤槎：水中浮木。⑥荀令：东汉末荀彧，曾任汉献帝守尚书令，故人称荀令。据《襄阳记》载：“荀令君至人，家坐幕三日，香气不歇。”⑦篝：熏笼。

眉　妩[①]新月

渐新痕悬柳，淡彩穿花，依约破初暝。便有团圆意，深深拜，相逢谁在香径。画眉未稳，料素娥、犹带离恨[②]。最堪爱、一曲银钩小，宝帘挂秋冷[③]。

千古盈亏休问，叹谩磨玉斧[④]，难补金镜[⑤]。太液池犹在[⑥]，凄凉处、何人重赋清景。故山夜永，试待他、窥户端正[⑦]。看云外山河，还老尽、桂花影。

【注释】 ①《汉书·张敞传》：“（敞）又为妇画眉，长安中传张京兆眉妩。”调名本此。又名《百宜娇》。这是一首歌咏新月的咏物词，词人借咏新月寄寓亡国哀思。上片写新月之美，下片借咏新月流露出伤时悼国的感情，同时也蕴含了对重整河山的憧憬。整首词虚虚实实，令人捉摸不定，笔法含蓄，立意高迈。②素娥：嫦娥。③宝帘：窗帘。④磨玉斧：古代传说有玉斧修月之事。⑤金镜：喻圆月。⑥太液池：指宋朝宫中的池沼。⑦端正：月圆。

齐天乐[①]蝉

一襟余恨宫魂断[②]，年年翠阴庭树。乍咽凉柯，还移暗叶，重把离愁深诉。西窗过雨。怪瑶珮流空，玉筝调柱。镜暗妆残，为谁娇鬓尚如许。

铜仙铅泪似洗，叹携盘去远，难贮零露[③]。病翼惊秋，枯形阅世，消得斜阳几度。余音更苦。甚独抱清商[④]，顿成凄楚。谩想熏风[⑤]，柳丝千万缕。

【注释】 ①张惠言《词选批注》：详味词意，殆亦碧山黍离之悲也。首句“宫魂”点清命意。“乍咽”“还移”，概播迁也。“西窗”三句，伤敌骑暂退，宴安如故也。“镜暗妆残”，残破满眼。“为难”句，指当日修容饰貌，妩媚依然。衰世臣主全无心肺，真千古一辙也。“铜仙”三句，伤宗室重宝均被迁夺北去也。“病翼”三句，更是痛哭流涕，大声疾呼，言海侥栖流，断不能久也。“余音”三句，哀怨难论也。末二句，责诸人当此尚安危利灾，视若全盛也。语意明显，凄婉至不能卒读。②宫魂断：据《古今注》载。齐王后怨齐王而死，死后尸体化为蝉。③“铜仙”三句：汉武帝时用铜铸造了以手托盘承露的仙人像，后魏明帝遣人拆走了此像，铜仙人潸然泪下。④清商：即清商曲，是古乐府的一种曲子。⑤熏风：和风。

高阳台[①]和周草窗寄越中诸友韵

残雪庭阴，轻寒帘影，霏霏玉管春葭。小贴金泥，不知春在谁家。相思一夜窗前梦，奈个人水隔天遮[②]。但凄然、满树幽香，满地横斜。

江南自是离愁苦，况游骢古道[③]，归雁平沙。怎得银笺[④]，殷勤与说年华。如今处处生芳草，纵凭高、不见天涯。更消他，几度东风，几度飞花。

【注释】 ①这是一首春日怀友人之作。陈廷焯《白雨斋词话》:"上半阕是叙其远游未还,悬揣之词;下半阕是言其他日归后情事,料逆之词。"整首词以双关手法写春,既关时令,又涉时局;既写相思,又言离愁。收绾处"低徊掩抑,荡气回肠"(况周颐《蕙风词话》)。②个人:伊人。③游骢:漫游的马。④银笺:指书信。

法曲献仙音[①]聚景亭梅次草窗韵

层绿峨峨[②],纤琼皎皎[③],倒压波痕清浅[④]。过眼年华,动人幽意,相逢几番春换。记唤酒寻芳处,盈盈褪妆晚。

已消黯。况凄凉、近来离思,应忘却、明月夜深归辇[⑤]。荏苒一枝春,恨东风、人似天远。纵有残花,洒征衣,铅泪都满。但殷勤折取,自遣一襟幽怨。

【注释】 ①陈旸《乐书》:"法曲兴于唐,其声始出清商部,比正律差四律,有铙、钹、钟、磬之音。《献仙音》其一也。"又名《献仙音》《越女镜心》等。俞陛云《唐五代两宋词选释》:亭在聚景园中,梅林极盛,碧山屡往观之,故上阕有几度寻芳之语……下阕云"明月夜深归辇",想见当日宸游之乐。迨年久境迁,园亭芜圮,悠悠行客,孰动余悲。故"满"字韵云纵有残花,惟凄凉过客泪洒征衣耳。②层绿:指绿梅。③纤琼:指白梅。④倒压波痕清浅:语本林逋《山园小梅》诗"疏影横斜水清浅"。⑤辇:车。

彭元逊

彭元逊(生卒年不详),字巽吾,庐陵(今江西省吉安县)人。景定二年(1261)解试,曾与刘辰翁唱和。存词二十首。

疏　影[①]寻梅不见

江空不渡。恨蘼芜杜若[②],零落无数。远道荒寒,婉娩流年,望望美人迟暮[③]。风烟雨雪阴晴晚,更何须,春风千树。尽孤城、落木萧萧,日夜江声流去。

日晏山深闻笛,恐他年流落,与子同赋。事阔心违,交淡媒劳,蔓草沾衣多露。汀洲窈窕余醒寐,遗佩浮沉澧浦[④]。有白鸥淡月,微波寄语,逍遥容与[⑤]。

【注释】 ①这是一首寻梅词,词人感伤时事,寻梅怀旧。上片写寻梅,春天未至,百草不芳,词人寻梅,不辞远道荒寒,常恐年光流逝,梅容衰老,美人迟暮。若能寻到一枝梅花,便抵得上春风千树。下片怀旧,词人回忆与梅的相识、相知、相恋的过程,唯愿缔盟结心,永远相伴。②蘼芜、杜若:皆香草名。③美人迟暮:语本《离骚》"惟草木之零落兮,恐美人之迟暮"。此喻梅花。④遗佩浮沉澧浦:语本《离骚》"遗余佩兮澧浦"。⑤容与:从容闲舒貌。

六　丑[①]杨花

似东风老大,那复有、当时风气。有情不收,江山身是寄。浩荡何世。但忆临官道,暂来不住,便出门千里。痴心指望回风坠。扇底相逢,钗头微缀。他家万条千缕,解遮亭障驿,不隔江水。

瓜洲曾舣[2]。等行人岁岁。日下长秋城、乌夜起。帐庐好在春睡。共飞归湖上,草青无地。愔愔雨、春心如腻[3]。欲待化、丰乐楼前,帐饮青门都废[4]。何人念、流落无几。点点抟作[5],雪绵松润,为君浥泪[6]。

【注释】 ①这是一首歌咏杨花的咏物词,抒发身世之感,家国之恨。上片写杨花漂泊不定的身世。时值暮春,杨花也像东风一样,老大迟暮,但因杨花有情,仍在漂泊,这样的漂泊,何午才是尽头。可悲的是,尽管能在扇底钗头稍做停留,但阻不断光阴似水,浩浩东流。下片由漂泊的杨花联想到漂泊的人。人花同命,人花同悲,人花同泣,人花同慰。②舣:船靠岸。③愔愔:安和貌。④青门:长安城门名。门外出好瓜,广陵人邵平为秦东陵侯,秦亡后为布衣,种瓜青门外。⑤抟:以手捏之成团。⑥浥:沾湿。

姚云文

姚云文(生卒年不详),字圣瑞,高安(今属江西省)人。咸淳四年(1268)进士,官高邮尉、兴县尉;入元授承直郎,抚、建两路儒学提举。存词九首。

紫萸香慢[1]

近重阳、偏多风雨,绝怜此日暄明。问秋香浓未,待携客、出西城。正自羁怀多感,怕荒台高处,更不胜情。向尊前、又忆漉酒插花人[2]。只座上、已无老兵。

凄清。浅醉还醒。愁不肯、与诗平。记长楸走马,雕弓搾柳[3],前事休评。紫萸一枝传赐,梦谁到、汉家陵。尽乌纱、便随风去,要天知道,华发如此星星。歌罢涕零。

【注释】 ①调见《凤林书院元词》,为姚云文自度曲,因词中有“紫萸一枝传赐”句,故取以为调名。这是一首重阳感怀的词作。上片写重阳把酒,思亲怀友。下片写酒罢忆昔伤今。整首词叙事今昔交错,抒情刚柔相济。②漉酒:滤酒。③搾柳:同“射柳”。古时一种竞技活动。在场上插柳,驰马射之,中者为胜。

僧　挥

仲殊(生卒年不详),字师利,俗姓张,名挥,仲殊其法号,故又称僧挥,安州(今湖北省安陆市)人。尝举进士;因游荡不羁,几被妻子毒死,遂弃家为僧,寓居苏州奉天寺、杭州宝月寺。与苏轼交游甚厚。苏轼称其“胸中无一毫发事”,“能文善诗及歌词,皆操笔立成,不点窜一字”(《东坡志林》卷——)。词风超旷,绘景亦壮丽,小令尤清婉、洒脱。有词七卷,名《宝月集》,今不传。近人赵万里辑《宝月集》一卷。

金明池[1]

天阔云高,溪横水远,晚日寒生轻晕。闲阶静,杨花渐少,朱门掩,莺声犹嫩。悔匆匆、过却清明,旋占得、余芳已成幽恨。却几日阴沉,连宵慵困。起来韶华都尽。

怨入双眉闲斗损。乍品得情怀,看承全近[2]。深深态,无非自许,厌厌意[3],终羞人问。争知道、梦里蓬莱,待忘了余香,时传音信。纵留得莺花,东风不住,也则眼前愁闷。

【注释】 ①金明池原为北宋汴京西郊的一处皇家苑囿。叶梦得《石林燕语》卷一:“太平兴国中,复凿金明池于苑北,导金水河水注之,以教神卫虎翼水军习舟楫,因为水嬉”,“今惟琼林、金明最盛。岁以二月开,命士庶纵观,谓之开池。至上巳车驾临幸毕即闭。岁赐二府从官燕,及进士闻喜燕,皆在其间”。秦观《淮海集》卷九有诗,诗题曰:“元祐七年三月上巳,诏赐馆合官花酒,以中浣日游金明池、琼林苑,又会于国夫人园,会者二十有六人。”则秦观曾有金明池之游。《淮海词》有词《赋东京金明池》,即以调为题也。这是一首伤春词。上片描写春光将尽的过程,有惜春之意。下片抒发无法留春的愁怀,有怨春之情。②看承:护持。全近:极其亲近。③厌厌:同“恹恹”。精神不振貌。

李清照

李清照(1084~1155?),自号易安居士,济南章丘(今属山东省)人。宋代杰出女词人。良好的家庭教养和过人的才华,使她前期词清新婉约,语新意隽,多为情歌或写景。她因北宋党争而丧父,因战乱逃亡而丧夫,晚年颠沛流离,故后期词多怀乡念旧,孤苦凄凉,每有故国之思。在艺术上讲求格律,巧于构思,语言精巧,善用白描,刻画细腻,形象生动,比喻新颖,独出心裁。清照创词“别是一家”之说,其词创为“易安体”,为宋词一家。词集名《漱玉集》,今本皆为后人所辑。

李清照画像

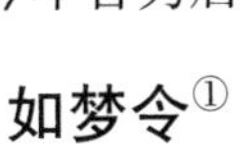

如梦令①

昨夜雨疏风骤。浓睡不消残酒。试问卷帘人,却道海棠依旧。知否。知否。应是绿肥红瘦②。

【注释】 ①据苏轼《仇池笔记》,此曲本后唐庄宗制,名《忆仙姿》,嫌其名不雅,故改为《如梦令》,盖因此词中有‘如梦、如梦’迭句也。周邦彦又因此词首句改名《宴桃源》。沈会宗词有‘不见、不见’迭句,名《不见》。张辑词有‘比着梅花谁瘦’句,名《比梅》等。这是一首伤春惜春词,并以花自喻,慨叹自己的青春易逝。黄氏《蓼园词选》云:“一问极有情,答以‘依旧’,答得极淡,跌出‘知否’二句来,而‘绿肥红瘦’无限凄婉,却又妙在含蓄。短幅中藏无数曲折,自是圣于词者。”②绿肥红瘦:形容叶繁花少。

凤凰台上忆吹箫①

香冷金猊②,被翻红浪,起来慵自梳头。任宝奁尘满③,日上帘钩。生怕离怀别苦,多少事、欲说还休。新来瘦,非干病酒,不是悲秋。

休休。者回去也,千万遍《阳关》④,也则难留。念武陵人远⑤,烟锁秦楼。惟有楼前流水,应念我、终日凝眸。凝眸处,从今又添,一段新愁。

【注释】 ①《列仙传》卷上“萧史”:“萧史者,秦穆公时人也。善吹箫,能致孔雀、白鹤于庭。穆公有女字弄玉,好之,公遂以女妻焉。日教弄玉作凤鸣,居数年,吹似凤声,凤

凰来止其屋。公为作凤台,夫妇止其上,不下数年。一旦,皆随凤凰飞去。"调名《凤凰台上忆吹箫》即取自这一传说。《晁氏琴趣外篇》首见此调。又名《忆吹箫》。这首词抒发了词人与丈夫分别后的相思之情。上片写词人与丈夫临别时怅然若失、百无聊赖的心情。紧扣一个"慵"字,一路写来,"慵"态可掬。继而写心念离怀别苦,而神伤形瘦。下片先写丈夫的去而难留。进而设想自己别后的情形。整首词层层渲染离愁别苦,读来感人至深。②金猊:狮形铜香炉。③宝奁:梳妆镜匣。④《阳关》:乐府曲名。是为送别之曲。⑤武陵人远:用陶渊明《桃花源记》之武陵人入桃花源事,言所思之人已远去。

醉花阴[1]

薄雾浓云愁永昼。瑞脑消金兽[2]。佳节又重阳,玉枕纱厨[3],半夜凉初透。

东篱把酒黄昏后[4]。有暗香盈袖。莫道不消魂,帘卷西风,人比黄花瘦[5]。

【注释】 ①此调首见毛滂《东堂词》,因其中有"人在翠阴中……劝君对客杯须覆"。因据句意取调名。《古杭杂记》:"太学上舍郑文,秀州人。其妻寄以《忆秦娥》云:'花深深,一勾罗袜行花阴。行花阴,闲将钿带结同心。'此调为同舍见者传播,酒楼妓馆皆歌之。"《醉花阴》词调遂行于世。《琅嬛记》:"李易安以重阳《醉花阴》词,函致赵明诚。明诚叹赏,自愧弗逮,务欲胜之。一切谢客,忘食寝者三日夜,得五十阕,杂易安作,以示友人陆德夫。德夫玩之再三,曰:'只三句绝佳。'明诚诘之,曰:'莫道不销魂,帘卷西风,人比黄花瘦。'正易安作也。"这首词写词人重阳佳节思念丈夫的心情。上片写重阳佳节之时,词人只身一人,时光变得如此漫长,刚送走愁闷的白昼,又须面对凄凉的秋夜。下片写词人独自饮酒赏菊,愁绪满怀,末句"人比黄花瘦",至今为人传颂不已。②瑞脑:即龙脑,是一种名贵的香料。金兽:兽形铜香炉。③沙厨:即纱帐。④东篱把酒黄昏后:语本陶渊明《饮酒》诗"采菊东篱下,悠然见南山"。⑤黄花:菊花。

声声慢[1]

寻寻觅觅,冷冷清清,凄凄惨惨戚戚。乍暖还寒时候[2],最难将息[3]。三杯两盏淡酒,怎敌他、晚来风急。雁过也,正伤心,却是旧时相识。

满地黄花堆积。憔悴损、如今有谁堪摘。守着窗儿,独自怎生得黑[4]。梧桐更兼细雨,到黄昏、点点滴滴。这次第[5],怎一个愁字了得。

【注释】 ①明杨慎《升庵集》卷六十三"慢字为乐曲名":"陈后山诗'吴吟未至慢,楚语不假些',任渊注云:'慢,谓南朝慢体,如徐庾之作。'余谓此解是也,但未原其始。《乐记》云:'宫商角征羽,五者皆乱迭相陵,谓之慢。'又曰:'郑卫之音,乱世之音也,比于慢矣。'宋词有《声声慢》《石州慢》《惜余春慢》《木兰花慢》《拜星月慢》《潇湘逢故人慢》,皆杂比成调,古谓之啧浊,啧与赜同,杂乱也。琴曲有名散,元曲有名犯,又曲终入破,义亦如此。"晁补之词名《声声慢》,吴文英词有"人在小楼"句,名《人在楼上》。这是一首赋体慢词,表现悲秋主题,堪比一篇《悲秋赋》。上片起首连用十四个叠字,表现一个人苦寻无着、心神不宁、若有所失的神态。继而以酒浇愁,目送秋鸿,心中平添许多怅惘。下片词

人环顾自家庭院，黄花堆积，伤心人却无心摘赏。终日枯坐无聊，独自一人，如何挨到天黑，即便黑夜到来，又将如何，黄昏时分，秋雨绵绵，雨打桐叶，愁煞闺中人，此情此景，一个“愁”字，怎能概括得了。②乍暖还寒：初春忽冷忽热的天气。③将息：休养。④怎生：怎样。⑤这次第：这种情状。

念奴娇[①]

萧条庭院，又斜风细雨，重门须闭。宠柳娇花寒食近，种种恼人天气。险韵诗成[②]，扶头酒醒，别是闲滋味。征鸿过尽[③]，万千心事难寄。

楼上几日春寒，帘垂四面，玉阑干慵倚。被冷香消新梦觉，不许愁人不起。清露晨流，新桐初引[④]，多少游春意。日高烟敛，更看今日晴未。

【注释】 ①这首词写寒食节将至，词人独守空闺，思念远方的丈夫。黄氏《蓼园词评》：“只写心绪落寞，遇寒食更难遣耳。徒然而起，便而深邃。至前阕云‘重门须闭’，次阕云‘不许’‘不起’，一开一合，情各戛戛生新。起处雨，结句晴，句法浑成。”②险韵：以生僻难押字押韵。③征鸿：飞翔的鸿雁。④“清露”二句：语出《世说新语·赏誉》。初引：刚刚发芽。

永遇乐[①]

落日镕金，暮云合璧，人在何处。染柳烟浓，吹梅笛怨[②]，春意知几许。元宵佳节，融和天气，次第岂无风雨。来相召、香车宝马，谢他酒朋诗侣。

中州盛日[③]，闺门多暇，记得偏重三五[④]。铺翠冠儿，捻金雪柳，簇带争济楚[⑤]。如今憔悴，风鬟霜鬓[⑥]，怕见夜间出去。不如向、帘儿底下，听人笑语。

【注释】 ①这首词写词人晚年流寓临安时的生活境况。上片首二句一抹亮色突然而降，使人顿觉炫目。继而引出“人在何处”的疑问，隐含了人在异乡的漂泊之感。接下来描写盎然春意，满目烟柳，远处笛声，一切那么美好，词人运笔至此，又添波澜，“次第岂无风雨”，一个反问蕴含了词人对世事沧桑，变幻莫测的顾虑。这也正是词人谢绝邀请，不愿出游的原因。下片首六句忆昔，后五句伤今，结句“不如向、帘底下，听人笑语”，读之尤觉酸楚。②吹梅笛怨：笛曲《梅花落》凄婉哀怨。③中州：河南一带古称中州。此处指汴京。④三五：指元宵节。⑤簇带：插戴满头。济楚：整洁貌。⑥风鬟霜鬓：头发斑白零乱。

浣溪沙[①]

髻子伤春慵更梳。晚风庭院落梅初。淡云来往月疏疏。

玉鸭熏炉闲瑞脑，朱樱斗帐掩流苏。通犀还解辟寒无[②]。

【注释】 ①这是一首伤春词。上片写髻发慵梳，晚风习习，庭院落梅，云淡月疏，一幅清丽之景。下片写室内之景。词人在庭院中伫立多时，春寒袭人，只得回到室内，室内香炉已停，斗帐已掩，人因春寒却不成寐。词人不禁疑问：传说中能够避寒的通犀，还能避寒吗？这里蕴含心境之凄冷无法消除之意。整首词以清丽的风格，寓伤春之情于景物描写之中，格高韵胜，富有诗的意境。②通犀：犀角的一种。据《开元天宝遗事》载："开元二年冬至，交趾国进犀一株，色黄似金。使者请以金盘置于殿中，温温然有暖气袭人。上问其故，使者对曰：'此辟寒犀也。'"

元曲

【导语】

自春秋时起，近三千年来，我华夏民族一直拥有深厚的诗、词、歌、赋传统，且代有擅绝，故史家王国维尝谓“楚之骚、汉之赋、六代之骈语、唐之诗、宋之词、元之曲，皆所谓一代之文学，而后世莫能继焉也。”①对元曲的推崇，并不始于王静安先生，元明以来即多见于载籍。如元罗宗信《中原音韵·序》云：“世之共称唐诗、宋词、大元乐府，诚哉！”②从罗宗信的话来看，把“大元乐府”与“唐诗”“宋词”并称，乃是当时一种普遍观念，故罗氏有“世之共称”语。罗宗信之后，明清时人如陈与郊、于若瀛、臧懋循、焦循等皆有相似的言论，如清焦循尝谓：“有明二百七十年，镂心刻骨于八股……洵可继楚骚、汉赋、唐诗、宋词、元曲，以立一门户……夫一代有一代之所胜。”

元好问

元好问（1190～1257），字裕之，号遗山，太原秀容（今山西忻州）人，金代著名诗人、史学家。七岁能诗，有神童之目。年十四，从郝天挺问学，六年业成。蒙古南下，避乱河南，诗名震京师，称为元才子。金宣宗兴定五年（1221）进士。哀宗正大元年（1224）中博学宏词科，授儒材郎，充国史院编修。后又历官尚书省掾、左司都事等。金亡后不仕元，二十余年间潜心编纂著述，致力于保存金代文化，编成《中州集》。元好问为一代文宗，文章独步天下三十年，诗文多为后世称道。著有《元遗山集》，词集为《遗山乐府》。其散曲今存小令九首。徐世隆《元遗山集序》云：“（遗山）乐府则清雄顿挫，闲婉浏亮，体制最备，又能用俗为雅，变故作新。”

元好问塑像

【双调·小圣乐】骤雨打新荷①

绿叶阴浓，遍池亭水阁，偏池凉多。海榴初绽②，妖艳喷红罗。乳燕雏莺弄语，有高柳鸣蝉相和。骤雨过，珍珠乱撒，打遍新荷。

又

人生有几，念良辰美景，一梦初过。穷通前定③，何用苦张罗。命友邀宾玩赏④，对芳尊浅酌低歌⑤。且酩酊⑥，任他两轮日月，来往如梭。

【注释】 ①双调：宫调名。小圣乐：曲牌名。骤雨打新荷，题目名。以下凡宫调名、曲牌

名不另标注。又,元散曲之"题目"多系元明曲选编者所加,不一定出自元曲家本人。此曲当时流传甚广,主要表现的人生如寄、散淡逍遥的情绪亦为元人散曲常见之主题。②海榴:即石榴,因从海外移植,故名。③穷通前定:穷通,失意与得意。此乃一种唯心的迷信说法,言个人命运之好坏系前世注定。④命友:邀请朋友。⑤芳尊:美酒。尊,酒杯。⑥酩酊:酒醉状。

商　　挺

商挺(1209~1288),字孟卿,一作梦卿,晚年自号左山老人。曹州济阴(今山东曹县)人。曲家商正叔之侄。年二十四,金人攻破汴京,北走依赵天锡,与元好问、杨奂交游。元初为行台幕僚,深为元世祖赏识,历任宣抚司郎中、宣抚副使、参知政事、同佥枢密院事、枢密副使等职。卒赠鲁国公,谥文定。《元史》有传。商挺工诗善书,尤长隶书,善画山水,墨竹自成一家。尝著诗千余篇,惜多散佚。散曲今存小令【双调·潘妃曲】十九首,多写闺情。

【双调·潘妃曲】①

小小鞋儿白脚带,缠得堪人爱②。疾快来,瞒着爹娘做些儿怪。你骂吃敲才③,百忙里解花裙儿带。

又

目断妆楼夕阳外,鬼病恹恹害。恨不该,止不过泪满旱莲腮。骂你个不良才,莫不少下你相思债?

又

闷酒将来刚刚咽,欲饮先浇奠。频祝愿④:普天下心断爱早团圆⑤!谢神天,教俺也频频的勤相见。

又

只恐怕窗间人瞧见,短命休寒贱。直恁地肐膝软⑥,禁不过敲才厮熬煎。你且觑门前,等的无人呵旋转⑦。

【注释】 ①此处所选四首【潘妃曲】皆写男女之情,或私会、或相思、或闺怨,都写得急切透辟、传神如睹。②"小小鞋儿"两句:反映了宋元以来流行的女子缠足的风习。③吃敲才:犹言该打的人。④频:频繁。⑤断爱:相爱。⑥直恁:竟如此。肐:同"胳",即胳膊。⑦旋转:回转。

刘秉忠

刘秉忠(1216~1274),字仲晦,初名侃,邢台县人。元初著名政治家、学者、书法家。年十七,为邢台节度使府令史,不久弃去,隐居武安山中为僧。后游云中,后因海云禅师,入见元世祖忽必烈,应对称旨,遂留侍左右。元初,任光禄大夫,位太保,参与中书省事,为开国重臣。卒

赠太傅，封赵国公，谥文贞。刘秉忠自幼好学，至老不衰，斋居蔬食，终日淡然，自号藏春散人，每以吟咏自适。擅长诗词书法，有《藏春散人集》六卷传世。现存小令十二首。

【南吕·干荷叶】

南高峰，北高峰，惨淡烟霞洞[①]。宋高宗[②]，一场空，吴山依旧酒旗风[③]。两度江南梦[④]。

又

脚儿尖，手儿纤，云髻梳儿露半边。脸儿甜，话儿粘，更宜烦恼更宜忺[⑤]。直恁风流倩[⑥]。

【注释】 ①"南高峰"三句：杭州西湖有南北高峰，遥遥相对。烟霞洞在南高峰下，为西湖最古的石洞之一，有五代、北宋遗像。②宋高宗：即赵构，宋徽宗第九子。初封康王，公元1127年，金人攻下汴京，俘徽宗、钦宗二帝北去。赵构南逃至南京（今河南商丘），即位称帝；后又于杭州建都，史称南宋。他在位三十六年，对金屈辱称臣，以求和平。③吴山：在西湖东南，春秋时为吴国的南界，故名，俗称城隍山，宋元时此地酒肆林立，十分繁华。酒旗：也叫"酒帘"，旧时店家标志。杜牧《江南春绝句》："水村山郭酒旗风。"④两度江南梦：五代吴越和南宋两个建都杭州的王朝都相继灭亡。⑤忺：高兴，适意。⑥直恁：只这般。倩：美好。

王和卿

王和卿，大都（今北京市）人。生卒年不详。滑稽佻达，传播四方，尝与关汉卿相讥谑。元钟嗣成《录鬼簿》列为前辈名公。现存散曲小令二十一首，多滑稽游戏之作，尖新俏皮，或流于油滑恶趣，如其《嘲胖妓》《嘲王大姐浴房吃打》等。

【仙吕·醉中天】咏大蝴蝶[①]

弹破庄周梦[②]，两翅驾东风，三百座名园一采一个空。难道风流种[③]，吓杀寻芳的蜜蜂。轻轻的飞动，把卖花人扇过桥东[④]。

【注释】 ①曲尚谐趣，此曲以夸张动人。元陶宗仪《辍耕录》说："大名王和卿，滑稽佻达，传播四方。中统初，燕市有一蝴蝶，其大异常，王赋【醉中天】小令云云，由是其名益著。"此曲或为讥讽风流好色的"花花太岁"而作。②弹破庄周梦：弹，一作"挣"。《庄子·齐物论》云庄周梦中化为蝴蝶，栩栩然飞动，觉得很适意。后醒来，分辨不清是庄周在梦里化成了蝴蝶，还是蝴蝶在梦里化成庄周。庄子以梦蝶故事喻人生如梦。这里只借庄周梦的被弹破来形容蝴蝶之大，无其他寄意。③风流种：本指才华出众、举止潇洒的人物，此指贪恋女色之采花贼。④扇：本指摇动物体、振动空气而生风，这里引申为吹。

白　朴

白朴（1226~1306），字仁甫，一字太素，号兰谷。祖籍隩州（今山西河曲），后流寓真

定(今河北正定)。父白华,为金枢密院判官,与元好问有通家之谊。白朴七岁遭壬辰(1232)蒙古侵金之难,赖父执元好问携带避难山东,寓居聊城,学问教养皆蒙元好问指点。元好问尝有赠诗云:“元白通家旧,诸郎独汝贤。”仁甫学问博览,然自幼经丧乱,仓皇失母,便有满目山川之叹。金亡后,不愿出仕,放浪形骸,期于适意。后徙家金陵,与诸遗老往还,寄情山水、诗酒。有词集《天籁集》传世。尤工于曲,与关汉卿、马致远、郑光祖并称“元曲四大家”。作杂剧十六种,今存《梧桐雨》等三种。另有小令三十七首,套数四篇。杂剧散曲以绮丽婉约见长,王国维《宋元戏曲史》谓:“白仁甫、马东篱,高华雄伟,情深文明……均不失为第一流。”

【仙吕·寄生草】饮[①]

长醉后方何碍[②],不醒时有甚思。糟腌两个功名字,醅渰千古兴亡事,曲埋万丈虹霓志[③]。不达时皆笑屈原非[④],但知音尽说陶潜是[⑤]。

【注释】 ①饮:本曲一说系范康(字子安)所作,曲题《酒》。此曲实多愤激之语。②方何碍:却何碍。方,却。③“糟腌”三句:对仗工整,为鼎足对。糟腌,用酒糟浸渍。醅渰,用劣酒掩盖。渰,通“淹”。曲,酒糟。虹霓志,气贯长虹的豪情壮志。④不达时:不识时务。屈原(前330~前278),战国时楚国大夫。曾推行举贤授能、修明法度的“美政”,后遭驱逐,“美政”理想破灭,乃投汨罗江而死。自东汉班固以来,秉持儒家传统的士人对其行为多有指责,言其“露才扬己”“不识时务”。此乃用反语。⑤知音:知己。是:正确。陶潜(365~327),字渊明,东晋著名诗人,曾任彭泽县令,因不愿“为五斗米折腰”,辞官归隐。陶潜淡泊名利,且喜好饮酒,故本句紧扣题旨。

【双调·沉醉东风】渔父[①]

黄芦岸白苹渡口,绿杨堤红蓼滩头[②]。虽无刎颈交[③],却有忘机友[④],点秋江白鹭沙鸥。傲煞人间万户侯[⑤],不识字烟波钓叟。

【注释】 ①元曲中多见以渔夫、樵夫为题者,大多暗寓归隐之志,此即其中之一。②红蓼:开着红花的水蓼。蓼,生长在水边的叫作水蓼。秋日开花,呈淡红色。③刎颈交:生死相交,愿以性命相许的朋友。司马迁《史记·廉颇蔺相如列传》:“卒相与欢,为刎颈之交。”④忘机友:泯除机诈之心的朋友。李白《下终南山过斛斯山人宿置酒》:“我醉君复乐,陶然共忘机。”⑤万户侯:古代贵族的封邑以户口计算,汉时分封诸侯,大者食邑万户,后以万户侯指代高官显贵。

王　恽

王恽(1227~1304),字仲谋,别号秋涧,卫州汲县(今属河南省)人。为元代著名学者、文学家、书法家。中统元年,因姚枢荐,由东平详议官擢为中书省详定官,二年转任翰林修撰、通知制诰、兼国史院编修。后历任御史台、监察御史、翰林待制拜朝列大夫、嘉议大夫等职。卒赠翰林学士承旨、资善大夫,追封太原郡公,谥文定。王恽在省院有经纶之

才，任监察官有弹击平反之誉，作为文章，不蹈袭前人。绾持文柄，独步一时。精于书画，为世称誉。《元史》有传。著有《秋涧先生大全集》一百卷。今存小令四十一首。

【正宫·黑漆弩】游金山寺并序[①]

邻曲子严伯昌尝以【黑漆弩】侑酒。省郎仲先谓余曰："词虽佳，曲名似未雅。若就以【江南烟雨】目之，何如？"予曰："昔东坡作【念奴曲】，后人爱之，易其名曰【酹江月】，其谁曰不然？"仲先因请余效颦，遂追赋《游金山寺》一阕，倚其声而歌之。昔汉儒家畜声妓，唐人例有音学。而今之乐府，用力多而难为工，纵使有成，未免笔墨劝淫为侠耳。渠辈年少气锐，渊源正学，不致费日力于此也。其词曰：

苍波万顷孤岑矗，是一片水面上天竺[②]。金鳌头满咽三杯[③]，吸尽江山浓绿。蛟龙虑恐下燃犀[④]，风起浪翻如屋。任夕阳归棹纵横，待偿我平生不足。

【注释】 ①王恽为其【黑漆弩】曲所作之《序》，对于我们了解词曲创作的背景，理解词曲一调多名的现象都有所帮助。【黑漆弩】因名王恽学士这首曲而称【学士吟】，又因白无咎所作【黑漆弩】中有"鹦鹉洲边住"而称【鹦鹉曲】。②天竺：此指佛寺。③金鳌：金山的最高峰，称金鳌峰。④"蛟龙"句：《晋书·温峤传》："至牛渚矶，水深不可测。世云其下多怪物。峤遂燃犀角而照之。须臾，见水族覆火，奇形异状，或乘马车着赤衣者。峤其夜梦人谓己曰：'与君幽明道别，何意相照也？'意甚恶之。"古人以为水深有怪，宝物照之，可使其现出原形。此处用此典以描绘水急浪高。

胡祗遹

胡祗遹（1227～1293），字绍开，号紫山，磁州武安（今河北磁县）人。元代著名学者、文学家。元世祖中统初，为大名宣抚员外郎，至元元年（1264）任应奉翰林文字，兼太常博士，转任左右司员外郎。后出为河东山西道提刑按察副使。元灭宋统一全国后，历任宣慰副使、提刑按察使等职。为官刚正，因触犯权奸，被贬外任，所到之处抑强豪、扶寡弱、敦教化，颇有政声。晚年诏拜翰林学士，托病不就。卒谥文靖，赠礼部尚书。著有《紫山大全集》二十六卷传世。现存小令十一首。张之瀚《挽胡紫山绍开》云："文章勋业乘除里，太白渊明伯仲间。"

【双调·沉醉东风】[①]

渔得鱼心满意足，樵得樵眼笑眉舒[②]。一个罢了钓竿，一个收了斤斧[③]，林泉下相遇。是两个不识字渔樵士大夫[④]，他两个笑加加的谈今论古[⑤]。

【注释】 ①胡祗遹【双调·沉醉东风】现存两首，今选其一。曲中的渔夫、樵民显为隐者之写照。诗中亦有隐逸一类，但一般都静穆悠远，不似曲中这般通脱自然。②"渔得"两句乃言，只要能捕到鱼、砍到柴就心满意足，别无奢望。③斤斧：斧头。④不识字渔樵士大夫：渔夫、樵民虽然不识字，却有士大夫难得的淡泊胸襟。⑤笑加加：笑哈哈。

卢　挚

卢挚(1235~1314),字处道,一字莘老。号疏斋,又号嵩翁。涿郡(今河北涿州市)人。至元五年(1268)仕元,累迁少中大夫、河南路总管。大德初,授集贤学士、大中大夫,大德四年(1300)出持宪湖南,迁江东道联防使,复入为翰林学士,迁承旨。其诗文均著名于时,文章与姚燧齐名,世称“姚卢”。论诗则与刘因并称,世称“刘卢”。著有《疏斋集》《疏斋后集》(皆佚),今人李修生编有《卢疏斋集辑存》。今存散曲一百二十首,贯云石《阳春白雪序》云:“疏斋妩媚,如仙女寻春,自然笑傲。”

【双调·寿阳曲】别珠帘秀[1]

才欢悦,早间别[2],痛煞煞好难割舍。画船儿载将春去也[3],空留下半江明月。

夜　忆

灯将灭,人睡些,照离愁半窗残月。多情直恁的心似铁[4],辜负了好天良夜[5]。

【注释】　①卢挚【双调·寿阳曲】共九首,皆尖新俏丽,此选其中两首。珠帘秀,元代著名歌妓,与卢挚、关汉卿等曲家都有往来。与卢挚也有酬答,见本书。②早:就,已经。间别:离别。③将:语气助词。春:本指春色,这里用以指代色美如春的珠帘秀。“画船”句直接运用俞国宝【风入松】“画船载取春归去,馀情付湖水湖烟”句意。④直恁的:真这样,果如此。⑤好天良夜:大好时光。马致远《双调·夜行船》:“没多时好天良夜,富家儿更做道你心似铁。”

【双调·殿前欢】[1]

酒杯浓,一葫芦春色醉山翁[2],一葫芦酒压花梢重。随我奚童[3],葫芦乾兴不穷。谁与共,一带青山送。乘风列子[4],列子乘风。

又

酒新笃[5],一葫芦春醉海棠洲,一葫芦未饮香先透。俯仰糟丘[6],傲人间万户侯[7]。重酣后,梦景皆虚谬。庄周化蝶,蝶化庄周。

【注释】　①卢挚【双调·殿前欢】共十首,表现的都是避世退隐的情怀,此选其中两首。【殿前欢】末两句一般对仗或回文,为本曲特有的标志。②葫芦:形似葫芦的酒器。春色:洞庭春色的缩语,酒名。苏轼《洞庭春色赋序》:“安定郡王以黄柑酿酒,名之曰洞庭春色。”山翁:指晋代的山简,他镇守襄顿时经常在外饮酒,且常酩酊大醉。李白《襄阳歌》:“旁人借问笑何事,笑杀山翁醉似泥。”这里作者以山简自比。③奚童:小仆人。按“奚”为古代奴隶的一种称呼。④列子:名御寇,战国时人,好道术,据说能乘风而行。《庄子·逍遥游》:“夫列子御风而行,泠然善也。”此处用列子乘风的典故说自己怡然自得,飘然若仙。⑤笃:用篾编成的滤酒器具。“酒新笃”指酒刚刚酿成。⑥糟丘:酒糟堆成的小

丘。⑦"傲人间"句:傲视人间的权贵。万户侯,本指食邑万户人家的侯爵,后指代富家贵族。

【双调·殿前欢】[①]

沙三伴哥来嗏[②],两腿青泥,只为捞虾。太公庄上,杨柳阴中,磕破西瓜[③]。小二哥昔涎刺塔[④],碌轴上淹着个琵琶[⑤]。看荞麦开花,绿豆生芽。无是无非,快活煞庄稼。

【注释】 ①卢挚这首【殿前欢】从题材来说,可归为田园一类,与一般田园诗相较,或有雅、俗之别,然而又非一味的"俗",盖元曲中常见的所谓"化俗为雅"者。②沙三伴哥:元曲中常用的村农名字。嗏:语尾助词,同"者"字用法相近。③磕破:撞破,砸开。本曲上三句与下三句倒装。应是杨柳阴中砸开西瓜,沙三伴哥听到叫唤,匆忙赶来。④昔涎刺塔:形容垂涎的样子。此句是说小二哥因吃不到西瓜,故而垂涎三尺。刺塔,肮脏。⑤碌轴:农家使用的用来滚碾用的农具。此句是说小二哥斜躺在碌轴上,样如琵琶。

珠帘秀

珠帘秀,姓朱,排行第四,人称朱四姐,元代著名歌妓。珠帘秀主要活动在至元、大德年间(1264~1307)。早年在大都,后下江淮间。与当时著名曲家胡祗遹、卢挚、冯子振、关汉卿等都有往来。

【双调·寿阳曲】答卢疏斋[①]

山无数,烟万缕,憔悴煞玉堂人物[②]。倚篷窗一身儿活受苦[③],恨不得随大江东去[④]。

【注释】 ①卢挚有【双调·寿阳曲】别珠帘秀(见前),此为珠帘秀的酬答之曲。本属当场游戏,但亦颇切情动人。②玉堂人物:指卢疏斋。宋以后翰林院称为玉堂。这时卢挚官翰林,故日"玉堂人物"。③倚篷窗:是指依着船窗(想念情人)。④大江东去:借用苏轼《念奴娇·赤壁怀古》成句,从字面意思说自家痛苦不堪,欲纵身东流之水以解脱,实则颇富戏谑。

姚　燧

姚燧(1238~1313),字端甫,号牧斋,河南洛阳人。三岁丧父,为伯父姚枢所抚养。及长,为国子祭酒许衡赏识。三十八岁时为秦王府文学,旋授奉议大夫,兼提举陕西、四川、中兴等路学校,除陕西汉中道提刑按察副使。入为翰林直学士。大德五年(1301),出为江苏廉访使,后拜江西行省参知政事。至大元年(1308),征为太子宾客,进承旨学士,寻拜太子少傅。次年,授荣禄大夫、翰林学士承旨知制诰兼修国史。时共推为名儒,文章宗师,世人比之唐之韩昌黎、宋之欧阳修。曾主持修撰《世祖实录》,有《牧斋文集》五十卷。现存小令二十九首,套数一篇。

【中吕·满庭芳】[①]

天风海涛,昔人曾此,酒圣诗豪[②]。我到此闲登眺,日远天高[③]。山接水茫茫渺渺[④],

水连天隐隐迢迢[5]。供吟笑。功名事了,不待老僧招[6]。

【注释】 ①此曲所表现的隐逸情怀亦为元曲中所常见,唯其刚劲宏肆、境界不凡,为元曲中所鲜见。曲至于此,其境界已迫近于诗。②酒圣:酒中的圣贤。此指刘伶之属,伶字伯伦,"竹林七贤"之一。性嗜酒,曾作《酒德颂》,蔑视礼教。诗豪:诗中的英豪。《唐书·刘禹锡传》:"(禹锡)素善诗,晚节尤精。与白居易酬复颇多,居易以诗名者,尝推为诗豪。"辛弃疾【念奴娇】(双陆和陈和仁韵):"少年横槊,酒圣诗豪馀事。"③日远天高:双关语,既是写登临所见,又是写仕途难通。④茫茫渺渺:形容山水相连,辽阔无边的样子。⑤隐隐迢迢:形容水天相接,看不清晰、望不到边的样子。杜牧《寄扬州韩绰判官》:"青山隐隐水迢迢,秋尽江南草未凋。"⑥不待:不用。

【中吕·阳春曲】[1]

笔头风月时时过[2],眼底儿曹渐渐多[3]。有人问我事如何。人海阔[4],无日不风波[5]。

【注释】 ①姚燧【中吕·阳春曲】凡四首,今选其中之一。苏轼、辛弃疾等人的词作中有许多人生感喟类,其风味亦与此曲相近,可见词曲之间本无判然可分的疆界。②笔头风月:文学中描绘的风花雪月,暗指人间风流之事。③儿曹:儿女们,这里指晚辈。④人海:比喻人世间。⑤风波:这里用来比喻人事的纠纷和仕途的艰险。白居易《除夜寄微之》:"家山泉石寻常忆,世路风波仔细谙。"

【中吕·醉高歌】感怀[1]

十年燕月歌声[2],几点吴霜鬓影[3]。西风吹起鲈鱼兴[4],已在桑榆暮景[5]。

又

十年书剑长吁[6],一曲琵琶暗许[7]。月明江上别湓浦[8],愁听兰舟夜雨。

【注释】 ①姚燧【中吕·醉高歌】凡八首,今选其中两首,表现的都是其人生感喟。②"十年燕月"句:这是作者对自己大半生官场生涯的概括。"燕月歌声"指在大都(今北京)任翰林学士期间一段清闲高雅的生活(北京为古燕国地)。③吴霜鬓影:指出任江东(今江苏一带,为古吴国地)廉访使的一段生活。此时作者已渐近晚年,所以他说自己的双鬓已渐渐被吴霜染白了。④"西风"句:意谓自己已有弃官还乡的想法。晋代吴地人张翰到洛阳做官,有一天刮起了秋风,他忽然想起了菰菜、莼羹、鲈鱼脍等家乡风味的饭食,于是立即备车回家(见《晋书·张翰传》)。⑤桑榆暮景:落日馀辉返照在桑榆树梢上,比喻人生晚年。⑥"十年书剑"句:想起十年来的宦游生活,不禁感慨万端。书剑,携书带剑,指在外宦游。长吁,长叹。⑦一曲琵琶暗许:白居易夜闻琵琶女演奏后,写《琵琶行》相赠,末有"同是天涯沦落人,相逢何必曾相识"之句。许,称许,称赞。⑧湓浦:在今江西九江市西湓水入长江处,白居易《琵琶行》诗序中称为"湓浦口"。

陈草庵

陈草庵(1245~1320),字彦卿,号草庵,大都人。生平事迹不详。钟嗣成《录鬼簿》列

为"前辈已死名公,有乐府行于世者",说其曾为中丞。孙楷第《元曲家考略》谓其名英,大德七年(1303)三月曾奉使宣抚江西、福建,延祐初以左丞往河南经理钱粮,寻拜为河南行省左丞。今存其小令二十六首。

【中吕·山坡羊】叹世[1]

晨鸡初叫,昏鸦争噪,那个不去红尘闹[2]。路遥遥,水迢迢,功名尽在长安道,今日少年明日老。山,依旧好;人,憔悴了!

又

江山如画,茅檐低凹。妻蚕女织儿耕稼。务桑麻,捕鱼虾,渔樵见了无别话。三国鼎分牛继马[3]。兴,也任他;亡,也任他。

【注释】 ①陈草庵所作【中吕·山坡羊】以"叹世"为题,凡二十六首,皆愤世嫉俗之作,今选其中两首。②此句以昏鸦争噪喻人世间的名利纷争,极其热闹。③三国鼎分牛继马:三国鼎分,指东汉王朝覆灭后出现魏、蜀、吴三国分立的局面。牛继马,指司马氏建立的西晋王朝覆灭后,在南方建立东晋王朝的元帝是他母亲私通牛姓小吏而生(见《晋书·元帝纪》)。

奥敦周卿

奥敦周卿,生卒年不详。姓奥敦(汉译又作奥屯),女真人。名希鲁,字周卿,号竹庵。元初人。至元六年(1269)曾为怀孟路(今河南境内)总管府判官,后历官河北、河南道提刑按察司事,江西、江东宪使、澧州路总管,至侍御史。今存小令两首,套数一篇。

【双调·蟾宫曲】[1]

西湖烟水茫茫,百顷风潭,十里荷香[2]。宜雨宜晴,宜西施淡抹浓妆[3]。尾尾相衔画舫[4],尽欢声无日不笙簧[5]。春暖花香,岁稔时康[6]。真乃上有天堂,下有苏杭。

【注释】 ①蒙元灭南宋后,杭州成为许多蒙古贵族的天堂,他们日日在西湖游嬉,俨然以主人自居。奥敦周卿的这首【蟾官曲】即反映了这一历史事实。②"十里荷香"句:此化用宋柳永【望海潮】词,柳词有:"重湖叠巘清嘉,有三秋桂子,十里荷花,羌管弄晴,菱歌泛夜,嬉嬉钓叟莲娃。"③"宜雨宜晴"两句:此化用宋苏轼《饮湖上初晴后雨》诗,苏诗云:"水光潋滟晴方好,山色空蒙雨亦奇。欲把西湖比西子,淡妆浓抹总相宜。"④"尾尾"句:意谓画船很多,连绵不断。⑤笙簧:这里指代各种歌吹之声。⑥岁稔时康:年成丰收,天下太平。稔,庄稼成熟。

关汉卿

关汉卿,晚号已斋叟,大都(今北京市)人,一说祁州(今河北安国)人。生卒年不详,约生于元太宗(窝阔台)在位时代(1229~1241),卒于元成宗(铁穆耳)大德年间(1297~

1307)。钟嗣成《录鬼簿》说他曾做过“太医院尹”。《析津志》说其“生而倜傥,博学能文,滑稽多智,蕴藉风流,为一时之冠”。懋循《元曲选序》说其“躬践排场,面覆粉墨,以为我家生活,偶倡优而不辞”。关汉卿与马致远、白朴、郑光祖并称“元曲四大家”。作杂剧六十余种,现存十六种,著名者如《单刀会》《窦娥冤》等。现存小令五十八首,套数十一篇。近人王国维甚为推崇,王国维《宋元戏曲史》谓:“关汉卿一空倚傍,自铸伟词,而其言曲尽人情,字字本色,故当为元人第一。”

关汉卿像

【双调·大德歌】夏[1]

俏冤家[2],在天涯,偏那里绿杨堪系马[3]。困坐南窗下,数对清风想念他[4]。蛾眉淡了教谁画[5],瘦岩岩羞带石榴花[6]。

秋

风飘飘,雨潇潇,便做陈抟睡不着[7]。懊恼伤怀抱,扑簌簌泪点抛[8]。秋蝉儿噪罢寒蛩儿叫[9],淅零零细雨打芭蕉[10]。

【注释】 ①关汉卿尝以【双调·大德歌】分咏春、夏、秋、冬四季,皆以男女情事为题,尖新俏丽,此选咏夏、秋两篇。②俏冤家:对所爱之人的亲昵称呼。③“偏那”句:偏偏只有那里留得住。张耒【风流子】:“遇有系马,垂杨影下。”④数对:屡次对着,频频地对着。⑤蛾眉:指女子弯弯的长眉毛。此处暗用汉张敞画眉典故。⑥瘦岩岩:瘦削的样子。石榴花:泛指红色的花。苏轼【贺新郎】:“石榴半吐红巾蹙”,则借作石榴花了。⑦陈抟高卧:陈抟,五代末、北宋初的著名道士。字图南,自号扶摇子,曾修道于华山,赵匡胤征辟不就,据说常酣睡百日不醒。此处乃借陈抟之能睡反衬女子之难以入眠。⑧扑簌簌:眼泪直流的样子。⑨秋蝉、寒蛩:秋天里容易唤起人们愁思的两种昆虫,诗人们往往用它们来形容和点染离人的秋思。蝉,又名知了。寒蛩,即蟋蟀。⑩“淅零零”句:形容细雨蒙蒙。细雨打芭蕉,出自李煜【长相思】:“秋风多,雨相和,帘外芭蕉三两窠。夜长人奈何。”

【双调·沉醉东风】[1]

咫尺的天南地北[2],霎时间月缺花飞[3]。手执着饯行杯,眼阁着别离泪[4]。刚道得声保重将息[5],痛煞煞教人舍不得[6]。好去者前程万里[7]。

又

忧则忧鸾孤凤单[8],愁则愁月缺花残,为则为俏冤家,害则害谁曾惯[9],瘦则瘦不似今番,恨则恨孤帏绣衾寒[10],怕则怕黄昏到晚[11]。

【注释】 ①【双调·沉醉东风】原四曲,今选其中两曲。别离、相思皆词、曲共有之

题材，词多情深而婉转，曲则率直而淋漓，此二曲亦可见元曲风味。②咫尺：周制八寸，此言距离之近。③霎时间：一会儿，此言时间迅即。黄庭坚【滚绣球】："霎时间，雨散云归，无处追雪。"古人常以"花好月圆"喻男女美满相聚，此则以"月缺花飞"喻别离之痛。④阁着：噙着，含着。⑤将息：调养，休息。李清照【声声慢】："乍暖还寒时候，最难将息。"⑥痛煞煞：痛苦状。亦作"痛设设"。⑦好去者：安慰行者的套语，犹言"走好着"。马致远【耍孩儿】《借马》套："道一声好去，早两泪双垂。"⑧"忧则忧"：担忧的是。则，犹现代汉语中的"只"，元曲中多见。鸾凤：旧时用来比喻夫妇。卢纶《催妆》诗："今日幸为秦晋会，早教鸾凤下妆楼。"⑨害则害：言害相思病。⑩孤帏绣衾：孤单的罗帐，绣花的被子。⑪怕则怕黄昏到晚：此句从李清照词化出。李清照【声声慢】云："守着窗儿，独自怎生得黑。梧桐更兼细雨，到黄昏点点滴滴。这次第，怎一个愁字了得。"

庾天锡

庾天锡，生卒年不详。字吉甫，大都（今北京）人。曾任中书省掾，除员外郎、中山（今河北定州）府判。钟嗣成《录鬼簿》将其列于"前辈已死名公才人，有所编传奇行于世者"之列。曾官中书省掾，除员外郎、中山府判。作杂剧《骂上元》《霓裳怨》《琵琶怨》等十五种，今皆不存。贯云石在《阳春白雪序》中把他和关汉卿并论，品评两人"造语妖娇，却如小女临怀，使人不忍对殢"。杨维桢在《周月湖今乐府序》中称："士大夫以今乐府鸣者，奇巧莫如关汉卿、庾吉甫、杨淡斋、卢疏斋。"可见天锡名重一时。其散曲今存小令七首，套数四篇。

【双调·蟾宫曲】[①]

环滁秀列诸峰[②]。山有名泉，泻出其中[③]，泉上危亭，僧仙好事，缔构成功[④]。四景朝暮不同，宴酣之乐无穷，酒饮千锺[⑤]。能醉能文，太守欧翁[⑥]。

又

滕王高阁江干[⑦]。佩玉鸣鸾，歌舞阑珊[⑧]。画栋朱帘，朝云暮雨，南浦西山[⑨]。物换星移几番[⑩]，阁中帝子应笑，独倚危栏[⑪]。槛外长江，东注无还[⑫]。

【注释】 ①庾天锡这首【蟾宫曲】乃隐括欧阳修《醉翁亭记》一文而成。②"环滁"句：此句概括了《醉翁亭记》"环滁皆山也，其西南诸峰，林壑尤美，望之蔚然而深秀者，琅琊也"五句。滁，今安徽滁县。③"山有"二句：此是"山行六七里渐闻水声潺潺，而泻出于两蜂之间者，酿泉也"四句的概括。④"泉上"三句：这是"峰回路转，有亭翼然，临于泉上者，醉翁亭也。作亭者谁，山之僧日智仙也；名之者谁，太守自谓也"的概括。⑤"四景"三句：这是"若夫日出而林霏开，云归而岩穴暝，晦明变化者，山间之朝暮也。野芳发而幽香，佳木秀而繁阴，风霜高洁，水落而石出者，山间之四时也。朝而往，暮而归，四时之景不同，而乐亦无穷也"一段的概括。⑥"能醇"二句：这是"醉能同其乐，醒能述以文者，太守也。太守谓谁，庐陵欧阳修也"的语意。⑦这支曲是概括王勃《滕王阁》诗的语意而成。

王勃的诗抚今追昔，既有年华易逝、好景不长的感慨，又气势雄放、格调高昂，无纤巧淫靡气息。庾天锡将之改编为曲，且能存其风味，颇为不易。"滕王"句：这是在"滕王高阁临江渚"的原句上，略加删易而成的。⑧"珮玉"二句：这是"珮玉鸣鸾罢歌舞"一语的改写。瑕玉鸣銮，都是歌妓衣物上的妆饰品。鸾，响铃。阑珊，是形容歌舞由盛况而入衰微。⑨"画栋"三句：这是"画栋朝飞南浦云，朱帘暮卷西山雨"一联的概括。画栋，涂有彩画的梁栋。此写滕王去后滕王阁的冷落情况。⑩"物换"句：这是"物换星移几度秋"的改写。物换，言景物在变化；星移，言星辰在运行。⑪"阁中"二句：这是"阁中帝子今何在"句的点换。帝子，指滕王。危栏，高高的栏杆。⑫"槛外"二句：这是"槛外长江空自流"一句的改写。槛，栏杆。长江，这里指赣江。东注，向东奔流。

【双调·雁儿落过得胜令】[①]

【雁儿落】春风桃李繁，夏浦荷莲间，秋霜黄菊残，冬雪白梅绽[②]。【得胜令】四季手轻翻，百岁指空弹。谩说周秦汉，徒夸孔孟颜。人间，几度黄粱饭。狼山[③]，金杯休放闲。

【注释】 ①此为带过曲，所谓带过曲即某支曲另连带一两支曲，如【脱布衫】带【小梁州】、【醉高歌】带【红绣鞋】、【骂玉郎】带【感皇恩】、【采茶歌】等，"代"也即是"过"。宋人词多包括上下两片(段)，元曲小令多为单片(段)，故带过曲略相当于两片(段)或三(段)的词。②"春风桃李繁"以下四句为连璧对，连璧对亦为元曲巧体之一，这种对仗法诗词中皆少见。③狼山：又称紫狼山或紫琅山，在江苏南通市东南，滨长江北岸，风光绮丽，名胜古迹甚多。

王德信

王德信，字实甫，以字行。大都(今北京)人。生卒年不详，约与关汉卿同时，钟嗣成《录鬼簿》将其列于"前辈已死名公才人，有所编传奇行于世者"之列，称"西厢记，天下夺魁"。主要创作活动大约在元成宗元贞、大德年间(1295~1307)。王实甫早年曾经为官，晚年弃官归隐，吟风弄月，优游诗酒。贾仲明悼词称其"作辞章，风韵美，士林中，等辈伏低"。王实甫曾做杂剧十四种，今存《西厢记》《破窑记》和《丽春园》等三种，其中《西厢记》最为著名。吴梅《中国戏曲概论》云："自实甫继(董)解元之后，创为研炼艳冶之词，而关汉卿以雄肆易其旗帜……东篱则以清俊开宗……自是三家鼎盛，矜式群英。"今存小令一首。

马致远

马致远(1250~1324)，号东篱，大都人。他少年时追求功名，未能得志。后曾出任浙江行省务提举官。晚年退出官场，隐居杭州郊外。他曾参加元贞(1295~1296)书会，与李时中、红字李二、花李郎等合写《黄粱梦》杂剧。明初贾仲明为他写的《凌波仙》悼词，说他是"曲状元""万花丛里马神仙"。元人称道士做神仙，他实际是当时在北方流行的全真教的信徒。《太和正音谱》将其列为元曲众家之首。作杂剧十五种，今存《汉宫秋》

《青衫泪》《荐福碑》等七种,以《汉宫秋》最为著名。散曲小令一百一十五首,套数十七篇。王国维《宋元戏曲史》谓:"白仁甫、马东篱,高华雄伟,情深文明……均不失为第一流。"

【南吕·金字经】[①]

夜来西风里,九天雕鹗飞[②],困煞中原一布衣[③]。悲,故人知未知,登楼意[④],恨无上天梯[⑤]。

【注释】 ①马致远【南吕·金字经】凡三首,今选其中之一,主要表现作者志不获展的情怀。此曲可能为马致远早期作品。②九天:九重天,极言天高。李白《望庐山瀑布》:"飞流直下三千尺,疑是银河落九天。"鹗:一种猛禽,通称鱼鹰。孔融《荐祢衡表》:"鸷鸟累百,不如一鹗。"后世因以推贤荐能为"鹗荐",这里作者乃以雕鹗自喻。③中原:泛指黄河中、下游地区。布衣:指没有做官的知识分子。诸葛亮《出师表》:"臣本布衣,躬耕南阳。"④登楼意:汉末王粲以西京丧乱,避难荆州,未能得到刘表的赏识,于是作《登楼赋》,以抒发其慷慨之情。⑤天梯:登天的梯子,暗指为朝廷任用。范成大《奠唐少梁晋仲兄墓下》诗:"青云何处用天梯。"

【越调·天净沙】秋思[①]

枯藤老树昏鸦,小桥流水人家,古道西风瘦马[②]。夕阳西下,断肠人在天涯[③]。

【注释】 ①马致远【越调·天净沙】秋思被推为名曲,其写景状物、抒怀言志皆极高妙,文字简约而含蕴丰厚,信非虚誉。②古道:古老的驿路。张炎【念奴娇】词:"老柳官河,斜阳古道,风定波犹直。"③断肠人:指漂泊天涯、百无聊赖的旅客。

【南吕·四块玉】叹世[①]

两鬓皤[②],中年过,图甚区区苦张罗[③]。人间宠辱都参破[④]。种春风二顷田,远红尘千丈波,倒大来闲快活[⑤]。

又

带月行,披星走,孤馆寒食故乡秋[⑥]。妻儿胖了咱消瘦。枕上忧[⑦],马上愁[⑧],死后休。

【注释】 ①马致远【南吕·四块玉】以"叹世"为题者九首,皆表现避世全身的思想,但落笔各不相同,各具风致。②两鬓皤:两边的鬓发已经白了。皤,形容白色。③"图甚"句:贪图什么小小的功名富贵,要去苦苦地筹划呢!区区,极言其微小。柳永【满江红】:"游宦区区成底事,平生况有云泉约。"④参破:看破,参悟破。⑤倒大:犹云绝大。来:语气词。⑥孤馆寒食:孤独寂寞地在旅馆里度过寒食节。寒食,节令的名称,在清明的前一天。⑦枕上忧:梦中的忧虑。徐再思【满江红】:"枕上十年事,江南二老忧,都到心头。"⑧马上愁:在路途奔波中所引起的愁思。

【双调·蟾宫曲】叹世

咸阳百二山河[①]。两字功名,几阵干戈。项废东吴[②],刘兴西蜀[③],梦说南柯[④]。韩信功兀的般证果[⑤],蒯通言那里是风魔[⑥]。成也萧何[⑦]。败也萧何,醉了由他[⑧]。

【注释】 ①咸阳:秦国的都城,在今陕西省咸阳市东北二十里。百二山河:形容地势险要。《史记·高祖本纪》云:"秦,形胜之国,带山河之险,县隔千里,持载百万,秦得百二焉。"②项废东吴:项,项羽(前232~前202),名籍。秦末兴兵,为领袖。灭秦后,自立为西楚霸王,王九郡,都彭城(今江苏徐州,为古东吴之地)。后为刘邦击败,被困垓下(今安徽灵璧南),自刎乌江。故曰"项废东吴"。③刘兴西蜀:刘,指刘邦(前256~前195),西汉王朝的创建者,曾经率领军队攻占咸阳,推翻秦的统治。秦亡后,项羽分封诸侯,不愿刘邦在关中立足,乃立他为汉王,"王巴蜀、汉中,都南郑"(见《史记·项羽本纪》),终于战胜项羽,统一天下。故云"刘兴西蜀"。④梦说南柯:唐李公佐《南柯记》传奇说书生淳于棼梦至槐安国,国王妻以公主,任命他做南柯太守,享尽了荣华富贵,醒来才知道是一场大梦。这是感叹刘、项的兴废也不过一场幻梦罢了。⑤韩信:汉初大将。在帮助刘邦建立汉政权的过程中,立下了汗马功劳,但却被吕后杀害。兀的:这。也作"兀底""兀得"。证果:果报,结果。⑥蒯通:即蒯彻,汉初谋士,后世因避汉武帝刘彻名讳而改名。曾劝韩信背汉,"三分天下,鼎足而居"。韩信不听,乃佯狂为巫。事见《史记·淮阴侯列传》。元无名氏据此写了《隋何赚风魔蒯通》的杂剧,说隋何识破蒯通诈装风魔,赚来京城准备杀害,那蒯通历数韩信十大功劳,不当得此恶报,自己甘愿油烹火葬,和他生死相伴,终于得到刘邦的赦免。风魔:疯癫。⑦萧何:汉初大臣。韩信微贱时,萧何曾经向刘邦推荐韩信为大将,说韩信是"国士无双"。汉政权建立以后,又觉得韩信功业显赫,"军权太重",他又向吕后献计除掉韩信。⑧醉了由他:大醉不醒,哪管他成败是非。这是一种悲凉的嘲世和自嘲。他,元代读音与今有异,与河、戈等字同属歌戈韵。

白　贲

白贲,生卒年不详。字无咎,钱塘人。父白珽,长于诗文。早年随父居杭州、常州,后出仕,曾任忻县知州,至正间(1321~1323)曾任温州路平阳州教授,后为南安路总管府经历。善绘画。散曲存者甚少,仅小令二首,套数三篇。

【正宫·鹦鹉曲】[①]

侬家鹦鹉洲边住[②],是个不识字渔父。浪花舟中一叶扁舟,睡煞江南烟雨。【幺】[③]觉来时满眼青山[④],抖擞绿蓑归去。算从前错怨天公,甚也有安排我处[⑤]。

【注释】 ①白贲此曲当时甚有名,和者甚多,故《阳春白雪》《太平乐府》《雍熙乐府》等曲选皆收录。【鹦鹉曲】又名【黑漆弩】、【学士吟】,自自无咎此曲一出,后人遂多称为【鹦鹉曲】。②侬家:自称,我。鹦鹉洲:地名,在湖北汉阳西南长江中。③幺:【幺篇】之省。北曲一般只有一段,若后段即前段的重复(或略有变化),后篇即称【幺篇】(南曲一

般称【前腔】)。④觉来时:醒来时。⑤甚:真。

【双调·百字折桂令】[①]

弊裘尘土压征鞍[②],鞭倦袅芦花。弓箭萧萧,一迳人烟霞[③]。动羁怀[④]:西风禾黍,秋水蒹葭[⑤]。千点万点,老树寒鸭。三行两行,写长空哑哑[⑥],雁落平沙。曲岸西边,近水涡[⑦],渔网纶竿钓艖[⑧]。断桥东边,傍西山,竹篱茅舍人家。见满山满谷,红叶黄花。正是伤感凄凉时候,离人又在天涯。

【注释】 ①羁旅愁怀为诗词家之熟题,而此篇借曲之铺排笔法,于诗词之外另造一种风致。用笔清丽,音调协婉,句法多变,抒情淋漓尽致。②弊裘尘土压征鞍:写马上游子穿着破裘,满身尘土,连马鞭都懒举了。③一迳:一直。④羁怀:游子的情怀。⑤蒹葭:芦苇。⑥写长空:指雁飞空中,像在写字,故说"写长空"。⑦水涡:水流旋转处。⑧纶竿:钓鱼竿。钓艖:钓鱼的小船。

鲜于必仁

鲜于必仁,字去矜,号苦斋。生平不详。渔阳郡(今属北京市)人,太常寺典簿鲜于枢之子,以乐府擅长。与著名曲家海盐杨梓之二子国材、少中交善。现存小令二十九首。

【双调·折桂令】卢沟晓月[①]

出都门鞭影摇红,山色空濛,林景玲珑。桥俯危波,车通运塞,栏倚长空。起宿霭千寻卧龙,掣流云万丈垂虹[②],路杳疏钟,似蚁行人,如步蟾宫[③]。

西山晴雪[④]

玉嵯峨高耸神京[⑤]。峭壁排银,叠石飞琼,地展雄藩[⑥],天开图画,户判围屏。分曙色流云有影,冻晴光老树无声。醉眼空惊,樵子归来,蓑笠青青。

【注释】 ①鲜于必仁曾写【双调·折桂令】八首,总题为《燕山八景》。这些写景曲大都写得大气磅礴,为曲中所鲜见,今选其二。卢沟晓月:元代燕山(今北京地区)八景之一,地点在今北京市西南卢沟桥,桥为金大定(1161~1189)时所建,跨永定河上。②霭:云气。寻:古代的长度单位,八尺为寻。"起宿霭千寻卧龙"两句形容卢沟桥姿态的雄伟美丽。③蟾宫:月宫,俗传月中有蟾蜍,故称月为蟾宫。"如步蟾宫"是说人在桥上走,如在月宫行。④西山晴雪:元代燕山八景之一。西山在今北京市西北。⑤嵯峨:山势高峻貌。⑥地展雄藩:意指西山为北京屏障。雄藩,雄伟的屏藩。

张养浩

张养浩(1270~1329),字希孟,号云庄,山东济南人。自幼聪慧,博通经史,被荐为东平学正。后游京师,不忽木荐为御史台掾,复授堂邑县尹。在官十年,颇有政绩。武宗朝,入拜监察御史,奏时政万言,得罪权贵。延祐初,以礼部侍郎知贡举,升礼部尚书。英

宗至治初，参议中枢省事，以直谏触怒英宗，弃官归家。文宗天历二年(1329)，因关中大旱，复出治旱救灾，特拜陕西行台中丞，到官四月，劳瘁而死。追封滨国公，谥文忠。诗文集有《归田类稿》，散曲集有《云庄休居自适小乐府》，多为归隐后寄傲林泉时所作。艾俊《云庄乐府引》云其词"情由外感，乐自中出。言真理到，和而不流，依腔按歌，使人名利之心都尽"。间亦有关怀民瘼之作。今存小令一百六十一首，套数二篇。

【中吕·山坡羊】潼关怀古[①]

峰峦如聚[②]，波涛如怒，山河表里潼关路[③]。望西都[④]，意踟蹰[⑤]。伤心秦汉经行处[⑥]，宫阙万间都做了土[⑦]。兴，百姓苦；亡，百姓苦。

骊山怀古

骊山四顾[⑧]，阿房一炬[⑨]，当时奢侈今何处。只见草萧疏，水萦纡[⑩]。至今遗恨迷烟树，列国周齐秦汉楚[⑪]。赢，都变做了土；输，都变做了土。

【注释】 ①张养浩以【中吕·山坡羊】写了一组怀古之作，气势雄浑，感慨深切，此处选其中两首。②峰峦如聚：言重岩叠嶂，群山攒立。③潼关：在今陕西省潼关县北，历代皆为军事要地。潼关外有黄河，内有华山，形势十分险要，故云"山河表里"。④西都：指长安(今陕西西安)。⑤意踟蹰：原指犹豫不决，徘徊不前，这里指思潮不断，感慨万千。⑥"伤心"句：言经过秦、汉的故地，引起无穷的伤感。⑦"宫阙"句：言在无数的战乱中，宫殿都已经化成焦土。宫，宫殿。阙，王宫前的望楼。⑧骊山：在今陕西临潼东南，是秦国经营宫殿的重点。杜牧《阿房宫赋》："骊山北构而西折，直走咸阳。"顾：看。⑨阿房：秦宫殿名。《三辅黄图》："阿房宫，亦曰阿城。惠文王造官未成而亡，始皇广其宫，规恢三百馀里。离宫别馆，弥山跨谷，辇道相属，阁道通骊山八百馀里。"后来项羽引兵西屠咸阳，"烧秦官室，火三月不灭"(见《史记·项羽本纪》)。故曰："阿房一炬。"⑩萦纡：形容水盘旋迂回地流淌。⑪列国：各国，即周、齐、秦、汉、楚等国。周都镐京，故址在今陕西西安市西。齐、秦争霸，楚、汉相争，均发生在这个地区。

【正宫·塞鸿秋】[①]

春来时香雪梨花会，夏来时云锦荷花会，秋来时霜露黄花会[②]，冬来时风月梅花会。春夏与秋冬，四季皆佳会。主人此意谁能会。

【注释】 ①此曲所用独木桥体(句末皆用相同的"会"字)，为元曲巧体之一。②黄花：菊花。

【双调·沉醉东风】[①]

班定远飘零玉关[②]，楚灵均憔悴江干[③]。李斯有黄犬悲[④]，陆机有华亭叹[⑤]。张柬之老来遭难[⑥]。把个苏子瞻长流了四五番[⑦]，因此上功名意懒。

又

昨日颜如渥丹[8]，今朝鬓发斑斑。恰才桃李春，又早桑榆晚[9]。断送了古人何限，只为天地无情乐事悭[10]，因此上功名意懒。

【注释】 ①张养浩【双调·沉醉东风】原有七曲，皆借古讽今，寄寓深长，此选其中之二。②"班定远"句：班定远，即班超。班超以战功封定远侯，年老思乡，因上疏请求调回关内说："臣不敢望到酒泉郡，但愿生入玉门关。"（事见《后汉书》）③"楚灵均"句：屈原，楚国人，字灵均，故称"楚灵均"。《楚辞·渔父》云："屈原既放，游于江潭，行吟泽畔，颜色憔悴，形容枯槁。"④"李斯"句：李斯，秦国的丞相，他在秦嬴政统一六国过程中起过重要作用，后与其子一起被秦二世腰斩于咸阳市。临刑时，他回头对其子说："吾欲与若复牵黄犬，俱出上蔡东门逐狡兔，岂可得乎？"（见《史记·李斯列传》）⑤"陆机"句：陆机，字士衡，西晋著名文学家，有《文赋》等文传世。后遭谗，为司马颖所杀。临刑，叹曰："华亭鹤唳，岂可复闻乎？"（见《晋书·陆机传》）⑥"张柬之"句：张柬之（625~706），字孟将，襄阳（今属湖北）人。中进士后，累迁至监察御史，武周后期，曾任宰相。后被武三思所排挤，贬为新州司马，愤恨而死。⑦"把个"句：苏子瞻，即苏轼，北宋大文学家、大书画家。在政治上偏于保守，反对王安石变法。神宗时，被贬为黄州（今湖北黄冈市）团练副使。哲宗时，新党再度执政，又被贬谪到惠州（今广东惠阳），六十三岁时被远徙琼州（今海南岛）。教还的第二年，死于常州（今江苏常州）。⑧渥丹：涂上红的颜色，形容红润而有光泽。《诗·秦风·终南》："颜如渥丹。"⑨又早桑榆晚：又已到了晚年。《后汉书·冯异传》："失之东隅，收之桑榆。"东隅，本指日出的地方；桑榆，本指日落的地方，后因以"桑榆"喻人的晚年。⑩悭：吝啬，悭吝。

郑光祖

郑光祖，生卒年不详。字德辉，平阳襄陵（山西临汾附近）人。是元杂剧中后期的重要作家，元曲四大家之一。曾任杭州路吏，卒葬西湖灵芝寺。《录鬼簿》说他曾"以儒补杭州路吏，为人方直，不妄与人交。名闻天下，声彻闺阁，伶伦辈称郑老先生者，皆知为德辉也"。他写过杂剧十八种，今存《迷青琐倩女离魂》《㑳梅香翰林风月》《醉思乡王粲登楼》等八种。小令六首，套数两篇。

【双调·蟾宫曲】梦中作[1]

半窗幽梦微茫，歌罢钱塘[2]，赋罢高唐[3]。风入罗帏，爽入疏棂[4]，月照纱窗。缥缈见梨花淡妆[5]，依稀闻兰麝鱼香[6]。唤起思量。待不思量，怎不思量。

【注释】 ①郑光祖这首【蟾宫曲】，一写梦中幽会，极恍惚迷离、缠绵悱恻之致。②歌罢钱塘：宋何薳《春渚纪闻》"司马才仲遇苏小"条载："宋代司马才仲初在洛阳，昼寝，梦一美人牵帷而歌曰：'妾本钱塘江上住，花落花开，不管流年度。燕子衔将春色去，纱窗几阵黄梅雨。'"后司马才仲以东坡先生荐应制举中等，遂为钱塘幕官，其厩舍后即唐

苏小小墓。③赋罢高唐:宋玉有《高唐赋》写楚襄王梦游高唐,与神女欢会事。④棂:即窗格。⑤"缥缈"句:化用白居易《长恨歌》诗,自诗云:"玉容寂寞泪阑干,梨花一枝春带雨。"这里以梨花形容妇女的淡妆。缥缈,隐约。⑥"依稀"句:化用五代后蜀阎选《贺新郎》词,阎词有:"兰麝细香闻喘息,绮罗纤缕见肌肤。"

【正宫·寒鸿秋】[1]

门前五柳侵江路[2],庄儿紧依白苹渡[3]。除彭泽县令无心做[4],渊明老子达时务。频将浊酒沽,识破兴亡数[5],醉时节笑捻着黄花去[6]。

又

金谷园那得三生富[7],铁门限枉作千年妒[8],汨罗江空把三闾污[9],北邙山谁是千钟禄[10]。想应陶令杯[11],不到刘伶墓[12]。怎相逢不饮空归去。

【注释】 ①郑光祖这两首【寒鸿秋】表现的也是元曲中常见的全身远祸的思想,唯其造语、意象都别具匠心。②五柳:陶渊明曾著《五柳先生传》以自况,后因以"门前五柳"喻隐逸之士的住所。③白苹渡:长满白苹的渡口,往往也是写高人逸士的去所。④"彭泽令"句:陶渊明曾做了八十多天的彭泽令,因不为五斗米折腰,挂冠回乡。除,任命。⑤识破兴亡数:看透了兴亡的命运。数,命运。⑥"醉时"句:陶渊明生性嗜好酒,又爱菊。萧纺《陶渊明传》载:"(陶渊明)尝九月九日出宅边菊丛中坐。久之,满手把菊,忽值(江州刺史王)弘送酒至,即便就酌,醉而归。"⑦金谷园:晋石崇所建,在洛阳城西。石崇以富著称,常在金谷园中宴宾取乐。此句谓富贵不能长久。⑧铁门限:铁门槛,喻过不去的关口。范成大《重九日行营寿藏之地》诗有:"纵有千年铁门限,终须一个土馒头。"⑨汨罗江:在今湖南。屈原遣放逐后,自沉于汨罗江。三闾:指屈原,屈原曾为楚三闾大夫,掌管屈、昭、景三姓贵族的事。⑩北邙山:在洛阳市北,东汉及魏的王侯公卿多葬于此。千钟禄:指高官厚禄。钟,古代量器。《左传》有:"釜十则钟。"杜预注:"(钟)六斛四斗。"⑪陶令杯:陶渊明曾做彭泽令,又性嗜酒,故云"陶令杯"。⑫刘伶:西吾沛国(今安徽宿县)人,字伯伦。性嗜酒。

曾　　瑞

曾瑞,字瑞卿,号褐夫,平州(今河北庐龙)人,一说大兴(今北京大兴)人。后移家杭州。《录鬼簿》说他"神采卓异,衣冠整肃,优游于市井,洒然如神仙中人"。志不屈物,不愿出仕,因号"褐夫"。至顺初,已逾七旬。江淮之显达者,岁时馈送不绝,遂得以徜徉卒岁。临终之日,诣门吊者以千数。善丹青,工画山水,学范宽。能隐语、小曲。著杂剧《才子佳人误元宵》,惜已失传。有散曲集《诗酒馀音》,已佚。今存小令九十五首,套数十七篇。

【南吕·四块玉】酷吏[1]

官况甜,公途险,虎豹重关整威严[2]。仇多恩少人皆厌。业贯盈[3],横祸添,无处闪。

【注释】 ①蒙元实行种族歧视制度,重用蒙古人、色目人,吏治腐败,这支【四块玉】对当时的历史现实有所反映。②虎豹重关:虎豹守着重叠的门,形容门禁森严。屈原《招魂》:“虎豹九关,啄害下人些。”③业贯盈:谓罪恶满盈。业,梵语“羯磨”的义译,有造作之义。佛教称人的行为、言语、思念为业。业有善恶之分,但一般指恶业。

【中吕·山坡羊】讥时

繁花春尽,穷途人困,太平分的清闲运[1]。整乾坤,会经纶[2],奈何不遂风雷信[3]?朝市得安为大隐[4]。咱,装作蠢;民,何受窘!

【注释】 ①分:有“理该摊得”“命中注定”的意思。清闲运:不做官而享清闲的命运,这是愤激之辞。②整乾坤,会经纶:比喻自己有治国平天下的才干。③风雷:比喻巨大的力量。此句谓得到施展才干的机会。④大隐:按古人有所谓大隐、中隐、小隐之说,谓小隐隐于山林,大隐隐于市朝。

【南吕·骂玉郎过感皇恩采茶歌】闺情[1]

【骂玉郎】才郎远送秋江岸,斟别酒唱阳关[2],临岐无语空长叹[3]。酒已阑[4],曲未残,人初散。【感皇恩】月缺化残,枕剩衾寒。脸消香,眉蹙黛,髻鬆鬟。心长怀去后,信不寄平安。拆鸾凤,分莺燕[5],杳鱼雁。【采茶歌】对遥山,倚阑干,当时无计锁雕鞍[6]。去后思量悔应晚,别时容易见时难[7]。

闺中闻杜鹃

【骂玉郎】无情杜宇闲淘气[8],头直上耳根底[9],声声聒得人心碎。你怎知,我就里[10],愁无际?【感皇恩】帘幕低垂,重门深闭。曲栏边,雕檐外,画楼西。把春酲唤起[11],将晓梦惊回。无明夜,闲聒噪,厮禁持[12]。【采茶歌】我几曾离,这绣罗帏?没来由劝道我不如归。狂客江南正着迷,这声儿好去对俺那人啼。

【注释】 ①闺情为曲家之常题,不易出新,曾瑞这两支在众多写闺怨的曲子中能别具一格,尤为难得。这支带过曲多三言句式,于尽情渲染离情别绪较为有力。②阳关:故址在今甘肃敦煌西南。《元和郡县志》说,因它在玉门关之南,所以叫“阳关”。③临岐:临近分别。岐,同“歧”,岔路。④酒已阑:酒已喝尽。⑤鸾凤、莺燕:喻夫妻或情侣。⑥“当时”句:化用柳永【定风波】词,柳词云:“早知恁般么,悔当初不把雕鞍锁。”⑦“别时”句:化用李煜【浪淘沙】词:“无限江山,别时容易见时难。”⑧杜宇:即杜鹃,又名子规。俗谓它的叫声像“不如归去”。其声哀怨,人不忍闻。故诗人多用它的啼声来寄托离愁别恨。张炎【高阳台】:“莫开帘,怕见飞花,怕听杜鹃。”⑨头直上:北方口语,即头顶上。⑩就里:内心,内幕。纪君祥《赵氏孤儿》杂剧有:“那屠岸贾将我的孩儿十分见喜,他岂知就里的事。”⑪酲:本指因喝醉了酒而神志不清。此处是因春睡而神志不清。⑫厮禁持:相纠缠。

虞　集

虞集(1272~1348),字伯生,号道园,世称邵庵先生。祖籍四川仁寿,迁居江西崇仁。元成宗大德初年(1297),因荐为大都路儒学教授,除国子助教博士。六年(1302),除翰林待制兼国史院编修官。泰定初迁秘书少监,用蒙、汉两种语言讲解经书,升翰林直学士兼国子祭酒。文宗时除奎章阁侍书学士,命修《经世大典》,进侍学士。因劳累致眼疾,又为大臣所忌,遂告病回江西,卒后封仁寿郡公,谥文靖。虞集为元中叶最负盛名的文学家,与杨载、揭傒斯、范梈并称元诗四大家,《元史》有传。著有《道园学古录》《道园类稿》。散曲仅存小令一首。

【双调·折桂令】

席上偶谈蜀汉事。因赋短柱体[①]

銮舆三顾茅庐[②],汉祚难扶[③]。日暮桑榆,深渡南泸[④]。长驱西蜀,力拒东吴。美乎周瑜妙术,悲夫关羽云殂。天数盈虚,造物乘除,问汝何如?早赋归欤。

【注释】 ①短柱体:元曲巧体之一,两字一韵,每句两韵至三韵。②銮舆三顾茅庐:指刘备三次到襄阳隆中访聘诸葛亮事。銮舆,皇帝的车驾。③汉祚难扶:指蜀汉政权难以维持。祚,皇位。④桑榆:古人谓傍晚太阳落于桑树和榆树间,因以桑榆比喻晚年。此两句指诸葛亮晚年率军南征,平息汉中诸郡叛乱。

刘时中

刘时中,或以为即刘致。生卒年不详。号逋斋,石州宁乡(今山西离石)人。因石州归太原管辖,故有"太原寓士"之称。其父名彦文,字子章,生前任广州怀集令,卒于长沙。大德二年,翰林学士姚燧游长沙,致往见,为其赏识,被荐用为湖南廉访使司幕僚。至大三年,燧又荐之为河南行省掾。至治二年刘致任太常博士,至顺三年在翰林待制任内,最后调任江浙行省都事。死后无以为葬,杭州道士王眉叟葬之。今存小令七十四首,套数四篇。

【南吕·四块玉】[①]

泛彩舟,携红袖[②],一曲新声按伊州[③]。樽前更有忘机友[④]:波上鸥,花底鸠,湖畔柳。

又

看野花,携村酒,烦恼如何到心头。红缨白马难消受[⑤]。二顷田,两只牛,饱时候。

又

佐国心[⑥],拿云手[⑦],命里无时莫强求。随缘过得休生受[⑧]。几叶锦,几匹绸,暖时候。

又

禄万钟[9],家千口,父子为官弟封侯。画堂不管铜壶漏[10]。休费心,休过求,攧破头[11]。

【注释】 ①刘时中所作【四块玉】凡十首,皆以隐逸之情为主骨,今选其中四首。②红袖:指代身着艳装的美女。③按:按板(歌唱)。伊州:唐宋大曲名。④忘机友:没有心机的朋友。即下文的鸥、鸠、柳。⑤红缨白马:指代官宦生涯。⑥佐国心:辅佐君主治国安邦之心。⑦拿云手:喻志向远大,本领高强。李贺《致酒行》诗:“少年心事当拿云,谁念幽寒坐呜呃。”⑧休生受:不要作难,不要吃苦。《竹叶舟》杂剧:“天涯倦客空生受,凭着短剑长琴,游遍七国春秋。”⑨禄万钟:优厚的俸禄。禄,俸钱,薪金。钟,古代以六斛四斗为一钟。⑩画堂:华丽的房子。铜壶漏:古代的计时器。此句言时光过得快,岁月不饶人。⑪攧破头:碰破头。攧,跌倒。

【双调 · 殿前欢】[1]

醉翁酡[2],醒来徐步杖藜拖[3]。家童伴我池塘坐,鸥鹭清波。映水红莲五六科[4],秋光过,两句新题破。秋霜残菊,夜雨枯荷。

又

醉颜酡,太翁庄上走如梭。门前几个官人坐,有虎皮驮驮。呼王留唤伴哥[5],无一个,空叫得喉咙破。人踏了瓜果,马践了田禾。

【注释】 ①刘时中的这两首【殿前欢】表现的都是隐居乐道的生活,写得别有情趣。②酡:因喝了酒,脸上发红。③徐步:慢慢走。藜:用藜木做的拐杖。④科:同“颗”。⑤王留、伴哥:元曲中常见的农人通用的名字。

阿鲁威

阿鲁威,字叔重,号东泉,人或以鲁东泉称之,蒙古人。生平不详。至治间官南剑太守,泰定间为经筵官、参知政事。今存小令十九首。

【双调 · 蟾宫曲】怀古[1]

鸱夷后那个清闲[2]?谁爱雨笠烟蓑,七里严湍[3]。除却巢由[4],更无人到,颍水箕山。叹落日孤鸿往还[5],笑桃源洞口谁关[6]?试问刘郎[7],几度花开,几度花残?

又

问人间谁是英雄?有酾酒临江[8],横槊曹公。紫盖黄旗[9],多应借得,赤壁东风[10]。更惊起南阳卧龙[11],便成名八阵图中[12]。鼎足三分,一分西蜀,一分江东。

【注释】 ①阿鲁威本人为蒙古人,与一般汉族知识分子比较,其际遇似较顺达。而这两首【蟾宫曲】表现的也是鄙弃功名、全身远祸的思想,可见此种情绪为当时知识阶层

所共有。②鸥夷:指范蠡。范蠡辅佐越王勾践复国后,知勾践可以共患难而不可以共安乐,乃泛舟游于五湖之上,变名易姓至齐,自号"鸥夷子皮",致产数千万,齐人闻其贤,推其为相。范蠡以久受尊名不祥,乃归相印,尽散其财,潜行至陶国,自号"陶朱公",不久,累财巨万。事见《史记·越王勾践世家》。③七里严湍:指东汉严子陵隐居不仕,在七里滩隐居事。④巢由:巢,巢父。尧时隐士,以树为巢而寝其上,故时人号曰巢父。由,许由。尧想把天下让给他,他认为玷污了他的耳朵,于是到颍水之滨去洗耳,隐居箕山终身。事见晋皇甫谧《高士传》上。⑤孤鸠:这里喻隐居的高士。⑥桃源洞口:陶渊明作《桃花源记》,后因以指避世隐居的地方。此句谓桃源洞口即使敞开着,也没有人愿意进去隐居。⑦刘郎:指刘晨。相传东汉永平年间,他与阮肇同入天台山采药,遇二仙女,留居半载,还乡时,子孙已历十世。事见《太平广记》。⑧"酾酒"二句:苏轼《前赤壁赋》中说曹操破荆州、下江陵时,"酾酒临江,横槊赋诗"。酾酒,斟酒。⑨紫盖黄旗:古人认为天空出现黄旗紫盖的云气,是出帝王的兆头。这是指曹操终于统一天下。⑩赤壁东风:赤壁大战时,周瑜用部将黄盖计,用火攻,恰巧东南风大起,向西北延烧,曹兵大败。杜牧《赤壁》诗云:"东风不与周郎便,铜雀春深锁二乔。"⑪南阳卧龙:指诸葛亮。徐庶向刘备推荐时,称其为"卧龙"。诸葛亮出山前,曾隐居南阳。诸葛亮《出师表》:"臣本布衣,躬耕南阳。"⑫八阵图:据说诸葛亮能摆八卦阵。杜甫《八阵图》诗概括诸葛亮一生功业,云:"功盖三分国,名成八阵图。"

王元鼎

王元鼎,生卒年不详。金陵人(今南京市),约与阿鲁威同时,曾为翰林学士。夏庭芝《青楼集》"顺时秀"条载,其与歌妓顺时秀关系甚密,顺时秀有病,王杀其坐骑为之啗。顺时秀称其善"嘲风弄月,惜玉怜香"。今人孙楷第《元曲家考略》认为他当为玉元鼎,原名阿鲁丁,西域人。至大皇庆间国子学生员。其所作散曲,今存小令七首,套数二篇。

【越调·凭栏人】闺怨[①]

垂柳依依惹暮烟,素魄娟娟当绣轩[②]。妾身独自眠,月圆人未圆。

又

啼得花残声更悲[③],叫得春归郎未知。杜鹃奴倩伊[④],问郎何日归?

【注释】 ①王元鼎的这两首【凭栏人】皆吟咏闺情,用韵响亮,明丽委婉。②素魄:指月亮。因月白如素,故称素魂。娟娟:美好的样子。当:正当,迎着。③"啼得花残"句:此化用辛弃疾【贺新郎】词,辛词云:"更那堪鹧鸪声住,杜鹃声切。"④奴:女子自称。倩:请。伊:彼,他。

薛昂夫

薛昂夫,生卒年不详。本名薛超兀儿,一作超吾,回鹘(今新疆)人,维吾尔族人。生

卒年不详。汉姓马,故亦称马昂夫,字九皋。其祖官御史大夫,始居龙兴(今江西南昌)。父官御史中丞。昂夫早年曾问学于宋末诗人刘辰翁,初为江西行中书省令史,后入京,由秘书监郎官累官佥典瑞院事,泰定、天历间为太平路总管,元统间移衢州路总管。晚年隐居杭州皋亭山一带。薛昂夫善书法,尤工篆书。有诗名,与虞集、萨都剌相唱和。现存小令六十五首,套数三篇。赵孟頫《薛昂夫诗集序》云其"读书为文,学为儒生,发而为诗、乐府,皆激越慷慨,流丽闲婉,累世为儒者或有所不及"。

【正宫·塞鸿秋】[1]

功名万里忙如燕[2],斯文一脉微如线[3],光阴寸隙流如电[4],风雪两鬓白如练。尽道便休官[5],林下何曾见[6],至今寂寞彭泽县[7]。

【注释】 ①本曲首四句为联璧对,且对仗工稳,极富表现力。②功名万里:指东汉班超希望立功边疆封侯事。《后汉书·班超传》载班超尝对人说:"大丈夫无他志略,犹当效傅介子、张骞立功异域,以取封侯,安能久事笔砚间乎?"③斯文:指儒者追求的文化品格、修养等。《论语·子罕》有:"天之将丧斯文也,后死者不得与于斯文与。"④光阴寸隙:形容时光过得飞快。《庄子·知北游》云:"人生天地之间,若白驹之过隙,忽焉而已。"⑤尽道:都说。休官:辞官。⑥灵彻《东林寺酬韦丹刺史》诗有"相逢尽道休官好,林下何曾见一人",此用其意。林下,指山林隐逸的地方。⑦彭泽县:晋陶渊明曾为彭泽县令,后归隐。此句言隐居的人很少。

【双调·蟾宫曲】雪[1]

天仙碧玉琼瑶[2],点点扬花[3],片片鹅毛[4]。访戴归来[5],寻梅懒去[6],独钓无聊[7]。一个饮羊羔红炉暖阁[8],一个冻骑驴野店溪桥[9]。你自评跋,那个清高,那个粗豪。

【注释】 ①元曲中尽多隐逸之趣者,此曲以雪为题,借雪见意,颇具匠心。②碧玉琼瑶:形容雪晶莹洁白。③点点杨花:以杨花喻雪。苏轼【少年游】词:"去年相送,馀杭门外,飞雪似杨花。今年春尽,杨花似雪,犹不见还家。"④片片鹅毛:形容雪片大如鹅毛。白居易《雪晚喜李郎中见访》:"可怜今夜鹅毛雪,引得高情鹤氅人。"⑤访戴归来:晋王徽之尝居山阴(今浙江绍兴),忽然想起住在剡中(今浙江嵊州市)的友人戴安道,于是趁夜乘舟去看望他,过门不入而返。人问其故,曰:"乘兴而来,兴尽而返,何必见戴。"见《晋书·王徽之传》及《世说新语·任诞》。⑥寻梅懒去:这是孟浩然踏雪寻梅的故事。⑦独钓无聊:此句化用柳宗元《江雪》"孤舟蓑笠翁,独钓寒江雪"的句意。⑧羊羔:美酒名。⑨"冻骑驴"句:指孟浩然一类骚人雅士的孤高洒脱行径。

【中吕·山坡羊】[1]

大江东去,长安西过[2],为功名走尽天涯路。厌舟车[3],喜琴书[4]。早星星鬓影瓜田墓[5],心待足时名便足[6]。高,高处苦;低,低处苦。

【注释】 ①此曲《乐府群珠》题作《述怀》。②"大江"二句:言为功名奔波,足迹遍于

大江南北。大江,长江。长安,古都。③厌舟车:指以奔波求官的羁旅生活为苦事。④喜琴书:指以琴书自娱的隐居生活为乐。⑤早:早已经。星星鬓影:形容鬓发花白。瓜田墓:汉邵平,本为秦东陵侯。秦亡后,在长安城东门种瓜,味甜美,世称"青门瓜"或"东陵瓜"。这句是说自己的隐居生活。⑥待:将要,将欲。

【双调·水仙子】集句[1]

几年无事傍江湖,醉倒黄公旧酒垆[2]。人间纵有伤心处,也不到刘伶坟上土[3],醉乡中不辨贤愚。对风流人物,看江山画图[4],便醉倒何如[5]!

【注释】 ①集句体亦为元曲巧体之一,诗词中也有集句体,都是从前人诗文存作中集取诗句,巧妙组织,为我所用。晋傅咸集七经诗发其端。②"几年"两句:集唐陆龟蒙《和袭美春夕酒醒》诗:"几年无事傍江湖,醉倒黄公旧酒垆。觉后不知明月上,满身花影倩人扶。"黄公,魏晋间一卖酒人。垆,安放酒瓮的土台。据《世说新语·伤逝》:王戎曾与友人嵇康、阮籍酣饮于黄公酒店,后来嵇康、阮籍二人去世,王戎重过此店,怀念故友,十分伤感。③"也不到"句:集唐李贺《将进酒》诗:"劝君终日酩酊醉,酒不到刘伶坟上土。"刘伶,西晋人,嗜酒如命,出门经常带一壶酒,叫仆人背一把锹跟着,说:"若醉死了,就把我埋掉。"事见《晋书·刘伶传》。④"对风流"二句:集苏轼《念奴娇·赤壁怀古》:"大江东去,浪淘尽,千古风流人物。""江山如画,一时多少豪杰。"⑤便:即使,纵然。

贯云石

贯云石,维吾尔族人。原名小云石海涯,元功臣阿里海涯之孙,父名贯只歌,遂以贯为姓。号酸斋,又号芦花道人。年轻时武力超人,善骑射,袭职为两淮万户府达鲁花赤,镇守永州(今湖南零陵)。后弃武学文,从姚遂学,接受汉族文化。元仁宗时任翰林院侍读学士、中奉大夫知制诰同修国史等官。后称疾归隐江南,变名易姓,在杭州过诗酒优游的生活。卒赠集贤学士中奉大夫护军,追封京兆郡公,谥文靖。贯云石能诗文、善草、隶书,俱能变化古今,自成一家。有《贯酸斋集》二卷。现存散曲有小令七十九首,套数八首。同时的曲家徐再思,号甜斋,近人任讷把他和徐再思的散曲合编为《酸甜乐府》。杨维桢誉之为"一代词伯"。《乐郊私语》云:"云石翩翩公子,所制乐府散套,俊逸为当行之冠。即歌声高引,可彻云汉。"

【双调·水仙子】田家[1]

绿阴茅屋两三间,院后溪流门外山。山桃野杏开无限,怕春光虚过眼,得浮生半日清闲[2]。邀邻翁为伴,使家僮过盏[3],直吃的老瓦盆干。

又

满林红叶乱翩翩,醉尽秋霜锦树残[4],苍苔静拂题诗看。酒微温石鼎寒[5],瓦杯深洗尽愁烦,衣宽解,事不关[6],直吃的老瓦盆干。

【注释】 ①贯云石【双调·水仙子】以“田家”为题者凡四首,皆借田家生活的描绘,歌咏自家归隐田园的情趣,今选其中之二。②浮生:虚浮不定之生活。李白《春夜宴桃李园序》:“浮生若梦,为欢几何。”③过盏:传递酒杯(给邻翁)。④“醉尽秋霜”句:红叶满林,已经凋残了。⑤“酒微温”句:酒微温石炉还没有热。因石鼎(石炉)壁厚热得慢。⑥事不关:世间的事不关心上。

【正宫·塞鸿秋】代人作[①]

战西风几点宾鸿至[②],感起我南朝千古伤心事[③]。展花长笺欲写几句知心事[④],空教我停霜毫半晌无才思[⑤]。往常得兴时,一扫无瑕疵[⑥]。今日个病恹恹刚写写下两个相思字[⑦]。

【注释】 ①贯云石【正宫·塞鸿秋】“代人作”凡两首,皆尖新俏丽,今选其中之一。②宾鸿:鸿,候鸟,每秋到南方来越冬。《礼记·月令》:“(季秋之月)鸿雁来宾。”故称“宾鸿”。③南朝:指三国时的吴、东晋及南朝的宋、齐、梁、陈,都以南方的建康(今南京市)为都城。吴激【人月圆】词:“南朝千古伤心事,还唱后庭花。”④花笺:精致华美的信笺。徐陵《玉台新咏序》:“五色花笺,河北胶东之纸。高楼红粉,仍定鲁鱼之文。”⑤霜毫:白兔毛做的毛笔。⑥一扫无瑕疵:一挥而就,没有毛病。瑕疵,本指玉器上的斑点,这里指诗文中的小毛病。⑦病恹恹:因相思病而精神萎靡不振。

【中吕·红绣鞋】[①]

挨着靠着云窗同坐,看着笑着月枕双歌[②],听着数着愁着怕着早四更过[③]。四更过,情未足,情未足,夜如梭。天那!更闰一更妨甚么[④]。

【注释】 ①贯云石作为贵家公子,经常出入酒楼歌馆,其词也不免逢场作戏,但这首【中吕·红绣鞋】写男女之情,大胆率真,为一般诗词所未见。曲中又借用重叠、顶真等民歌惯用的手法。②月枕:形如月牙的枕头。双歌:一同歌唱。③听着数着愁着怕着:听着谯鼓敲打,数着打更声,忧愁天明,害怕分离。④闰:农历有闰月之说,但无闰更,此处突发此想,主要表现女子痴情,希望指延长与情人同处的时间。

【正宫·叨叨令】自叹[①]

筑墙的曾入高宗梦[②],钓鱼的也应飞熊梦[③],受贫的是个凄凉梦,做官的是个荣华梦。笑煞人也么哥[④],笑煞人也么哥,梦中又说人间梦[⑤]。

【注释】 ①【叨叨令】曲在文体写作方面的主要特征是重复两遍使用“也么哥”。元灭南宋,文人以及文人安身立命的文化传统都遭遇边缘化,许多士人产生了人生如梦的幻灭感。周文质的这首【叨叨令】“自叹”最典型地反映了元代部分文人的心态。②“筑墙”句:传说傅说本为筑墙之人,后被商王武丁(高宗)起用为相。《史记·殷本纪》载,武丁“夜梦得圣人,名曰说。以梦所见视群臣百吏,皆非也。于是乃使百工营求之野,得说于傅险(岩)中……举以为相,殷国大治”。③“钓鱼”句:这里用的是姜太公吕尚尝垂钓

渭水、后遇文王的典故。《史记·齐太公世家》:“西伯将出猎,卜之曰:‘所获非龙非彨非虎非罴,所获霸王之辅。’于是周西伯猎,果遇太公于渭之阳……载与俱归,立为师。”④也么哥:也作“也末哥”。语尾助词,无义。⑤“梦中”句:是说自己现在也在梦中,在梦中评说各种人间梦。

【正宫·叨叨令】悲秋[①]

叮叮当当铁马儿乞留定琅闹[②],啾啾唧唧促织儿依柔依然叫[③],滴滴点点细雨儿淅零淅留哨,潇潇洒洒梧叶儿失留疏剌落。睡不着也么哥,睡不着也么哥。孤孤零零单枕上迷彫模登靠[④]。

【注释】 ①此曲以赋的笔法,从不同方面渲染愁情,尤着意于声音的描摹,词、曲之别于此可窥一斑。首四句为鼎足对。②铁马儿:风铃。“叮叮当当”“乞留定琅”及后文的“啾啾唧唧”“依柔依然”“淅零淅留”“失留疏剌”等皆为拟声词。③促织儿:即蟋蟀。④迷彫模登:指迷迷糊糊。

【双调·落梅风】[①]

楼台小,风味佳。动新愁雨初风乍[②]。知不知对春思念他,倚阑干海棠花下。

又

新秋夜,微醉时,月明中倚栏独自[③]。吟成几联断肠诗[④],说不尽满怀心事。

又

鸾凤配,莺燕约[⑤],感萧娘肯怜才貌[⑥]。除琴剑又别无珍共宝[⑦],则一片至诚心要也不要[⑧]。

【注释】 ①周文质的这三首【落梅风】都是言情之曲,读来都流丽可爱。②乍:刚刚,起初。③“倚栏独自”:是“独自倚栏”的倒文,这里因押韵而倒装。④断肠诗:极度悲伤的诗歌。宋代女词人朱淑真有词集曰《断肠词》。⑤鸾凤配、莺燕约:喻男女的匹配,爱情盟约。⑥萧娘:汉唐以后对女子的泛称。五代后蜀尹鹗【临江仙】词:“一番荷芰生,池沼槛前风送馨香。昔年于此伴萧娘,相偎伫立,牵惹叙衷肠。”⑦琴剑:古琴、宝剑及书箱,是古代知识分子常伴的行装。⑧“则一片”句:只有一片赤诚的心。至诚心,非常诚恳的心意。《汉书·楚元王传》:“其言多痛切,发于至诚。”

【越调·寨儿令】

弹玉指,觑腰枝,想前生欠他憔悴死[①]。锦帐琴瑟,罗帕胭脂,则落的害相思。曾约在桃李开时,到今日杨柳垂丝。假题情绝句诗,虚写恨断肠词[②]。嗤!都扯做纸条儿。

又

踏草茵[③],步苔痕,忆宫妆懒观蝶翅粉[④]。桃脸香新,柳黛愁颦,谁道不消魂!海棠台

榭清晨，梨花院落黄昏。卷帘邀皓月，把酒问东君[5]。春，偏恼少年人。

又

清景幽，水痕收，潇潇几株霜后柳。往日追游，此际还羞，新恨上眉头。丹枫不返金沟，碧云深锁朱楼。风凉梧翠减，露冷菊香浮。秋，妆点许多愁。

【注释】 ①“弹玉指”三句：意谓自己打量一回自己的手指、腰肢，看看因为憔悴究竟消瘦了多少。②“假题”两句：意谓情人未如期赴约，仅仅寄来谈情说爱的诗、词。③草茵：（春）草如平铺的席子。④宫妆：宫廷中流行的装扮式样。⑤东君：古以东、南、西、北四个方向分别对应春、夏、秋、冬四季，故东君即指代春。

乔　吉

乔吉（？～1345），一作乔吉甫，字梦符（或作孟符）。号鹤笙翁，又号惺惺道人。山西太原人，后流寓杭州。美容仪，能辞章，以威严自饬。一生落拓，浪迹江湖，寄情诗酒。以《西湖梧叶儿》一百篇，蜚声词坛，所著杂剧十一种，今存《扬州梦》《两世姻缘》《金钱记》三种。其散曲后人辑有《惺惺道人乐府》《文湖州集词》，今存小令二百零九首，套数十一篇，其散曲作品数量之多仅次于张可久，当时与张可久齐名。据元陶宗仪《辍耕录》，乔吉尝云：“作乐府亦有法：曰：凤头、猪肚、豹尾六字是也。大概起要美丽，中要浩荡，结要响亮；尤贵在首尾贯穿，意思清新。”《辍耕录》又有：“乔梦符吉博学多能，以乐府称也。”李开先《乔梦符小令序》评其词曰：“蕴藉包含，风流调笑，种种出奇而不失之怪，多多益善而不失之繁，句句用俗而不失其为文。”乔吉、张小山作为关汉卿、马致远之后的一代曲家，其所作散曲显著词化，风格亦趋于雅丽，这标志着元散曲在元中叶时已发生重要变化。

【正宫·绿幺遍】自述[1]

不占龙头选[2]，不入名贤传[3]。时时酒圣，处处诗禅。烟霞状元，江湖醉仙，笑谈便是编修院[4]。留连[5]，批风抹月四十年[6]。

【注释】 ①乔吉的这首【绿幺遍】“自述”对于我们理解其四十年流浪江湖的形迹和心态都极有帮助。②龙头：头名状元。此句指未有功名。③名贤传：登录名人贤者的传记，为历代官修史书的重要组成部分。④编修院：即翰林院，编修国史的机关，唐宋以来的中国文人多以参与国史编纂为荣。⑤留连：留恋，不愿离开或不忍隔舍。高适《行路难》诗：“五侯相逢大道边，美人弦管争留连。”⑥批风抹月：犹言吟风弄月。

【中吕·满庭芳】渔父词[1]

吴头楚尾[2]，江山入梦，海鸟忘机。闲来得觉胡伦睡[3]，枕著蓑衣。钓台下风云庆会，纶竿上日月交蚀[4]。知滋味，桃花浪里，春水鳜鱼肥。

又

携鱼换酒，鱼鲜可口，酒热扶头[5]。盘中不是鲸鲵肉[6]，鲟鲊初熟[7]。太湖水光摇酒

瓯[8],洞庭山影落鱼舟。归来后,一竿钓钩,不挂古今愁。

【注释】 ①乔吉【中吕·满庭芳】以"渔父词"为题者凡二十首,这些作品并非一时一地之作,都表露的是作者隐逸情怀,此选其中之二。②吴头楚尾:指今江西省北部,春秋时为吴、楚两国接界之地,因称"吴头楚尾"。③胡伦:同"囫囵"。指浑然一体,此处用以形容睡得香甜。④纶竿:钓竿。纶,钓丝。⑤扶头:有两解,一为酒名,是一种烈性酒;一为振奋头脑之意。此处应为后者。⑥鲸鲵:即鲸鱼,雄为鲸,雌为鲵。典出《左传·宣公十二年》。俗说鲸鲵出入穴即为潮水,故后世多以鲸鲵比喻叛逆之人。⑦鲟鲊:鲟,一种产于近海或江河的鱼,味极鲜美。鲊,经过腌制加工的鱼。⑧瓯:盆、盂一类的瓦器。

【双调·水仙子】为友人作[1]

搅柔肠离恨病相兼[2],重聚首佳期卦怎占?豫章城开了座相思店[3]。闷勾肆儿逐日添[4],愁行货顿塌在眉尖[5]。税钱比茶船上欠[6],斤两去等秤上掂[7],吃紧的历册般拘钤[8]。

怨风情

眼前花怎得接连枝[9],眉上锁新教配钥匙[10],描笔儿勾销了伤春事。闷葫芦铰断线儿[11],锦鸳鸯别对了个雄雌[12]。野峰儿难寻觅,蝎虎儿干害死,蚕蛹儿毕罢了相思[13]。

【注释】 ①元曲尚尖新、谐趣,张小山的这两首【双调·水仙子】写男女之情,都别出心裁,颇富曲味。②恨病相兼:指怨恨更兼相思病。③豫章城:故址在今江西南昌。在宋元时流行的双渐、苏卿故事中(见前关汉卿【双调·大德歌】双渐苏卿注释①),双渐曾赶至豫章城寻找苏卿。④勾肆:勾栏瓦肆,宋元时伎艺人卖艺的场所。此句是说心中的愁闷如同勾栏瓦肆一样逐日增添。⑤"愁行货"句:谓愁苦如因滞销而高高堆积至眉的货物一样。顿塌,堆积。⑥"税钱"句:谓相思的税钱要在茶船上收。⑦"斤两"句:谓愁苦的轻重要在等秤上量掂。等秤,即戥秤,用以称金银或药的秤。⑧"吃紧的"句:谓最主要的是行动如历书一样的死板不自由。历册,即历本、历书。拘钤,拘束、约束。⑨连枝:连理枝。⑩眉上锁:喻双眉紧皱如锁难开。⑪闷葫芦铰断线儿:谓心里像闷葫芦一样不知为何被铰断了线。⑫锦:鲜明美丽。锦鸳鸯:喻佳偶。鸳鸯蝎虎:即壁虎,又名守宫。传说用朱砂喂养壁虎。⑬"野峰儿"三句:谓(思念中的人)像野蜂一般难以寻觅,(我却)像蝎儿一般活活被坑害死,像蚕蛹般断了相思。

【双调·折桂令】七夕赠歌者[1]

崔徽休写丹青[2],雨弱云娇,水秀山明。箸点歌唇[3],葱枝纤手,好个卿卿[4]。水洒不着春妆整整[5],风吹的倒玉立亭亭,浅醉微醒,谁伴云屏?今夜新凉,卧看双星[6]。

又

黄四娘沽酒当垆[7],一片青旗[8],一曲骊珠[9]。滴露和云,添花补柳,梳洗工夫。无半点闲愁去处,问三生醉梦何如。笑倩谁扶[10],又被春纤[11],搅住吟须[12]。

【注释】 ①歌妓是宋元词曲演唱的主要承担者，有许多词曲则是词曲家专为她们写作的，张小山的这两首【双调·折桂令】“七夕赠歌者”都反映了元曲家与当时歌妓们的特殊关系。②崔徽：唐代歌妓，很美丽，善画自己的肖像送给恋人。休：不用画。丹青：绘画，描摹。③箸点：形容女子小嘴如筷子头。④卿卿：对情人的昵称。⑤春妆：此指春日盛妆。⑥双星：指牛郎星、织女星。⑦黄四娘：美女的泛称。当垆：古时酒店垒土为台，安放酒瓮，卖酒人在土台旁，叫当垆。卓文君私奔司马相如后，无以为生，也曾当垆卖酒。此用其典。⑧青旗：指酒招子、酒幌子。⑨骊珠：传说中的珍珠，出自骊龙颔下。此处用以形容歌声动人，如珠圆玉润。⑩倩：请。⑪春纤：指女子细长的手指。⑫搅住吟须：指歌妓向作者索要赠诗。吟须，吟诗的胡须，此乃作者自指。

【中吕·山坡羊】寄兴[①]

鹏抟九万[②]，腰缠十万，扬州鹤背骑来惯[③]。事间关，景阑珊，黄金不富英雄汉[④]。一片世情天地间[⑤]。白，也是眼；青，也是眼[⑥]。

冬日写怀

朝三暮四，昨非今是，痴儿不解荣枯事[⑦]。攒家私，宠花枝[⑧]。黄金壮起荒淫志，千百锭买张招状纸[⑨]。身，已至此；心，犹未死。

【注释】 ①元曲中的【山坡羊】有许多都用来写世态人情，隐含讽喻之旨，此选乔吉所作【山坡羊】亦然。②鹏抟九万：《庄子·逍遥游》：“鹏之徙于南冥也，水击三千里，抟扶摇直上者九万里。”抟，盘旋。形容大鹏起飞时卷起一阵旋风。这里是比喻仕途发迹，扶摇直上。③“腰缠”两句：南朝梁殷芸《殷芸小说》：“有客相从，各言所志：或愿为扬州刺史，或愿多资财，或愿骑鹤上升。有一人曰：‘腰缠十万贯，骑鹤上扬州。’欲兼三者。”这里指富贵功名都称心如意。④“事间关”三句：是说世事曲折多交，转眼由盛而衰。一旦黄金散尽，英雄也难免穷途之叹。情有曲折，不顺利。⑤世情：指世态炎凉，这里化用杜甫诗句“世情恶衰歇，万事随转烛”。⑥“白”四句：传说晋代阮籍能作青白眼，青眼就是用黑眼珠看人，表示尊重或喜爱；白眼就是不露黑眼珠，表示轻视或憎恶（事见《晋书·阮籍传》）。这里是指人情冷暖，世间以势利眼居多，富贵时青眼相看，贫穷时白眼相加。⑦“痴儿”句：指迷恋名利的人不明白世间盛衰荣枯事。⑧宠花枝：指好女色。⑨招状纸：指犯人招供认罪的供状文书。这里指买官罪状最终败露。

马谦斋

马谦斋，生平不详。张可久有【天净沙】“马谦斋园亭”一首，可知其约与张可久同时。从现存散曲作品的生活背景看，他曾在大都（今北京）、上都（故址在今内蒙古正蓝旗闪电河北岸）等地为官，在京华帝里、风雪边塞有过一段时期高堂玉马、红巾翠袖的富贵生涯。后来退隐，寓居杭州。今存小令十七首。

【中吕 · 快活三过朝天子四边静】冬[①]

【快活三】李陵台[②],草尽枯。燕然山,雪平铺。朔风吹冷到天衢[③],怒吼千林木。【朝天子】玉壶,画图,费尽江山句。苍髯脱玉翠光浮,掩映楼台暮。画阁风流,朱门豪富,酒新香,开瓮初[④]。毡帘款籁[⑤],橙香缓举,半醉偎红玉。【四边静】相对红炉,笑遣金钗剪画烛[⑥]。梅开寒玉[⑦],清香时度。何须蹇驴,不必前村去[⑧]。

【注释】 ①马谦斋【快活三过朝天子四边静】四首,分咏春、夏、秋、冬四季,可能为其早年上都时富贵生涯的写照,遒劲洒脱,今选其咏冬一首。②李陵:汉初名将李广之后,善射,尝率军与匈奴战,粮乏而救兵不至,因投降匈奴。③天衢:天街,这里指代上都。④开瓮初:酒瓮刚打开。⑤款籁:轻轻地吹奏籁。籁,古代的一种管乐器,三孔。⑥金钗:这里指代侍妾。⑦寒玉:指代雪。⑧"何须蹇驴"句:唐孟浩然、贾岛、李贺等著名诗人,都有策蹇驴、踏风雪的典故,故云。

【越调 · 柳营曲】叹世

手自搓,剑频磨[①],古来丈夫天下多。青镜摩挲,白首蹉跎[②],失志困衡窝[③]。有声名谁识廉颇[④],广才学不用萧何[⑤]。忙忙的逃海滨,急急的隐山阿[⑥]。今日个,平地起风波[⑦]。

【注释】 ①剑频磨:喻胸怀壮志,准备大显身手。贾岛《述剑》诗:"十年磨一剑,霜刃未曾试。今日把示君,谁有不平事?"②"青镜摩挲"二句:言对镜自照,白发欺人。青镜,青铜镜。摩挲,抚摩。蹉跎,虚度光阴。③衡窝:隐者居住的简陋房屋。④廉颇:战国时赵国的良将。因被遭谗言逃至魏国,赵王以屡次受到秦兵的侵略,想重新起用他,派使者去了解廉颇的健康情况。廉颇食斗米,肉十斤,被甲上马,以示可用。但使者还报王曰:"廉将军虽老,尚善饭,然与臣坐顷之,三遗矢矣。'赵王以为老,遂不召。"事见《史记 · 廉颇列传》。辛弃疾《永遇乐 · 京口北固亭怀古》:"凭谁问,廉颇老矣,尚能饭否?"这里用其意。⑤萧何:汉高祖的开国元勋。⑥山阿:大的山谷。⑦风波:借指凶险的仕途。

【双调 · 水仙子】咏竹[①]

贞姿不受雪霜侵,直节亭亭易见心。渭川风雨清吟枕[②],花开时有凤寻[③]。文湖州是个知音[④]:春日临风醉,秋宵对月吟,舞闲阶碎影筛金。

【注释】 ①魏晋以来,文人多喜竹,竹亦成为文人画的重要题材,此曲亦是借竹言志。②"渭川"句:指渭河风雨使诗人在枕上神志清爽地构思诗作。③"花开"句:当竹子开花时就会引来凤凰。按相传凤凰为百鸟之王,《庄子 · 秋水》有"(凤凰)非梧桐不止,非练实(竹实)不食,非醴泉不饮"。④文湖州:宋代画家文同,字与可,做过湖州太守,擅长画竹。"胸有成竹"的成语即出在他身上。

【双调 · 沉醉东风】

取富贵青蝇竞血,进功名白蚁争穴[①]。虎狼丛甚日休[②],是非海何时彻[③]?人我场慢

争优劣[4],免使傍人做话说,咫尺韶华去也[5]。

【注释】 ①青蝇竞血、白蚁争穴:都比拟人世间的名利之争。李公佐《南柯太守传》言槐安国与檀萝国为了争夺蚁穴,大动干戈,伏尸无数。后来汤显祖把它敷演成《南柯记》,说是"纷纷蚁队重围解,冉冉尘飞杀气开","穿东涧,抢南柯",真是一场恶战。②虎狼丛:比喻残暴贪婪的官场。③"是非海"句:比喻人世间无穷无尽的是非纠纷之争。是非,纠纷,矛盾。彻,完,尽。④"人我场"句:谓人我相互排挤、竞争的尘世。慢,同"谩",徒劳。⑤咫尺韶华:犹言光阴短暂。咫,长度名,周制八寸。韶华,喻美好的时光。

张可久

张可久(一作久可),号小山,约生于至元初(1270 年前),卒于至正初(1340 年后),庆元(今浙江鄞州区)人。曾任路吏转首领官,又曾为铜庐典史等小吏,还做过昆山市幕僚。元至正初七十余岁时,仍任昆山幕僚,至正八年(1348)尚在世。一生陈抑下僚,仕途上不很得意。平生好遨游,足迹遍江南各地,晚年居杭州。张小山与卢挚、贯云石等人唱和颇多。有《苏堤渔唱》《小山北曲联乐府》等散曲集。今存小令八百五十五首,套数九篇,为元人中存散曲最多者。内容以表现闲逸情怀为主。钱惟演《送小山之铜庐典史》诗云其"公干才名倾邺下,小山辞赋擅江南"。刘熙载《艺概》云:"元张小山、乔梦符为曲家翘楚。"

【双调·折桂令】湖上即事叠韵[1]

锦江头一掬清愁[2],回首盟鸥。杨柳汀洲,俊友吴钩。晴秋楚岫[3],退叟齐丘。赋远游黄州竹楼,泛中流翠袖兰舟。檀口歌讴[4],玉手藏阄,诗酒觥筹[5],邂逅绸缪[6],醉后相留。

【注释】 ①叠韵体为元曲巧体之一,叠韵体都是一句中重叠用韵(如本曲首句中的头、愁,次句中的首、鸥),可重叠两次或三次,不似短柱体那样须步步重韵。②掬:用两手捧(东西)。③岫:小山。④檀口歌讴:用檀板击节歌唱。⑤觥:盛酒用的器皿。筹:古代投壶所用的矢。⑥邂逅绸缪:是说偶然相识即彼此有情,相处欢洽。

【中吕·卖花声】怀古

阿房舞殿翻罗袖[1],金谷名园起玉楼[2],隋堤古柳缆龙舟[3]。不堪回首,东风还又[4],野花开暮春时候。

又

美人自刎乌江岸[5],战火曾烧赤壁山[6]。将军空老玉门关[7]。伤心秦汉,生民涂炭[8],读书人一声长叹。

【注释】 ①阿房:旧读。秦始皇三十五年(前 212),征发刑徒七十余万修阿房宫及骊山陵。阿房宫穷极侈俪,仅前殿即"东西五百步,南北五十丈;上可以坐万人,下可以建五丈旗"(见《史记·秦始皇本纪》),但实际上没有全部完工。全句大意是说,当年秦始

皇曾在华丽的陕西省阿房宫里观赏歌舞，尽情享乐。②金谷名园：在河南洛阳市西面，是晋代大官僚大富豪石崇的别墅，其中的建筑和陈设也异常奢侈豪华。③隋堤古柳：隋炀帝开通济渠，沿河筑堤种柳，称为“隋堤”，即今江苏以北的运河堤。缆龙舟：指隋炀帝沿运河南巡江都（今扬州市）事。④东风还又：又吹起了东风。⑤美人句：秦末楚汉相争，最终项羽在垓下（今安徽灵璧县东南）被汉军围困，夜闻四面楚歌，他在帐中悲歌痛饮，与美人虞姬诀别，然后乘夜突出重围。在乌江（今安徽和县东）又被汉军追上，于是自刎而死。这里说美人自刎乌江，乃用此典。⑥战火句：指东汉末年的赤壁之战。赤壁在今湖北嘉鱼县境。公元 208 年，孙、刘联军曾以火攻击败曹军。⑦将军句：指东汉班超因久在边塞镇守，年老思乡事。详见张养浩【双调·沉醉东风】曲注释②。⑧秦汉：泛指前朝各代。涂炭：比喻受灾受难。涂，泥涂；炭，炭火。

【双调·水仙子】红指甲[1]

玉纤弹泪血痕封，丹随调酥鹤顶浓。金炉拨火香云动，风流千万种。捻胭脂娇晕重重，扶海棠梢头露，按桃花扇底风，托香腮数点残红。

【注释】 ①诗词中皆有咏物一体，唯未见有咏指甲、黑痣一类，元曲既不避俚俗，其趣味不高者亦所在多有，录此以备一格。张小山此曲亦只其遣词之工巧，趣味格调则与花间词略同。

【黄钟·人月圆】春日次韵[1]

罗衣还怯东风瘦，不似少年游。匆匆尘世，看看镜里，白了人头。片时春梦，十年往事[2]，一点诗愁。海棠开后，梨花暮雨，燕子空楼[3]。

【注释】 ①元曲小令在许多曲家那里已显著词化，张小山所做的这首【人月圆】可见一斑。②“片时春梦”两句：杜牧《遣怀》诗云：“落魄江湖载酒行，楚腰纤细掌中轻。十年一觉扬州梦，赢得青楼薄幸名。”此借用其意。③“燕子”句：唐张建封曾纳盼盼于燕子楼，后张建封死，盼盼空守不他适。此亦借用其典。

任　昱

任昱，生卒年不详。字则明，四明（今浙江宁波市）人。约与张可久、曹名善等同时。年轻时喜狎游平康，写过很多小曲，流传歌妓间。从其《隐居》曲可知，任昱曾作为一“布衣”往来于苏、杭。晚年锐志读书，擅长五言诗。现存小令五十九首，套数一篇。

【正宫·小梁州】湖上分韵得玉字[1]

波涵玉镜浸清晖，鸣玉船移，玉箫吹过玉桥西[2]。玉泉内，玉树锦云迷。【幺】[3]玉楼帘幕香风细，玉阑干杨柳依依。飞玉觞，留玉佩，玉人沉醉。花外玉骢嘶。

【注释】 ①嵌字体为元曲巧体之一，本曲每句嵌一“玉”字。②玉箫：据说秦穆公有女字美玉，善吹箫，引来凤凰，后随凤凰飞去。③【幺】：北曲后一曲与前调相同，则称

【幺】或【幺篇】。幺:即又。词大多两片,而南北曲一般单片,所以任昱两支【小梁州】连用,且内容密切关联,几成为一首词。

【中吕·上小楼】隐居

荆棘满途,蓬莱闲住[1]。诸葛茅庐[2],陶令松菊[3],张翰莼鲈[4]。不顺俗,不妄图[5],清风高度[6]。任年年落花飞絮。

【注释】 ①荆棘满途:比喻仕途险恶。蓬莱:传说中为神仙所居之地,此用来比喻自己的隐居之地。②诸葛茅庐:诸葛亮年轻时隐居南阳,住茅屋,亲自耕种。③陶令松菊:陶渊明喜种松菊,其《归去来兮辞》有:"三径就荒,松菊犹存。"④张翰莼鲈:见前姚燧【中吕·醉高歌】注④。按以上三句都是以古人自比。⑤妄图:妄想。⑥清风高度:清雅高洁的风度。

【南吕·金字经】重到湖上

碧水寺边寺,绿杨楼外楼[1],闲看青山云去留。鸥,飘飘随钓舟。今非旧,对花一醉休[2]。

【注释】 ①楼外楼:南宋林升《题临安邸》诗有"山外青山楼外楼,西湖歌舞几时休"。林诗隐含讽喻之旨,此虽借用其典,但寓意恰相反。②休:罢了。此句可能指面向美人一醉方休。

【双调·沉醉东风】信笔

有待江山信美[1],无情岁月相催。东里来[2],西邻醉,听渔樵讲些兴废。依旧中原一布衣[3],更休想麒麟画里[4]。

【注释】 ①信美:的确很美。②东里:东边的邻里,与下句的"西邻"为对,"邻"、"里"互文。③布衣:平民。《盐铁论·散不足》:"古者庶人耄老而后衣丝,其馀则麻枲而已,故命曰布衣。"后来多称没有做官的读书人。④麒壤画:汉宣帝时曾图画功臣霍光等于麒麟阁上。后因以"麒牖画"喻最高的荣誉和功勋。

徐再思

徐再思,生卒年不详。字德可,嘉兴(今属浙江)人。曾任嘉兴路吏。滑稽多智,与贯云石、张可久等约同时。平生好吃甜食,故自号"甜斋"。贯云石号酸斋,与徐再思并擅乐府。后人把他的作品与贯云石合辑,称《酸甜乐府》。现存散曲有小令一百零三首,内容多是江南风物和闺情。近人任讷《酸甜乐府序》云:"甜斋之作,虽以清丽为质,而实无背于曲之所以为曲。"

【双调·沉醉东风】春情[1]

一自多才间阔[2],几时盼得成合。今日个猛见他,门前过,待唤着怕人瞧科[3]。我这里

高唱当时水调歌，要识得声音是我。

【注释】 ①徐再思以“春情”为题的曲有很多，这一首于人物性情、心理的描写都极其生动。②多才：多才郎君。间阔：久别。③瞧科：瞧见。

孙周卿

孙周卿（？～约1330），古邠（今陕西邠县）人，一说汴京（今河南开封）人。曾做官，后归隐湘中。今存散曲小令二十三首，多隐居、游宴及闺情之作。

【双调·水仙子】舟　　中[①]

孤舟夜泊洞庭边，灯火青荧对客船[②]，朔风吹老梅花片[③]。推开蓬雪满天，诗豪与风雪争先[④]。雪片与风鏖战[⑤]，诗和雪缴缠[⑥]。一笑琅然[⑦]。

山居自乐

朝吟暮醉两相宜，花落花开总不知。虚名嚼破无滋味[⑧]，比闲人惹是非。淡家私付山妻[⑨]，水碓里舂来米[⑩]，山庄上线了鸡[⑪]，事事休提。

【注释】 ①孙周卿【水仙子】原作六首，皆以隐居生活为题，今选其中之二。②青荧：青色而微弱灯光。③朔风：北风。④诗豪：写诗的豪兴。⑤鏖战：激战。⑥缴缠：纠缠。⑦琅然：形容声音响亮。⑧“虚名”句：是说看破红尘，了无趣味。⑨淡家私：指家产少，很清贫。⑩水碓：利用水力舂米的器具。来：语气助词。⑪线了鸡：阉了鸡。线，通“骟”，阉割。

【双调·蟾宫曲】自乐[①]

草团标正对山凹[②]，山竹炊粳，山水煎茶。山芋山薯，山葱山韭，山果山花。山溜响冰敲月牙[③]，扫山云惊散林鸦。山色元佳[④]，山景堪夸。山外晴霞，山下人家。

【注释】 ①此曲为嵌字体（元曲巧体之一），每句皆嵌一“山”字。②草团标：圆形茅屋。③山溜：山中溪涧。④元：善。山色元佳，就是山色好。

顾德润

顾德润，生卒年不详。字君泽，一作均泽，号九山，一作九仙，松江（今属上海市）人，曾任杭州路吏，后至元间（1335～1340）移平江首领官，与诗人钱惟善等相交好。后至元四年（1338）前钱惟善《送顾君泽移平江》诗称其人曰：“旧识黄堂掾，风流见逸才。”顾德润曾自刊所著《九山乐府》《诗隐》二集，售于市肆。其散曲今存小令八首，套数两篇。

【越调·黄蔷薇过庆元贞】御水流红叶

【黄蔷薇】步秋香径晚，怨翠阁衾寒[①]。笑把霜枫叶拣，写罢衷情兴懒。【庆元贞】几年月冷倚阑干，半生花落盼天颜，九重云锁隔巫山[②]。休看作等闲，好去到人间。

【注释】 ①衾：被子。②“几年月”以下三句为鼎足对（连用三句对仗），隐喻平生落

寞,无缘际会。

【中吕·醉高歌带摊破喜春来】旅中[①]

【醉高歌】长江远映青山,回首难穷望眼,扁舟来往蒹葭岸[②],人憔悴云林又晚。【摊破喜春来】篱边黄菊经霜暗,囊底青蚨逐日悭[③]。破清思,晚砧鸣[④],断愁肠,檐马韵[⑤],惊客梦。梦晓钟寒,归去难。修一缄[⑥],回两字寄平安[⑦]。

【注释】 ①在中国传统社会,读书人为谋求一官半职,往往常年困于京城或旅途,顾德润这首曲子即是他个人经历、心境的反映,也反映了当时读书人的普遍境遇。②蒹葭:芦苇。《诗·秦风·蒹葭》:"蒹葭苍苍,白露为霜。"③"囊底青蚨"句:口袋里的钱一天天少了。青蚨,铜钱。④晚砧:傍晚时的捣衣声。⑤檐马韵:檐间闻玲的响声。马,铁马,即闻玲。⑥修一缄:写一封信。缄,封口。⑦回两字寄平安:寄两个字的平安家信。意谓除"平安"两字外,更难言其他,有难言之苦。

曹　德

曹德,生卒年不详。字明善,衢州(今浙江衢江区)人。曾任衢州路吏、山东宪吏等职。性情耿直,曾在都下作曲讥讽权贵伯颜擅自专权,滥杀无辜。因伯颜缉捕,乃南逃吴中僧舍避祸。居数年,伯颜事败,方再入京。他与任则明、马昂夫等相交。钟嗣成《录鬼簿》称其"华丽自然,不在(张)小山之下"。现存小令十八首。

【双调·沉醉东风】隐居[①]

鸱夷革屈沉了伍胥[②],江鱼腹葬送了三闾[③]。数间谏时,独醒处,岂是遭诛被放招伏?一舸秋风去五湖[④],也博个名传万古。

【注释】 ①曹德这首【沉醉东风】借用伍子胥、屈原、范蠡等历史人物不同命运的对比,表明自家的人生选择和志趣。②鸱夷革:皮制的袋子。战国时吴国功臣伍子胥因吴王夫差听信谗言,愤而自杀,夫差乃将其尸体盛于鸱夷革,浮于江中(事见《史记·伍子胥列传》)。③"江鱼腹"句:指屈原自沉汨罗江事。④"一舸秋风去五湖"句:指范蠡助越王勾践富国后,急流勇退,隐姓埋名,浮海经商事(事见《史记·越王勾践世家》)。

【中吕·喜春来】和则明韵[①]

春云巧似山翁帽[②],古柳横为独木桥。风微尘软落红飘,沙岸好,草色上罗袍[③]。

又

春来南国花如绣[④],雨过西湖水似油[⑤]。小瀛洲外小红楼,人病酒,料自下帘钩[⑥]。

【注释】 ①则明:即曲家任昱,字则明。这两首【喜春来】抒写的都是闲情逸趣,含蓄隽永,与诗中的绝句、词中的令词略同。②春云巧似山翁帽:晋山翁喜饮酒,醉后骑马,倒戴着白帽归来。这里借喻春日云彩变化多端,形状奇巧。③草色上罗袍:指游人的罗

袍与青草颜色相近,难分彼此。庾信《哀江南赋》有:"青袍如草,白马如练。"④南国:南方。⑤水似油:形容湖水平滑而有光泽。⑥病酒:因沉湎于酒而害病。料:料想。下帘钩:指放下窗帘,无心观赏春景。

高克礼

高克礼,生卒年不详。字敬臣,号秋泉,河间(今属河北)人。一说济南(今属山东)人。至正中官庆元推官,后归隐。与乔吉、萨都剌等人唱和。小令享盛名,今存四首,均摹写儿女情态之作,清新俊利。

【越调·黄蔷薇过庆元贞】[①]

【黄蔷薇】燕燕别无甚孝顺[②],哥哥行在意殷勤[③]。玉纳子藤箱儿问肯[④],便待要锦帐罗帏就亲。【庆元贞】唬得我惊急列蓦出卧房门[⑤],他措支剌扯住我皂腰裙[⑥],我软兀剌好话儿倒温存[⑦]。一来怕夫人情性哏[⑧],二来怕误妾百年身。

又[⑨]

又不曾看生见长,便这般割肚牵肠。唤嬭嬭酩子里赐赏[⑩],撮醋醋孩儿弄璋[⑪]。断送得他萧萧鞍马出咸阳[⑫],只因他重重恩爱在昭阳,引惹得纷纷戈戟闹渔阳[⑬]。哎,三郎,睡海棠[⑭],都则为一曲舞霓裳[⑮]。

【注释】 ①元关汉卿有杂剧《诈妮子》杂剧,叙侍女燕燕为贵家公子诱奸,终被纳为小妾。这可能是据当时事编成,本曲似亦以此为题。②孝顺:此作侍候解。③哥哥行:犹言哥哥这边。④玉纳子:用来装饰箱子的玉制小配件。问肯:问候,慰问。⑤惊急列:金元口语,惊慌。蓦出:跨出。⑥措支剌:金元口语,慌忙。皂腰裙:黑腰裙。⑦软兀剌:金元口语,软绵绵。⑧哏:同"狠"。⑨本曲以李隆基、杨玉环情爱故事为题,对李隆基暗藏讥嘲,颇有谐趣。⑩嬭嬭:宫中嬷嬷。酩子里:暗地里。⑪撮:借作"促",催促。醋醋:宋元时对使女的称呼。弄璋:指生男孩。⑫断送:葬送,结局,结果。此句是说唐明皇逃出长安避难。⑬渔阳:郡名,在今河北蓟州区一带,为安禄山发动变乱之地。⑭三郎:玄宗小名。睡海棠:玄宗曾赞杨贵妃醉容为"海棠睡未足"(事见《太真外传》)。⑮霓裳:指《霓裳羽衣舞》,唐代著名的舞曲,据传杨贵妃善舞此曲。

王　晔

王晔,生卒年不详。字日华,号南斋,杭州人。约生活于元代中后期。《录鬼簿》称他"体丰肥而善滑稽,能辞章乐府,临风对月之际,所制工巧"。至正六年(1346),他曾汇辑历代优语,自楚之优孟,至金人玳瑁头,集为一编,名曰《优戏录》。惜原书久佚。其剧作有《桃花女》《卧龙岗》《双卖华》三种,《桃花女》今存,其他亡逸。今存小令十六首。王晔曾与朱凯合题双渐小卿问答,颇有滑稽趣味,故选录如下。

【双调·折桂令】问苏卿

俏排场贯战曾经，自古惺惺[1]，爱惜惺。燕友莺朋，花阴柳影，海誓山盟。哪一个坚心志诚？哪一个薄幸杂情？则问苏卿，是爱冯魁，是爱双生？

答

平生恨落风尘，虚度年华，减尽精神。月枕云窗，锦衾绣褥，柳户花门[2]。一个将百十引江茶问肯[3]，一个将数十联诗句求亲。心事纷纭[4]：待嫁了茶商，怕误了诗人。

【双调·殿前欢】再问

小苏卿：言词道得不实诚。江茶诗句相兼并，那件著情，休胡芦提二四应[5]，相傒幸[6]。端的接谁红定[7]？休教勘问[8]，便索招承。

答

满怀冤，被冯魁掩扑了丽春园[9]，江茶万引谁情愿？听妾明言。多情小解元，休埋怨。俺违不过亲娘面。一时间不是，误走上茶船。

【注释】 ①惺惺：指聪慧的人。②柳户花门：指苏卿的妓女出身。③引：指商人运销货物的凭证，亦指所规定的重量单位，元代有茶引、盐引等。④心事纷纭：指犹豫不定。⑤胡芦提：指糊里糊涂。二四应：指模棱两可。⑥傒幸：戏弄（人）。⑦端的：究竟，真实。⑧勘问：审问。⑨掩扑：乘人不备而袭击。

王仲元

王仲元，杭州人。与钟嗣成交厚。作有杂剧三种，均佚。散曲存小令二十一首，套数四首，以情景相融为胜。

【中吕·普天乐】春日多雨[1]

无一日惠风和[2]，常四野彤云布[3]。那里肯妆金点翠[4]，只待要迸玉筛珠[5]。这其间湖景阴，恰便似江天暮。冷清清孤山路，六桥迷雪压模糊[6]。瞥见游春杜甫，只疑是寻梅浩然[7]，莫不是相访林逋[8]。

【注释】 ①王仲元这首【普天乐】以其熟悉的杭州风物为题，诗词中亦有歌咏自然景物者，唯风味有别。②惠风：和风。③彤云：阴云。④妆金点翠：形容晴日云貌。⑤迸玉筛珠：形容雨很大。⑥“冷清清”两句：提到的孤山、六桥都是西湖边上的景观。⑦浩然：唐代诗人孟浩然，曾踏雪寻梅。⑧林逋：宋代诗人，曾隐居西湖孤山，以种梅养鹤自娱，有“梅妻鹤子”之称。

吕止庵

吕止庵，生平不详。别有吕止轩，疑即一人。今存散曲小令三十三首，套数四篇。

【仙吕·后庭花】[①]

风满紫貂裘，霜合白玉楼。锦帐羊羔酒[②]，山阴雪夜舟[③]。党家侯，一般乘兴，亏他王子猷[④]。

【注释】 ①党进为宋初名将，风流一时，吕止庵这首【后庭花】即以其人行事为题。②“锦帐”句：这里用用党进雪夜饮羊羔酒的典故。羊羔酒，酒名。《事物绀珠》云：“羊羔酒出汾阳，色白莹，饶风味。”据《本草纲目》载宋代有羊羔酒方，用糯米、肥羊肉等酿成。明陈继儒《辟寒部》载：宋陶穀妾，本富人党进家姬，一日下雪，陶穀命取雪水煎茶，问之曰：“党家有此景？”对曰：“彼粗人，安识此景？但能知销金帐下，浅斟低唱，饮羊羔美酒耳。”后因以“党家”比喻粗俗的富豪人家。③“山阴”句：这里用晋王徽之雪夜访戴逵的典故。《晋书·王徽之传》：“（王徽之）尝居山阴，夜雪初霁，月色清朗，四望皓然……忽忆戴逵，逵时在剡，便夜乘小船诣之，经宿方至，造门不前而返。人问其故，徽之曰：‘本乘兴而来，兴尽而返，何必见安道耶？’”④王子猷：即王徽之。

【仙吕·醉扶归】[①]

瘦后因他瘦，愁后为他愁。早知伊家不应口[②]，谁肯先成就。营勾了人也罢手[③]，吃得我些酩子里骂低低的呪[④]。

又

频去教人讲，不去自家忙[⑤]。若得相思海上方[⑥]，不道得害这些闲魔障[⑦]。你笑我眠思梦想，只不打到你头直上[⑧]。

【注释】 ①吕止庵【醉扶归】凡三首，皆以闺中女子口吻写离愁别恨，都写得伶俐可喜，此选其中两首。②“早知”句：可能指男方家长不同意他们的婚事。③营勾：谎骗，勾引。④酩子里：暗地里。⑤“频去”两句是说经常到男方家里去，害怕别人说闲话；但不去心中又不踏实。频去，频繁去。⑥相思海上方：意味医得相思病的灵丹妙药。据传秦始皇曾派方士海上求长生不死之药，故云海上方。⑦闲魔障：指相思病。魔障，佛家语，魔王所设的障碍。借指波折、病痛、灾难等。⑧打到：宋元俗语，碰到之意。头直上：即头上。直上，上面。

真　真

真真，建宁（今属福建）人，生平不详。宋儒真德秀后裔，沦为歌伎，姚燧为之脱籍。散曲今存小令一首。

【仙吕·解三醒】[①]

奴本是明珠擎掌,怎生的流落平康[②]?对人前乔做娇模样[③],背地里泪千行。三春南国怜飘荡,一事东风没主张[④]。添悲怆。那里有珍珠十斛,来赎云娘[⑤]。

【注释】 ①曲多是代言,歌妓真真的这首【解三醒】完全是代自家言。这支曲有助于我们了解当时歌妓们的生活和情感。②平康:唐代长安平康坊,为妓女聚居之地。后泛指妓院。③乔:假装。④主张:主宰。⑤云娘:唐有歌妓名崔云娘。这里乃自指。

查德卿

查德卿,生平、里籍均不详。大约元仁宗时(1311~1320)前后在世。散曲今存小令二十二首。明李开先评元人散曲,首推张可久、乔吉,次则举及查德卿(见《闲居集》卷五《碎乡小稿序》),可见其曲名较高。

【仙吕·寄生草】感叹[①]

姜太公贱卖了磻溪岸[②],韩元帅命博得拜将坛[③]。羡傅说守定岩前版[④],叹灵辄吃了桑间饭[⑤],劝豫让吐出喉中炭[⑥]。如今凌烟阁一层一个鬼门关[⑦],长安道一步一个连云栈[⑧]。

【注释】 ①查德卿这首咏史曲借古讽今,多愤激之言。②姜太公:即吕尚。磻溪:一名璜河,在陕西宝鸡市陈仓区东南。相传溪上有兹泉,为姜太公垂钓遇文王处。③韩元帅:即韩信。汉高祖刘邦拜为大将,后被吕后杀害。命博得:用生命换取得。④傅说:傅说隐居傅岩(今山西平陆)时,曾为人版筑。版:筑墙用的夹板。⑤灵辄:春秋时晋人。据《左传·宣公二年》载:晋灵公的大夫赵宣子曾于首阳山打猎,在桑阴中休息,看到饿人灵辄,便拿饭给他吃,并给了他母亲饭和肉。后晋灵公想刺杀宣子,派灵辄作伏兵,他却倒戈相救,以报一饭之恩。⑥豫让:战国晋人。据《史记·刺客列传》载:豫让为晋国大夫智伯家臣,备受尊崇。后智伯为赵襄子所灭,他便"漆身为癞,吞炭为哑",企图行刺赵襄子,为智伯报仇。后事败为襄子所杀。⑦凌烟阁:唐太宗图画功臣的殿阁。此借指高官显位。⑧长安道:指仕途。连云栈:本指高入云霄的栈道。此喻仕途的凶险。

【越调·柳营曲】金陵故址[①]

临故国,认残碑。伤心六朝如逝水[②]。物换星移[③],城是人非[④],今古一枰棋[⑤]。南柯梦一觉初回,北邙坟三尺荒堆[⑥]。四围山护绕,几处树高低。谁曾赋黍离离[⑦]。

【注释】 ①金陵为六朝古都,兴废陈迹甚多。此曲作为怀古名作,激昂慷慨,格调不凡。②六朝:指三国的吴、东晋,南朝的宋、齐、梁、陈。它们都建都在金陵(今南京)。③物换星移:万物变化,星辰运行,比喻光阴过得很快。王勃《滕王阁诗》:"物换星移几度秋。"④城是人非:言城郭犹是,人民已非。《搜神后记》载:辽东人丁令威学道成仙,后化为仙鹤返乡,憩于城门华表柱,时有少年举弓欲射之,鹤乃飞徘徊空中,而言曰:"有鸟有

乌丁令威,去家千年今始归。城郭如故人民非,何不学仙冢累累。"⑤今古一枰棋:古今成败,不过像一局棋罢了。枰,棋盘。⑥北邙坟:泛指墓地。因为东汉及魏的王侯公卿多葬于洛阳市北的邙山。⑦黍离离:怀恋故国之悲。《诗经·王风》有《黍离》篇,云:"彼黍离离,彼稷之穗。行迈靡靡,中心如醉。"据说这是东周的大夫看到故国宗庙,尽为禾黍。徘徊感叹,而作是诗。

吴西逸

吴西逸,生平、居里不详。约延祐末前后在世。与阿里西瑛、贯云石等皆有合作,故其年辈或与贯云石等相近。今存小令四十七首,风格清丽疏淡。

【双调·蟾宫曲】怀古①

问从来谁是英雄,一个农夫②,一个渔翁③。晦迹南阳④,栖身东海⑤,一举成功。八阵图名成卧龙⑥,六韬书功在飞熊⑦。霸业成空,遗恨无穷。蜀道寒云⑧,渭水秋风⑨。

【注释】 ①姜太公、诸葛亮都是辅助名君成就霸业的贤相,吴西逸这首怀古之作,即以他们两人成败事迹,抒发其兴亡之感。②一个农夫:指诸葛亮。因为他曾经"躬耕南阳"。③一个渔翁:指姜太公,因为他曾经钓于渭水。④晦迹:使自己的踪迹隐晦,即隐居。南阳:今属河南,是诸葛亮曾隐居的地方。⑤栖身东海:居住在东海。《史记·齐太公世家》云:"吕尚处士,隐海滨。"⑥八阵图:传说诸葛亮善摆八卦阵。《三国志·诸葛亮传》说诸葛亮"长于巧思,损益连弩,木牛流马,皆出其意,推演兵法,作八阵图,咸得其要"。杜甫《八阵图》诗云:"功盖三分国,名成八阵图。江流石不转,遗恨失吞吴。"⑦六韬书:相传为姜太公所著的一部兵书。飞熊:周文王得姜太公的梦兆。⑧蜀道寒云:极言蜀道之险峻。⑨渭水秋风:此化用贾岛《忆江上吴处士》诗,贾诗云:"秋风生渭水,落叶满长安。"

【双调·清江引】秋居①

白雁乱飞秋似雪②,清露生凉夜。扫却石边云,醉踏松根月③,星斗满天人睡也。

【注释】 ①吴西逸这首【清江引】写隐者的生活,清淡雅洁,气味略同于王维山水诗。②白雁:白色的雁。雁多为黑色,白色的雁较为稀少。③松根月:照在松根的月光。

【双调·殿前欢】①

懒云窝,懒云堆里即无何②。半间茅屋容高卧,往事南柯。红尘自网罗③,白日闲酬和④,青眼偏空阔。风波远我⑤,我远风波。

又

懒云巢,碧天无际雁行高。玉萧鹤背青松道,乐笑游遨。溪翁解冷淡嘲,山鬼放揶揄笑⑥,村妇唱糊涂调。风涛险我,我险风涛。

【注释】 ①吴西逸【殿前欢】凡六首，皆歌咏其隐居乐道的生活，今选其中之二。②无何：即平安无事。③"红尘"句：意味红尘如网罗，但已不能网罗到我。④酬和：唱酬，酬对。⑤风波：喻官场及人世隐藏的凶险。后一支【殿前欢】的"风涛"亦然。⑥揶揄：戏弄。

赵显宏

赵显宏，号学村。生平不详。散曲今存小令二十一首，套数两篇。

【黄钟・刮地风】别思[1]

春日凝妆上翠楼[2]，满目离愁。悔教夫婿觅封侯，蹙损眉头[3]。园林春到，物华依旧。并枕双歌，几时能够。团圆日是有，相思病怎休。都道我减了风流。

【注释】 ①离情别怨为诗词之熟题，唯与曲相较，一含蓄蕴藉，一浅白率直。赵显宏的这首【刮地风】可算作曲的代表。②"春日"句及后文的"悔教"句都直接取自王昌龄《闺怨》诗。王诗原词为："闺中少妇不知愁，春日凝妆上翠楼。忽见陌头杨柳色，悔教夫婿觅封侯。"凝妆，盛装，严妆。③蹙损眉头：是说因常皱眉头而使眉头受损。

【中吕・满庭芳】樵[1]

腰间斧柯[2]，观棋曾朽[3]，修月曾磨[4]。不将连理枝梢锉[5]，无缺钢多。不饶过猿枝鹤窠，惯立尽石涧泥坡。还参破[6]，名缰利锁[7]，云外放怀歌。

【注释】 ①赵显宏曾有【满庭芳】曲分别以渔、樵、耕、牧为题，描写田园恬静平淡的生活。②柯：斧柄。③观棋：指王质入山伐木观弈事。④修月：传说月亮乃七宝合成，有八万户常以斧凿修。⑤锉：指折伤。⑥参破：看破、悟透。⑦缰：缰绳。锁：枷锁。

朱庭玉

朱庭玉，庭或作廷，生平不详。散曲今存小令四首，套数二十二篇。

李伯瑜

李伯瑜，生平不详。元初王鹗序姬志真《云山集》有云："庚戌(1250)夏五月，与友人李伯瑜相会。话旧之馀，李出知常先生文集一编，将以版行垂世。"可知李伯瑜为金末元初人。今存小令一支。

【越调・小桃红】磕瓜[1]

木胎毡观要柔和，用最软的皮儿裹。手内无他煞难过[2]，得来呵，普天下好净也应难躲[3]。兀的般砌末[4]，守着个粉脸儿色末[5]，诨广笑声多。

【注释】 ①宋金杂剧表演的角色主要为副净、副末，副净插科，副末打诨。副末常持的道具即为磕瓜。李伯瑜这首【小桃红】曲以磕瓜为题，对我们理解磕瓜的构造及功用极

有助益。②煞:忒,特别。③"普天下"句:因副净插科时,副末每以磕瓜轻击副净,故云"难躲"。④兀的:这,如此。砌末:略相当于今人所谓的道具。⑤"守着个粉脸儿色末":意谓副末始终操持着磕瓜。

李德载

李德载,生平不详。散曲今存小令十首,均咏茶事。

【中吕·阳春曲】赠茶肆[1]

茶烟一缕轻轻飏,搅动兰膏四座香[2]。烹煎妙手赛维扬[3]。非是谎[4],下马试来尝!

又

金芽嫩采枝头露,雪乳香浮塞上酥。我家奇品世间无。君听取,声价彻皇都[5]。

【注释】 ①李德载的这十首【阳春曲】都以卖茶人的口吻写成,均写得贴切生动,此选其中之二。②兰膏:含有兰香的油脂。③维扬:即扬州。扬州烹调非常有名,故有"赛维扬"句。④谎:此指瞎说。⑤彻:满,遍。

程景初

程景初,生平不详。散曲今存小令、套数各一首,风格绵丽深婉。

【正宫·醉太平】[1]

恨绵绵深宫怨女[2],情默默梦断羊车[3],冷清清长门寂寞长青芜[4],日迟迟春风院宇[5]。泪漫漫介破琅玕玉[6],闷淹淹散心出户闲凝伫[7],昏惨惨晚烟妆点雪模糊,淅零零洒梨花暮雨。

【注释】 ①任二北先生论及词、曲之别尝云:"词深而曲广。"所谓"广"主要是指曲常用赋体的手法。程景初这首【醉太平】以宫怨为题,主要用排比手法,景物各不相同,但都紧紧围绕一个"怨"字。②绵绵:悠长貌。③羊车:羊拉之车。相传晋武帝好色,常随羊车所止定临幸之所。④长门:汉代官名。汉武帝时陈皇后失宠后居此。芜:杂草。⑤迟迟:缓慢悠长貌。⑥介破:隔开。琅玕玉:竹的美称。⑦凝伫:伫立凝望。

杜遵礼

杜遵礼,生平不详。今存小令一首。

【仙吕·醉中天】佳人脸上黑痣[1]

好似杨妃在,逃脱马嵬灾[2]。曾向宫中捧砚台,堪伴诗书客。叵耐无情的李白[3],醉拈斑管[4],洒松烟点破桃腮[5]。

【注释】 ①曲尚尖新,杜遵礼的这首【醉中天】既大胆以"佳人脸上黑痣"为题,又构

思精巧，诚当得起"尖新"二字。②"好似"两句：因杨贵妃安史之乱中被赐死于马嵬驿，故此云好似"逃脱马嵬灾"。③"叵耐"以下三句：唐明皇时，李白曾奉召侍宴，立就《清平词》三章。故此处假想李白书写时将墨汁洒落于佳人脸上。叵耐，怎奈。④斑管：指毛笔。⑤松烟：墨多由松烟制成，故此以松烟指代墨。

李致远

李致远，字君深，生平不详。至元间曾居江苏溧阳。散曲今存小令二十六首，套数四篇。

【中吕·红绣鞋】晚秋[1]

梦断陈王罗袜[2]，情伤学士琵琶[3]，又见西风换年华[4]。数杯添泪酒，几点送秋花。行人天一涯。

【注释】 ①李致远这首【红绣鞋】写晚秋愁思，风味与小词略同。由此可见，曲写得含蓄、老实便即是词。②陈王：陈思王曹植。罗袜：语出曹植《洛神赋》："凌波微步，罗袜生尘。动无常则，若危若安。进止难期，若往若还。"③学士：此指翰林学士白居易，白居易长诗《琵琶行》有："座中泣下谁最多，江州司马青衫湿"，故曲中有"情伤学士"语。④"又见"句：化用秦观【望海潮】词，秦词有："梅英疏淡，冰澌溶泄，东风暗换年华。"

【越调·天净沙】离愁

敲风修竹珊珊[1]，润花小雨斑斑，有恨心情懒懒。一声长叹，临鸾不画眉山[2]。

【注释】 ①鼓风修竹：意为风吹动竹。此句化自苏轼【贺新郎】词："帘外谁来推绣户，枉教人梦断瑶台曲，又却是风敲竹。"珊珊：象声词，形容玉佩之声。②临鸾：照镜。鸾，铸有鸾凤图案的铜镜。眉山：指女子的眉毛。

张鸣善

张鸣善，生卒年不详，名择，号顽老子，平阳（今山西临汾）人。后迁居湖南，流寓扬州。官宣慰司令史。元灭后称病辞官，隐居吴江。有《英华集》（今不传），苏昌龄、杨廉夫拱手服其才。《太和正音谱》称其曲"藻思富赡，烂芳春葩，诚一代之作手"。现存小令十三首，套数两篇。

【中吕·普天乐】嘲西席[1]

讲诗书，习功课。爷娘行[2]孝顺，兄弟行谦和。为臣要尽忠，与朋友休言过[3]。养性终朝端然坐，免教人笑俺风魔[4]。先生道"学生琢磨"，学生道"先生絮聒"[5]，馆东道"不识字由他"[6]。

【注释】 ①读书人在蒙元时代身份、地位最为尴尬不堪，许多读书人只好以设帐授徒为生，张鸣善的这首【普天乐】对当时教书先生落魄形象的形容极其生动。②行：宋元

俗语,这里、这边之意。③过:指过失。④风魔:谓举止轻浮。⑤絮聒:唠叨;吵闹。⑥馆东:指主人、东家。“不识字由他”谓不必严加管教。

【中吕·普天乐】咏世[①]

洛阳花[②],梁园月[③]。好花须买,皓月须赊。花倚阑干看烂漫开,月曾把酒问团圆夜[④]。月有盈亏,花有开谢,想人生最苦离别。花谢了三春近也[⑤],月缺了中秋到也,人去了何日来也?

又

雨才收,花初谢。茶温风髓,香冷鸡舌。半帘杨柳风,一枕梨花月,几度凝眸登台榭。望长安不见些些[⑥],知他是醒也醉也,贫也富也,有也无也。

又

雨儿飘,风儿飏[⑦]。风吹回好梦[⑧],雨滴损柔肠。风萧萧梧叶中,雨点点芭蕉上。风雨相留添悲怆,风和雨卷起凄凉。风雨儿怎当[⑨]?风雨儿定当,风雨儿难当。

【注释】 ①张鸣善的这三首【普天乐】或写离情,一或写别怨,都写得生动诙谐,别有趣味。②洛阳花:指牡丹花。古人谓洛阳牡丹甲天下,宋欧阳修曾作《洛阳牡丹记》,以志其盛。③梁园:汉时梁孝王尝于大梁(今河南开封市)筑兔园以馈宾客,相与游乐其中,世称梁园。关汉卿【南吕·一枝花】(不伏老)套:“我玩的是梁园月,饮的是东京酒,赏的是洛阳花,攀的是章台柳。”④苏轼【水调歌头】:“人有悲欢离合,月有阴晴圆缺,此事古难全。”此取其意而略有变化。⑤三春:此指季春,春季最末一月。⑥些些:一点儿。⑦飏:同“扬”,吹动。⑧“风吹”句:意谓风声打断了好梦。⑨怎当:怎么禁受得住。当,抵挡。

【双调·水仙子】讥时[①]

铺眉苫眼早三公[②],裸袖揎拳享万钟[③]。胡言乱语成时用,大纲来都是烘[④]。说英雄谁是英雄?五眼鸡岐山鸣凤[⑤],两头蛇南阳卧龙[⑥],三脚猫渭水飞熊[⑦]。

【注释】 ①蒙元一代显要职位尽为蒙古人、色目人把持,贤愚不分,是非颠倒,汉族文人多沉居下僚。张鸣善这首【水仙子】对世事之讥讽可谓入木三分。②铺眉苫眼:即舒眉展眼,此处是装模作样的意思。三公:大司马、大司徒与大司空,这里泛指高官。③裸袖揎拳:捋起袖子露出拳头,这里指善于打闹之人。万钟:很高的俸禄。④大纲来:总而言之。烘:指胡闹。⑤五眼鸡:即乌眼鸡,好斗成性。岐山:周朝发祥地,在今陕西岐山县。鸣风:凤凰。⑥两头蛇:传说为不祥之物。南阳卧龙:即诸葛亮。这里是指奸邪之人冒充的忠臣贤相。⑦三脚猫:指代没有本事的人。渭水飞熊:用周文王“飞熊入梦”而遇吕尚事,飞熊即指太公吕尚。

杨朝英

杨朝英，字英甫，号澹斋，青城（今山东高青）人，后居龙兴（今江西南昌）。曾官郡守、郎中，后归隐，与贯云石等唱和。他编有《阳春白雪》与《太平乐府》两部散曲集，元散曲多赖以传世。其散曲今存小令二十八首。杨维桢《周月湖今乐府序》称："士大夫以今乐府鸣者，奇巧莫如关汉卿、庾吉甫、杨淡斋、卢疏斋"，可见其在当时曲界颇有名。

【双调·水仙子】[①]

雪晴天地一冰壶[②]，竟往西湖探老逋[③]。骑驴踏雪溪桥路[④]，笑王维作画图[⑤]，拣梅花多处提壶[⑥]。对酒看花笑，无钱当剑沽[⑦]，醉倒在西湖。

又

灯花占信又无功[⑧]，鹊报佳音耳过风[⑨]。绣衾温暖和谁共，隔云山千万重，因此上惨绿愁红。不付能博得团圆梦[⑩]，觉来时又扑个空，杜鹃声又过墙东。

自　足

杏花村里旧生涯，瘦竹疏梅处士家[⑪]。深耕浅种收成罢。酒新篘鱼旋打[⑫]，有鸡豚竹笋藤花[⑬]。客到家常饭，僧来谷雨茶[⑭]，闲时节自炼丹砂[⑮]。

【注释】 ①杨朝英所写【水仙子】曲凡九首，或写隐逸，或写闺情，都别有情致，此选其中三首。②"雪晴"句：言积雪初晴，到处都是冰冻，冷如冰壶。③老逋：指宋代诗人林逋，曾隐居西湖边。④"骑驴"句：这里暗用孟浩然骑驴踏雪、寻梅吟诗的典故。⑤笑王维作画图：王维，唐代著名诗人、画家，曾绘《雪溪图》和《雪里芭蕉图》。这里是说他画的雪景，远不如眼底西湖的自然景色。⑥提壶：提起酒壶。⑦当剑：把佩剑典当掉。沽：通"酤"，买酒。⑧灯花占信：古人迷信，认为灯蕊结成花瓣，便是远信至、行人归的预兆。⑨鹊报佳音：古人相信喜鹊传报喜讯。耳过风：比喻漠不关心。典出《吴越春秋·吴王寿梦传》："富贵之于我，如秋风之过耳。"⑩不付能：等于说"方才""刚才"。⑪处士：没有做官的读书人。⑫酒新篘：指酒是新过滤出来的。旋：同"现"，当场。⑬豚：小猪。藤花：疑指瓜果之类蔓生植物的花。⑭谷雨茶：谷雨节前采摘的春茶。⑮炼丹砂：炼延年益寿的药。古代道教提倡炼丹服食。

王举之

王举之，生平不详。居杭州，与钱惟善友善。散曲今存小令十三首，套数五篇。

【双调·折桂令】赠胡存善[①]

问哈蜊风致何如[②]，秀出乾坤，功在诗书。云叶轻灵，灵华纤腻，人物清癯。采燕赵天然丽语[③]，拾姚卢肘后明珠[④]。绝妙功夫，家住西湖[⑤]，名播东都[⑥]。

七 夕

鹊桥横低蘸银河[⑦],鸾帐飞香[⑧],凤辇凌波[⑨]。两意绸缪[⑩],一宵恩爱,万古蹉跎。剖犬牙瓜分玉果[⑪],吐蛛丝巧在银盒[⑫]。良夜无多,今夜欢娱,明夜如何?

【注释】 ①胡存善:胡正臣之子。钟嗣成《录鬼簿》载,正臣善唱词曲,"其子存善能继其志"。从本曲看,王举之与之友善。②哈蜊:本为生于近海的一种内可食用的软体动物。元曲家因曲之风味有别于正统的诗、词,乃以哈蜊比拟之。如钟嗣成《录鬼簿·自序》有:"吾党且啖哈蜊,别与知味者道。"③"采燕赵"二句:指广泛吸取各家之长。因早期元曲家多为河北、山西、陕西、山东一带的人,故乃以"燕赵"称之。④姚、卢:指姚燧、卢挚,两人都是当时影响较大的散曲作家。⑤家住西湖:据《录鬼簿》载,胡存善系杭州人。⑥东都:本指洛阳,这里借指开封。⑦"鹊桥"句:传说七夕日,所有的喜鹊群集,在银河搭成一鹊桥,使牛郎、织女相会。⑧鸾帐:夫妇同寝时的床帐。⑨凤辇:凤凰所拉或有凤饰之车,此指织女乘坐的车。⑩绸缪:情意缠绵。⑪瓜分玉果:七夕旧俗,民间常陈瓜果于庭。⑫"吐蛛丝"句:七夕夜,民女常用小盒装蜘蛛,开启见网圆美,谓"得巧"。

贾 固

贾固,字伯坚,沂州(今山东临沂)人。曾官扬州路总管、中书左参政。善乐府,谐音律,而散曲仅存小令一支。

【中吕·醉高歌过红绣鞋】寄金莺儿[①]

【醉高歌】乐心儿比目连枝[②],肯意儿新婚燕尔[③]。画船开抛闪的人独自[④],遥望关西店儿[⑤]。【红绣鞋】黄河水流不尽心事,中条山隔不断相思[⑥],当记得夜深沉、人情悄、自来时。来时节三两句话,去时节一篇诗,记在人心窝儿里直到死。

【注释】 ①据《青楼集》载,贾固任山东佥宪时,属意歌伎金莺儿,与之甚昵。后除西台御史,不能忘情,作【醉高歌过红绣鞋】以寄之,因被劾罢官。这支别离曲既是发自肺腑,自与一般逢场作戏者不同。②比目连枝:指比目鱼、连理枝。③肯意儿:情投意合。新婚燕尔:语本《诗经》。燕尔,和悦相得。④抛闪:抛弃。⑤关西:指潼关以西。⑥中条山:在山西西南部,黄河、涑水河和沁河间。

周德清

周德清(1277~1365),字日湛,号挺斋,高安(今属江西)人。工乐府,精音律。著《中原音韵》,为北曲立法。贾仲明《录鬼簿续编》评论说:"长篇短章,悉可为人作词之定格。故人皆谓:德清之韵,不但中原,乃天下之正音也,德清之词,不惟江南,实天下之独步也。"此虽或推崇过甚,但其曲确自有其特色。今存小令三十一首,套数三篇。

【中吕·满庭芳】看岳王传[①]

披文握武[②],建中兴宙宇[③],载青史图书[④]。功成却被权臣妒[⑤],正落奸谋。闪杀人望

旌节中原士夫[6],误杀人弃丘陵南渡銮舆[7]。钱塘路,愁风怨雨,长是洒西湖[8]。

误国贼秦桧

官居极品[9],欺天误主,贱土轻民。把一场和议为公论,妨害功臣。通贼虏怀奸诳君,那些儿立朝堂仗义依仁[10]!英雄恨,使飞云幸存[11],那里有南北二朝分。

【注释】 ①周德清曾作【满庭芳】四首,分别以人物岳飞、韩世忠、秦桧、张俊等历史人物为题,以议论为曲,为曲中所少见。②披文握武:岳飞为南宋初期抗金的名将,但也喜好文学。《宋史》本传说他"好贤礼士,览经史,雅歌投壶,恂恂如书生"。③建中兴庙宇:建立了中兴的事业。庙宇,指宗庙社稷。岳飞于绍兴十年与金兀术对垒,连战皆捷,中原大震,进军朱仙镇,直逼开封,两河豪杰皆愿归其统治,金军内部也多瓦解动摇。④青史:史书。古人用竹简记事,在刻写之前,先须用火加以处理,叫作"杀青",所以叫作青史。⑤"功成"句:权臣,指秦桧。桧于绍兴十一年,以"莫须有"的罪名,杀害岳飞于风波亭上,时岳飞年三十九岁。⑥闪杀:抛弃,抛撇。士夫:泛指人民。此句言中原沦陷区的人民日夜盼望宋师北伐,恢复中原。⑦弃丘陵:抛弃祖宗的坟墓。銮舆:皇帝的车子,因以代指皇帝。此句言宋高宗赵构逃到杭州,偏安江左,不思恢复。⑧钱塘路:钱塘一带。岳飞含冤死后葬今杭州西(原为钱塘县)栖霞岭下、西子湖旁。来往凭吊的,无不悲愤填膺。故云"愁风怨雨,长是洒西湖"。⑨官居极品:极品:最高品级的官,指宰相。宋高宗绍兴元年(1131),拜秦桧为相。⑩那些儿:哪有一点儿,激愤语。⑪使飞云幸存:假使岳飞、岳云还侥幸存在的话。岳云,岳飞养子,英勇善战,一同被秦桧杀害。

钟嗣成

钟嗣成,元代散曲家,字继先,号丑斋,大梁(今河南开封)人,寓居杭州。他所编撰的《录鬼簿》,记载了元代杂剧作家及一些散曲作家的小传和剧目,是研究元曲最重要的文献。作有杂剧七种,均佚。今存小令五十九首。

【正宫·醉太平】[1]

风流贫最好,村沙富难交[2]。拾灰泥补砌了旧砖窑,开一个教乞儿市学[3]。裹一顶半新不旧乌纱帽[4],穿一领半长不短黄麻罩,系一条半联不断皂环绦,做一个穷风月训导[5]。

又

绕前街后街,进大院深宅,怕有那慈悲好善小裙钗[6],请乞儿一顿饱斋。与乞儿绣副合欢带[7],与乞儿换副新铺盖,将乞儿携手上阳台[8],设贫咱波奶奶[9]!

【注释】 ①钟嗣成这两首【醉太平】,一写求乞的乞丐,一写以教授乞儿为生的私塾先生,都写得滑稽有趣。②村沙:土气,粗俗,丑陋。此句谓粗俗的人一旦变富,便很难交往了。③市学:收取学费的私人学校。④乌纱帽:隋唐贵者多服乌纱帽,其后上下通用,又渐废为折上巾,乌纱帽成为闲居的常服。⑤风月:本指清风明月等美好的景色,后喻男

女情爱。此句是说教授乞儿如何谈情说爱。⑥怕有:或许有。裙钗:女子的代称。⑦合欢带:表示男女同欢结盟的带子。⑧将:与,和。阳台:传说中台名。宋玉《高唐赋》述及楚王与仙女欢会事:"妾在巫山之阳,高丘之岨,旦为朝云,暮为行雨,朝朝暮暮,阳台之下。"后亦称男女合欢之所为阳台。⑨设贫:救济穷人。咱:语气助字。

【双调·清江引】[①]

到头那知谁是谁,倏忽人间世[②]。百年有限身[③],三寸元阳气[④],早寻个稳便处闲坐地。

又

秀才饱学一肚皮,要占登科记[⑤]。假饶七步才[⑥],未到三公位[⑦],早寻个稳便处闲坐地。

又

凤凰燕雀一处飞[⑧],玉石俱同类。分甚高共低,辨甚真和伪?早寻个稳便处闲坐地。

【注释】 ①钟嗣成有十首【清江引】,表现的都是人生如梦、全身远祸的思想,这可能反映了元代士人中一种极普遍的情绪。此选其中三首。②倏忽人间世:言人的生命很短促。倏忽,很快,一下子。③百年有限身:人生是有限的,即使活到一百年,也只是短暂的一瞬。④元阳气:指生命的本源,即所谓"元气"。元时俗语有"三分气在千般用,一旦无常万事休"。⑤登科记:科举时代把考中进士的人按名次登记在册上,叫"登科记"。⑥假饶:即使。七步才:形容才思十分敏捷。《世说新语·文学》:"文帝(曹丕)尝令东阿王(曹植)七步中作诗,不成者行大法。应声便为诗曰:'煮豆持作羹,漉枝以作汁,萁在釜下燃,豆在釜中泣。本自同根生,相煎何太急。'帝深有惭色。"⑦三公位:辅助国君掌握军政大权的最高官员。西汉以大司马、大司徒、大司空为三公。⑧凤凰燕雀一处飞:喻良才、庸才一起被录用,不分良莠。

周　浩

周浩,或作周诰,与钟嗣成同时代人。生平不详。其散曲仅存小令一首,为赞钟氏《录鬼簿》所作。

【双调·蟾宫曲】题《录鬼簿》

想贞元朝士无多[①],满目江山,日月如梭。上苑繁华[②],西湖富贵,总付高歌。麒麟冢衣冠坎坷[③],凤凰城人物蹉跎[④]。生待如何?死待如何?纸上清名,万古难磨[⑤]。

【注释】 ①贞元:唐德宗年号,时用二王革新,后刘禹锡归朝,因兴物事人非之叹。其《听旧宫中乐人穆氏唱歌》诗有:"曾随织女渡天河,记得云间第一歌。休唱贞元供奉曲,当时朝士已无多。"此处是用"贞元朝士"比拟元曲名家。②上苑:帝王玩乐、游猎之

所。③麒麟冢:名入贵宦的坟墓。衣冠:指代名门望族。④凤凰城:接近皇帝居住的地方,指高官集中居住的地方。⑤"纸上清名"两句:是赞扬钟嗣成著成《录鬼簿》,可以万古流名。

汪元亨

汪元亨,生卒年不详。字协贞,号云林,又号临川佚老。饶州(今江西鄱阳)人。元至正间出仕浙江省掾,后徙居常熟。贾伸明《录鬼簿续编》有"至正间,与余交于吴门"之语,知其和贾仲明同时代,为元代后期曲家。所做杂剧有《斑竹记》《仁宗认母》《桃源洞》三种及南戏《父子梦栾城驿》,均失传。散曲今存《小隐馀音》,小令百首、套数一篇。《录鬼簿续编》云:"有《归田录》一百篇行于世,见重于人。"

【正宫·醉太平】警世[1]

辞龙楼凤阙,纳象简乌靴[2]。栋梁材取次尽摧折[3],况竹头木屑。结知心朋友着疼热,遇忘怀诗酒追欢说[4],见伤情光景放痴呆[5]。老先生醉也。

又

憎苍蝇竞血[6],恶黑蚁争穴。急流中勇退是豪杰,不因循苟且。叹乌衣一旦非王谢[7],怕青山两岸分吴越[8],厌红尘万丈混龙蛇[9]。老先生去也。

又

结诗仙酒豪[10],伴柳怪花妖[11]。白云边盖座草团瓢[12],是平生事了。曾闭门不受征贤诏[13],自休官懒上长安道[14],但探梅常过灞陵桥[15]。老先生俊倒[16]。

【注释】 ①汪元亨曾作【醉太平】二十首,总题为"警世",皆为警世叹时之作,此选其中三首。唐、宋以来,称呼达官显宦为"老先生",元代称京官为"老先生"。此乃自称。②"辞龙楼"两句:都是辞官之意。龙楼凤阙,指代帝王宫殿。象筒乌靴,指代官宦生活。象简,象笏。乌靴。官靴。③取次:任意,随便。④忘怀:可以相互忘情的朋友。此句与上句"结知心朋友"互文。⑤放痴呆:装痴呆。⑥苍蝇竞血:像苍蝇争舔血腥一样。喻争权夺利为极可鄙的事。⑦乌衣:乌衣巷,在今南京市东南。东晋时王、谢诸望族曾居于此。⑧吴、越是战国时两个互为仇敌的国家。因以喻敌对的势力。⑨混龙蛇:喻好坏不分,贤愚莫辨。⑩结诗仙酒豪:言结交一些诗朋酒友。诗仙,李白之伦。酒豪,刘伶之属。⑪伴柳怪花妖:此处柳、花都比拟青楼歌妓。⑫草团瓢:圆形的草屋。也叫"草团标"。⑬征贤诏:征用贤才的诏书。《晋书·王褒传》:"(褒)隐居教授,三征七辟,皆不就。"⑭长安道:喻争名夺利的场所。⑮灞陵:汉文帝的陵墓,在长安城东,附近有灞桥,是当时人们送别的地方。⑯俊倒:笑煞,十分高兴。

杨维桢

杨维桢(1296~1370),字廉夫,号铁崖、东维子。会稽(浙江绍兴)人。泰定四年进

士。授天台县尹，杭州四务提举，建德路总管推官。元末农民起义爆发，杨维桢避寓富春江一带，张士诚屡召不赴，后隐居江湖，在松江筑园圃蓬台。江南才俊造门拜访者不绝。杨维桢为元代诗坛领袖，因“诗名擅一时，号铁崖体”，在元文坛独领风骚四十余年。著有《东维子文集》《铁崖先生古乐府》等。今存其小令一支，套数一篇。

【中吕·普天乐】[1]

十月六日，云窝主者设燕于清香亭，侑卮者东平玉无瑕张氏也。酒半，张氏乞予乐章，为赋双飞燕调，俾度腔行酒，以佐主宾之欢。

玉无瑕，春无价，清歌一曲，俐齿伶牙。斜簪簪鬏花，紧嵌凌波袜。玉手琵琶弹初罢，怎教他流落天涯。抱来帐下，梨园弟子[2]，学士人家。

【注释】 ①按杨维桢《序》，此曲称【双飞燕】，但按格律实为【普天乐】。②梨园弟子：唐玄宗知音律，好歌舞，尝选子弟三百，教于梨园，号“皇帝梨园弟子”。后世以歌舞、戏剧为业者皆称梨园弟子。

倪　　瓒

倪瓒(1301~1374)，字元镇，自号风月主人，又号云林子、沧浪漫士、净名庵主等，无锡(今属江苏)人。生平未曾出仕。自幼读书，过目不忘。家有清閟阁，多藏法书、名画、秘籍。元代大书画家，善诗，自然天成，又善琴操，精音律。至正初散财与亲友，弃家隐居五湖三泖间，与杨维桢、顾仲瑛、张雨等相唱和。自称懒瓒，亦称倪迂。明太祖平吴，瓒已年老，黄冠野服，混迹编氓以终。有《清閟阁集》，今存小令十二首。

【黄钟·人月圆】[1]

伤心莫问前朝事，重上越王台[2]，鹧鸪啼处，东风草绿，残照花开。怅然孤啸，青山故国，乔木苍苔。当时月明，依依素影[3]，何处飞来？

又

惊回一枕当年梦，渔唱起南津。画屏云嶂[4]，池塘春草，无限消魂。旧家应在，梧桐覆井，杨柳藏门。闲身空老，孤篷听雨，灯火江村。

【注释】 ①倪瓒这两首【人月圆】抒发的都是故国之思，高古苍凉，风味与咏史诗词略同。②越王台：当是越王勾践所筑的台榭。③依依：隐约貌。④嶂：屏障似的山蜂。

夏庭芝

夏庭芝，生卒年不详。字伯和，一作百和，号雪蓑，别署雪蓑钓隐，一作雪蓑渔隐。松江(今属上海)巨族。文章妍丽，乐府隐语极多。曾追忆旧游，著《青楼集》，为研究元曲演唱的极重要资料。与当时曲家张鸣善、朱凯、郝经、钟嗣成等交善。散曲今存小令二首。

【双调·水仙子】赠李奴婢[①]

丽春园先使棘针屯[②],烟月牌荒将烈焰焚[③],实心儿辞却莺花阵[④]。谁想香车不甚稳,柳花亭进退无门。夫人是夫人分,奴婢是奴婢身,怎做夫人?

【注释】 ①据《青楼集》载,李奴婢色艺绝伦,嫁与一蒙古官员,但终被休还。当时名公士大夫多为此赠予乐府、辞章。夏庭芝这首【水仙子】即以此事为题。②丽春园:即丽春院,名妓苏卿住处,后泛指妓院。屯:满布。③烟月牌:妓女花牌。④莺花阵:妓院的代称。

刘庭信

刘庭信,生卒年不详。先名廷玉,排行第五,身长而黑,人称黑刘五,益都(今属山东)人。钟嗣成《录鬼簿》说他"风流蕴藉,超出伦辈。风晨月夕,唯以填词为事,信口成句,能道人所不能道者"。存世小令三十九首,套数七篇。

【越调·寨儿令】戒嫖荡[①]

掂折了玉簪[②],摔碎了瑶琴[③],若提着娶呵我到碜[④]。一去无音,那里荒淫。抛闪我到如今。他咱行无意留心[⑤],咱他行白甚情深[⑥]。则不如把花笺糊了线贴,裁罗帕补了鸳衾,剪下的青丝发换了钢针。

【注释】 ①刘庭信所作【寨儿令】凡十五首,总题为"戒嫖荡",多以俚言俗语入曲,俏丽尖新,此选其中之一。②掂折:折断。《董西厢》卷八:"斑管虽圆被风裂,玉簪更坚也掂折。"③瑶琴:饰以美玉的琴。④"若提着"句:意谓如果提到娶我为妻一类的话,简直令我感到牙碜。⑤他咱行:他那里。咱,于自称或称人时用于语尾。"他咱"即他,"你咱"即你。⑥"咱他行"句:意谓我因为他白白地浪费了那么多的感情。

【双调·水仙子】相思[①]

秋风飒飒撼苍梧,秋雨潇潇响翠竹,秋云黯黯迷烟树。三般儿一样苦。苦的人魂魄全无。云结就心间愁闷,雨少似眼中泪珠[②],风做了口内长吁。

又

恨重叠、重叠恨、恨绵绵、恨满晚妆楼,愁积聚、积聚愁、愁切切、愁斟碧玉瓯[③],懒梳妆、梳妆懒、懒设设、懒爇黄金兽[④]。泪珠弹、弹珠泪、泪汪汪、汪汪不住流,病身躯、身躯病、病恹恹[⑤],病在我心头。花见我、我见花、花应憔瘦,月对咱、咱对月、月更害羞,与天说、说与天、天也还愁。

【注释】 ①从体式来看,刘庭信的这两首【水仙子】差别较大。可见与诗词相比,曲作为文体还是很不规范、稳定的。这两首同样写相思,其风味与诗词风味迥然有别。一以奇思妙想取胜,一以反复体(元曲巧体之一)为特色,都将相思渲染得淋漓尽致。②少

似：恰似。③碧玉瓯：碧玉制成的酒杯。④爇：点燃，燃烧。黄金兽：饰以黄金色的兽形香炉，此指香。⑤恹恹：有病的样子。

兰楚芳

兰楚芳，西域人，生卒年不详。曾为江西元帅，丰神英秀，才思敏捷。曾与刘庭信在武昌赓和乐章，时人誉为元、白。今存小令九首，套数三篇。

【南吕·四块玉】风情[①]

我事事村[②]，他般般丑。丑则丑，村则村，意相投。则为他丑心儿真，博得我村情儿厚。似这般丑眷属，村配偶，只除天上有。

【注释】 ①兰楚芳这首【四块玉】表现的男女爱情，不是常见的才子佳人、靓男丽女，而是“事事村”“般般丑”的村夫愚妇，别有一种率真、可爱。②村：村野，粗俗。般般：件件。

【双调·沉醉东风】[①]

金机响空闻玉梭，粉墙高似隔银河[②]。闲绣床，纱窗下过，佯咳嗽喷绒香唾[③]。频唤梅香为甚么[④]，则要他认的那声音儿是我。

【注释】 ①诗、词以抒情为主，曲在抒情之外，也有描写、叙事。兰楚芳这首【沉醉东风】描写恋爱中女子的言行、心理，极为贴切生动。②“金机”两句：意谓自己与情人如同天上的牛郎、织女一样，很难有机会见面。③佯：假装。此句谓假装咳嗽以便引起情人的注意。④频：不断，反复。此句谓不断地叫唤侍女，以便让情人听出是自己的声音。

高　明

高明，字则诚，号菜根道人。永嘉平阳(今属温州)人。约生于元成宗大德年间，至正五年进士，授处州录事，辟丞相掾。后旅寓鄞之栎社沈氏楼居，因作戏文《琵琶记》。卒于明初，年七十馀。《琵琶记》外，又有诗文集《柔可斋集》。今存散曲小令两支，套数一篇。

【商调·金络索挂梧桐】咏别[①]

羞看镜里花[②]，憔悴难禁架[③]，耽阁眉儿淡了叫谁画[④]。最苦魂梦飞绕天涯，须信流年鬓有华[⑤]。红颜自古多薄命，莫怨东风当自嗟[⑥]。无人处，盈盈珠泪偷弹洒琵琶。恨那时错认冤家[⑦]，说尽了痴心话。

又

一杯别酒阑[⑧]，三唱阳关罢，万里云山两下相牵挂。念奴半点情与伊家[⑨]，分付些儿莫记差。不如收拾闲风月[⑩]，再休惹朱雀桥边野草花[⑪]。无人把，萋萋芳草随君到天涯[⑫]。准备着夜雨梧桐，和泪点常飘洒。

【注释】 ①元人散曲多为北曲，亦有少量南曲，高则诚这两首【金络索挂梧桐】都是南曲。大概而言，南曲更近于词，比北曲更老实、规矩，于此可见一斑。②镜里花：喻自家的容颜。③难禁架：难当，难耐。④“眉儿淡了”句：此暗用汉张敞为妻画眉的故事。⑤流年：年华，谓其如流水之易逝。鬓有华：两鬓斑白。⑥“红颜”二句：欧阳修《再和明妃曲》诗有：“红颜胜人多薄命，莫怨春风当自嗟。”此用其语，而稍有变易。⑦冤家：情人的爱称。⑧阑：尽。与后文“三唱阳关罢”的“罢”字同义。⑨伊：你。家：语气助词。⑩收拾：意谓摆脱、结束。闲风月：喻非正式的男女情爱。⑪“再休惹”句：言不要招蜂惹蝶，寻花问柳。刘禹锡《乌衣巷》诗有：“朱雀桥边野草花，乌衣巷口夕阳斜。”此借用其诗句而不用其意，恰成谐趣。⑫萋萋芳草：汉刘安《招隐士》赋有：“王孙游兮不归，春草生兮萋萋。”萋萋：草木茂盛貌。

汤　式

汤式，字舜民，号菊庄，宁波(今属浙江)人。生平不详。初为本县吏，后落魄江湖间。曾长期居住在南京。明成祖在燕邸时，遇之甚厚，永乐间仍有赏赐。' 性滑稽，工散曲，有《笔花集》，江湖盛传。著杂剧《瑞仙亭》《娇红记》两种，皆俱失传。现存小令一百七十首，套数六十八篇。

【正宫・小梁州】扬子江阻风[①]

蓬窗风鸡雨丝丝，闷捻吟髭[②]。维扬西望渺何之[③]，无一个鳞鸿至[④]，把酒问篙师[⑤]。【幺】他迎头儿便说干戈事，待风流再莫追思。塌了酒楼，焚了茶肆。柳营花市[⑥]，更说甚呼燕子唤莺儿。

九日渡江

秋风江上棹孤舟，烟水悠悠，伤心无句赋登楼[⑦]。山容瘦，老树替人愁。【幺】樽前醉把茱萸嗅[⑧]，问相知几个白头。乐可酬，人非旧。黄花时候[⑨]，难比旧风流。

又

秋风江上棹孤航，烟水茫茫，白云西去雁南翔。推蓬望，清思满沧浪。【幺】东篱载酒陶元亮[⑩]，等闲间过了重阳。自感伤，何情况。黄花惆怅，空作去年香。

【注释】 ①汤式这三首【小梁州】或抒发江山易代之感，或抒发羁旅行役之愁，都用笔老道，不失为第一流作手。②髭：嘴上边的胡子。③维扬：指扬州。④鳞鸿：代指书信。⑤篙师：船夫。⑥柳营花市：妓院一类的场所。⑦“伤心”句：汉末王粲去荆州投奔刘表，未被礼遇，偶登当阳城楼，作《登楼赋》抒发其怀才不遇之感。此则反其义而用之。⑧茱萸：一种有香气的植物。古代风俗，重阳日佩茱萸登高，饮菊花酒，可以避灾。⑨黄花时候：意谓又是菊花开放的时节。⑩“东篱”句：晋陶潜，字渊明，或云字渊明，名元亮。陶渊明《饮酒》诗有“采菊东篱下，悠然见南山”。故此处“东篱”“元亮”皆指陶渊明。

杨　　讷

杨讷,生卒年不详。字景贤,或作景言。蒙古人,居钱塘。因从姐夫杨镇抚,人以杨姓称之。善琵琶,好戏谑,乐府出人头地。永乐初,与汤氏并遇恩宠。后卒于金陵。著杂剧《风月海棠亭》《生死夫妻》《刘行首》《西游记》四种,前两种今佚,后两种存。现存小令两首,套数一篇。

【中吕·红绣鞋】咏虼蚤[①]

小则小偏能走跳,咬一口一似针挑[②]。领儿上走到裤儿腰,眼睁睁拿不住,身材儿怎生捞。翻个筋斗不见了。

【注释】 ①元曲不避俚俗,一是不避俚言俗语,一是不避俗题,这两个方面杨讷的这首【红绣鞋】"咏虼蚤"都能占全。虼蚤,跳蚤。②一似:好似。

邵亨贞

邵亨贞(1309~1401),字复孺,号清溪,云间(今上海松江区)人。由元入明。通博敏瞻,虽阴阳医卜之书,靡不精核。元时为松江训导,为子所累罢官,远戍颍上,后赦还。诗文外还长于书法,著《野处集》《议术诗选》《议术词选》。今存小令两首。

【越调·凭阑人】题曹云西翁赠妓小画[①]

谁写江南一段秋,妆点钱塘苏小楼[②]? 楼中多少愁,楚山无断头。

【注释】 ①此为题画之作,境界、韵味略同于绝句、小词。

②苏小:苏小小,南朝齐时钱塘名妓,葬于西湖边。据传苏小小尝作古词云:"妾乘油壁车,郎跨青骢马。何处结同心,西陵松柏下。"唐代著名诗人白居易、刘禹锡皆有诗称之,故唐宋以来苏小小甚为有名。

刘燕哥

刘燕哥,生平不详。元代歌伎。今存散曲小令一首。张思岩《词林纪事》引《青泥莲花记》云:"刘燕哥善歌舞。齐参议还山东,刘赋《太常引》以饯,至今脍炙人口。"

【仙吕·太常引】饯齐参议归山东

故人送我出阳关[①],无计锁雕鞍[②]。今古别离难,兀谁画娥眉远山[③]。一樽别酒,一声杜宇,寂寞又春残。明月小楼间,第一夜相思泪弹[④]。

【注释】 ①阳关:关名,在甘肃敦煌西南,泛指送别之地。②锁雕鞍:意谓将人留住。雕鞍,有雕饰的马鞍。③兀谁:谁。兀,代词前缀,无实在意义。远山:汉张敞为其妻画眉,据传形如远山,称远山眉。④第一夜相思:离别的第一夜,倍感痛苦。

无名氏

【正宫·醉太平】讥贪小利者[①]

夺泥燕口[②],削铁针头[③],刮金佛面细搜求[④],无中觅有。鹌鹑膝里寻豌豆[⑤],鹭鸶腿上劈精肉[⑥],蚊子腹内刳脂油[⑦]。亏老先生下手!

【注释】 ①曲尚谐趣,这首【正宫·醉太平】讥讽吝啬人,极尽夸张之能事,令人解颐。②夺泥燕口:从燕子口里夺泥。泥,指燕子筑巢所用的泥土。③削铁针头:从针头上削铁。④刮金佛面:从佛像面上刮金。⑤鹌鹑:鸟名,头尾短,状如小鸡。膝:鸟类食囊。⑥鹭鸶:水鸟名,腿长而细瘦,栖沼泽中,捕食鱼类。劈:用刀刮。精肉:瘦肉。⑦刳:剖、挖。

【正宫·醉太平】[①]

堂堂大元[②],奸佞专权[③]。开河变钞祸根源[④],惹红巾万千[⑤]。官法滥[⑥],刑法重,黎民怨。人吃人,钞买钞[⑦],何曾见。贼做官,官做贼,混愚贤。哀哉可怜!

【注释】 ①这首曲可能在元末流传甚广,本见元末明初人陶宗仪《辍耕录》卷二十二。原注云:"《醉太平》小令一阕,不知谁所造。自京师至江南,人人能道之。"②堂堂大元:堂堂,气象宏大庄严。③奸佞:巧言谄媚的坏人。指元末丞相托托、参议贾鲁等人。④开河:指开掘黄河故道。据史书载,元至正十一年(1351),右丞相托托、参议贾鲁等曾以修复河道为名,扰民敛财。变钞:据史书载,元至元二十四年(1287),始行钞法(纸币),称至元钞;至正十年(1350),更定钞法,是为至正钞,纸质低劣,不久即腐烂,不堪转换,弄得物价腾贵,民怨沸腾。⑤红巾:元末以韩山童、刘福通为首的农民起义军,义军都用红巾裹头,故名。⑥官法滥:指官吏贪污成风和拿钱买官。⑦钞买钞:指更定钞法后,旧钞与新钞的倒换买卖。

【正宫·塞鸿秋】山行警[①]

东边路西边路南边路,五里铺七里铺十里铺[②],行一步盼一步懒一步。霎时间天也暮日也暮云也暮,斜阳满地铺,回首生烟雾。兀的不山无数水无数情无数[③]。

宴毕警

灯也照星也照月也照,东边笑西边笑南边笑,忽听得钧天乐箫韶乐云和乐[④],合着这大石调小石调黄钟调[⑤]。银花遍地飘,火树连天照[⑥]。喜的是君有道臣有道国有道。

村夫饮

宾也醉主也醉仆也醉,唱一会舞一会笑一会,管甚么三十岁五十岁八十岁,你也跪他也跪恁也跪[⑦]。无甚繁弦急管催[⑧],吃到红轮日西坠,打的那盘也碎碟也碎碗也碎。

又

爱他时似爱初生月[9]，喜他时似喜梅梢月，想他时道几首西江月，盼他时似盼辰钩月。当初意儿别，今日相抛撇，要相逢似水底捞月。

【注释】 ①从风格来看，这四首【塞鸿秋】都工于文字，颇有曲味，写得饶有趣味。前三首似应出自同一人手笔。②铺：古代的驿站或兵站，可为旅客提供食宿。③兀的不：如何不，怎不。④钧天乐、箫韶乐、云和乐：三种曲调名，唐宋以来宫廷及上流社会经常演奏。⑤大石调、小石调、黄钟调：都是官调名。⑥银花、火树：形容灯光、烟火绚丽灿烂。苏味道《正月十五》诗："火树银花合，星桥铁锁开。"⑦跪：指跪坐。⑧繁弦急管：繁多热闹的音乐伴奏。⑨这支【塞鸿秋】为嵌字体，每句嵌一"月"字。

【仙吕·一半儿】

南楼昨夜雁声悲[1]，良夜迢迢玉漏迟[2]。苍梧树底叶成堆，被风吹，一半儿沾泥一半儿飞。

【注释】 ①"南楼"句：化用唐赵嘏《寒塘》诗句，赵诗云："乡心正无限，一雁过南楼。"②玉漏：计时的漏壶。

【仙吕·游四门】

海棠花下月明时，有约暗通私[1]。不甫能等得红娘至[2]，欲审旧题诗[3]。支，关上角门儿[4]。

【注释】 ①约暗通私：即幽情密约。②不甫能：刚刚，恰才。③审：问明。④角门：边门。

【仙吕·寄生草】

人百岁，七十稀[1]。想着他罗裙窣地宫腰细[2]，花钿渍粉秋波媚[3]，金钗欹枕乌云坠[4]。暮年翻忆少年游[5]，不如今朝醉了明朝醉。

又

有几句知心话，本待要诉与他。对神前剪下青丝发，背爷娘暗约在湖山下，冷清清湿透凌波袜[6]。恰相逢和我意儿差，不刺你不来时还我香罗帕[7]。

又

猛见他朱帘下过，引的人没乱煞，少一枝杨柳瓶中插，少一串数珠胸前挂，少一个化生儿立在傍壁下[8]。人道是章台路柳出墙花[9]，我猜做灵山会上活菩萨[10]。

【注释】 ①七十稀：杜甫《曲江》诗："酒债寻常行处有，人生七十古来稀。"②窣地：拂地。宫腰：瘦腰。③花钿：花形头饰。秋波：指眼睛明亮如水。④欹：斜，侧。乌云：指

秀发。⑤翻忆:回忆。⑥凌波袜:即秀袜,出典自曹植《洛神赋》"凌波微步"。⑦不剌:系衬字,为话语搭头性质,犹之云兀良或兀剌,常用来转接语气。关汉卿《拜月亭》杂剧:"我怨感我合哽咽,不剌你啼哭你为甚迭?"⑧化生儿:本指蜡制的婴孩画像。古时风俗,于七夕弄化生,祝人生子。薛能《吴姬》诗:"芙蓉殿上中元日,水拍银盘弄化生。"此形容女子玲珑可爱。⑨章台路柳出墙花:指妓女。章台路,为汉代长安城歌妓集中居住的一条街道。⑩灵山会:佛教盛会。灵山。佛家称灵鹫山为灵山。《五灯会元》:"世尊在灵山会上,拈花示众。"

【中吕·喜春来】[1]

天孙一夜停机暇[2],人世千家乞巧忙[3],想双星心事密话儿长[4]。七月七,回首笑三郎[5]。

又

伤心白发三千丈[6],过眼金钗十二行[7]。老来休说少年狂。都是谎,樽有酒且徜徉[8]。

又

窄裁衫褃安排瘦[9],淡扫蛾眉准备愁。思君一度一登楼[10]。凝望久,雁过楚天秋。

【注释】 ①这三首【喜春来】虽题材不一,但都写得干净清丽。②天孙:织女。暇:空闲。③乞巧:农历七月七日,民间称乞巧节,七夕夜妇女向月穿针的风俗。④双星:牵牛星与织女星。密话儿:悄悄话,此指情话。⑤三郎:唐玄宗李隆基的小名。⑥"伤心白发"句:化用李白《秋浦歌》诗,李诗有:"白发三千丈,缘愁似个长。"⑦金钗十二行:此喻歌舞之盛,据说唐牛僧孺家有金钗十二行,此用其典。⑧徜徉:自由自在地来回走。⑨褃:衣服腋下前后相连的部分。⑩一度:一回,一次。

人间词话

【导语】

《人间词话》是王国维关于文学批评的著述中最为人所重视的一部作品，是王国维在接受了西方美学思想洗礼后，以崭新的眼光对中国旧文学所做的评论，但他又摈弃了西方理论之局限，力求运用自己的思想见解，尝试将某些西方思想中的重要理念，融入中国固有的传统文艺批评中，所以，从表面上看，《人间词话》虽然与中国相袭已久的诗话、词话一类作品之体例、格式并无显著的差别，但实际上，它已初具理论体系，在中国诗词论著史上，称得上是一部屈指可数的经典作品。《人间词话》问世后，在词论界里，许多人把它奉为圭臬，把它的论点作为词学、美学的根据，其影响极为深远。可以说，《人间词话》是晚清以来最具影响的美学著作之一。

王国维像

《人间词话》原稿卷首题诗

戏效季英作口号诗

舟过瞿塘东复东，竹枝声里杜鹃红。
白云低渡沧江去，巫峡冥冥十二峰。
朱楼高出五云间，落日凭栏翠袖寒。
寄语塞鸿休北度，明朝飞雪满关山。
夜深微雨洒帘栊，惆怅西园满地红。
秾李夭桃元自落，人间未免怨东风。
双阙凌霄不可攀，明河流向阙中间。
银灯一队经驰道，道是君王夜宴还。
雨后山泉百道飞，冥冥江树子规啼。
蜀山此去无多路，要为催人不得归。
十年肠断寄征衣，雪满天山未解围。
却听邻娃谈故事，封侯夫婿黑头归。

人间词话·手稿本·壹

【原文】《诗·蒹葭》[①]一篇，最得风人深致[②]。晏同叔[③]之“昨夜西风凋碧树。独上

高楼,望尽天涯路"[4],意颇近之。但一洒落,一悲壮耳。

【注释】 ①《诗·蒹葭》:指《诗经·秦风·蒹葭》,全诗如下:

蒹葭苍苍,白露为霜。所谓伊人,在水一方。溯洄从之,道阻且长。溯游从之,宛在水中央。

蒹葭凄凄,白露未晞。所谓伊人,在水之湄。溯洄从之,道阻且跻。溯游从之,宛在水中坻。

蒹葭采采,白露未已。所谓伊人,在水之涘。溯洄从之,道阻且右。溯游从之,宛在水中沚。②风人所致:风人,即诗人。《诗经》中有十五国风。深致:达到高深精致的境界。③晏同叔:晏殊(991~1055),字同叔。北宋抚州临川县文港乡(今南昌进贤)人,北宋前期著名词人。晏殊历任要职,更兼提拔后进,如范仲淹、韩琦、欧阳修等,皆出其门。他以词著于文坛,尤擅小令,一生富贵优游,所作词曲多成于舞榭歌台、花前月下,而笔调闲婉,理致深蕴,音律谐适,词语雅丽,为当时词坛耆宿,在北宋文坛上享有很高的地位。④出自晏殊的《鹊踏枝》(一作《蝶恋花》),全词如下:

槛菊愁烟兰泣露,罗幕轻寒,燕子双飞去。明月不谙离恨苦,斜光到晓穿朱户。昨夜西风凋碧树。独上高楼,望尽天涯路。欲寄彩笺兼尺素,山长水阔知何处。

【译文】 《诗经》中的《蒹葭》一篇,最能体现诗人深婉真挚的情感境界。晏同叔的"昨夜西风凋碧树。独上高楼,望尽天涯路"几句,在情感上虽然有很相近的地方,但是,前者是一种洒落,后者则是一种悲壮。

人间词话·手稿本·贰

【原文】 **古今之成大事业,大学问者,罔不[1]经过三种之境界:"昨夜西风凋碧树。独上高楼,望尽天涯路。"此第一境界也。"衣带渐宽终不悔,为伊消得人憔悴。"[2](欧阳永叔[3])此第二境界也。"众里寻他千百度,回头蓦见,那人正在灯火阑珊处。"[4](辛幼安[5])此第三境界也。此等非大词人不能道。然遽依此意解释诸词,恐为晏、欧诸公所不许也。**

【注释】 ①罔不:无不,必须的意思。②经多方勘实,此句应是王国维在这里犯了个小错误,弄错了作者。这句应出自柳永的《蝶恋花》,全词如下:

独倚危楼风细细。望极春愁,黯黯生天际。草色烟光残照里,无言谁会凭栏意。

拟把疏狂图一醉,对酒当歌,强乐还无味。衣带渐宽终不悔,为伊消得人憔悴。③欧阳永叔:欧阳修,北宋文学家、史学家。字永叔,号醉翁、六一居士,吉州吉水(今属江西)人,谥文忠。欧阳修词作以婉丽著称,承袭南唐余风。④出自辛弃疾的《青玉案·元夕》,全词如下:

东风夜放花千树,更吹落,星如雨。

宝马雕车香满路。凤箫声动,玉壶光转,一夜鱼龙舞。

蛾儿雪柳黄金缕,笑语盈盈暗香去。众里寻他千百度,蓦然回首,那人却在,灯火阑

珊处。⑤辛幼安:辛弃疾,号稼轩,南宋著名词人,山东历城(今山东济南)人。与苏轼齐名,并称“苏辛”,历史上与李清照并称“济南二安”。有人这样赞美过他:“稼轩者,人中之杰,词中之龙。”辛弃疾词作热情洋溢,慷慨悲壮。笔力雄厚,艺术风格多样,而以豪放为主。有《稼轩长短句》传世。

【译文】 古今成就大事业、大学问的人,无不经过三种境界:“昨夜西风凋碧树,独上高楼,望尽天涯路。”这是第一个境界。“衣带渐宽终不悔,为伊消得人憔悴。”这是第二个境界。“众里寻他千百度,回头蓦见,那人正在灯火阑珊处。”这是第三个境界。像这样的语言,如果不是大词人,那是不可能写出来的。但是,我竟然这样来解释上面的词,恐怕晏殊、欧阳修这些大词人不会允许吧。

人间词话·手稿本·叁

【原文】 太白纯以气象[①]胜。“西风残照。汉家陵阙”[②],寥寥八字,独有千古。后世唯范文正[③]之《渔家傲》[④],夏英公[⑤]之《喜迁莺》[⑥]差堪继武,然气象已不逮矣。

【注释】 ①气象:指弥漫于诗词中生活画面之上的某种总的气氛,与作者本人的某种情感或者思想互相融合而形成的一种作品的基本风格、情调。②出自李白的《忆秦娥》,全词如下:

箫声咽,秦娥梦断秦楼月。秦楼月,年年柳色,霸陵伤别。

乐游原上清秋节,咸阳古道音尘绝。音尘绝,西风残照,汉家陵阙。③范文正:范仲淹,字希文,吴县(今属江苏苏州)人。宋真宗朝进士。庆历三年(1043)七月,授参知政事,主持庆历改革,因守旧派阻挠而未果。次年罢政,自请外任,历知州、邓州、杭州、青州。卒谥文正。范仲淹不仅是北宋著名的政治家、军事家,文学成就亦杰然可观。散文《岳阳楼记》为千古名篇,词则能突破唐末五代词的绮靡风气。④《渔家傲》全词如下:

塞下秋来风景异,衡阳雁去无留意。四面边声连角起。千嶂里,长烟落日孤城闭。

浊酒一杯家万里,燕然未勒归无计。羌管悠悠霜满地。人不寐,将军白发征夫泪。⑤夏英公:指夏竦,北宋词人,宋仁宗时曾官至宰相,封英国公。⑥《喜迁莺》全词如下:

霞散绮,月垂钩。帘卷未央楼。夜凉河汉截天流,宫阙锁清秋。

瑶阶曙,金茎露。凤髓香和烟雾。三千珠翠拥宸游。水殿按凉州。

【译文】 李白的词作纯粹以气象取胜,“西风残照,汉家陵阙。”就这八个简简单单的字,却可视为千古绝唱。后世只有范仲淹的《渔家傲》、夏竦的《喜迁莺》才勉强可以相提并论,只是词中的气象却已经很难企及了。

人间词话·手稿本·肆

【原文】 张皋文[①]谓:飞卿[②]之词“深美闳约。”[③]余谓此四字唯冯正中[④]足以当之。刘融斋[⑤]谓:“飞卿精艳绝人。”差近之耳。

【注释】 ①张皋文:张惠言,江苏武进(今江苏常州)人,清代文学家。张惠言是常州词派的开创人,其《词选》一书,使清代词体为之一变,影响甚远。②飞卿:温庭筠,本名岐,山西太原人,晚唐时期著名文学家。温庭筠诗词辞藻华丽,工于体物,其词有声调色彩之美。吊古行旅之作感慨深切,气韵清新,犹存风骨。词作多写女子闺情,风格浓艳精巧,清新明快。诗词兼工,是花间词派的重要作家之一,被称为花间鼻祖。在晚唐词坛,温庭筠与韦庄齐名,世称“温韦”。此外,温庭筠的诗也很有特色,与晚唐著名诗人李商隐合称为“温李”。③深美闳约:深刻、唯美、宏大、简约。④冯正中:冯延巳,五代广陵(今江苏省扬州市)人。在南唐做过宰相,生活过得很优裕、舒适。他的词多写闲情逸致,文人的气息很浓,对北宋初期的词人有比较大的影响。也是王国维最为推崇的词作家。⑤刘融斋:刘熙载,清代词论家。

【译文】 张皋文认为:温庭筠的词深刻、唯美、宏大、简约。在我看来,这种评价只有冯延巳才能够担当。刘熙载认为:温庭筠的词精美艳丽,超出一般的人。我认为这才是比较客观的评价。

人间词话·手稿本·伍

【原文】 **南唐中主[①]词“菡萏香销翠叶残,西风愁起绿波间”[②],大有“众芳芜秽”[③]、“美人迟暮”之感。乃古今独赏其“细雨梦回鸡塞远,小楼吹彻玉笙寒”,故知解人正不易得。**

【注释】 ①南唐中主:李璟,字伯玉,原名景通,改名瑶,后名璟,南唐第二个国主。李璟多才艺,尤善作词。②出自李璟的《浣溪沙》,全词如下:

菡萏香销翠叶残,西风愁起绿波间。还与韶光共憔悴,不堪看。

细雨梦回鸡塞远,小楼吹彻玉笙寒。多少泪珠无限恨,倚阑干。③芜秽:意为枯萎、凋零。

【译文】 南唐中主的词“菡萏香销翠叶残,西风愁起绿波间”,读起来让人有百花枯萎凋零、美人青春不再的感觉。可是,从古至今人们都只欣赏他的“细雨梦回鸡塞远,小楼吹彻玉笙寒”。所以说,真正能解词的人实在太少了。

人间词话·手稿本·陆

【原文】 **冯正中词虽不失五代风格而堂庑特大[①],开北宋一代风气。中、后二主[②]皆未逮其精诣。《花间》[③]于南唐人词中虽录张泌[④]作,而独不登正中只字,岂当时文采为功名所掩耶[⑤]?**

【注释】 ①堂庑特大:指境界开阔,气势恢宏。②中、后二主:指李璟和李煜。李煜,五代十国时南唐国君,字重光,初名从嘉,号锺隐、莲蓬居士。徐州(今属江苏)人。南唐元宗李璟第六子,宋建隆二年(961年)继位,史称后主。开宝八年,国破降宋,俘至汴京,被封为违命侯。后为宋太宗毒死。李煜在政治上虽庸碌无能,但其艺术才华却非凡。李煜工书法,善绘画,精音律,诗和文均有一定造诣,尤以词的成就最高。李煜词作的内容主要可分作两类:第一类为降宋之前所写的,主要反映宫廷生活和男女情爱,题材较窄;第二类为降宋后,李煜因亡国的深痛,对往事的追忆,富以自身感情而作,此时期的作品成就远远超过前期。李煜在中国词史上占有重要的地位,被称为"千古词帝",对后世影响甚大。③《花间》:指《花间集》,为五代后蜀赵崇祚编,收录晚唐、五代词人温庭筠、皇甫松、韦庄等十八家词四百九十八首,无冯延巳及李璟、李煜词。④张泌:这里的张泌应是后蜀词人,而不是当时的南唐词人张泌。南唐张泌,在南唐亡国后,曾随后主北行,后主死后,张泌不仅用自己的俸禄赡养李氏子孙,每年寒食节还专门去后主坟前祭奠。《花间集》成书距后主之死将近40年,南唐张泌那时候顶多是一个少年甚至孩童,又如何有词作入选《花间集》呢?故此处应为王国维失考。⑤根据龙沐勋《唐宋名家词选》的记载,《花间集》多收录后蜀词人,不采二主及正中词,原因在于当时交通不便,时间上又有差异,再者,当时,后蜀和南唐还处于敌对状态,这才是《花间集》没有收录冯及二主词作的原因,并非因流派不同,或者像王国维所说的"文采为功名所掩"。

【译文】 冯延巳的词作虽然还属于五代时期的风格,可是他的词境界开阔、气势恢宏,开北宋一代风气。南唐中主李璟、后主李煜的词作都不如他的造诣精深。《花间集》收录了南唐词人张泌的词作,可是却唯独不选冯延巳的词,这或许是因为当时冯延巳的显赫地位挡住了他的文采吧。

人间词话·手稿本·柒

【原文】 **大家之作。其言情也必沁人心脾,其写景也必豁人耳目,其辞脱口而出无矫揉装束之态。以其所见者真,所知者深也。持此以衡古今之作者,百不失一。此余所以不免有北宋之后无词之叹。**

【译文】 词坛大家的作品,抒情必然沁人心脾,写景必然耳目一新。词作的语言往往脱口而出,没有任何人工修饰的痕迹。这是因为他们对事物观察得深入,了解得深刻啊。以这个标准来衡量古今词作者,应该不会有差错。因此,我才有北宋之后没有好词的感叹。

人间词话·手稿本·捌

【原文】 **美成[①]词深远之致不及欧、秦[②],唯言情体物,穷极工巧,故不失为第一流之作者。但恨创调之才多,创意之才少耳。**

【注释】 ①美成:周邦彦,北宋词人。字美成,号清真居士,钱塘(今浙江杭州)人。历官太学正、庐州教授、知溧水区等。其人精通音律,曾创作不少新词调。作品多写闺情、羁旅,也有咏物之作。格律谨严,语言典丽清雅,长调尤善铺叙,为后来格律派词人所

宗。旧时词论称他为“词家之冠”。有《清真居士集》,已佚。②欧、秦:指欧阳修和秦观。秦观:字太虚、少游,号邗沟居士,学者称淮海先生。扬州高邮(今属江苏)人,北宋文学家。他与黄庭坚、晁补之、张耒号称为“苏门四学士”,颇得苏轼赏识。秦观是北宋后期著名婉约派词人,其词大多描写男女情爱和抒发仕途失意的哀怨,文字工巧精细,音律谐美,情韵兼胜。

【译文】 周邦彦的词作在情致深远方面不及欧阳修和秦观。只是在抒写感情、描摹景物时,才显得极为巧妙,因此也算得上是第一流的词家。只可惜他在创造新曲调方面的才华多,创造意境方面的才华却少。

人间词话·手稿本·玖

【原文】 词最忌用替代字。美成《解语花》[①]之“桂花流瓦”境界极妙,惜以“桂花”二字代“月”耳。梦窗[②]以下则用代字更多。其所以然者,非意不足,则语不妙也。盖语妙则不必带,意足则不暇代。此少游之“小楼连苑”“绣毂雕鞍”[③]所以为东坡[④]所讥也。[⑤]

【注释】 ①《解语花》全词如下:

风销绛蜡,露浥红莲,花市光相射。桂华流瓦。纤云散,耿耿素娥欲下。衣裳淡雅。看楚女、纤腰一把。箫鼓喧、人影参差,满路飘香麝。

因念都城放夜。望千门如昼,嬉笑游冶。钿车罗帕。相逢处,自有暗尘随马。年光是也。唯只见、旧情衰谢。清漏移,飞盖归来,从舞休歌罢。②梦窗:即吴文英,字君特,号梦窗,晚年又号觉翁,四明(今浙江宁波)人,南宋词人。在南宋词坛,吴文英属于作品数量较多的词人,其《梦窗词》有三百四十余首,在数量上除辛弃疾外无人与之抗衡。他把婉约词向曲幽深婉的方向发展,是一位颇有影响的词人。③出自秦观的《水龙吟》,全词如下:

小楼连苑横空,下窥绣毂雕鞍骤。朱帘半卷,单衣初试,清明时候。破暖轻风,弄晴微雨,欲无还有。卖花声过尽,斜阳院落,红成阵,飞鸳甃。

玉佩丁东别后,怅佳期、参差难又。名韁利锁,天还知道,和天也瘦。花下重门,柳边深巷,不堪回首。念多情,但有当时皓月,向人依旧。④东坡:苏轼,字子瞻,又字和仲,号“东坡居士”,谥号文忠,眉州眉山(即今四川眉山)人,是北宋著名文学家、书画家、散文家、诗人、词人,豪放派词人代表。苏轼的词在中国词史上有特殊的地位,他的词在题材内容、表现方法、语言运用、风格特色等各个方面,都有新的突破。所谓“词至东坡,倾荡磊落,如诗,如文,如天地奇观”。⑤南宋人黄升的《花庵词选》对此事有详细记载:秦少游自会稽入京,见东坡……(东坡)问别作何词,秦举“小楼连苑横空,下窥绣毂雕鞍骤”。坡云:“十三个字,只说得一个人骑马楼前过。”秦问先生近著,坡云:“亦有一词说楼上事。”乃举“燕子楼空,佳人何在,空锁楼中燕”(按,即苏轼的《永遇乐》词),晁无咎(按,即晁补之)在座,云:“三句说尽张建封燕子楼一段事,奇哉。”

【译文】 填词最忌讳用替代字。周邦彦《解语花》中的“桂花流瓦”境界极为高妙,

可惜用“桂花”二字替代了“月亮”。吴文英以后的词人，使用替代字的更多。之所以会这样做，不是意境不足，就是用词不够高妙。如果用词高妙就不用替代，意境足够就没有必要多此一举。这就是秦观词中“小楼连苑”“绣毂雕鞍”之所以为苏轼讥笑的原因啊。

人间词话·手稿本·拾

【原文】 **沈伯时[1]《乐府指迷》云：“说桃不可直说破桃，须用‘红雨[2]’、‘刘郎’[3]等字，说柳不可直说破柳，须用‘章台’[4]、‘灞岸’[5]等字。”若惟恐人不用替代字者。果以是为工，则古今类书具在，又安用词为耶？宜其为《提要》[6]所讥也。**

【注释】 ①沈伯时：指沈义夫，字伯时，南宋词论家，著有《乐府指迷》。②红雨：李贺《将进酒》有诗云：“况是青春日将暮，桃花乱落如红雨”。后人借用“红雨”来代指桃花或落花。③刘郎：指刘禹锡。刘禹锡《游玄都观咏看花诸君子》诗云：“玄都观里桃千树，总是刘郎去后栽”，后又作《游玄都观诗》云：“种桃道士今何在，前度刘郎今又来”。后人遂借“刘郎”代指桃花。④章台：汉时长安城有章台街，是歌妓聚居之所。传说，章台街有一柳姓歌妓，与才子韩翃相爱，后被平定安史之乱有功的沙叱利抢去做妾。韩翊写诗：“章台柳，章台柳，往日依依今在否？纵使长条似旧垂，亦应攀折他人手。”后几经周折，两人终成眷属，一段佳话从此流传不绝。而“章台”也遂被后世之人拿来喻柳，又以“章台柳”来指代青楼女子。⑤灞岸：长安东有灞水，水上有桥名为灞桥，汉人送别多在此分手并折柳相赠，取其同音“留”意。灞桥又称为“情尽桥”“断肠桥”。写灞桥柳的诗词无数，以李白的“年年柳色，灞陵伤别”最为出名。后世之人遂以“灞岸”喻柳。⑥提要：指《四库全书总目提要》，简称《四库提要》。在卷十九《集部·词曲类二》沈氏《乐府指迷》条下这样说：“又谓说桃不可直说破桃，须用‘红雨’、‘刘郎’等字，说柳不可直说破柳，须用‘章台’、‘灞岸’等字，说书须用‘银钩’等字，说泪须用‘玉筋’等字，说发须用‘绿云’等字，说簟须用‘湘竹’等字，不可直说破。其意欲避鄙俗，而不知转成涂饰，亦非确论。”

【译文】 沈义夫在《乐府指迷》中说：描写“桃花”不可直接写“桃花”，应该用“红雨”“刘郎”等字来替代，咏柳也不可直接咏柳，须用“章台”“灞岸”等字替代。这种说法好像只怕别人不用替代字。如果认为只有这样才算工整，那么古今类书都在，又何必做什么词呢？他的说法被《四库提要》所批评是很应该的。

人间词话·手稿本·拾壹

【原文】 **南宋词人，白石[1]有格而无情，剑南[2]有气而乏韵。其堪与北宋人颉颃[3]者，唯一幼安耳。近人祖南宋而祧[4]北宋，以南宋之词可学，北宋不可学也。学南宋者，不祖白石，则祖梦窗，以白石、梦窗可学，幼安不可学也。学幼安者率祖其粗犷、滑稽，以其粗犷、滑稽处可学，佳处不可学也。同时白石、龙洲[5]学幼安之作且如此，况他人乎？其实幼安词之佳者，如《摸鱼儿》[6]、《贺新郎·送茂嘉》[7]、《青玉案·元夕》[8]、《祝英台近》[9]等，**

俊伟幽咽，固独有千古，其他豪放之处亦有“横素波，干青云”[10]之概，宁梦窗辈龌龊小生所可语耶？

【注释】 ①白石：姜夔，字尧章，号白石道人，饶州鄱阳（今江西波阳）人。为诗初学黄庭坚，而自拔于宋人之外，所为《诗说》，多精致之论。尤以词著称，能自度曲，今存有旁谱之词十七首。为词格调甚高，清空峭拔，对南宋风雅词派甚有影响，被清初浙西词派奉为圭臬。有词集《白石道人歌曲》。②剑南：即陆游，字务观，号放翁，山阴（今浙江绍兴）人。南宋著名爱国诗人、词人。陆游的词作风格不一，既有奔放飘逸之作，也有悲凉沉郁之音，是南宋辛派豪放词的中坚，对后世词坛有着重要的影响。③颉颃：不相上下的意思，这里指抗衡。④祧：把较早祖宗的神主迁入远祖庙，用在这里是疏远的意思。⑤龙洲：刘过，字改之，号龙洲道人，吉州太和（今江西泰和）人，南宋词人。刘过喜作文人词，不为音律所缚，其词豪放激越，是辛派豪放词的代表人物之一。⑥《摸鱼儿》全词如下：

（淳熙己亥，自湖北漕移湖南，同官王正之置酒小山亭，为赋。）

更能消几番风雨，匆匆春又归去。惜春长怕花开早，何况落红无数。春且住。见说道、天涯芳草无归路。怨春不语。算只有殷勤，画檐蛛网，尽日惹飞絮。

长门事，准拟佳期又误。娥眉曾有人妒。千金纵买相如赋，脉脉此情谁诉？君莫舞。君不见、玉环飞燕皆尘土。闲愁最苦。休去倚危栏，斜阳正在，烟柳断肠处。⑦《贺新郎·送茂嘉》全词如下：

（送茂嘉十二弟。鹈鴂杜鹃实两种，见《离骚补注》）

绿树听鹈鴂。更那堪、鹧鸪声住，杜鹃声切。啼到春归无寻处，苦恨芳菲都歇。算未抵、人间离别。马上琵琶关塞黑，更长门翠辇辞金阙。看燕燕，送归妾。

将军百战声名裂。向河梁回头万里，故人长绝。易水萧萧西风冷，满座衣冠似雪。正壮士、悲歌未彻。啼鸟还知如许恨，料不啼清泪长啼血。谁共我，醉明月。⑧《青玉案·元夕》全词（略）。⑨《祝英台近》全词如下：

宝钗分，桃叶渡，烟柳暗南浦。怕上层楼，十日九风雨。断肠片片飞红，都无人管；更谁劝、啼莺声住？

鬓边觑。试把花卜心期，才簪又重数。罗帐灯昏，哽咽梦中语：是他春带愁来，春归何处，却不解、带将愁去。⑩横素波，干青云：见萧统《陶渊明集序》：“横素波而傍流，干青云而直上。”

【译文】 南宋词人当中，姜夔具有崇高的格调而少情致，陆剑南（游）具有一定的气魄而少韵味。其中可以与北宋词人相匹敌的，只有辛弃疾一人而已。近人师法南宋的词而疏远北宋的词，认为南宋的词可以学习，而北宋的词不可以学习。学习南宋词的人，不师法姜夔就师法吴文英，因为姜夔、吴文英容易学而辛弃疾则不容易学。学习辛弃疾的人，大都学习他的粗犷、滑稽，认为他粗犷、滑稽的地方容易学而超越别人的妙处不容易学。同时代的姜夔、刘过学习辛弃疾的词作尚有以上弊端，更何况别人呢？其实辛弃疾的好词，如《摸鱼儿》《贺新郎·送茂嘉》《青玉案·元夕》《祝英台近》等，其俊伟幽咽固然是独绝古今，而其中豪放之处也有“横素波，干青云”的气概，岂是吴文英等小辈人物可以

学得到的呢？

人间词话·手稿本·拾贰

【原文】 周介存[①]谓：梦窗词之佳者，如“水光云影，摇荡绿波，抚玩无极，追寻已远。”余览《梦窗甲乙丙丁稿》中。实无足当此者。有之，其唯“隔江人在雨声中。晚风菰叶生愁怨”[②]二语乎？

【注释】 ①周介存：周济，字保绪，号未斋，晚号止庵，荆溪（今江苏宜兴）人。清朝词人及词论家。嘉庆十年进士，官淮安府学教授。著有《味隽斋词》《词辨》《介存斋论词杂著》《晋略》。编有《宋四家词选》。②出自吴文英的《踏莎行》，全词如下：

润玉笼绡，檀樱倚扇。绣圈犹带脂香浅。榴心空叠舞裙红，艾枝应压愁鬟乱。

午梦千山，窗阴一箭。香瘢新褪红丝腕。隔江人在雨声中，晚风菰叶生愁怨。

【译文】 周济认为：吴文英的词中最优秀的地方，就好像“水光云影，摇荡绿波，抚玩无极，追寻已远。”我阅读吴文英的《梦窗甲乙丙丁稿》，其中实在没有词当得起这样的评价。如果真要挑选的话，也许是“隔江人在雨声中，晚风菰叶生愁怨”这两句？

人间词话·手稿本·拾叁

【原文】 白石之词，余所最爱者亦仅二语，曰：“淮南皓月冷千山。冥冥归去无人管。”[①]

【注释】 ①出自姜夔的《踏莎行》，全词如下：

（自沔东来，丁未元日至金陵，江上感梦而作。）

燕燕轻盈，莺莺娇软。分明又向华胥见。夜长争得薄情知？春初早被相思染。

别后书辞，别时针线。离魂暗逐郎行远。淮南皓月冷千山，冥冥归去无人管。

【译文】 姜夔的词作，我所最喜欢的也只有两句，即：“淮南皓月冷千山，冥冥归去无人管。”

人间词话·手稿本·拾肆

【原文】 梦窗之词，吾得取其词中一语以评之，曰：“映梦窗，凌乱碧。”[①]玉田[②]之词，亦得取其词中之一语以评之，曰：“玉老田荒。”[③]

【注释】 ①出自吴文英的《秋思》，全词如下：

堆枕香鬟侧。骤夜声、偏称画屏秋色。风碎串珠，润侵歌板，愁压眉窄。动罗箑清商，寸心低诉叙怨抑。映梦窗，凌乱碧。待涨绿春深，落花香汛，料有断红流处，暗题相忆。

欢酌。檐花细滴。送故人，粉黛重饰。漏侵琼瑟，丁东敲断，弄晴月白。怕一曲、霓

裳未终,催去骖凤翼。欢谢客、犹未识。漫瘦却东阳,灯前无梦到得。路隔重云雁北。②玉田:即张炎,字叔夏,号玉田,晚号乐笑翁。张炎前半生在贵族家庭中度过。宋亡以后,家道中落,贫难自给,曾北游燕赵谋官,失意南归,落拓而终。有《山中白云词》传世,存词约三百首。张炎为词主张"清空""骚雅",倾慕周邦彦、姜夔而贬抑吴文英。他的词多写个人哀怨并长于咏物,常以清空之笔,写沦落之悲,带有鲜明的时代印记。③出自张炎的《祝英台近》,全词如下:

水痕深,花信足,寂寞汉南树。转首青荫,芳事顿如许。不知多少消魂,夜来风雨。犹梦到、断红流处。

最无据。长年息影空山。愁入庾郎句。玉老田荒,心事已迟暮。几回听得啼鹃,不如归去。终不似、旧时鹦鹉。

【译文】 吴文英的词,我可以选取他的词中的一句进行评价,即"映梦窗,凌乱碧。"张炎的词,我也可以选取他的词中的一句话进行评价,即"玉老田荒。"

人间词话·手稿本·拾伍

【原文】 双声、叠韵之论盛于六朝,唐人犹多用之。至宋以后则渐不讲,并不知二者为何物。乾嘉[①]间,吾乡周松霭先生春[②]著《杜诗双声叠韵谱括略》,正千余年之误,可谓有功文苑者矣。其言曰:"两字同母谓之双声,两字同韵谓之叠韵。"余按:用今日各国文法通用之语表之,则两字同一子音者谓之双声。(如《南史·羊元保传》之"官家恨狭,更广八分",官、家、更、广四字,皆从k得声。《洛阳伽蓝记》之"狞奴慢骂",狞、奴两字,皆从n得声。慢、骂两字,皆从m得声是也。)两字同一母音者,谓之叠韵。(如梁武帝[③]之"后牖有朽柳",后、牖、有三字,双声而兼叠韵。有、朽、柳三字,其母音皆为u[④]。刘孝绰[⑤]之"梁皇长康强"[⑥],梁、长、强三字,其母音皆为ian[⑦]也。)自李淑[⑧]《诗苑》伪造沈约[⑨]之说,以双声叠韵为诗中八病[⑩]之二,后世诗家多废而不讲,亦不复用之于词。余谓苟于词之荡漾处用叠韵,促节处用双声。则其铿锵可诵,必有过于前人者。惜世之专讲音律者,尚未悟此也。(这一则在手定稿中删去)

【注释】 ①乾嘉:清代乾隆、嘉庆帝年号。②周松霭先生春:周春,字屯兮,号松霭,黍谷居士,清代'学者。③梁武帝:名萧衍,字叔达,南朝兰陵(今江苏常州)人。萧衍博学能文,工书法,通乐律,笃信佛教,对梁代文学的繁荣起过重要的作用。④u今作iu。⑤刘孝绰:本名冉,小字阿士,彭城(今江苏除州)人。需朝梁代诗人。⑥葛立方《韵语阳秋·卷四》引陆龟蒙诗序:"叠韵起自梁武帝,云'后牖有朽柳',当时侍从之臣皆倡和。刘孝绰云'梁王长康强',沈休文云'偏眠船弦边',庾肩吾云'载碓每碍埭',自后用此体作为小诗者多矣。"⑦ian今作iallg。⑧李淑:字献臣,北宋文学家。⑨沈约,字休文,南朝文学家。⑩诗中八病,指"平头、上尾、蜂腰、鹤膝、大韵、小韵、旁纽、正纽",据史料记载,这是沈约所最早提出的观点,但后人对此颇有疑义。

【译文】 双声、叠韵的理论,在六朝时期极为兴盛,唐代的人还有很多在使用。到了

宋朝以后,就逐渐没有再谈论它了,连双声叠韵是什么意思都不知道。乾隆、隆嘉庆年间,我的同乡周春先生写了一本《杜诗双声叠韵谱括略》,纠正了一千多年来的谬误,可称得上有功于文坛。他的书中说:“两个字声母相同叫作双声,两个字韵母相同叫作叠韵。”我认为:用现在各国语法通用的词语来表示,就是两个字子音相同叫作双声。(如《南史·羊元保传》中的“官家恨狭,更广八分”,官、家、更、广四字,声母都是 k。《洛阳伽蓝记》中的“狞奴慢骂”,狞、奴两字,声母都是 n。慢、骂两字,声母都是 m。)两个字母音相同的,叫作叠韵。(如梁武帝的“后牖有朽柳”,后、牖、有三字,双声而兼叠韵。有、朽、柳三字,母音都是 u。刘孝绰的“梁皇长康强”,梁、长、强三字,母音都是 ian。)自从李淑的《诗苑》伪造沈约的说法,以双声叠韵为诗中八病之二,后代的诗人便不再讲双声叠韵了,甚至也不再把这种技巧用在词作中。我认为如果能在词的音律悠扬的地方多用叠韵,音律急促的地方多用双声,那么所写之词吟诵起来,必然比前人音韵和谐、朗朗上口。可惜当代那些讲究音律的学者,还没有了解这一点。

人间词话·手稿本·拾陆

【原文】 世人但知双声之不拘四声,不知叠韵亦不拘平、上、去三声。凡字之同母者,虽平仄有殊,皆叠韵也。(这一则在手定稿中删去)

【译文】 世人只知道双声可以不拘泥于四声,却不知道叠韵也可以不拘泥于平、上、去三声。凡是同母的字,即使平仄有不一样的地方,都是叠韵。

人间词话·手稿本·拾柒

【原文】 诗至唐中叶以后,殆为羔雁[①]之具矣。故五代北宋之诗,佳者绝少,而词则为其极盛时代。即诗词兼擅如永叔、少游者,亦词胜于诗远甚。以其写之于诗者,不若写之于词者之真也。至南宋以后,词亦为羔雁之具,而词亦替矣。此亦文学升降之一关键也。

【注释】 ①羔雁,指小羊和雁。古代卿大夫见面时所带的礼物。

【译文】 诗发展到了唐朝中叶以后,几乎已经成为应酬之物。所以五代、北宋的诗,优秀的极少,而词却到了极为繁荣的时期。就是像欧阳修、秦观这样既善于写诗又善于填词的作家,他们的词也远远超出了诗。这是因为他们所写的诗不如他们所写的词真实自然。而到了南宋以后,词也成了应酬之物,于是,词也就开始没落了。这也是文学盛衰的一个关键。

人间词话·手稿本·拾捌

【原文】 冯正中词除《鹊踏枝》《菩萨蛮》十数阕最煊赫外,如《醉花间》[①]之“高树鹊

衔巢，斜月明寒草"，余谓韦苏州[2]之"流萤渡高阁"[3]、孟襄阳[4]之"疏雨滴梧桐"[5]不能过也。

【注释】 ①冯延巳《醉花间》全词如下：

晴雪小园春未到，池边梅自早。高树鹊衔巢，斜月明寒草。

山川风景好，自古金陵道。少年看却老。相逢莫厌醉金杯，别离多，欢会少。②韦苏州：韦应物，中唐著名诗人，京兆万年（今陕西西安）人，曾官苏州刺史，故世称韦苏州。韦应物是唐朝山水田园诗派代表诗人，后人每以王孟韦柳并称。其山水诗景致优美，感受深细，清新自然而饶有生意。③出自韦应物的《寺居独夜寄崔主簿》，全诗如下：

幽人寂不寐，木叶纷纷落。

寒雨暗深更，流萤渡高阁。

坐使青灯晓，还伤夏衣薄。

宁知岁方晏，离居更萧索。④孟襄阳：孟浩然，襄州襄阳（今湖北襄樊）人，唐朝著名诗人。孟浩然的一生经历比较简单，他诗歌创作的题材也很狭隘。孟诗绝大部分为五言短篇，多写山水田园和隐居的逸兴以及羁旅行役的心情。孟浩然和王维并称"王孟"，其诗虽不如王诗境界广阔，但在艺术上有其独特的造诣。⑤《全唐诗》卷六：孟浩然诗句："微云淡河汉，疏雨滴梧桐。"唐王士源《孟浩然集·序》云："浩然尝闲游秘省，秋月新霁，诸英华赋诗作会。浩然句云'微云淡河汉，疏雨滴梧桐'，举座嗟其清绝，咸阁笔不复为继。"

【译文】 冯延巳的词，以他那十几首《鹊踏枝》《菩萨蛮》等最为著名。此外，《醉花间》中的"高树鹊衔巢，斜月明寒草"一句也非常好，我认为韦应物的"流萤渡高阁"、孟浩然的"疏雨滴梧桐"也都不能超过它。

人间词话·手稿本·拾玖

【原文】 欧九[1]《浣溪沙》[2]词："绿杨楼外出秋千。"晁补之[3]谓只一"出"字，便后人所不能道。余谓此本于正中《上行杯》[4]词"柳外秋千出画墙"，但欧语尤工耳。

【注释】 ①欧九：即欧阳修。②欧阳修《浣溪沙》全词如下：

堤上游人逐画船，拍堤春水四垂天。绿杨楼外出秋千。

白发戴花君莫笑，六幺催拍盏频传。人生何处似尊前？③晁补之：字无咎，号归来之。济州巨野（今山东巨野）人。他曾以文章受知于苏轼，与秦观同为"苏门四学士"之一。④冯延巳《上行杯》全词如下：

落梅著雨消残粉，云重烟轻寒食近。罗幕遮香，柳外秋千出画墙。

春山颠倒钗横凤，飞絮入帘春睡重。梦里佳期，只许庭花与月知。

【译文】 欧阳修的《浣溪沙》中有"绿杨楼外出秋千"一句。晁补之认为，仅一个"出"字便是后来的词人所不能达到的。我认为这个"出"字的运用源于冯延巳《上行杯》中的"柳外秋千出画墙"一句，只不过欧阳修的用词更加工整精巧罢了。

人间词话·手稿本·贰拾

【原文】 美成《青玉案》[1]词“叶上初阳干宿雨。水面清圆，一一风荷举。”此真能得荷之神理[2]者。觉白石《念奴娇》[3]、《惜红衣》[4]二词，犹有隔雾看花之恨。

【注释】 ①《青玉案》应当为《苏幕遮》，手定稿改。

《苏幕遮》全词如下：

燎沉香，消溽暑，鸟雀呼晴，侵晓窥檐语。叶上初阳干宿雨。水面清圆，一一风荷举。

故乡遥，何日去？家住吴门，久作长安旅。五月渔郎相忆否？小楫轻舟，梦入芙蓉浦。②神理：神韵，精髓。③姜夔《念奴娇》全词如下：

（予客武陵，湖北宪治在焉。古城野水，乔木参天，予与二三友日荡舟其间，薄荷花而饮，意象幽闲，不类人境。秋水且涸，荷叶出地寻丈，因列坐其下，上不见日，清风徐来，绿云自动，间于疏处窥见游人画船，亦一乐也。朅来吴兴，数得相羊荷花中。又夜泛西湖，光景奇绝。故以此句写之。）

闹红一舸，记来时、尝与鸳鸯为侣。三十六陂人未到，水佩风裳无数。翠叶吹凉，玉容销酒，更洒菰蒲雨。嫣然摇动，冷香飞上诗句。

日暮青盖亭亭，情人不见，争忍凌波去。只恐舞衣寒易落，愁入西风南浦。高柳垂阴，老鱼吹浪，留我花间住。田田多少，几回沙际归路？④姜夔《惜红衣》全词如下：

（吴兴号水晶宫，荷花盛丽。陈简斋云：“今年何以报君恩。一路荷花相送到青墩。”亦可见矣。丁未之夏，予游千岩，数往来红香中，自度此曲，以无射宫歌之。）

簟枕邀凉，琴书换日，睡余无力。细洒冰泉，并刀破甘碧。墙头唤酒，谁问讯城南诗客。岑寂。高柳晚蝉，说西风消息。

虹梁水陌，鱼浪吹香，红衣半狼籍。维舟试望，故国眇天北。可惜渚边沙外，不共美人游历。问甚时同赋，三十六陂秋色？

【译文】 周邦彦的《青玉案》词中“叶上初阳干宿雨。水面清圆，一一风荷举”，这真的描写出了荷花的神韵。我觉得姜夔的《念奴娇》《惜红衣》两首词，还是让人有雾里看花的遗憾。

人间词话·手稿本·贰壹

【原文】 曾纯甫[1]中秋应制，作《壶中天慢》[2]词，自注云：“是夜，西兴[3]亦闻天乐[4]。”谓宫中乐声闻于隔岸也。毛子晋[5]谓：“天神亦不以人废言。”近冯梦华[6]复辨其诬。不解“天乐”两字文义，殊笑人也。

【注释】 ①曾纯甫：曾觌，字纯甫，汴京（今河南开封）人，南宋词人。其词语言婉丽，风格以柔媚为主，多为应制之作。②《壶中天慢》全词如下：

（此进御月词也。上皇大喜曰：“从来月词，不曾用‘金瓯’事，可谓新奇。”赐金束带、

紫番罗、水晶碗。上亦赐宝盏。至一更五点回宫。是夜，西兴亦闻天乐焉。）

素飙漾碧，看天衢稳送，一轮明月。翠水瀛壶人不到，比似世间秋别。玉手瑶笙，一时同色，小按霓裳叠。天津桥上，有人偷记新阕。

当日谁幻银桥，阿瞒儿戏，一笑成痴绝。肯信群仙高宴处，移下水晶宫阙。云海尘清，山河影满，桂冷吹香雪。何劳玉斧，金瓯千古无缺。③西兴：渡口名，在今浙江省萧山区西北。当时，南宋定都于临安（今浙江杭州）。④天乐：这里指宫廷里的乐声。⑤毛子晋：毛晋，字子晋，明末清初藏书家，当时有谚语称“三百六十行生意，不如鬻书于毛氏”。其《宋六十名家词》《海野词》跋中称：曾觌“进月词，一夕西兴，共闻天乐，岂天神亦不以人废言耶？”⑥冯梦华：冯煦，字梦华，号蒿庵，近代词论家。冯熙《宋六十一家词选》例言：“曾纯甫赋进御月词，其自记云：‘是夜，西兴亦闻天乐。’子晋遂谓天神亦不以人废言。不知宋人每好自神其说。白石道人尚欲以巢湖风驶归功于平调《满江红》，于海野何讥焉？”

【译文】 曾觌中秋应制，作词《壶中天慢》，自序说：今天夜里，西兴也听到了天乐。这句话是说宫中的音乐声，在西湖的对岸也能听得到。毛晋以为是“天上的神灵也不以人废言”。近人冯煦指出了他的错误，毛晋不了解“天乐”二字的真正含义，实在让人可发一笑。

人间词话·手稿本·贰贰

【原文】 古今词人格调之高，无如白石。惜不于意境上用力，故觉无言外之味，弦外之响。终落第二手（此五字手定稿中删去）。其志清峻则有之，其旨遥深则未也。

【译文】 古今词人在格调上都不如姜夔高雅。可惜他在意境上不下功夫，所以他的词没有言外之味，弦外之音。所以就很难成为第一流的作者。姜夔的词气质清峻，旨趣却不够遥深。

人间词话·手稿本·贰叁

【原文】 梅溪、梦窗、中仙（此二字手定稿中删去）、玉田、草窗、西麓[1]诸家，词虽不同，然同失之肤浅。虽时代使然，亦其才分有限也。近人弃周鼎[2]而宝康瓠[3]，实难索解。

【注释】 ①梅溪、梦窗、中仙、玉田、草窗、西麓：指南宋词人史达祖、吴文英、王沂孙、张炎、周密、陈允平。②周鼎：指周代传国的鼎，这里用来比喻词坛大家。③康瓠：指空壶，破瓦壶，这里用来比喻词坛庸才。贾谊《吊屈原》中云：“斡弃周鼎，宝康瓠兮。腾驾罢牛，骖蹇驴兮。骥垂两耳，服盐车兮。”辛弃疾《水调歌头》词云：“歌秦缶，宝康瓠，世皆然。”

【译文】 史达祖、吴文英、王沂孙、张炎、周密、陈允平等人，所做的词虽然不同，但都是很肤浅的。虽然这是时代所造成的结果，但也是因为他们的才华确实有限。近人舍弃真正的大家而把这些平庸之才当作宝贝，实在是令人难以理解。

人间词话·手稿本·贰肆

【原文】 余填词不喜作长调[1],尤不喜用人韵。偶尔游戏,作《水龙吟》[2]咏杨花用质夫[3]、东坡唱和韵,作《齐天乐》[4]咏蟋蟀用白石韵[5],皆有与晋代兴[6]之意。余之所长殊不在是。世之君子宁以他词称我。

【注释】 ①长调:词的体式之一。前人以五十八字以内为小令,五十九字到九十字为中调,九十一字以外为长调。②王国维《水龙吟》全词如下:

开时不与人看,如何一霎濛濛坠。日长无绪,回廊小立,迷离情思。细雨池塘,斜阳院落,重门深闭。正参差欲住,轻衫掠处,又特地因风起。

花事阑珊到汝,更休寻、满枝琼缀。算人只合,人间哀乐,者般零碎。一样飘零,宁为尘土,勿随流水。怕盈盈、一片春江,都贮得离人泪。③质夫:章楶,字质夫。与苏轼同官京师。他咏杨花的《水龙吟》是当时的一首名作,深得苏轼欣赏。全词如下:

燕忙莺懒芳残,正堤上、柳花飘坠。轻飞乱舞,点画青林,全无才思。闲趁游丝,静临深院,日长门闭。傍珠帘散漫,垂垂欲下,依前被、风扶起。

兰帐玉人睡觉。怪春衣、雪霑琼缀。绣床旋满,香球无数,才圆却碎。时见蜂儿,仰粘轻粉,鱼吞池水。望章台路杳,金鞍游荡,有盈盈泪。

④王国维《齐天乐》全词如下:

天涯已自愁秋极,何须更闻虫语。乍响瑶阶,旋穿绣送,更入画屏深处。喁喁似诉。有几许哀丝,佐伊机杼。一夜东堂,暗抽离恨万千绪。

空庭相和秋雨。又南城罢柝,西院停杵。试问王孙,苍茫岁晚,那有闲愁无数。宵深谩与。怕梦稳春酣,万家儿女。不识孤吟,劳人床下苦。⑤姜夔《齐天乐》全词如下:

(丙辰岁,与张功父会饮张达可之堂,闻屋壁间蟋蟀有声,功父约予同赋,以授歌者;功父先成,辞甚美;予徘徊茉莉花间,仰见秋月,顿起幽思,寻亦得此。蟋蟀中都呼为促知,善斗。好事者或以三二十万钱致一枚,镂象齿为楼观以贮之。)

庾郎先自吟愁赋,凄凄更闻私语。露湿铜铺,苔侵石井,都是曾听伊处。哀音似诉,正思妇无眠,起寻机杼。曲曲屏山,夜凉独自甚情绪?

西风又吹暗雨。为谁频断续,相和砧杵。候馆迎秋,离宫吊月,别有伤心无数。豳诗漫与,笑篱落呼灯,世间儿女。写入琴丝,一声声更苦。⑥与晋代兴:出自《国语·郑语》:"公曰:'若周衰,诸姬其孰兴?'对曰:'……武王之子,应韩不在,其在晋乎!'……及平王之末,而秦、晋、齐、楚代兴。"这里的意思是指发扬前贤的优点。

【译文】 我作词不喜欢填长调,尤其不喜欢用别人的韵。偶尔和韵,也多是游戏之作,如《水龙吟》咏杨花用章楶和苏轼唱和词的韵,《齐天乐》咏蟋蟀用姜夔词的韵,都是想发扬前贤的优点。事实上我的长处不在于此,我希望有识之士用其他的词来评价我。

人间词话·手稿本·贰伍

【原文】 余友沈昕伯纮自巴黎寄余《蝶恋花》一阕云："帘外东风随燕到。春色东来，循我来时道。一霎围场生绿草，归迟却怨春来早。锦绣一城春水绕。庭院笙歌，行乐多年少。著意来开孤客抱，不知名字闲花鸟。"此词当在晏氏父子[1]间，南宋人不能道也。

【注释】 ①晏氏父子：指晏殊与其子晏几道。晏几道，北宋词人。字叔原，号小山，北宋抚州临川县文港乡(今属南昌进贤)人。晏殊第七子。历任颍昌府许田镇监、乾宁军通判、开封府判官等。性孤傲，晚年家境中落。词风哀感缠绵、清壮顿挫。有《小山词》传世。

【译文】 我的朋友沈昕从巴黎寄给我一首《蝶恋花》："帘外东风随燕到。春色东来，循我来时道。一霎围场生绿草，归迟却怨春来早。

锦绣一城春水绕。庭院笙歌，行乐多年少。著意来开孤客抱，不知名字闲花鸟。"这首词的水平应当在晏殊父子之间，是南宋人所不能写出来的。

人间词话·手稿本·贰陆

【原文】 樊抗夫[1]谓余词如《浣溪沙》[2]之"天末同云"、《蝶恋花》[3]之"昨夜梦中""百尺朱楼""春到临春"等阕。凿空而道[4]，开词家未有之境。余自谓才不若古人，但于力争第一义处，古人亦不如我用意耳。

【注释】 ①樊抗夫：即樊炳清，字少泉，"抗夫"是其笔名，浙江山阴人，与沈昕伯、王国维同为就读于上海东文学社的同窗好友。②王国维《浣溪沙》全词如下：

天末同云黯四垂，失行孤雁逆风飞。江湖寥落尔安归？

陌上金丸看落羽，闺中素手试调醯。今朝欢宴胜平时。③王国维《蝶恋花》全词如下：

昨夜梦中多少恨。细马香车，两两行相近。对面似怜人瘦损，众中不惜搴帷问。陌上轻雷听隐辚。梦里难从，觉后那堪讯？蜡泪窗前堆一寸，人间只有相思分。

百尺朱楼临大道。楼外轻雷，不闲昏和晓。独倚阑干人窈窕，闲中数尽行人少。一霎车尘生树杪。陌上楼头，都向尘中老。薄晚西风吹雨到，明朝又是伤流潦。

春到临春花正妩。迟日阑干，蜂蝶飞无数。谁遣一春抛却去，马蹄日日章台路。几度寻春春不遇。不见春来，那识春归处？斜日晚风杨柳渚，马头何处无飞絮。④凿空而道：意为开辟道路。语出《史记·大宛列传》："于是西北国始通于汉矣，然张骞凿空。"

【译文】 樊抗夫说我的词如《浣溪沙》的"天末同云"、《蝶恋花》的"昨夜梦中""百尺朱楼""春到临春"等地方，独辟蹊径，是前人所没有触及的。我自认为文才不如古人，但是在力求创新这方面，古人就比不上我的苦心孤诣。

人间词话·手稿本·贰柒

【原文】 东坡杨花词和韵而似原唱[①],章质夫[②]词原唱而似和韵。才之不可强也如是。

【注释】 ①苏轼《水龙吟·次韵章质夫杨花词》:

似花还似非花,也无人惜从教坠。抛家傍路,思量却是,无情有思。萦损柔肠,困酣娇眼,欲开还闭。梦随风万里,寻郎去处,又还被、莺呼起。

不恨此花飞尽,恨西园、落红难缀。晓来雨过,遗踪何在?一池萍碎。春色三分,二分尘土,一分流水。细看来,不是杨花,点点是离人泪。②章质夫:章楶。

【译文】 苏轼的杨花词是和韵之作,然而却仿佛首创。章楶的词是首创,然而却仿佛和韵之作。才华的难以勉强正是如此。

人间词话·手稿本·贰捌

【原文】 叔本华[①]曰:"抒情诗,少年之作也。叙事诗及戏曲,壮年之作也。"余谓:抒情诗,国民幼稚时代之作也。叙事诗,国民盛壮时代之作也。故曲则古不如今。(元曲诚多天籁,然其思想之陋劣,布置之粗笨,千篇一律令人喷饭。至本朝之《桃花扇》[②]、《长生殿》[③]诸传奇,则进矣。)词则今不如古。盖一则以布局为主,一则须伫兴而成故也。

【注释】 ①叔本华:德国唯心主义哲学家,提倡"唯意志论"的悲观厌世哲学,其哲学、美学思想极大地影响了王国维。②《桃花扇》:清代著名戏曲家孔尚任(1648~1718)的著名传奇作品。③《长生殿》:清代著名戏曲家洪昇(1645~1704)的著名传奇作品。

【译文】 叔本华说:抒情诗是少年时的写作,叙事诗和戏曲是成年时的写作。我认为:抒情诗是国民幼稚时期所作,叙事诗是国民成熟时期所作。所以,对于戏曲来说,古代的不如现代的。(元曲当中的确有很多自然浑成的好作品,但是它们大都思想简陋低劣、布局粗糙笨拙、形式千篇一律,令人讥笑。到了本朝的《桃花扇》《长生殿》等传奇作品,就进步了很多。)词则是现代的不如古代的。因为戏曲是以情节的布局为主,而词则必须着重于对灵感的捕捉。

人间词话·手稿本·贰玖

【原文】 北宋名家以方回[①]为最次。其词如历下[②]、新城[③]之诗,非不华瞻,惜少真味。至宋末诸家,仅可譬之腐烂制艺,乃诸家之享重名者且数百年,始知世之幸人不独曹蜍、李志也[④]。("至宋末诸家"以下整段文字在手定稿中删去)

【注释】 ①方回:贺铸(1052~1125),字方回,自号庆湖遗老,共州卫城(今河南辉

县)人,北宋文学家。贺铸诗、词、文皆善。但从实际成就看,他的诗高于文,而词又高于诗。其词刚柔兼济,风格多样。贺铸曾说:“吾笔端驱使李商隐、温庭筠,常奔命不暇。”(《建康集》卷八《贺铸传》)这主要指他善于融化中晚唐诗句入词。他的许多描写恋情的词,风格也是上承温、李等人,写得婉转多姿,饶有情致。代表作《青玉案》中的名句“一川烟草,满城风絮,梅子黄时雨”为他赢得了“贺梅子”的称号。②历下:李攀龙(1514~1570),字于鳞,号沧溟,历城(今山东历城)人。明代“后七子”之一。③新城:王士祯(1634~1711),字贻上,号阮亭,别号渔阳山人,新城(今山东垣台)人,出身世家大族,少年时即有诗名,论诗主“神韵说”,为清初诗坛盟主。④这里说的是《世说新语》中记载的一个典故,庾道季云:“廉颇、蔺相如虽千载上死人,懔懔恒如有生气;曹蜍、李志虽见在,厌厌如九泉下人。”

【译文】 北宋著名诗人里,以贺铸的水平为最低,他的词如同李攀龙和王士祯的诗,不是词语不够华丽,可惜缺少真味。至于宋末诸词人,仅能将其词作比为腐朽的八股文。但是这些人数百年来却一直受人推崇,这才知道世界上幸运的人不仅仅是曹蜍、李志之徒。

人间词话・手稿本・叁拾

【原文】 散文易学而难工,韵文难学而易工。近体诗易学而难工,古体诗难学而易工。小令易学而难工,长调难学而易工。

【译文】 散文容易学但是难以精妙,韵文学习困难却容易精妙。近体诗容易学但是难以精妙,古体诗学习困难却容易精妙。小令容易学但是难以精妙,长调学习困难却容易精妙。

人间词话・手稿本・叁壹

【原文】 词以境界[1]为最上。有境界则自成高格[2],自有名句。五代北宋之词所以独绝者在此。

【注释】 ①境界:借用佛家的概念,原指疆界、疆域;佛经中用的“境界”,又指“自家势力所及之境土”(《佛学大辞典》),指个人在人的感受能力之所及,或精神上所能达到的境地。文学作品中的境界指情、景和事物交融所形成的艺术高度。②高格:指作品取意高妙,或格调高雅,风格高迈超逸。

【译文】 词以境界为最高审美标准。有境界就自然会形成高雅的格调,自然会产生名句。五代和北宋的词之所以绝妙就在于具有境界。

人间词话・手稿本・叁贰

【原文】 有造境,有写境,此理想与写实二派之所由分。然二者颇难分别。因大诗

人所造之境，必合乎自然，所写之境，必邻于理想故也。

【译文】 有以想象创造出来的境界，也有以真实存在描写出来的境界，这是理想派与写实派的区别。可是，这两者实际上很难分辨。因为，凡是大诗人所创造出来的境界一定和自然吻合，所描写出来的境界也一定会和理想接近。

人间词话·手稿本·叁叁

【原文】 有有我之境，有无我之境。"泪眼问花花不语，乱红飞过秋千去"[①]，"可堪孤馆闭春寒，杜鹃声里斜阳暮"[②]，有我之境也。"采菊东篱下，悠然见南山"[③]，"寒波澹澹起，白鸟悠悠下"[④]，无我之境也。有我之境，物皆著我之色彩。无我之境，不知何者为我，何者为物。此即主观诗与客观诗之所由分也。（此十四字原稿中删去）古人为词，写有我之境者为多，然非不能写无我之境，此在豪杰之士[⑤]能自树立耳。

【注释】 ①出自欧阳修的《蝶恋花》（一说为冯延巳所作），全词如下：

庭院深深深几许？杨柳堆烟，帘幕无重数。玉勒雕鞍游冶处，楼高不见章台路。

雨横风狂三月暮，门掩黄昏，无计留春住。泪眼问花花不语，乱红飞过秋千去。②出自秦观的《踏莎行》，全词如下：

雾失楼台，月迷津度，桃源望断无寻处。可堪孤馆闭春寒，杜鹃声里斜阳暮。

驿寄梅花，鱼传尺素，砌成此恨无重数。郴江幸自绕郴山，为谁流下潇湘去！③出自陶潜《饮酒》二十首的第五首，全诗如下：

结庐在人境，而无车马喧。

问君何能尔，心远地自偏。

采菊东篱下，悠然见南山。

山气日夕佳，飞鸟相与还。

此中有真意，欲辨已忘言。④出自元好问的《颖亭留别》，全诗如下：

故人重分携，临流驻归驾。

乾坤展清眺，万景若相借。

北风三日雪，太素秉元化。

九山郁峥嵘，了不受陵跨。

寒波澹澹起，白鸟悠悠下。

怀归人自急，物态本闲暇。

壶觞负吟啸，尘土足悲咤。

回首亭中人，平林淡如画。⑤豪杰之士：这里指文学大家。

【译文】 境界分为"有我之境"和"无我之境"。"泪眼问花花不语，乱红飞过秋千去"，"可堪孤馆闭春寒，杜鹃声里斜阳暮"，这些属于"有我之境"。"采菊东篱下，悠然见南山"，"寒波澹澹起，白鸟悠悠下"，这些属于"无我之境"。"有我之境"，是指所描写的所有景物或所营造的意境带有作者的主观感情。"无我之境"，不容易看出哪些地方有作

者的感情,那些地方是描写客观事物。这就是主观诗与客观诗的区别所在。古人写词,写出“有我之境”的比较多,但这并不是说他们不能写出“无我之境”,关键在于那些在创作上独树一帜的大家能够不断创新罢了。

人间词话·手稿本·叁肆

【原文】 **古诗云:“谁能思不歌?谁能饥不食?”[①]诗词者,物之不得其平而鸣者也。故“欢愉之辞难工,愁苦之言易巧。”**

【注释】 ①出自《乐府诗集》中的《子夜歌》,全诗如下:

谁能思不歌?谁能饥不食?

日冥当户倚,惆怅底不忆?

【译文】 古诗中说:“谁能思不歌?谁能饥不食?”诗词,是人们遇事不平时的争鸣。所以说:抒写欢愉的诗词难于深妙,描写愁苦的词容易精巧。

人间词话·手稿本·叁伍

【原文】 **境非独谓景物也,感情亦人心中之境界。故能写真景物、真感情者,谓之有境界,否则谓之无境界。**

【译文】 意境不是单指景物而言。感情也是人心中的一种境界。所以能写出真景物、真感情,就可以称作有境界,否则就称作没有境界。

人间词话·手稿本·叁陆

【原文】 **无我之境,人惟于静中得之。有我之境,于由动之静时得之。故一优美,一宏壮也。**

【译文】 无我之境,创作者只能在静思中才能写出。有我之境,创作者要在从动到静的过程中取得。所以无我之境优雅美丽,有我之境宏伟壮丽。

人间词话·手稿本·叁柒

【原文】 **自然中之物,互相关系,互相限制,故不能有完全之美。然其写之于文学中也,必遗其关系、限制之处。故虽写实家,亦理想家也。又虽如何虚构之境,其材料必求之于自然,而其构造,亦必从自然之法则。故虽理想家,亦写实家也。**

【译文】 大自然中的事物,互相关系,互相限制,所以没有完美。然而要将大自然中的事物反映在文学中,就一定要摆脱它们的互相关系、互相限制之处。所以即便是注重写实的作家,也同样会是表达理想的作家。另一方面,不管是如何虚构的境界,它的材料

必然来源于大自然，而它的结构也必然要服从自然的法则。所以即使是注重理想的作家，也同样会是表现现实的作家。

人间词话·手稿本·叁捌

【原文】 社会上之习惯，杀许多之善人。文学上之习惯，杀许多之天才。

【译文】 社会上的习惯，害死了许多善人。文学上的习惯，毁掉了许多天才。

人间词话·手稿本·叁玖

【原文】 诗之三百篇[①]、十九首[②]。词之五代北宋，皆无题也。非无题也，诗词中之意，不能以题尽之也。自《花庵》[③]、《草堂》[④]每调立题，并古人无题之词亦为之作题，其可笑孰甚。

【注释】 ①诗之三百篇：指《诗经》，《诗经》中共收录了305篇诗歌，故有“诗三百”之称。②十九首：指古诗十九首，汉代人所作，最早见于萧统所编的《文选》。③《花庵》：指南宋的一部词集《花庵词选》，由南宋文学家黄升编著。④《草堂》：指《草堂诗余》，作者不详，其所选之词作以宋词为主，兼收一小部分唐五代词。

【译文】 《诗经》《古诗十九首》，五代、北宋时的词，都没有题目。并不是那些作品都是无主题，而是诗词中的意义，不能用题目完全概括。《花庵词选》《草堂诗余》为所选之词都分别安排一个标题，包括连本来没有题目的作品也要如此，这实在是太可笑了。

人间词话·手稿本·肆拾

【原文】 诗词之题目本为自然及人生。自古人误以为美刺投赠咏史怀古之用，题目既误，诗亦自不能佳。后人才不及古人，见古名大家亦有此等作，遂遗其独到之处而专学此种，不复知诗之本意。于是豪杰之士出，不得不变其体格，如楚辞、汉之五言诗、唐五代北宋之词皆是也。故此等文学皆无题。（“诗词之题目……故此等文学皆无题”一段手定稿删去）诗有题而诗亡，词有题而词亡，然中材之士，鲜能知此而自振拔者矣。

【译文】 诗词的内容本来是描写自然及人生的。自从古人误将它们用来美刺、投赠、咏史、怀古，诗词的内容就已经不对了，而写出来的作品自然也不会好。后世的人，才华不如古人，但是他们一看到古代的名家大家也有这样的作品，便将它们的独到之处抛之一旁，而专学这种形式和体裁，他们已经不知道诗词的本意到底是什么了。于是当文学大家出现的时候，就不得不对文学的体式做出变革，比如楚辞、汉代的五言诗，唐五代北宋的词就都属于这种情况。所以这种新兴的文学体式都没有题目。诗有题目，诗就消亡，词有题目，词就消亡。可惜那些才华平平的人很难意识到这一点，更无法对文学进行挽救和振兴。

人间词话·手稿本·肆壹

【原文】 **冯梦华《宋六十一家词选序》谓:“淮海[1]、小山[2],古之伤心人也。其淡语皆有味,浅语皆有致。”余谓此唯淮海足以当之。小山矜贵有余,但稍胜方回[3]耳。古人以秦七、黄九[4]或小晏、秦郎并称,不图老子乃与韩非同传。**

【注释】 ①淮海、秦七、秦郎:皆指秦观。②小山、小晏:皆指晏几道。③方回:指贺铸。④黄九:黄庭坚(1045~1105),字鲁直,自号山谷道人,晚号涪翁,又称黄豫章,洪州分宁(今江西修水)人。北宋诗人、词人、书法家,为盛极一时的江西诗派开山之祖,“苏门四学士”之一。黄庭坚擅文章、诗词,尤工书法。诗风奇崛瘦硬,力摈轻俗之习,开一代风气。其词与秦观齐名,艺术成就不如秦观。晚年近苏轼,词风疏宕,深于感慨,豪放秀逸,时有高妙。

【译文】 冯梦华在《宋六十一家词选序》中说:秦观、晏几道,是古之伤心人。他们的词句虽平淡却回味悠长,语言浅显却富有情致。我认为这种评论唯有秦观才能担得起。晏几道的词句矜持、华贵有余,只是稍微胜过贺铸。古人以秦观、黄庭坚或晏几道、秦观并称,其不当的地方,相当于在《史记》中将老子与韩非同传。

人间词话·手稿本·肆贰

【原文】 **人能于诗词中不为美刺投赠怀古咏史之篇,不使隶事之句,不用装饰之字,则于此道已过半矣。**

【译文】 人们在写诗填词时能够不写美刺、投赠、怀古、咏史等作品,不使用典故,不堆砌辞藻,那么对诗词之道的理解就差不多了。

人间词话·手稿本·肆叁

【原文】 **以《长恨歌》[1]之壮采,而所隶之事,只“小玉”“双成”[2]四字,才有余也。梅村[3]歌行,则非隶事不可。白、吴优劣,即于此见。此不独作诗为然,填词家亦不可不知也。**

【注释】 ①《长恨歌》:唐代著名诗人白居易代表作品。②“小玉”“双成”:《长恨歌》中有“金阙西厢叩玉扃,转教小玉报双成”句。“小玉”,白居易曾在《霓裳羽衣舞歌》诗中自注为吴王夫差女,晋人干宝《搜神记》中记载:夫差小女紫玉,爱慕韩重,不得成婚,气结而死。韩重游学归来,于其墓哀悼。玉现形,赠之明珠,并作歌。韩重欲抱之,玉如烟而没。后代比喻少女去世遂有“紫玉成烟”之语。“双成”,董双成,传说中西王母的侍女。《汉武帝内传》中记载:双成炼丹宅中,丹成得道,自吹玉箫,驾鹤飞升。这里用“小玉”“双成”来指代太真(杨贵妃)侍女。③梅村:吴伟业(1609~1671),字骏公,号梅村,

江苏太仓人。清代诗人。他的名作《圆圆曲》用典故甚多,后人以堆砌病之。

【译文】 以《长恨歌》的悲壮气势,飞扬文采,其中引用典故的地方也只有"小玉、双成"四个字,这说明其才华有余。而吴伟业的歌行,则是没有典故就无法成文。白、吴的优劣,可以由此看出。不单单写诗是这样,填词的人也不可以不知道。

人间词话·手稿本·肆肆

【原文】 词之为体,要眇宜修[①]。能言诗之所不能言,而不能尽言诗之所能言。诗之境阔,词之言长。

【注释】 ①要眇宜修:见屈原《九歌-湘君》:"君不行兮夷犹,蹇谁留兮中州,美要眇兮宜修。"意思是窈窕优美的姿态。

【译文】 词作为一种文学体裁,应该是窈窕优美的。它虽然能够表达诗所无法表达的情感,却不能完全表达诗所能够表达的情感。诗的意境宽阔,词的韵味悠长。

人间词话·手稿本·肆伍

【原文】 "明月照积雪"[①]、"大江流日夜"[②]、"澄江静如练"[③]、"山气日夕佳"[④]、"落日照大旗""中天悬明月"[⑤]、"大漠孤烟直,长河落日圆"[⑥],此等境界,可谓千古壮语。求之于词,唯纳兰容若[⑦]塞上之作,如《长相思》[⑧]之"夜深千帐灯",《如梦令》[⑨]之"万帐穹庐人醉,星影摇摇欲坠"差近之。

【注释】 ①出自谢灵运的《岁暮》,全诗如下:

殷忧不能寐,苦此夜难颓。

明月照积雪,朔风劲且哀。

运往无淹物,年逝觉已催。②出自谢朓的《暂使下都夜发新林至京邑赠西府同僚》,全诗如下:

大江流日夜,客心悲未央。徒念关山近,终知反路长。

秋河曙耿耿,寒渚夜苍苍。引领见京室,宫雉正相望。

金波丽鳷鹊,玉绳低建章。驱车鼎门外,思见昭丘阳。

驰晖不可接,何况隔两乡?风云有鸟路,江汉限无梁,

常恐鹰隼击,时菊委严霜。寄言罻罗者,寥廓已高翔。③出自谢朓的《晚登三山还望京邑》,全诗如下:

灞涘望长安,河阳视京县。白日丽飞甍,参差皆可见。

余霞散成绮,澄江静如练。喧鸟覆春洲,杂英满芳甸。

去矣方滞淫,怀哉罢欢宴。佳期怅何许,泪下如流霰。

有情知望乡,谁能鬒不变。④出自陶潜《饮酒》二十首之五。⑤出自杜甫《后出塞》五首之二,全诗如下:

朝进东门营，暮上河阳桥。落日照大旗，马鸣风萧萧。

平沙列万幕，部伍各见招。中天悬明月，令严夜寂寥。

悲笳数声动，壮士惨不骄。借问大将谁？恐是霍嫖姚。⑥出自王维的《使至塞上》，全诗如下：

单车欲问边，属国过居延。征蓬出汉塞，归雁入胡天。

大漠孤烟直，长河落日圆。萧关逢候吏，都护在燕然。⑦纳兰容若：纳兰性德（1654～1685），原名成德，因避讳改名性德，字容若，满洲正黄旗人，清朝著名词人。纳兰性德以词闻名，现存349首词作。其词有南唐后主遗风，悼亡词情真意切，痛彻肺腑，令人不忍卒读，王国维有评："北宋以来，一人而已。"朱祖谋云："八百年来无此作者"，谭献云"以成容若之贵……而作词皆幽艳哀断，所谓别有怀抱者也"，当时盛传，"家家争唱饮水词，纳兰心事几人知"。《纳兰词》传至国外，朝鲜人谓"谁料晓风残月后，而今重见柳屯田"。纳兰词初名《侧帽》，后名《饮水》，现统称纳兰词。⑧纳兰性德《长相思》全词如下：

山一程，水一程。身向榆关那畔行，夜深千帐灯。

风一更，雪一更。聒碎乡心梦不成，故园无此声。⑨纳兰性德《如梦令》全词如下：

万帐穹庐人醉，星影摇摇欲坠。归梦隔狼河，又被河声搅碎。还睡，还睡。解道醒来无味。

【译文】 "明月照积雪""大江流日夜""澄江静如练""山气日夕佳""落日照大旗""中天悬明月""大漠孤烟直，长河落日圆"，这样的境界，可以说是千古壮语。要在词中寻找这样的境界，只有纳兰容若的塞上之作，如《长相思》中的"夜深千帐灯"，《如梦令》中的"万帐穹庐人醉，星影摇摇欲坠"有些相近罢了。

人间词话·手稿本·肆陆

【原文】 言气质，言格律（此三字手定稿删去）、言神韵，不如言境界。有境界。本也。气质、格律、神韵，末也。有境界而三者随之矣。

【译文】 说气质、说格律、说神韵，不如说境界。境界是根本，气质、格律、神韵是附属。有境界，气质、格律、神韵自然也就随之而来。

人间词话·手稿本·肆柒

【原文】 "红杏枝头春意闹"[①]，著一"闹"字而境界全出。"云破月来花弄影"[②]，著一"弄"字，而境界全出矣。

【注释】 ①出自宋代诗人宋祁的《玉楼春·春景》，全诗如下：

东城渐觉风光好，縠皱波纹迎客棹。绿杨烟外晓寒轻，红杏枝头春意闹。

浮生长恨欢娱少，肯爱千金轻一笑。为君持酒劝斜阳，且向花间留晚照。②出自北宋词人张先的《天仙子》，全词如下：

(时为嘉禾小倅,以病眠不赴府会)

水调数声持酒听,午醉醒来愁未醒。送春春去几时回?临晚镜,伤流景,往事后期空记省。

沙上并禽池上暝,云破月来花弄影。重重帘幕密遮灯,风不定,人初静,明日落红应满径。

【译文】"红杏枝头春意闹",有了一个"闹"字,境界全出。"云破月来花弄影",有了一个"弄"字,境界全出。

人间词话·手稿本·肆捌

【原文】"西(当作'秋')风吹渭水,落日(当作'叶')满长安。"[①]美成以之入词[②]。白仁甫[③]以之入曲[④],此借古人之境界为我之境界者也。然非自有境界。古人亦不为我用。

【注释】①出自晚唐著名诗人贾岛的《忆江上吴处士》,全诗如下:

闽国扬帆去,蟾蜍亏复圆。

秋风吹渭水,落叶满长安。

此地聚会夕,当时雷雨寒。

兰桡殊未返,消息海云端。②这里所说的词作是周邦彦的《齐天乐》,全词如下:

绿芜雕尽台城路,殊乡又逢秋晚。暮雨生寒,鸣蛩劝织,深阁时闻裁剪。云窗静掩。叹重拂罗裀,顿疏花簟。尚有練囊,露萤清夜照书卷。

荆江留滞最久,故人相望处,离思何限。渭水西风,长安乱叶,空忆诗情宛转。凭高眺远。正玉液新篘,蟹螯初荐。醉倒山翁,但愁斜照敛。③白仁甫,白朴(1226~1306),字仁甫,一字太素,号兰谷。"元剧四大家"之一,其所作杂剧现存有《梧桐雨》《墙头马上》两部。④这里所说的曲作是白朴《双调得胜乐》中的:"听落叶西风渭水",以及杂剧《梧桐雨》第二折《普天乐》中的:"伤心故园,西风渭水,落日长安。"

【译文】"西风吹渭水,落日满长安",周邦彦将其化入词中,白朴将其化入曲中。这是借用古人的境界来创造自我的新境界。但是如果没有属于自己的境界,那么,前人的境界也就不能为我所用。

人间词话·手稿本·肆玖

【原文】境界有大小,然不以是而分高下。"细雨鱼儿出,微风燕子斜"[①],何遽不若"落日照大旗,马鸣风萧萧"[②]。"宝帘闲挂小银钩"[③],何遽不若"雾失楼台,月迷津渡"[④]也。

【注解】

①出自杜甫的《水槛遣心·二首之一》,全诗如下:

去郭轩楹敞,无村眺望赊。澄江平少岸,幽树晚多花。

细雨鱼儿出,微风燕子斜。城中十万户,此地两三家。②出自杜甫的《后出塞》五首之二。③出自秦观《浣溪沙》,全词如下:

漠漠轻寒上小楼,晓阴无赖似穷秋,淡烟流水画屏幽。

自在飞花轻似梦,无边丝雨细如愁,宝帘闲挂小银钩。④出自秦观《踏莎行》,见第55页注解。

【译文】 境界有大有小,但是不能以大小来区分它的优劣。"细雨鱼儿出,微风燕子斜"不能认为不如"落日照大旗,马鸣风萧萧"的境界,"宝帘闲挂小银钩"不能认为不如"雾失楼台,月迷津渡"的境界。

人间词话·手稿本·伍拾

【原文】 昔人论诗词,有景语、情语之别。不知一切景语,皆情语也。(此条手定稿删去)

【译文】 以前的人评论诗词,有写景的语言和抒情的语言。但是,他们不知道一切写景的语言,其实都是抒情的语言。

人间词话·手稿本·伍壹

【原文】 "岂不尔思,室是远而。"[①]孔子讥之。故知孔门而用词,则牛峤[②]之"甘(应作'须')作一生拚,尽君今日欢"[③]等作,必不在见删之数。(此条手定稿已删去)

【注释】 ①出自《论语·子罕》:"'唐棣之花,偏其反尔,岂不尔思,室是远而。'子曰:'未之思也,夫何远之有?'"此句未见于现存版本的《诗经》,应当是逸诗。唐棣即棠棣,其花先开后合。这句话的大概意思是说:一位写诗的年轻人想念远方的爱人,却又说路途遥远。所以孔子嘲笑他说:"哪里是什么路远,是他根本就没有相思而已。"②牛峤,生卒年不详,字松卿,一字延峰,临州狄道(今甘肃临洮)人。唐宰相牛僧孺之孙。前蜀王建称帝时,拜给事中,故又称为"牛给事"。其人博学善文,以诗歌闻名。③出自牛峤《菩萨蛮》,全词如下:

玉楼冰簟鸳鸯锦,粉融香汗流山枕。帘外辘轳声,敛眉寒笑惊。

柳阴烟漠漠,低鬓蝉钗落。须作一生拚,尽君今日欢。

【译文】 "岂不尔思,室是远而",孔子曾对此加以讥讽。所以说,即使是孔子也曾引用诗句来发表自己的观点。这样说来,牛峤的"甘作一生拚,尽君今日欢"等词作,应该不属于被删除之列。

人间词话·手稿本·伍贰

【原文】 词家多以景寓情。其专作情语而绝妙者,如牛峤之"甘(应作'须')作一生

拼,尽君今日欢。"顾夐[①]之"换我心为你心,始知相忆深。"[②]欧阳修(应为柳永)之"衣带渐宽终不悔,为伊消得人憔悴。"美成之"许多烦恼,只为当时,一饷留情。"[③]此等词古今曾不多见,余《乙稿》[④]中颇于此方面有开拓之功。

【注释】 ①顾夐:生卒年不详。曾仕于前蜀,后又为后蜀太尉,故人称"顾太尉"。顾夐王晔生性诙谐,善小词,词风与温庭筠相近。②出自顾夐王晔的《诉衷情》,全词如下:

永夜抛人何处去?绝来音。香阁掩,眉敛,月将沉。争忍不相寻?怨孤衾。换我心,为你心,始知相忆深。③出自周邦彦的《庆宫春》,全词如下:

云接平冈,山围寒野,路回渐转孤城。衰柳啼鸦,惊风驱雁,动人一片秋声。倦途休驾,淡烟里,微茫见星。尘埃憔悴,生怕黄昏,离思牵萦。

华堂旧日逢迎。花艳参差,香雾飘零。弦管当头,偏怜娇凤。夜深簧暖笙清。眼波传意,恨密约、匆匆未成。许多烦恼,只为当时,一饷留情。④乙稿:指王国维的《人间词乙稿》。

【译文】 词人大多善于以景寓情。其中有专写情语而绝妙的,如牛峤的"甘作一生拼,尽君今日欢。"顾夐王晔的"换我心为你心,始知相忆深。"欧阳修(应为柳永)的"衣带渐宽终不悔,为伊消得人憔悴。"周邦彦的"许多烦恼,只为当时,一饷留情。"这样的词是古今不可多得的好词。我的《人间词乙稿》在这一方面颇有些开拓的功劳。

人间词话·手稿本·伍叁

【原文】 梅圣俞[①]《苏幕遮》[②]词:"落尽梨花春又了。满地残阳,翠色和烟老。"兴化刘氏[③]谓:少游一生似专学此种。余谓冯正中《玉楼春》[④]词:"芳菲次第长相续,自是情多无处足。尊前百计得春归,莫为伤春眉黛促。"少游一生似专学此种。

【注释】 ①梅圣俞:梅尧臣(1002~1060),字圣俞,宣州宣城(今属安徽)人。北宋诗人。宣城古称宛陵,故世称其宛陵先生。梅圣俞强调《诗经》《离骚》的传统,摒弃浮艳空洞的诗风。在艺术上,注重诗歌的形象性、意境含蓄等特点,提倡"平淡"的艺术境界,要求诗写景抒情,意于言外。②梅尧臣《苏幕遮》全词如下:

露堤平,烟墅杳。乱碧萋萋,雨后江天晓。独有庾郎年最少。窣地春袍,嫩色宜相照。

接长亭,迷远道。堪怨王孙,不记归期早。落尽梨花春又了。满地残阳,翠色和烟老。③兴化刘氏:刘熙载(1813~1881),字融斋,江苏兴化人。清末学者。④冯延巳《玉楼春》全词如下:

雪云乍变春云簇,渐觉年华堪纵目。北枝梅蕊犯寒开,南蒲波纹如酒绿。

芳菲次第长相续,自是情多无处足。尊前百计得春归,莫为伤春眉黛促。

【译文】 梅尧臣的《苏幕遮》词中说:"落尽梨花春又了。满地残阳,翠色和烟老。"兴化人刘熙载说:秦观一生好像专门学习这种风格。我认为冯延巳的《玉楼春》词:"芳菲

次第长相续，自是情多无处足。尊前百计得春归，莫为伤春眉黛促。”这才是秦观一生专门学习的风格。

人间词话·手稿本·伍肆

【原文】 **人知和靖[①]《点绛唇》[②]、圣俞《苏幕遮》、永叔《少年游》[③]三阕为咏春草绝调。不知先有正中“细雨湿流光”[④]五字，皆能写尽春草之魂者也。**

【注释】 ①和靖：林逋(967～1028)，字君复，卒谥和靖先生，钱塘(今浙江杭州)人，北宋著名隐逸诗人。早岁浪游江湖，后隐居于杭州孤山。不娶不仕，种梅养鹤，号称“梅妻鹤子”。②林逋《点绛唇》全词如下：

金谷年年，乱生春色谁为主。余花落处，满地和烟雨。

又是离愁，一阕长亭暮。王孙去。萋萋无数，南北东西路。③欧阳修《少年游》全词如下：

阑干十二独凭春，晴碧远连云。千里万里，二月三月，行色苦愁人。

谢家池上，江淹浦畔，吟魄与离魂。那堪疏雨滴黄昏，更特地忆王孙。④出自冯延巳《南乡子》，全词如下：

细雨湿流光，芳草年年与恨长。烟锁凤楼无限事，茫茫。鸾镜鸳衾两断肠。

魂梦任悠扬，睡起杨花满绣床。薄幸不来门半掩，斜阳。负你残春泪几行。

【译文】 人们都知道林逋的《点绛唇》、梅圣俞的《苏幕遮》、欧阳修的《少年游》三首词是吟诵春草的绝妙好词。却不知道冯延巳先有“细雨湿流光”之句。这些词都能够写尽春草的精魂所在。

人间词话·手稿本·伍伍

【原文】 **诗中体制以五言古及五、七言绝句为最尊，七古次之，五、七律又次之，五言排律[①]为最下。盖此体于寄兴言情均不相适，殆与骈体文[②]等耳。词中小令如五言古及绝句[③]，长调如五、七律，若长调之《沁园春》[④]等阕，则近于五排矣。**

【注释】 ①排律：排律是律诗的一种，由于按照一般律诗的格式加以铺排延长而成，故称排律，又叫长律。②骈体文：魏晋以来产生的一种文体，又称骈文、骈俪文。骈体文是与散文相对而言的。其主要特点是以四六句式为主，讲究对仗，因句式两两相对，犹如两马并驾齐驱，故被称为骈体。在声韵上，则讲究运用平仄，韵律和谐；修辞上注重藻饰和用典。由于骈体文注重形式技巧，故内容的表达往往受到束缚，但运用得当，也能增强文章的艺术效果。③绝句：绝句来源于两汉，成形于魏晋南北朝，兴盛于唐代。当时都是四句一首，故又称为“联句”。《文心雕龙·明诗》所谓“联句共韵，则柏梁余制”。唐宋两代，是我国古典诗歌的黄金时代，绝句风靡于世，创作之繁荣，名章佳篇犹如群芳争艳，美不胜收，可谓空前绝后也。④《沁园春》：曲牌名。又名《大圣乐》《东仙》《念离群》等。

【译文】 诗歌的体裁以五言古诗以及五、七言绝句为最上，其次是七言古诗，再次就是五、七言律诗，最下的是五言排律。因为五言排律这种体裁对于寄兴和言情都不适合，几乎与骈体文相等。词中的小令如同诗中的五言古诗和绝句，长调如同五、七言律诗，至于长调如《沁园春》等词，则接近于五排了。

人间词话·手稿本·伍陆

【原文】 长调自以周、柳[①]、苏、辛为最工。美成《浪淘沙慢》[②]二词，精壮顿挫，已开北曲[③]之先声。若屯田之《八声甘州》[④]，玉局[⑤]之《水调歌头》[⑥]（中秋寄子由），则伫兴之作，格高千古，不能以常词论也。

【注释】 ①柳，屯田：柳永（约987~约1053），崇安（今福建武夷山）人，北宋词人，婉约派最具代表性的人物，代表作《雨霖铃》和《八声甘州》是千古传颂的名作。柳永原名三变，字景庄。后改名永，字耆卿。排行第七，又称柳七。宋仁宗朝进士，官至屯田员外郎，故世称柳屯田。柳永一生仕途坎坷、生活潦倒，由追求功名转而厌倦官场，耽溺于旖旎繁华的都市生活，在"倚红偎翠"、"浅斟低唱"中寻找寄托。作为北宋第一个专攻作词的词人，他不仅开拓了词的题材内容，而且制作了大量的慢词，发展了铺叙手法，促进了词的通俗化、口语化，在词史上产生了非常大的影响。柳永为人放荡不羁，终身潦倒。死时靠妓女捐钱安葬。其词多描绘城市风光和歌妓生活，尤长于抒写羁旅行役之情。词作流传极广，"凡有井水饮处，皆能歌柳词"。②周邦彦《浪淘沙慢》两首，全词如下：

昼阴重，霜凋岸草，雾隐城堞。南陌脂车待发，东门帐饮乍阕。正拂面、垂杨堪揽结。掩红泪、玉手亲折。念汉浦，离鸿去何许，经时信音绝。

情切。望中地远天阔。向露冷风清，无人处、耿耿寒漏咽。嗟万事难忘，唯是离别。翠尊未竭，凭断云留取，西楼残月。

罗带光销纹衾叠。连环解、旧香顿歇。怨歌永、琼壶敲尽缺。恨春去、不与人期，弄夜色、空馀满地梨花雪。

万叶战，秋声露结，雁度砂碛。细草和烟尚绿，遥山向晚更碧。见隐隐、云边新月白。映落照、帘幕千家。听数声、何处倚楼笛？装点尽秋色。

脉脉。旅情暗自消释。念珠玉、临水犹悲戚，何况天涯客？忆少年歌。酒，当时踪迹。岁华易老，衣带宽、懊恼心肠终窄。

飞散后、风流人阻。蓝桥约、怅恨路隔。马蹄过、犹嘶旧巷陌。叹往事、一一堪伤，旷望极、凝思又把阑干拍。③北曲：中国最早的戏曲声腔之一。为金、元时期流行于北方的杂剧与散曲所用的音乐。北曲声调刚健朴实。元杂剧基本上用北曲，所以也用来专指元杂剧。另外，名为北曲，也是为了与南宋以来流行于南方的南曲相区别。④柳永《八声甘州》全词如下：

对潇潇暮雨洒江天，一番洗清秋。渐霜风凄紧，关河冷落，残照当楼。是处红衰翠减，苒苒物华休。惟有长江水，无语低流。

不忍登高临远，望故乡渺邈，归思难收。叹年来踪迹，何事苦淹留。想佳人、妆楼颙望，误几回、天际识归舟。争知我、倚阑干处、正恁凝愁。⑤玉局，指苏轼，他曾提举玉局观，故有此称。⑥苏轼《水调歌头》全词如下：

（丙辰中秋，欢饮达旦，大醉，作此篇。兼怀子由。）

明月几时有？把酒问青天。不知天上宫阙，今夕是何年？我欲乘风归去，又恐琼楼玉宇，高处不胜寒。起舞弄清影，何似在人间。

转朱阁，低绮户，照无眠。不应有恨，何事长向别时圆？人有悲欢离合，月有阴晴圆缺，此事古难全。但愿人长久，千里共婵娟。

【译文】 长调历来以周邦彦、柳永、苏轼、辛弃疾写的最为精工。周邦彦的《浪淘沙慢》两首，意境波澜壮阔，声韵抑扬顿挫，已开北曲的先声。至于柳永的《八声甘州》和苏轼的《水调歌头》，都是一气呵成的即兴之作，格高千古，不能以平常的词的标准来衡量和评判。

人间词话·手稿本·伍柒

【原文】 稼轩《贺新郎》词（送茂嘉十二弟），章法绝妙。且语语有境界，此能品而几于神者。然非有意为之。故后人不能学也。

【译文】 辛弃疾的《贺新郎》（送茂嘉十二弟），章法绝妙，并且每一句都有境界，这是对意境的理解已经达到出神入化的地步了。然而这首词并非他有意这样去写，而是自然流出，所以后人无法学习。

人间词话·手稿本·伍捌

【原文】 “画屏金鹧鸪”①，飞卿语也，其词品似之。“弦上黄莺语”②，端己③语也，其词品亦似之。若正中词品，欲于其词句中求之，则“和泪试严妆”④殆近之欤？

【注译】

①出自温庭筠的《更漏子》，全词如下：

柳丝长，春雨细。花外漏声迢递。惊塞雁，起城乌。画屏金鹧鸪。

香雾薄，透帘幕。惆怅谢家池阁。红烛背，绣帘垂。梦长君不知。②出自韦庄的《菩萨蛮》，全词如下：

红楼别夜堪惆怅，香灯半卷流苏帐。残月出门时，美人和泪辞。

琵琶金翠羽，弦上黄莺语。劝我早归家，绿窗人似花。③端己：韦庄（约 836～910），字端己，唐京兆杜陵（今陕西省西安市附近）人，唐末五代文学家。韦庄年轻时生活放荡，后入蜀为王建掌书记，王建任命他为宰相。韦庄诗词都很有名，长诗《秦妇吟》反映战乱中妇女的不幸遭遇，在当时颇负盛名，时人称之为“秦妇吟秀才”；韦庄之词与温庭筠齐名，同为“花间词人”的代表，世称“温韦”。其词于清丽秀艳、温柔缠绵之中每有清疏笔

法和显直明朗的抒情。相较于温词而言,韦词更为自然从容。④出自冯延巳的《菩萨蛮》,全词如下:

娇鬟堆枕钗横凤,溶溶春水杨花梦。红烛泪阑干,翠屏烟浪寒。

锦壶催画箭'玉佩天涯远。和泪试严妆,落梅飞晓霜。

【译文】 "画屏金鹧鸪",这是温庭筠的词句,他的词品与之相似。"弦上黄莺语"是韦庄的词句,他的词品也与之相似。如果要从冯延巳的词中找出一句来总结冯氏词品的词句,则"和泪试严妆"应该算是较为相近的。

人间词话·手稿本·伍玖

【原文】 "暮雨潇潇郎不归"[①],当是古词,未必即白傅[②]所作。故白诗云:"吴娘夜(应为"暮")雨潇潇曲,自别苏州(应为"江南")更不闻"[③]也。(此条手定稿已删去)

【注释】 ①出自白居易的《长相思》,全词如下:

深画眉,浅画眉,蝉鬓鬅鬙云满衣。阳台行雨回。巫山高,巫山低,暮雨潇潇郎不归。空房独守时。②白傅:白居易(772~846),字乐天,自号醉吟先生、香山居士。原籍太原,后迁居下邦(今陕西渭南),生于新郑(今河南新郑市)。白居易晚年官至太子少傅,谥号"文",世称白傅、白文公。他的诗歌在中国诗史上占有极为重要的地位,是我国文学史上相当重要的诗人。③出自白居易的《寄殷协律》,全诗如下:

五岁优游同过日,一朝消散似浮云。

琴侍酒伴皆抛我,雪月花时最忆君。

几度听鸡歌白日,亦曾骑马咏红裙。

吴娘暮雨潇潇曲,自别江南更不闻。

【译文】 "暮雨潇潇郎不归",应当是古代的词,不一定就是白居易所写。所以白居易才在诗中说:"吴娘夜(暮)雨潇潇曲,自别苏州(江南)更不闻"。

人间词话·手稿本·陆拾

【原文】 稼轩《贺新郎》[①]词:"柳暗凌波路。送春归猛风暴雨,一番新绿。"又《定风波》[②]词:"从此酒酣明月夜。耳热。""绿""热"二字。皆作上去用。与韩玉[③]《东浦词·贺新郎》[④]以"玉""曲"叶"注""女",《卜算子》[⑤]以"夜""谢"叶"食"(当为"节")、"月",已开北曲四声通押之祖。

【注释】 ①辛弃疾《贺新郎》全词如下:

柳暗凌波路。送春归、猛风暴雨,一番新绿。千里潇湘葡萄涨,人解扁舟欲去。又樯燕、留人相语。艇子飞来生尘步,唾花寒、唱我新番句。波似箭,催呜橹。

黄陵祠下山无数。听湘娥、泠泠曲罢,为谁情苦?行到东吴春已暮,正江阔潮平稳渡。望金雀、觚棱翔舞。前度刘郎今重到,问玄都、千树花存否?愁为倩,么弦诉。②辛

弃疾《定风波》全词如下：

金印累累佩陆离，河梁更赋断肠诗。莫拥旌旗真个去。何处？玉堂元自要论思。

且约风流三学士，同醉。春风看试几枪旗。从此酒酣明月夜。耳热。那边应是说侬时。③韩玉，字温甫，南宋词人，有《东浦词》一卷传世，常作词与辛弃疾唱和。④《东浦词·贺新郎》全词如下：

绰约人如玉。试新妆、娇黄半绿，汉宫匀注。倚傍小栏闲伫立，翠带风前似舞。记洛浦、当年俦侣。罗袜尘生香冉冉，料征鸿、微步凌波女。惊梦断，楚江曲。

春工若见应为主。忍教都、闲亭邃馆，冷风凄雨。待把此花都折取，和泪连香寄与。须信到、离情如许。烟水茫茫斜照里，是骚人、九辨招魂处。千古恨，与谁语？⑤韩玉《卜算子》全词如下：

杨柳绿成阴，初过寒食节。门掩金铺独自眠，哪更逢寒夜。

强起立东风，惨惨梨花谢。何事王孙不早归？寂寞秋千月。

【译文】 辛弃疾《贺新郎》词“柳暗凌波路。送春归、猛风暴雨，一番新绿”和《定风波》词“从此酒酣明月夜。耳热”中的“绿”“热”二字都是作上去 声读。这种用法与韩玉《东浦词·贺新郎》词以“玉”“曲”与“注”“女” 叶韵，《卜算子》中以“夜”“谢”与“食”（当为“节”）、“月”叶韵，这已开北曲中四声通押一韵的先河。

人间词话·手稿本·陆壹

【原文】 稼轩中秋饮酒达旦，用《天问》[①]体作送月词，调寄《木兰花慢》[②]云：“可怜今夕月。向何处、去悠悠？是别有人间，那边才见，光景东头。”词人想象，直悟月轮绕地之理，与科学上密合，可谓神悟。（此词汲古阁刻《六十家词》失载。黄荛圃[③]所藏元大德本亦阙，后属顾涧蘋[④]就汲古阁抄本中补之，今归聊城杨氏海源阁[⑤]，王半塘[⑥]四印斋所刻者是也。但汲古抄本与刻本不符，殊不可解，或子晋[⑦]于刻词之后始得抄本耳。）

【注释】 ①《天问》：为屈原所作，全诗 373 句，1560 字，多为四言，兼有三言、五言、六言、七言，偶有八言，起伏跌宕，错落有致。在古今中外的各种文学作品里，《天问》是一篇非常独特的诗篇。这是因为，该作品乃是一种空前绝后的文学形式，全文自始至终，完全以问句构成，作者或一句一问，或两句一问，或四句一问，一口气对天、对地、对自然、对社会、对历史、对人生提出 173 个问题，层层设问，用提问的方式表达自己的观念和价值取向，情理交融，声情并茂，宛若梦笔生花，令人读来兴趣盎然，绝无枯燥之感。因此，清代学者刘献庭在《离骚经讲录》中赞其为“千古万古至奇之作”。②辛弃疾《木兰花慢》全词如下：

（中秋饮酒将旦，客谓前人诗词，有赋待月，无送月者。因用《天问》体赋。）

可怜今夕月，向何处、去悠悠？是别有人间，那边才见，光景东头？是天外空汗漫，但长风、浩浩送中秋。飞镜无根谁系？姮娥不嫁谁留？

谓经海底问无由。恍惚使人愁。怕万里长鲸，纵横触破，玉殿琼楼。虾蟆故堪浴水，

问云何、玉兔解沉浮？若道都齐无恙，云何渐渐如钩？③黄荛圃：黄丕烈（1763～1825），字绍武，号荛圃，江苏吴县（今江苏苏州）人。清代著名的藏书家。④顾涧蘋：顾广圻（1770～1839），字千里，号涧蘋，元和（今江苏苏州）人，清代著名学者，长于校勘。⑤杨氏海源阁：清山东聊城人杨以增（1787～1856）的藏书室名。杨以增，字益之，一字至堂。为道咸同光年间全国四大藏书家之一。⑥王半塘：王鹏运（1849～1904），字幼遐，号半塘老人、鹜翁，广西临桂（今桂林）人，原籍浙江山阴。清末著名词人。他的《四印斋所刻词》，以汉学家功夫校勘词集，首开词家校勘之学。⑦子晋：指毛晋。

【译文】 辛弃疾中秋饮酒达旦，用《天问》的体裁格式作《木兰花慢》来表达送月的内容，词中说："可怜今夕月，向何处、去悠悠？是别有人间，那边才见，光景东头。"词人的想象力，悟到了月亮绕地球公转的科学事实，可谓神悟。（这首词在汲古阁所刻《宋六十名家词》没有收录。黄丕烈所藏元大德本也没有此词，后来黄丕烈嘱托顾广圻从汲古阁抄本中补录了此词，现在由聊城杨氏海源阁所藏，王鹏运《四印斋所刻词》中收录的辛词就是据此而来。但是汲古阁抄本和刻本所收词是不符合的，这实在令人费解，或许是毛晋在刻书后才得到新的资料进行抄录的吧。）

人间词话·手稿本·陆贰

【原文】 谭复堂[①]《箧中词选》谓："蒋鹿潭[②]《水云楼词》与成容若[③]、项莲生[④]，二百年间，分鼎三足。"然《水云楼词》小令颇有境界，长调惟存气格。《忆云词》亦精实有馀，超逸不足，皆不足与容若比。然视皋文[⑤]、止庵[⑥]辈，则倜乎远矣。

【注释】 ①谭复堂：谭献（1832～1901），近代词人、学者。初名廷献，字仲修，号复堂。浙江仁和（今浙江杭州）人。谭献曾评点周济《词辨》，意在阐发自己的论词主张，影响甚大。②蒋鹿潭：蒋春霖（1818～1868），字鹿潭，江苏江阴人。近代词人。蒋春霖青年时工于诗歌，风格近李商隐。中年，将诗稿悉行焚毁，专力填词。由于喜好纳兰性德的《饮水词》和项鸿祚的《忆云词》，因自署水云楼，并用以名其词集，即《水云楼词》。③成容若：即纳兰性德。④项莲生：项廷纪（1798～1835），原名继章，又名鸿祚，字莲生，浙江钱塘人。清代著名词人。⑤皋文：张惠言。⑥止庵：周济。

【译文】 谭献在《箧中词选》中说：蒋春霖的《水云楼词》与纳兰性德和项廷纪的词在两百年间分鼎三足。但是蒋春霖的《水云楼词》小令颇有境界，长调却仅有气格。项廷纪的《忆云词》也精实有余，超逸不足，都不能与纳兰性德相比。不过他们比起张惠言、周济等人，则要高许多。

人间词话·手稿本·陆叁

【原文】 昭明太子[①]称陶渊明诗"跌宕昭彰，独超众类，抑扬爽朗，莫之与京。"王无

功[2]称薛收[3]赋"韵趣高奇,词义晦远。嵯峨萧瑟,真不可言。"词中惜少此二种气象,前者唯东坡,后者唯白石略得一二耳。

【注释】 ①昭明太子:萧统(501~531),字德施,南兰陵(今江苏常州)人,梁武帝萧衍长子,南朝梁文学家。萧统2岁时被立为太子,未及即帝位而卒,谥昭明,世称昭明太子。萧统对文学颇有研究,招集文人学士,广集古今书籍3万卷,编集成《文选》30卷。《文选》是中国古代第一部文学作品选集,选编了先秦至梁以前的各种文体代表作品,对后世有较大影响。②王无功:王绩,字无功,自号东皋子、五斗先生,祖籍祁县,后迁绛州龙门(今山西河津市)。唐朝著名诗人。出身官宦世家,是隋末大儒王通之弟。③薛收:薛道衡之子,字伯褒,初唐诗人。

【译文】 昭明太子萧统认为陶渊明的诗"跌宕昭彰,独超众类,抑扬爽朗,莫之与京。"王绩认为薛收之赋"韵趣高奇,词义晦远。嵯峨萧瑟,真不可言。"可惜词中缺少这两种气象。前者只有苏轼足以当之,后者只有姜夔略得一二。

人间词话·手稿本·陆肆

【原文】 词之雅郑[1],在神不在貌。永叔,少游虽作艳语,终有品格。方之美成,便有贵妇人与倡伎之别。

【注释】 ①雅郑:引申为正与邪、高雅与低劣。《诗经》中有《郑风》《卫风》,其中多涉及男女情事,历代说诗者多以淫诗目之。后遂以"郑卫之音"代指淫靡粗俗的文学作品或音乐。

【译文】 词的高雅与低劣,在于它内在的神韵而不在它外在的表现形式。欧阳修和秦观虽然也都写过艳丽之词,但终究是有品格的。比起周邦彦,就相当于贵妇人和娼妓的区别。

人间词话·手稿本·陆伍

【原文】 贺黄公裳[1]《皱水轩词筌》云:"张玉田《乐府指迷》[2]其调叶宫商、铺张藻绘抑亦可矣,至于风流蕴藉之事,真属茫茫。如啖官厨饭者,不知牲牢之外别有甘鲜也。"此语解颐。

【注释】 ①贺黄公裳:贺裳,字黄公,清代中期词论家。②张玉田《乐府指迷》:此处应为误记,《乐府指迷》的作者是南宋沈义夫,张炎所做的词话应为《词源》。

【译文】 贺裳在《皱水轩词筌》中说:张炎的《乐府指迷》(当为《词源》)在论及音律、修辞方面还略有可观,但说到关于风流蕴藉的事情,就显得茫然无趣,好像吃惯了官家餐的人,不知道牛羊之外还有别的美味。这句话解得很有意思。

人间词话·手稿本·陆陆

【原文】 周保绪济[①]《词辨》云:“玉田,近人所最尊奉,才情诣力亦不后诸人,终觉积谷作米、把揽放船。无开阔手段。”又云:“叔夏[②]所以不及前人处,只在字句上著功夫,不肯换意。”“近人喜学玉田,亦为修饰字句易,换意难。”[③]

【注释】 ①周保绪济:周济,字保绪。②叔夏:指张炎,字叔夏。③周济在《介存斋论词杂著》中的原文为:“玉田,近人所最尊奉,才情诣力亦不后诸人,终觉积谷作米、把揽放船,无开阔手段;然其清绝处,自不易到。”“叔夏所以不及前人处,只在字句上著功夫,不肯换意,若其用意家者,即字字珠辉玉映,不可指摘。近人喜学玉田,亦为修饰字句易,换意难。”

【译文】 周济在《词辨》中说:张炎是近人最尊奉的词家,他的才华造诣并不亚于其他词人,但总觉得是积谷作米、把揽放船,没有挥洒自如的开阔手段。又说:张炎之所以有不如前人的地方,是因为他只在字句上下功夫,不肯创新意境。近人喜欢学习张炎的词,也是因为修饰字句容易,创造意境困难。

人间词话·手稿本·陆柒

【原文】 词家时代之说,盛于国初。竹垞[①]谓:词至北宋而大,至南宋而深。后此词人,群奉其说。然其中亦非无具眼者。周保绪曰:“南宋下不犯北宋拙率之病,高不到北宋浑涵之诣。”又曰:“北宋词多就景叙情,故珠圆玉润,四照玲珑。至稼轩、白石,一变而为即事叙景,使深者反浅,曲者反直。”潘四农德舆[②]曰:“词滥觞于唐。畅于五代,而意格之闳深曲挚,则莫盛于北宋。词之有北宋,犹诗之有盛唐。至南宋则稍衰矣。”刘融斋熙载[③]曰:“北宋词用密亦疏、用隐亦亮、用沈亦快、用细亦阔、用精亦浑。南宋只是掉转过来。”可知此事自有公论。虽止庵词颇浅薄,潘、刘尤甚。然其推尊北宋,则与明季云问诸公[④]同一卓识,不可废也。

【注释】 ①竹垞:朱彝尊(1629~1709),字锡鬯,号竹垞,又号金风亭长、小长芦钓鱼师,浙江秀水(今浙江嘉兴)人,清代词人、学者。朱彝尊作文、考据都擅长;诗歌工整雅健,与当时王士祯南北齐名。他是清初“浙西词派”的开创者,拓展了清词的新格局,和以陈维崧为代表的阳羡派,在词坛并峙称雄。他经过8年努力,于1678年辑成《词综》。此书选取唐、五代、宋、金、元词660家,2250多首,以作者时代先后为序,附有作者小传和一些宋、元人的评语,其中存录了不少优秀作品,至今还不失为中国词学方面的一种重要选本。②潘四农德舆:潘德舆(1785~1839),字彦辅,号四农,清代学者、词人。③刘融斋熙:指刘熙载。④明季云间诸公:指明末词人陈子龙、宋徵舆、李雯,三人皆为松江华亭(今上海松江)人,时称“云间三子”(云间乃松江的古称)。

【译文】 词人时代特点的评论,清初时盛行。朱彝尊认为:词发展到了北宋而境界

盛大，到了南宋则转为精深。他之后的词人，都同意这一说法。然而其中也并非没有别具眼光的人。周济就说：南宋词中再不好的作品不会犯北宋拙率之病，但再好的作品也达不到北宋浑厚的造诣。又说：北宋词多就景叙情，所以珠圆玉润，四照玲珑。到了辛弃疾、姜夔，一变而为即事叙景，使深刻成为肤浅，含蓄成为直露。潘德舆说：词创始于唐朝，发展于五代，而意境、格调达到闳深曲挚，则没有比北宋更盛大的，词有北宋，就如同诗有盛唐一样，词到南宋就开始走向衰败了。刘熙载说：北宋的词即使意象密集也显得气韵疏朗，即使词语隐晦也显得明快敞亮，即使情绪沉郁也显得清爽昂扬，即使境界深婉也显得深远开阔，即使运语雕琢也显得浑融妥帖。而到南宋则倒转过来了。从这些评论可以知道，对于词的评价自有公论。虽然周济本人的词很浅薄，潘德舆、刘熙载的词更差，但是他们论词推崇北宋，则与明末的"云间三子"一样具有远见卓识，不可因其词废其言。

人间词话·手稿本·陆捌

【原文】 唐五代北宋之词，可谓"生香真色"[①]。若云间诸公，则彩花耳。湘真[②]且然，况其次也者乎？

【注释】 ①出自王士祯《花草蒙拾》："'生香真色人难学'，为'丹青女易描，真色人难学'所从出。千古诗文之诀，尽此七字。"②湘真：指明末文学家陈子龙的词集《湘真阁》。陈子龙（1608~1647），字卧子，号大樽，华亭（今上海松江）人。清兵攻破南京后，曾组织抗清活动，后被捕，投水而死。陈子龙是明末复社和几社文人中的重要代表。他的创作以诗歌见长，对清初诗坛有较大的影响。

【译文】 唐五代北宋的词作，可以说是"生香真色"。而像明末"云间三子"等人的作品，则如同彩花。陈子龙的词尚且如此，更何况那些不如他的人呢？

人间词话·手稿本·陆玖

【原文】 《衍波词》[①]之佳者，颇似贺方回。虽不及容若，要在锡鬯[②]、其年[③]之上。

【注释】 ①《衍波词》：清人王士祯的词集，见第50页注解。②锡鬯：指朱彝尊。③其年：陈维崧（1625~1682），字其年，号迦陵，宜兴（今属江苏）人，清代词人、骈文作家。陈维崧的词，数量很多。现存《湖海楼词》尚有1600多首。风格豪迈奔放，接近宋代的苏、辛派。

【译文】 王士祯《衍波词》中的佳作，和贺铸的词很相似。虽然不如纳兰性德，但总的看来，还在朱彝尊和陈维崧之上。

人间词话·手稿本·柒拾

【原文】 近人词如《复堂词》[1]之深婉,《彊村词》[2]之隐秀,皆在吾家半塘翁[3]上。彊村学梦窗而情味较梦窗反胜,盖有临川[4]、庐陵[5]之高华,而济以白石之疏越者。学人之词,斯为极则。然古人自然神妙处,尚未梦见。

【注释】 ①复堂:谭献。②彊村:朱孝臧(1857~1931),一名祖谋,字古微,号彊村,浙江归安(今湖州)人。近代著名词人。与王鹏运、况周颐和郑文焯合称"清季四大词人"。③半塘翁:王鹏运。王鹏运为广西临桂人,这里的"吾家半塘翁",或因同姓而戏称。④临川:王安石(1021~1086),字介甫,晚号半山,小字獾郎,封荆国公,世人又称王荆公,世称临川先生。抚州临川人,汉族。北宋杰出的政治家、思想家、文学家、改革家,唐宋古文八大家之一。在北宋文学中具有突出成就。王安石长于诗,其词作较少,今存约二十余首。虽不以词名家,但其"作品瘦削雅素,一洗五代旧习"(刘熙载《艺概·词曲概》)。⑤庐陵:指欧阳修。

【译文】 近人的词,如谭献词的深婉,朱孝臧词的隐秀,都在王鹏运的词之上。朱孝臧的词学习吴文英而情味反比其高,大体上已有王安石、欧阳修的高妙华美,而又济之以姜夔的疏朗清越。学前人的词,能达到这种地步,可以说已是最高的水平了。然而,古人自然神妙之处,还是无法达到。

人间词话·手稿本·柒壹

【原文】 宋直方[1]《蝶恋花》[2]:"新样罗衣浑弃却,犹寻旧日春衫著。"谭复堂《蝶恋花》[3]:"连理枝头侬与汝,千花百草从渠许。"可谓寄兴深微。

【注释】 ①宋直方:宋徵舆(1618~1667),字直方,一字辕文,松江华亭(今上海松江)人。明末"云间三子"之一。②宋徵舆《蝶恋花》全词如下:

宝枕轻风秋梦薄,红敛双蛾,颠倒垂金雀。新样罗衣浑弃却,犹寻旧日春衫著。

偏是断肠花不落,人苦伤心,镜里颜非昨。曾误当初青女约,只今霜夜思量著。③谭献《蝶恋花》全词如下:

帐里迷离香似雾,不烬炉灰,酒醒闻馀语。连理枝头侬与汝,千花百草从渠许。

莲子青青心独苦,一唱将离,日日风兼雨。豆蔻香残杨柳暮,当时人面无寻处。

【译文】 宋徵舆《蝶恋花》中的"新样罗衣浑弃却,犹寻旧日春衫著。"谭献《蝶恋花》中的"连理枝头侬与汝,千花百草从渠许。"这两句词可以说是寄兴深微。

人间词话·手稿本·柒贰

【原文】 《半塘丁稿》中和冯正中《鹊踏枝》十阕[1],乃《骛翁词》之最精者。"望远愁

多休纵目”等阕，郁伊惝恍，令人不能为怀。《定稿》只存六阕[②]，殊为未允也。

【注释】 ①王鹏运《鹊踏枝》十阕全词如下：

（冯正中《鹊踏枝》十四阕，郁伊惝恍，义兼比兴，蒙耆诵焉。春日端居，依次属和。就均成词，无关寄托，而章甸尤为凌杂。忆云生云：“不为无益之事，何以遣有涯之生？”三复前言，我怀如揭矣。时光绪丙申三月二十八日。录十。）

一

落蕊残阳红片片，懊恨比邻，尽日流莺转。似雪杨花吹又散，东风无力将春限。
慵把香罗裁便面，换到轻衫，欢意垂垂浅。襟上泪痕犹隐见，笛声催按《梁州遍》。

二

斜日危阑凝伫久，问讯花枝，可是年时旧？浓睡朝朝如中酒，谁怜梦里人消瘦。
香阁帘栊烟阁柳，片霎氤氲，不信寻常有。休遣歌筵回舞袖，好怀珍重春三后。

三

谱到阳关声欲裂，亭短亭长，杨柳那堪折。挑菜湔裙春事歇，带罗羞指同心结。
千里孤光同皓月，画角吹残，风外还呜咽。有限坠欢争忍说，伤生第一生离别。

四

风荡春云罗袢薄，难得轻阴，芳事休闲却。几El啼鹃花又落，绿笺莫忘深深约。
老去吟情浑寂寞，细雨檐花，空忆灯前酌。隔院玉箫声乍作，眼前何物供哀乐。

五

漫说目成心便许，无据杨花，风里频来去。怅望朱楼难寄语，伤春谁念司勋误？
枉把游丝牵弱缕，几片闲云，迷却相思路。锦帐珠帘歌舞处，旧欢新恨思量否？

六

昼日恹恹惊夜短，片霎欢娱，那惜千金换。燕睨莺颦春不管，敢辞弦索为君断。
隐隐轻雷闻隔岸，暮雨朝霞，咫尺迷云汉。独对舞衣思旧伴，龙山极目烟尘满。

七

望远愁多休纵目，步绕珍丛，看笋将成竹。晓露暗垂珠簏簌，芳林一带如新浴。
檐外春山森碧玉，梦里骖鸾，记过清湘曲。自定新弦移雁足，弦声未抵归心促。

八

谁遣春韶随水去？醉倒芳尊，望却朝和暮。换尽大堤芳草路，倡条都是相思树。

蜡烛有心灯解语，泪尽唇焦，此恨消沉否？坐对东风怜弱絮，萍飘后日知何处。

九

对酒肯教欢意尽？醉醒恹恹，无那忺春困。锦字双行笺别恨，泪珠界破残妆粉。

轻燕受风飞远近，消息谁传，盼断乌衣信。曲几无憀闲自隐，镜奁心事孤鸾鬓。

十

几见花飞能上树，难系流光，枉费垂杨缕。筝雁斜飞排锦柱，只伊不解将春去。

漫诩心情黏地絮，容易飘飏，那不惊风雨。倚遍阑干谁与语？思量有恨无人处。

②今《半塘定稿·鹜翁集》中存《鹊踏枝》六阕，计删第三、第六、第七、第九共四阕。

【译文】 王鹏运在《半塘丁稿》中和冯延巳《鹊踏枝》的十首词，是《鹜翁词》中最为精彩的作品。"望远愁多休纵目"等阕，抑郁惆怅，令人感慨不已。但他在《定稿》只保存了其中的六阕，这实在是不应该的。

人间词话·手稿本·柒叁

【原文】 固哉，皋文之为词也！飞卿《菩萨蛮》[①]、永叔《蝶恋花》[②]、子瞻《卜算子》[③]，皆兴到之作，有何命意？皆被皋文深文罗织。阮亭[④]《花草蒙拾》谓："坡公命宫磨蝎[⑤]，生前为王珪、舒亶辈所苦，身后又硬受此差排。"由今观之，受差排者，独一坡公已耶？

【注释】 ①温庭筠《菩萨蛮》全词如下：

小山重叠金明灭，鬓云欲度香腮雪。懒起画蛾眉，弄妆梳洗迟。

照花前后镜，花面交相映。新帖绣罗襦，双双金鹧鸪。

张惠言《词选》评："此感士不遇也，篇法仿佛《长门赋》，而用节节逆叙。此章从梦晓后领起'懒起'二字，含后文情事，'照花'四句，《离骚》初服之意。"（屈原《离骚》："进不入以离尤兮，退将复修吾初服。"）②欧阳修《蝶恋花》全词如下：

庭院深深深几许？杨柳堆烟，帘幕无重数。玉勒雕鞍游冶处，楼高不见章台路。

雨横风狂三月暮，门掩黄昏，无计留春住。泪眼问花花不语，乱红飞过秋千去。

张惠言《词选》评："'庭院深深'，闺中既以邃远也。'楼高不见'，哲王又不寤也。'章台游冶'，小人之径。'雨横风狂'，政令暴急也。'乱红飞去'，斥逐者非一人而已，殆为韩范作乎？"（韩范指韩琦、范仲淹，范仲淹领导的庆历新政失败，韩、范等人均遭贬谪。）③苏轼《卜算子》全词如下：

缺月挂梧桐，漏断人初静。谁见幽人独往来，缥缈孤鸿影。

惊起却回头，有恨无人省。拣尽寒枝不肯栖，寂寞沙洲冷。

张惠言《词选》评："此东坡在黄州作。鲖阳居士云：'缺月'，刺明微也。'漏断'，暗时也。'幽人'，不得志也。'独往来'，无助也。'惊鸿'，贤人不安也。'回头'，爱君不忘也。'无人省'，君不察也。'拣尽寒枝不肯栖'，不偷安于高位也。'寂寞沙洲冷'，非所

安也。此词与《考槃》诗极相似。”(《考槃》见《诗经·卫风》。《诗序》云:“《考槃》,刺庄公也。不能继先公之业,使贤者退而穷处。”)④阮亭:指王士祯。⑤命宫磨蝎:磨蝎,星宿名。命宫磨蝎就表示这个人命运不好,生活坎坷。苏轼《东坡志林》云:“退之诗云:‘我生之辰,月宿直斗。’乃知退之磨蝎为身宫,而仆乃以磨蝎为命,平生多得谤誉,殆是同病也。”

【译文】 固陋啊,张惠言的评词。温庭筠的《菩萨蛮》,欧阳修的《蝶恋花》,苏轼的《卜算子》,都是即兴抒情的词作,哪里有什么深刻的命意?却都被张惠言深文罗织,牵强附会。王士祯在《花草蒙拾》中批评道:苏轼真是命运坎坷,他生前被王珪、舒亶等人断章取义、罗织罪名来迫害,谁料死后又被张惠言折迁编排。从现在的词坛来看,被歪曲误解的,难道只是苏轼一个人吗?

人间词话·手稿本·柒肆

【原文】 周介存谓:“梅溪词中,喜用‘偷’字[1],足以定其品格。”刘融斋谓:“周旨荡而史意贪”此二语令人解颐。

【注释】 ①梅溪词中,喜用“偷”字:梅溪即史达祖,《全宋词》收史达祖词作100余首,而用“偷”字的就有十多首。比如:“做冷欺花,将烟困柳,千里偷催春暮”(《绮罗香·春雨》),“巧沁兰心,偷沾草甲,东风欲障新暖”(《东风第一枝》),“讳道相思,偷理绡裙,自惊腰衩”(《三姝媚》),“轻衫未揽,犹将泪点偷藏”(《夜合花》)等等。

【译文】 周济说:史达祖的词中,喜欢用“偷”字,这足以定其品格。刘熙载说:周邦彦的词意旨放荡而史达祖的词意旨贪婪。这两句评词令人会心而笑。

人间词话·手稿本·柒伍

【原文】 贺黄公谓:“姜论史词,不称其‘软语商量’,而称其‘柳昏花暝[1],固知不免项羽学兵法之恨。”然“柳昏花暝”自是欧秦辈吐属,后句为胜。吾从白石,不能附和黄公矣。

【注释】 ①软语商量、柳昏花暝:出自史达祖的《双双燕·咏燕》,全词如下:

过春社了,度帘幕中间,去年尘冷。差池欲住,试入旧巢相并。还相雕梁藻井,又软语商量不定。飘然快拂花梢,翠尾分开红影。

芳径,芹泥雨润。爱贴地争飞,竞夸轻俊。红楼归晚,看足柳昏花暝。应自栖香正稳。便忘了、天涯芳信。愁损翠黛双娥,日日画栏独凭。

【译文】 贺裳说:姜夔评论史达祖的词,不欣赏他的“软语商量”,而欣赏他的“柳昏花暝”,这就像项羽学兵法,略知其意,而不去领会其中奥妙一样,姜夔的看法实在是令人遗憾。然而,“柳昏花暝”本来就是欧阳修、秦观诸人的手笔,实比前句为佳,我同意姜夔的观点,无法附和贺裳的看法。

人间词话·手稿本·柒陆

【原文】 咏物之词，自以东坡《水龙吟》(咏杨花)[①]为最工，邦卿《双双燕》[②]次之。白石《暗香》《疏影》[③]，格调虽高，然无片语道着，视古人“江边一树垂垂发”[④]，“竹外一枝斜更好”[⑤]，“疏影横斜水清浅”[⑥]等作何如耶？

【注释】 ①苏轼《水龙吟》全词(略)。②邦卿《双双燕》：邦卿指史达祖。③姜夔《暗香》全词如下：

(辛亥之冬，予载雪诣石湖。止既月，授简索句，且征新声，作此两曲。石湖把玩不已，使工妓隶习之，音节谐婉，乃名之曰：暗香、疏影。)

旧时月色，算几番照我，梅边吹笛？唤起玉人，不管清寒与攀摘。何逊而今渐老，都忘却春风词笔。但怪得、竹外疏花，香冷入瑶席。

江国，正寂寂，叹寄与路遥，夜雪初积。翠尊易泣，红萼无言耿相忆。长记曾携手处，千树压、西湖寒碧。又片片吹尽也，几时见得？

姜夔《疏影》全词如下：

苔枝缀玉，有翠禽小小，枝上同宿。客里相逢，篱角黄昏，无言自倚修竹。昭君不惯胡沙远，但暗忆江南江北。想佩环月夜归来，化作此花幽独。

犹记深宫旧事，那人正睡里，飞近蛾绿。莫似春风，不管盈盈，早与安排金屋。还教一片随波去，又却怨玉龙哀曲。等恁时、重觅幽香，已入小窗横幅。④出自杜甫《和裴迪登蜀州东亭送客逢早梅相忆见寄》，全诗如下：

东阁官梅动诗兴，还如何逊在扬州。此时雪对遥相忆，送客逢春可自由。

幸不折来伤岁暮，若为看去乱乡愁。江边一树垂垂发，朝夕催人自白头。⑤出自苏轼《和秦太虚梅花》，全诗如下：

西湖处士骨应槁，只是此诗君压倒。东坡先生心已灰，为爱君诗被花恼。

多情立马待黄昏，残雪消迟月出早。江头千树春欲暗，竹外一枝斜更好。

孤山山下醉眠处，点缀裙腰纷不扫。万里春随逐客来，十年花送佳人老。

去年花开我已病，今年对花还草草。不知风雨卷春归，收拾余香还畀昊。⑥出自林逋《山园小梅》，全诗如下：

众芳摇落独暄妍，占尽风情向小园。疏影横斜水清浅，暗香浮动月黄昏。

霜禽欲下先偷眼，粉蝶如知合断魂。幸有微吟可相狎，不须檀板共金尊。

【译文】 咏物之词，当然以苏轼的《水龙吟》(咏杨花)最为精妙绝伦，史达祖《双双燕》次之。姜夔的《暗香》《疏影》格调虽高，然而没有一句话直接写到梅花。比起古人“江边一树垂垂发”“竹外一枝斜更好”“疏影横斜水清浅”等句，差距又如何呢？

人间词话·手稿本·柒柒

【原文】 白石写景之作，如“二十四桥仍在，波心荡、冷月无声”[①]、“数峰清苦，商略

黄昏雨”[2]、“高树晚蝉，说西风消息”[3]，虽格韵高绝，然如雾里看花，终隔一层。梅溪、梦窗诸家写景之病。皆在一“隔”字。北宋风流，过江遂绝。抑真有风会存乎其间耶？

【注释】 ①出自姜夔的《扬州慢》，全词如下：

（淳熙丙申至日，予过维扬。夜雪初霁，荠麦弥望。入其城则四顾萧条，寒水自碧，暮色渐起，戍角悲吟。予怀怆然，感慨今昔。因自度此曲。千岩老人以为有《黍离》之悲也。）

淮左名都，竹西佳处，解鞍少驻初程。过春风十里，尽荠麦青青。自胡马窥江去后，废池乔木，犹厌言兵。渐黄昏，清角吹寒，都在空城。

杜郎俊赏，算而今、重到须惊。纵豆蔻词工，青楼梦好，难赋深情。二十四桥仍在，波心荡、冷月无声。念桥边红药，年年知为谁生？②出自姜夔《点绛唇》，全词如下：

燕雁无心，太湖西畔随云去。数峰清苦，商略黄昏雨。

第四桥边，拟共天随住。今何许？凭栏怀古，残柳参差舞。③出自姜夔《惜红衣》。

【译文】 姜夔的写景之作，如“二十四桥仍在，波心荡、冷月无声”，“数峰清苦，商略黄昏雨”，“高树晚蝉，说西风消息”，虽然格韵高绝，但是如同雾里看花，终究隔了一层。史达祖、吴文英等人写景之作的毛病，都在一个“隔”字。北宋风流，到了南宋就已经绝迹了，难道这真的是时势、命运在起作用吗？

人间词话·手稿本·柒捌

【原文】 问“隔”与“不隔”之别，曰：渊明之诗不隔，韦、柳[1]则稍隔矣。东坡之诗不隔，山谷则稍隔矣。“池塘生春草”[2]、“空梁落燕泥”[3]等句，妙处唯在不隔。词亦如是。即以一人一词论，如欧阳公《少年游》[4]咏春草上半阕：“阑干十二独凭春，晴碧远连云。二月三月，千里万里，行色苦愁人。”语语都在目前，便是不隔；至云：“谢家池上。江淹浦畔”则隔矣。白石《翠楼吟》[5]：“此地。宜有词仙，拥素云黄鹤，与君游戏。玉梯凝望久，叹芳草、萋萋千里”便是不隔；至“酒祓清愁，花消英气”则隔矣。然南宋词虽不隔处，比之前人，自有深浅厚薄之别。

【注释】 ①韦、柳：指韦应物和柳宗元。②出自谢灵运《登池上楼》，全诗如下：

潜虬媚幽姿，飞鸿响远音。薄霄愧云浮，栖川怍渊沈。

进德智所拙，退耕力不任。徇禄反穷海，卧痾对空林。

衾枕昧节候，褰开暂窥临。倾耳聆波澜，举目眺岖嵚。

初景革绪风，新阳改故阴。池塘生春草，园柳变鸣禽。

祁祁伤豳歌，萋萋感楚吟。索居易永久，离群难处心。

持操岂独占，无闷征在今。③出自薛道衡《昔昔盐》，全诗如下：

垂柳覆金堤，蘼芜叶复齐。水溢芙蓉沼，花飞桃李蹊。

采桑秦氏女，织锦窦家妻。关山别荡子，风月守空闺。

恒敛千金笑，长垂双玉啼。盘龙随镜隐，彩凤逐帷低。

飞魂同夜鹊，倦寝忆晨鸡。暗牖悬蛛网，空梁落燕泥。

前年过代北，今岁往辽西。一去无消息，那能惜马蹄。④欧阳修《少年游》全词（略）。⑤姜夔《翠楼吟》全词如下：

（淳熙丙午冬，武昌安远楼成，与刘去非诸友落之，度曲见志。予去武昌十年，故人有泊舟鹦鹉洲者，闻小姬歌此词。问之，颇能道其事。还吴，为予言之。兴怀昔游，且伤今之离索也。）

月冷龙沙，尘清虎落，今年汉酺初赐。新翻胡部曲，听毡幕、元戎歌吹。层楼高峙。看槛曲萦红，檐牙飞翠。人姝丽。粉香吹下，夜寒风细。

此地。宜有词仙，拥素云黄鹤，与君游戏。玉梯凝望久，叹芳草、萋萋千里。天涯情味。仗酒祓清愁，花销英气。西山外。晚来还卷，一帘秋霁。

【译文】 如果问"隔"与"不隔"的区别，可以这样解释：陶渊明的诗不隔，韦、柳的诗则稍隔。苏轼的诗不隔，黄庭坚的诗则稍隔。"池塘生春草""空梁落燕泥"等句，妙就妙在不隔。词也是这样子的。就拿同一个人的同一首词来说吧，如欧阳修《少年游》咏春草的上半阕："阑干十二独凭春，晴碧远连云。二月三月，千里万里，行色苦愁人。"每句话都好像就在眼前，这便是不隔；等说道："谢家池上，江淹浦畔"就隔了。姜夔《翠楼吟》："此地。宜有词仙，拥素云黄鹤，与君游戏。玉梯凝望久，叹芳草、萋萋千里"就是不隔；到"酒祓清愁，花消英气"就隔了。不过，即便是南宋词不隔的地方，比之前人，也有深浅厚薄的区别。

人间词话・手稿本・柒玖

【原文】 少游词境最为凄婉。至"可堪孤馆闭春寒，杜鹃声里斜阳暮。"[①]则变而凄厉矣。东坡赏其后二语[②]，犹为皮相[③]。

【注释】 ①出自秦观《踏莎行》。②胡仔《苕溪渔隐丛话》引惠洪《冷斋夜话》云："东坡绝爱其尾两句，自书于扇曰：'少游已矣，虽万人何赎。'"（尾两句指"郴江幸自绕郴山，为谁流下潇湘去"。）③皮相：指外表。

【译文】 秦观的词境界最为凄婉。到了"可堪孤馆闭春寒，杜鹃声里斜阳暮。"则演变为凄厉惨淡了。苏轼欣赏这首词最后两句，还是浮于表面的理解。

人间词话・手稿本・捌拾

【原文】 严沧浪[①]《诗话》曰："盛唐诸公，唯在兴趣。羚羊挂角，无迹可求。故其妙处。透彻玲珑，不可凑拍。如空中之音、相中之色、水中之影、镜中之象，言有尽而意无穷。"余谓北宋以前之词，亦复如是。然沧浪所谓"兴趣"，阮亭所谓"神韵"，犹不过道其面目，不若鄙人拈出"境界"二字，为探其本也。

【注释】 ①严沧浪：严羽，字丹丘，一字仪卿，自号沧浪逋客，邵武（今属福建）人，南宋诗论家、诗人。其诗评《沧浪诗话》影响甚大。

【译文】 严羽在《沧浪诗话》中说："盛唐诸公，唯在兴趣。羚羊挂角，无迹可求。故其妙处，透彻玲珑，不可凑拍。如空中之音、相中之色、水中之影、镜中之象，言有尽而意无穷。"我认为北宋以前的词就是这样。但是严羽所谓的"兴趣"，王士祯的所谓"神韵"，只不过说到了诗歌的表面，不如我所提炼出的"境界"两个字，是为了探索词的本质所在。

人间词话·手稿本·捌壹

【原文】 "生年不满百，常怀千岁忧。昼短苦夜长，何不秉烛游？"[①]"服食求神仙，多为药所误。不如饮美酒。被服纨与素。"[②]写情如此，方为不隔。"采菊东篱下。悠然见南山。山气日夕佳，飞鸟相与还。"[③]"天似穹庐，笼盖四野。天苍苍，野茫茫，风吹草低见牛羊。"[④]写景如此，方为不隔。

【注释】 ①出自《古诗十九首》第十五，全诗如下：

生年不满百，常怀千岁忧。昼短苦夜长，何不秉烛游，

为乐当及时，何能待来兹。愚者爱惜费，但为后世嗤。

仙人王子乔，难可与等期。②出自《古诗十九首》第十三，全诗如下：

驱车上东门，遥望郭北墓。白杨何萧萧，松柏夹广路。

下有陈死人，杳杳即长暮。潜寐黄泉下，千载永不寤。

浩浩阴阳移，年命如朝露。人生忽如寄，寿无金石固。

万岁更相送，圣贤莫能度。服食求神仙，多为药所误。

不如饮美酒，被服纨与素。③出自陶潜的《饮酒》之五。④出 自北朝民歌《敕勒歌》，全诗如下：

敕勒川，阴川下。天似穹庐，笼盖四野。

天苍苍，野茫茫，风吹草低见牛羊。

【译文】

"生年不满百，常怀千岁忧。昼短苦夜长，何不秉烛游？""服食求神仙，多为药所误。不如饮美酒，被服纨与素。"写情写到这样子，才是不隔。"采菊东篱下，悠然见南山。山气日夕佳，飞鸟相与还。""天似穹庐，笼盖四野。天苍苍，野茫茫，风吹草低见牛羊。"写景写到这样子，才是不隔。

人间词话·手稿本·捌贰

【原文】 "池塘春草[①]谢家春，万古千秋五字新。传语闭门[②]陈正字[③]，可怜无补费精神。"此遗山[④]《论诗绝句》也。梦窗、玉田辈当不乐闻此语。

【注释】 ①出自谢灵运《登池上楼》中的"池塘生春草"。②出自黄庭坚《病起荆江

亭即事十首》第八首中的"闭门觅句陈无己",全诗如下:

闭门觅句陈无己,对客挥毫秦少游。

正字不知温饱未,西风吹泪古藤州。③陈正字:陈师道(1053~1102),字履常,一字无己,号后山居士,彭城(今江苏徐州)人,北宋初期文学家,因曾任秘书省正字,故后人亦尊称其为陈正字。陈师道的文学成就主要在诗歌创作上。陈师道视苏轼为师长,曾不顾朝廷禁令私自离境为出守杭州的苏轼送行。但陈师道作诗的方式是"闭门觅句"式的苦吟,这与苏轼挥洒自如的方式迥然不同。所以他写诗并不学苏,而以同样重视推敲锻炼的黄庭坚为师,两人互相推重。陈师道与黄庭坚、陈与义并为江西诗派"三宗",对后世诗歌有颇深的影响。④遗山:元好问(1190~1257),字裕之,号遗山,世称遗山先生。太原秀容(今山西忻州)人。元好问是我国金末元初最有成就的作家和历史学家,文坛盟主,是宋金对峙时期北方文学的主要代表,又是金元之际在文学上承前启后的桥梁。其诗、文、词、曲,各体皆工。诗作成就最高,"丧乱诗"尤为有名;其词为金代一朝之冠,可与两宋名家媲美;其散曲虽传世不多,但当时影响很大,有倡导之功。著有《元遗山先生全集》《论诗绝句30首》(此条中所选为第29首),词集为《遗山乐府》。

【译文】 "池塘春草谢家春,万古千秋五字新。传语闭门陈正字,可怜无补费精神。"这是元好问《论诗绝句》中的一首诗。吴文英、张炎等人应当不喜欢听到这样的句子。

人间词话·手稿本·捌叁

【原文】 白仁甫《秋夜梧桐雨》剧,奇思壮采,为元曲冠冕。然其词干枯质实,但有稼轩之貌而神理索然。曲家不能为词,犹词家之不能为诗,读永叔、少游诗可悟。

【译文】 白朴的杂剧《秋夜梧桐雨》,奇思壮采,是元曲中的最佳剧目之一。但是他的词干枯质实,只有辛弃疾的风貌但神韵皆无。曲家不能写词,这就好像词家不能写诗一样,读欧阳修、秦观的诗就可以明白这一点。

人间词话·手稿本·捌肆

【原文】 朱子[①]《清邃阁论诗》谓:"古人有句,今人诗更无句,只是一直说将去。这般一日作百首也得。"余谓北宋之词有句,南宋以后便无句,如玉田、草窗[②]之词,所谓"一日作百首也得"者也。

【注解】 ①朱子:朱熹(1130~1200年),字元晦,后改仲晦,号晦庵,别号紫阳。祖籍徽州婺源(今江西婺源)人,南宋著名理学家、思想家、哲学家、诗人。朱熹是宋代理学的集大成者,他继承了北宋程颢、程颐的理学,完成了客观唯心主义的体系。认为理是世界的本质,"理在先,气在后",提出"存天理,灭人欲"。朱熹学识渊博,对经学、史学、文学、乐律乃至自然科学都有研究。②草窗:指南宋词人周密。

【译文】 朱熹在《清邃阁论诗》一书中说："古人有句，今人诗更无句，只是一直说将去。这般一日作百首也得。"我认为北宋的词有句，南宋以后的词无句，如张炎、周密的词，就是所谓"一日作百首也得"者。

人间词话·手稿本·捌伍

【原文】 **朱子谓："梅圣俞诗，不是平淡，乃是枯槁。"余谓草窗、玉田之词亦然。**

【译文】 朱熹说："梅尧臣的诗，不是平淡，而是枯槁。"我认为周密、张炎的词也是这样。

人间词话·手稿本·捌陆

【原文】 **"自怜诗酒瘦，难应接、许多春色。"[1]"能几番游？看花又是明年。"[2]此等语亦算警句耶？[3]乃值如许费力。**

【注释】 ①出自史达祖的《喜迁莺》，全词如下：

月波疑滴，望玉壶天近，了无尘隔。翠眼圈花，冰丝织练，黄道宝光相直。自怜诗酒瘦，难应接、许多春色。最无赖，是随香趁烛，曾伴狂客。

踪迹。谩记忆。老了杜郎，忍听东风笛。柳院灯疏，梅厅雪在，谁与细倾春碧。旧情拘未定，犹自学、当年游历。怕万一，误玉人、夜寒帘隙。②出自张炎的《高阳台·西湖春感》，全词如下：

接叶巢莺，平波卷絮，断桥斜日归船。能几番游？看花又是明年。东风且伴蔷薇住，到蔷薇、春已堪怜。更凄然，万绿西泠，一抹荒烟。

当年燕子知何处？但苔深韦曲，草暗斜川。见说新愁，如今也到鸥边。无心再续笙歌梦，掩重门、浅醉闲眠。莫开帘，怕见飞花，怕听啼鹃。③陆辅之《词旨》中举出警句九十二则，此条中两句都在其中。

【译文】 "自怜诗酒瘦，难应接、许多春色"，"能几番游？看花又是明年"，这样的句子也能算是警句吗？竟值得如此花费气力。

人间词话·手稿本·捌柒

【原文】 **文文山[1]词，风骨甚高，亦有境界，远在圣与[2]、叔夏，公谨[3]诸公之上。亦如明初诚意伯[4]词，非季迪[5]、孟载[6]诸人所敢望也。**

【注释】 ①文文山：文天祥（1236～1283），原名云孙，字宋瑞，又字履善，自号文山、浮休道人，庐陵（今属江西吉安）人，南宋杰出的民族英雄和爱国诗人。宋理宗宝祐时进士。官至丞相，封信国公。临安危急时，他在家乡招集义军，坚决抵抗元兵的入侵。后不幸被俘，在拘囚中，大义凛然，终以不屈被害。文天祥的后期诗词，反映了他坚贞的民族

气节和顽强的战斗精神。风格慷慨激昂，苍凉悲壮，具有强烈的感染力。著《文山全集》，名篇有《正气歌》《过零丁洋》等。②圣与：蒋捷，字圣与，号竹山，阳羡（今江苏宜兴）人，先世为宜兴巨族，咸淳十年（1274）进士。宋亡，深怀亡国之痛，隐居不仕，人称“竹山先生”，其气节为时人所重。长于词，与周密、王沂孙、张炎并称“宋末四大家”。其词多抒发故国之思、山河之恸，风格多样，而以悲凉清俊、萧寥疏爽为主。尤以造语奇巧之作，在宋季词坛上独标一格，对清初的阳羡词派颇有影响。③叔夏、公谨：指张炎、周密。④诚意伯：刘基（1311～1375），字伯温，处州青田（今浙江青田）人。为明朝的开国功臣，封诚意伯。他诗文兼长，散文“气昌而奇”，以揭露性的寓言故事和杂文较有影响，诗风质朴雄健，“沉郁顿挫，自成一家”。⑤季迪：高启（1336～1374），字季迪，长洲（今江苏苏州）人。元末曾隐居吴淞江畔的青丘，因自号青丘子。明初受诏入朝修《元史》，授翰林院编修。洪武三年（1370）朱元璋拟委任他为户部右侍郎，他固辞不赴，返青丘授徒自给。后被朱元璋借苏州知府魏观一案腰斩于南京。高启为明初著名诗人，与杨基、张羽、徐贲合称“吴中四杰”。其诗雄健有力，富有才情，改变了元末以来缛丽的诗风。学诗兼采众家之长，无偏执之病。但从汉魏一直模拟到宋人，又死于盛年，未能熔铸创造出独立的风格。⑥孟载：杨基（1326～1378），字孟载，号眉庵，先世为蜀嘉州（今四川乐山）人，“吴中四杰”之一。

【译文】 文天祥的词风骨非常之高，也有境界。远在蒋捷、张炎、周密等人之上。就如同明初刘基的词，绝非高启、杨基等人所可比一样。

人间词话·手稿本·捌捌

【原文】 和凝[①]《长命女》词：“天欲晓。宫漏穿花声缭绕，窗里星光少。冷霞寒侵帐额，残月光沈树杪。梦断锦闱空悄悄。强起愁眉小。”此词前半，不减夏英公[②]《喜迁莺》也。此词见《乐府雅词》[③]，《历代诗余》[④]选之。（此条手定稿删去）

【注释】 ①和凝：字成绩，郓州须昌（今山东东平）人，王代著名词人。和凝先后仕于北朝梁、唐、晋、汉、周五代，晋初曾为翰林学士承旨，因称“和学士”，后拜相。和凝平生为文，长于短歌艳曲。少时即好曲子，其作流传一时，人称“曲子相公”。②夏英公即夏竦，《喜迁莺》全词见第5页注解。③《乐府雅词》：此书是今存最早的一部南宋词人曾性慥编的宋词总集，选录宋代词人三十四家作品。编者自序说：“余所藏名公长短句，裒合成篇，或后或先，非有诠次，多是一家，难分优劣，涉谐谑则去之，名目《乐府雅词》。”④《历代诗余》：即《御选历代诗余》，词总集。清康熙时沈辰垣等编。辑录自唐至明词九千余首。

【译文】 和凝的《长命女》中写道：“天欲晓。宫漏穿花声缭绕，窗里星光少。冷霞寒侵帐额，残月光沈树杪。梦断锦闱空悄悄。强起愁眉小。”这首词的前半部分，不逊色于夏英公的《喜迁莺》。这首词见于《乐府雅词》，《历代诗余》选录了它。

人间词话·手稿本·捌玖

【原文】 宋《李希声诗话》云:"唐人作诗,正以风调高古为主。虽意远语疏,皆为佳作。后人有切近的当,气格凡下者,终使人可憎。"[①] 余谓北宋词亦不妨疏远。若梅溪以降。正所谓"切近的当、气格凡下"者也。

【译文】 宋代的《李希声诗话》中说:"唐人作诗,正以风调高古为主。虽意远语疏,皆为佳作。后人有切近的当、气格凡下者,终使人可憎。"我认为,北宋的词也可称疏远。至于史达祖以后的词人,就恰好是"切近的当、气格凡下"的人。

人间词话·手稿本·玖拾

【原文】 毛西河[①]《词话》谓:赵德麟令畤[②]作《商调鼓子词》谱西厢传奇,为杂剧之祖。然《乐府雅词》卷首所载秦少游、晁补之、郑彦能(名仅)[③]《调笑转踏》,首有致语,末有放队,每调之前有口号诗,甚似曲本体例。无名氏《九张机》[④]亦然。至董颖《道宫薄媚》[⑤]大曲咏西子事,凡十只曲,皆平仄通押,则竟是套曲。此可与《弦索西厢》[⑥]同为曲家之筚路。曾氏[⑦]置诸《雅词》卷首,所以别之于词也。颖字仲达,绍兴初人,从汪彦章[⑧]、徐师川[⑨]游,彦章为作《字说》。见《书录解题》[⑩]。(此条手定稿删去)

【注释】 ①毛西河:毛奇龄(1623~1716),字大可,号初晴,又号西河,清代经学家、文学家,著有《西河词话》。②赵德麟:赵令畤,字德麟,北宋词人。③郑彦能:郑仅,字彦能,北宋词人,所作《调笑转踏》载于《乐府雅词》。④无名氏《九张机》全词如下:

(《醉留客》者,乐府之旧名;《九张机》者,才子之新调。凭戛玉之清歌,写掷梭之春怨。章章寄恨,句句言情。恭对华筵,敢陈口号:一掷梭心一缕丝,连连织就九张机。从来巧思知多少,苦恨春风久不归。)

一张机。织梭光景去如飞。兰房夜永愁无寐。呕呕轧轧,织成春恨,留著待郎归。
两张机。月明人静漏声稀。千丝万缕相萦系。织成一段,回文锦字,将去寄呈伊。
三张机。中心有朵耍花儿。娇红嫩绿春明媚。君须早折,一枝浓艳,莫待过芳菲。
四张机。鸳鸯织就欲双飞。可怜未老头先白。春波碧草,晓寒深处,相对浴红衣。
五张机。芳心密与巧心期。合欢树上枝连理。双头花下,两同心处,一对化生儿。
六张机。雕花铺锦半离披。兰房别有留春计。炉添小篆,日长一线,相对绣工迟。
七张机。春蚕吐尽一生丝。莫教容易裁罗绮。无端翦破,仙鸾彩凤,分作两般衣。
八张机。纤纤玉手住无时。蜀江濯尽春波媚。香遗囊麝,花房绣被,归去意迟迟。
九张机。一心长在百花枝。百花共作红堆被。都将春色,藏头裹面,不怕睡多时。
轻丝。象床玉手出新奇。千花万草光凝碧。裁缝衣着,春天歌舞,飞蝶语黄鹂。
春衣。素丝染就已堪悲。尘世昏污无颜色。应同秋扇,从兹永弃,无复奉君时。
歌声飞落画梁尘。舞罢春风卷绣茵。更欲缕成机上恨。尊前忽有断肠人。敛袂而归,相将好去。

前调

一张机。采桑陌上试春衣。风晴日暖慵无力。桃花枝上,啼莺言语,不肯放人归。

两张机。行人立马意迟迟。深心未忍轻分付。回头一笑,花间归去,只恐被花知。

三张机。吴蚕已老燕雏飞。东风宴罢长洲苑。轻绡催趁,馆娃宫女,要换舞时衣。

四张机。咿呀声里暗颦眉。回梭织朵垂莲子。盘花易绾,愁心难整,脉脉乱如丝。

五张机。横纹织就沈郎诗。中心一句无人会。不言愁恨,不言憔悴,只恁寄相思。

六张机。行行都是耍花儿。花间更有双蝴蝶。停梭一晌,闲影窗里,独自看多时。

七张耍。鸳鸯织就有迟疑。只恐被人轻裁剪。分飞两处,一场离恨,何计再相随。

八张机。回纹知是阿谁诗。织成一片凄凉意。行行读遍,厌厌无语,不忍更寻思。

九张机。双花双叶又双枝。薄情自古多离别。从头到底,将心萦系,寄过一条丝。

⑤董颖《道官薄媚》:董颖,字仲达,南宋初期词人。所作《道官薄媚》载曾慥《乐府雅词》。⑥《弦索西厢》:即《西厢记诸宫调》,金代戏曲家董解元作,亦名《西厢记诸宫调》,即后世所谓的《董西厢》,王实甫《西厢记》由此出。⑦曾氏:曾慥,字端伯,自号至游子,南宋词人,编有《乐府雅词》。⑧汪彦章:汪藻(1079~1154),字彦章,饶州德兴(今江西德兴)人,北宋词人。⑨徐师川:徐俯,字师川,号东湖居士,南宋诗人。⑩《书录解题》:即南宋学者、藏学家陈振孙的《直斋书录解题》,中国目录学上的重要作品。

【译文】 毛奇龄的《词话》认为:赵令畤所做的《商调鼓子词》,谱写西厢传奇,为杂剧之祖。但《乐府雅词》卷首中所记载秦观、晁补之、郑仅等人所做的《调笑转踏》,前面有"致语",最后有"放队",每调之前有口号诗,很像曲本的体例。无名氏的《九张机》也是这样。到了董颖的《道宫薄媚》大曲咏西施之事,总共有十支曲子,都是平仄通押,基本上都属于套曲了。这与《西厢记诸宫调》都可以看作是元曲的创始之作。曾慥将它们放在《乐府雅词》的卷首,以和词相区别。董颖字仲达,南宋绍兴人,与汪藻、徐俯等人来往交游,汪藻曾写过一本《字说》,见《直斋书录解题》。

人间词话·手稿本·玖壹

【原文】 宋人遇节令、朝贺、宴会、落成等事,有"致语"一种。宋子京[①]、欧阳永叔、苏子瞻、陈后山、文宋瑞集中皆有之。《啸余谱》列之于词曲之间。其式:先"教坊致语"(四六文),次"口号"(诗),次"勾合曲"(四六文),次"勾小儿队"(四六文)。次"队名"(诗二句),次"问小儿""小儿致语",次"勾杂剧"(皆四六文),次"放队"(或诗或四六文)。若有女弟子队,则勾女弟子队如前。其所歌之词曲与所演之剧,则自伶人定之。少游、补之之《调笑》乃并为之作词。元人杂剧乃以曲代之,曲中楔子科白、上下场诗,犹是致语,口号、勾队、放队之遗也。此程明善[②]《啸余谱》所以列致语于词曲之间者也。(此条原稿删去)

【注释】 ①宋子京:宋祁(998~1061),字子京,安陆(今湖北安陆)人。北宋词人。

②程明善:字若水,明代学者。

【译文】 宋人遇到时令节日、朝会庆贺、大型宴会、宅邸落成等事,会有“致语”演出。宋祁、欧阳修、苏轼、陈师道、文天祥等人的文集中对此都有记载。《啸余谱》将“致语”放在词与曲之间。它的格式是:先是“教坊致语”(用四六文写成),其次“口号”(诗),再次“勾合曲”(四六文),再次“勾小儿队”(四六文),再次“队名”(诗二句),再次“问小儿”“小儿致语”,再次“勾杂剧”(皆四六文),再次“放队”(或诗或四六文)。若有女弟子队,就把前面的“小儿”改成“女弟子”。其演出所唱的词曲与所演的剧目,则由艺人自己决定。秦观、晁补之的《调笑》就一并为他们作词,元代的杂剧则用曲来代替词,曲中楔子、科白、上下场诗,仍然是继承致语、口号、勾队、放队等形式而来。这就是程明善在《啸余谱》中之所以把致语放在词与曲之间的原因。

人间词话·手稿本·玖贰

【原文】 自竹垞痛贬《草堂诗馀》而推《绝妙好词》[1],后人群附和之。不知《草堂》虽有亵诨之作,然佳词恒得十之六七。《绝妙好词》则除张、范、辛、刘[2]诸家外,十之八九,皆极无聊赖之词。古人云:小好小惭,大好大惭,洵非虚语。(本条“古人云”至末尾,手定稿已改作“甚矣,人之贵耳贱目也”。)

【注释】 ①《绝妙好词》:词选集,由南宋词人周密编选,始自南宋初期的张孝祥,终于南宋末期的仇远,共132家385首词。《绝妙好词》以选录精粹著称,共7卷,收词385首,约成书于元初。②张、范、辛、刘:指张孝祥、范成大、辛弃疾、刘过。

张孝祥(1132~1169),字安国,号于湖,和州乌江(今安徽和县)人,南宋著名词人。张孝祥是辛派词人的先驱者,其风格骏踔踔厉,别开生面,艺术境界也有其独特的地方,对后世词坛影响甚大。

范成大(1126~1193),字致能,号石湖居士,平江昆山(今江苏昆山)人。与陆游、杨万里、尤袤合称“中兴四大诗人”。他从江西派入手,后学习中、晚唐诗,继承了白居易、王建、张籍等诗人新乐府的现实主义精神,终自成一家。其诗题材广泛,风格平易浅显、清新妩媚。

【译文】 自从朱彝尊极力贬低《草堂诗馀》而推崇《绝妙好词》,后世的学者都附和他的说法。它们不知道《草堂诗馀》虽然有庸俗之作,但是其中的优秀词作却有十之六七。而《绝妙好词》则除了张孝祥、范成大、辛弃疾、刘过等人外,十之八九,都是极无聊的作品。古人说:小好小惭,大好大惭,这真的不是假话。

人间词话·手稿本·玖叁

【原文】 明顾梧芳刻《尊前集》[1]二卷,自为之引。并云:明嘉禾顾梧芳编次。毛子

晋[②]刻《词苑英华》疑为梧芳所辑。朱竹垞跋称：吴下得吴宽[③]手抄本，取顾本勘之，靡有不同，因定为宋初人编辑。《提要》两存其说。案《古今词话》[④]云："赵崇祚《花间集》载温飞卿《菩萨蛮》甚多，合之吕鹏《尊前集》不下二十阕。"今考顾刻所载飞卿《菩萨蛮》五首，除"咏泪"一首外，皆《花间》所有，知顾刻虽非自编，亦非复吕鹏所编之旧矣。《提要》又云："张炎《乐府指迷》虽云唐人有《尊前》《花间》集，然《乐府指迷》真出张炎与否，盖未可定。陈直斋《书录解题》[⑤]'歌词类'以《花间集》为首，注曰：此近世倚声填词之祖。而无《尊前集》之名。不应张炎见之而陈振孙不见。"然《书录解题》"阳春录"条下引高邮崔公度[⑥]语曰："《尊前》《花间》往往谬其姓氏。"公度元祐间人，《宋史》有传。北宋固有，则此书不过直斋未见耳。

又案：黄升《花庵词选》李白《清平乐》下注云："翰林应制"。又云："案：唐吕鹏《遏云集》[⑦]载应制词四首，以后二首无清逸气韵，疑非太白所作"云云。今《尊前集》所载太白《清平乐》词有五首，岂《尊前集》一名《遏云集》，而四首五首之不同，乃花庵所见之本略异欤？又，欧阳炯《花间集序》[⑧]谓："明皇朝有李太白应制《清平乐》四首。"则唐末时只有四首，岂末一首为梧芳所羼人，非吕鹏之旧欤？(此条手定稿删去)

【注释】①《尊前集》：唐五代词选集。②毛子晋：指毛晋，详见第38页注解。③吴宽：(1435～1504)明代诗人、散文家、藏书家、文学家。字原博，号匏庵，长洲(今江苏苏州)人。④《古今词话》：清代学者沈雄编撰，分词话、词品、词辨、词评，凡八卷。⑤陈直斋《书录解题》：(略)。⑥崔公度：字伯易，北宋学者。《宋史》卷三五三有传。⑦吕鹏《遏云集》：五代或唐吕鹏编著。吕鹏生平不详。⑧欧阳炯：(896～971)历五代前后蜀，后随后蜀末代君主孟昶归宋，颇得宋太祖赏识，《宋史》有传，欧阳炯善诗，亦工于词，曾为赵崇祚《花间集》作序。

【译文】 明朝的顾梧芳刻有《尊前集》两卷，自己为书写序。并且说道：明嘉禾顾梧芳编次。毛晋刻印的《词苑英华》也很有可能是顾梧芳所编辑的。朱彝尊在跋语中说：我在吴下得到吴宽的手抄本，用它和顾本相互校勘，没有不一样的地方，因此定《尊前集》为宋初人编辑。《四库提要》中这两种说法并存。案《古今词话》中说："赵崇祚《花间集》收录温庭筠《菩萨蛮》很多，与吕鹏《尊前集》收录的合在一起不下二十阕。"现在考顾刻本所收录温庭筠《菩萨蛮》五首，除"咏泪"一首外，都是《花间集》里所有的，由此知道顾刻本即使不是自己编辑的，也不会是吕鹏所编的旧本了。《四库提要》又说："张炎《乐府指迷》虽说唐人有《尊前》《花间》集，然而《乐府指迷》是否真的是张炎所写，还不能确定。陈振孙《书录解题》'歌词类'以《花间集》为首，注释说：这时近代倚声填词的鼻祖，而没有《尊前集》的记载。不应该张炎能看到而陈振孙看不到。"但是《直斋书录解题》"阳春录"条下引用高邮崔公度的话说："《尊前》《花间》中作者往往姓名错误。"崔公度是北宋元祐年间的人，《宋史》有传。北宋肯定已经有《尊前集》了，只是陈振孙没有看到而已。

又案：黄升《花庵词选》所收录的李白《清平乐》下面注释说："李翰林应制所作"。又说："案：唐吕鹏《遏云集》记载应制词四首，因为后面二首没有清新飘逸的气韵，怀疑不是李白所作"等等。现在《尊前集》所载李白的《清平乐》词有五首，也许《尊前集》又名《遏

云集》，而四首五首的不同，是因为黄升所见的版本与今本《尊前集》所依据的版本不太一样的缘故。又，欧阳炯在《花间集序》中说："唐有皇时有李白应制词《清平乐》四首。"那么唐末时只有四首，也许最后一首是顾梧芳录入的，意境不是吕鹏旧本原有的样子了。

人间词话·手稿本·玖肆

【原文】《提要》载："《古今词话》六卷，国朝沈雄纂。雄字偶僧，吴江人。是编所述上起于唐，下迄康熙中年。"然维见明嘉靖前白口本《笺注草堂诗余》林外《洞仙歌》[①]下引《古今词话》云："此词乃近时林外题于吴江垂虹亭。"（明刻《类编草堂诗余》亦同）案：升庵[②]《词品》云："林外字岂尘，有《洞仙歌》书于垂虹亭畔。作道装，不告姓名，饮醉而去。人疑为吕洞宾[③]。传入宫中。孝宗笑曰："'云崖洞天无锁'，'锁'与'老'叶韵，则'锁'音'扫'，乃闽音也。'侦问之，果闽人林外也。"（《齐东野语》[④]所载亦略同。）则《古今词话》宋明时固有此书。岂雄窃此书而复益以近代事欤？又，《季沧苇书目》[⑤]载《古今词话》十卷。而沈雄所纂只六卷，益证其非一书矣。

【注释】 ①林外《洞仙歌》全词如下：

飞梁压水，虹影澄清晓。橘里渔村半烟草。今来古往，物是人非，天地里，唯有江山不老。

雨中风帽。四海谁知我。一剑横空几番过。按玉龙、嘶未断，月冷波寒。归去也、林屋洞天无锁。认云屏烟障是吾庐，任满地苍苔，年年不扫。②升庵：杨慎（1488～1559），字用修，号升庵，蜀新都（今四川成都）人。明代著名文学家。杨慎对文、词、赋、散曲、杂剧、弹词，都有涉猎。他的词和散曲，写得清新绮丽。此外，杨慎考论经史、诗文、书画，以及研究训诂、文学、音韵、名物的杂著，数量很多，涉及面也极广，为后世考证学留下了珍贵的财富。③吕洞宾：名岩，号纯阳子，民间传说中的"八仙"之一。④《齐东野语》：南宋周密词所撰写的笔记。⑤《季沧苇书目》：季振宜撰。季振宜（1630～？），字诜兮，号沧苇，清代藏书家。

【译文】《四库提要》记载："《古今词话》六卷，本朝沈雄编纂。沈雄，字偶僧，吴江人。这本书所收录的上起于唐朝，下到康熙中期为止。"但是我见到过明嘉靖以前的白口本《笺注草堂诗余》，其中林外《洞仙歌》下引《古今词话》说："这首词是近来林外题于吴江垂虹亭。"（明刻《类编草堂诗余》与此相同）案：杨慎的《词品》云："'林外，字岂尘，有《洞仙歌》书于垂虹亭畔。一身道家着装，不告诉别人姓名，饮醉而去。有人怀疑是吕洞宾下凡。消息传入宫中。"孝宗笑着说："'云崖洞天无锁'，'锁'与'老'叶韵，那么'锁'读'扫'音，这时福建口音的特点。派人打听，果然是福建人林外所作。"（周密《齐东野语》所载与此大致相同。）那么，《古今词话》一书，宋朝就已经有了。现在的版本大概是沈雄窃取这本书的内容而又增加近代词作所成。又，《季沧苇书目》载《古今词话》十卷，而沈雄所编纂的只有六卷，更加证明沈雄的《古今词话》与古本《古今词话》不是同一本书。

人间词话·手稿本·玖伍

【原文】 陆放翁跋《花间集》谓:“唐季[①]五代,诗愈卑,而倚声者辄简古可爱。能此不能彼,未可以理推也。”《提要》驳之,谓:“犹能举七十斤者,举百斤则蹶,举五十斤则运掉自如。”其言甚辨。然谓词格必卑于诗,余未敢信。善乎陈卧子[②]之言曰:“宋人不知诗而强作诗,故终宋之世无诗。然其欢愉愁怨之致,动于中而不能抑者,类发于诗余,故其所造独工。”唐季五代之词独胜,亦由此也。

【注释】 ①唐季:有版本亦作唐宋。②陈卧子:陈子龙。

【译文】 陆游在《花间集》的跋语中说:“唐末五代,诗歌的水平越来越低下,然而能够配乐的词却古朴简明,令人喜爱。能够写出好词却不能够写出好诗,用一般的道理是不能解释的。”《提要》反驳说:“这就好像能举七十斤的人,举一百斤就会跌倒,举五十斤则能运转自如。”这段话很有说服力。但是认为写词就一定比写诗容易,我不能相信这种论断。陈子龙的话很有道理:“宋人不了解诗而强作诗,所以整个宋代没有真正的诗歌。不过,宋人欢愉愁怨的情感,是心动于心而不能压抑的,大多都在词中抒发,故宋词的成就最为突出。”唐末五代之词之所以独树一帜,也是因为这个缘故。

人间词话·手稿本·玖陆

【原文】 “君王枉把平陈业,换得雷塘数亩田,”[①]政治家之言也。“长陵亦是闲丘陇,异日谁知与仲多?”[②]诗人之言也。政治家之眼,域于一人一事。诗人之眼,则通古今而观之。词人观物,须用诗人之眼,不可用政治家之眼。故感事、怀古等作,当与寿词同为词家所禁也。

【注释】 ①出自唐末著名诗人罗隐的《炀帝陵》,全诗如下:

入郭登桥出登船,红楼日日柳年年。

君王忍把平陈业,只换雷塘数亩田。②出自唐代诗人唐彦谦的《仲山·高祖兄仲山隐居之所》,全诗如下:

千载遗踪寄薜萝,沛中乡里汉山河。

长陵亦是闲丘陇,异日谁知与仲多?

【译文】 “君王枉把平陈业,换得雷塘数亩田,”这是政治家的语言。“长陵亦是闲丘陇,异日谁知与仲多?”这是诗人的语言。政治家的眼界,范围在于一人一事。诗人的眼界,则是贯通古今来观察。词人观物,应该用诗人的眼界,而不可用政治家的眼界。所以感事、怀古等作品,应当与寿词同为词家所不应该涉猎的题材。

人间词话·手稿本·玖柒

【原文】 宋人小说[①],多不足信。如《雪舟脞语》[②]谓:台州知府唐仲友眷官妓严

蕊[3]奴。朱晦庵系治之。及晦庵移去,提刑岳霖行部至台,蕊乞自便。岳问曰:去将安归?蕊赋《卜算子》[4]词云:“住也如何住”云云。案:此词系仲友戚高宣教作,使蕊歌以侑觞者,见朱子《纠唐仲友奏牍》[5]。则《齐东野语》所纪朱、唐公案[6]。恐亦未可信也。

【注释】 ①宋人小说:指宋人的笔记,不是指后世的小说这种文学体裁。宋人笔记是中国古代记录史学的一种文体,意谓随笔记录之言,属野史类史学体裁。②《雪舟脞语》:元末明初的学者陶宗仪编纂的《说郛》,其卷五十七引邵桂子《雪舟脞语》:“唐悦斋仲友字与正,知台州。朱晦庵为浙东提举,数不相得,至于互申。寿皇问宰执二人曲直。对曰:‘秀才争闲气耳。’‘悦斋眷官妓严蕊奴,晦庵捕送囹圄。提刑岳商卿霖行部疏决,蕊奴乞自便。宪使问:‘去将安归?’蕊奴赋《卜算子》,末云:‘住也如何住,去也终须去。若得山花插满头,莫问奴归处。’宪笑而释之。”③严蕊:字幼芳,南宋天台营妓,能诗词,有《如梦令》《鹊桥仙》《卜算子》等词传世。④严蕊《卜算子》全词如下:

不是爱风尘,似被前缘误。花开花落自有时,总是东君主。

去也终须去,住也如何住。若得山花插满头,莫问奴归处。⑤朱子《纠唐仲友奏牍》:朱熹《朱子大全》卷十九“按唐仲友第四状”,称:“每遇仲友筵会,严蕊进入宅堂,因此密熟,出入无间,上下合干人并无阻节。今年二月二十六日宴会。夜深,仲友因与严蕊踰滥,欲行落籍,遣归婺州永康市亲戚家。说与严蕊‘如在彼处不好,却来投奔我。’至五月十六日筵会,仲友亲戚高宣教撰曲一首,名《卜算子》,后一段云:‘去又如何去,住又如何住。但得山花插满头,休问奴归处。’”⑥周密《齐东野语》卷十七“朱唐交奏本末”,原文为:“朱晦庵按唐仲友事,或云吕伯恭尝与仲友同书会有隙,朱主吕,故抑唐,是不然也。盖唐平时恃才轻晦庵,而陈同父颇为朱所进,与唐每不相下。同父游台,尝狎籍妓,嘱唐为脱籍,许之。偶郡集,唐语妓曰:‘汝果欲从陈官人耶?’妓谢。唐云:‘汝须能忍饥受冻乃可。’妓闻大恚。自是陈至妓家,无复前之奉承矣。陈知为唐所卖,亟往见朱。朱问:‘近日小唐云何?’答曰:‘唐谓公尚不识字,如何作监司?’朱衔之,遂以部内有冤案,乞再巡按。既至台,适唐出迎少稽,朱益以陈言为信。立索郡印,付以次官。乃摭唐罪具奏,而唐亦作奏驰上。时唐乡相王淮当轴。既进呈,上问王。王奏:‘此秀才争闲气耳。’遂两平其事。”

【译文】 宋人的笔记,大多不值得相信。如《雪舟脞语》认为:台州知府唐仲友与官妓严蕊交好。朱熹就将严蕊逮捕入狱治罪。等到了朱熹任满调职之时,提刑岳霖到台州巡查,严蕊乞求脱籍离去。岳霖问她:离开后要去哪里,严蕊赋《卜算子》词说:“住也如何住”等等。案:这首词是唐仲友的亲戚高宣教所写,让严蕊歌唱以劝酒助兴,在朱熹的《纠唐仲友奏牍》中提到了这件事。那么,《齐东野语》所记载的朱、唐互斗的公案,恐怕也不可相信。

人间词话·手稿本·玖捌

【原文】 唐五代之词,有句而无篇。南宋名家之词,有篇而无句。有篇有句,唯李后

主降宋后之作，及永叔、子瞻、少游、美成、稼轩数人而已。

【译文】 唐五代的词，有名句而没有名篇；南宋名家的词，有名篇而无名句。有名篇又有名句的，只有李煜降宋后的作品，以及欧阳修、苏轼、秦观、周邦彦、辛弃疾数人罢了。

人间词话·手稿本·玖玖

【原文】 **唐五代北宋之词家，倡优也。南宋后之词家，俗子也。二者其失相等。但词人之词，宁失之倡优，而不失之俗子。以俗子之可厌，较倡优为甚故也。**

【译文】 唐五代北宋的词人，就好像歌妓艺人。南宋以后的词人，就如同凡夫俗子。这两者的失误之处大致相等。但是，词人的词，宁愿类似于歌妓艺人，也不能类似于凡夫俗子。因为凡夫俗子的可厌程度，要比歌妓艺人更为严重。

人间词话·手稿本·壹佰

【原文】 **读东坡、稼轩词，须观其雅量高致，有伯夷、柳下惠[1]之风。白石虽似蝉脱[2]尘埃，然如韦、柳之视陶公，非徒有上下床之别。**

【注释】 ①伯夷：殷孤竹君之子，殷亡后因不食周粟而死。柳下惠：春秋时鲁国大夫，有坐怀不乱之高行。二人被认为是具有清高廉洁的圣人。②蝉脱：传说中，有道之人死后可以尸解成仙，好像蝉之脱壳。

【译文】 读苏轼、辛弃疾的词，必须欣赏它们雅量高致，有伯夷、柳下惠的风韵。姜夔的词虽然好像蝉脱尘埃，但如同韦应物和柳宗元和陶渊明相比，不仅仅是上下床的区别。

人间词话·手稿本·壹零壹

【原文】 **东坡、稼轩，词中之狂。白石，词中之狷也。梦窗、玉田、西麓、草窗之词，则乡愿[1]而已。**

【注释】 ①乡愿：指外表好似忠信廉洁，实际上与世俗同流合污的人。

【译文】 苏轼和辛弃疾是词中不受拘束的狂者，姜夔是词中之狷。吴文英、张炎、陈允平和周密的词，不过都是与世俗同流合污的词作罢了。

人间词话·手稿本·壹零贰

【原文】 **《蝶恋花》（独倚危楼）[1]一阕，见《六一词》[2]，亦见《乐章集》[3]。余谓：屯田轻薄子，只能道“奶奶兰心蕙性”[4]耳。“衣带渐宽终不悔，为伊消得人憔悴”，此等语固非欧公不能道也。**

【注释】 ①《蝶恋花》全词(略)。②《六一词》:指欧阳修的词集。③《乐章集》:指柳永的词集。④出自柳永的《玉女摇仙佩·佳人》,全词如下:

飞琼伴侣,偶别珠宫,未返神仙行缀。取次梳妆,寻常言语,有得许多姝丽。拟把名花比。恐旁人笑我,谈何容易。细思算、奇葩艳卉,惟是深红浅白而已。争如这多情,占得人间,千娇百媚。

须信画堂绣阁,皓月清风,忍把光阴轻弃。自古及今,佳人才子,少得当年双美。且恁相偎倚。未消得,怜我多才多艺。愿奶奶、兰心蕙性,枕前言下,表余深意。为盟誓。今生断不孤鸳被。

【译文】 《蝶恋花》(独倚危楼)一首,见于欧阳修的《六一词》,也见于柳永的《乐章集》。我认为柳永是一个轻薄的人,只能写出"奶奶兰心蕙性"这样的句子罢了。而"衣带渐宽终不悔,为伊消得人憔悴",这样的佳句非欧阳修不能道也。

人间词话·手稿本·壹零叁

【原文】 读《会真记》[1]者,恶张生之薄倖而恕其奸非。读《水浒传》者,恕宋江之横暴而责其深险。此人人之所同也。故艳词可作,唯万不可作儇薄语。龚定庵[2]诗云:"偶赋凌云偶倦飞,偶然闲慕遂初衣。偶逢锦瑟佳人问,便说寻春为汝归。"[3]其人之凉薄无行,跃然纸墨间。余辈读耆卿[4]、伯可[5]词,亦有此感。视永叔、希文[6]小词何如耶?

【注释】 ①《会真记》:即《莺莺传》,唐代著名文学家元稹所作,是唐传奇的代表作。主要内容是写张生与崔莺莺的爱情故事。后来董解元的《西厢记诸宫调》和王实甫的《西厢记》均取材于此。②龚定庵:龚自珍(1792~1841),清末思想家、文学家、诗人。字尔玉,又字瑟人,号定庵,汉族,浙江仁和(今杭州)人。龚自珍是近代中国历史转折时期一位杰出的思想家和文学家。③出自龚自珍《乙亥杂诗》三百十五首之一,见《定庵续集》。④耆卿:指柳永。⑤伯可:康与之,字伯可,南宋词人,其人依附大奸臣秦桧,词风艳丽,多为粉饰太平之作。⑥希文:指范仲淹。

【译文】 读元稹的《会真记》,会厌恶张生的薄倖而宽恕他的虚伪。读《水浒传》,会宽恕宋江的强横暴戾而责备他的深沉阴险。这是大家共同的看法。所以,艳词可以写,只是千万不可写轻薄浮华的句子。龚自珍的诗中说:"偶赋凌云偶倦飞,偶然闲慕遂初衣。偶逢锦瑟佳人问,便说寻春为汝归。"这个人的凉薄无行,跃然于纸墨间。我们读柳永、康与之的词,也会有这种感觉。比起欧阳修、范仲淹的作品,该有多大的差距啊!

人间词话·手稿本·壹零肆

【原文】 词人之忠实。不独对人事宜然。即对一草一木,亦须有忠实之意,否则所谓游词[1]也。

【注释】 ①游词:指浮而不实的词。

【译文】 词人的忠实，不单单对人、对事应该如此。即使是对一草一木，也同样要有忠实的态度，否则，他写出来的作品就只能算是游词。

人间词话·手稿本·壹零伍

【原文】 温飞卿之词，句秀也。韦端己之词，骨秀也。李重光之词。神秀也。

【译文】 温庭筠的词，词语俊秀。韦庄的词，词骨俊秀。李煜的词，词神俊秀。

人间词话·手稿本·壹零陆

【原文】 词至李后主而眼界始大，感慨遂深，遂变伶工之词而为士大夫之词。周介存置诸温、韦之下，可为颠倒黑白矣。[①]“自是人生长恨水长东”“流水落花春去也，天上人间”[③]，《金荃》[④]、《浣花》[⑤]，能有此种气象耶？

【注释】 ①周济《介存斋论词杂著》中记载：“毛嫱，西施，天下美妇人也。严妆佳，淡妆亦佳，粗服乱头，不掩国色。飞卿，严妆也。端己，淡妆也。后主则粗服乱头矣。”②出自李煜《乌夜啼》，全词如下：

林花谢了春红，太匆匆，无奈朝来寒雨晚来风。

胭脂泪，留人醉，几时重？自是人生长恨水长东！③出自李煜的《浪淘沙》，全词如下：

帘外雨潺潺，春意阑珊，罗衾不耐五更寒。梦里不知身是客，一晌贪欢。

独自莫凭栏，无限江山，别时容易见时难。流水落花春去也，天上人间。④《金荃》：指温庭筠词集。⑤《浣花》：指韦庄词集。

【译文】 词发展到了李后主那里，眼界才开始广大，感慨也更加深厚，使词从此从伶工之歌变为士大夫之词。周济把李煜的词列在温庭筠和韦庄之后，真可以称得上是颠倒黑白呀！“自是人生长恨水长东”“流水落花春去也，天上人间”，温庭筠的《金荃》和韦庄《浣花》中哪里有这样的气象呢？

人间词话·手稿本·壹零柒

【原文】 词人者，不失其赤子之心[①]者也。故生于深宫之中，长于妇人之手，是后主为人君所短处，亦即为词人所长处。故后主之词，天真之词也。他人，人工之词也。（故后主……人工之词也，手定稿删去）

【注释】 ①赤子之心：出自《孟子·离娄下》：“孟子曰：‘大人者，不失其赤子之心者也’。”此处的赤子之心，谓童心也，与孟子所谓的赤子之心不同。

【译文】 真正优秀的词人，是不可以失去赤子之心的人。所以出生于深宫之中、成长于妇人之手，是后主作为君主的短处，但也正是他作为词人的长处。所以说，后主的

词,是自然天成的词。而其他人的词,是人工雕饰的词。

人间词话·手稿本·壹零捌

【原文】 客观之诗人,不可不阅世。阅世愈深,则材料愈丰富,愈变化,《水浒传》《红楼梦》之作者是也。主观之诗人,不必多阅世。阅世愈浅,则性情愈真,李后主是也。

【译文】 客观的诗人,不可以不更多地观察世事与人生。观察越深,那么材料就积累得越丰富,越富有变化,《水浒传》《红楼梦》的作者就是这样。主观的诗人,不需要更多地观察世事与人生,观察越浅,那么性情就更加的纯真,李煜就是这样。

人间词话·手稿本·壹零玖

【原文】 尼采[①]谓:"一切文学,余爱以血书者。"后主之词,真所谓以血书者也。宋道君皇帝[②]《燕山亭》[③]词亦略似之。然道君不过自道身世之戚,后主则俨有释迦[④]、基督[⑤]担荷人类罪恶之意。其大小固不同矣。

【注释】 ①尼采:德国哲学家,王国维的美学思想深受其影响。②宋道君皇帝:宋徽宗赵佶(1082~1135),在位二十五年,政治极为腐败,国亡被俘受折磨而死,终年五十四岁。赵佶是中国历史上著名的才子帝王,其人擅长楷、草书及山水、人物、花鸟、墨竹。擅长婉约词,创"瘦金体"。有词集《宋徽宗词》传世。③《燕山亭》(北行见杏花)全词如下:

裁翦冰绡,轻叠数重,淡著燕脂匀注。新样靓妆,艳溢香融,羞杀蕊珠宫女。易得凋零,更多少无情风雨。愁苦。闲院落凄凉,几番春暮。

凭寄离恨重重,这双燕何曾,会人言语。天遥地远,万水千山,知他故宫何处?怎不思量?除梦里有时曾去。无据。和梦也、新来不做。④释迦:指释迦牟尼,佛教创始人。⑤基督:耶稣基督。基督教称救世主为基督。

【译文】 尼采说:"所有文学作品中,我最喜爱那些用心血写成的。"李煜的词,真是所谓的以心血写成的。北宋宋徽宗的《燕山亭》词也略微接近。但是宋徽宗只不过是抒发自身在亡国后的哀怨,而李煜则真有释迦牟尼、基督承担人类罪恶的意思,他们境界的大小本来就是不相同的。

人间词话·手稿本·壹壹零

【原文】 楚辞之体,非屈子[①]之所创也。《沧浪》[②]、《凤兮》[③]之歌已与三百篇异,然至屈子而最工。五七律始于齐、梁而盛于唐。词源于唐而大成于北宋。故最工之文学,非徒善创,亦且善因。(此条手定稿删去)

【注释】 ①屈子:屈原(约前340~约前277),是中国古代第一位伟大的诗人,他的《离骚》《九歌》《天问》《九章》等诗篇,飘逸迷离,艳丽深邃,神奇浪漫,是在楚地民歌的基

础上加工发展而成的一种新的诗歌体裁，被称为“楚辞”，又称为“骚体”或“屈赋”。“楚辞”与《诗经》成为中国文学的两大渊源，是我国诗歌史上的不朽典范。②《沧浪》：即《沧浪歌》，亦名《孺子歌》。见《孟子·离娄》：“沧浪之水清兮，可以濯我缨；沧浪之水浊兮，可以濯我足。”③《凤兮》：即《凤兮歌》，亦名《接舆歌》。《论语·微子》所在《接舆歌》为：“凤兮！凤兮！何德之衰？往者不可谏，来者犹可追。已而！已而！今之从政者殆而。”《庄子·人间世》亦有记载：“凤兮凤兮，何如德之衰也！来世不可待，往世不可追也。天下有道，圣人成焉。天下无道，圣人生焉。方今之时，仅免刑焉。福乎轻羽，莫之知载。祸重乎地，莫之知避。已乎已乎，临人以德。殆乎殆乎，画地而趋。迷阳迷阳，无伤吾行。卻曲卻曲，无伤吾足。”

【译文】 楚辞这种体裁，不是屈原创造的。《沧浪》《凤兮》两道歌已与《诗经》不同，（已经开了楚辞题材的先声），而到了屈原那里更为工巧成熟。五七七言律诗始于南朝齐、梁时代而兴盛于唐代。词发源于唐代而兴盛于北宋。所以最为工巧成熟的文学，不仅仅是要善于创造，也是要善于继承。

人间词话·手稿本·壹壹壹

【原文】 “风雨如晦，鸡鸣不已”①、“山峻高以蔽日兮，下幽晦以多雨；霰雪纷其无垠兮，云霏霏而承宇”②、“树树皆秋色，山山唯落晖”③、“可堪孤馆闭春寒，杜鹃声里斜阳暮”气象皆相似。

【注释】 ①出自《诗·郑风·风雨》，全诗如下：

风雨凄凄，鸡鸣喈喈。既见君子，云胡不夷。

风雨潇潇，鸡鸣胶胶。既见君子，云胡不瘳。

风雨如晦，鸡鸣不已。既见君子，云胡不喜。②出自《楚辞·九章·涉江》，原文较长，节录如下：

入溆浦余儃徊兮，迷不知吾所知。深林杳以冥冥兮，乃猿狖之所居。山峻高而蔽日兮，下幽晦以多雨；霰雪纷其无垠兮，云霏霏而承宇。哀吾生之无乐兮，幽独处乎山中。吾不能变心而从俗兮，固将愁苦而终穷。③出自王绩《野望》，全诗如下：

东皋薄暮望，徙倚欲何依。

树树皆秋色，山山唯落晖。

牧人驱犊返，猎马带禽归。

相顾无相识，长歌怀采薇。

【译文】 “风雨如晦，鸡鸣不已”“山峻高以蔽日兮，下幽晦以多雨；霰雪纷其无垠兮，云霏霏而承宇”“树树皆秋色，山山唯落晖”“可堪孤馆闭春寒，杜鹃声里斜阳暮”气象都非常相似。

人间词话·手稿本·壹壹贰

【原文】《沧浪》《凤兮》二歌，已开楚辞体格。然楚辞之最工者，推屈原、宋玉[1]，而后此王褒[2]、刘向[3]之词不与焉。五古之最工者，实推阮嗣宗[4]、左太冲[5]、郭景纯[6]、陶渊明。而前此曹[7]、刘[8]，后此陈子昂[9]、李太白不与焉。词之最工者，实推后主、正中、永叔、少游、美成，而前此温、韦，后此姜、吴[10]，皆不与焉。（此条手定稿删去）

【注释】 ①宋玉：楚国大夫，相传他是屈原的弟子，是我国历史上继屈原之后的又一位著名的楚辞作家。宋玉的成就虽然难与屈原相比，但他是屈原诗歌艺术的直接继承者。在他的作品中，物象的描绘趋于细腻工致，抒情与写景结合得自然贴切，在楚辞与汉赋之间，起着承前启后的作用。后人多以"屈宋"并称，可见宋玉在文学史上的地位。②王褒：字子渊，蜀郡资中（今四川资阳）人。西汉著名的辞赋家，刘向的《楚辞》中收录其作品《九怀》。③刘向：原名更生，字子政。西汉经学家、目录学家、文学家。《楚辞》是刘向在前人基础上辑录的一部"楚辞"体的诗歌总集，收入战国楚人屈原、宋玉的作品以及汉代贾谊、淮南小山、庄忌、东方朔、王褒、刘向诸人的仿骚作品。④阮嗣宗：阮籍（210~263），字嗣宗，陈留尉氏（今河南尉氏）人。"竹林七贤"之一。阮籍是"正始之音"的代表，其中以《咏怀》八十二首最为著名。阮籍透过不同的写作技巧如比兴、象征、寄托，藉古讽今，寄寓情怀形成了一种"悲愤哀怨，隐晦曲折"的诗风。除诗歌之外，阮籍还长于散文和辞赋。有《咏怀诗》《达生论》《大人先生传》等传世。⑤左太冲：左思（？~306），字太冲，齐国临淄（今山东临淄）人。左思曾用十年时间写成《三都赋》，使洛阳为之纸贵。有《咏史诗》八首，明胡应麟谓："造语奇伟，创格新特，错综震荡，逸气干云，遂为千古绝唱。"⑥郭景纯：郭璞（276~324），字景纯，河东闻喜（今山西闻喜）人，晋代著名诗人。郭璞以《游仙诗》著称，刘勰说他的诗"足冠中兴"。⑦曹：指曹植（192~232），字子建，曹操第三子。曹植是第一位大力写作五言诗的文学家，是建安风骨最为杰出的代表。钟嵘说他"骨气奇高，辞采华茂，情兼雅怨，体被文质"。谢灵运更说："天下才有一石，曹子建独占八斗，我得一斗，天下共分一斗。"可见曹植才华之高。⑧刘：指刘桢（？~217），字公干，东平（今山东东平）人。"建安七子"之一。其诗气势激荡，意境峭拔，不假雕琢而格调颇高。钟嵘说他："仗气爱奇，动多振绝。贞骨凌霜，高风跨俗。"⑨陈子昂：陈子昂（661~702），初唐诗人，字伯玉，梓州射洪（今四川射洪）人。其诗风骨峥嵘，寓意深远，苍劲有力，有《陈伯玉集》传世。⑩姜、吴：指姜夔和吴文英。

【译文】 《沧浪》《凤兮》两首歌，已经开创了《楚辞》题材的先声。然而最为工整精巧的楚辞，首推屈原、宋玉，而后来的王褒、刘向的作品很难与之媲美。最为工整精巧的五言古诗，首推阮籍、左思、郭璞、陶渊明等人，而他们之前的曹植、刘桢，后来的陈子昂、李白都难与之比肩。最为工整精巧的词，首推李煜、冯延巳、欧阳修、秦观、周邦彦，而他们之前的温庭筠、韦庄，后来的姜夔、吴文英，都不能与之相提并论。

人间词话·手稿本·壹壹叁

【原文】 读《花间》《尊前》集，令人回想徐陵《玉台新咏》[1]。读《草堂诗馀》，令人回想韦縠《才调集》[2]。读朱竹垞《词综》[3]，张皋文、董子远《词选》[4]，令人回想沈德潜《三朝诗别裁集》[5]。

【注释】 ①徐陵《玉台新咏》：徐陵（507～582），字孝穆，东海剡（今山东郯城）人。南北朝陈、梁间文学家。《玉台新咏》是由徐陵编选的诗歌总集，所收诗歌多为宫体艳情诗。②韦縠《才调集》：韦縠，五代前蜀文学家，所编诗歌总集《才调集》收录了唐代不同时期的诗歌，崇尚晚唐温庭筠、李商隐等人的香艳闺怨之作。③《词综》：朱彝尊所编词总集，汪森增订。收录唐、宋、元词六百余家，二千二百五十多首。朱彝尊作为浙西词派的创始者，在这部词总集的编选中推衍了自己"醇雅"的词学主张，以南宋姜夔、张炎等人作为师法的对象。④张皋文、董子远《词选》：张皋文即张惠言，编纂《词选》，选录唐、五代、宋四十四家词一百一十六首，影响甚大。董毅，字子远，张惠言的外孙。继张惠言的《词选》，编成《续词选》。⑤沈德潜《三朝诗别裁集》：沈德潜（1673～1769），字确士，号归愚，长洲（今苏州）人，清代诗人、学者。《三朝诗别裁集》，是指《唐诗别裁集》《明诗别裁集》和《清诗别裁集》。由沈德潜编选，他在其中体现了自己"格调说"的主张，为时人树立了学习的范本，影响很大。

【译文】 读《花间》《尊前》集，令人回想起徐陵的《玉台新咏》。读《草堂诗馀》，令人回想起韦縠的《才调集》。读朱彝尊的《词综》，张惠言、董毅的《词选》，令人回想沈德潜的《三朝诗别裁集》。

人间词话·手稿本·壹壹肆

【原文】 明季国初诸老之论词，大似袁简斋[1]之论诗，其失也，纤小而轻薄。竹垞以降之论词者，大似沈归愚，其失也，枯槁而庸陋。

【注释】 ①袁简斋：袁枚（1716～1797），清代诗人、诗论家。字子才，号简斋，晚年自号仓山居士，随园主人，随园老人。钱塘（今浙江杭州）人。袁枚是乾隆、嘉庆时期代表诗人之一，与赵翼、蒋士铨合称为"乾隆三大家"。三十三岁时父亲亡故，袁枚辞官养母，在江宁（南京）购置隋氏废园，改名"随园"，筑室定居，世称随园先生。自此，他就在这里过了近五十年的闲适生活，从事诗文著述，编诗话，发现人才，奖掖后进，为当时文坛所宗。袁枚论诗主"性灵"，认为诗"必本于性情"。

【译文】 明末清初的几位大学者论词，很像袁枚论诗，他们的缺点之处在于纤小而轻薄。朱彝尊以后论词的学者，很像沈德潜，他们的缺点之处在于枯槁而庸陋。

人间词话・手稿本・壹壹伍

【原文】 东坡之词旷，稼轩之词豪。无二人之胸襟而学其词，犹东施之效捧心[①]也。

【注释】 ①东施之效捧心：传说我国古代四大美女之一的西施常因心痛而捧心皱眉，同村的东施认为这两个动作很美，于是也捧心学其皱眉，周围的人认为她更加丑陋。后用来比喻以丑拙强学美好，成语有“东施效颦”。

【译文】 苏轼的词旷达，辛弃疾的词豪爽。没有这两人的胸襟而学习他们的词，犹如东施效颦。

人间词话・手稿本・壹壹陆

【原文】 东坡之旷在神，白石之旷在貌。白石如王衍口不言阿堵物[①]，而暗中为营三窟之计[②]，此其所以可鄙也。

【注释】 ①王衍口不言阿堵物：王衍（256~311），字夷甫，西晋末期任宰辅，尚老庄，好玄谈。口不言阿堵物，出自刘义庆《世说新语・规箴》：“王夷甫（王衍）雅尚玄远，常嫉其妇贪浊，口未尝言‘钱’字。妇欲试之，令婢以钱绕床不得行。夷甫晨起，见钱阂行，呼婢曰：‘举却阿堵。’”阿堵，是六朝俗语，相当于“这个”。后遂以“阿堵物”代指钱。②三窟之计：窟，指洞穴。《战国策・齐策》中记载：战国时期，齐国相国孟尝君叫门客冯谖去薛地收债并顺便买回家里缺的东西，冯谖假借孟尝君的命令把债契全部烧毁，借债的百姓对孟尝君感激涕零。冯谖回来说：“狡兔有三窟，仅得免其死耳；今君有一窟，未得高枕而卧也。请为君复凿二窟。”于是他又到梁国去游说，使梁惠王遣使者来聘请孟尝君当宰相，齐王听到这个消息十分害怕，马上重新任命孟尝君为相。冯谖又劝孟尝君请求齐王同意在薛地建立先王宗庙。庙成后，冯谖说：“三窟已就，君高枕为乐矣。”

【译文】 苏轼的旷达在于他的精神，姜夔的旷达在于他的外貌。姜夔就好像王衍，嘴上不谈金钱，但私底下却为自己多方经营，因此令人鄙夷。

人间词话・手稿本・壹壹柒

【原文】 永叔“人间自是有情痴，此恨不关风与月。”“直须看尽洛城花，始与东风容易别。”[①]于豪放之中有沈著[②]之致，所以尤高。

【注释】 ①出自欧阳修的《玉楼春》，全词如下：

尊前拟把归期说，未语春容先惨咽。人生自是有情痴，此恨不关风与月。

离歌且莫翻新阕，一曲能教肠寸结。直须看尽洛城花，始共东风容易别。②沈著：“沈”通“沉”，沉着。

【译文】 欧阳修的“人间自是有情痴，此恨不关风与月”“直须看尽洛城花，始与东

风容易别”两句词，在豪放之中孕有沉着之致，因此更显高明。

人间词话·手稿本·壹壹捌

【原文】 诗人对自然人生，须入乎其内，又须出乎其外。入乎其内，故能写之。出乎其外，故能观之。入乎其内，故有生气。出乎其外，故有高致。美成能入而不出。白石以降，于此二事皆未梦见。

【译文】 诗人对于自然人生，必须能够进入其中，又必须能够跳出其外。进入其中，才能把它表达出来。跳出其外，才能够观察它。进入其中，因此才有生气。跳出其外，因此才有高致。周邦彦能进入其中而不能跳出其外。姜夔以后的词人，对于这两种情况做梦也不会看到。

人间词话·手稿本·壹壹玖

【原文】 “我瞻四方，蹙蹙靡所骋。”[①]诗人之忧生也。“昨夜西风凋碧树。独上高楼，望尽天涯路”似之。“终日驰车走，不见所问津。”[②]诗人之忧世也。“百草千花寒食路，香车系在谁家树”[③]似之。

【注释】 ①出自《诗经·小雅·节南山》，原诗此节如下：

驾彼四牡，四牡项领。我瞻四方，蹙蹙靡所骋。②出自陶潜《饮酒》第二十首，全诗如下：

羲农去我久，举世少复真。汲汲鲁中叟，弥缝使其纯。
凤鸟虽不至，礼乐暂得新。洙泗辍微响，漂流逮狂秦。
诗书复何罪，一朝成灰尘。区区诸老翁，为事诚殷勤。
如何绝世下，六籍无一亲？终日驰车走，不见所问津。
若复不快饮，空负头上巾。但恨多谬误，君当恕罪人。③出自冯延巳《鹊踏枝》，全词如下：

几日行云何处去？忘却归来，不道春将暮。百草千花寒食路，香车系在谁家树？
泪眼倚楼频独语。双燕来时，陌上相逢否？撩乱春愁如柳絮，悠悠梦里无寻处。

【译文】 “我瞻四方，蹙蹙靡所骋。”这是诗人对于生命的感慨。“昨夜西风凋碧树。独上高楼，望尽天涯路”和此相似。“终日驰车走，不见所问津。”这是诗人对于世事的忧虑。“百草千花寒食路，香车系在谁家树”和此相似。

人间词话·手稿本·壹贰零

【原文】 “纷吾既有此内美兮，又重之以修能。”[①]文学之事，于此二者，不可缺一。然词乃抒情之作，故尤重内美。无内美而但有修能，则白石耳。

【注释】 ①出自屈原的《离骚》。内美：指美好的心灵；修能：指用文学写作的才华。

【译文】 “纷吾既有此内美兮，又重之以修能。”关于文学创作，内美和修能，缺一不可。但是词是抒情性的文学体裁，所以尤其注重内美。如果没有内美而只有修能，就只是姜夔的水平。

人间词话·手稿本·壹贰壹

【原文】 **诗人必有轻视外物之意，故能以奴仆命风月。又必有重视外物之意，故能与花鸟同忧乐。**

【译文】 诗人必须有轻视外物的心态，这样才能够把风花雪月当作奴仆来使用。又必须有重视外物的心态，这样才能与花鸟共忧乐。

人间词话·手稿本·壹贰贰

【原文】 **诗人视一切外物，皆游戏之材料也。然其游戏。则以热心为之。故诙谐与庄重二性质，亦不可缺一也。**

【译文】 诗人看一切的外物，都是游戏的材料。可是对于游戏，则又应该以热情面对，所以，诙谐与庄重两种心态，缺一不可。

人间词话·手稿本·壹贰叁

【原文】 **金朗甫作《词选后序》，分词为“淫词”“鄙词”“游词”[1]三种。词之弊尽是矣。五代北宋之词，其失也淫。辛、刘[2]之词，其失也鄙。姜、张之词，其失也游。（按：此条手定稿已删去）**

【注释】 ①“淫词”“鄙词”“游词”：金应珪在《词选后序》中对此做出了进一步解释：“近世为词，厥有三弊：“义非宋玉而独赋蓬发，谏谢淳于而陈履舄，揣摩床笫，污秽中冓，是谓淫词，其弊一也。猛起奋末，分言析字，诙嘲则俳优之末流，叫啸则市侩之盛气，此犹巴人振喉以和阳春，黾蜮怒嗌以调疏越，是谓鄙词，其弊二也。规模物类，依托歌舞，哀乐不衷其性，感叹无与乎情，连章累篇，义不出乎花鸟，感物指事，理不外乎酬应，虽既雅而不艳，斯有句而无章，是谓游词，其弊三也。’”②刘：指刘过。

【译文】 金应珪写《词选后序》，把词分为“淫荡之词”“粗鄙之词”“虚伪之词”三种。这三种划分方式说尽了词的弊病。五代北宋的词，最大的问题是淫荡；辛弃疾、刘过的词，最大的问题是粗鄙；姜夔、张炎的词，最大的问题在于虚伪。

人间词话·手稿本·壹贰肆

【原文】 **“昔为倡家女，今为荡子妇。荡子行不归，空床难独守”[1]，“何不策高足。**

先据要路津。无为久贫贱，轗轲长苦辛”[2]，可谓淫鄙之尤。然无视为淫词、鄙词者，以其真也。五代北宋之大词人亦然。非无淫词，然读之者但觉其沈挚动人。非无鄙词，但觉其精力弥满。可知淫词与鄙词之病，非淫与鄙之为病，而游之为病也。“岂不尔思，室是远而。”而子曰：“未之思也，夫何远之有？”[3]恶其游也。

【注释】 ①出自古诗十九首之二，全诗如下：

青青河畔草，郁郁园中柳。
盈盈楼上女。皎皎当窗牖。
娥娥红粉妆，纤纤出素手。
昔为倡家女，今为荡子妇。
荡子行不归，空床难独守。②出自古诗十九首之四，全诗如下：
今日良宴会，欢乐难具陈。
弹筝奋逸响，新声妙入神。
令德唱高言，识曲听其真。
齐心同所愿，含意俱未申。
人生寄一世，奄忽若飙尘。
何不策高足，先据要路津。
无为守穷贱，轗轲长苦辛。③出自《论语·子罕》：“唐棣之华，偏其反而。岂不尔思，室是远而。子曰：未之思也，夫何远之有？”

【译文】 “昔为倡家女，今为荡子妇。荡子行不归，空床难独守”，“何不策高足，先据要路津。无为久贫贱，辗轲长苦辛”，这样的诗可以说是极为淫鄙。然而没有人把他们看为淫词、鄙词，是因为情感真实。五代、北宋的大词人也是这样。他们不是没有淫词，但读完后觉得沉挚动人；也不是没有鄙词，但读完后觉得精力弥满。由此可知，淫词与鄙词的毛病，不是在于淫与鄙，而是在于虚假、粉饰。“岂不尔思，室是远而。”这样的诗句，孔子批评说：“未之思也，夫何远之有？”这就是厌恶它的虚假、粉饰。

人间词话·手稿本·壹贰伍

【原文】 纳兰容若以自然之眼观物，以自然之笔写情。此由初入中原。未染汉人风气，故能真切如此。同时朱、陈、王顾诸家，便有文胜则史之弊。

【译文】 纳兰性德以自然的眼光来观察事物，以自然的笔法来抒发感情。这是因为他初入中原，没有沾染汉人的风气，所以才能如此真挚。而与他同时的朱彝尊、陈维崧、王士祯、顾贞观等人，便有浮华之弊。

人间词话·手稿本·壹贰陆

【原文】 四言敝而有楚辞，楚辞敝而有五言，五言敝而有七言，古诗敝而有律绝，律

绝敝而有词。盖文体通行既久，染指遂多，自成陈套。豪杰之士，亦难于中自出新意，故往往遁而作他体，以发表其思想感情。一切文体所以始盛终衰者皆由于此。故谓文学今不如古，余不敢信，但就一体论，则此说固无以易也。

【译文】 四言诗凋敝而有楚辞，楚辞凋敝而有五言诗，五言凋敝而有七言诗，古体诗凋敝而有律诗、绝句，律诗、绝句凋敝而有词。一种文学题材流行的时间长了，写作的人于是就多了，自然就会形成各种陈习、俗套。豪杰之士也难于在其中别出新意，所以往往离开这种题材而创造新的题材，以此来抒发他的思想感情。一切文学体裁之所以开始兴盛、最终衰败都是因为这个原因。所以说，那些批评文学今不如古的言论，我是不大相信的，但就一种题材而论，这种说法还是正确的。

人间词话·手稿本·壹贰柒

【原文】 "枯藤老树昏鸦。小桥流水平沙[①]。古道西风瘦马。夕阳西下。断肠人在天涯。"此元人马东篱[②]《天净沙》小令也。寥寥数语，深得唐人绝句妙境。有元一代词家，皆不能办此也。

【注释】 ①平沙：今通行作"人家"。②马东篱：马致远（约1251～1321），大都（今北京）人，与关汉卿、郑光祖、白朴同称"元曲四大家"，是我国元代时著名大戏剧家、散曲家。马致远杂剧的语言清丽，善于把比较朴实自然的语句锤炼得精致而富有表现力。曲文充满强烈的抒情性和主观性。

【译文】 "枯藤老树昏鸦。小桥流水平沙。古道西风瘦马。夕阳西下。断肠人在天涯。"这是元朝人马致远的《天净沙》小令。寥寥数语，深得唐人绝句妙境。元朝的其他作家，都无法达到他的境界。

附录一　观堂词论

一

【原文】 蕙风[①]词小令似叔原[②]，长调亦在清真、梅溪[③]间，而沈痛过之。彊村[④]虽富丽精工，犹逊其真挚也。天以百凶成就一词人。果何为哉！

【注释】 ①蕙风：况周颐（1859～1926），原名周仪，以避宣统帝溥仪讳，改名周颐。字夔笙，一字揆孙人，晚号蕙风词隐。临桂（今广西桂林）人，近代词人，与王鹏运、朱祖谋、郑文焯齐名，合称"晚清四大词人"，亦称"清季词学四大家"。况周颐尤精词评。著有《蕙风词话》5卷，三百二十五则，是近代词坛上一部有较大影响的重要著作。②叔原：指晏几道。③清真、梅溪：指北宋词人周邦彦和南宋词人史达祖。④彊村：指朱祖谋，清代人，词学大师。

二

【原文】 蕙风《洞仙歌·秋日游某氏园》[①]及《苏武慢·寒夜闻角》[②]二阕，境似清

真,集中他作,不能过之。

【注释】 ①况周颐《洞仙歌》(秋日独游某氏园)全词如下:

一向闲缘借。便意行散缓,消愁聊且。有花迎径曲,鸟呼林罅。秋光取次披图画。恣远眺、登临台与榭。堪潇洒。奈脈断征鸿,幽恨翻萦惹。

忍把。鬓丝影里,袖泪寒边,露草烟芜,付与杜牧狂吟,误作少年游冶。残蝉肯共伤心话。问几见,斜阳疏柳挂?谁慰藉?到重阳,插菊携萸事真假。酒更贯。更有约东篱下。怕蹉跎霜讯,梦沈人悄西风乍。②况周颐《苏武慢》(寒夜闻角)全词如下:

愁入云遥,寒禁霜重,红烛泪深人倦。情高转抑,思往难回,凄咽不成清变。风际断时,迢递天街,但闻更点。枉教人回首,少年丝竹,玉容歌管。

凭作出、百绪凄凉,凄凉惟有,花冷月闲庭院。珠帘绣幕,可有人听?听也可曾肠断?除却塞鸿,遮莫城乌,替人惊惯。料南枝明日,应减红香一半。

三

【原文】 疆村词,余最赏其《浣溪沙》“独鸟冲波去意闲”二阕[①],笔力峭拔,非他词可能过之。

【注释】 朱祖谋《浣溪沙》二阕,全词如下:

独鸟冲波去意闲,环霞如赭水如笺。为谁无尽写江天。

并舫风弦弹月上,当窗山髻挽云还。独经行地未荒寒。

翠阜红厓夹岸迎,阻风滋味暂时生。水窗官烛泪纵横。

禅悦新耽如有会,酒悲突起总无名。长川孤月向谁明?

四

【原文】 蕙风《听歌》诸作,自以《满路花》[①]为最佳。至《题香南雅集图》诸词[②],殊觉泛泛,无一言道著。

【注释】 ①况周颐《满路花》全词如下:

(疆村有听歌之约,词以坚之。)

虫边安枕簟,雁外梦山河。不成双泪落,为闻歌。浮生何益,尽意付消磨。见说寰中秀,曼睩修蛾。旧家风度无过。

凤城丝管,回首惜铜驼。看花余老眼,重摩挲。香尘人海,唱彻《定风波》。点鬓霜如雨,未必愁多。问天边问嫦娥。(梅郎兰芳以《嫦娥奔月》一剧蜚声日下)②《题香南雅集图》诸词,无从查考。据《蕙风词史》,知《蕙风词》卷下之《戚氏》属于其中之一,全词如下:

戚氏(沤尹为畹华索赋此调,走笔应之。)

伫飞鸾。萼绿仙子彩云端。影月娉婷,浣霞明艳,好谁看?华鬘。梦寻难。当歌掩泪十年闲。文园鬓雪如许,镜里长葆几朱颜?缟袂重认,红帘初卷,怕春暖也犹寒。乍维摩病榻,花雨催起,著意清欢。

丝管赚出婵娟。珠翠照映,老眼太辛酸。春宵短、系骢难稳,栩蝶须还。近尊前。暂

许对影香南。笛语遍写乌阑。番(去)风渐急,省识将离,已忍目断关山。(畹华将别去,道人先期作虎山之游避之。)

念我沧江晚。消何逊笔,旧恨吟边。未解《清平调》苦,道苔枝、翠羽信缠绵。剧怜画罨瑶台、醉扶纸帐,争遣愁千万。算更无、月地云阶见。谁与诉、鹤守缘悭。甚素娥、暂缺能圆。更芳节、后约是今番。耐清寒惯,梅花赋也,好好纫兰。

五

【原文】 (皇甫松[①])词,黄叔旸[②]称其《摘得新》二首[③],为有达观之见。余谓不若《忆江南》二阕[④],情味深长,在乐天[⑤]、梦得上也。

【注释】 ①皇甫松:晚唐诗人、词人,所作诗词分别见于《全唐诗》《花间集》。②黄叔旸:即南宋黄升,《花庵词选》的编者。③皇甫松《摘得新》两首,全词如下:

酌一卮。须教玉笛吹。锦筵红蜡烛,莫来迟。繁红一夜经风雨,是空枝。

摘得新。枝枝叶叶春。管弦兼美酒,最关人。平生都得几十度,展香茵。④皇甫松《忆江南》两首,全词如下:

兰烬落,屏上暗红蕉。闲梦江南梅熟日,夜船吹笛雨萧萧。人语驿边桥。

楼上寝,残月下帘旌。梦见秣陵惆怅事,桃花柳絮满江城。双髻坐吹笙。⑤白居易《忆江南》三首,见宋本《白氏文集》卷三十四。刘禹锡二首,见宋本《刘梦得文集外集》卷四及宋本《乐府诗集》卷八十二,各录一首于此:白居易词:"江南好,风景旧曾谙。日出江花红胜火,春来江水绿如蓝。能不忆江南。"刘禹锡词:"春去也,多谢洛城人。弱柳从风疑举袂,丛兰裛露似沾巾。独笑亦含颦。"

六

【原文】 端己词情深语秀,虽规模不及后主、正中,要在飞卿之上。观昔人颜、谢优劣论[①]可知矣。

【注释】 ①颜、谢劣论:颜、谢指颜延之、谢灵运,南北朝初之宋朝诗人。此处所用典故出自《南史·颜延之传》:"延之尝问鲍照:己与谢灵运优劣?照曰:'谢五言诗如初发芙蓉,自然可爱。君诗如铺锦列绣,亦雕缋满眼。'延年终身病之。"又钟嵘《诗品》:"汤沐休曰:'谢诗如芙蓉出水,颜如错采缕金。'颜终身病之。"

七

【原文】 (毛文锡[①])词比牛、薛诸人,殊为不及。叶梦得谓:"文锡词以质直为情致,殊不知流于率露。诸人评庸陋词者,必曰:此仿毛文锡之《赞成功》[②]而不及者。"其言是也。

【注释】 ①毛文锡:五代前蜀词人,其词以艳丽著称。②毛文锡《赞成功》全词如下:

海棠未坼,万点深红。香包缄结一重重。似含羞态,邀勒春风。蜂来蝶去,任绕芳丛。

昨夜微雨，飘洒庭中，忽闻声滴井边桐。美人惊起，坐听晨钟。快教折取，戴玉珑璁。

八

【原文】（魏承班[①]）词逊于薛昭蕴[②]、牛峤[③]，而高于毛文锡，然皆不如王衍[④]。五代词以帝王为最工，岂不以无意于求工欤。

【注释】 ①魏承班：五代前蜀词人，词风近于温庭筠，以艳丽著称。②薛昭蕴：其人生卒年不详，依《花间集》序列，当为前蜀人，有词十九首传世。③牛峤：字松卿，一字延峰。④王衍：五代前蜀主王衍，字化源，善诗词，词风艳丽。

九

【原文】（顾）敻词在牛给事、毛司徒间。《浣溪沙·春色迷人》一阕[①]，亦见《阳春录》[②]。与《河传》[③]、《诉衷情》数阕[④]，当为敻最佳之作矣。

【注释】 ①顾敻王晔《浣溪沙·春色迷人》全词如下：

春色迷人恨正赊，可堪荡子不还家。细风轻露著梨花。

帘外有情双燕扬，槛前无力绿杨斜，小屏狂梦极天涯。②《阳春录》：即冯延巳词集《阳春集》。③顾敻王晔《河传》共有三阕，全词如下：

燕扬。晴景。小窗屏暖，鸳鸯交颈。菱花掩却翠鬟欹，慵整。海棠帘外影。

绣帏香断金鸂鶒。无消息。心事空相忆。倚东风。春正浓。愁红。泪痕衣上重。

曲槛。春晚。碧流纹细，绿杨丝软。露华鲜，杏枝繁。莺啭。野芜平似剪。

直是人间到天上。堪游赏。醉眼疑屏障。对池塘。惜韶光。断肠。为花须尽狂。

棹举。舟去。波光渺渺，不知何处。岸花汀草共依依。雨微。鹧鸪相逐飞。

天涯离恨江声咽。啼猿切。此意向谁说。倚兰桡。独无谬。魂销。小炉香欲焦。

④《诉衷情》共有两阕，其一略。其二全词如下：

香灭帘垂春漏永，整鸳衾。罗带重。双凤。缕黄金。窗外月光临。沈沈。断肠无处寻。负春心。（据《顾太尉词》）

一〇

【原文】周密《齐东野语》称其（毛熙震）词"新警而不为儇薄"[①]。余尤爱其《后庭花》[②]，不独意胜，即以调论，亦有隽上清越之致，视文锡蔑如也。

【注释】 ①毛熙震：五代后蜀词人。周密语见《历代诗余》卷一百十三引，今传各本均阙。（按：实出沈雄《古今词话词评》卷上。疑非周密语。沈雄书所引多无稽。）③毛熙震《后庭花》共三阕，全词如下：

莺啼燕语芳菲节。瑞庭花发。昔时欢宴歌声揭。管弦清越。

自从陵谷追游歇。画梁尘黦。伤心一片如珪月。闲锁宫阙。

轻盈舞伎含芳艳。竞妆新脸。步摇珠翠修蛾敛。腻鬟云染。

歌声慢发开檀点。绣衫斜掩。时将纤手匀红脸。笑拈金靥。

越罗小袖新香蒨。薄笼金钏。倚栏无语摇金扇。半遮匀面。

春残日暖莺娇懒。满庭花片。争不教人长相见。画堂深院。

十一

【原文】 (阎选[①])词唯《临江仙》第二首[②]有"轩翥"[③]之意,余尚未足与于作者也。

【注释】 ①阎选:五代前蜀词人,以布衣称"阎处士"。②阎选《临江仙》全词如下:

十二高峰天外寒。竹梢轻拂仙坛。宝衣行雨在云端。画帘深殿,香雾冷风残。

欲问楚王何处去?翠屏犹掩金鸾。猿啼明月照空滩。孤舟行客,惊梦亦艰难。③轩翥:语出屈原《远游》:"魂随南翥鸟,泪尽北枝……鸾鸟轩翥而翔飞。"

十二

【原文】 昔沈文翛[①]深赏(张)泌[②]"绿杨花扑一溪烟"[③]为晚唐名句。然其词如"露浓香泛小庭花"[④],较前语似更幽艳。

【注释】

①沈文翛:沈德潜。②张泌:唐末重要作家。③出自张泌《洞庭阻风》,全诗如下:

空江浩荡景萧然,尽日菰蒲泊钓船。青草浪高三月渡,绿杨花扑一溪烟。

情多莫举伤春目,愁极兼无买酒钱。犹有渔人数家住,不成村落夕阳边。④出自张泌《浣溪沙》,全词如下:

独立寒阶望月华,露浓香泛小庭花。绣屏愁背一灯斜。

云雨自从分散后,人间无路到仙家。但凭魂梦访天涯。

十三

【原文】 (孙光宪[①]词)昔黄玉林[②]赏其"一庭花(当作'疏')雨湿春愁"[③]为古今佳句。余以为不若"片帆烟际闪孤光"[④],尤有境界也。

【注释】 ①孙光宪:五代至北宋初词人,有词作 80 余首传世。②黄玉林:指黄升。③出自孙光宪《浣溪沙》,全词如下:

揽镜无言泪欲流,凝情半日懒梳头。一庭疏雨湿春愁。

杨柳只知伤怨别,杏花应信损娇羞。泪沾魂断轸离忧。④出自孙光宪《浣溪沙》,全词如下:

蓼岸风多橘柚香,江边一望楚天长。片帆烟际闪孤光。

目送征鸿飞杳杳,思随流水去茫茫。兰红波碧忆潇湘。

十四

【原文】 (周清真[①])先生于诗文无所不工,然尚未尽脱古人蹊径。平生著述,自以乐府为第一。词人甲乙[②],宋人早有定论。惟张叔夏病其意趣不高远[③]。然北宋人如欧、苏、秦、黄,高则高矣,至精工博大,殊不逮先生。故以宋词比唐诗,则东坡似太白,欧秦似摩诘,耆卿似乐天,方回、叔原则大历十才子[④]之流。南宋惟一稼轩可比昌黎[⑤]。而词中老

杜[⑥],则非先生不可。昔人以耆卿比少陵[⑦],犹为未当也。

【注释】 ①周清真:指周邦彦。②词人甲乙:陈振孙《直斋书录解题》集部歌词类《清真词》二卷《续词》一卷,下云:"周美成邦彦撰,多用唐人诗语,隐栝入律,浑然天成。长调尤善铺叙,富艳精工,词人之甲乙也。"③"意趣不高远"句:张炎《词源》卷下:"美成词只当看他浑成处,于软媚中有气魄。采唐诗融化如自己者,乃其所长。惜乎意趣却不高远。"④大历十才子:唐代宗大历年间十位诗人所代表的一个诗歌流派。他们的共同特点是偏重诗歌形式技巧。据姚合《极玄集》和《新唐书》载:十才子为李端、卢纶、吉中孚、韩翃、钱起、司空曙、苗发、崔洞(一作峒)、耿湋、夏侯审。宋以后有异说,但多不可信。⑤昌黎:指唐代文学家韩愈。韩愈为唐宋八大家之首。⑥老杜、少陵:皆指唐代大诗人杜甫。⑦昔人以耆卿比少陵:张端义《贵耳集》卷上:项平斋训:"学诗当学杜诗,学词当学柳词。杜诗、柳词皆无表德,只是实说。"

十五

【原文】 (清真)先生之词,陈直斋谓其多用唐人诗句隐栝入律,浑然天成。张玉田谓其善于融化诗句,然此不过一端。不如强焕云:"模写物态,曲尽其妙。"[①]为知言也。

【注释】 ①此句见南宋淳熙年间晋阳人强焕题注的《片玉词》中的《周美成词》。

十六

【原文】 山谷云:"天下清景,不择贤愚而与之,然吾特疑端为我辈设。"[①]诚哉是言!抑岂独清景而已,一切境界,无不为诗人设。世无诗人。即无此种境界。夫境界之呈于吾心而见于外物者,皆须臾之物。惟诗人能经此须臾之物,镌诸不朽之文字,使读者自得之。遂觉诗人之言,字字为我心中所欲言,而又非我之所能自言,此大诗人之秘妙也。境界有二:有诗人之境界,有常人之境界。诗人之境界,惟诗人能感之而能写之,故读其诗者,亦高举远慕,有遗世之意。而亦有得有不得,且得之者亦各有深浅焉,若夫悲欢离合、羁旅行役之感,常人皆能感之,而惟诗人能写之。故其入于人者至深,而行于世也尤广。(清真)先生之词,属于第二种为多。故宋时别本之多,他无与匹。[②]又和者三家[③]。注者二家[④]。(强焕本亦有注,见毛跋)自士大夫以至妇人女子,莫不知有清真,而种种无稽之言[⑤]。亦由此以起。然非入人之深,乌能如此耶?

【注释】 ①此数语见释惠洪《冷斋夜话》卷二十引黄庭坚语。②出自王国维《清真先生遗事·箸述二》:"案先生词集,其古本则见于《景定严州续志》《花庵词选》者曰《清真诗余》。见于《词源》者曰《圈法美成词》。见于《直斋书录》者曰《清真词》,曰《曹杓注清真词》。又与方千里、杨泽民《和清真词》合刻者曰《三英集》。(见毛晋《方千里和清真词跋》)子晋所藏《清真集》,其源亦出宋本,加以溧水本,是宋时已有七本。别本之多,为古今词家所未有。"③和真三家:宋人之和清真全词者有方千里《和清真词》(汲古阁刻《宋六十名家词》本)杨泽民《和清真词》(江标刻《宋元名家词》本)及陈允平《西麓继周集》(朱祖谋刻《彊村丛书》本)三家。④宋人注《清真词》者,有曹杓、陈元龙两家。曹注已逸,陈注即《疆村丛书》本《片玉集》。⑤种种无稽之言:宋人笔记之记清真轶事者甚多,

若张端义《贵耳集》、周密《浩然斋雅谈》、王明清《挥麈余话》、王灼《碧鸡漫志》等书均有,类多无稽之言。观堂先生于《清真先生遗事·事迹一》中一一辨之,斥为好事者为之也。

十七

【原文】 楼忠简[①]谓(清真)先生妙解音律[②],惟王晦叔《碧鸡漫志》谓:"江南某氏者,解音律,时时度曲。周美成与有瓜葛。每得一解,即为制词。故周集中多新声。"则集中新曲,非尽自度。然"顾曲名堂,不能自已",固非不知音者。故先生之词,文字之外,须兼味其音律。惟词中所注宫调,不出教坊十八调之外。则其音非大晟乐府之新声,而为隋、唐以来之燕乐,固可知也。今其声虽亡,读其词者,犹觉拗怒之中,自饶和婉。曼声促节,繁会相宣;清浊抑扬,辘轳交往。两宋之间,一人而已。

【注释】 ①楼忠简:楼钥(1137~1213),字大防,自号"攻媿(古同"愧")主人",南宋学者。②妙解音律:语出楼钥所撰写《清真先生文集序》,云:"公性好音律,如古之妙解,顾曲名堂,不能自已。"

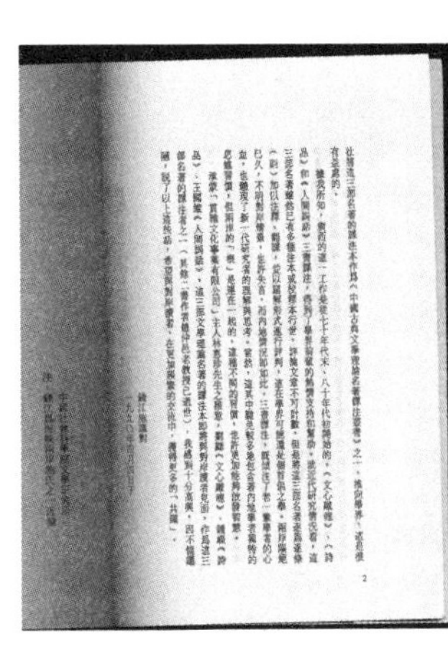

《人间词话》书影

十八

【原文】 (《云谣集杂曲子》[①])天仙子词[②],特深峭隐秀,堪与飞卿、端己抗行。

【注释】 ①《云谣集杂曲子》:敦煌石室藏唐人写本,是现存最早的词总集,其中大部分为民间作品。词风清新流丽,朴素自然。②在《云谣集杂曲子》内有《天仙子》二首,但王国维写此文时,只见其一。现将两首一并录之,全词如下:

燕语啼时三月半。烟蘸柳条金线乱。五陵原上有仙娥,携歌扇。香烂漫。留住九华云一片。

犀玉满头花满面。负妾一双偷泪眼。泪珠若得似珍珠,拈不散。知何限?串向红丝应百万。

燕语莺啼惊觉梦。羞见鸾台双舞凤。天仙别后信难通,无人问,花满洞。休把同心千遍弄。

叵耐不知何处去?正是花开谁是主?满楼明月应三更,无人语。泪如雨。便是思君肠断处。

十九

【原文】 有明一代,乐府道衰。《写情》《扣舷》[①],尚有宋、元遗响。仁、宣以后。兹事几绝。独文愍(夏言)[②]以魁硕之才,起而振之。豪壮典丽,与于湖[③]、剑南为近。

【注释】 ①《写情》《扣舷》:指明代刘基词集《写情集》和明代高启词集《扣舷集》。②文愍:夏言(1482~1548),字公瑾,官至首辅,谥文愍,明代词人,著有《桂州集》。③于湖:张孝祥(1132~1169),字安国,别号于湖居士,南宋词人,著有《于湖词》。

二〇

【原文】 欧公《蝶恋花》"面旋落花"云云[①],字字沈响,殊不可及。

【注释】 ①欧阳修《蝶恋花》全词如下：

面旋落花风荡漾。柳重烟深，雪絮飞来往。雨后轻寒犹未放，春愁酒病成惆怅。

枕畔屏山围碧浪。翠被华灯，夜夜空相向。寂寞起来褰绣幌，月明正在梨花上。

二一

【原文】 《片玉词》"良夜灯光簇如豆"[①]一首，乃改山谷《忆帝京》词[②]为之者，似屯田最下之作，非美成所宜有也。

【注释】 ①出自周邦彦《青玉案》，全词如下：

良夜灯光簇如豆。占好事，今宵有。酒罢歌阑人散后。琵琶轻放，语声低颤，灭烛来相就。

玉体偎人情何厚。轻惜轻怜转唧溜。雨散云收眉儿皱。只愁彰露，那人知后。把我来僝僽。②山谷，指黄庭坚。其《忆帝京》全词如下：

银烛生花如红豆。占好事，而今有。人醉曲屏深，借宝瑟、轻招手。一阵白苹风，故灭烛、教相就。

花带雨、冰肌香透。恨啼鸟、辘轳声晓。岸柳微凉吹残酒。断肠时、至今依旧。镜中消瘦。那人知后。怕夯你来僝僽。

二二

【原文】 温飞卿《菩萨蛮》[①]："雨后却斜阳，杏花零落香。"少游[②]之"雨余芳草斜阳。杏花零落（当作'乱'）燕泥香。"虽自此脱胎，而实有出蓝之妙。

【注释】 ①温庭筠《菩萨蛮》全词如下：南园满地堆轻絮，愁闻一霎清明雨。雨后却斜阳，杏花零落香。无言匀睡脸，枕上屏山掩。时节欲黄昏，无聊独倚门。②出自秦观《画堂春》（或刻山谷年十六作），全词如下：东风吹柳日初长。雨余芳草斜阳。杏花零乱燕泥香。睡损红妆。宝篆烟消龙凤，画屏云锁潇湘。夜寒微透薄罗裳，无限思量。

二三

【原文】 白石尚有骨，玉田则一乞人耳。

二四

【原文】 美成词多作态，故不是大家气象。若同叔、永叔虽不作态，而一笑百媚生矣。此天才与人力之别也。

二五

【原文】 周介存谓："白石以诗法入词，门径浅狭，如孙过庭[①]书，但便后人模仿。"予谓近人所以崇拜玉田，亦由于此。

【注释】 ①孙过庭：唐代书法家，著有《书谱》。

予于词，五代喜李后主，冯正中，而不喜《花间》。宋喜同叔、永叔、子瞻、少游。而不喜美成。南宋只爱稼轩一人，而最恶梦窗、玉田。介存《词辨》所选词，颇多不当人意。而其论词则多独到之语。始知天下固有具眼人，非予一人之私见也。